여러분의 합격을 응원하는
해커스공무원의 특별 혜택

FREE 공무원 한국사 **동영상강의**

해커스공무원(gosi.Hackers.com) 접속 후 로그인 ▶ 상단의 [무료강좌] 클릭
▶ 좌측의 [교재 무료특강] 클릭

해커스공무원 온라인 단과강의 **20% 할인쿠폰**

992FC765386B436A

해커스공무원(gosi.Hackers.com) 접속 후 로그인 ▶ 상단의 [나의 강의실] 클릭
▶ 좌측의 [쿠폰등록] 클릭 ▶ 위 쿠폰번호 입력 후 이용

*쿠폰 등록 후 7일간 사용 가능(ID당 1회에 한해 등록 가능)

해커스 회독증강 콘텐츠 **5만원 할인쿠폰**

944CF32C52DF7JKA

해커스공무원(gosi.Hackers.com) 접속 후 로그인 ▶ 상단의 [나의 강의실] 클릭
▶ 좌측의 [쿠폰등록] 클릭 ▶ 위 쿠폰번호 입력 후 이용

*쿠폰 등록 후 7일간 사용 가능(ID당 1회에 한해 등록 가능)
* 월간 학습지 회독증강 행정학/행정법총론 개별상품은 할인쿠폰 할인대상에서 제외

합격예측 **모의고사 응시권 + 해설강의 수강권**

EDE94EAFCCA259CC

해커스공무원(gosi.Hackers.com) 접속 후 로그인 ▶ 상단의 [나의 강의실] 클릭
▶ 좌측의 [쿠폰등록] 클릭 ▶ 위 쿠폰번호 입력 후 이용

*ID당 1회에 한해 등록 가능

쿠폰 이용 관련 문의 **1588-4055**

단기 합격을 위한
해커스 커리큘럼

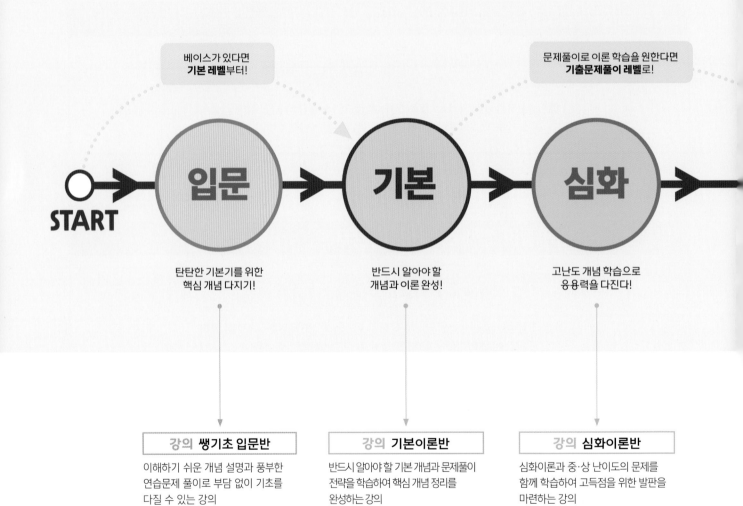

베이스가 있다면
기본 레벨부터!

문제풀이로 이론 학습을 원한다면
기출문제풀이 레벨로!

START

입문

탄탄한 기본기를 위한
핵심 개념 다지기!

기본

반드시 알아야 할
개념과 이론 완성!

심화

고난도 개념 학습으로
응용력을 다진다!

강의 **쌩기초 입문반**

이해하기 쉬운 개념 설명과 풍부한
연습문제 풀이로 부담 없이 기초를
다질 수 있는 강의

강의 **기본이론반**

반드시 알아야 할 기본 개념과 문제풀이
전략을 학습하여 핵심 개념 정리를
완성하는 강의

강의 **심화이론반**

심화이론과 중·상 난이도의 문제를
함께 학습하여 고득점을 위한 발판을
마련하는 강의

* 커리큘럼은 과목별·선생님별로 상이할 수 있으며, 자세한 내용은 해커스공무원 사이트에서 확인하세요.

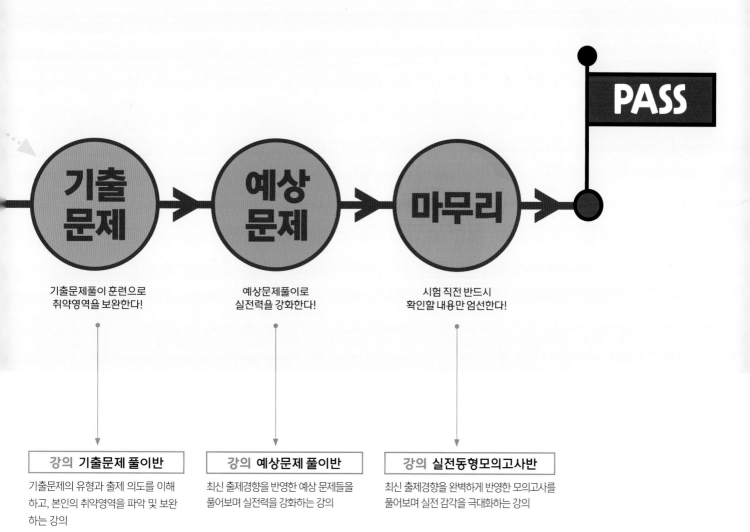

PASS

**기출
문제** → **예상
문제** → **마무리** →

기출문제풀이 훈련으로
취약영역을 보완한다!

예상문제풀이로
실전력을 강화한다!

시험 직전 반드시
확인할 내용만 엄선한다!

강의 기출문제 풀이반

기출문제의 유형과 출제 의도를 이해
하고, 본인의 취약영역을 파악 및 보완
하는 강의

강의 예상문제 풀이반

최신 출제경향을 반영한 예상 문제들을
풀어보며 실전력을 강화하는 강의

강의 실전동형모의고사반

최신 출제경향을 완벽하게 반영한 모의고사를
풀어보며 실전 감각을 극대화하는 강의

강의 봉투모의고사반

시험 직전에 실제 시험과 동일한 형태의
모의고사를 풀어보며 실전력을 완성하는 강의

해커스공무원 **단기 합격생**이 말하는

공무원 합격의 비밀!

해커스공무원과 함께라면
다음 합격의 주인공은 바로 여러분입니다.

대학교 재학 중,
7개월 만에 국가직 합격!

김*석 합격생

영어 단어 암기를 하프모의고사로!

하프모의고사의 도움을 많이 얻었습니다. **모의고사의 5일 치 단어를 일주일에 한 번씩 외웠고**, 영어 단어 100개씩은 하루에 외우려고 노력했습니다.

가산점 없이
6개월 만에 지방직 합격!

김*영 합격생

국어 고득점 비법은 기출과 오답노트!

이론 강의를 두 달간 들으면서 **이론을 제대로 잡고 바로 기출문제로** 들어갔습니다. 문제를 풀어보고 기출강의를 들으며 **틀렸던 부분을 필기하며 머리에 새겼습니다.**

직렬 관련학과 전공,
6개월 만에 서울시 합격!

최*숙 합격생

한국사 공부법은 기출문제 통한 복습!

한국사는 휘발성이 큰 과목이기 때문에 **반복 복습이 중요하다고** 생각했습니다. 선생님의 강의를 듣고 나서 바로 **내용에 해당되는 기출문제를 풀면서 복습** 했습니다.

해커스공무원

대한국사
윤승규

단원별
700제

해커스공무원

윤승규

약력

현 | 해커스공무원학원 9급 한국사 전임강사

전 | KG패스원 9·7급 한국사 전임강사
　　숨마투스 9·7급 한국사 전임강사
　　(부산) 공단기 9·7급 한국사 전임강사
　　KG패스원(두로) 경찰간부 한국사 전임강사
　　대일학원 강사
　　송파/노량진 ETOOS 학원 강사
　　비타에듀 온라인 강사 외 다수

저서

해커스공무원 대한국사 윤승규 단원별 700제(2022, 해커스공무원)
해커스공무원 대한국사 윤승규 기출 1200제(2022, 해커스공무원)
한국사 필기의 정석(2022, 웅비)
대한국사 윤승규 동형모의고사 400제(2022, 아람출판사)

서문

각 시대상에 대한 종합적 이해가 있어야 풀 수 있는 문제, 사료 제시형 추론 문제, 그리고 정확한 개념 및 사건의 특징을 알아야 풀 수 있는 지엽적 문제 등이 적절하게 배열되어 있는 것이 최근의 출제경향입니다.

그렇기 때문에 사건 및 사실의 인과관계와 역사적 흐름을 이해하는 것 외에도 지엽적이지만 사회·문화적 유산이나 제도 전반에 대한 정확한 지식을 갖추어야 하는 것이 요구되고 있습니다.

<대한국사 윤승규 단원별 700제>는 그러한 상황에 적용될 수 있는 편제와 내용을 담고자 했습니다.

<대한국사 윤승규 단원별 700제>의 특징은 다음과 같습니다.

첫째, 각 주제에는 체계적인 관점에서 **종합적인 이해를 꾀할 수 있도록 문제를 배분하여 배치**하였습니다.
또한 문제는 다양한 출제 포인트를 최적화시켜 전체적인 역사상을 이해하고 전천후로 문제를 풀어나갈 수 있는 능력을 배양하는 데 중점을 두고 출제하였습니다. 사료와 읽기자료를 적절히 배치하여 실전에 응용할 수 있도록 출제하였으며, 문형 문항도 충분히 대비할 수 있도록 고려하였습니다.

둘째, 문제와 정확히 일치하는 해설을 서술하되 **심화과정에 해당할 수 있는 자세한 내용까지 이해하기 쉽도록 기술**하였습니다.
또한 문제는 왼쪽에, 해설은 오른쪽에 배치하여 **풀이 즉시 정답과 해설을 확인할 수 있도록 구성**하였습니다.

수험생 가족 여러분의 건승과 합격을 기원합니다.

윤승규

차례

해커스공무원
**대한국사 윤승규
단원별 700제**

공무원시험전문 해커스공무원
gosi.Hackers.com

PART 01

한국사의 의미 및 선사 시대의 문화와 국가의 형성

PART 01 한국사의 의미 및 선사 시대의 문화와 국가의 형성

01 001

한반도의 구석기 시대에 대한 설명으로 잘못된 것은?

① 결합식 낚싯바늘, 사냥을 하던 창이나 화살촉 등이 여러 유적지에서 발견되고 있다.

② 후기 구석기 시대에는 활발한 지역 교류가 이루어져 화산의 산물인 흑요석으로 만든 세석기가 남한 전역에서 발견되고 있다.

③ 불을 사용하여 추위를 막고 음식을 익혀 먹었으며, 사냥감을 따라 이동 생활을 하였다.

④ 한반도에서 발견된 고인류 화석 가운데 역포 아이는 10만 년 전에 살았던 가장 오래된 인골로 추정되고 있다.

02 002

다음의 학설을 뒤집은 결정적 계기를 제공한 유적지에 해당하는 것은?

> 미국 고고학자 모비우스(Mobius)는 구석기 문화가 인도의 동쪽(동남 및 동북아시아)에서 발달한 찍개 문화 계통과 그 서쪽(인도, 유럽, 아프리카, 중동) 일대의 주먹 도끼 문화 계통으로 구분된다고 주장하였다. 같은 구석기 시대의 뗀석기라도 찍개보다 주먹 도끼가 시대가 앞선 것이고, 인도를 중심으로 동쪽에서는 주먹 도끼가 전혀 출토되지 않았다는 점에서 이 주장은 구석기 시대 연구의 정설로 받아들여졌다. 이와 같은 사실을 근거로 서양 지식인 집단 곳곳에서 황인종보다 백인종이 우월하다는 논리를 확대시키기도 하였다.

① 공주 석장리 유적

② 연천 전곡리 유적

③ 단양 수양개 유적

④ 제천 점말 동굴 유적

03 003

구석기 시대 유적에 대한 설명으로 옳은 것은?

① 연천 전곡리 유적은 남한에서 최초로 발견된 유적으로서 대규모 홍수가 지나간 자리에서 발견되었다.

② 종성 동관진 유적에서 발견된 인골 주변에 많은 꽃가루가 발견되어 망자에 대한 애도 의식이 있었음을 알 수 있다.

③ 공주 석장리를 비롯한 여러 유적에서는 집터 안에 돌로 난로를 만들고 불을 피운 화덕 자리가 확인되기도 하였다.

④ 덕천 승리산 동굴 유적에서는 아슐리안형 주먹 도끼와 동아시아식 외날찍개가 다수 발견되었다.

04 004

자료의 도구가 사용되던 시기의 특성으로 옳은 것은?

> 단순히 몸돌의 가장자리를 내리쳐 깨거나 돌의 한 끝을 쳐서 내어 직접 석기를 만들던 방법과는 달리, 쐐기 등을 대고 간접떼기를 하거나 눌러떼기를 하여 규칙적인 돌날(blade)을 만들게 되었다.

① 이 시대 사람들은 돌을 정교하게 갈아 만든 결합식 낚싯바늘, 작살, 돌 그물추 등으로 어로 활동을 하였다.

② 덧무늬 토기와 이른 민무늬 토기 등이 사용되었다.

③ 조개껍데기 가면, 호신부와 같은 예술품이 제작되었고, 씨족을 구성 단위로 하는 부족이 발생하였다.

④ 돌날이나 슴베찌르개 중심의 유물이 확산되다가 말기에는 좀돌날, 밀개, 새기개, 뚜르개와 같은 잔석기 등이 등장하였다.

01 001

① 신석기 시대에 대한 설명이다. 신석기 시대 사람들은 주로 활이나 창을 이용하여 사슴류와 멧돼지 등을 잡았고, 돌을 정교하게 갈아 만든 결합식 낚싯바늘, 작살, 돌 그물추 등으로 어로 활동을 하였다.

정답 ①

03 003

③ 구석기 시대부터 인류는 불을 사용하였으며, 이에 따라 공주 석장리를 비롯한 구석기 유적에서도 불을 사용한 흔적인 화덕 자리가 다수 발견되고 있다.

오답 분석

① 공주 석장리에 대한 설명이다. 공주 석장리 유적은 남한에서 최초로 발굴된 구석기 유적으로 집터, 불 땐 자리, 사람의 털과 짐승의 털, 불에 탄 곡식 낟알 등이 발굴되었고, 전기 · 중기 · 후기 구석기 시대의 다양한 문화층이 확인되었으며, 신석기 · 청동기 시대의 유물도 출토되었다.

② 청원 두루봉 동굴에서 발견된 흥수 아이에 대한 설명이다. 함북 종성 동관진 유적은 1933년 일제 강점기에 발견된 최초의 유적이다.

④ 연천 전곡리 유적에 대한 설명이다. 이곳에서는 양면 가공된 아슐리안형의 주먹 도끼, 일명 양면 핵석기라 불리는 도구와 외날찍개 등이 발견되었다. 이는 1970년대 말까지 석기의 가공 방법과 아슐리안형 석기의 유무를 기준으로 동아시아와 아프리카 · 유럽의 구석기 문화를 구분하던 모비우스의 학설을 뒤집는 결정적 계기가 되었다. 덕천 승리산 동굴에서는 서로 다른 시기에 해당하는 구석기 시대의 인골들이 출토되었다.

정답 ③

02 002

② 연천 전곡리에서는 양날 주먹 도끼인 아슐리안계 석기와 외날찍개가 동시에 발견되었다. 전곡리에서 발견된 석기들은 1970년대 말까지 석기의 가공 방법과 이 석기의 유무를 기준으로 동아시아와 아프리카 · 유럽의 구석기 문화를 구분하던 모비우스의 학설을 뒤집는 결정적 계기가 되었다.

정답 ②

04 004

자료는 구석기 시대의 도구에 대한 설명이다.

④ 구석기 시대의 유물로는 주먹 도끼, 슴베찌르개, 밀개, 돌날, 뼈도구 등이 있으며, 구석기인들은 채집과 어로 또는 사냥을 하는 획득 경제를 바탕으로 생활을 하였다.

오답 분석

①, ②, ③ 신석기 시대에 대한 설명이다.

정답 ④

05 005

다음 글의 밑줄 친 '이 시대'에 대하여 바르게 설명한 것은?

> 구석기 시대에서 신석기 시대로 넘어가는 과도기적 단계로서, 북한의 웅기 부포리와 만달리 유적, 남한의 통영 상노대도 조개더미의 최하층이나 홍천 하화계리 등의 유적이 있다. 이 시대의 사람들은 새로운 자연환경에 대응하는 생활 방법을 찾으려 노력하였으며, 이제 큰 짐승 대신에 토끼, 여우, 새 등 작고 빠른 짐승을 잡기 위해 활 등을 사용하였다.

① 기후가 따뜻해지면서 식물들이 번성하였으며, 해수면이 상승하였다.
② 빗살무늬 토기를 사용하였으며, 큰 강가나 바닷가에 정착하였다.
③ 반달 돌칼과 홈자귀가 주된 도구로 이용되었다.
④ 갈돌과 갈판을 사용하여 주로 자연에서 채집한 도토리를 갈아 먹었다.

06 006

다음 자료에서 언급한 선사 시기의 유물로 옳은 것은?

> 이 시기의 여인상과 멧돼지 조각품은 다산과 풍요를 기원하며 만들었고, 얼굴 모양 가면이나 조각품은 신의 모습을 형상화한 것으로 보인다. 영혼 숭배와 조상 숭배도 나타나 사람이 죽은 다음 시신을 정성스럽게 묻는 풍습이 생겨났다. 최근 이 시기의 유적에서 움무덤, 독무덤, 수십 명의 뼈를 함께 묻은 공동 무덤 등의 발견 사례가 늘어나고 있다.

① 비파형동검   ② 간돌검과 거푸집
③ 송국리형 토기   ④ 덧무늬 토기

07 007

다음의 내용 중 신석기 시대의 특성에 해당하는 내용은?

① 석회암이나 동물의 뼈 또는 뿔 등을 이용하여 조각품을 만들었는데, 공주 석장리와 단양 수양개에서 고래와 물고기 등을 새긴 조각이 발견되기도 하였다.
② 고랑을 내고 김을 매어 생산량을 늘려 나갔으며, 반달 돌칼로 곡식을 따고, 맷돌로 곡물을 가공하기도 하였다.
③ 큰 몸돌에서 떼어낸 격지들을 잔손질하여 용도별로 하나의 쓰임새를 갖는 석기가 제작되었다.
④ 낚시와 작살을 활용하여 대형 물고기 등을 사냥하였으며, 대구와 농어 등을 그물로 잡는 집단 어로 방식이 유행하였다.

08 008

다음 시기에 사용되기 시작한 토기로 옳은 것은?

> 혈연을 바탕으로 한 씨족이 다른 씨족과의 혼인을 통해 부족 사회를 형성하였지만, 아직 지배와 피지배의 관계가 발생하지 않아 연장자나 경험이 많은 자가 자기 부족을 이끌어 나가는 평등 사회였다.

① 팽이형 토기
② 미송리식 토기
③ 송국리형 토기
④ 빗살무늬 토기

05 005

제시된 지문의 밑줄 친 '이 시대'는 중석기 시대이다.
① 구석기 시대 끝 무렵이 되면 빙하기가 지나고 다시 기후가 따뜻해져 해수면이 상승하였고 식물들이 번성하였다.

오답 분석

②, ④ 신석기 시대에 대한 설명이다.
③ 청동기 시대에 대한 설명이다.

정답 ①

06 006

자료는 신석기 시대의 사회 풍습에 대한 내용이다.
④ 신석기 시대에 주로 사용된 덧무늬 토기와 이른 민무늬 토기는 함북 웅기 서포항, 강원도 양양 오산리, 부산 동삼동 조개더미, 통영 상노대도·연대도·욕지도 등에서 출토되었다. 이들은 빗살무늬 토기보다 더 이른 시기에 만들어져 쓰였던 것으로 추정되어 우리나라에서 출토된 가장 이른 시기의 토기로 간주된다.

오답 분석

①, ②, ③ 청동기 시대의 유물이다.

정답 ④

07 007

④ 어로에서 낚시가 활용되기 시작한 것은 주로 신석기 시대라 볼 수 있다. 이때에 이미 결합식 낚싯바늘을 이용한 어로 방식이 등장하였으며, 큰 물고기들을 그물로 잡는 집단 어로 방식이 확산되었다.

오답 분석

①, ③ 구석기 시대에 대한 설명이다.
② 청동기 시대에 대한 설명이다.

정답 ④

08 008

④ 자료는 신석기 시대에 대한 설명으로, 이 시기의 대표적인 토기는 빗살무늬 토기이다.

오답 분석

①, ②, ③ 청동기 시대의 토기들이다. 청동기 시대에 널리 유행한 민무늬 토기의 유형으로는 미송리식 토기(요동 지역과 청천강 이북), 팽이형 토기(대동강 유역), 송국리형 토기(한반도 중남부)가 있다.

정답 ④

09 009

우리나라에서 다음과 같은 주거 형태가 등장하였던 시대에 대한 내용으로 잘못된 것은?

> • 땅을 파고 만든 반지하 형태를 취하였다.
> • 중앙에 취사와 난방을 위한 화덕이 있었다.
> • 바닥은 원형이나 모서리가 둥근 네모꼴이었다.
> • 화덕이나 출입문 앞에는 저장 구덩을 만들어 식량이나 도구를 저장하였다.

① 가락바퀴를 사용하여 그물과 옷감을 제작하였다.

② 시신의 머리를 동쪽으로 두고 얼굴을 위로 향하게 한 뒤 곧게 눕힌 동침신전앙와장(東枕伸展仰臥葬)이 유행하였다.

③ 주 유적지인 고창, 화순, 강화 지역의 일부가 세계 문화유산으로 지정되었다.

④ 정착 생활과 목축이 이루어졌으며, 조·피·수수 등을 경작하였다.

10 010

다음은 농경 굴지구에 대한 사진이다. 다음의 도구가 사용되었을 당시의 사회적 특성으로 옳은 것을 고르면?

① 화덕 자리가 가옥 구조의 가장자리나 외곽으로 이동하는 특징을 보이며 순천 대곡리가 대표적 유적지 중 하나이다.

② 반달 돌칼이 제작되었으며, 홈자귀, 바퀴날 도끼도 함께 사용되었다.

③ 이 시기 남해안 여러 유적에서 출토되는 일본산 흑요석과 조몬 토기 등은 일본과의 교환 증거로 언급되고 있다.

④ 무리 사회를 이루었으며, 획득 경제의 특성상 이동 생활이 영위되었다.

11 011

(가)에 해당하는 도구를 사용할 당시에 대한 설명으로 옳은 것은?

> (가)는 그 중앙에 둥근 구멍이 뚫려 있는데, 그 구멍을 통하여 축(軸)이 될 막대[軸棒]를 넣어 고정시킨 상태로 만들어서 완성시킨다. 막대의 위쪽 끝에는 갈퀴를 만들어 둔다. (가)는 섬유를 이어 꼬임을 주면서 실을 만들거나, 긴 섬유 자체에 꼬임을 주어 실을 만들거나 간에 (가)에 막대를 움직이지 않게 끼고 한 손에 섬유 또는 꼬임을 주려는 실을 잡은 뒤, 다른 한 손으로는 실 끝을 잡아 늘여 막대에 잡아매고 (가)를 늘어뜨려 일정한 길이로 실이 뽑히도록 자세를 잡은 다음 (가)를 회전시키면 실이 늘어뜨려지는 순간 꼬인다.

① 이 시기에 송국리형 주거 집단이 일본으로 이주하여 야요이 문화에 영향을 주었을 것으로 여겨진다.

② 종전의 화덕 대신에 난방과 조리 기능을 한층 발전시킨 부뚜막과 구들 시설이 나타났다.

③ 선민사상을 바탕으로 청동으로 된 금속제 무기를 사용해 약한 부족을 통합·정복하였다.

④ 이 시대의 유물로 부적과 같은 긴 막대기 모양의 호신부, 치레걸이 등이 발견되고 있다.

12 012

우리나라 청동기 시대에 대한 설명으로 옳지 않은 것은?

① 경남 통영 연대도에서 이 시기의 공동묘지가 확인되었는데, 피장자 사이의 신분 차이는 없었던 것으로 추정되고 있다.

② 대표적 유물인 비파형동검은 동호의 영역을 포함한 중국 동북부와 한반도 전역에 걸쳐 많은 수량이 발견되고 있다.

③ 청동이 무르고 흔하지 않아서 농공구와 같은 일반적인 도구는 청동기로 제작하지 않았으며, 반면 단단해야 하는 농기구는 주로 돌로 만들었다.

④ 이 시대의 것으로 경작지의 중앙부에 도랑을 설치하고 그 양쪽의 둑에 나무를 박아 하천의 범람을 방지하는 인공적 수리 시설이 발견되고 있다.

문제 풀이 ⚙

09 009

자료는 신석기 시대의 주거 형태에 대한 설명이다.
③ 고창, 화순, 강화 지역은 청동기 시대의 고인돌 분포 지역에 해당한다. 우리나라에는 세계에서 가장 많은 고인돌이 분포되어 있는데, 유네스코 세계 위원회는 2000년 12월에 고창, 화순, 강화의 고인돌 유적지를 세계 문화유산으로 지정하였다.

정답 ③

10 010

사진은 신석기 시대의 농기구인 농경 굴지구이다.
③ 신석기 시대의 경남 비봉리 유적에서는 통나무배가 발굴되어 한반도와 일본 열도가 해상으로 교류하였음을 짐작할 수 있다. 또한 남해안의 조개더미 유적에서 발견된 조몬 토기와 흑요석은 신석기 시대 한반도와 일본 열도 간의 교류를 보여주고 있다.

오답 분석

①, ② 청동기 시대에 대한 설명이다.
④ 구석기 시대의 특성이다.

정답 ③

11 011

(가)에 해당하는 도구는 신석기 시대의 유물인 가락바퀴이다.
④ 신석기 시대의 사람들은 부적과 같은 긴 막대기 모양의 호신부, 치레걸이 등에 여성을 상징한 것, 사람 얼굴(혹은 가면), 뱀, 망아지 등을 표현한 것을 예술품으로 만들었다. 여성을 나타낸 것은 풍요와 다산에 대한 기원으로 보이며, 그 밖에 주술적 신앙, 무속 신앙적인 요소를 찾아볼 수 있다.

오답 분석

①, ③ 청동기 시대에 대한 설명이다.
② 청동기에서 철기 시대에 이르는 시기에 대한 설명이다.

정답 ④

12 012

① 신석기 시대의 무덤은 인천광역시 시도, 경상남도 연대도, 통영 욕지도 등지에서 발굴되었고, 경상북도 울진군 후포리 유적에서는 세골장 무덤이 확인되었다. 대개는 머리를 동쪽으로 두고 얼굴을 위로 향하게 한 뒤 곧게 눕힌 동침신전앙와장이 일반적이었으며, 이를 통해 태양 숭배와 내세 사상이 있었음을 유추할 수 있다.

정답 ①

13 013

다음에서 설명하고 있는 토기와 관련된 사회 모습으로 옳은 것은?

이 토기는 태토가 사질(砂質)이고 검정, 회색, 적갈색 등을 띠고 있다. 전체적으로 무늬가 없어 민무늬 토기 계열에 속하지만 옆으로 집선(集線) 무늬가 돌려지기도 한다. 밑바닥은 평평하고 몸체 양쪽에 옆으로 손잡이가 하나씩 달려있으며 목이 넓게 올라가다가 다시 안으로 가볍게 오므라지는 것이 특징이다. 청천강 이북 일대와 길림, 요령 지방에 넓게 분포하고 있으나 청천강 이남에는 출토된 것이 없다.

① 비파형동검이 사용되었으며, 요령 지방을 중심으로 세력 범위가 형성되어 있었다.
② 제정 분리 사회가 출현하였으며, 저수지가 다수 축조되고 농경이 발달하였다.
③ 거주지가 강가나 바닷가에 위치하였고, 식량 조달을 위한 어로 활동에 치중하였다.
④ 샤머니즘과 더불어 특정 동식물을 숭배하는 토테미즘이 발달하였다.

14 014

다음 유물과 유적이 만들어진 시대의 상황으로 적절한 것을 〈보기〉에서 모두 고른 것은?

보기
ㄱ. 중국과 같은 계통의 문화가 성행하였다.
ㄴ. 결합식 동검인 비파형동검은 이 시기의 대표적 유물로 만주, 한반도, 일본 큐슈에 걸쳐 분포한다.
ㄷ. 이 시대에는 청동기를 주로 무기나 의례 도구로 사용하였다.
ㄹ. 이 시대의 유적지에서 움무덤, 독무덤, 수십 명의 뼈를 함께 묻은 공동 무덤 등의 발견 사례가 늘어나고 있다.

① ㄱ, ㄴ   ② ㄱ, ㄷ
③ ㄴ, ㄷ   ④ ㄴ, ㄹ

15 015

제시문에 언급된 토기가 사용된 시기와 관련된 설명으로 옳은 것은?

민무늬 토기 형식인 이것은 쇠뿔처럼 생겼다하여 '각형 토기(角形土器)'라고도 한다. 최근에는 대표적인 유적의 이름을 따 '신흥동식 토기'라고도 하는데, 대동강 유역에 주로 분포하는 지역성이 강한 토기 형식이다. 한강 유역을 비롯한 남한 지방에서는 그 변형 형식이 약간 분포할 뿐이다.

① 군장이 하늘에 대한 제사를 주관하며 권위를 세웠고, 천손 사상을 내세워 주변 부족을 통합하였다.
② 동시대에 덧무늬 토기, 눌러찍기무늬 토기, 빗살무늬 토기 등의 토기가 제작되어 사용되었다.
③ 흑요석이 이 시기에 활발하게 교환되어 사용되었으며, 주변 지역과 다양한 교류의 흔적이 발견되고 있다.
④ 슴베찌르개 등 나무나 뼈에 꽂아 쓰는 이음 도구를 제작했으며, 작고 빠른 짐승을 잡기 위해 활을 사용하였다.

16 016

자료와 같은 무덤과 관련된 내용으로 옳은 것은?

이 무덤은 땅을 파고 4매 또는 그 이상의 판석을 이용해 네모난 형태의 무덤방을 만들고, 그 위에 1매 또는 수 매의 납작하고 길쭉한 돌로 뚜껑을 덮은 형태이다. 이는 매장 주체 시설이 지하에 마련되고, 이를 덮었던 돌 뚜껑이나 나무 뚜껑도 지하에 묻힌 것이다.

① 이 무덤은 동침신전앙와장의 형식이 최초로 확인된 특성을 가지고 있다.
② 마제 석검, 석촉 등 간석기와 더불어 비파형동검도 발견되고 있다.
③ 이 무덤은 철기 시대 고조선의 대표적 묘제로 발전하였으며, 삼한의 유적에서도 발견되고 있다.
④ 이 무덤의 묘제는 순장체가 다수 발견되며, 철기 시대 부여의 무덤으로 추정되고 있다.

13 013

제시문에서 설명하는 토기는 '미송리식 토기'로 청동기 시대에 사용되었던 대표적인 유물이다.

① 비파형동검은 만주에서부터 한반도 전역에 이르는 넓은 지역에서 출토되는 유물로 '미송리식 토기'와 더불어 청동기 시대에 사용되었던 대표적인 유물이다.

오답 분석

② 철기 시대에 대한 설명이다.

③, ④ 신석기 시대에 대한 설명이다. 신석기 시대에는 농경이 시작되었으나 여전히 어로와 사냥이 식량 확보의 큰 몫을 차지하였을 것으로 보인다.

정답 ①

14 014

제시된 사진은 청동기 시대에 사용된 고인돌, 반달 돌칼이다.

ㄴ. 비파형동검은 랴오닝성과 지린성을 포함한 중국 동북부와 한반도 전역에 걸쳐 많은 수량이 발견되고 있어 고조선의 유물로 간주된다. 또한 일부 유물이 일본의 큐슈에도 분포하는데, 이는 문화 전파로 인한 교류의 결과로 볼 수 있다. 또한 비파형동검과 세형동검은 결합식(조립식, 또는 분리형)으로 일체형인 중국식 및 오르도스식과는 구별되는 특성을 보인다.

ㄷ. 청동기는 지배층의 유물로 농기구보다는 무기 및 의례 도구로 많이 제작되었다.

오답 분석

ㄱ. 우리나라의 청동기 문화는 중국과는 다른 독자적인 문화를 형성하였다.

ㄹ. 신석기 시대의 특징에 해당한다.

정답 ③

15 015

제시문의 내용은 팽이형 토기에 대한 설명이다. 팽이형 토기는 우리나라 청동기 시대에 유행한 민무늬 토기의 한 형식으로, 입구 쪽이 큰 것에 비해 바닥이 작아 전체 모양이 팽이 모양과 같다하여 붙여진 이름이다. 쇠뿔처럼 생겼다하여 '각형 토기'라고도 한다. 이 토기가 주로 사용되었던 시기는 청동기 시대부터이다.

① 청동기 시대에는 군장이 하늘에 대한 제사를 주관하며 권위를 세웠고, 계급이 발생하였으며 지배 부족이 천손 사상을 내세워 주변 부족을 통합하였다.

오답 분석

② 신석기 시대에 대한 설명이다.

③ 구석기 말~신석기 시대에 대한 설명이다.

④ 구석기 후기에 대한 설명이다.

정답 ①

16 016

자료에 제시된 무덤은 돌널무덤에 해당한다.

② 마제 석검, 석촉 등 간석기와 비파형동검은 청동기 시대의 유물이며, 돌널무덤은 청동기 시대의 대표적 묘제 양식이다.

오답 분석

① 신석기 시대에 대한 설명이다.

③ 철기 시대의 널무덤에 해당한다.

④ 돌널무덤과 부여의 묘제는 관련이 없다.

정답 ②

17 017

다음의 암각화와 관련된 내용으로 잘못된 것은?

① 저수지에 위치하며, 복원 문제를 둘러싸고 다양한 의견이 도출되고 있다.

② 고래, 거북 등 수상 동물들이 많이 새겨져 있으며, 인물과 배도 그려져 있다.

③ 사냥감의 풍요를 기원한 작품으로 여겨지며, 면각과 선각의 기법이 복합적으로 나타난다.

④ 관직명과 부명 등 역사 시대의 다양한 기록들도 함께 확인되고 있다.

18 018

암각화에 대한 설명으로 옳지 않은 것은?

① 울주 천전리 각석은 선사 시대의 암각화와 더불어 신라 시기의 기록이 공존한다.

② 고령 암각화에는 풍요를 기원하는 동심원 문양이 새겨져 있으며, 대가야의 고분이 인접해 있다.

③ 울주 반구대 암각화에는 고래, 거북 등 수상 동물이 새겨져 있으나 육상 동물은 존재하지 않는다.

④ 고령 암각화에서는 신의 모습을 묘사한 것으로 추정되는 그림이 발견되기도 하였다.

19 019

다음 유물과 관련된 시대에 대한 설명으로 잘못된 것은?

① 덧띠새김무늬 토기가 빗살무늬 토기 문화와 500여 년간 공존하였다가 본격적인 이 시기의 문화로 이행된다.

② 창원 다호리에서 발견된 붓도 이것과 더불어 중국 문화의 유입을 알 수 있는 유물이다.

③ 위 화폐는 전국 시대의 화폐로 중국과의 교역 관계를 파악할 수 있다.

④ 덧띠 토기, 검은 간 토기가 사용되던 시기와 일치한다.

20 020

다음은 우리나라에서 출토된 청동기이다. 이 유물에 대한 설명으로 잘못된 것은?

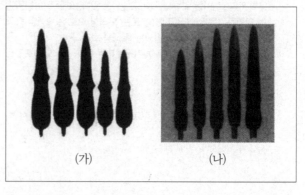

(가)   (나)

① (가)는 한반도 북부와 요령 지방에서 발견된 유물로 청동기 시대 고조선의 지표 유물이다.

② (나)와 함께 발견되는 유물로 철기 시대 전기에 청동기 문화의 독자적 발전이 이루어졌음을 알 수 있다.

③ (가)와 (나)의 지역 분포도 변화는 고조선의 중심지 이동설과 관련이 있다.

④ (가)는 북방 계통의 영향을 받았으며, 명도전, 오수전, 반량전 등과 함께 출토되고 있다.

17 017

제시된 암각화 탁본은 국보인 '울주 반구대 암각화'에 해당한다.

④ 관직명과 부명 등 역사 시대의 다양한 기록들이 확인되는 것은 국보인 '울주 천전리 각석'이다.

정답 ④

18 018

③ 울주 반구대 암각화에는 고래, 거북, 육상 동물 외에도 인물상과 배, 사냥이나 수렵 도구, 기하학적 기호가 새겨져 있다.

오답 분석

① 울주 천전리 각석은 상고 시대부터 신라 말기에 이르는 시기에 제작되었다. 명문 중에는 '사훼부(沙喙部, 신라 때 경주 6부 중 하나로 사탁부 혹은 사량부라고도 함)'라는 부(部)의 명칭이 여러 번 언급되고 있어 법흥왕을 비롯한 당시 왕실 세력과 사훼부의 관계, 주변 지역과 사훼부와의 관계에 대한 다양한 추론이 이루어지고 있다.

② 고령 장기리(양전동) 암각화에는 동심원과 십(十)자형, 인간의 얼굴을 표현한 인물상이 주로 조각되어 있다. 이 암각화는 대가야의 중심 지역인 고령에 위치하여 지산동 고분군과 인접해 있다.

④ 신의 모습을 묘사한 암각화는 시베리아 지역과 우리나라 영남 및 섬진강 유역에서 널리 발견되고 있다. 이를 통해 청동기 시대 사람들이 활발하게 교류하였음을 알 수 있다.

정답 ③

19 019

제시된 유물은 중국의 춘추 전국 시대에 연나라와 제나라에서 사용한 '명도전'이다.

① 덧띠새김무늬 토기는 신석기 말기부터 나타나는 새로운 양식의 토기로써 청동기 시대의 가장 이른 시기를 대표한다. 이 토기 문화는 신석기 시대 말인 기원전 2,000년경에 중국의 요령(랴오닝), 길림(지린성), 러시아의 아무르강과 연해주 지역에서 들어와 앞선 빗살무늬 토기 문화와 약 500년간 공존하였으며, 이후 본격적인 청동기 문화가 대두되었다.

덧띠새김무늬 토기

오답 분석

②, ③ 명도전은 경남 창원 다호리에서 발견된 붓과 더불어 철기 시대 중국과의 교역을 가늠할 수 있는 유물에 해당한다. 이후 교역이 지속되며 진나라에서 제작된 반량전과 한의 오수전도 수입되었다.

④ 철기 전기 시대에는 청동기 시대의 대표적인 토기인 민무늬 토기와 붉은 간 토기 이외에 덧띠 토기, 검은 간 토기(흑도) 등이 나타나고 있다.

정답 ①

20 020

(가)는 청동기 시대의 비파형동검이고, (나)는 철기 전기 시대의 세형동검이다.

④ 중국 연나라와 제나라에서 사용되었던 화폐인 명도전과 승석문 토기(삿무늬 토기) 등이 요동 지방과 한반도 북부 지방에서 많이 발견되고 있으며, 이는 철기의 전파 경로를 유추할 수 있는 단서가 되고 있다. 이 시기의 대표적 유물은 (나) 세형동검이다.

오답 분석

①, ③ 비파형동검은 우리나라 청동기 시대에 있어서 중국 요령 지방과 한반도의 청동기 문화를 동일한 문화권으로, 또한 비중국계 청동기 문화로 해석하게 하는 대표적인 유물이다. 비파형동검이 한반도의 여러 지역에서 출토되고, 시베리아 계통의 돌널무덤과 고인돌에서 주로 발견되는 점을 고려하면, 비파형동검은 세형동검의 전 단계이고, 요령 지방과 한반도 및 만주의 장춘, 길림 지방이 동일한 청동기 문화권을 이루었음을 알 수 있다. 또한 비파형동검의 주된 출토 지역 분포를 볼 때 고조선의 세력 범위를 알 수 있는 대표적 유물이다.

② 철기 전기 시대를 대표하는 유물인 세형동검은 한국식 동검으로 불리며, 이를 통해 한반도에서도 독자적인 청동기 문화가 형성되었음을 알 수 있다.

정답 ④

21 021

다음 자료의 밑줄 친 부분이 의미하는 내용이 잘못 연결된 것은?

> 옛날에 ㉠ 환인과 그의 아들 환웅이 있었는데, 아버지가 삼위태백(三危太伯)을 내려다보니 가히 ㉡ 널리 인간을 이롭게 할 만하므로, 아들에게 천부인(天符印) 세 개를 주어 보내 다스리게 하였다. 환웅은 무리 3천을 이끌고 태백산 꼭대기의 신령스러운 박달나무 아래에 내려가, ㉢ 풍백, 우사, 운사를 거느리고 곡물, 수명 등을 주관하며 세상을 다스렸다. 그때 곰과 호랑이가 같은 동굴에 살면서 환웅에게 사람이 되기를 빌었다. 그중에서 ㉣ 곰은 삼칠일 동안 금기를 지켜서 여자의 몸을 얻었으나 호랑이는 금기를 지키지 않아 얻을 수 없었다. 이에 환웅은 웅녀와 혼인하여 아이를 낳았으니, 이름하여 단군왕검이라 하였다.

① ㉠ – 선민사상
② ㉡ – 홍익인간 이념
③ ㉢ – 농경 사회
④ ㉣ – 애니미즘

22 022

다음의 기록이 전하는 상황을 전후하여 나타난 문화의 변화에 해당하지 않는 것은?

> "위략"에 보면 이런 말이 있다.
> 옛날에 주가 쇠하고 연이 자기 스스로 높여 왕이라 칭하며 동쪽으로 땅을 빼앗으려 하자, 기자의 후손 조선후도 또한 왕이라 칭하고 군사를 일으켜 연을 쳐서 주 왕실을 높이려고 하였다. 그러나 그 나라 대부 예가 간언하므로 그만두었다. 그리고 예를 서쪽으로 파견하여 연을 설득하게 하니 연도 전쟁을 중지하고 침공하지 않았다. 그 뒤 자손들이 점점 교만하고 포학해지자 연은 장군 진개를 보내 조선의 서쪽을 쳐서 2천여 리의 땅을 빼앗고 만번한에 이르러 국경을 삼았으니, 마침내 조선은 쇠약해졌다. — 「삼국지」 「위서」 동이전

① 대동강 유역에서는 독자적인 형태의 세형동검과 잔무늬 거울 등이 제작되었다.
② 널무덤이 사라지고 점차 돌널무덤이 등장하였으며, 수리 시설을 바탕으로 논이 처음으로 조성되었다.
③ 청동기가 점차 의기화되고 철기의 사용이 확대되는 경향이 보였다.
④ 중국과의 교역이 이루어져 명도전, 반량전 등 중국의 화폐가 전래되었다.

23 023

다음의 내용과 관련된 사실로 잘못된 것은?

> 고조선이 문헌에 나타나는 것은 기원전 7세기부터이다. 기원전 3세기경에는 부왕, 준왕이 왕위를 세습하여 상, 대부, 장군 등의 국가 조직을 갖추었다. 진·한 교체의 혼란은 고조선에도 큰 영향을 주었다. 전쟁과 혼란을 피해 연의 지역에서 유이민이 대규모로 고조선에 넘어왔다.

① 고조선을 언급한 최초의 문헌인 『관자』에서는 조선의 문피 무역을 언급하고 있다.
② 상은 왕과 함께 국가의 중요한 일을 처리하는 회의에 참여하였으며, 자신이 직접 주관하는 영역과 주민이 있었다.
③ 중국의 영향으로 8조법에 죄수와 관련된 연좌제가 도입되어 살인죄 등에 적용되었다.
④ 탁자식 고인돌과 미송리식 토기는 고조선의 문화 범위와 세력 범위를 잘 보여주는 유물이다.

24 024

다음 내용에 해당하는 국가에 대한 설명으로 옳지 않은 것은?

> 위만이 군사의 위엄과 재물을 토대로 이웃의 작은 고을을 침략하여 항복시켰다. 진번과 임둔도 모두 와서 복속하여 땅이 수천 리나 되었다. 위만이 왕위를 아들에게 전하고 다시 손자 우거에게 이르렀다. 한나라에서 도망해 온 사람들이 자못 많았다. 일찍이 중국 황제를 뵈러 오지도 않았고, 진번에 있는 여러 나라들이 글을 올려 중국 황제를 보고자 해도 가로막아 가지 못하게 하였다. — 「사기」 조선전

① 한반도 동방의 예(濊)나 남방의 진(辰)이 한과 직접 교역하는 것을 막고 중계 무역을 통해 이득을 독점하였다.
② 한은 이 나라와 흉노의 연결을 차단시키기 위한 목적으로 침략을 감행하였다.
③ 철기 문화가 본격적으로 수용되었다.
④ 중앙 집권을 위해 군현을 설치하고 60여 조가 넘는 법을 시행하였다.

21 021

④ 단군 신화에 언급된 곰과 호랑이에 대한 내용은 토테미즘을 반영한 것으로 선주민이 곰과 호랑이를 숭배하는 신석기인이었음을 상징한다. 또한 단군의 출생 과정은 환웅 부족(청동기)과 웅녀 부족(토착 문화)의 연합을 의미하는 것으로 고조선의 건국 과정에서 청동기 이주민과 곰 숭배 부족이 연합하고 호랑이 숭배 부족은 배제되는 과정을 상징하는 것으로 이해되고 있다. 애니미즘은 무생물에도 영혼이 있다고 믿는 세계관으로, 농경 생활에 접어들면서 농사에 관계되는 해, 구름, 비 등과 같은 자연 현상과 산, 하천 같은 자연물에 정령이 있다고 믿고 숭배하는 신앙이다.

정답 ④

22 022

제시문은 고조선과 중국 전국 시대 연의 갈등을 보여주는 기록이다. 이 시기를 기점으로 중국의 철기 문화가 본격적으로 유입되고 청동기 문화와 철기가 공존하는 철기 전기 시대가 전개되었다.

② 돌널무덤은 청동기의 대표 무덤 형식으로 고인돌과 더불어 나타나며, 청동기 전기에서 후기(철기 전기)에 이르는 전 시기에 걸쳐 분포한다. 이후 널무덤이 청동기에서 철기로 이행하는 시기부터 등장하였으며, 대표적인 묘제로 발전하였다. 수리 시설과 논 유적은 최근 안동 저전리, 세종시 대평동 유적 등 청동기 전기 유적지가 많이 발견되고 있다.

정답 ②

23 023

자료는 위만의 이동에 대한 내용이다. 전쟁에 대한 우려로 만주 부근의 동이계의 백성들이 대거 고조선으로 이동하였으며, 위만은 연으로부터 무리 1,000여 명을 이끌고 조선으로 망명하였다.

③ 『삼국지』「위서」 동이전과 『후한서』 동이전에는 기자가 조선에 와서 8조의 교법을 만들어 인민을 교화하였다고 기록되어 있으며, 이를 기자 팔조교(기자 팔조금법)라 한다. 8조법에는 연좌제의 특성이 언급되어 있지 않다.

오답 분석

① 고조선에 대한 최초의 기록인 『관자』에 이르면 기원전 7세기경 현재 산둥 반도의 제나라 재상 관중이 고조선의 특산물인 문피를 사면 큰 이익을 얻을 수 있다고 한 내용이 서술되어 있어, 고조선이 중원의 나라들과 모피 무역을 했음을 알 수 있다.

② 여러 관직 중에서 상은 왕 밑에서 국무를 관장하던 직책으로 신분이 높은 귀족이 담당하였다. 상은 수천 호로 이루어진 지역 집단의 우두머리로서 중앙에 진출하여 국정에 참여하였다.

④ 탁자식 고인돌, 비파형동검, 미송리식 토기 등은 고조선의 지표 유물 및 유구로 알려져 있다.

정답 ③

24 024

자료에 해당하는 국가는 '위만 조선'이다.

④ 고조선이 멸망한 이후에 해당하는 내용이다. 고조선 멸망 이후 한 군현에 의해 엄한 율령이 시행되어 법 조항이 60여 개로 증가하였다. 이는 한 군현의 지배가 원활히 이루어지지 못했으며, 고조선 유민들의 저항이 거세지고 풍속이 각박해진 상황을 의미하는 것으로 파악된다.

오답 분석

①, ②, ③ 위만 조선은 선진적 철기 문화를 본격적으로 수용하여 농업과 무기 생산을 중심으로 수공업을 발전시켰고, 무역이 발달하였다. 지리적 이점을 이용하여 한반도 동방의 예(濊)나 남방의 진(辰)이 한과 직접 교역하는 것을 막고 중계 무역을 통해 이득을 독점하였다. 한은 위만 조선의 중계 무역에 불만을 품고 위만 조선과 흉노와의 연결을 차단하고, 중계 무역의 이권을 빼앗는 한편, 동북아 지역을 석권하고자 하였다. 결국 고조선은 기원전 108년에 한나라에 의해 멸망하였다.

정답 ④

25 025

다음 (   ) 안의 국가와 관련된 사실로 옳은 것은?

> 원봉 2년에 한에서는 섭하를 사신으로 보내어 달래고 타일렀으나 우거는 끝내 조서를 받아들이지 않았다. 섭하는 돌아가다가 국경 근처 패수에 도착하자 부하를 시켜 자기를 배웅 나온 (   )의 비왕 장(長)을 죽인 다음 달아났다. 돌아가서 이 사실을 천자에게 보고하여 요동 동부도위가 되었다. (   )은(는) 섭하를 원수로 여겨 요동을 습격하였다.
> – 「사기」

① 사람들은 흰옷을 즐겨 입었으며, 상복도 남녀 모두 흰옷이었다.

② 이 나라의 관직으로는 비왕, 상, 경, 대부, 대신, 장군, 박사, 도위 등이 있었다.

③ 왕권은 미약하였으나 왕이 나온 대표 부족의 세력은 매우 강하여 궁궐·성책·감옥·창고 등의 시설을 갖추었다.

④ 3세기 말에는 선비족의 침략으로 한때 수도가 함락되기도 하였으며, 4세기에는 전연의 침략으로 왕이 포로가 되는 위기를 맞았다.

26 026

고조선 멸망 후 설치된 한 군현에 대한 설명으로 옳은 것은?

① 한 군현은 토착 사회를 회유하기 위해 토착 수장층에게 인수나 의책을 나누어 주었다.

② 한 군현의 통치 이후 성문법에 입각한 8개조의 법률이 만들어졌다.

③ 역계경이 망명한 예의 지역에 한 군현 중 가장 늦게 창해군이 세워졌다.

④ 고구려의 동천왕 시기에 낙랑과 대방이 멸망하였다.

27 027

다음의 건국 이야기와 관련된 국가의 풍속 및 법률로 옳은 것은?

> 상제 환인은 서자가 있었으니 이름이 웅이었다고 한다. 이 웅에게 일러 말하기를 "내려가 삼위태백에 이르러 크게 인간을 이롭게 할 수 있을까?"라고 하였다. 이리하여 웅이 천부인 세 개를 받고 귀신 3,000명을 거느려 태백산 마루에 있는 신단수 아래에 내려왔다. 이분을 단웅천왕이라 이른다고들 한다. 손녀로 하여금 약을 먹여 사람이 되게 하여 단수신과 결혼시켜 아들을 낳게 했다. 이름을 단군이라 하니 조선 땅을 차지하여 왕이 되었다. 이런 까닭에 시라(신라)·고례(고려)·남북옥저·동북부여·예와 맥은 모두 단군의 자손이다. 1038년을 다스리다가 아사달에 들어가니, 신이 되어 죽지 않은 연고이다.
> – 「제왕운기」 권하, 「전조선기」

① 여자는 모두 정조를 지키고 신용이 있어 음란하지 않았다.

② 사람을 죽인 자는 사형에 처하고, 그 가족은 노비로 삼는다.

③ 소나 말을 죽인 자는 소나 말 주인 집의 노비로 삼는다.

④ 부인으로서 간통죄를 범하면 남편 집의 종으로 삼았다.

28 028

다음 지도에 표시된 지역에 존재했던 국가에 대해 잘못 설명한 것은?

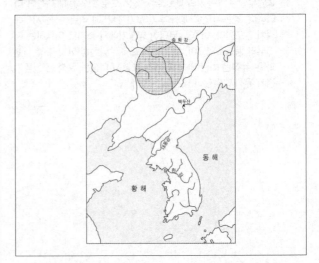

① 4출도의 행정 구역이 존재했으며, 순장의 풍습을 가지고 있었다.

② 왕과 제가들은 사자, 대사자 등의 관리를 거느렸다.

③ 우제점법이 행해져 소를 죽여 그 굽으로 길흉을 예견하였다.

④ 좌식자라 칭하는 전투 귀족단을 보유하였다.

25 025

제시문은 위만 조선과 한의 대립을 설명한 사료이다. 위만 조선은 진번·임둔 등을 모두 복속시키며 세력을 넓혀 사방 수천 리에 이르는 영토를 지배하게 되었고, 손자인 우거 때에 이르러 진국 등 주변의 여러 나라들을 압박하며 한나라의 동쪽 변경을 위협하는 큰 세력으로 떠올랐다. 고조선의 세력이 커지자 한나라 무제는 기원전 109년 섭하를 사신으로 보내 복속을 요구했지만, 우거왕은 이를 거부하고 패왕 장을 시켜 섭하를 돌려보냈다. 섭하는 자신을 전송하기 위해 동행하던 패왕 장을 죽였고, 무제는 그를 요동 동부도위로 임명했다. 패왕 장의 죽음에 분노한 고조선이 군대를 보내 섭하를 죽이자, 무제는 누선장군 양복과 좌장군 순체로 하여금 바다와 육지 두 방면으로 나누어 고조선을 공격하게 했다.
② 고조선의 관직에는 비왕, 상, 경, 대부, 대신, 장군, 박사, 도위 등이 있었다고 전한다.

오답 분석

①, ③, ④ 부여에 대한 설명이다.

정답 ②

26 026

① 한 군현은 토착 사회를 회유하기 위해 토착 수장층에게 인수나 의책을 나누어 주는 등 분리·회유 정책을 썼다. 한편, 경제적으로는 소금, 철, 목재 등을 착취하기도 했다.

오답 분석

② 한 군현은 60여 조가 넘는 법률을 만들어 유민들을 엄격하게 통치하였다.
③ 창해군은 기원전 128년에 예의 군장 남려가 28만 명을 이끌고 요동군에 투항해오자, 한 무제가 설치한 군현이다. 위치는 요동 지역으로 보는 시각이 다수를 이루고 있다. 조선상 역계경은 한과의 대립을 반대하다가 남방의 진으로 망명한 인물이었다.
④ 한 군현은 고구려의 미천왕 때 낙랑군(313)과 대방군(314)이 멸망하면서 소멸되었다.

정답 ①

27 027

자료는 고조선에 대한 설명이다.
① 『한서』「지리지」에 기록된 고조선의 8조법에는 부인들은 정숙하고 음란하지 않았다고 하는데, 이를 통해 당시의 가부장적 사회상을 짐작해볼 수 있다.

오답 분석

② 부여의 4조목에 대한 내용이다.
③ 고구려의 법률이다.
④ 백제의 형법이다.

정답 ①

28 028

지도에 표시된 지역에 존재했던 국가는 '부여'이다.
④ 전투 귀족단으로 추정되는 좌식자를 보유한 것은 고구려이다. 『삼국지』에 의하면 고구려의 좌식자는 1만여 명이 있었으며, 대가와 더불어 고구려의 지배층이었다.

정답 ④

29 029

다음의 기록에서 언급한 초기 국가와 관련이 없는 것은?

> 국내에 있을 때 옷은 흰색을 숭상하며, 흰 베로 만든 큰 소매 달린 도포와 바지를 입고 가죽신을 신는다. 외국에 나갈 때는 비단옷·수놓은 옷·모직 옷을 즐겨 입고, 대인은 그 위에다 여우·살쾡이·원숭이, 희거나 검은 담비 가죽으로 만든 갓옷을 입었으며, 금은으로 모자를 장식하였다. 통역인이 이야기를 전할 때는 모두 꿇어앉아서 손으로 땅을 짚고 가만가만 이야기한다. 형벌은 엄하고 각박하여 사람을 죽인 사람은 사형에 처하고 집안사람은 적몰하여 노비로 삼는다. 도둑질을 하면 12배를 변상하게 하였다.

① 기원전 2~1세기 무렵 국가의 형태를 갖추었으며 적자의 왕위 계승권을 기본으로 하되 적자가 없으면 제가(諸加)들이 합의하여 왕으로 추대하였다.
② 얼음을 사용하여 시신의 부패를 늦추고 옥갑(玉匣)을 사용하는 등 성대한 장례 절차를 치렀다.
③ 흉노와 같은 풍습으로 형이 죽으면 형수를 아내로 삼는 형사취수제의 특성을 가지고 있었다.
④ 중국과 자주 갈등을 일으켰으며, 기록에 중국과의 갈등 내용이 빈번하게 언급되어 있다.

30 030

다음 자료와 관련된 국가의 법률로 옳은 것은?

> 적군이 침입하면 제가들이 몸소 전투를 한다. 하호는 양식을 운반하여 음식을 만들어준다. 장마가 계속되어 오곡이 영글지 않으면 그 허물을 왕에게 돌린다.

① 사람을 죽인 자는 사형에 처하고, 그 가족은 노비로 삼는다.
② 남에게 상해를 입힌 자는 곡물로써 배상해야 한다.
③ 뇌물을 받은 관리는 3배를 배상하게 함과 동시에 종신토록 금고케 한다.
④ 도둑질한 자는 노비로 삼으며, 자속하려는 자는 50만 전을 내어야 한다.

31 031

다음에서 언급한 (가) 초기 국가에 대한 설명으로 옳은 것은?

> " (가) 는 … 그 도장에 예왕지인(濊王之印:예왕의 인장)이라고 새겨져 있다. 그 나라에는 오래된 성이 있는데, 이름을 예성이라고 한다. 본래 예맥의 지역인데,   (가) 가 그 가운데 왕으로 있었다." – 「삼국지」「위서」동이전

① 이 나라의 영역에 해당하는 의창 다호리의 덧널무덤에서는 철제 농기구·청동검·붓 등의 유물이 출토되었다.
② 장사를 후하게 지낼 때 곽을 쓰고 관을 쓰지 않았으며, 5개월에 걸쳐 장례를 지냈다.
③ 길이 3장이나 되는 모(矛)를 만들어 때로 몇 명이 이를 잡아 쓰기도 하며 보병 전투에 능하였다.
④ 왕이 있고 관직은 상가, 대로, 패자, 고추가, 주부, 우대, 승, 사자, 조의, 선인 등이 있으며 높고 낮음에 각기 등급이 있었다.

32 032

다음 사료에 나타난 풍속을 지닌 초기 국가에 대한 설명으로 옳은 것은?

> 혼인하는 풍속을 보면, 구두로 약속이 정해지면 신부 집에서 큰 본채 뒤에 작은 별채를 짓는데 이를 서옥이라 한다. 해가 저물 무렵 신랑이 신부 집 문 밖에 와서 이름을 밝히고 꿇어앉아 절하며 안에 들어가서 신부와 잘 수 있도록 요청한다. 이렇게 두세 번 청하면 신부의 부모가 별채에 들어가 자도록 허락한다. …… 자식을 낳아 장성하면 신부를 데리고 자기 집으로 간다. – 「삼국지」

① 국동대혈에서 제사 의식을 행하였으며, 첫 도읍지는 오녀산성 주변으로 추정되는 졸본성이었다.
② 5월과 10월에 제천 행사를 개최하였으며, 벼농사가 발전하였다.
③ 군장 국가 단계에 머물렀으며, 남의 산천에 침범하면 소와 말로 배상하는 규율이 있었다.
④ 중국의 사서에 성품이 강직하고 용맹하였으며 다른 나라를 노략질하지 않았다고 기록되어 있다.

29 029

제시된 자료는 '부여'에 대한 설명이다.

④ 부여는 중국과 외교 관계를 맺으면서 발전하였는데, 중국은 부여의 세력이 왕성하였기 때문에 친선책을 펼쳐 관계를 유지하였고, 부여는 위나라 관구검이 고구려를 침략할 때 위의 군사에게 군량을 제공하기도 하였다. 부여의 이 같은 정책의 목적은 중국과 연결하여 고구려를 견제하려는 데 있었다. 중국과 잦은 갈등을 일으킨 것은 부여가 아닌 고구려이다.

오답 분석

① 부여는 가(加)들이 왕을 추대하였다.

② 부여는 순장의 풍습이 있어 왕이 죽으면 쓰던 물건을 같이 매장하였고 5개월장을 치렀으며, 부패를 막기 위해 얼음을 사용하였다.

③ 부여에서는 형이 죽으면 동생이 형수를 아내로 맞았는데, 이는 부여 사회가 친족 집단의 공동체적 성격이 강하게 유지되고 있었음을 반영해주는 것이다.

정답 ④

30 030

자료는 부여에 대한 설명이다.

① 부여의 법으로 4조목이 전해지고 있으며, 그 내용은 다음과 같다.

1. 사람을 죽인 자는 사형에 처하고, 그 가족은 노비로 삼는다.
2. 도둑질한 자는 12배로 배상하게 한다(1책 12법).
3. 간음한 자는 사형에 처한다.
4. 부인이 질투하면 사형에 처하되, 그 시체는 산 위에 버리며 가족이 그 시체를 가져가려면 소나 말을 바쳐야 한다.

오답 분석

②, ④ 고조선의 8조법에 해당한다.

③ 백제 고이왕 시기에 제정한 범장지법의 내용이다.

정답 ①

31 031

(가) 국가는 부여에 해당한다.

② 부여에서는 상복을 흰옷으로 입었으며, 왕이 죽었을 경우 시신의 부패를 막기 위해 얼음을 사용하고 5개월장을 치렀다. 또한 장사를 후하게 지내고 곽을 쓰고 관을 쓰지 않았다.

오답 분석

① 삼한에 대한 설명이다.

③ 동예에 대한 설명이다.

④ 고구려에 대한 설명이다.

정답 ②

32 032

사료는 고구려의 혼인 풍속인 '서옥제'에 대한 설명이다.

① 고구려는 농경 사회의 축제로 추수 감사제의 성격을 지닌 동맹이라는 제천 행사를 10월에 성대하게 치르고, 더불어 왕과 신하들이 국동대혈에서 함께 제사를 지냈다. 고구려의 시조 주몽이 최초로 도읍을 정한 곳은 졸본으로, 만주 환인 북쪽에 있는 오녀산성 주변으로 추정된다.

오답 분석

② 삼한에 대한 설명이다.

③ 동예에 대한 설명이다.

④ 부여에 대한 설명이다.

정답 ①

33 033

다음의 기록에서 언급한 초기 국가와 관련된 내용은?

> 본래 소노부·절노부·순노부·관노부·계루부가 5부이다. 소노부에서 왕이 나왔으나 미약해져서 지금은 계루부에서 왕위를 차지하였다. … 관직을 설치할 때 대로가 있으면 패자를 설치하지 않고, 패자가 있으면 대로를 설치하지 않았다. 왕의 종족으로 대가인 자는 모두 고추가로 불린다. 소노부는 국주로 지금은 왕이 되지 못하지만 적통대인은 고추가 칭호를 얻었으며, 종묘를 세우고 영성(靈星)과 사직에게 따로 제사 지낸다. 절노부는 대대로 왕실과 혼인을 하였으므로 고추가 칭호를 더하였다. 모든 대가도 사자·조의·선인을 두어 명단을 왕에게 보고해야 했는데, 이들은 중국의 경이나 대부의 가신과 같은 것으로, 회합할 때 좌석 차례에선 왕가의 사자·조의·선인과 같은 반열에는 앉지 못했다.

① 일반민의 혼인 시 남자 집에서 돼지고기와 술을 보낼 뿐 다른 예물은 주지 않았다.
② 도둑질을 한 자는 유배시키고 훔친 물건의 두 배를 물게 하였다.
③ 꺼리고 두려워하는 것이 많아 병들어 죽으면 즉시 옛집을 버리고 다시 새집을 지어 살았다.
④ 중국과 통교하였으며, 서기 1세기 무렵에는 후한에 사신을 보내 왕호를 사용하였다.

34 034

다음의 국가에 대한 설명으로 옳은 것은?

> 큰 산과 깊은 골짜기가 많고 평야와 연못이 없다. 사람들은 산골짜기에 살며 산골 물을 마신다. … (중략) … 백성들은 노래 부르고 춤추기를 좋아하여 촌락에서는 저문 밤에 남녀가 무리로 모여 노래하며 즐겨 놀았다. … (중략) … 감옥이 없었으니 죄인이 있으면 제가가 의논하여 죄인을 죽이고 처자를 몰수하여 노비로 삼았다.

① 혼인 때부터 수의를 마련하고, 장례 때에는 금, 은, 돈, 폐백 같은 것을 후하게 썼다.
② 돌을 이용하여 이마를 편편하게 만드는 편두 풍속이 유행하였다.
③ 소와 말의 생산이 적어 싸울 때는 창을 가지고 보병전을 잘하였다.
④ 왕이 없고, 각 부족은 읍군, 삼로라고 불리는 군장들에 의해 통솔되었다.

35 035

다음 내용에 해당하는 국가에 대한 설명으로 옳은 것은?

> 그들은 장사를 지낼 적에는 큰 나무 곽(槨)을 만드는데 길이가 10여 장(丈)이나 되며 한쪽 머리를 열어놓아 문을 만든다. 사람이 죽으면 시체는 모두 가매장을 하되, 겨우 형체가 덮일 만큼 묻었다가 가죽과 살이 다 썩은 다음에 뼈만 추려 곽 속에 안치한다. 온 집 식구를 하나의 곽 속에 넣어두는데, 죽은 사람의 숫자대로 살아 있을 때와 같은 모습으로 나무로써 모양을 새긴다. 또 질솥에 쌀을 담아서 곽의 문 곁에다 엮어 매단다.
> – 「삼국지」 「위서」 동이전

① 움집이나 귀틀집에 살면서 농사를 짓고, 삼베와 명주를 짜서 입었다.
② 투기가 심한 부인은 죽여서 시신을 산에 유기하였다.
③ 이 지역에서 '여'자형 집터와 '철'자형 집터가 발견되는데, 이러한 집터들은 영동과 영서 지방에서 모두 발견되었다.
④ 오곡이 잘 생산되었으며 소금, 어물 등을 고구려에 공납으로 바쳤고 민며느리제가 있었다.

36 036

다음의 사료에 언급된 국가와 관련된 내용은?

> 그 나라 혼인 풍속은 여자 나이 10살이 되기 전에 혼인을 약속한다. 신랑 집에서는 여자를 맞이하여 다 클 때까지 길러 아내로 삼는다. 여자가 어른이 되면 친정으로 되돌려 보낸다. 친정에서는 돈을 요구하는데 신랑 집에서 돈을 지불한 뒤 다시 신랑 집으로 돌아온다.

① 돌무지무덤을 조성하고 그 앞에 소나무와 잣나무를 심기도 하였다.
② 요동의 산간 지대를 장악하였으며, 함경도 산악 지역의 작은 나라들을 복속시켜 나갔다.
③ 가족묘제가 유행하였으며, 어물, 소금 등 해산물이 풍부하였다.
④ 주구묘가 조성되기도 하였으며, 소와 말을 순장하는 경우도 있었다.

33 033

기록에 해당하는 국가는 '고구려'이다.

① 고구려에서는 일반민의 혼인 시 돼지고기만 주고받을 뿐 예물을 주고받는 것을 꺼려했다는 기록이 있다.

오답 분석

② 도둑질을 한 자는 유배시키고 훔친 물건의 두 배를 물게 하는 것은 백제의 법이다. 부여와 고구려에는 1책 12법이 존재하였다.

③ 『삼국지』, 「위서」 동이전에 언급된 동예와 관련된 기록이다.

④ 부여는 일찍이 중국과 통교하여 서기 1세기 무렵인 서기 49년에는 후한에 사신을 보내어 왕호를 사용하였다.

정답 ①

34 034

제시문에 언급된 국가는 '고구려'이다.

① 고구려는 죽은 자에 대해 후한 장례 절차를 밟았다.

오답 분석

② 편두 풍속은 변한 지역에서 유행하였으며 가야로 계승되었다.

③ 옥저에 대한 설명이다.

④ 옥저와 동예에 대한 설명이다.

정답 ①

35 035

사료는 '옥저'에 대한 설명이다. 옥저는 가족이 죽으면 시체를 가매장하였다가 나중에 뼈를 추려서 가족 공동 무덤인 목곽에 함께 안치하는 골장제(세골장)라는 풍습이 있었다.

④ 옥저는 토지가 비옥하여 농사가 잘되었으나, 고구려의 지배하에 있었으므로 그들에게 삼베와 소금, 어물 등의 특산물을 공납으로 바치는 등 수탈을 당하였다.

오답 분석

① 삼한, ② 부여에 대한 설명이다.

③ 철(凸)자형과 여(몸)자형 집터는 동예의 문화권으로, 강원도 동해시와 강릉시를 중심으로 계속 발굴되고 있으며, 최근 영서 지방의 춘천 율문리에서도 철자형 집터가 발굴되었다. 이에 따라 동예의 세력권을 영동과 영서를 포괄하는 지역으로 간주하기도 한다.

정답 ④

36 036

사료는 '옥저'의 혼인 풍속에 대한 설명이다.

③ 옥저는 '예부제'라는 민며느리제의 성격을 가진 풍습과 가족묘제가 있었고, 소금 등 해산물이 풍부했다.

오답 분석

①, ② 고구려에 대한 설명이다.

④ 마한에 대한 설명이다.

정답 ③

37 037

다음 중 씨족 사회의 전통을 엿볼 수 있는 동예의 풍속을 골라 묶은 것은?

㉠ 족외혼	㉡ 서옥제
㉢ 책화	㉣ 동맹
㉤ 민며느리제	
---

① ㉠, ㉡
② ㉠, ㉢
③ ㉡, ㉣
④ ㉢, ㉤

38 038

다음 국가의 특성에 해당하는 것은?

> 사람들의 성품은 솔직하고 성실하며 욕심이 적고 염치가 있었다. … (중략) … 언어와 법속이 거의 고구려와 같았으나, 의복은 달랐다. … (중략) … 산천을 존중하여 산천에 각기 부분이 있었으므로 서로 함부로 들어갈 수 없었다. 같은 성은 서로 혼인하지 않았으며, 꺼리고 두려워하는 것이 많아 병들어 죽으면 즉시 옛집을 버리고 다시 새집을 지어 살았다.
>
> – 「삼국지」「위서」 동이전

① 천안, 익산, 나주 지역을 중심으로 하여 경기, 충청, 전라도 지방에서 발전하였다.
② 구릉과 넓은 못이 많았고, 토질은 오곡을 가꾸기에는 알맞지만, 과일은 생산되지 않았다.
③ 활쏘기와 말타기에 능하였고, 무덤 속에 금, 은 등을 묻는 풍습이 있었다.
④ 10월에 무천이라는 제천 행사를 열었는데, 노래를 부르며 춤을 추었고, 호랑이에게 제사를 지냈다.

39 039

다음의 내용과 국가를 순서대로 배열한 것은?

> ㉠ 얼음을 사용하여 시신의 부패를 늦추고 옥갑(玉匣)을 사용하는 등 성대한 장례 절차를 치렀다.
> ㉡ 지신밟기라는 풍속이 있었으며, 두레라는 농업 공동체가 결성되기도 하였다.
> ㉢ 왕족과 각 부의 대가들이 좌식 계급으로 부를 독점하고, 자신의 집에 부경을 소유하였다.
> ㉣ 단궁, 반어피 등을 생산하였고, 소와 말을 중요한 재산으로 취급하였다.

① ㉠ 부여　㉡ 삼한　㉢ 고구려　㉣ 동예
② ㉠ 동예　㉡ 고구려　㉢ 삼한　㉣ 부여
③ ㉠ 부여　㉡ 옥저　㉢ 고구려　㉣ 동예
④ ㉠ 고구려　㉡ 삼한　㉢ 부여　㉣ 옥저

40 040

다음은 「삼국지」「위서」 동이전에 실린 기록이다. 각 국가에 대한 설명으로 옳은 것은?

> (가) 나라에는 군왕이 있다. 가축 이름으로 관직명을 정하여 마가, 우가, 저가, 구가, 대사자, 사자가 있다. 제가들은 별도로 사출도를 주관한다. 적군이 침입하면 제가들이 몸소 전투를 한다. 하호는 양식을 운반하여 음식을 만들어준다. 장마가 계속되어 오곡이 영글지 않으면 그 허물을 왕에게 돌린다.
> (나) 모든 대가들은 사자, 조의, 선인을 둔다. 감옥이 없고 범죄자가 있으면 제가들이 모여서 논의하여 사형에 처하고 처자는 노비로 삼는다.
> (다) 대군장이 없다. 후, 읍군, 삼로의 관직이 있어서 하호를 통치한다. 그 나라 노인들은 예부터 스스로를 '고구려와 같은 종족이다'라고 일컬었다. 산천을 중요시하여 산과 강마다 각각 구분이 있고 함부로 들어가지 않는다. 부락을 함부로 침범하면 노비와 소, 말을 가져다주어야 한다.

① (가)국은 한때 왕을 배출했던 집단의 대가를 고추가라 칭하였다.
② (나)국은 척박한 자연환경으로 인해 약탈 경제가 발달하여 완충 지역으로 소도를 설치하였다.
③ (다)국은 강원도 북부의 동해안 지방과 영흥·안변 일대에 위치하였다.
④ (가)와 (나)국의 하호는 전쟁에 참여하여 군공을 세우고 신분 상승을 할 수 있었다.

37 037

⊙ 동예는 같은 씨족끼리는 혼인을 하지 않는 족외혼을 엄격하게 지켰다.

ⓒ 동예는 산천을 중히 여겨 각 부족이 소유한 산천에는 다른 부족의 출입을 막았으며, 서로 침범할 시에는 소, 말 등으로 갚아야 하는 책화라는 풍습이 있었다.

오답 분석

ⓛ, ⓔ 서옥제와 동맹은 고구려의 풍속이다.

ⓜ 민며느리제는 옥저의 풍속이다.

정답 ②

38 038

사료에서 설명하는 국가는 '동예'이다.

④ 동예는 10월에 무천이라는 제천 행사를 열어 하늘에 제사를 지냈으며, 호랑이를 신으로 모시며 제사 지내는 호신풍습이 있었다.

오답 분석

① 천안, 익산, 나주 지역을 중심으로 하여 경기, 충청, 전라도 지방에서 발전한 초기 국가는 마한에 해당한다.

② 부여는 구릉과 넓은 못이 많았고 비교적 비옥한 지역이었지만 원시 농경의 형태에서 벗어나지 못하였으며, 토질은 오곡을 가꾸기에 알맞았으나 과일은 생산되지 않았다.

③ 고구려 사람들은 무예를 중히 여겨 활쏘기와 말타기에 능하였고, 무덤 속에 금, 은 등을 묻는 풍습이 있었다.

정답 ④

39 039

① ⊙은 부여, ⓒ은 삼한, ⓔ은 고구려, ⓜ은 동예에 해당한다.

정답 ①

40 040

(가)는 부여, (나)는 고구려, (다)는 동예이다.

③ 동예는 강원도 북부의 동해안 지방과 영흥 · 안변 일대에 위치하였다.

오답 분석

① 고구려는 소노부(연노부), 계루부, 절노부, 순노부, 관노부 등 5부족이 중심이 되어 형성된 국가로 소노부와 절노부에게는 '고추가'라는 칭호를 부여하였다.

② 소도는 신성 지역으로서 삼한에 존재하였다.

④ 부여, 고구려의 피지배층인 하호는 식량 조달의 의무를 부과받았지만 전쟁에 참여할 수 있는 권리는 부여받지 못하였다. 당시 군역 종사자는 후대와 같은 군역 의무자가 아니라 지배층만이 갖는 영광스러운 권리에 해당하였으며, 피지배층인 하호는 이들의 군역을 도와 하역이나 운반을 담당하는 역할을 맡고, 무장할 수 있는 권리는 없었던 것으로 보인다.

정답 ③

41 041

다음의 내용과 관련된 초기 국가에 대한 설명으로 옳은 것은?

> 이 나라에 각각 장수가 있는데, 그중에 큰 자는 자기를 스스로 신지라 부르고 그다음 가는 자는 읍차라고 한다. 사람들은 산과 바다에 흩어져 살았으므로 성곽이 없었다.

① 가족묘제인 목곽을 만들었으며, 죽은 자의 양식으로 쌀을 담은 항아리를 매달아 놓기도 하였다.
② 과하마가 많이 생산되었으며, 산과 내마다 구분이 있어 함부로 들어가지 않았다.
③ 전쟁이 일어났을 때에도 제천 의식을 치렀고, 승전의 길흉을 점치는 우제점법을 행하기도 하였다.
④ 철을 생산하여 서남해안의 항로를 따라 낙랑, 대방 등에 수출하기도 하였다.

42 042

다음의 국가와 관련된 사실로 옳은 것은?

> 토지가 비옥하고 아름다워 오곡과 벼를 재배하기 알맞으며, 누에를 칠 줄 알아 비단과 베를 만들었다. 말과 소를 탈 줄 알았으며 시집 장가가는 예속(혼인의 예속)은 남녀의 구별이 있었다. 큰 새의 깃으로 죽은 사람을 장사 지내는데, 그 뜻은 죽은 자가 날아서 떨치도록 하려 함이었다.

① 송화강의 평야 지대를 중심으로 성장하였으며, 못이 많아 비옥한 지역이었다.
② 철기 시대 분묘 형태인 널무덤과 독무덤이 유행하였다.
③ 흰옷을 즐겨 하여, 흰 베로 만든 큰 소매 달린 도포와 바지를 입었다.
④ 이 나라의 건국 기록은 『삼국유사』, 『제왕운기』, 『동국여지승람』 등에 실려 있다.

43 043

다음 사료의 밑줄 친 지역과 관련된 사실로 옳은 것은?

> 조선후 준이 분수를 모르고 왕을 칭하다가 연에서 망명한 위만의 공격을 받아 나라를 빼앗기자, 그 측근 신하와 궁인들을 거느리고 달아나 한(韓) 땅에 들어가 스스로 한왕이라 불렸다.
> — 『삼국지』 『위서』 동이전

① 이 지역에서는 형이 죽으면 형수를 아내로 삼는 풍습이 있었는데 이 풍습은 흉노와 같았다.
② 거처는 초가에 토실을 만들어 사는데, 그 모양은 마치 무덤과 같았으며, 그 문은 윗부분에 있었다.
③ 이 지역의 춘천 율문리에서 부엌, 난방 시설이 그대로 나타난 철(凸)자형 집터 유적이 발굴되었다.
④ 이 지역에 세워진 환도산성은 수도의 군사 방어선으로 평상시에는 무기, 식량 등 군수품을 비축하였고 전시에 국왕이 피신하는 성으로 이용되었다.

41 041

자료는 삼한에 대한 내용이다.
④ 삼한 중 변한에서는 철을 많이 생산하여 마한, 진한과 한 군현 (낙랑과 대방), 일본 등으로 덩이쇠를 수출하였다.

오답 분석
① 옥저의 풍속이다.
② 동예의 풍속이다.
③ 부여의 풍속이다.

정답 ④

42 042

삼한의 변한(변진)에 대한 설명이다.
② 삼한은 철기 시대 분묘 형태인 널무덤(토광묘)과 독무덤(옹관 묘)이 유행하였다.

오답 분석
①, ③ 부여는 송화강 유역의 평야 지대를 중심으로 성장하였으며, 흰옷을 평소에 즐겨 입는 풍습이 있었다.
④ 고조선에 대한 설명이다.

정답 ②

43 043

사료의 밑줄 친 '한(韓) 땅'은 삼한에 해당한다. 『삼국유사』에는 준 왕이 남하하여 마한왕이 되었다는 기록도 전해지고 있다.
② 삼한 중 마한은 반움집의 형태로 초가 지붕의 토실을 만들어 살 았다는 기록이 있으며, 최근 충남 공주 장선리 등에서 그 유구 가 발견되고 있다.

오답 분석
① 『삼국지』「위서」 동이전 부여에 대한 기록이다.
③ 동예에 대한 설명이다.
④ 고구려에 대한 설명이다.

정답 ②

PART 02

고대의 정치

PART
02 고대의 정치

01 044

고대 국가의 발전 과정에서 (   ) 안의 인물, 또는 이와 관련된 국가의 특징으로 옳은 것은?

> 누가 나라 열어 풍운을 열었는가.
> 천제의 손자, (   )이라 불렸다네.
> 요 임금과 같은 시기 무진에 일어나
> 우 임금을 지나 하나라를 거칠 때까지도 임금 자리에 있었다네.
>   - 「제왕운기」

① 천문령 전투에서 승리하여 개국하였으며, 동모산에 도읍을 정하였다.

② (   )의 인물은 금석문에서 북부여 천제의 아들이며, 황천의 아들이라 기록되어 있다.

③ (   )의 인물은 나정이라는 우물 근처에서 태어났으며, 촌장들에 의해 왕으로 추대되었다.

④ 이 나라의 대표적 유물로는 비파형동검과 미송리식 토기가 있다.

02 045

다음 내용과 관련된 국가에 대한 설명으로 옳은 것은?

> "하박(河泊)의 손자이며 일월(日月)의 아들인 추모 성왕이 북부여에서 나셨으니, 이 나라 이 고을이 가장 성스러움을 천하사방(天下四方)이 알지니…"
>   - 모두루 묘지

① 집집마다 각기 조그만 창고를 가지고 있는데, 이를 이름하여 부경이라 하였다.

② 농경과 목축을 중심으로 하는 반농반목의 경제 체제를 유지하였다.

③ 위례성에 도읍하였으며, 한 군현과의 항쟁으로 국가적 위기를 맞기도 하였다.

④ 같은 씨족끼리는 혼인을 하지 않는 족외혼을 엄격하게 지켰다.

03 046

다음의 내용과 관련된 나라에 대한 설명으로 옳은 것은?

> 비류가 온조에게 말하기를 "차라리 어머니를 모시고 남쪽으로 가서 땅을 택하여 따로 나라를 세워야겠다."하고는 함께 무리를 거느리고 내려왔다. 온조는 위례성에 도읍을 정하고 신하 열 명의 보필을 받았고, 비류는 미추홀에 가서 살았다. 그런데 미추홀은 토지가 습하고 물맛이 짜서 백성들이 편안하게 살 수 없었다. 이후 비류가 죽자 그 백성들은 온조가 있는 위례성으로 들어왔다.

① 한 군현과의 항쟁으로 왕이 목숨을 잃는 위기가 발생하기도 하였다.

② 제가 회의를 통해 중요한 국사를 논의하였고, 중대한 범죄자를 사형에 처하기도 했다.

③ 소백산맥 너머 호남 동부 지역까지 영역을 확장하였으며, 남조의 제에 조공을 하였다.

④ 철이 많이 생산되어 낙랑, 왜 등에 수출하였으며 중계 무역으로 부를 축적하였다.

04 047

다음의 글은 어떤 국가의 건국과 관련된 사료이다. 이 국가와 관련된 내용으로 옳은 것은?

> 조선의 유민들이 산골에 나뉘어 살면서 여섯 개의 마을을 이루고 있었다. 첫째는 알천의 양산촌이라 하고, 둘째는 돌산의 고허촌이라 하고, 셋째는 취산의 진지촌(혹은 간진촌)이라 하고, 넷째는 무산의 대수촌이라 하고, 다섯째는 금산의 가리촌이라 하고, 여섯째는 명활산의 고야촌이라 하는데, 이것이 이 나라의 6부가 되었다.
>   - 「삼국사기」

① 좌보와 우보의 직을 단일화해 국상제를 설치하여 통치 체제를 정비하였다.

② 직산에 자리 잡은 목지국의 세력을 압도해 이전의 부용 관계를 청산하였다.

③ 이 나라의 국왕들은 거서간, 차차웅, 이사금, 마립간의 고유 호칭을 사용하기도 하였다.

④ 이 나라의 대표 유적으로는 정림사지 5층 석탑과 석촌동 고분이 남아 있다.

01 044

사료는 『제왕운기』에 언급된 고조선 건국에 대한 내용으로 괄호 안에 들어갈 인물은 '단군'이다.

④ 고조선은 요령 지방과 대동강 유역을 중심으로 독자적인 문화를 이룩하면서 발전하였다. 고조선의 영역은 비파형동검과 고인돌의 출토 분포지와 밀접한 관련이 있으며, 대표적인 토기로는 미송리식 토기가 있다.

오답 분석

① 고구려 유민을 이끌던 대조영은 당군과 맞서 싸워 698년 천문령 전투에서 크게 승리하였으며, 같은 해 동모산에 도읍을 정한 후, 713년 발해 군왕으로 책봉되었다.

② 광개토 대왕릉비에는 고구려의 시조인 추모왕이 북부여 천제의 아들이며, 황천의 아들이라고 기록되어 있다.

③ 『삼국사기』와 『삼국유사』에 의하면 박혁거세는 양산 및 나정이라는 우물 근처의 알에서 태어났으며, 13세 때 촌장들에 의해 왕으로 추대되었다고 한다.

정답 ④

02 045

'모두루 묘지석'은 고구려의 무덤에서 발견되었으며, 주몽을 일월의 아들이라 묘사하고 있다.

① 고구려에 대하여 3세기 후반에 저술된 중국의 역사책인 『삼국지』「위서」 동이전에는 "나라에 큰 창고가 없으며, 집집마다 각기 조그만 창고를 가지고 있는데, 이를 이름하여 부경이라 한다."고 되어 있다.

오답 분석

② 부여에 대한 설명이다.

③ 한 군현과의 항쟁에서 위기를 맞은 국가는 고구려와 백제에 해당한다. 다만 위례성은 백제의 초기 수도이기 때문에 지문에 해당하는 국가는 백제라 볼 수 있다.

④ 동예에 대한 설명이다.

정답 ①

03 046

자료는 백제에 대한 내용이다.

① 백제의 책계왕은 298년 한군(낙랑의 군대)과 맥인(동예로 추정됨)의 침입에 맞서 싸우다가 적병에게 살해되었다. 또한 그의 아들 분서왕도 낙랑이 보낸 자객에 의해 피살되었다.

오답 분석

② 고구려는 제가 회의를 통해 중요한 국사를 논의하였는데, 이를 통해 제가나 귀족들이 죄를 지은 자에 대한 처벌과 왕위 계승에 영향력을 행사하기도 하였다.

③ 후기 가야 연맹의 맹주로 성장한 대가야의 하지왕은 479년에 중국 남제에 사신을 보내 '가라국'의 이름으로 '보국장군 본국왕'의 작호를 받았다.

④ 금관가야는 변한 시기부터 발달한 철 생산을 바탕으로 서남해안 항로를 이용하여 낙랑·대방, 왜 등과 중계 무역을 하였으며 경제적 번영을 이룰 수 있었다.

정답 ①

04 047

자료는 신라의 건국에 대한 내용이다.

③ 신라는 고유 왕호를 사용하다가 지증왕 이후 중국식 왕호를 사용하기 시작하였다.

오답 분석

① 고구려는 8대 신대왕 시기에 국상제를 설치하고 명림답부를 국상에 임명하여 통치 체제를 정비하기 시작하였다.

② 백제는 고이왕 시기부터 목지국을 압도하여 부용(附庸, 작은 나라가 큰 나라에 의탁해서 지내는 일) 관계를 청산하고 마한의 주도 세력으로 성장하기 시작하였다. 일부 학계에서는 목지국의 멸망을 고이왕 시기로 설명하기도 한다(목지국의 멸망에 대한 이설로는 근초고왕 설도 존재한다).

④ 백제에 대한 설명이다.

정답 ③

05 048

다음 사료의 임금이 재위했을 당시의 정치적 상황에 해당하는 것은?

> 겨울 10월, 임금이 질양으로 사냥을 갔다가 길에 앉아 우는 자를 보았다. 임금이 우는 이유를 물으니, 그가 대답하여 말했다.
> "저는 가난하여 항상 품팔이로 어머니를 봉양하였습니다. 그런데 올해는 흉년이 들어 품팔이 할 곳이 없어, 한 되나 한 말의 곡식도 얻을 수 없기에 우는 것입니다."
> 임금이 말하였다.
> "아아! 내가 백성의 부모가 되어 백성들이 이 지경에 이르게 하였으니 나의 죄로다."
> 임금은 그에게 옷과 음식을 주어 위로하였다. 그리고는 서울과 지방의 해당 관청에 명하여 홀아비와 과부, 고아, 자식 없는 늙은이, 늙고 병들고 가난하여 혼자 힘으로 살 수 없는 자들을 찾아 구휼하게 하였다. 또 관리들에게 명하여 매년 봄 3월부터 가을 7월까지 관청의 곡식을 내어 백성들의 식구 수에 따라 차등 있게 빌려 주었다가 겨울 10월에 상환하게 하는 것을 법규로 정하였다. 모든 백성들이 크게 기뻐하였다.
> — 『삼국사기』

① 신라가 저수지인 시제를 축조해 농업 생산력의 증대를 도모하였다.

② 신라가 죽령 이북과 고현 이남의 10개 군을 고구려로부터 점령해 빼앗았다.

③ 고구려가 5부족을 동·서·남·북·내부로 명칭을 바꾸어 중앙과 지방 행정 제도를 정비했다.

④ 고구려가 거대한 규모의 안학궁을 건립하고 왕권 강화를 도모하였다.

06 049

다음의 업적을 남긴 왕이 재위했던 세기에 일어난 일로 옳은 것은?

> 27년 봄 정월에 내신좌평을 두었는데 왕명 출납 일을 맡았다. 내두좌평은 창고와 재정 일을 맡았고, 내법좌평은 예법과 의례 일을 맡았고, 위사좌평은 왕궁을 지키는 군사 일을 맡았고, 조정좌평은 형벌과 감옥 일을 맡았고, 병관좌평은 지방 군사 일을 맡았다. 또 달솔·은솔·덕솔·한솔·나솔과 장덕·시덕·고덕·계덕·대덕·문독·무독·좌군·진무·극우를 두었다. 6좌평은 모두 1품이요 달솔 2품·은솔 3품·덕솔 4품·한솔 5품·나솔 6품·장덕 7품·시덕 8품·고덕 9품·계덕 10품·대덕 11품·문독 12품·무독 13품·좌군 14품·진무 15품·극우 16품이었다.
> 2월에 명령을 내려 6품 이상은 자주색 옷을 입고 은꽃으로 관을 장식하게 하였으며, 11품 이상은 다홍색 옷을 입게 하고, 16품 이상은 푸른색 옷을 입게 하였다.
> — 『삼국사기』 권24, 「백제본기」

① 고구려의 동천왕이 서안평을 공격하였고, 위장 관구검의 역습을 받아 환도성이 함락되었다.

② 백제에서 고이왕계의 왕통이 단절되고 초고왕계가 다시 왕위를 계승하였다.

③ 신라에서 우역제가 실시되고 왕호가 사용되기 시작하였다.

④ 진흥왕의 한강 유역 차지로 신라와 백제의 나·제 동맹이 와해되었다.

문제 풀이 🔧

05 048

사료는 고구려 고국천왕이 실시한 진대법에 대한 내용이다. 고국천왕은 194년 진대법을 실시해 궁핍한 농민들에 대한 구휼책을 마련하였다. 이는 왕권에 저항하는 세력들과 농민들의 결탁과 포섭을 저지하고, 국가의 공민을 확보하기 위한 정책이었다.

③ 고국천왕은 부족제 중심의 5부제를 방위명에 해당하는 행정적 5부(동·서·남·북·내)로 개편하여 왕권 강화 및 초부족적 지배 질서를 꾀하였다.

오답 분석

① 신라는 5, 6세기경부터 벼 재배가 확대되어 국가 차원에서 시제라는 저수지를 축조(눌지 마립간)하고 전국의 제방을 수리하였으며 가축을 이용한 우경(지증왕)을 장려하였다.

② 신라 진흥왕과 백제 성왕의 연합군은 고구려가 점유하고 있던 한강 유역을 공격하여 백제는 한강 하류의 실지 일부를 되찾았고, 신라는 죽령 이북과 고현(지금의 철령) 이남의 10개 군을 고구려로부터 점령해 빼앗았다.

④ 안학궁은 장수왕이 국내성에서 평양으로 천도하면서 세운 것으로, 현재 그 터만 남아있으나 장수왕의 남진 정책의 기상을 반영하여 외관이 매우 웅장했을 것으로 추정된다.

정답 ③

06 049

자료는 백제 고이왕 시기의 관등제 정비에 관한 내용으로, 고이왕이 재위했던 3세기에 일어난 일을 고르는 문제이다.

① 고구려 동천왕은 238년에 위나라 군대를 도와 공손씨 세력을 멸망시켰다. 이후 242년 위의 서안평을 선제공격하였으나 위장 관구검의 역습을 받아 남옥저 지역으로 피신하였다.

오답 분석

② 백제는 304년에 분서왕이 피살된 뒤 고이왕계의 몰락이 가속화되었으며, 비류왕이 즉위하면서 초고왕계가 다시 왕권을 장악하게 되었다.

③ 신라는 소지 마립간 재위기인 487년 사방에 우역을 설치하였고, 지증왕 재위기인 503년에 왕호를 마립간에서 왕으로 바꾸었다.

④ 진흥왕은 553년 대중국 관계에서 위기에 처한 고구려와 밀약을 맺고 백제가 수복한 한강 하류 유역을 기습 공격해 점령함으로써 한강 유역의 전부를 차지하였다. 이로써 신라와 백제와의 결혼 동맹은 파기되었다.

정답 ①

07 050

밑줄 친 '전 왕'의 업적으로 옳은 것은?

> "고구려의 지역을 수졸(戍卒)로 지킬 수는 없으며, 지금 군주가 도망가고 백성이 흩어져 산곡에 잠복하였으나, 대군(大軍)이 떠나면 반드시 다시 모여서 살아남은 사람을 수습할 것이니, 그것이 오히려 근심거리가 될 것입니다. 청컨대 그 아비의 시체를 싣고 그 생모를 수감하여 돌아갔다가 그가 자신을 단속하여 돌아오기를 기다린 연후에 이를 돌려주어 은혜와 신의로써 무마하는 것이 상책입니다."하니, 모용황이 그대로 따라 전 왕의 묘를 파서 그 시체를 싣고 부고(府庫)에 있는 누대의 보물을 거두며, 남녀 5만여 구를 포로로 사로잡고는, 그 궁실을 불 지르고 환도성을 허물어뜨린 다음 돌아갔다.
> – 「동국통감」

① 연나부의 반란을 진압하고 진대법을 실시하였다.

② 태학을 설립하고 율령을 공포하였다.

③ 중국의 혼란기를 틈타 낙랑군을 공격하고 대동강 유역을 확보하였다.

④ 서북쪽으로는 후연을 격파하고, 동쪽으로는 숙신과 동부여를 굴복시켜 영토를 확장하였다.

08 051

밑줄 친 '왕'과 관련된 내용으로 잘못된 것은?

> 왕 26년에 고구려가 군사를 일으켜 오니, 왕이 듣고 패하 강변에 군사를 매복시켰다가 오는 것을 기다려 갑자기 쳐서 고구려군을 패배시켰다. 겨울에 왕이 태자와 함께 정예병 30,000을 거느리고 고구려를 침입하여 평양성을 공격하였다. 고구려왕 사유가 힘껏 싸워 막다가 화살에 맞아 죽으니 왕이 군사를 이끌고 왔다.
> – 「삼국사기」

① 요서 장악

② 궁남지 축조

③ 동진과 수교

④ 아직기의 왜 파견

09 052

다음의 자료는 「동국통감」에 제시된 사론의 내용이다. 이 주장에서 평가의 대상이 된 국왕의 재위기에 일어난 일로 옳은 것은?

> "고구려에서 나라를 세운 지 지금 4백여 년이 되었는데, 이때에 이르러 태학을 세워 자제를 가르쳤으니, 어찌 그리 학교와 스승을 세우는 것이 늦었단 말입니까? 지금 왕이 학교와 스승을 세웠으니, 비록 능력이 있다 하겠으나, 그러나 비로소 호승(胡僧)인 순도·아도를 받들고 절을 세우며 불상과 불경을 만들어서 고구려의 영불(侫佛)하는 첫 임금이 되었으며, 자손들이 허물을 본받아서 그 화근이 만연되었음은 이루 말할 수 없습니다. 비록 학교는 세웠다고 하나, 진작·성취의 효력이 없었으니, 어찌 학문을 좋아하는 마음이 부처를 좋아하는 것에 미치지 못한다고 하지 않겠습니까?"
> – 「동국통감」

① 재위 기간 중 끊임없이 백제와 치열한 공방전을 벌였다.

② 이 시기 혜자와 담징이 일본에 건너가 활동하였다.

③ 북성, 중성, 내성, 외성으로 이루어진 평양성을 축조하였다.

④ 대중국 무역을 강화하는 한편, 중국 남조의 송과도 교류하였다.

10 053

다음 유물과 관련된 것으로 옳지 않은 것은?

① 해방 이후 최초의 발굴을 통해 발견된 유물이다.

② 이 유물의 명문에서 언급된 왕 시기 신라는 나·제 동맹을 체결하였다.

③ 신라가 고구려의 영향력 아래에 편입되어 있었음을 확인할 수 있다.

④ 명문에 언급된 국왕은 신라에 침입한 왜구를 격퇴시켜 주었다.

문제 풀이

07 050

밑줄 친 '전 왕'은 미천왕으로 아들인 고국원왕이 수도를 빼앗겼을 때 시신이 탈취되는 수모를 겪었다.
③ 미천왕은 위·진 남북조의 혼란기가 시작될 무렵 낙랑(313)과 대방(314)을 정복하였다.

오답 분석

① 고국천왕에 대한 설명이다. 그는 좌가려 등 왕비족 연나부(절노부)의 반란을 진압하고 부족제를 해체하여 행정적 5부로 개편하였으며, 을파소를 등용하고 진대법을 실시하였다.
② 소수림왕에 대한 설명이다.
④ 광개토 대왕에 대한 설명이다.

정답 ③

08 051

사료의 밑줄 친 '왕'은 근초고왕이다.
② 궁남지는 무왕 시기 부여에 축조된 인공 연못이다.

오답 분석

① 근초고왕은 중국이 북방 민족의 침입으로 분열된 틈을 타서 요서 지방으로 진출해 백제군을 설치하였다. 이는 고구려 세력을 견제함과 동시에 무역 기지의 확보라는 의미가 있다.
③ 근초고왕은 372년 중국의 동진과 외교 관계를 수립하여 동진으로부터 진동장군영낙랑태수·영동장군영낙랑태수에 책봉되었으며 대방 지역을 점령하면서 남조 문화를 수용하였다.
④ 아직기는 근초고왕 때 왕명으로 일본에 건너가 일본 왕에게 말을 선물하고 말을 기르는 일과 승마술을 전하였다.

정답 ②

09 052

사료의 내용과 관련된 국왕은 '소수림왕'이다. 소수림왕은 372년에 태학을 설립하고, 불교를 수용하였으며, 373년에 율령을 반포하였다.
① 소수림왕은 371년 말에 즉위한 뒤 384년 사망 시까지 끊임없이 백제를 공격하였다.

오답 분석

② 영양왕. ③ 평원왕. ④ 장수왕 때의 일이다.

정답 ①

10 053

제시된 유물은 경주 호우총에서 발견된 '호우명 그릇'이다.
② 호우명 그릇은 광개토 대왕과 관련된 유물로, 이 시기 재위했던 신라의 왕은 내물 마립간과 실성 마립간이었다. 나·제 동맹은 눌지 마립간 시기 백제의 비유왕과 체결되었다.

오답 분석

① 호우명 그릇이 발굴된 호우총은 경주 노서동 제140호분으로 1946년 해방 직후 한국인에 의하여 발굴된 최초의 고분이다.
③, ④ 광개토 대왕은 400년에 왜구의 침입으로 위기에 처한 신라를 구원함으로써 한반도 남부까지 영향력을 확대하고, 신라의 중앙 집권 체제 형성에 간여하였다. 당시 고구려와 신라의 관계는 호우명 그릇 밑바닥에 새겨져 있는 '광개토지호태왕(廣開土地好太王)'이라는 글씨를 통해서도 유추해볼 수 있다.

정답 ②

11 054

다음 비문에서 언급된 왕이 재위하던 시기에 있었던 일은?

> 영락 9년 기해(己亥)에 백제가 서약을 어기고 왜와 화통하므로, 왕은 평양으로 순수(巡狩)해 내려갔다. 신라가 사신을 보내 왕에게 말하기를, "왜인이 국경에 가득 차 성을 부수었으니, 노객(老客)은 백성된 자로서 왕에게 귀의하여 분부를 청한다"고 하였다. … (중략) … 10년 경자에 보병과 기병 5만을 보내 신라를 구원하게 하였다.

① 가야 연맹의 주도권이 금관가야에서 대가야로 넘어가게 되었다.
② 불교가 공인되고 율령이 반포되었으며 연호가 사용되었다.
③ 광개토 대왕릉비를 건립하였다.
④ 북위에 사절을 파견하였으며 흥안령 산맥 부근의 지두우족을 분할 점령하였다.

12 055

다음은 어떤 비문의 일부이다. 이와 관련하여 당시 삼국의 정치적 상황을 옳게 설명한 것을 〈보기〉에서 모두 고른 것은?

> • 영락 5년, 왕이 친히 군사를 이끌고 비려를 토벌하였다.
> • 영락 6년, 왕이 친히 군사를 이끌고 백제를 토벌하여 항복을 받고, 58성 700촌을 획득하였다.
> • 영락 10년, 왕이 군사 5만을 보내 신라에 침입한 왜구를 무찔러 신라를 구원하였다.

보기
㉠ 물길족에게 멸망한 부여의 왕족이 고구려에 투항하였다.
㉡ 신라에서는 김씨에 의한 왕위 세습권이 확립되고 마립간의 칭호가 사용되었다.
㉢ 가야 연맹체의 중심지가 지산동 고분을 남긴 낙동강 상류 지역의 국가로 이동하였다.
㉣ 백제가 동진과 수교하고 금관가야에 대한 주도권을 확립하였다.

① ㉠, ㉡
② ㉠, ㉢
③ ㉡, ㉢
④ ㉢, ㉣

13 056

다음 제시문은 비에 기록된 금석문에 해당한다. 비문의 주인공과 관련된 내용으로 옳은 것은?

> 20년 경술년, 동부여는 옛날 추모왕의 속민이었으나 중도에 배반하여 조공을 하지 않았다. 왕이 몸소 군대를 이끌고 토벌에 나섰다. 군대가 부여성에 이르자 부여는 거국적으로 두려워하여 굴복했다. …… 왕의 은덕이 모든 곳에 미치자 환국하였다.

① 한강 유역 탈환을 위해 온달을 선봉으로 삼아 아단성을 공격하였으나 실패하였다.
② 율령을 반포하여 이전의 여러 전통적 관습법 체계를 일원적인 공법 체계로 재구성하고 성문화하였다.
③ 국상 창조리 등의 도움을 받아 봉상왕을 폐하고 왕위에 올랐으며, 낙랑과 대방을 복속시켰다.
④ 백제를 공격하여 아신왕으로부터 영원히 노객(奴客)이 되겠다는 맹세를 받고 귀환하였다.

14 057

다음은 백제가 중국에 보낸 국서의 일부이다. 이 국서가 보내졌을 당시 재위했던 고구려 국왕 시기 일어난 일로 옳은 것은?

> 고구려의 잘못은 하나둘이 아닙니다. 겉으로는 겸손한 말을 지껄이면서도 속으로는 흉악한 짐승의 저돌성을 품고 있습니다. 남쪽의 송과 수교하기도 하고, 북쪽으로는 유목민족인 유연과 맹약을 맺기도 하여 서로 순치(脣齒)의 관계를 이루면서 폐하의 영토[북위]를 짓밟으려 하고 있습니다. 한 방울씩 새어 나오는 물이라도 마땅히 일찍 막아야 하니, 지금 취하지 않으면 뒷날 후회할 것입니다.

① 고구려군의 남진에 의해 가야 연맹의 주도권이 금관가야에서 대가야로 넘어가게 되었다.
② 전연과의 전쟁에서 패하였으나, 전진과 수교하여 대중국 관계를 안정시켰다.
③ 전통적 관습법 체계를 일원적인 공법 체계로 재구성하고 성문화하였다.
④ 고구려에 망명한 북연의 왕 풍홍이 남조의 송으로 이동하려다가 고구려에 의해 살해당하였다.

11 054

사료는 광개토 대왕 재위기에 신라에 침입한 왜를 격퇴하게 된 경위를 기록한 광개토 대왕릉비의 비문 내용이다.

① 비문의 내용을 유추하면 신라를 구원하기 위해 광개토 대왕이 내려 보냈던 고구려군의 공격으로 왜 및 백제와 연계된 금관가야 세력이 몰락하여 급속도로 약화되었음을 알 수 있다. 따라서 가야의 중심 세력은 해체되었으며, 낙후 지역인 북부 지역(고령, 합천, 거창, 함양 등지)의 대가야가 연맹의 주도권을 장악하게 되었다.

오답 분석

② 광개토 대왕 시기에 우리나라 최초로 '영락'이라는 연호를 사용한 것은 맞지만, 불교 공인(372)과 율령 반포(373)는 소수림왕 때의 일이다.
③ 광개토 대왕릉비는 장수왕 때 건립되었다.
④ 장수왕은 북위와 우호 관계를 유지하였고, 479년에 흥안령 산맥 일대에 거주하던 지두우족의 분할 점령을 꾀하고 거란족에 대해 압력을 가하기도 하였다.

정답 ①

12 055

자료는 광개토 대왕릉비의 비문 내용이다.

ⓒ 광개토 대왕 재위기에 신라는 내물 마립간이 재위하고 있었으며, 박·석·김의 세 성이 왕위를 교대로 계승하는 대신 김씨에 의한 왕위의 독점적 세습과 마립간의 칭호가 사용되었다.
ⓒ 가야 연맹체는 고령 지역에서 출발한 대가야가 금관가야의 김해 세력을 대신한 맹주로서 성장하였다. 고령 지산동 고분은 대가야의 대표적인 유적이다.

오답 분석

㉠ 물길족에게 멸망당한 부여의 왕족이 고구려에 투항한 시기는 5세기 말인 494년 문자명왕 때이다.
ⓔ 백제가 동진과 수교하고 금관가야에 대한 주도권을 확립한 시기는 근초고왕의 통치기에 해당한다.

정답 ③

13 056

제시문은 광개토 대왕릉비의 내용이다.

④ 광개토 대왕은 396년 백제를 공격하여 백제의 아신왕으로부터 영원히 고구려의 노객이 되겠다는 맹세와 항복을 받고 왕의 동생과 대신들을 인질로 잡아오는 대전과를 올렸다. 또한 한강 유역 북부의 58성 700촌락을 장악하였다.

오답 분석

① 영양왕, ② 소수림왕, ③ 미천왕에 대한 내용이다.

정답 ④

14 057

사료는 백제 개로왕이 472년 중국 북위에 보낸 국서(북위 국서)이다. 개로왕은 고구려 장수왕이 455년에 백제의 왕위 교체를 틈타 백제를 공격해오자, 이를 응징하고자 숙고하던 중 472년 북위에 국서를 보내 연계를 시도하였다. 그러나 이를 파악한 장수왕은 475년에 백제의 수도 한성을 함락시키고 개로왕을 전사시켰다. 이후 백제는 웅진으로 천도하였다.

④ 장수왕은 북위에 의해 북연이 멸망하자 북연의 왕인 풍홍의 망명을 허용하였다. 풍홍은 망명한 뒤에도 북연의 황궁에 있을 때처럼 교만하게 행동했으며, 고구려의 영토 안에서 독자적인 세력을 유지하려 했다. 그러자 장수왕은 태자를 볼모로 압송하고, 시위들을 해산시켜 풍홍의 세력을 약화시키려 했다. 이에 불만을 품은 풍홍은 438년 송나라로 사신을 보내 투항하겠다는 뜻을 전했고, 송나라에서는 7천의 군대를 보내 풍홍을 맞이했다. 장수왕은 풍홍에게 떠나지 말 것을 권고했으나, 풍홍이 듣지 않자 438년 그를 죽였다.

오답 분석

① 400년(영락 10) 광개토 대왕은 왜의 침입으로 위기에 처한 신라를 구원하기 위해 5만의 군대를 파병하였으며, 이때 백제 및 왜와 연계해있던 금관가야도 공격을 받아 약화되었다. 이후 가야 연맹의 주도권이 금관가야에서 대가야로 넘어가게 되었다.
② 고국원왕은 전연의 침략으로 미천왕의 시신을 탈취당하고, 큰 국가적 위기를 맞았으나, 전진이 전연을 멸망시키는 과정에서 전진과 관계를 개선하여 대중국 관계를 안정시켰다.
③ 소수림왕은 373년 율령을 반포하여 전통적 관습법 체계를 일원적인 공법 체계로 재구성하고 성문화하였다.

정답 ④

15 058
다음은 북위의 효문제가 백제의 왕에게 보낸 글이다. 이후에 전개된 역사적 사실로 옳은 것은?

> "평화로운 풍속과 성대한 병사는 그대 사신 여례 등에게 직접 듣고 보았다. 그대는 고구려와 화목하지 못하여 여러 번 침범을 당하였지만, 진실로 정의를 따르고 어진 마음으로 방어할 수 있다면 도둑과 원수에 대하여 무엇을 걱정하겠는가? 이전에 사신을 보내어 바다를 건너 국경 밖의 먼 나라를 위무하게 하였는데, 여러 해가 되도록 돌아오지 않으니 그가 살았는지 죽었는지 그곳에 도착했는지 도착하지 못했는지를 분명히 알 수가 없었다. 그대가 보낸 말안장을 예전 것과 비교하여 보았는데 중국의 산물이 아니었다. 의심이 되는 일로써 반드시 그렇다고 단정하는 과오를 범할 수는 없는 일이니, 고구려 침범 계획의 요지는 별지에 갖추어져 있다." ─ 「삼국사기」

① 백제의 개로왕이 장수왕의 공격으로 죽임을 당하였으며, 한강 유역을 상실하였다.
② 나 · 제 동맹이 체결되어 고구려의 압력에 공동으로 대응하려는 전략이 수립되었다.
③ 고구려가 후연을 격파하였으며, 이후 북연과 우호 관계를 수립하였다.
④ 신라에서 김씨 왕위 세습권이 확립되었으며, 이후 실성 마립간이 즉위하였다.

16 059
다음과 같은 역사적 상황과 관련된 사실로 옳은 것은?

> 5월 중에 고구려 대왕이 할아버지 왕의 명령으로 신라의 매금을 만나 영원토록 우호를 맺기 위해 중원(中原)에 왔으나, 신라 매금이 오지 않아 실행되지 못하였다. 이에 고구려 대왕이 태자공과 전부(前部) 대사자 다우환노로 하여금 우벌성 부근에 있는 진영에 머물러 다시 신라 매금을 만나게 하였다. … (중략) … 이에 12월 23일 동이(東夷) 매금은 신하와 함께 우벌성에 이르러 고구려 대사자 다우환노와 만나, 전부터 이곳에 주둔하고 있던 고구려 당주인 발위사자(拔位使者) 금노로 하여금 신라 영토 내의 중인(衆人)을 모아 내지(內地)인 우벌성 부근으로 이주하게 하였다.

① 고구려는 중국으로부터 공식적으로 도교를 수입하였으며, 친선을 도모하였다.
② 고구려 중심의 천하관이 강화되었으며, 신라가 고구려의 영향력에서 벗어나지 못하였다.
③ 금관가야, 백제, 일본으로 연결되는 무역 체계가 형성되었다.
④ 대가야가 백제와 손을 잡고 신라와 전쟁을 벌였으나, 패배하였다.

17 060
밑줄 친 인물과 결혼 동맹을 체결하였던 신라의 국왕과 관련된 사실로 옳은 것은?

> 올해 위나라 오랑캐가 또 기병 수십 만을 동원, 백제를 공략하여 국경을 넘었다. 모대는 사법명 · 찬수류 · 해례곤 · 목간나 등 장군을 보내어 무리를 이끌고 오랑캐의 군대를 습격하게 하여 크게 격파하였다. ─ 「남제서」

① 갈문왕 제도를 폐지하였으며, 사정부를 설치하였다.
② 율령을 반포하고 이차돈의 순교 이후 불교를 공인하였다.
③ 우역을 설치하고 관도를 수리하였으며, 시사를 설치하였다.
④ 주 · 군 · 현 제도를 시행하기 시작하였으며, 아시촌 소경을 설치하였다.

18 061
다음은 삼국 시대에 일어난 역사적 사건들이다. 일어난 순서대로 바르게 나열한 것은?

> ㄱ. 고구려 국내성 천도
> ㄴ. 「신집」 편찬
> ㄷ. 관산성 전투
> ㄹ. 분황사 창건
> ㅁ. 나 · 제 동맹 체결

① ㄱ－ㄴ－ㄷ－ㅁ－ㄹ
② ㄱ－ㅁ－ㄷ－ㄴ－ㄹ
③ ㄴ－ㄱ－ㅁ－ㄹ－ㄷ
④ ㄴ－ㄱ－ㄹ－ㅁ－ㄷ

15 058

사료는 개로왕의 '북위 국서'에 대한 북위의 '답서' 내용이다.
① 백제의 북위 교섭 이후 장수왕은 백제를 침략하여 개로왕을 전사시키고 한강 유역을 장악하였다.

오답 분석

② 나·제 동맹은 고구려의 평양 천도(427) 이후인 433년에 체결되었다. '북위 국서'와 '답서'는 472년 이후 시기에 해당한다.
③, ④ 광개토 대왕 때의 일이다.

정답 ①

16 059

고구려의 비석인 충주(중원) 고구려비의 비문 내용이다.
② 충주(중원) 고구려비는 신라가 고구려의 강한 영향력 아래 놓여 있었음을 알 수 있는 내용이 기록되어 있다.

오답 분석

① 고구려의 공식적 도교 수용은 7세기에 고구려와 당의 평화 관계 수립 과정에서 이루어진 것이다. 고구려의 영류왕은 수나라가 멸망하고 당나라가 건국되자, 곧 사신을 보내 평화적인 관계를 맺기 위해 노력하였다. 당 고조는 고구려에 도교사를 보내 『노자』를 강론하였고, 고구려는 도교를 수용하였다.
③ 4세기 중엽 백제의 근초고왕은 대방 고지(황해도 지역)를 두고 고구려와 경쟁해야 했기 때문에 가야 및 왜의 후원을 얻고자 하였다. 따라서 중국 남조 문물의 교역을 앞세우며 가야와 왜에 접근하여 금관가야·백제·왜 사이의 무역 체계가 형성되었다.
④ 백제와 신라에 분할 점령되는 과정에서 백제와 연합군을 형성했던 대가야군은 성왕이 관산성 전투(554)에서 패하자 562년 결국 신라 진흥왕에게 합병되었다.

정답 ②

17 060

자료의 밑줄 친 '모대'는 동성왕의 이름이고, 동성왕과 결혼 동맹을 체결한 신라의 왕은 소지 마립간이다.
③ 소지 마립간은 487년 사방에 우역을 설치하고 관도를 수리하였으며, 490년 왕경인 경주에 시사(시장)를 열어 물화를 유통시켰다.

오답 분석

① 태종 무열왕은 659년 사정부를 설치하여 백관을 감찰하도록 하였으며, 갈문왕 제도를 폐지하였다.
② 법흥왕은 520년 율령을 반포하였으며, 527년 이차돈의 순교 이후 불교를 공인하였다.
④ 지증왕 때의 일이다.

정답 ③

18 061

② 순서대로 나열하면 ㄱ. 고구려 국내성 천도(서기 3년) → ㅁ. 나·제 동맹 체결(433년) → ㄷ. 관산성 전투(554년) → ㄴ. 『신집』 편찬(600년) → ㄹ. 분황사 창건(634년)이다.
ㄱ. 서기 3년 고구려의 유리왕은 졸본에서 국내성으로 도읍을 옮기고, 위나암성을 축조하였다.
ㅁ. 백제 비유왕과 신라의 눌지 마립간이 433년 나·제 동맹을 체결하여 고구려를 견제하였다.
ㄷ. 554년 관산성 전투에서 백제 성왕이 신라에 패배하였다.
ㄴ. 600년 고구려 영양왕이 태학 박사 이문진에게 고구려의 옛 역사서인 『유기』 100권을 정리·재편수하여 『신집』 5권을 엮게 하였다.
ㄹ. 신라 선덕 여왕 때인 634년에 분황사와 분황사 모전 석탑을 세웠다.

정답 ②

19 062

자료에서 시기적으로 (가)와 (나) 사이에 있었던 역사적 사실로 옳은 것은?

> (가) 근초고왕 26년 고구려가 군사를 일으켜 오니, 왕이 듣고 패하 강변에 군사를 매복시켰다가 오는 것을 기다려 갑자기 쳐서 고구려군을 패배시켰다. 겨울에 왕이 태자와 함께 정예병 3만을 거느리고 고구려를 침입하여 평양성을 공격하였다.
>
> (나) 장수왕 63년 9월에 군사 3만을 거느리고 백제에 침입하여, 백제의 도읍을 함락시키고 백제왕 부여경을 죽이고 남녀 8천 명을 사로잡아 돌아왔다.

① 고구려의 왕이 백제의 아신왕으로부터 영원히 고구려의 노객이 되겠다는 맹세를 받았다.

② 백제는 병관좌평 해구에 의해 문주왕이 시해된 뒤 왕권이 약화되었다.

③ 신라는 실직주를 세우고 이사부를 이 지역의 군주로 임명하였다.

④ 고구려는 관리들의 뇌물 수수를 금지하는 범장지법을 제정하였다.

20 063

다음의 자료에서 언급된 내용이 아닌 것은?

① 백제의 요서 장악

② 22담로의 설치

③ 단양이, 고안무의 왜 파견

④ 백제의 고구려 격퇴

21 064

다음 사료에서 언급된 왕의 업적에 대한 내용으로 옳은 것은?

> 돈 1만 닢, 다음의 건.
> 을사년 8월 12일 영동대장군 백제 사마왕이 앞에 든 돈으로 토지신·토왕·토백·토부모·연봉 2,000석 이상의 여러 관료에게 나아가서 서쪽 땅을 사들여 묘를 만들었으니 문서를 만들어 남긴다. 현 율령에 따르지 않는다.
> – 지석 뒷면의 매지권

① 겸익을 등용하여 율종을 정비하고 22부의 중앙 관청을 정비하였다.

② 양직공도에 고구려와의 전쟁을 승리로 이끌었다는 내용이 기록되어 있다.

③ 신라와 나·제 동맹을 체결하여 고구려의 남진 정책에 맞섰다.

④ 6좌평, 16관등제, 공복제가 정비되었으며 남당이 설치되었다.

22 065

다음은 삼국의 경쟁 관계를 보여 주는 자료이다. 자료에 제시된 지역을 둘러싼 삼국 간의 항쟁에 대한 설명으로 옳지 않은 것은?

> "백성들을 모두 동원해서 흙을 구워 성을 쌓고 그 안에 궁궐·누각·정자를 마련했다. 굉장하고 화려하지 않은 것이 없었다. 큰 돌을 욱리하에서 가져와 곽을 만들어 아버지의 뼈를 묻고, 강을 따라 제방을 쌓으니 사성 동쪽에서 숭산 북쪽까지 이어졌다. 이 때문에 창고가 텅 비고 백성이 곤궁해지니, 나라의 위기가 알을 쌓아 놓은 것보다 더 심했다."
> – 『삼국사기』

① 신라의 진흥왕은 이 지역을 완전히 장악한 뒤 북한산비를 세웠다.

② 고구려는 장수왕의 남진 정책으로 이 지역의 주도권을 장악하였다.

③ 백제 무왕은 이곳에 별도(別都)를 경영하였고 미륵사를 건립하였다.

④ 영양왕 시기 고구려의 온달은 이 지역을 탈환하려다 전사하였다.

19 062

(가) 백제 근초고왕과 고구려 고국원왕과의 전투에 관한 내용이다. 근초고왕은 371년(근초고왕 26)에 고구려의 평양성을 공격하여, 고국원왕을 사살하는 큰 성과를 거두었다.

(나) 장수왕이 백제의 수도 한성을 공격한 내용이다. 장수왕은 평양 천도를 계기로 백제·신라 방면으로의 진출을 적극 추진하였다. 그리하여 455년에는 백제의 왕이 교체되는 틈을 이용해 백제를 공격하였으며, 475년에는 승려 도림을 이용해 백제의 국력을 피폐하게 한 다음, 왕 자신이 3만 명의 군대를 거느리고 백제를 공격, 백제의 수도 한성을 함락시키고 개로왕을 살해하였다. 국력이 약해진 백제는 웅진(공주)으로 천도하였다.

① 광개토 대왕 시기의 일이다. 광개토 대왕은 고국원왕의 손자이며 장수왕의 아버지에 해당한다.

오답 분석

② 백제 문주왕은 475년에 즉위하였는데, 즉위 3년 만에 정권을 장악한 병관좌평 해구의 자객에 의해 피살되었다.

③ 지증왕은 505년에 실직주(지금의 강원도 삼척)를 설치하고, 이사부를 그곳의 군주로 삼아 처음으로 국내의 주·군·현을 정비하기 시작하였다.

④ 백제의 고이왕은 관리들의 뇌물 수수를 금지하는 범장지법을 제정하고, 이를 위반한 자에 대해서는 3배를 배상하게 함과 동시에 종신토록 금고케 함으로써 관리들의 규율을 강화하였다.

정답 ①

20 063

제시된 자료는 양직공도이다. 양직공도의 내용에 '백제는 옛 마한의 무리로 진나라 말기 고구려가 요동과 낙랑을 경략하고 백제 역시 요서와 진평현을 장악했다'는 내용이 등장한다. 또 '그 나라(백제)에는 22담로가 있어, 모두 왕의 자제와 종족에게 나누어 다스리게 했다'는 내용과, '부여태(동성왕, 제24대 왕)가 양나라 초에 정동장군을 제수 받았으며, 부여륭(무령왕)이 고구려를 격파했다'는 내용이 담겨있다.

③ 무령왕은 513년과 516년에 오경 박사 단양이와 고안무를 각기 일본에 보내 일본과 교류를 하였다.

정답 ③

21 064

사료는 무령왕릉 지석의 내용이다.

② 양직공도는 6세기 양나라에 파견된 백제 사신을 그린 것으로, 이를 통해 백제가 6세기 초 무령왕 시기에 중국 남조의 양나라와 외교 관계를 맺었고, 고구려·말갈과의 전쟁을 승리로 이끌어 웅진 천도 이후 위축되었던 국력을 과시하기 시작하였다는 사실을 알 수 있다.

오답 분석

① 백제 성왕 시기에는 겸익을 등용하여 백제 신율이 성립되었고 전내부 등 내관 12부와 사군부 등 외관 10부로 된 22부제가 정비되었다.

③ 비유왕은 신라의 눌지 마립간과 나·제 동맹을 체결하여 고구려를 견제하였다. 이후 성왕은 나·제 동맹을 강화하여 고구려의 남진 압력에 대항하였다.

④ 고이왕은 지배 체제 정비를 위해 260년(고이왕 27)에 '6좌평·16관등제'를 정비하고 복장제를 마련하였으며, 남당을 설치하여 국정 운영을 담당케 하였다. 남당은 왕위(王位)와 신위(臣位)가 뚜렷하게 구분된 기구로써 왕권 강화의 과정 중 설립된 회의체였다.

정답 ②

22 065

자료는 한강 유역에 대한 기록이다. 이는 『삼국사기』「백제본기」 개로왕조의 기록으로, 자료의 '욱리하'는 백제 시대에 '한강'을 부르던 이름이다.

③ 백제 무왕은 재위 후반기에 익산 지역을 중시해 이곳에 별도를 경영하고 장차 천도할 계획을 세웠으며, 그 일환으로 왕궁평성·제석사·미륵사를 건축하였으나 익산 천도는 이루어지지 않았다.

오답 분석

① 진흥왕은 관산성 전투의 승리로 이 지역을 완전히 장악한 뒤 북한산 순수비(568년 추정)를 건립하였다.

② 장수왕은 남진 정책의 일환으로 427년 국내성에서 평양성으로 천도를 단행하였으며, 475년에는 백제의 수도 한성을 함락시키고 한강 유역을 장악하였다.

④ 영양왕이 즉위한 뒤 빼앗긴 한강 유역 탈환을 위해 온달이 선봉이 되어 아단성을 공격하였으나 실패하였다.

정답 ③

23 066

다음 중 신라의 자비 마립간 재위기에 해당하는 내용으로 옳은 것은?

① 고구려의 지원을 받아 석씨 세력이 김씨계에 의해 소멸되었다.
② 수도의 방리명을 확정하고 고구려의 침입으로 위기에 빠진 백제에 원병을 파견하였다.
③ 상대등의 직위를 설치하여 왕권을 강화하였다.
④ 백좌강회를 개최하고 혜량을 중심으로 불교 교단을 정비하였다.

24 067

백제 각 시기의 특징이 잘못 연결된 것은?

① 침류왕 시기 바닷길로 동진으로부터 불교가 수용되었다.
② 고이왕은 좌장을 임명하여 내외 병마권을 장악하는 한편, 공복을 제정하였다.
③ 근초고왕 시기 마한을 완전히 장악하였으며, 왜의 용병을 활용하기도 하였다.
④ 성왕 시기 노리사치계가 일본에 파견되어 유교 문화를 전파하였다.

25 068

각국의 수도에 대한 설명으로 잘못된 것은?

① 백제의 위례성은 한성으로 명칭이 변화하였으며, 남성과 북성 체제로 구성되어 있었다.
② 고구려는 졸본에서 국내성으로 천도하였으며, 5세기 이후 평양으로 다시 수도를 옮겼다.
③ 백제는 동성왕 재위기에 수도를 웅진에서 사비로 옮기려다 실패하였으며, 이후 성왕 시기에 사비로 천도하였다.
④ 신라는 지증왕 시기 수도의 각 부에 5항을 설치하여 행정 구역을 정비하였다.

26 069

다음의 사료와 관련한 왕의 재위기에 추진된 정책으로 옳은 것은?

> 3월, 사방에 우역을 처음으로 설치하였고, 담당관에게 명하여 관도를 수리하게 하였다.
> 7월, 월성을 수리하였다.
> — 「삼국사기」

① 사라 · 사로 · 신라 등으로 사용되던 국명을 신라로 확정하였다.
② 백관의 공복을 제정하였으며 골품제를 정비하였다.
③ 왕경인 경주에 처음으로 시사(市肆)를 열어 사방의 물화를 유통시켰다.
④ 여성 중심의 원화를 폐지하고 화랑도를 국가적 조직으로 개편하였다.

23 066

② 자비 마립간은 469년에 왕경인 경주를 지역적으로 구분해 방리 명을 확정하여 수도의 행정 구역을 정비하였고, 고구려의 공격 으로 위기에 처한 백제에 군사를 파견하였다. 그러나 군대가 이 르기 전 한성이 함락되고 개로왕이 전사하자 철수하고 국경의 방어에 치중하였다.

오답 분석

① 눌지 마립간은 고구려의 지원을 받아 자신을 죽이려는 실성 마 립간을 살해하고 즉위하였는데, 이 사건으로 실성 마립간의 모 계인 석씨 세력은 김씨계에 의해 소멸되었다.
③ 법흥왕은 귀족 회의의 주재자로 상대등을 임명하여 왕권을 화 백 회의보다 초월적인 존재로 격상시켰다.
④ 진흥왕은 고구려에서 망명해 온 혜량을 중심으로 불교 교단을 정비하고 팔관회와 백좌강회를 개최하였다.

정답 ②

24 067

④ 성왕 시기 일본에 파견된 노리사치계는 석가불 금동상(금동 석 가상) 1구, 미륵 석불, 번개(幡蓋), 경론(經論) 등을 보내 줌으로 써 일본에 불교 문화를 전파하였다.

정답 ④

25 068

④ 백제의 지방 행정 제도에 해당하는 내용이다. 백제 성왕은 수도 를 5부(전부 · 후부 · 상부 · 중부 · 하부)로 구획하고 그 밑에 5 항을 둔 5부 5항제를 정비하였다. 신라 지증왕 시기에는 실직주 를 설치하고, 주 · 군 · 현을 정비하기 시작하였다.

오답 분석

① 『삼국사기』 「백제본기」에 의하면 백제의 수도인 위례성은 기루 왕 본기부터 도성 · 왕도 · 왕성 등으로 변하였고, 아신왕 본기 부터 한성이라 명명한 것으로 나타난다. 한성의 구조는 중국 고 대의 도성과 비슷하게 북성과 남성으로 구성되어 있는 것으로 보이는데, 북성이 풍납토성으로 추정되며 왕이 거주했던 통치 공간인 왕성으로 파악되고 있다. 한편 남성은 몽촌토성으로 군 사적 거점으로서 방어성이었을 것으로 추정된다.(다수설)
② 고구려는 서기 3년 유리왕 때 졸본에서 국내성으로 도읍을 옮기 고 위나암성을 축조하였으며, 이후 장수왕 시기인 427년에 국내 성에서 평양으로 천도하였다.
③ 백제 동성왕은 집권 후반에 신진 세력이 점차 증대해 왕권에 압 력 요소로 작용하게 되자 사비로 천도하여 이를 견제하려 하였 다. 그러나 성공하지 못하였고, 성왕 시기에 이르러 사비로 천 도하였다.

정답 ④

26 069

③ 신라의 소지 마립간에 대한 설명이다. 그는 487년(소지 마립간 9) 사방에 우역을 설치하고, 국내의 기간 도로인 관도를 수리하 였다. 490년에는 왕경인 경주에 처음으로 시사를 열어 사방의 물화를 유통시켰다. 이러한 일련의 정책은 아버지인 자비 마립 간 대 수도의 방리명 확정과 아울러 부족제적 성격이 강하게 남 아 있는 6부 체제를 개편해 중앙 집권적인 통치 체제를 수립하 려는 노력으로 이해된다.

오답 분석

① 지증왕, ② 법흥왕, ④ 진흥왕에 대한 설명이다.

정답 ③

27 070

신라의 발전 과정에 대한 설명으로 바른 것은?

① 내물 마립간 시기 이후에는 박·석·김씨가 교대로 왕위를 차지하였다.
② 눌지 마립간 시기 고구려의 간섭을 배제하고, 백제와 동맹을 맺었다.
③ 법흥왕 때에 화랑도를 국가적 조직으로 개편하였다.
④ 진흥왕 시기 병부가 설치되어 왕이 군사권을 장악하였다.

28 071

다음 자료와 관련이 있는 왕의 업적을 〈보기〉에서 모두 고른 것은?

> • 왕 3년 국왕이 죽으면 남녀 각 5명씩 순장(殉葬)하던 것을 금지하는 법령을 내렸다.
> • 왕 9년 서울 경주에 동시전(東市典)을, 10년에 동시(東市)를 설치하였다.
> ─ 『삼국사기』

보기
ㄱ. 실직주 설치
ㄴ. 사정부 설치
ㄷ. 우산국 복속
ㄹ. 독서삼품과 실시

① ㄱ, ㄴ
② ㄱ, ㄷ
③ ㄴ, ㄷ
④ ㄴ, ㄹ

29 072

다음의 내용이 언급된 비석이 세워진 국왕의 재위기에 해당하는 업적은?

> 사라의 탁부 사부지왕과 내지왕, 이 두 왕은 교를 내려 "진이마촌 절거리에 관한 일을 심의한 결과 절거리가 재물에 대한 권한을 가지도록 한다"고 하였다. 계미년 9월 25일, 사탁부의 지도로 갈문왕과 사덕지 아간지, 자숙지 거벌간지와 탁부의 이부지 일간지, 지심지 거벌간지와 본피부의 두복지 간지, 사피부의 모사지 간지, 이상 7명의 왕들은 공론하여 교를 내린다. "앞 시기의 두 왕이 내린 교지와 관련하여 심의한 결과, 재물에 대한 권리는 모두 절거리가 가지도록 결정하였다." 그리고 또 따로 교를 내려, "절거리가 먼저 죽은 뒤라면 그다음 차례인 아사노가 이 재물에 대한 권리를 가지도록 하라"고 하였으며, 또 교를 내려 "말추와 사신지 이 두 사람은 이후로 이 재물의 권리와 관련하여 재론하지 말라. 만약에 다시 말하는 자가 있으면 중죄로 다스리겠다."고 하였다.

① 골품제 정비
② 불교식 왕명 사용
③ 신라의 국호 확정
④ 율령 반포

문제 풀이 ⚙

27 070

② 눌지 마립간은 고구려의 남진 정책에 대항하기 위해, 433년에 종래 적대적 관계에 있던 백제(비유왕)와 동맹을 체결하였다.

오답 분석

① 내물 마립간 때 김씨에 의한 왕위의 독점적 세습이 확립되었다.
③ 진흥왕은 576년에 종래부터 있어왔던 여성 중심의 원화를 폐지하고 화랑도를 국가적 조직으로 개편하였다.
④ 법흥왕 시기에 병부가 설치되었다.

정답 ②

28 071

자료는 지증왕 때 시행된 정책이다.

ㄱ, ㄷ. 지증왕은 505년 실직주를 설치하고 이사부를 군주로 삼았다. 또한 512년 우산국(울릉도)을 복속하여 토산물을 바치게 하였다.

오답 분석

ㄴ. 태종 무열왕은 사정부를 설치(659)하여 백관을 감찰하는 업무를 관장하게 하였다.
ㄹ. 신라 하대의 원성왕은 독서삼품과를 설치(788)하였다.

정답 ②

29 072

사료는 503년(지증왕 4)에 건립된 영일 냉수리비의 비문이다.

③ 지증왕은 개국 이래 사라·사로·신라 등으로 다양하게 사용된 국명을 503년에 신라로 확정했다.

오답 분석

①, ④ 법흥왕은 율령을 반포(520)하고, 골품제를 정비하였다.
② 불교식 왕명은 법흥왕 때부터 사용하기 시작하여 진덕 여왕 대까지 사용되었고, 태종 무열왕부터는 종래의 불교식 왕호 대신 중국식 칭호를 사용하여 왕권의 존엄성을 높였다.

정답 ③

30 073

다음은 우리나라 고대 사회의 대외 관계를 알려주는 자료들이다. 이를 시대 순으로 바르게 나열한 것은?

> (가) 그 나라(백제)는 본래 고구려와 함께 요동의 동쪽에 있었다. 진(晉) 대에 고구려가 이미 요동을 차지하니 백제 역시 요서·진평의 두 군의 땅을 차지하여 스스로 백제군을 두었다.
>
> (나) 영락 6년 병신에 호태왕은 몸소 수군을 이끌고 잔국을 토벌하였다. 군대가 소굴에 이르러 남으로 일팔성 …… 등을 공격하여 취하니 백잔은 의로움에 복종하지 않고 감히 맞아 싸우는지라. 왕이 위엄을 보이며 크게 노하여 아리수를 건너 군사를 보내 성을 압박하였다. 백잔의 병사가 소굴로 돌아가자 나아가 성을 포위하니 백잔왕은 궁핍해져서 남녀 포로 1,000인과 세포 1,000필을 바치고, 무릎을 꿇고 스스로 맹세하기를 "지금부터 영원히 노객이 되겠습니다"라 하였다.
>
> (다) (신라) 왕 17년 7월에 백제가 사신을 보내어 화친을 청하므로 동맹을 맺었다. 이듬해 2월 백제왕이 좋은 말 2필을 보내왔다. 9월에 다시 흰 매를 보내왔다. 10월에 왕이 백제에 황금과 명주(明珠)를 보내 이에 답례하였다.
>
> (라) 왕 18년 4월에 이찬 철부를 상대등으로 삼아 국사를 총괄하게 하였다. 이로써 상대등이라는 관직이 처음 시작되었는데 지금의 재상과 같은 것이다.

① (가) - (나) - (다) - (라)
② (가) - (나) - (라) - (다)
③ (나) - (가) - (다) - (라)
④ (나) - (가) - (라) - (다)

31 074

다음과 같은 상황에서 전개된 고구려와 관련된 대외 관계의 정세로 옳은 것은?

> 신흥 세력인 돌궐(突厥)이 551년에 고구려의 신성(新城)과 백암성(白巖城)을 공격하였다. 이에 장군 고흘령(高紇領)이 군사 1만을 거느리고 나아가 그들을 크게 격파하였다.

① 이때의 국왕 재위기에 고구려는 나·제 동맹에게 한강 유역을 상실하였다.
② 천리장성을 축조하기 시작하였으며, 도교를 장려하였다.
③ 신라가 수와 연대를 강화하고 고구려에 대한 침공을 요청하였다.
④ 요서를 공략하였으며, 곧 돌궐과 화친을 시도하여 중국 세력을 견제하였다.

32 075

다음에서 언급된 내용과 관련된 사실로 옳은 것은?

> 왕 19년에 금관국주 김구해(金仇亥)가 왕비 장남 노종(奴宗), 둘째 무덕(武德), 셋째 무력(武力)의 세 아들과 함께 국고의 보물을 가지고 항복해 오니, 왕은 이들을 예로서 대접하고 상등(上等)의 지위를 주고 그 본국을 식읍으로 삼게 하였다. 그 아들 무력은 조정에 벼슬하여 각간(角干)에까지 이르렀다.

① 당시의 왕은 팔관회를 처음으로 실시하였으며 한강 하류를 장악하였다.
② 자료에서 언급된 김무력은 백제의 성왕을 전사시켰다.
③ 금관국의 대표적인 유적으로는 지산동 고분이 있다.
④ 김구해의 직계 후손인 김헌창은 헌덕왕 시기에 반란을 일으켰다.

30 073

① 시대 순으로 나열하면 (가) → (나) → (다) → (라)이다.

(가) 『양서』에 기록된 백제 근초고왕의 요서 경략에 대한 내용이다. 백제는 4세기 무렵 근초고왕 시기에 중국이 북방 민족의 침입으로 분열된 틈을 타서 요서 지방으로 진출해 백제군을 설치하였다.

(나) 광개토 대왕릉비의 내용으로 광개토 대왕은 396년에 한강 너머까지 진격하여 58성 700촌락을 공략하였고, 백제의 아신왕으로부터 영원히 노객이 되겠다는 맹세를 받고 왕의 동생과 대신들을 인질로 잡아오는 대전과를 올렸다.

(다) 『삼국사기』의 기록으로 눌지 마립간은 고구려의 평양 천도 이후 고구려의 남진 정책에 대항하기 위해, 433년에 종래 적대적 관계에 있던 백제와 동맹을 체결하였다.

(라) 『삼국사기』의 법흥왕 시기의 기록으로, 법흥왕은 531년(법흥왕 18)에 이찬 철부를 상대등에 임명하여 왕권 밑에 귀족 회의의 주재자를 설치함으로써 왕권을 강화하였다.

정답 ①

31 074

자료는 양원왕 시기 돌궐과의 대치 상태를 보여준다.

① 이때의 고구려 국왕은 양원왕이며, 백제의 성왕과 신라의 진흥왕은 나·제 동맹을 정비하여 한강 유역을 고구려로부터 빼앗아 장악하였다.

오답 분석

② 영류왕에 대한 설명이다.

③ 신라의 진평왕은 수나라가 중국을 통일하던 589년에 조공 관계를 맺었으며, 원광에게 걸사표를 작성하게 하여 수나라에게 고구려 침공을 요청하기도 하였다.

④ 고구려 영양왕과 발해 무왕은 요서를 공략하였고 돌궐, 일본과 화친을 시도하여 중국과 신라를 견제하였다.

정답 ①

32 075

자료는 532년 법흥왕이 금관가야를 복속한 이후에 대한 내용이다.

② 김무력은 금관가야의 마지막 왕인 구형왕의 셋째 아들이며, 김유신의 할아버지이다. 그는 백제의 성왕이 관산성을 공격해 왔을 때 주병을 이끌고 교전하여 성왕을 전사시켰다.

오답 분석

① 진흥왕은 551년 팔관회를 실시하였으며, 한강 유역을 차지하였다.

③ 금관가야의 대표적인 유적은 부산 복천동 고분이며, 대가야의 유적이 고령 지산동 고분이다.

④ 김헌창은 무열왕계의 직계 후손이며, 김구해의 직계 후손 중 대표적 인물은 김유신이다.

정답 ②

33 076

삼국 시대 각국의 금석문에 대한 설명으로 옳은 것만을 모두 고르면?

> ㄱ. 광개토 대왕릉비는 수묘인 규정에서 포로들을 언급하고 있다.
> ㄴ. 영일 냉수리비는 재산 분쟁의 해결 내용이 기록되어 있다.
> ㄷ. 광개토 대왕릉비와 중원 고구려비에는 신라왕이 매금으로 기록되어 있다.
> ㄹ. 사택지적비는 축성에 노동력을 동원한 내용을 담고 있다.

① ㄱ
② ㄱ, ㄴ
③ ㄱ, ㄴ, ㄷ
④ ㄱ, ㄴ, ㄷ, ㄹ

34 077

고대 금석문에 대한 설명 중 잘못된 것은?

① 충주(중원) 고구려비는 추모왕의 건국 신화가 기록되어 있으며, 고구려 중심의 천하관이 반영되어 있다.
② 단양 적성비에 보이는 '소녀(小女)', '소자(小子)' 등의 표현을 통해 신라의 조세 제도 및 사회상을 유추할 수 있다.
③ 울진 봉평비에는 왕을 '마립간'을 뜻하는 '매금왕(寐錦王)'으로 부르고 있어 아직 초월적인 왕권의 위상을 완전히 확립하지 못하였음을 보여 준다.
④ 울산 천전리 서석에서는 '성법흥대왕(聖法興大王)'이라는 표현이 있어 왕이 '대왕'으로 격상되었음을 알 수 있다.

35 078

밑줄 친 청못을 처음으로 축조한 것으로 추정되는 신라 국왕과 관련된 내용으로 옳은 것은?

> 흔히 '청제비(菁堤碑)'라고 부르는 비의 양면에는 각기 시대가 다른 비문이 새겨져 있다. '병진년(丙辰年)'의 명문이 있는 것은 청못을 처음 축조할 때 새긴 것이고, 반대면의 '정원 14년(貞元十四年)'이라는 명문이 있는 것은 청못을 새로 수리할 때 새긴 것이다.

① 온달의 침입을 막아내었으며, 고구려를 견제하기 위해 원광에게 걸사표를 작성하게 하였다.
② 대가야와 혼인 동맹을 체결하였으며, 상대등을 설치하여 왕권을 강화하였다.
③ 이사부를 보내 우산국을 정복하였으며, 순장을 금지시키고 새로운 상복법을 제정하였다.
④ 신주를 설치하고 한강 유역을 단독으로 장악하였다.

36 079

(가)와 (나) 사이에 있었던 역사적 사실을 <보기>에서 고른 것은?

> (가) 왕 15년 3월에 신라에 사신을 보내 혼인을 청하니 신라왕이 이찬 비지의 딸을 보냈다. … (중략) … 16년 7월에 고구려군이 견아성을 포위하였는데, 왕이 군사를 보내 신라군을 도와 고구려군의 포위를 풀게 하였다.
> (나) 왕 2년 7월에 왕이 직접 군사를 거느리고 신라를 공격하여 미후성 등 40여 성을 함락하였다. 이어 8월에는 장군 윤충을 보내 군사 1만 명을 거느리고 신라의 대야성을 공격하였다. … (중략) … 3년 11월에 고구려와 화친을 맺었다.
> ─ 「삼국사기」

보기
> ㄱ. 고구려는 신라에 침입한 왜를 격퇴하였다.
> ㄴ. 신라는 9주 5소경의 지방 행정 구역을 정비하였다.
> ㄷ. 신라는 대가야를 정복하여 낙동강 서쪽을 장악하였다.
> ㄹ. 백제는 사비로 도읍을 옮기고 국호를 남부여로 고쳤다.

① ㄱ, ㄴ
② ㄱ, ㄷ
③ ㄴ, ㄹ
④ ㄷ, ㄹ

문제 풀이

33 076

③ 옳은 설명은 ㄱ, ㄴ, ㄷ이다.

오답 분석

ㄹ. 사택지적비는 백제의 사택지적이 은퇴한 이후 불탑과 불당을 건립하고 자연을 숭배한 내용을 4·6 변려체로 나타낸 비석이다. 축성에 노동력을 동원한 내용을 담고 있는 비석은 신라 진평왕이 세운 남산 신성비이다.

정답 ③

34 077

① 광개토 대왕릉비에 대한 설명이다. 광개토 대왕릉비에는 추모왕(주몽)의 건국 신화를 비롯하여 대주류왕(대무신왕)부터 광개토왕에 이르는 대왕의 세계와 약력 및 비의 건립 경위가 기술되어 있다. 특히 고구려 시조인 추모왕이 북부여 천제의 아들이며, 황천의 아들이라 하고, 죽을 때 하늘에서 황룡을 보내와서 맞이했다고 기록하고 있다. 이를 통해 고구려 중심의 천하관을 확인할 수 있다. 충주(중원) 고구려비는 고구려 영토의 경계와 신라에 대한 고구려의 영향력을 알 수 있는 내용이 기록되어 있으나 추모왕의 건국 기록은 보이지 않는다.

오답 분석

② 단양 적성비는 신라 진흥왕 시기에 건립되었을 것으로 추정(550년 또는 551년)되며, 적성 점령에 대한 포상과 민심 수습에 대한 내용을 담고 있다.

③ 신라왕을 '매금'이라 표현한 금석문으로는 광개토 대왕릉비와 중원 고구려비, 울진 봉평비가 있다.

④ 535년(법흥왕 22)에 기록된 울산 천전리 서석의 을묘명에는 '성법흥대왕절(聖法興大王節)'이라는 기록이 남아 있어 불교 공인 이후 강화된 국왕의 위상을 확인할 수 있다.

정답 ①

35 078

제시문은 영천 청제비의 건립에 대한 내용이다. 영천 청제비는 농업 생산력 확대를 위해 청못(또는 청제)이라는 저수지를 축조하는 과정에서 건립한 것으로 법흥왕 시기의 조성과 원성왕 시기의 개축을 양면에 새겨 놓은 것이다.

② 영천 청못을 처음으로 조성한 왕은 법흥왕으로 추정되며, 법흥왕은 대가야의 이뇌왕과 혼인 동맹을 맺고, 최초의 상대등직을 설치하였다.

오답 분석

① 진평왕, ③ 지증왕, ④ 진흥왕에 대한 내용이다.

정답 ②

36 079

(가) 백제 동성왕(제24대)은 493년에 고구려의 군사적 압력에 대처하기 위해 신라와 혼인 동맹을 맺어 신라의 이찬 비지의 딸을 왕비로 맞이하였다.

(나) 백제 의자왕은 642년 8월에 장군 윤충에게 군사 1만 명으로 신라의 대야성을 공격하게 하여 성을 함락시키고, 김춘추의 사위인 성주 김품석의 가족을 몰살시켜 신라에 큰 타격을 주었다.

(가)와 (나) 시기 사이는 5세기 말에서 7세기 중반까지이며 나·제 동맹이 붕괴한 이후 백제가 신라를 적극 공격하던 때까지이다.

ㄷ. 진흥왕은 562년 신라에 복속 상태였던 대가야가 반란을 일으키자 이사부를 보내어 정복하여 멸망시켰다.

ㄹ. 백제 성왕은 538년에 수도를 사비로 천도하고 국호를 '남부여'라 하였다.

오답 분석

ㄱ. 고구려 광개토 대왕은 400년에 신라에 침입한 왜를 격퇴하였다.

ㄴ. 신라 신문왕은 685년에 9주 5소경제를 정비하였다.

정답 ④

37 080

다음 자료의 ⑦～②과 관련된 내용으로 옳지 않은 것은?

> 신라 제27대 선덕 여왕 즉위 5년에 ⑦ 자장 법사가 서쪽으로 유학하였다. … (중략) … 자장이 연못가를 지나갈 때 갑자기 신인이 나와 물었다. " … (중략) … 그대 나라에 어려운 일이 있소?" 자장이 대답하였다. "우리나라는 북쪽으로 말갈에 이어졌고, ⑥ 남쪽으로는 왜국이 가까이 있습니다. 또 ⑥ 고구려, 백제 두 나라가 변경을 차례로 침범하는 등 외국의 노략질이 심합니다. 이것이 백성들의 걱정입니다." … (중략) … 신인이 말하였다. "황룡사 호법룡은 내 맏아들이요. 법왕의 명령으로 절을 보호하고 있소. 본국에 돌아가서 그 절에 9층 목탑을 세우면, 이웃 나라들이 항복하여 오고 주변 아홉 나라가 와서 조공하여 왕업이 길이 태평할 것이오. ② 탑을 세운 후에 팔관회를 베풀고 죄인을 놓아주면 외적이 침입하지 못할 것이오. … (후략) …"

① ⑦-서쪽은 중국을 말하며, 중국에 유학했던 승려로서는 원광 등이 있다.

② ⑥-삼국 통일 과정에서 왜는 백제 부흥군을 구원하기 위한 원병을 파견하였다.

③ ⑥-이 시기 관산성 전투가 일어나 한강 유역을 둘러싼 공방전이 치열하게 전개되었다.

④ ②-팔관회는 진흥왕 시기부터 실시되어 고려 때까지 활성화되었다.

38 081

다음의 기사와 관련된 임금의 업적으로 옳은 것은?

> 왕위에 올라 친히 「태평가」를 짓고 비단을 짜서 「태평가」로 무늬를 놓아, 사신을 시켜 당나라에 바치게 하였다. 당나라 황제가 이를 가상하게 여겨 상을 내리고, 계림국왕으로 고쳐서 봉하였다.
> – 「삼국유사」

① 비담의 난 진압

② 감은사 창건

③ 성덕 대왕 신종 완성

④ 부석사 창건

39 082

다음은 가야 연맹에 속한 어느 나라의 시조 설화와 유물이다. 이 나라에 관한 설명으로 옳은 것을 〈보기〉에서 고른 것은?

지산동 32호분 출토 유물

> 시조는 이진아시왕이고, 그로부터 도설지왕까지 대략 16대 520년이다. 최치원이 지은 『석이정전』에는, "가야산 신 정견모주가 천신 이비가지에게 감응되어 뇌질주일과 뇌질청예 두 사람을 낳았다. 뇌질주일은 곧 이 나라의 시조인 이진아시왕의 별칭이고, 뇌질청예는 금관국의 시조인 수로왕의 별칭이다."라고 하였다.
> – 「신증동국여지승람」

보기

ㄱ. 낙랑군과 왜를 연결하는 해상 교역을 주도하였다.

ㄴ. 4세기 말에 고구려군의 공격을 받고 국력이 약화되었다.

ㄷ. 6세기 초에 신라와 결혼 동맹을 맺어 국제적 고립에서 벗어나려 하였다.

ㄹ. 백제와 신라의 팽창으로 고전하다가 진흥왕이 보낸 신라군의 공격을 받아 멸망하였다.

① ㄱ, ㄴ

② ㄷ, ㄹ

③ ㄴ, ㄷ

④ ㄴ, ㄹ

37 080

자료는 선덕 여왕 재위기에 관한 『삼국유사』의 기록이다. 선덕 여왕 재위기인 638년 고구려의 칠중성 공격은 격퇴하였으나, 642년 백제 의자왕에게 서쪽 변경에 있는 미후성 등 40여 성을 빼앗겼다. 또한 같은 해에 한강 유역의 거점인 당항성이 고구려 · 백제의 침공을 받음으로써 나 · 당의 통로가 끊어질 위기에 처했으며, 백제 장군 윤충의 침공으로 낙동강 방면의 거점인 대야성이 함락당하는 위기에 처했다.
③ 관산성 전투(554)는 백제 성왕과 신라 진흥왕 시기의 전투이다.

정답 ③

38 081

사료의 내용은 진덕 여왕의 친당 정책에 관한 것이다.
① 비담의 난은 647년(선덕 여왕 16)에 일어났으나 반란 중에 선덕 여왕이 죽고 진덕 여왕이 즉위한 뒤 진압되었다. 상대등 비담은 선덕 여왕의 통치에 불만을 품고 왕위를 찬탈하기 위해 난을 일으켰으나, 김춘추 · 김유신 등에 의해 10여 일 만에 진압당하였다.

오답 분석
② 신문왕, ③ 혜공왕, ④ 문무왕 때의 일이다.

정답 ①

39 082

사료는 대가야에 관한 기록이다.
ㄷ, ㄹ. 백제의 적극적인 진출에 반발한 대가야의 이뇌왕은 522년에 신라와 결혼 동맹을 맺었다. 이후 백제와 연합군을 형성했던 대가야는 남부 지역 가야 소국들이 백제와 신라에 분할 점령되는 과정에서 신라 진흥왕이 보낸 이사부의 군사들에게 패하고 신라에 병합되었다.

오답 분석
ㄱ, ㄴ. 금관가야에 대한 설명이다. 금관가야 중심의 전기 가야 연맹은 해상 교통을 이용하여 낙랑과 왜의 규슈 지방을 연결하는 중계 무역이 발달하였다. 금관가야는 4세기 말에 광개토 대왕이 보낸 고구려군의 공격으로 급속도로 약화되었다.

정답 ②

40 083

가야 연맹에 대한 사실로서 옳지 않은 것은?

① 5세기 초 광개토 대왕의 공격으로 전기 가야 연맹이 해체되면서 김해, 창원을 중심으로 하는 동남부 지역의 소국들은 세력이 약화되었다.

② 금관가야는 고구려 미천왕의 낙랑, 대방 정복 이후 철 수출과 중계 무역이 어려워지자 백제와 손을 잡고 백제가 주도하는 무역 체계에 편입되었다.

③ 대가야는 6세기 중엽에 백제의 성왕과 연합하였으나, 관산성 전투 패배 이후 신라에 합병되었다.

④ 대가야의 유적으로 부산 복천동 고분, 김해 대성동 고분이 있다.

41 084

다음 사료와 관련이 있는 시기에 일어난 사건으로 옳은 것은?

황제가 돌궐 계민(가한)의 장막에 행차하였을 때 우리 사신이 계민의 처소에 있었다. 계민이 감히 숨기지 못하여 함께 황제를 알현하였다. 황문 시랑 배구가 황제에게 말하기를,
"이 나라는 본래 기자의 봉지로 한(漢)·진(晉)이 모두 군현으로 삼았었는데, 이제 신하 노릇을 하지 않고 따로 이역이 되었으매 선제(先帝)가 정벌하려고 한 지 오래였습니다. 다만 양양(楊諒)이 불초하여 군사 출동하는 데에 공이 없었으나, 폐하의 때를 당하여 어찌 취하지 않고 관대의 지경으로 하여금 드디어 만맥(蠻貊)의 고장이 되게 하겠습니까? 지금 그 사자가 친히 계민의 온 나라가 따라서 감화된 것을 보았을 것이니, 그 두려워하는 것을 인하여 위협해 입조케 하소서."
"짐은 계민이 성심으로 나라를 받드는 까닭으로 친히 그 장막까지 이르렀다. 명년에 마땅히 탁군으로 갈 것이니, 그대는 돌아가 그대의 왕에게 말하여 마땅히 일찍이 와서 조회를 하되 스스로 의심하거나 두려워하지 말라. 존육(存育)의 예를 마땅히 계민과 같이 할 것이다. 진실로 혹 조회하지 않으면 장차 계민을 거느리고 가서 그대의 나라를 순방하겠다."하였으나, 왕이 두려워하면서도 따르지 않았다.
　　　　　　　　　　　　　　　　－「동국통감」

① 한 무제의 침입으로 왕검성이 포위되고, 내부 분열로 고조선이 멸망하였다.

② 수 양제가 113만 대군으로 고구려를 공격하였으나, 살수에서 대패하였다.

③ 거란이 침략하자 서희가 안융진에서 담판을 벌여 강동 6주를 차지하였다.

④ 돌궐의 침입으로 서북 국경이 위험에 빠졌으며, 이 시기 나·제 동맹에게 한강 유역을 상실하였다.

42 085

밑줄 친 '그'와 관련된 내용으로 옳은 것은?

그가 꿇어앉아 아뢰었다.
"신(臣)의 나라는 멀리 바다 모퉁이에 치우쳐 있으면서도 천자의 조정을 섬긴 지 이미 여러 해 되었습니다. 그런데 백제는 강하고 교활하여 여러 차례 침략을 마음대로 하고 있으며, 더욱이 지난해에는 병사를 크게 일으켜 깊숙이 쳐들어와 수십 개의 성을 함락시켜 대국에 조회할 길을 막았습니다. 만약 폐하께서 대국의 병사를 빌려주어 흉악한 적들을 없애지 않는다면, 우리나라 백성은 모두 포로가 될 것이며 산과 바다를 거쳐서 조공을 드리는 일도 다시는 바랄 수 없을 것입니다."
태종이 매우 옳다고 여겨 병사의 파견을 허락하였다.
　　　　　　　　　　　　　　　　－「삼국사기」

① 보덕국 왕 안승을 금성으로 불러들이고, 소판으로 기용한 뒤 김씨 성을 하사하였다.

② 나·당 연합군을 결성하여 고구려를 쳤으며, 평양성을 함락시켜 보장왕으로부터 항복을 받았다.

③ 진덕 여왕이 자식 없이 죽자 화백 회의에서 왕으로 추대를 받아 나이 52세에 즉위하였다.

④ 진골 최초의 왕이 된 인물의 측근으로, 상대등에 임명되어 화백 회의의 왕권 견제 기능을 무력화시켰다.

43 086

밑줄 친 '선왕'과 관련된 내용으로 옳은 것은?

신라는 두 나라 사이에 끼어서 북쪽은 정벌을 당하고, 서쪽은 침략을 당하여 잠시도 편안한 해가 없었다. …… 선왕께서 백성의 참혹한 죽음을 불쌍히 여겨 임금의 귀중한 몸을 잊으시고, 바다를 건너 당에 가서 황제를 보고 친히 군사를 청하였다. 그 본의는 두 나라를 평정하여 영구히 전쟁을 없애고, 여러 해 동안 깊이 맺혔던 원수를 갚고 백성의 죽게 된 목숨을 보전코자 함이다.
　　　　　　　　　　　　　　　　－「삼국사기」

① 당과 동맹을 강화하여 고구려를 멸망시켰다.

② 영묘사를 창건하고 첨성대를 건립하였다.

③ 독자적 연호인 태화를 당의 연호인 영휘로 교체하여 사용하였다.

④ 진골 출신으로 유일하게 태종이라는 묘호를 받았다.

40 083

④ 부산 복천동 고분과 김해 대성동 고분은 금관가야의 유적으로, 이곳에서 왜계 유물이 다수 발견되었다. 가야의 유적은 부산 복천동 고분(금관가야, 또는 독로국), 고령 지산동 고분(대가야), 함안 말이산 고분, 창녕 교동 3호분(순장) 등이 대표적이다.

정답 ④

41 084

사료의 내용은 수 양제가 돌궐의 복속을 기념하여 계민 칸(가한)의 막사를 방문하였을 때 고구려의 사신을 우연히 마주치면서 고구려에게 복속을 강요했던 상황을 기술한 것이다.

② 고구려의 영양왕이 복속을 거부하자 수 양제가 대군을 이끌고 고구려에 침입하였으나, 고구려 을지문덕이 살수에서 수나라 군대를 크게 격파하였다.

정답 ②

42 085

밑줄 친 '그'는 태종 무열왕이 된 김춘추로 648년 당으로 건너가 당 태종과 나·당 동맹을 체결하였다.

③ 김춘추는 진덕 여왕이 자식 없이 죽자 화백 회의에서 왕으로 추대를 받아 나이 52세에 최초의 진골 출신 왕으로 즉위하였다. 나·당 동맹은 당 태종이 649년 사망함에 따라 유보되었다가 660년 백제 침공으로 그 결실을 맺었다.

오답 분석
① 신문왕에 대한 설명이다.
② 문무왕(무열왕은 661년에 사망하였으며, 고구려의 멸망은 668년이다.)에 대한 설명이다.
④ 김유신에 대한 설명이다.

정답 ③

43 086

사료의 밑줄 친 '선왕'은 무열왕이다. 무열왕은 당 태종과 나·당 동맹을 성사시켜 후일 백제를 멸망시켰다.

④ 신라 시대에는 오직 무열왕만이 태종이란 묘호를 가졌다. 692년에 당나라로부터 무열왕의 묘호인 태종(太宗)이 격상된 것으로 당 태종의 칭호에 저촉된다는 외교적 항의를 받았으나, 무열왕의 업적에 따른 불가피한 조처라 논함으로써 문제를 해결하였다.

오답 분석
① 문무왕. ② 선덕 여왕. ③ 진덕 여왕에 대한 설명이다.

정답 ④

44 087

자료에서 언급한 사건 이후 전개된 상황으로 옳은 것은?

> 손인사와 유인원과 신라왕 김법민은 육군을 거느리고 나아가고, 유인궤와 별수 두상과 부여융은 수군과 군량을 실은 배를 거느리고, 웅진강으로부터 백강으로 가서 육군과 합세하여 주류성으로 갔다. 백강 어귀에서 왜국 병사를 만나 네 번 싸워서 모두 이기고 그들의 배 4백 척을 불사르니, 연기와 불꽃이 하늘로 덮고 바닷물도 붉게 되었다. 왕 부여풍은 몸을 피해 도주하였는데, 있는 곳을 알지 못하였다. 어떤 사람은 그가 고구려로 달아났다고 말하였다. 당나라 병사가 그의 보검을 노획하였다.
>
> – 「삼국사기」

① 당은 백제 지역에 웅진, 마한, 동명, 금련, 덕안 등 5개의 도독부를 설치하였다.
② 취리산에서 유인원이 입회한 가운데 문무왕과 웅진 도독 부여융 사이에 회맹이 이루어졌다.
③ 소정방이 이끄는 당군이 대동강을 거슬러 올라 연개소문이 지키는 평양성을 침입하였다.
④ 당은 신라를 계림 도독부로, 문무왕을 계림주 대도독으로 임명하였다.

45 088

자료에서 언급한 사건 이후 전개된 상황으로 옳은 것은?

> 문무왕이 당나라 칙사 유인원과 웅진 도독 부여융과 더불어 웅진 취리산(공주 연미산으로 추정)에서 화친을 맹약하였다. 당 고종이 부여융에게 명하여 본국에 돌아가 나머지 무리를 무마하는 한편, 신라와 화친하게 하였다. 이때 백마를 희생으로 삼아 서맹을 약속했는데, 천지의 신과 천곡의 신에게 제사하고 피를 입술에 발랐다.

① 왜와 연대한 백제 부흥군은 백강 전투에서 대패하였다.
② 당이 신라에 계림 도독부를 설치하려고 시도하였다.
③ 평양성이 함락되고 고구려가 멸망하였다.
④ 임존성에서 흑치상지와 지수신이 거병하여 나·당 연합군에 대항하였다.

46 089

밑줄 친 '왕'이 재위했을 당시에 행해진 일로 옳은 것은?

> 정주에서 사람이 달려와서 보고하였다.
> "무수히 많은 당나라 병사들이 우리 국경에 들어와서 바다 위를 돌아다니고 있습니다."
> 왕이 명랑을 불러 말하였다.
> "사태가 벌써 급박하게 되었으니 어찌해야 하는가?"
> "채색 비단으로 임시로 절을 지으시면 됩니다."
> 그래서 채색 비단으로 절을 꾸미고 풀로 동서남북과 중앙의 다섯 방위를 맡은 오방신상을 만들었다. 그리고 유가(瑜珈)에 밝은 스님 12명에게 명랑을 우두머리로 삼아 문두루 비법을 쓰게 하였다. 그러자 당나라와 신라의 군사가 아직 싸움을 하지도 않았는데 바람과 파도가 사납게 일어 당나라 배들이 모두 침몰하였다. 그 후 절을 고쳐서 다시 짓고 사천왕사라고 하였다. 지금도 단석(壇席, 불교의 도량을 말함)이 없어지지 않았다.
> 그 뒤 신미년(서기 671)에 당나라에서 조헌을 장수로 삼아 또다시 5만의 군사가 쳐들어왔다. 그래서 또 그 비법을 사용하자 예전처럼 배가 모두 침몰하였다.
> – 「삼국유사」

① 품주를 개편해 독립시킨 집사부와 중시를 설치하였다.
② 백관잠을 지어 여러 신하들에게 제시함으로써 유교적 충군 사상에 입각한 기강을 확립하려 하였다.
③ 진골들의 반란을 진압하고 김흠운의 딸을 왕비로 맞아들였으며, 9서당을 완비하였다.
④ 안승을 고구려 왕으로 봉한 뒤, 회유하여 금마저 지역으로 이동시켰다.

47 090

다음의 밑줄 친 '왕'이 재위하였을 당시의 정책으로 옳은 것은?

> 왕이 당에 저항하는 고구려의 유민을 받아들이고 또 백제의 옛 땅을 차지하고서 사람을 시켜 지키게 하니, 당 고종이 크게 노하여 조서를 내려 왕의 관직을 삭탈하였다.
> – 「삼국사기」「신라본기」

① 병부 설치
② 사천왕사 창건
③ 관료전 지급
④ 사정부 설치

44 ₀₈₇

사료는 663년 9월에 일어난 백강 전투에 관한 내용이다.
② 이 전투에서 백제 부흥군이 패배한 이후 665년 웅진 취리산에서 문무왕과 웅진 도독 부여융, 당나라 칙사 유인원 사이에 취리산의 회맹이 이루어졌다.

오답 분석
① 당이 백제 지역에 웅진, 마한, 동명, 금련, 덕안 등 5개의 도독부를 설치한 시기는 660년이며, 이중 웅진 도독부만이 명맥을 유지하였다.
③ 소정방이 이끄는 당군이 고구려의 평양성을 공격하였다가 실패한 시기는 661년에서 662년 사이에 해당한다.
④ 당은 663년 4월 신라를 계림 도독부로, 문무왕을 계림주 대도독으로 임명하였다.

정답 ②

45 ₀₈₈

자료는 취리산의 회맹(665)에 대한 내용이다.
③ 668년 나·당 연합군의 본격적인 침략으로 평양성이 함락되고 고구려가 멸망하였다.

오답 분석
① 나·당 연합군의 공격을 막기 위해 왜와 연대한 백제 부흥군은 663년 9월 백강 전투에서 대패하였다.
② 당은 663년 4월 신라 문무왕을 계림주 대도독으로 임명하고 신라를 계림 도독부로 삼았다.
④ 주류성이 함락되고 흑치상지가 항복한 이후에도 지수신은 임존성을 근거로 나·당 연합군에 저항하였지만, 실패(663)하였다. 이후 지수신은 고구려로 망명하였다.

정답 ③

46 ₀₈₉

문무왕 시기의 나·당 전쟁에 관한 『삼국유사』의 기록이다.
④ 문무왕은 고구려 부흥 운동을 이끌었던 안승을 670년 소고구려 국왕으로 임명한 뒤 현 익산 지역인 금마저로 이동시켰다. 이후 이곳의(압록강 유역에서는 고덕무의 소고구려국이 존재) 소고구려국은 674년 보덕국으로 개칭되었다.

오답 분석
① 진덕 여왕. ② 성덕왕. ③ 신문왕에 대한 설명이다.

정답 ④

47 ₀₉₀

제시된 자료의 '왕'은 문무왕이다. 문무왕은 당의 한반도 지배 야욕을 분쇄시키기 위해 고구려와 백제의 유민을 포섭하고 대당 항쟁의 연대를 꾀하여 본격적인 전쟁을 준비하였다.
② 문무왕은 679년 경주 남산에 호국 불교의 성격으로 사천왕사를 창건하였다.

오답 분석
① 법흥왕은 516년 병부의 장관인 병부령을 설치하고, 이듬해 군사 업무를 관장하는 병부를 설치하여 군사권을 장악하였다.
③ 신문왕은 687년 5월에 문무 관료전을 차등 지급하였으며, 689년 1월에 녹읍을 폐지하였다.
④ 무열왕은 659년 사정부를 설치하여 백관을 감찰하는 업무를 관장하게 하였다.

정답 ②

48 091

다음 제시문에서 밑줄 친 '그'에 해당하는 인물은?

> 당의 세력이 서투르키스탄(Turkestan) 지역까지 확대되자 새로 발흥한 아바스(Abbās) 왕조는 이슬람 군대를 파견하여 당에 맞섰다. 751년 그는 3만의 병사를 이끌고 탈라스(Talas)에서 이슬람 군대에 맞섰으나, 투르크계 카르룩족이 배후에서 반란을 일으키면서 협공을 받아 패퇴하였다. 쿠차로 퇴각한 그는 반격을 꾀했으나 병력이 부족해 실행하지 못했다. 탈라스 전투에서 패한 뒤 그는 하서 절도사로 전임되었으며, 장안으로 입경한 뒤에는 우우림군 대장군으로 임명되었고, 밀운군공으로 봉해졌다. 755년 안녹산이 반란을 일으키자 그는 토벌군의 부원수로 임명되었다. 그리고 안록산군에게 뤄양을 빼앗기고 퇴각하는 당군을 지원해 통관으로 물러나 전열을 정비하여 반군을 격퇴하고 수도인 장안을 지켰다.

① 고선지　　　　　② 이정기
③ 이사도　　　　　④ 흑치상지

49 092

신라의 삼국 통일 이후 다음과 같은 설화가 나타나게 된 배경과 관계 깊은 특징에 해당하는 것은?

> 왕이 배를 타고 산으로 들어가니 용이 검은 옥띠를 바쳤다. 왕이 같이 앉아 물었다. "이 산과 대나무가 어떤 때는 갈라지고 어떤 때는 맞붙고 하니 무슨 까닭인가?"하니, 용이 답하기를 "한손으로 치면 소리가 나지 않고 두 손으로 쳐야 소리가 나는 것과 같습니다. 폐하께서 소리로써 천하를 다스릴 좋은 징조입니다. 이 대나무로 피리를 만들어 불면 천하가 화평해질 것입니다. 지금 아버님께서 바다 가운데 큰 용이 되시고 김유신도 천신이 되셨습니다. 두 분께서 마음을 합하여 큰 보물을 만들어 저를 시켜 바치는 것입니다." 왕이 돌아와 대나무로 피리를 만들게 하였는데 이 피리를 불면 적병이 물러나고 병이 나았다.

① 선종의 보급과 함께 독자적인 세력을 가진 지방 호족이 성장하였다.
② 갈문왕 제도가 강화되어 왕실의 권위가 확대되었다.
③ 관직 승진의 제한을 철폐하여 6두품 세력의 지지를 획득하였다.
④ 집사부의 기능을 강화하고 문무 관리들에게 관료전을 지급하였다.

50 093

다음 내용의 교서를 내린 국왕에 대한 설명으로 옳은 것은?

> "임금을 섬기는 법은 충성을 다하는 것이 근본이며, 벼슬살이하는 의리는 두 마음을 품지 않는 것이 으뜸이다. 병부령 이찬 군관은 반열의 순서에 따라 마침내 높은 지위에 올랐으나, 임금의 실수와 결점을 보좌하여 결백한 절개를 조정에 바치지 못했고, 명령을 받으면 제 몸을 잊어가며 사직에 충성을 표하지도 않았다. 그리하여 역적인 흠돌 등과 사귀면서 그들이 반역을 꾀한다는 사실을 알고서도 미리 고하지 않았으니, 이는 이미 나라를 걱정하는 생각이 없을 뿐 아니라 공적인 일을 위하여 몸 바칠 뜻도 없는 것이니, 어찌 재상 자리에 두어 나라의 헌장(憲章)을 함부로 흐리게 할 것인가? 무리들과 함께 처형함으로써 뒷사람들을 경계로 삼는 것이 마땅하리라. 군관과 그의 친아들 한 명은 스스로 목숨을 끊도록 하고, 멀고 가까운 곳에 포고하여 모두가 이것을 알게 하라."
>
> — 「삼국사기」

① 나·당 전쟁 이후 소원해졌던 당과의 친선 관계를 회복하였으며, 달구벌로 천도를 시도하였다.
② 녹읍이 부활하자 적극적인 한화 정책을 모색하였으나, 거듭되는 반란으로 실패하였다.
③ 일본의 병선 300척이 동해변을 습격하자 이를 공격해 대파시켰다.
④ 불국사와 석굴암이 창건되었으며, 성덕 대왕 신종이 주조되기 시작하였다.

51 094

신라 중대와 관련된 역사적 사실들을 시기 순으로 바르게 나열한 것은?

> ㄱ. 문무 관료전을 차등을 두어 지급하였으며, 녹읍을 폐지하였다.
> ㄴ. 공자와 10철 및 72제자의 화상을 바쳐 국학에 봉안하였다.
> ㄷ. 사비성을 함락시키고 소부리주를 설치하였다.
> ㄹ. 사정부가 설치되어 백관을 감찰하는 업무를 관장하였다.

① ㄷ→ㄴ→ㄹ→ㄱ
② ㄷ→ㄹ→ㄱ→ㄴ
③ ㄹ→ㄷ→ㄱ→ㄴ
④ ㄹ→ㄷ→ㄴ→ㄱ

문제 풀이

48 091

① 고선지에 대한 설명이다. 고선지는 고구려 유민 출신의 당나라 장수로 서역 원정에 큰 공을 세웠으나 751년 탈라스 전투에서 이슬람 연합군에 패하였다. 이후 755년 안녹산이 반란을 일으키자 고선지는 토벌군의 부원수로 임명되어 통관으로 물러나 전열을 정비하여 반군을 격퇴하고 수도인 장안을 지켰다. 하지만 임의로 주둔지인 섬주를 떠나 통관으로 이동해 피해를 입혔다는 모함을 받아 진중에서 참형되었다.

오답 분석

② 이정기는 고구려의 유민으로 당의 절도사가 되었으며, 사실상의 독립국인 제를 세웠던 인물이다.
③ 이사도는 이정기의 손자로 당나라 조정과 정면 대결을 벌이다가 정세가 불리해진 819년 2월경 부하인 도지병마사 유오에게 죽임을 당하였다.
④ 흑치상지는 백제 부흥 운동이 실패하는 과정에서 당에 투항하였으며, 장군이 되어 돌궐을 평정하였다. 이후 무고로 누명을 쓰고 죽임을 당하였으나 공로가 인정되어 복권되었다.

정답 ①

49 092

제시된 설화는 '만파식적 설화'이다. 만파식적 설화는 682년(신문왕 2)에 용으로부터 영험스러운 대(竹)를 얻어 피리를 만들었다는 이야기로써 정치적 불안을 진정시키려는 왕실의 소망과 전제 왕권 하에서 신라의 안정을 이루려는 의지가 담겨 있다고 볼 수 있다.

④ 신문왕은 왕권 강화를 위하여 집사부의 기능을 강화하였으며, 녹읍을 폐지하고 관료전을 지급함으로써 녹읍을 통한 관리들의 경제력 확대를 억제시키고 국왕을 정점으로 한 중앙 집권화를 추진하고자 하였다.

정답 ④

50 093

사료의 내용은 신문왕의 교서로 김흠돌의 난 진압 이후 내린 것이다. 신문왕은 반란 모의 사실을 사전에 알고도 고발하지 않았다는 죄목으로 병부령 이찬 김군관과 그 아들을 자살하게 하는 등 주동자뿐만 아니라 말단 가담자까지도 철저하게 숙청하였다. 또한 파진찬 흥원, 대아찬 진공 등도 모반을 일으켰으나 모두 평정되었다.

① 신문왕은 당과의 외교 관계를 회복하였으며, 달구벌로 수도를 천도하려 하였으나 실패하였다.

오답 분석

② 한화 정책은 경덕왕의 정책이었으며, 반란과는 관련이 없다.
③ 성덕왕, ④ 경덕왕 때의 일이다.

정답 ①

51 094

③ ㄹ. 사정부가 설치된 시기는 무열왕 → ㄷ. 소부리주 설치 시기는 문무왕 → ㄱ. 관료전 지급과 녹읍 폐지는 신문왕 → ㄴ. 유학자의 국학 화상 봉안은 성덕왕 시기에 해당한다.

정답 ③

PART 02 고대의 정치 59

52 095

통일 신라 시기의 국가 정책에 대한 설명으로 잘못된 것은?

① 헌덕왕 시기 당의 운주에서 반란이 일어나자 갑병(甲兵) 3만을 파견해 반란의 진압을 도왔다.

② 경덕왕 시기 녹읍이 부활되고 적극적인 한화 정책이 추진되었다.

③ 성덕왕 시기 공자와 중국 유현의 화상이 수입되어 국학에 봉안되었다.

④ 신문왕 시기 금성에 서시전과 남시전이 설치되고 시장이 활성화되었다.

53 096

다음은 고려 시대에 편찬된 두 역사책의 신라사 시기 구분을 비교한 것이다. 설명이 적절하지 않은 것은?

『삼국유사』

(가)	(나)	하고(下古)

혁거세   지증왕 법흥왕 진덕 여왕 무열왕   경순왕

『삼국사기』

상대(上代)	(다)	(라)

혁거세   진덕 여왕 무열왕 혜공왕 선덕왕 경순왕

① (가) 시기에는 거서간, 차차웅, 이사금, 마립간 등의 왕호가 사용되었다.

② (나) 시기에는 불교를 통해 왕실의 권위를 높이려는 시도가 있었다.

③ (다) 시기에는 성골이라는 최상위 신분이 출현하였다.

④ (라) 시기에는 진골 귀족 사이에 치열한 왕위 쟁탈전이 벌어졌다.

54 097

다음 사료와 관련된 시기에 대해 옳은 것을 〈보기〉에서 모두 고르면?

선덕왕이 돌아가고 아들이 없었으므로 여러 신하가 후사를 논의하여 왕의 족자인 김주원을 세우려고 하는데, 주원의 집은 서울 북쪽 20리 지점에 있어 때마침 큰 비가 내려 알천의 물이 넘실거리므로 주원이 건너오지 못하였다. 어떤 사람이 말하기를 "무릇 임금의 큰 자리에 나아가는 것은 실로 사람이 도모해서 되는 것이 아니다. 오늘의 폭우를 보면 하늘이 혹시 주원을 세우지 못하게 하려 함이 아닌가? 지금 상대등 김경신은 전왕의 아우요, 덕망이 본래 높아 임금의 체모를 지니고 있다."고 하였다. 이에 중론이 일치되어 김경신을 세워 왕위를 계승케 하였다.

보기

ㄱ. 귀족들의 힘이 강해져 상대등의 권력이 집사부 시중보다 커지게 되었다.

ㄴ. 수취 체제가 붕괴되어 적고적의 난과 같은 민란이 일어났다.

ㄷ. 독서삼품과가 시행되었으나, 진골 세력의 반발로 실패하였다.

ㄹ. 내물의 방계 왕위 계승과 더불어 말기에는 박씨 왕도 세 명이나 등장하였다.

① ㄱ

② ㄱ, ㄴ

③ ㄱ, ㄴ, ㄷ

④ ㄱ, ㄴ, ㄷ, ㄹ

52 095

④ 신문왕이 아닌 효소왕 때인 695년 금성에 서시전과 남시전을 설치하여 지증왕 대에 설치된 동시전과 더불어 수도의 물화 유통을 담당하게 하였다.

오답 분석

① 헌덕왕은 819년 당 헌종의 요청으로 갑병 3만을 파견하였다.

② 경덕왕은 757년에 녹읍을 부활시켰으며, 9주 5소경 117군 293현의 고유 지명을 중국식으로 바꾸었다. 759년에는 중앙 관부의 관직명 또한 중국식으로 바꾸었으나 귀족들의 반발로 실패하였다.

③ 성덕왕 시기인 717년 숙위 김수충이 귀국해 공자와 중국 유현의 화상을 바쳐 국학에 봉안하였다.

정답 ④

53 096

③ 『삼국사기』의 구분법에 의하면 (다) 시기는 신라 중대에 해당한다. 이 시기에는 이전 최상위 신분이었던 성골계의 왕통이 진덕 여왕을 마지막으로 끊어졌고, 무열왕이 신라 최초의 진골 출신 왕이 되었다. 『삼국유사』와 『삼국사기』의 시대 구분은 다음과 같다.

『삼국사기』		『삼국유사』	
상대 (B.C.57~654)	박혁거세~ 진덕 여왕	상고 (B.C.57~514)	박혁거세~ 지증왕
중대 (654~780)	태종 무열왕~ 혜공왕	중고 (514~654)	법흥왕~ 진덕 여왕
하대 (780~935)	선덕왕~ 경순왕	하고 (654~935)	태종 무열왕~ 경순왕

정답 ③

54 097

제시된 사료는 신라 하대에 일어난 왕위 계승 다툼에 대한 내용이다.

ㄱ. 당시 진골 귀족들의 반란과 왕위 쟁탈전이 격화되었고, 귀족 연합 정치로 집사부 시중보다 상대등의 권력이 다시 강화되었다.

ㄴ. 또한 수취 체제의 붕괴와 중앙 정부의 지방 통제력 약화로 인해 웅천주 도독 김헌창의 난, 적고적의 난과 같은 반란이 속출하였다.

ㄷ. 선덕왕의 즉위는 무열왕계의 즉위였던 기존 체제에서 다시 내물왕의 방계가 왕위에 올랐다는 데에 의의가 있다. 원성왕은 선덕왕이 죽은 후 무열계인 김주원과의 왕위 다툼에서 승리하여 즉위하였고 독서삼품과를 설치하여 유교 경전에 능통한 자를 등용하고자 하였으나, 진골 귀족들의 반발로 무산되었다.

ㄹ. 이후 효공왕이 아들이 없이 죽자 신덕왕이 귀족들의 추대에 의하여 즉위하였으며, 이로써 왕위가 김씨에서 박씨로 넘어가게 되었다. 신덕왕 이후 박씨 성을 가진 경명왕, 경애왕이 즉위하였다.

정답 ④

55 098

다음 사료와 동시대에 등장한 역사적 사실로 옳은 것은?

> 3월에 웅천주 도독 김헌창은 아비 주원이 앞서 왕위에 오르지 못한 것을 이유로 배반하여 국호를 장안이라 하고 연호를 경운이라 하며 원년을 칭하였다. 그리하여 무진주·완산주·청주·사벌주의 4주 도독과 국원경·서원경·금관경의 사신과 여러 군현의 수령을 협박하여 자기 소속으로 삼으니, 청주 도독 향영은 몸을 빼서 추화군으로 달아나고, 한산주·우수주·삽량주·패강진·북원경 등의 여러 성은 먼저 헌창의 역모를 알고 병사를 들어 스스로 지켰다.

① 같은 시기 김흠돌의 난이 일어나 김헌창과 연대하려 하였으나 실패하였다.
② 신문왕 시기 사치 금지령이 발효되어 사회 기풍을 정비하였다.
③ 호족들이 할거하였으며, 6두품 세력들 중 다수가 반신라적 경향을 띠게 되었다.
④ 발해의 무왕이 당을 공격하자 제2차 나·당 동맹이 결성되었다.

56 099

밑줄 친 인물과 관련된 역사적 사실로 옳은 것은?

> 제45대 신무대왕(神武大王)이 아직 왕이 되기 전에, 의협심이 강했던 궁파(弓巴)에게 말하였다.
> "나에게 같은 하늘 아래서 함께 살 수 없는 원수가 있다. 네가 나를 위해 그를 없애준다면, 왕위에 오른 뒤에 네 딸을 왕비로 삼겠다."
> 궁파는 그렇게 하겠다고 하고, 마음과 힘을 합쳐 군사를 일으켜 서울로 쳐들어가 그 일을 이루어냈다. 왕위를 빼앗은 뒤 궁파의 딸을 왕비로 삼으려 하였는데, 여러 신하들이 강력하게 반대하며 말하였다.
> "궁파는 출신이 미천합니다. 임금님께서 그 딸을 왕비로 맞아들이는 것은 아니되옵니다."
> 이러하여 왕은 신하들의 말을 따랐다.
> – 『삼국유사』 제2권 기이

① 산둥 반도의 적산포에 법화원을 설립하여 재당 신라인의 유대 관계를 강화하였다.
② 시중직에 여러 번 임명되었으나, 외직으로 밀려난 뒤 장안이라는 국호를 세우고 반란을 일으켰다.
③ 금마저에서 반란을 일으켰으나 실패하여 죽음을 당하였으며, 신라는 이 지역에 금마군을 설치하였다.
④ 고구려 공략전에 나서 평양성을 함락했으며, 이후 반란을 일으켰다가 실패하였다.

57 100

신라 하대에 봉기한 세력들에 대한 설명으로 잘못된 것은?

① 수신 : 고달산 지역을 거점으로 김범문과 모반하여, 도읍을 평양(지금의 경기도 양주)에 정하려고 북한산주를 공격하였으나 진압당하였다.
② 적고적 : 진성 여왕 시기 봉기하여 경주까지 들어와 약탈을 자행하였다.
③ 견훤 : 나주와 무진주를 차례로 점령한 후 완산주에 도읍을 정하고 나라를 세웠다.
④ 양길 : 죽산에서 세력을 떨쳐 일어났으나 궁예가 의탁을 요청하자 이를 거절하였다.

58 101

발해의 밑줄 친 국왕 재위기에 행해진 일로 옳은 것은?

> "발해 때에 장녕현으로 당나라 원화(당나라의 연호, 806~820) 연간에 발해 왕 대인수가 남쪽으로 신라를 평정하고, 북쪽으로 여러 부락을 공략하여 군과 읍을 설치함에 따라 지금의 이름이 생기게 된 것이다"

① 상경에서 동경으로 천도
② 건흥 연호 사용
③ 일본도 개설
④ 당의 발해 군왕 책봉

55 098

사료는 신라 하대(선덕왕~경순왕, 780~935)에 일어난 김헌창의 난(822)에 대한 내용이다.

③ 신라 하대에는 농민 봉기를 통해 반독립적 세력으로 성장한 호족들이 스스로 성주, 장군이라 자칭하면서 행정 · 군사권을 장악하였으며, 군 단위의 지방을 지배하였다. 또한 골품제를 비판했던 6두품 출신의 유학생과 선종 승려들은 능력 중심의 정치 운영과 유교 정치 이념을 바탕으로 한 개혁을 제시하였으나 받아들여지지 않자, 반신라적 경향을 띠게 되었다.

[오답 분석]

① 신문왕이 즉위하던 해에 왕의 장인 김흠돌의 모역 사건이 일어나 귀족들에 대한 대대적인 숙청이 행해졌고, 이를 계기로 왕권이 전제화되었다.

② 신문왕이 아닌 흥덕왕이 834년에 사치 금지령을 내려 모든 관등에 따른 제한령을 반포하였다.

④ 성덕왕 시기 2차 나 · 당 동맹이 체결되어 발해의 무왕과 대립하였으나, 733년 단행한 원정에서 폭설로 실패하였다.

정답 ③

56 099

사료는 신무왕이 왕위에 오르기 전, 청해진 대사 장보고에게 희강왕을 제거하고 스스로 왕위에 오른 민애왕(김명)을 제거할 것을 명하는 내용으로, 밑줄 친 '궁파'는 장보고를 의미한다. 『삼국사기』에는 장보고를 궁복이라 기록하고 있다.

① 장보고는 완도에 청해진을 설치하여 해적을 소탕하면서 남해, 황해 무역권을 장악하였고, 당 · 일본과의 무역을 독점하였다. 또한 당 · 일본의 무역에 무역선인 교관선을 투입하여 운영하는 한편, 산둥 반도에 거대한 사원인 법화원을 건립하기도 하였다.

[오답 분석]

② 김헌창, ③ 안승의 족자(族子)인 대문, ④ 김흠돌에 대한 설명이다.

정답 ①

57 100

④ 죽주(竹州 : 지금의 경기도 안성시 죽산)에서 반란을 일으킨 인물은 기훤이다. 891년 궁예는 기훤에게 몸을 의탁하였는데, 기훤은 오만하여 그를 예로써 대하지 않았다. 울분에 싸인 궁예는 기훤의 부하인 원회 · 신훤 등과 결탁하여 892년 북원(北原 : 지금의 경기도 원주)의 초적 양길에게로 몸을 의탁하였다.

정답 ④

58 101

자료의 밑줄 친 '발해 왕 대인수'는 선왕이다. 선왕은 흑수말갈을 비롯한 말갈 세력을 복속시켰으며, 요동 진출을 본격화하여 광대한 영토를 다스렸다.

② 선왕 시기에는 건흥이라는 연호를 사용하였다.

[오답 분석]

① 문왕은 중경 현덕부에서 상경 용천부로 천도했다가 동경 용원부로 천도하였다.

③ 일본도의 개설 시기는 정확하지 않으나, 727년 무왕이 일본에 사신을 파견했다는 내용과 문왕 시기 일본도를 중심으로 일본과의 교류를 확대했다는 내용을 통해 문왕 이전부터 일본도가 개설된 것으로 보인다.

④ 당나라는 713년 대조영을 발해 군왕으로 책봉했는데, 이때부터 발해라는 국호가 사용되었다.

정답 ②

59 102

발해의 역대 국왕에 대한 설명으로 옳지 않은 것은?

① 문왕은 대흥과 보력이라는 연호를 사용하였으며, 당으로부 터 발해 국왕의 칭호를 얻었다.

② 고왕은 국호를 진국이라 하였으나, 당과 친선 후 발해의 국 명을 사용하였다.

③ 무왕은 신라의 성덕왕과 교류하여 신라도를 개설하였다.

④ 선왕 시기 5경 15부 62주의 지방 행정 조직이 완성되었다.

60 103

다음의 관료 조직을 갖추고 있던 국가에 대한 설명으로 잘 못된 것은?

> 선조성에는 좌상과 좌평장사, 시중, 좌상시가 있어 의논 하여 간하고, 중대성에는 우상, 우평장사, 내사가 있어 궁 궐의 일을 고하며, 정당성에는 내각상이 있어 좌우상 위에 거하고 그 밑에 좌사정과 우사정이 있다.

① 신라도 외에 서경 압록부에서 만포를 거쳐 신라의 서북쪽으 로 들어가는 또 다른 교역로가 있었다.

② 선왕 시기부터 대야발의 후손이 왕위를 계승하였다.

③ 선조성에 간관인 좌상시, 간의 등이 설치되었다.

④ 지방군으로 10위의 군대가 배치되었다.

59 102

③ 신라도 개설은 문왕 시기의 일이다. 무왕은 흑수부 말갈 공격을 시도하는 한편, 당의 산둥 반도를 공격하여 자사 위준을 죽이기도 하였다. 이로 인해 2차 나·당 동맹이 결성되었으며, 고립을 탈피하려는 무왕의 노력으로 일본과 교섭이 이루어져 일본도가 개설되었다.

오답 분석

① 문왕 시기에는 당과 친선이 이루어져 발해 국왕의 칭호를 얻기도 하였다.

② 천문령 전투 이후 나라를 건국한 고왕(대조영)은 국호를 진국이라 하였으나, 당과 친선 후 발해의 국명을 사용하고 발해 군왕의 칭호를 얻었다.

④ 대조영의 동생인 대야발의 후손으로 10대 임금에 즉위한 선왕은 흑수부 말갈을 멸망시키고 5경 15부 62주의 행정 구역을 정비하였다.

정답 ③

60 103

자료는 발해의 관료 조직에 대한 설명이다.

④ 발해는 중앙군으로 10위의 군대를 배치하였으며, 각 위에는 대장군 1명과 장군 1명을 두었다.

오답 분석

① 발해의 민간 상인들은 신라도 외에도 서경 압록부에서 만포를 거쳐 신라의 서북쪽으로 들어가는 길을 이용하였으며, 주요 교역품은 견직물이었다.

② 9대 왕이 즉위한지 1년 만에 죽자, 대조영의 아우 대야발의 4대손인 대인수(선왕)가 10대 왕으로 즉위하였다.

③ 선조성에 간관인 좌상시, 간의 등이 설치되었으며, 발해는 처음으로 간관과 대관을 따로 구분하여 설치하였다.

정답 ④

PART 03

중세의 정치

PART 03 중세의 정치

01 104

다음 사료에 해당하는 인물의 업적으로 옳은 것은?

> 신라 사람으로 성은 김씨이고, 아버지는 제47대 헌안왕 의정이며, 어머니는 후궁이었다. … (중략) … 머리를 깎고 승려가 되어 스스로 선종이라 이름하였다. … (중략) … 패서에 있는 도적 집단들이 선종에게 와서 항복하는 자가 많았다. 선종이 스스로 무리들이 많아서 나라를 창건하고 임금이라고 일컬을 만하다고 생각하여 중앙의 관직과 지방의 관직을 설치하기 시작하였다. … (중략) … 선종이 왕이라 자칭하고 사람들에게 이르기를 "이전에 신라가 당나라에 군사를 청하여 고구려를 격파하였기 때문에 옛 서울 평양은 오래되어서 풀만 무성하게 되었으니 내가 반드시 그 원수를 갚겠다."라고 하였다.
>
> – 「삼국사기」

① 양길을 몰아낸 후 송악에 도읍을 정하고 국가를 세웠으며, 후기에는 광평성 관제를 편제하였다.

② 직접적인 원정을 단행하여 후백제의 금성을 차지해 해상에서의 우위를 점하였다.

③ 신라와의 우호 관계와 호족 세력의 지지를 배경으로 세력을 확장해 나갔다.

④ 진성 여왕 시기에 사방에서 도적이 봉기하자 889년에 사벌주에서 반란을 일으켰다.

02 105

다음 사료에서 언급한 상황 이후 전개된 사건으로 옳은 것은?

> 그가 잠자리에서 아직 일어나지 않았는데, 멀리 궁정에서 떠들썩한 소리가 들렸다. 그가 아들 신검에게 물었다.
> "이게 무슨 소리냐?"
> "왕께서 연로하셔서 군국 정사에 어두우시므로, 맏아들 신검이 부왕의 자리를 섭정하게 되었다고, 여러 장수가 축하하는 소리입니다." 그러면서 신검은 그를 금산사 불당으로 옮기고, 파달 등 장사 30명을 시켜 지키게 했다. 그때 노래 하나가 유행했다.
> "가엾은 완산 아이가 아비를 잃고 눈물 흘리네."
>
> – 「삼국유사」

① 황산 탄현 전투

② 왕건의 금성 공격

③ 경애왕의 죽음

④ 조물군 전투

03 106

고려의 후삼국 통일 과정을 시기 순으로 바르게 나열한 것은?

> ㄱ. 고창 전투
> ㄴ. 경순왕의 귀부
> ㄷ. 선산 일리천 전투
> ㄹ. 공산 전투

① ㄱ → ㄹ → ㄷ → ㄴ

② ㄱ → ㄹ → ㄴ → ㄷ

③ ㄹ → ㄱ → ㄷ → ㄴ

④ ㄹ → ㄱ → ㄴ → ㄷ

문제 풀이

01 104

사료는 '궁예'에 대한 기록이다.

① 궁예는 북원(원주)을 거점으로 한 초적 세력인 양길의 무리에서 성장한 후, 그를 몰아내고 호족 세력을 토대로 송악에서 후고구려를 건국(901)하였다. 그는 개국 후 19개의 관청을 정비하였으며, 광평성을 중심으로 국정을 운영하였다.

오답 분석

②, ③ 왕건은 896년에 아버지를 따라 궁예에게 귀부하였고 903년 수군을 거느리고 전라도 지방으로 진출하여 후백제의 금성군을 공격, 함락시켰으며 부근 10여 개 군현을 빼앗아 나주를 설치하였다. 이후 왕건은 궁예의 실정을 계기로 그를 몰아내고 정권을 장악하였으며, 지방 호족 세력의 통합과 신라에 우호적인 정책으로 민심을 수습하고 통일의 초석을 닦았다.

④ 신라 하대에 농민의 생활이 궁핍해진 상황에서 중앙 정부가 조세를 독촉하자 889년(진성 여왕 3)에 사벌주에서 원종과 애노의 난이 일어났다.

정답 ①

02 105

사료는 후백제의 왕위 계승권 분쟁으로 견훤이 아들 신검에 의해 금산사에 유폐된 내용이다.

① 견훤은 935년 고려에 귀부하였고, 이듬해 고려군과 함께 출전하여 선산 일리천을 사이에 두고 신검과 전투를 벌였다. 일리천 전투에서 패배한 신검은 다시 전열을 정비하였으나 전력의 열세와 저하된 사기로 결국 황산 탄현 전투에서 항복하였다.

오답 분석

② 왕건은 903년 수군을 거느리고 전라도 지방으로 진출하여 후백제의 금성군을 공격, 함락시켰으며 부근 10여 개 군현을 빼앗아 나주를 설치하였다. 이후 왕건은 알찬으로 승진할 수 있었다.

③ 견훤은 927년 신라에 침입해 경애왕을 붙잡아 스스로 목숨을 끊도록 하였다. 당시 왕건은 신라를 돕기 위해 출전하였으나 공산 전투에서 견훤에게 크게 패배하였다.

④ 조물군 전투는 후백제가 고려와 신라의 교통로를 막기 위해 조물군(경북 안동 일대)을 공격하자, 고려가 이를 저지하기 위해 나선 전투이다. 924년 시작된 후 925년에 종결되었다.

정답 ①

03 106

④ 시기 순으로 바르게 나열하면 ㄹ. 공산 전투(927) → ㄱ. 고창 전투(930) → ㄴ. 경순왕의 귀부(935) → ㄷ. 선산 일리천 전투(936)가 된다.

ㄹ. 공산 전투(927) : 후백제의 신라 침입으로 경애왕이 위기에 처하자 이를 구원하기 위해 고려군이 남하하였으나 팔공산(공산) 전투에서 후백제군에게 대패하였다.

ㄱ. 고창 전투(930) : 고려는 낙동강 서부 지역인 고창(현재의 경북 안동) 지역에서 지방 호족의 도움을 받아 후백제군 8,000명을 죽이고 승리했다. 이 전투 이후 승기를 잡은 왕건은 후삼국을 통일할 수 있는 기틀을 마련하였다.

ㄴ. 경순왕의 귀부(935) : 고려는 신라의 경순왕이 935년 11월에 항복하여 오자, 그를 태자보다 위인 정승공으로 봉하였으며, 경주의 사심관으로 삼고 그 지역을 식읍으로 주었다.

ㄷ. 선산 일리천 전투(936) : 고려는 후백제와 선산의 일리천을 사이에 두고 전투를 벌였으며, 크게 패배한 신검은 전장을 탈출하여 황산군(지금의 충남 논산시 연산)의 탄현에 이르러 항복하였고, 이로써 왕건은 후삼국 통일을 달성하였다.

정답 ④

04 107

다음의 주장을 한 왕이 펼친 정책으로 옳지 않은 것은?

> 내가 삼한 산천 신령의 도움을 받아 왕업을 이루었다. 서경은 수덕(水德)이 순조로워 우리나라 지맥의 근본으로 되어 있으니 만대 왕업의 기지이다. 마땅히 춘하추동 4시절의 중간 달에 국왕은 거기에 가서 1백 일 이상 체류함으로써 왕실의 안녕을 꾀하게 할 것이다.

① 개태사를 지어 후백제를 멸한 것을 기렸으며, 산령을 중시하였다.
② 김심언의 육정육사와 자사육조 등 개혁안을 수용하였다.
③ 개국 공신과 호족을 관리로 등용하였으며, 태봉의 관제를 이어받아 9등급제를 시행하였다.
④ 훈요 10조를 유훈으로 내려 후대 왕들이 지켜야 할 정책 방향을 제시하였다.

05 108

밑줄 친 '그'와 관련된 내용으로 옳은 것은?

> 그는 자신의 후원 세력인 서경 유수 왕식렴이 있는 서경으로 천도하여 외척과 개국 공신 세력의 약화를 꾀했으나, 실행에 옮기지는 못하였다.

① 복원궁 설치
② 노비환천법 시행
③ 광군사 설치
④ 연등회와 팔관회 폐지

06 109

다음은 최승로의 5대조 정적평이다. 사료와 관련된 왕에 해당하는 사실은?

> 경신년(960)부터 을해년(975)에 이르기까지 16년간은 간악한 자들이 앞을 다투며 진출하여 참소가 크게 일어나니 군자는 몸 둘 곳이 없고 소인은 제 뜻대로 되었다. 드디어 자식이 부모를 거역하고 노예가 그 주인을 고소하기까지 하여 상하가 마음을 합치지 못하고 여러 신하들이 실망하여 옛 신하들과 이름난 장수들은 차례로 살육당하고 골육 친척들도 또한 모두 멸망당하였다.
> – 「고려사」

① 2군이 창설되어 왕실 숙위를 담당하였다.
② 문신 월과법을 시행하고 향리제를 시행하였다.
③ 식목도감을 통해 경사 6학을 정비하였다.
④ 주현공부법을 시행하여 호족을 통제하는 한편, 국가 재정을 확충하였다.

07 110

사료에서 언급한 (가)에 해당하는 왕의 업적으로 옳은 것은?

> 삼한이 처음 평정되어 아직 행정 구역을 정리할 여유가 없었다. 태조 23년(940)에야 전국의 주·부·군·현의 명칭을 고쳤고, [(가)]는 다시 주·부·군·현과 관방·역참·강하·포구의 명칭을 고쳐 전국을 10도로 나누고 12주에 각각 절도사를 두었다. … 그 관하 주·군의 총수는 580여 개였다. 우리나라 지리가 이 시기에 가장 발전하였다. 현종 초 절도사를 없애고 전국에 5도호와 75도 안무사를 두었다. 얼마 뒤에 안무사를 없애고 4도호와 8목을 두었다. 이후 전국을 5도·양계로 정하여 양광·경상·전라·교주·서해도와 동계·북계라 하였다. 모두 4경, 8목, 15부, 129군, 335현, 29진이다.
> – 「고려사」 권56, 「지」 10, 지리 1. 서문

① 문산계와 무산계를 정비하여 중앙의 문무관들에게 문산계를 수여하였다.
② 족내혼을 통해 왕실 혈통의 순수성을 유지하고, 왕권을 안정시키고자 하였다.
③ 흥왕사를 창건하여 교종과 선종의 통합을 모색하였다.
④ 전국의 모든 지역에 지방관을 파견하여 지방 호족들을 통제하고자 하였다.

04 107

고려의 태조에 대한 사료이다. 태조는 후백제의 신검이 항복한 황산에 개태사를 지어 후백제를 멸한 것을 기렸으며, 산령을 중시하였다. 또 개국 공신과 호족을 관리로 등용하였으며, 태봉의 관제를 이어받아 9등급제를 시행하여 정광, 원보, 대상, 원윤 등 관계를 수여하기도 하였다. 『정계』 1권, 『계백료서』 8편을 지어 관리들이 지켜야 할 규범을 제시하였으며, 훈요 10조를 유훈으로 내려 후대 왕들이 지켜야 할 정책 방향을 제시하였다.

② 김심언은 성종 재위기인 990년에 봉사를 올려 유교적 정치 이념의 구현에 크게 이바지했다. 봉사의 내용 중 6정 6사는 신하의 행실에서 옳은 행위와 그릇된 행위를 각각 6가지 유형으로 나누어 모범적 관료의 표상을 제시한 것이었다. 자사 6조는 지방관인 자사가 해야 할 일을 열거한 것으로 지방관 파견을 전제로 한 개혁안이었다.

정답 ②

05 108

자료의 '그'는 정종이다.

③ 정종은 거란의 침입에 대비하기 위해 947년에 광군사를 설치하여 청천강에 광군 30만을 배치하였다. 이 군사 조직은 이후 지방 주현군의 모태가 되었다.

오답 분석

① 예종 시기 궁궐에 복원궁이 건립되었다. 이는 왕실 중심의 신앙이었던 도교가 국가 차원에서 교단 도교로 확립되어 갔음을 보여주는 것이다.

②, ④ 성종은 광종 시기의 노비안검법을 재검토하여 노비에서 양민으로 된 사람 중 반정부적 색채를 가진 자나 치안을 어지럽히는 자를 선별하여 노비로 환천시키는 노비환천법을 시행하였다. 또한 유교 정치 이념을 채택하여 연등회와 팔관회를 폐지하였다.

정답 ③

06 109

최승로의 5대조 정적평은 고려 초기 5대 왕의 치적에 대해 평가한 것으로 자료는 '광종'에 대한 내용이다. 최승로는 특히 광종의 전제 정치에 대해 통렬한 비판을 가하였다.

④ 광종은 949년에 주현공부법을 실시하여 주현 단위로 해마다 바치는 공물과 부역을 책정하여 국가 재정을 확충하였고, 지방 호족에게 연대 책임을 부과하여 호족을 통제하였다.

오답 분석

① 2군은 고려 현종 시기 거란의 2차 침입 이후 창설되었다.

② 성종은 문신 월과법과 향리제를 실시하였다. 성종은 매달 중앙의 문신들에게 시 · 부를 지어 바치게 한 제도인 문신 월과법을 시행하여 유학 진흥을 꾀했으며, 향리제를 실시하여 지방 호족들에 대한 통제책을 마련하고 그 지위를 강등시켰다.

③ 인종은 1123년 식목도감에서 학식을 만들게 했는데, 국자학은 3품 이상, 태학은 5품 이상, 사문학은 7품 이상의 자손을 입학하게 하였고, 형부에 속해 있었던 율학을 국자감으로 옮겨 경사 6학, 즉 국자학 · 태학 · 사문학 · 율학 · 서학 · 산학을 정비하였다.

정답 ④

07 110

(가)에 해당하는 왕은 성종이다.

① 성종은 995년에 중앙의 문무관에게 문산계를 주고 지방의 지배층에게는 무산계를 주어 중앙과 지방의 지배층을 구분하는 문 · 무산계 제도를 시행하였다. 당나라나 조선과는 달리 고려 시대의 무반은 문반과 마찬가지로 모두 문산계를 받았다. 문산계는 현직에 있을 때뿐만 아니라 처음의 입사나 휴직 · 퇴관 등 어느 경우를 막론하고 일단 관계에 발을 들여놓은 사람이면 누구나 받을 수 있었다. 한편, 고려 시대의 무산계는 탐라의 왕족, 여진의 추장, 향리, 노병, 공장, 악인 등에게 주어졌으나, 무반의 관계로 기능하지는 못하였다.

오답 분석

② 광종은 외척이 권력을 가질 수 있는 족외혼과 달리 왕실 혈통의 순수성을 유지하고 왕권을 안정시킬 수 있는 족내혼을 통해 치세 기간 동안 외척 세력이 전혀 개입할 수 없는 튼튼한 방어막을 가질 수 있었다.

③ 흥왕사는 1056년(문종 10)에 짓기 시작하여 1067년(문종 21) 완공되었으며, 문종의 넷째 아들인 대각 국사 의천은 흥왕사를 중심으로 교종을 통합하려 노력하였다. 이후 의천은 교종 중심으로 선종을 통합하기 위하여 천태종을 창시하였다.

④ 983년(성종 2)에는 지방에 대한 통제력을 강화하기 위해 12목에 지방관을 파견하였다. 그러나 고려는 전 지역에 지방관을 파견하지는 못하였다.

정답 ①

08 111

다음 자료에서 설명하는 개혁이 이루어진 시기의 정치적 상황으로 옳은 것은?

> 995년의 개편에서 먼저 주목되는 것은 10도제의 실시이다. 당(唐)의 10도제를 모방해 제정한 것으로 생각되는 10도제는, 곧 그 실시 과정에서 유명무실해졌으나, 우리나라 도제(道制)의 시초가 되었다는 점에서 큰 의의를 찾을 수 있다. 다음으로 중요한 것은 절도사 체제로의 개편이었다. 즉, 종래의 12목을 12절도사로 개편한 것은 군정적인 지방 행정을 통해 지방의 호족 세력을 통제함으로써, 완전한 중앙 집권을 하고자 꾀한 조처였을 것으로 추측된다.

① 북방 경비에 주력하여 개경에 나성을 축조하였다.
② 과거제를 도입하여 신구 세력의 교체를 도모하였다.
③ 제위보를 설치함으로써 빈민 구제 기금을 마련하여 가난한 농민을 구제하고자 하였다.
④ 국자감을 설치하고 지방에 경학 박사를 파견하였다.

09 112

다음의 제시문에서 (가)~(라)에 해당하는 내용으로 잘못 연결된 것은?

> 성종 11년(992) 개경에 대학에 해당하는 [(가)]와 도서관으로 [(나)]를 세우고 서경에도 [(다)]라는 도서관을 설치했으며, [(라)]라 하여 관리들에게 매월 시와 부를 지어 바치게 하면서 학문 진흥에 박차가 가해졌다.

① (가) : 국자감
② (나) : 비서성
③ (다) : 존경각
④ (라) : 문신 월과법

10 113

고려 시기 각 왕들의 재위 기간 중 일어난 일로 옳지 않은 것은?

① 광종은 과거제를 실시하는 한편, 법왕사 · 왕륜사 등의 개경 십사를 건립하였다.
② 현종은 법상종의 본찰인 현화사를 창건하였다.
③ 문종 시기 공음전이 지급되고 경정 전시과가 시행되었다.
④ 숙종은 남경개창도감을 두어 궁궐을 세웠으며, 서경에 기자사를 세웠다.

11 114

밑줄 친 (가)~(라)에 대한 설명으로 잘못된 것은?

> (가) 숙종 9년(1104)에 (나) 평장사 임간을 따라 동여진을 정벌하였는데, 아군이 패배하자 (다) 척준경은 임간에게 부탁해 무기와 갑옷 입힌 말을 얻은 다음 적진으로 돌진해 적장 한 명의 목을 베고 아군 포로 두 명을 되찾았다. 그런 뒤 교위 준민 · 덕린과 함께 활을 쏘아 각각 한 명씩을 거꾸러뜨리자 적들이 약간 물러났다. 척준경이 퇴각하는데 적 1백기(騎)가 추격해오자 또 다시 대상 인점과 함께 적장 두 명을 사살했다. 적들이 전진하지 못하는 틈을 타 아군은 무사히 성으로 들어갈 수 있었으며, 이 공으로 (라) 천우위 녹사참군사 벼슬을 받았다.
>
> – 「고려사」

① (가) 국왕은 조카의 왕위를 찬탈하였으며, 서적포와 별무반을 설치하였다.
② (나)는 중서문하성의 재신의 직위 중 하나이며 4인이 동시에 임명되는 직책이었다.
③ (다)는 이자겸의 난에 참여하였으나, 인종의 회유로 이자겸을 실각시키는 데 기여하였다.
④ (라)는 중앙군인 2군 6위의 군영 중 하나로 수도의 치안을 책임지는 군사 조직이었다.

08 111

자료는 고려 성종 시기의 개혁 내용이다. 성종은 10도제를 실시하고 12목을 12절도사로 개편하였다.

④ 성종은 국자감을 설치하고 지방에 경학 박사를 파견하였다.

오답 분석

① 1029년(현종 20)에 20년의 세월이 걸린 축조 공사 끝에 궁궐과 일부 관청을 둘러싼 왕성 바깥으로 민가 지역과 일부의 전원(田園)까지 포함한 나성이 완성되었다.

②. ③ 광종은 후주에서 귀화한 쌍기의 건의로 958년 과거제를 도입하여 신구 세력의 세대 교체를 바탕으로 왕권을 강화하고자 하였다. 또한 963년에 제위보를 설치해 빈민 구제 기금을 마련하여 가난한 농민을 구제하고자 하였다.

정답 ④

09 112

존경각은 조선 성균관의 장서각이다. 성균관이 유생들의 학문 연구에 필요한 서적의 부족으로 교육상 많은 곤란을 겪게 되자, 한명회 등 여러 신하들이 장서각의 필요성을 주청, 성종의 윤허를 얻어 건립되었다. 건물이 세워진 뒤 성종이 '존경'이라 이름하고 많은 서적을 하사하였다.

③ 서경에 세워진 도서관의 성격을 가진 기구는 수서원으로 성종 9년인 990년에 설립되었다.

정답 ③

10 113

① 958년(광종 9) 쌍기의 건의로 과거제를 실시한 것은 맞지만, 불교를 숭상하여 흥국사·법왕사·왕륜사 등 개경 십사를 건립한 것은 태조이다.

오답 분석

② 현종은 자신의 부모인 안종과 헌정 왕후의 명복을 기리기 위해 현화사를 창건하였다.

③ 1049년(문종 3) 특별한 공로자와 5품 이상의 관리에게 공음전을 지급하였으며, 1076년 전시과로 분급한 토지가 부족해져 현직 관리 중심의 지급 규정을 마련한 경정 전시과를 시행하였다.

④ 숙종은 남경을 중시하여 남경개창도감을 두고 궁궐을 세웠으며, 1102년 예부의 건의에 따라 서경에 기자사를 세웠다.

정답 ①

11 114

④ 2군 6위는 성종 시기에 창설되었으며, 45령(45,000명)으로 구성되었다. 그중 천우위는 의장 부대에 해당하며, 치안의 담당은 금오위의 역할이라 볼 수 있다.

정답 ④

12 115

다음은 김위제의 남경 천도 주장이다. 이 주장이 건의되었을 당시의 국왕 재위기에 일어난 일로 옳은 것은?

> "도선기"에 이르기를, "고려의 땅에 3경이 있으니, 송악은 중경이 되고, 목멱양은 남경이 되고, 평양은 서경이다. 11~2월은 중경에, 3~6월은 남경에, 7~10월은 서경에 머무르면 36국이 조공을 바칠 것이다."라고 하였고, 또 "개국 후 160여 년에 목멱양에 도읍한다."라고 하였으니, 신은 지금이 바로 정녕 이 새 서울에 순주할 때라고 생각합니다.
> ─ 「고려사」

① 북방 민족과의 긴장이 고조되던 당시의 국제 정세를 반영하여 국자감에 강예재를 설치하였다.

② 우리나라의 지형을 본떠서 은병을 주조하였으며 별무반을 설치하여 여진족을 견제하려 하였다.

③ 불교를 장려하는 한편, 조세의 한도를 정하고 빈민 구제 기관인 흑창을 운영하였다.

④ 최충이 9재 학당을 창설하고 훈고학적 유학에 철학적 경향을 가미하여 유교 이해의 차원을 높였다.

13 116

다음의 내용과 관련이 있는 국왕의 정책이 아닌 것은?

> 국학에 7재를 두었는데, 『주역』을 공부하는 곳을 여택이라 하고, 『상서』를 공부하는 곳을 대빙이라 하고, 『모시』를 공부하는 곳을 경덕이라 하고, 『주례』를 공부하는 곳을 구인이라 하고, 『대례』를 공부하는 곳을 복응이라 하고, 『춘추』를 공부하는 곳을 양정이라 하고, 『무학』을 공부하는 곳을 강예라 하였다. 대학에서 최민용 등 70인과 무학에서 한자순 등 8인을 시험 쳐 뽑아, 나누어 여기서 공부하도록 하였다.
> ─ 「고려사」 권74

① 대성악의 수용

② 양현고 설치

③ 동북 9성 설치

④ 국자감의 학식 제정

14 117

다음의 사료와 관련이 있는 국왕의 재위기에 행해진 정책으로 옳은 것은?

> 국자학 학생은 문무관 3품 이상의 자손과 훈관 2품으로서 현공 이상의 직위를 가진 자와 경관 4품으로서 3품 이상의 훈봉을 받은 자의 아들로 한다.
> 태학생은 문무관 5품 이상의 아들·손자와 정·종3품관의 증손과 훈관 3품 이상의 봉작이 있는 자의 아들로 한다.
> 사문학 학생은 훈관 3품 이상으로 봉작이 없는 자와 4품으로서 봉작이 있는 자, 문무관 7품 이상의 아들로 한다.
> 세 학교의 학생 수는 각각 300명으로 하며 연령 순으로 재학한다.

① 개정 전시과 시행

② 서적포 설치

③ 무학재 폐지

④ 경사교수도감 설치

15 118

다음 자료와 관련 있는 인물에 대한 설명으로 옳은 것은?

> 자기 족속을 요직에 포열하고 관작을 팔았으며, 당인을 많이 심어 스스로 국공이 되고 예우를 왕태자와 같게 하며, 그 생일을 인수절(仁壽節)이라 부르고 내외가 하례하는 글도 전(箋)이라 칭하게 하였다. 여러 아들이 다투어 제택(第宅)을 지어 가로에 잇닿고, 권세가 더욱 성하게 됨에 뇌물이 공공연하게 행하여져 사방에서 선물이 모여들어 썩어가는 고기가 항상 수만 근이나 되었다. 남의 전토를 강탈하고, 그 종들을 내놓아 차마(車馬)를 노략하여 자기의 물건을 수송하니 주민들이 모두 수레를 부수고 소, 말을 팔아 도로가 소란스러웠다.
> ─ 「고려사」

① 정중부, 이고 등과 함께 이른바 경인난을 일으켜 권력을 장악하였다.

② 그는 정권의 유지와 평화적 안정을 이유로 금과의 군신 관계를 수용하였다.

③ 권력을 장악한 이후 폐정(弊政)의 개혁을 요구하는 봉사 10조를 올렸다.

④ 서경으로 수도를 옮기고 칭제건원을 통해 국격을 높여야 한다고 역설하였다.

12 115

제시문은 고려 15대 국왕인 숙종 시기의 건의문이다. 1099년(숙종 4) 김위제의 주장에 따라 남경을 중시하여 친히 터를 잡고 1101년(숙종 6)에 남경개창도감을 두어 궁궐을 조영하게 하였으며, 5년 만에 공사가 끝났다. 또한 1102년 예부에서 "우리나라가 예의로 교화하기는 기자로부터 비롯되었으니, 원컨대 그 분묘를 찾고, 사당을 세워 제사하십시오."라고 하자, 이에 서경에 기자사를 세웠다.
② 숙종은 우리나라의 지형을 본떠서 은병을 주조하였으며 별무반을 설치하여 여진족을 견제하려 하였다.

오답 분석

① 예종, ③ 태조, ④ 문종 시기의 일이다.

정답 ②

13 116

사료는 고려 예종 때 관학 진흥을 목적으로 국자감에 설치한 7재에 대한 내용이다.
④ 인종 시기인 1123년 식목도감에서 국자감의 학식을 제정하였다.

오답 분석

① 예종은 송나라에서 대성악을 받아들여 아악으로 발전시켰다.
② 예종은 1119년 국학에 양현고라는 장학 재단을 설립하였다.
③ 예종은 1107년에 윤관 · 오연총 등으로 하여금 여진을 쳐서 대파하게 하고 이듬해에 동북 9성을 축조하였다.

정답 ④

14 117

사료는 인종 시기인 1123년 식목도감에서 학식을 제정한 것에 관한 기록이다. 인종은 국자학은 3품 이상, 태학은 5품 이상, 사문학은 7품 이상의 자손을 입학하게 하였다.
③ 인종은 1133년 무학재를 폐지시킴과 동시에 무과도 폐지하였다.

오답 분석

① 목종, ② 숙종 시기의 일이다.
④ 충렬왕 재위 시기의 사실이다. 고려 후기의 문벌 귀족들이 경학보다는 한문학을 숭상하면서 시 · 문학에 몰두하게 되자 1280년(충렬왕 6) 경 · 사에 능한 선유(先儒) 7인을 골라 경사 교수에 임명하고 국학에 소속시켜 전문적으로 경 · 사만을 가르치도록 관장하였다. 그 뒤 주자학의 전래에 따른 유학 연구의 필요성에도 불구하고 시문 위주의 학풍이 개선되지 못하자 1296년(충렬왕 22)에 독립적인 특수 관청으로 경사교수도감을 설치하여 보다 적극적인 유학 진흥을 꾀하였다.

정답 ③

15 118

이자겸의 전횡에 관한 기록이다.
② 한때 고려를 부모의 나라로 섬겼던 여진은 송과 연합하여 1125년에 요를 멸망시킨 후 고려에 군신 관계를 요구하였으며, 이자겸은 이를 수용하였다.

오답 분석

① 이의방은 1170년(의종 24) 견룡행수의 직위에 있으면서 정중부, 이고 등과 함께 이른바 경인난(무신 정변)을 일으켜 권력을 장악하였다.
③ 최충헌은 권력을 장악한 이후 폐정의 개혁을 요구하는 봉사 10조(1196)를 올려 집권의 명분을 삼으려 하였다.
④ 묘청은 1135년에 정지상 · 백수한 등과 함께 서경 천도론 · 금국정벌론 · 칭제건원론 등을 내세웠으나, 김부식 등에 의해 좌절되면서 서경에서 난을 일으켰다.

정답 ②

16 119

다음은 고려 시대의 어떤 사건에 대한 신채호의 인식을 보여주는 글이다. 이에 대한 설명으로 옳은 것은?

> 서경 전역(戰役)을 역대의 사가들은 다만 왕사(王師)가 반란을 일으킨 적을 친 것으로 알았을 뿐이었으나, 이는 근시안적인 관찰이다. 실상 이 전역은 낭가(郎家)와 불교, 양가 대 유가의 싸움이며, 국풍파(國風派) 대 한학파(漢學派)의 싸움이며, 독립당 대 사대당의 싸움이며, 진취 사상 대 보수 사상의 싸움이니, ☐(가)☐ 는 곧 전자의 대표요 ☐(나)☐ 는 곧 후자의 대표였던 것이다.

① (가)는 고구려 계승 의식을 가지고 있었으며, 풍수지리설을 바탕으로 천도론을 주장하였다.

② (가)는 주로 지방 출신의 개혁적 관리들로 성리학을 신봉하던 세력이었다.

③ (나)는 거란과 연대하여 송을 견제하고자 하였다.

④ 이 사건을 진압한 이후 인종은 대화궁을 완공하고, 유신지교를 발표하였다.

17 120

밑줄 친 '그'에 대한 설명으로 옳은 것은?

> 인종 13년(1135) 정월에 왕이 천복전(天福殿)으로 나오니 그는 군복을 차려 입고 들어와 알현하였다. 왕이 그를 계단 위로 오르라고 명령하고서, "정벌에 관한 모든 업무는 그대의 처리에 맡기니 명령에 충실히 복종하는 자에게는 상을 주고 명령에 복종하지 않는 자는 벌을 주라. 그러나 서경 백성도 다 나의 자식이니 음모의 괴수만 섬멸할 것이고 결코 살육을 많이 하지 않도록 삼가라."라고 말하였다.
> ― 「고려사」

① 강동성에서 몽골과 함께 대요수국의 군대를 격퇴하였다.

② 11명의 편찬 사관과 더불어 『삼국사기』를 편찬하였다.

③ 안융진에서 요와의 교섭을 통해 강동 6주를 차지하였다.

④ 황산 전투에서 왜구를 격퇴하였다.

18 121

밑줄 친 (가)왕과 관련한 내용으로 옳은 것은?

> (가) 때에는 기은색(祈恩色)이라는 수탈 기관을 만들고 별공사(別貢使)라는 관리를 지방에 파견하여 2중 3중으로 백성을 수탈하고, 유흥에 이용할 별궁, 누정, 절간 등을 짓기 위해 백성들을 강제로 노역에 동원했다. 또한 이 시기에는 상장군이나 대장군 같은 고위 무신들도 왕과 문신들의 놀이판에 경비나 서는 호위병으로 전락하였다.

① 재위기에 첨설직이 최초로 설치되어 군공에 대한 포상직으로 활용되었다.

② 경인의 난으로 폐위되었으며 김보당의 난 이후 이의민에게 시해되었다.

③ 경연을 자주 시행했으며, 유신지교를 반포하여 지방에 향학을 활성화시켰다.

④ 청연각, 보문각, 천장각, 임천각 등 도서관 겸 학문 연구소를 두어 유학을 숭상하였다.

19 122

다음 자료와 관련된 시기의 상황으로 옳은 것은?

> 9월에 서경 유수 조위총이 병사를 일으켜 격문으로 동북 양계의 여러 성을 소집하였다. 10월 기미에 중서시랑평장사 윤인첨이 3군을 거느리고 조위총을 치려 했으나 오히려 지고 돌아왔다. 11월에 다시 윤인첨을 원수로 명하여 3군을 거느리고 서경을 공격하였다. 12월에 조서 내리기를, "짐이 덕이 박하고 슬기가 적은 몸으로 그릇되게 조종의 대기를 이어받아 삼한에 군림한 지 이제 5년이 되었으나 위로 하늘의 뜻에 보답하지 못하고 아래로 민심을 다스리지 못하여 재변이 쉬지 않으니 두려움에 편하기 어렵도다. 너그럽게 용서하는 은혜를 안팎에 입히고자 생각하니, 가히 참형 이하는 형을 면제하고 경인 · 계사에 이미 유배된 자는 모두 사면하여 상경토록 하고 서경 정벌군에게는 쌀 한 섬씩 줄 것이다."라고 하였다.

① 정중부가 이의방을 제거하고 권력을 장악하였다.

② 이 사건을 계기로 분사 제도와 3경제가 점차 폐지되었다.

③ 조위총은 금의 적극적인 후원을 받았으며, 이를 바탕으로 무신 정권을 타도하려 하였으나 실패하였다.

④ 만적이 일으키려 했던 거사가 실패하여 많은 노비들이 죽음을 당하였다.

문제 풀이

16 119

제시된 자료에서 (가)는 묘청, (나)는 김부식이다.

① 묘청 등의 서경파는 서경 세력과 신진 관료 및 무인 세력들로 구성되었고 고구려 계승 의식을 가지고 있었으며, 자주적이고 전통적인 사상을 중시하였다. 또한 풍수지리설을 내세워 서경(평양)으로 도읍을 옮길 것을 주장하였는데, 이는 보수적인 개경의 문벌 귀족 세력을 누르고 왕권을 강화하면서 자주적인 혁신 정치를 시행하기 위함이었다.

오답 분석

② 신진 사대부에 대한 설명이다.

③ 김부식이 중심이 된 개경 귀족 세력은 유교 이념에 충실함으로써 사회 질서를 확립하고자 하였으며, 민생 안정을 내세워 금과 사대 관계를 맺었다.

④ 인종은 칭제건원이나 금국 정벌에는 동의하지 않았으나 천도론에 대해 긍정적인 관심을 보였으며, 서경에 자주 행차하면서 대화궁을 완공하고 15항목의 유신지교를 반포하여 개혁 의지를 대외에 표방하였다. 이후 천도 계획이 좌절되자 1135년에 묘청이 서경에서 난을 일으켰다.

정답 ①

17 120

밑줄 친 '그'는 김부식이다.

② 김부식은 묘청의 난을 진압한 후, 인종의 명을 받아 1135년부터 1145년까지 관찬 사서인 『삼국사기』를 편찬하였다.

오답 분석

① 조충은 김취려와 함께 몽골군과 연합, 강동성을 공격하여 거란의 세력을 진압하였다.

③ 서희는 고려군의 중군사로서 안융진(안주)에서 소손녕과 담판을 벌여 송과의 관계를 끊고 거란에 적대하지 않는다는 조건으로 거란군을 철수시켰으며, 압록강 동쪽의 여진족을 몰아내고 강동 6주를 차지하였다.

④ 황산 전투에서 왜구를 격퇴한 것은 이성계이다.

정답 ②

18 121

(가)왕은 고려 의종이다.

② 의종은 약화된 왕권을 강화하기 위해 환관과 일부 무신들을 우대하였으나 곧 문벌 귀족들과 결탁하여 무신을 홀대하고 각종 연회에 탐닉하는 등 타락한 정치를 일삼다가 무신 정변에 의해 왕위에서 물러났다. 그 뒤 김보당의 복위 운동 실패로 이의민에 의해 경주에서 살해당하였다.

오답 분석

① 공민왕, ③ 인종, ④ 예종에 대한 설명이다.

정답 ②

19 122

자료에 해당하는 사건은 조위총의 난이다. 조위총의 난은 명종 시기인 1174년에 서경 유수 조위총이 자비령 이북의 40여 성과 농민들의 호응에 힘입어 일으킨 난이다. 당시 무신들에 의해 옹립된 명종은 그들의 허수아비에 불과하였기 때문에, 모든 권력은 무신들이 장악하고 있었다. 무신들의 정치에 불만을 품은 지배층을 중심으로 귀법사의 난 등 교종 승려들의 난이 일어났으며, 김보당, 조위총의 난 등이 연거푸 발생하여 무신 집권 초반기 혼란이 가중되었다.

① 정중부는 조위총의 난을 틈타 이의방을 제거하였다.

오답 분석

② 분사 제도와 3경제가 점차 폐지된 계기가 된 것은 묘청의 서경 천도 운동 결과에 해당한다.

③ 조위총은 금과 연계하기 위해 노력하였으나, 금의 거부로 실패하였다.

④ 1198년에 최충헌의 가노(家奴) 만적이 난을 일으켰는데, 한충유의 노비였던 순정의 배반으로 사전에 발각되어 실패하였다. 그 결과 만적을 비롯한 수백 명의 노비들이 체포되어 강물에 던져져 죽임을 당하였다.

정답 ①

20 123

밑줄 친 '전 왕'과 관련된 사실로 옳은 것은?

> 명종 3년(1173) 8월에 동북면 병마사 김보당이 동계에서 군사를 일으켜 정중부·이의방을 치고 <u>전 왕</u>을 복위시키고자 하는데 동북면 지병마사 한언국도 군사를 일으켜 이에 호응하고 장순석 등을 보내어 거제의 <u>전 왕</u>을 받들고 계림에 나와 살게 하였다. 9월에 한언국은 잡혀 죽고 조금 뒤에 안북 도호부에서 김보당을 잡아 보내니 이의방이 김보당을 저자에서 죽이고 무릇 문신은 모두 살해하였다.
> — 「고려사」, 권19, 「세가」, 19, 명종 3년

① 망이·망소이의 난, 김사미·효심의 난 등 농민 반란이 연이어 일어났다.

② 개경으로 환도하였으며, 경기가 8현으로 축소되었다.

③ 왕의 재위기에 측근으로 성장한 환관들이 권력을 남용하면서 정치를 부패시켰다.

④ 강조의 정변 이후 시해당하였다.

21 124

다음 (가)와 (나)에 들어갈 인물이 집권하던 시대에 일어난 일이 아닌 것은?

> ☐(가)☐는 정권을 안정시키려면 무신들이 득세하지 못하도록 문관의 입지를 더욱 늘리고, 지방의 민심을 다독여야 한다고 생각하였다. 그래서 양계의 판관을 종전대로 문신이 맡도록 하고, 무관이면서 실제 직위가 없던 산관들이 문관이 차지하던 하급직을 빼앗으려는 시도를 차단했다. 그리고 명종과 의논하여 여러 명의 찰방사를 각 도에 나눠 보내 백성을 착취한 탐관오리를 적발하도록 했다. 이때 천 명에 이르는 지방관들이 탄핵을 당하였다. 하지만 이런 문신 우대와 지방 행정 개혁은 무신들의 불만과 불안을 불러 왔으며, 결국 ☐(나)☐가 쿠데타를 일으켜 ☐(가)☐를 제거하고 정권을 잡았다. ☐(나)☐는 집권 직후 찰방사들의 감찰에 부정이 많았다는 이유로 그들이 한 탄핵을 모두 무효로 처리하였다. 하지만 군부 중에서 ☐(가)☐를 지지하는 세력의 반발을 겁낸 ☐(나)☐는 중방을 무력화하고 특수 무사 집단인 도방(都房)을 만들어 자신을 호위하게 하였다.

① (가)는 김보당의 난을 평정하고 이의민을 시켜 의종을 살해하였다.

② (가)의 집권기에 공주 명학소에서 망이·망소이의 난이 일어났다.

③ (나)의 집권기에 탐라 지역의 난과 경주 이비의 난이 일어났다.

④ (나)는 정권을 잡은 후 (가)의 문신 우대책을 일부 답습하여 시행하였다.

22 125

다음 글과 관련된 인물에 대한 설명으로 옳은 것은?

> 1. 왕은 구기지설(拘忌之說)을 믿고 새로된 궁궐에 들지 않고 있는데, 길일을 택하여 들어갈 것
> 2. 근래 관제에 어긋나게 많은 관직을 제수하여 녹이 부족하게 되었으니 원 제도에 따라 관리 수를 줄일 것
> 3. 근래 벼슬아치들이 공사전(公私田)을 빼앗아 토지를 겸병함으로써 국가의 수입이 줄고 군사가 부족하게 되었으니, 토지 대장에 따라 원주인에게 돌려줄 것
> 4. 공사조부(公私租賦)를 거두는데 향리의 횡포와 권세가의 거듭되는 징수로 백성의 생활이 곤란하니, 유능한 수령을 파견하여 금지케 할 것

① 희종을 폐하고 강종을 옹립하였다.

② 원나라에서 매빙사가 와서 처녀 140명을 요구하자, 결혼도 감을 설치하였다.

③ 몽골의 침략으로 강화도로 천도하였으며, 대장경을 제작하게 하였다.

④ 원종의 귀국 후 몽골 사신을 죽이고 원종을 폐위하려다가 피살되었다.

23 126

다음은 무신 집권기의 정치 기구에 대한 설명이다. (ㄱ)~(ㄹ)에 대한 설명으로 옳지 않은 것은?

> 최충헌은 최고 집정부의 구실을 하는 (ㄱ)을 설치하여 권력을 행사하였다. 또 사병 기관인 (ㄴ)을 설치하여 신변을 경호하였다. 최우는 자기 집에 (ㄷ)을 설치하여 모든 관직에 대한 인사권을 장악하였다. 또 몽골 기병의 영향을 받아 (ㄹ)을 조직하였다.

① (ㄱ)은 비위의 규찰, 인사 행정, 세정 등을 처리하는 초월적 기능을 발휘하였다.

② (ㄴ)은 경대승과 이의민에 의해 강화되었다가 최우에 의해 폐지되었다.

③ (ㄷ)에 해당하는 정방은 무신 정권이 몰락된 뒤에도 존속해 국가 기관이 되었다.

④ (ㄹ)은 최씨 정권의 호위 및 의장대로 활약하였으나, 최항 이후의 기록은 전해지지 않는다.

20 123

밑줄 친 '전 왕'은 의종이다. 김보당은 의종 복위를 꾀하고 문벌 귀족 사회의 부활을 위해 난을 일으켰으나, 정중부에 의해 진압되었으며 의종 또한 이의민에게 경주에서 피살되었다.
③ 의종은 자신의 행동에 대해 문신, 특히 대간들의 간언이 잇따르자 환관 세력을 중심으로 측근 세력을 형성하였고, 이로 인해 의종 재위기에는 '환관 정치'라는 기형적 정치 형태가 이루어졌다.

오답 분석

① 명종, ② 원종, ④ 목종에 대한 설명이다.

정답 ③

21 124

자료의 (가)는 정중부, (나)는 경대승이다.
③ 최충헌 집권기(1196~1219년)였던 1202년에 탐라 지역의 반란과, 경주에서 이비·패좌의 난이 발생하는 등 대대적인 봉기가 일어났다.

오답 분석

① 정중부는 김보당의 난을 평정하고 이의민을 시켜 김보당의 잔당을 따라 경주까지 왔던 의종을 살해하였다.
② 정중부 집권기(1170~1179년)였던 1176년 공주 명학소에서 망이·망소이의 난이 일어났으며, 농민 봉기적 성격과 차별 철폐라는 신분 해방적 요소를 띠었다.
④ 정중부는 비교적 온건한 무신으로 문벌 귀족 사회에서 시행되었던 많은 정책을 유지하고 계승하였으며, 정중부를 제거한 경대승도 초기 강경책에서 벗어나 정권의 안정을 위해 일부 온건책을 정책에 반영할 수밖에 없었다.

정답 ③

22 125

자료는 최충헌이 올린 봉사 10조의 내용이다.
① 최충헌은 1206년에 흥녕부를 설치하고 진주 지역을 식읍으로 받았으며, 1211년에 희종을 폐하고, 강종을 옹립하였다.

오답 분석

② 원종, ③ 최우, ④ 김준에 대한 설명이다.

정답 ①

23 126

(ㄱ)은 교정도감, (ㄴ)은 도방, (ㄷ)은 정방, (ㄹ)은 마별초이다.
② 도방은 경대승에 의해 처음 설치된 사병 집단으로 경대승이 죽자 폐지되었으나, 최충헌이 부활시켜 크게 강화하였다.

오답 분석

① 최충헌은 1209년(희종 5)에 일어난 암살 미수 사건을 계기로 교정도감을 설치하였다. 교정도감은 초창기 반대 세력을 탄압하는 데 이용된 임시 기구였으나, 그 후 비위의 규찰, 인사 행정, 세정, 기타 서정을 처리하는 초월적 기능을 하였다.
③ 최우는 그의 사저에 정방을 설치하여 인사 행정을 장악하였는데, 정방은 역대 무신 집권자들에 의해 계승되었고 무신 정권이 몰락한 뒤에도 존속해 국가 기관이 되었다.
④ 최우는 몽골 기병의 영향을 받아 기병대인 마별초를 조직하였고, 최씨 정권의 호위 및 의장대로 활약하였다. 마별초는 최항 집권기 이후로는 기록에 나타나지 않아 그 이후에 관한 사실은 알 수 없다.

정답 ②

24 127

다음에서 설명하는 기구가 운영된 시기의 정치적 상황으로 옳은 것은?

> 고종 12년(1225) 최우가 사저에 정방을 두고 백관의 전주를 다루었는데, 문사를 뽑아 이에 속하게 하고 이름을 필자적이라 하였다. 이전 제도에 이부는 문전을 관장하고 병부는 무선을 관장하여 그 연월의 차례를 정하고 노일을 구분하고 공과를 기록하였다. 재능이 있고 없음을 논하여 서면에 기록하니 이를 정안이라 하였다. 중서성에서 승출을 의논하여 이를 아뢰면 문하성에서 제칙을 받아 이를 행하였다. 최충헌이 권세를 마음대로 휘두르면서부터 부를 두고 요좌와 더불어 사사로이 정안을 취하여 주의하고 제수하니, 그 당여에게 수여하여 승선이 된 자를 정색승선이라 하였다. 또한 요좌로 이를 맡은 자를 3품은 정색상서라 하고, 4품 이하는 정색소경이라 하였으며 필낭을 가지고 그 아래서 종사하는 자를 정색서제라 하였다. 그리고 모이는 곳을 정방이라 하였다.
>
> – 「고려사」 권75, 「지」 29, 선거 3, 전주

① 서방이 설치되어 실무에 능한 사대부들이 등용되기 시작하였다.

② 저화가 발행되어 유통되기 시작하였다.

③ 왕실의 호칭과 격이 낮아졌으며, 응방이 설치되었다.

④ 금이 북송을 멸망시킨 정강의 변이 일어났다.

25 128

고려 무신 집권기에 일어난 민란 중 백제 부흥 운동의 성격을 갖는 것은?

① 최광수의 난

② 이비의 난

③ 이연년 형제의 난

④ 귀법사의 난

26 129

고려 각 왕들의 관학의 정비에 대한 설명으로 잘못된 것은?

① 예종은 청연각과 보문각을 설치하여 학문 연구의 장려를 꾀하였다.

② 인종은 관학을 진흥시키기 위하여 지방의 향교 교육을 강화하였다.

③ 충선왕은 안향의 건의를 받아들여 섬학전을 시행하였다.

④ 공민왕 시기 성균관이 중건되었으며, 과거제가 정비되었다.

27 130

다음 내용을 시대 순으로 올바르게 배열한 것은?

> ㄱ. 요의 소손녕이 침입하자 고려의 서희는 담판을 통해 강동 6주를 개척하고 요와의 교빙을 약속하였다.
>
> ㄴ. 소배압이 이끄는 10만 군사를 강감찬이 귀주에서 대파하였다.
>
> ㄷ. 거란이 사신과 낙타 50필을 고려에 보냈으나, 고려는 사신을 유배시키고 낙타를 만부교의 아래에서 굶겨 죽였다.
>
> ㄹ. 요는 강조의 정변을 계기로 고려를 침략하여 개경을 함락하였으나, 귀주 등지에서 양규, 김숙흥 등에 의해 큰 타격을 받았다.

① ㄷ – ㄹ – ㄱ – ㄴ

② ㄹ – ㄷ – ㄴ – ㄱ

③ ㄷ – ㄱ – ㄹ – ㄴ

④ ㄴ – ㄹ – ㄷ – ㄱ

24 127

자료는 정방에 대한 기록이다. 정방은 최우가 1225년에 처음 설치하여 역대 무신 집권자들에 의해 계승되었다. 이후 정방은 충선왕과 충목왕 시기 폐지되었다가 각각 부활하여 공민왕 때 다시 폐지되었으며, 공민왕 후년에 다시 부활된 것으로 보인다. 정방은 지인방 또는 차자방 등의 이름으로도 불리다가 창왕 때 폐지되어 상서사로 개편되었다.

① 최우는 문신 숙위 기구인 서방(1227)을 설치하여 문사를 3번으로 나누어 교대로 숙위하게 하였다. 이는 문사를 우대한다는 목적도 있었으나, 고사(故事)에 밝고 식견이 높은 문사를 고문에 등용함으로써 최씨 정권의 안정을 꾀하려는 의도에서 조직되었다.

오답 분석

② 금속 화폐의 발행이 연속적으로 실패하자 공양왕 때 최초의 지폐인 저화가 발행되었다.

③ 고려 후기 원 간섭기에 몽골은 금, 은, 베, 인삼, 약재 등을 과도하게 징발하고 요구하였으며, 원의 귀족 사회에서 유행하였던 매 사냥(해동청)을 위하여 응방을 설치하고 많은 수의 매를 잡아 바치도록 하였다.

④ 정강의 변은 인종 재위기인 1127년 일어났으며, 이후 금의 압력이 거세졌다.

정답 ①

25 128

③ 1237년(고종 24) 이연년 형제는 원율·담양 등지에서 무리를 모아 백제 부흥을 내세우며 민란을 일으켰다. 그들은 해양(지금의 광주) 등의 일대를 점령하여 위세를 떨쳤으나, 1237년 나주성에 주둔한 전라도 지휘사 김경손에 의해 진압되었다.

오답 분석

① 1217년에 일어난 최광수의 난은 고구려 부흥 운동의 성격을 갖는다.

② 1202년에 일어난 이비의 난은 신라 부흥 운동의 성격을 갖는다.

④ 귀법사의 난은 1174년 이의방 형제의 전횡을 제거하려 일으킨 승려들의 반란이었으나 실패하였다.

정답 ③

26 129

③ 섬학전은 1304년(충렬왕 30) 5월 안향이 재상들에게 건의하여 관리들의 품위에 따라 6품 이상은 은 한 근씩을, 7품 이하는 포를 내게 하여 장학 기금으로 삼은 것이다.

정답 ③

27 130

③ 시대 순으로 올바르게 배열하면 ㄷ. 만부교 사건(942) → ㄱ. 서희의 외교 담판(993) → ㄹ. 거란의 2차 침입(1010) → ㄴ. 거란의 3차 침입(1018)이다.

ㄷ. 942년 거란이 사신을 보내 낙타 50필을 바치자 태조는 "거란은 발해와의 구맹을 저버리고 하루아침에 멸망시킨 무도의 나라이므로 교류할 수 없다."라고 천명하였으며, 사신을 섬으로 유배시키고 낙타는 만부교 밑에 매두어 굶어 죽게 하였다.

ㄱ. 993년에 거란의 동경 유수 소손녕이 80만 대군을 이끌고 고려의 서북방으로 쳐들어왔다. 고려군의 중군사로 출전한 서희는 안융진(안주)에서 소손녕과 담판을 벌여 송과의 관계를 끊고 거란에 적대하지 않는다는 조건으로 거란군을 철수시키고, 압록강 동쪽의 여진족을 몰아내고 강동 6주를 소유하게 되었다.

ㄹ. 목종의 모후 천추태후와 김치양이 불륜의 관계를 맺고 왕위까지 엿보자, 서북면 도순검사 강조가 군사를 일으켜 김치양 일파와 함께 목종까지 시해하고 현종을 영립한 정변(강조의 정변, 1009)을 일으켰다. 이듬해에 거란의 성종은 강조의 죄를 묻는다는 명분으로 직접 40만 대군을 이끌고 2차 침입을 감행하여 개경을 함락하였으나, 고려 왕의 친조를 조건으로 별다른 소득 없이 철군하였다. 이때 양규의 항전으로 거란군은 큰 피해를 당하였다.

ㄴ. 고려는 거란의 2차 침입 때 약속한 국왕의 입조를 지키지 않았고 강동 6주의 반환 요구도 묵살하였으며, 1013년 거란과 국교를 끊고, 다음 해인 1014년에 송과 다시 교류하였다. 이에 거란은 1018년에 소배압이 10만의 대군을 이끌고 제3차 침입을 강행하였다. 그러나 상원수 강감찬이 흥화진에서 거란군을 크게 무찔렀으며, 퇴각하는 적군을 구주(귀주)에서 섬멸하였다. 귀주 대첩(1019)으로 거란의 침입은 완전히 실패하고 말았다.

정답 ③

28 131

다음의 사료와 관련된 국가에 대해 고려가 취한 정책에 해당하는 것은?

> 조류를 따라 예성항에 이르자, 정사와 부사는 신주(사신이 탄 큰 배)로 옮겨 탔다. 낮 12시쯤 정사와 부사가 …… (황제의) 조서를 봉안하였다. 1만 명이 되는 고려인들이 병기, 갑옷 입은 말, 깃발, 의장물을 가지고 해안가에 늘어서 있고 구경꾼이 담장같이 둘러섰다. …… 벽란정으로 들어가 조서를 봉안하고 그 일이 끝나자 지위에 따라 나뉘어 잠시 휴식을 취하였다. 다음날 육로를 따라 왕성으로 들어갔다. ─『선화봉사고려도경』

① 고려는 이 나라가 강남으로 옮겨간 이후에 포로가 된 황제 휘종과 흠종을 구할 수 있도록 도와줄 것을 부탁했지만 거절하였다.
② 강감찬은 이 나라에 대한 도성 수비 강화를 목적으로 개경 주위의 나성 축조를 건의하였다.
③ 요를 멸망시킨 이 나라는 고려에 군신 관계를 요구하였고 집권자인 이자겸은 반대를 무릅쓰고 이를 수용하였다.
④ 강동성 전투를 계기로 고려는 이 나라와 형제 관계의 협약을 맺게 되었다.

29 132

밑줄 친 '그들'에 대한 설명으로 옳은 것은?

> 그들이 고구려의 옛 땅을 차지하겠다고 주장하고 있으나 실상인즉 우리를 두려워하고 있는 것입니다. 그러므로 지금 그들의 병력이 많은 것만을 보고 갑자기 서경 이북을 떼어 준다면 이것은 올바른 계책이 아닙니다. … (중략) … 성상께서는 수도로 돌아가시고 저희들로 하여금 적과 한번 담판을 하게 한 후에 다시 논의하여도 늦지 않을 것입니다. ─『고려사』

① 발해를 멸망시켰으며, 송과 적대 관계에 있었다.
② 금을 건국한 후 고려에 군신 관계를 맺자고 압력을 가해 왔다.
③ 철령위를 설치하여 철령 이북의 땅을 차지하려 하였다.
④ 강동의 역 이후 고려와 형제의 맹약을 체결하였다.

30 133

밑줄 친 '그들'에 해당하는 국가에 대한 설명으로 옳은 것은?

> 왕(문종)이 탐라와 영암에서 목재를 베어 큰 배를 만들어 송과 통하려 하였다. 내사문하성에서 아뢰기를 "우리나라는 그들과 우호 관계를 맺어 변경에 위급한 일이 없고 백성들의 생활이 안정되고 있으니 이런 방법으로 나라를 보전하는 것이 상책입니다. 지난 경술년에 보내온 그들의 외교 문서에 '동으로는 여진과 결탁하고 서로는 송과 왕래하니, 이는 무슨 계책을 꾸미려는 것인가?'라고 하였습니다. …… 더군다나 우리나라의 문화와 예악이 흥왕한지 벌써 오래라 상선들이 끊임없이 오가며 귀중한 보배들이 들어오고 있사오니 송에서는 실로 도움을 받을 것이 없습니다. 만일 그들과의 국교를 영원히 끊지 않으려면 송과의 사절을 교환해서는 안 됩니다."라고 하였다. ─『고려사』

① 그들 문화의 영향으로 고려는 초조대장경을 간행하고 청자 기술을 완성할 수 있었다.
② 완안부를 중심으로 부족을 통일하고 세력을 키워 고려를 자주 침공하였다.
③ 그들이 침입하자 박서는 귀주성에서, 최춘명은 안북부에서 각각 그들을 격퇴하였다.
④ 발해 유민의 정안국이 송과 연결하여 그들을 공격하려 하자, 정안국을 정복하고 고려를 침략하였다.

31 134

고려와 몽골과의 항쟁 과정에서 일어난 일을 시대 순으로 바르게 연결한 것은?

> ㄱ. 박서의 귀주성 전투
> ㄴ. 충실도감 설치
> ㄷ. 초조대장경 소실
> ㄹ. 황룡사 9층 목탑 소실
> ㅁ. 무오정변

① ㄱ - ㄴ - ㄷ - ㄹ - ㅁ
② ㄱ - ㄷ - ㄴ - ㄹ - ㅁ
③ ㄱ - ㄴ - ㄷ - ㅁ - ㄹ
④ ㄱ - ㄷ - ㄹ - ㄴ - ㅁ

28 131

제시문은 인종 초 고려를 방문했던 송나라 사신 서긍의 『선화봉사 고려도경』의 내용이다.

① 정강의 변(1127)으로 북송의 황제인 휘종과 흠종 부자가 포로로 금에 끌려가고 고종(휘종의 아들)에 의해 남송이 건국되자 그들은 포로 황제의 귀환을 위해 고려에 도움을 요청했으나 거절당하였다.

오답 분석

② 요(거란), ③ 금(여진), ④ 몽골에 대한 설명이다.

정답 ①

29 132

제시문의 밑줄 친 '그들'은 거란이다.

① 거란은 926년 발해를 침략하여 멸망시켰으며, 송과는 연운 16주 문제로 적대적인 관계에 있었다.

오답 분석

② 여진은 1115년에 금을 건국하고 고려에 형제의 예로 국교를 맺도록 강요하였으며, 1125년에 다시 군신 관계를 요구하였다.

③ 1387년 12월 명은 일방적으로 철령위를 설치하여 원의 영토였던 철령 이북의 땅을 귀속하려 하였다.

④ 고려군은 몽골·동진국과 강동의 역을 맺어 1219년 거란의 항복을 이끌어 냈으며, 이후 몽골의 요구로 형제의 맹약을 체결하였다.

정답 ①

30 133

밑줄 친 '그들'은 요(거란)에 해당한다.

④ 요는 986년 압록강 중류 지역의 정안국을 멸망시키는 한편, 압록강 하류의 여진족을 침략·정복하여 991년에 내원성을 쌓았다. 그 뒤 고려와 송나라의 관계를 끊기 위하여 993년에 고려에 대한 1차 침략을 감행하였다.

오답 분석

① 송, ② 여진(금), ③ 몽골(1차 침입)에 대한 내용이다.

정답 ④

31 134

④ 고려와 몽골과의 항쟁 과정을 시대 순으로 바르게 나열하면 ㄱ. 박서의 귀주성 전투(1231) → ㄷ. 초조대장경 소실(1232) → ㄹ. 황룡사 9층 목탑 소실(1238) → ㄴ. 충실도감 설치(1252) → ㅁ. 무오정변(1258)이 된다.

ㄱ. 몽골의 1차 침입이 있었던 1231년(고종 18), 몽골이 귀주성을 공격해 오자 서북면 병마사 박서가 지휘하는 고려군이 1개월에 걸친 격전 끝에 이를 물리쳤다.

ㄷ. 1232년에 살리타이(살리타)가 고려 정부의 개경 환도를 요구하며 제2차 침입을 단행하였다. 이들은 한강 남쪽의 경상도까지 진출하였는데, 이때 대구 부인사에 보관 중이던 초조대장경이 소실되었다.

ㄹ. 1235년 탕구[唐古]가 지휘한 몽골군의 3차 침입이 시작되었는데 1237~1238년 경상도의 경주까지 몽골군이 진출하였다. 이로 인해 경주의 황룡사(진흥왕 때 축조)와 황룡사 9층 목탑(선덕 여왕 때 건립)이 소실되었다.

ㄴ. 몽골의 5차 침입이 있었던 1253년, 고려 정부는 충실도감을 두고 각 영의 군력을 보충해 수전을 연습시키는 한편, 육지의 주민을 산성과 섬으로 옮기도록 조처하였다.

ㅁ. 무오정변은 1258년 3월(고종 45) 유경·김준 등이 집권자 최의를 제거하고 최씨 정권을 무너뜨린 사건이다.

정답 ④

32 135

다음 자료에서 언급된 지역과 관련된 역사적 사실로 옳은 것은?

> 중원경은 원래 고구려의 국원성으로써 신라가 이를 평정하여 진흥왕이 소경을 설치하였고, 문무왕 때 여기에 성을 쌓았는데, 둘레가 2천 5백 92보였다. 경덕왕이 중원경으로 개칭하였다.

① 이 지역을 중심으로 동대사 정창원에서 발견된 민정 문서가 작성되었다.
② 신문왕은 고구려 유민들이 세운 보덕국을 파하고 그 주민들을 이 지역으로 이주시키기도 하였다.
③ 지증왕 시기 하슬라주가 설치되었던 지역으로 무열왕 시기 6정의 하나인 하서정이 설치되었다.
④ 몽골군의 5차 침입 당시 김윤후가 이 지역에서 그들의 침입을 격퇴하였다.

34 137

다음은 최초의 원 부마가 된 왕에게 내린 원 황제의 교서 내용이다. 밑줄 친 인물의 재위기에 설립된 기구에 해당하는 것은?

> "전 고려 국왕 왕거(王昛)에게 유시하노라. 전번에 경이 표문을 올려, 세자 왕원(王諴)에게 왕위를 전할 것을 요청했기에 짐은 왕원더러 귀국해 왕위를 계승하고 중요한 국사는 경의 가르침을 듣고 행하라는 조서를 내렸다. 그러나 현재 들리는 바로는, 왕원이 정사를 맡은 이후 거의 모든 일을 정도를 벗어나 독단적으로 처리하는 바람에 많은 사람들이 의구심을 가지고 있다고 한다. 이는 그의 나이가 아직 장년이 되지 못해 경험이 적은 까닭에 짐이 친히 위임한 뜻을 따를 수 없기 때문이다. 이제 사신을 보내 경에게 지시하노니 예전대로 경이 국정을 총괄하도록 하며 또한 왕원은 대궐에 와서 짐을 시위하면서 나라 다스리는 법을 명료히 배우도록 분부하노라."
> – 「고려사」

① 도평의사사
② 정치도감
③ 의염창
④ 전민변정도감

33 136

다음의 상황이 전개된 시기의 국왕 재위기에 일어난 일이 아닌 것은?

> 안향은 학교가 날로 쇠함을 근심하여, "지금 양현고가 메말라 선비를 기를 수 없으니 6품 이상은 각각 은 한 근을 내고 7품 이하는 포를 차등 있게 내도록 하여 이를 양현고에 돌려 본전은 두고 이식만 취하여 섬학전을 삼자."고 하니 양부(兩府 : 첨의부와 밀직사)가 이를 좇아 아뢰고 왕도 내고(內庫)의 전곡(錢穀)으로 도왔다.

① 탐라총관부와 동녕부가 수복되었다.
② 관제가 2성 6부에서 1부 4사 체제로 격하되었다.
③ 정동행성이 설치되었으며, 원과 연합한 두 차례에 걸친 일본 원정이 실패하였다.
④ 전농사를 설치하고 농무사를 파견하여 권문세족을 견제하였다.

35 138

다음 글의 왕에 대한 설명으로 옳은 것은?

> 왕이 만권당을 짓고 학문 연구하는 것으로 즐거움을 삼았다. … (중략) … 학사 요수, 염복, 원명선, 조맹부 등이 모두 왕의 문하에서 교유하였는데, 이제현은 그들과 어울리면서 학문이 더욱 진보되었으므로 여러 학자들이 칭찬하였다.

① 고구려의 옛 땅을 되찾기 위하여 요동 지방을 공략하였다.
② 원으로부터 세조구제의 약속을 받았다.
③ 고려에 처음으로 만호부가 설치되었다.
④ 정방을 폐지하고 사림원을 설치하여 개혁 정치를 수행하였다.

32 135

자료에서 언급한 중원경은 현재의 충청도 충주이다.
④ 김윤후는 승장으로 몽골의 2차 침입 시기에 처인 부곡에서 몽골군 사령관 살리타를 사살하는 공을 세웠다. 또한 5차 침입 시기에는 충주성에서 몽골군을 또 한 번 격퇴하여 감문위 상장군에 임명되었다.

오답 분석
① 청주(서원경), ② 남원(남원경), ③ 강릉에 해당한다.

정답 ④

33 136

자료는 고려의 안향이 충렬왕에게 건의한 내용이다.
④ 전농사를 설치하고 농무사를 파견하여 농장과 노비를 조사함으로써 권문세족을 견제한 것은 충선왕의 업적이다.

오답 분석
① 1290년(충렬왕 16) 원 세조에게 직접 요청하여 동녕부를 돌려받아 서경유수관을 설치하였으며, 1294년 원 성종에게 탐라총관부를 돌려받았다. 이후 1300년 탐라 군민 총관부로 재설치되었으나, 1301년에 고려에 귀속되어 탐라 만호부로 개칭되었다.
② 충렬왕 시기에 원의 간섭으로 관제가 격하되었다.
③ 1280년(충렬왕 6) 일본 정벌을 위해 정동행성이 설치되었으며 두 차례의 일본 원정이 실패하자 폐지되었다.

정답 ④

34 137

최초로 원의 부마가 된 왕거는 쿠빌라이 칸의 딸인 제국 대장 공주와 혼인한 충렬왕이며, 밑줄 친 '세자 왕원'은 충선왕이다. 충렬왕은 1298년 아들인 충선왕에게 양위하였으나, 8개월 뒤인 같은 해 다시 왕위에 복위하였다. 이후 충선왕은 1308년 충렬왕이 승하한 이후에 왕위에 복위되었다.
③ 충선왕은 소금을 전매하는 의염창을 설치하고 각염법을 시행하였다.

오답 분석
① 충렬왕 때 국초의 도병마사가 도평의사사로 개칭되었다.
② 충목왕 때 정치도감이 설치되었다.
④ 전민변정도감은 원종 때 처음 설치된 이후 충렬왕, 공민왕, 우왕 시기에 각각 반복 설치되었다.

정답 ③

35 138

충선왕은 1314년에 연경(베이징)에 있는 자신의 사제에 만권당을 설치하였고, 이후 만권당은 고려와 원의 문화 교류의 중심지 역할을 하였다.
④ 충선왕은 인사 행정을 담당해 오던 정방을 일시 폐지하여 한림원에 편입시켰고, 이후 한림원을 강화한 사림원을 설치하여 정방이 맡고 있던 인사 행정, 승지방이 맡고 있던 왕명의 출납을 더하여 권력 기관화 하는 동시에 신진 학자로 하여금 관장하게 하였다.

오답 분석
① 공민왕은 1368년 명나라가 건국되자, 그 이듬해부터 익군을 조직하여 이성계와 지용수로 하여금 요동 지역의 동녕부를 공격하게 하였고, 일시적으로 이 지역을 빼앗았던 고려군은 그 지역에 사는 고려 백성들을 대거 본국으로 귀환시켰다.
② 원종이 고려의 태자였을 때 원 세조 쿠빌라이 칸을 만나 세조 구제를 약속받았다. 이후 1278년에 고려 충렬왕에게 불개토풍을 재확인해 주었다.
③ 만호부가 고려에 처음 설치된 것은 일본 정벌의 실패 직후인 1281년(충렬왕 7)이었다. 왜구의 침략에 대비해 김주(김해)·합포(창원)·고성 등 남해안 요충지에 처음으로 설치되었다.

정답 ④

36 139

자료의 (가)왕과 (나)왕에 대한 설명으로 옳은 것은?

> 충혜왕은 ⌐(가)¬ 왕의 맏아들이었으며 ⌐(나)¬ 왕의 형이었다. 그는 세자 시절을 원에서 보내며 동서 무역의 번영과 상업 활동에 많은 관심을 가졌다. 그는 고려의 왕이 된 후 의성고를 비롯한 세 곳의 나라 창고에서 포 4만 8천 필을 꺼내 시장에 점포를 차렸다. 왕이 국가 재정을 이용하여 장사에 나선 것이다. 또한 회회인에게 포를 주어 이자를 받는 이자 놀이도 하였다. 충혜왕은 국제 무역에도 관심이 높아 2만 필에 이르는 포, 금, 은 등을 가지고 원에 가서 무역을 하게 하였으며, 상인에게 장군의 직책을 주기도 하였다. 또 국내에서 종래의 은병 사용을 금하고 작은 은병을 사용하게 하였는데, 이것은 자신이 만든 은병의 가격을 비싸게 한 뒤 이를 팔아 이익을 남기기 위한 조치였다.

① (가)왕 시기에 동녕부를 원으로부터 반환받았으며, 정동행성이 설치되었다.
② (나)왕은 익군을 조직하여 이성계와 지용수에게 요동 지역의 동녕부를 공격하게 하였다.
③ (가)왕은 복위 교서를 발표하면서 재상지종을 지정하였다.
④ (나)왕은 찰리변위도감을 설치하여 권세가들이 불법적으로 장악한 토지와 노비를 원소유주에게 돌려주려 하였다.

37 140

밑줄 친 '그'의 재위기에 일어난 일로 옳지 않은 것은?

> 그의 즉위 이후에도 원의 간섭은 여전하였고, 친원파 역시 건재하였으나, 친원파를 완전히 제거할 수 있는 현실적인 힘을 가지고 있지는 못하였다. 때마침 원에서 기황후의 아들이 황태자에 봉해지자, 이러한 추세는 더욱 심해졌다. 이를 계기로 기철의 권력이 그를 압도할 정도로 커졌고 기철의 일족과 친원파의 정치적 지위가 크게 높아졌다.

① 탐라총관부가 최초로 설치되었다.
② 신돈이 평양 천도설을 제기하였으나 이루어지지 못하였다.
③ 부활된 정방을 다시 혁파하여, 인사권을 전리사와 군부사로 돌렸다.
④ 원은 충숙왕의 아우인 덕흥군을 고려의 왕으로 삼는 한편, 요양의 군사 1만을 내어 고려를 침입하였다.

38 141

다음을 통해 알 수 있는 사건의 결과로 옳은 것은?

> 왕이 지정(㫚正) 연호의 사용을 정지하는 교서를 내렸다. 그리고 옛 땅을 수복하고자 동북면 병마사 유인우 등으로 하여금 화주의 쌍성(雙城)을 공격하도록 하였다. … (중략) … 유인우 등이 군사를 이끌고 성을 공격하니 총관 조소생과 천호(千戶) 탁도경이 처자를 버리고 도망하였다.

① 청천강에서 영흥만에 이르는 국경선을 확보하였다.
② 이 지역을 정벌하기 위한 원정 중 위화도 회군이 일어났다.
③ 이 지역에 근거를 두고 있던 이성계가 공을 세우고 신흥 무인으로 성장하기 시작하였다.
④ 원에서 고려에 대해 불개토풍의 정책을 천명하였다.

39 142

다음의 사건 이후 전개된 정책으로 옳은 것은?

> 이때 태조는 휘하 친병 2,000명으로 맹렬히 공격하여 가장 먼저 성에 올라가서 크게 격파하였다. 이 싸움에서 홍두적의 괴수 사유와 관선생 등의 목을 베었는데 적의 무리는 서로 짓밟혀 쓰러진 시체가 온 성안에 가득하였다. 도합 10여만 명의 목을 베었으며 원나라 황제의 옥새를 비롯하여 금보, 금·은·동인과 병기 등 물품을 노획하였다. 파두반 등 잔당 10여만 명은 도주하여 압록강을 건너갔다. 이리하여 홍두적을 평정하였다.
>
> – 「고려사절요」 권27, 공민왕 11년 정월

① 친원파인 기철을 숙청하고 관제를 복구하였다.
② 정방을 혁파하고 쌍성총관부를 회복하였다.
③ 혁파되었던 정동행성이 재설치되고 관제가 원 간섭기의 것으로 환원되는 등 반원 자주 정책이 후퇴하였다.
④ 정치도감이 설치되어 내정을 개혁하려는 움직임이 가속화되었다.

36 139

(가)왕은 충숙왕, (나)왕은 공민왕이다.

② 공민왕은 원·명 교체기인 1368년 이성계와 지용수에게 요동 지역의 동녕부를 공격하게 하였다.

오답 분석

① 충렬왕 때 동녕부를 원으로부터 반환받았으며, 정동행성이 설치되었다.

③ 충선왕은 복위 교서를 발표하면서 재상지종을 지정하였다.

④ 충숙왕은 찰리변위도감을 설치하여 권세가들이 불법적으로 장악한 토지와 노비를 원소유주에게 돌려주려 하였다.

정답 ②

37 140

밑줄 친 '그'는 공민왕이다.

① 탐라총관부는 원종 때 원이 삼별초를 진압한 후 제주도에 설치하였으며, 목마장을 경영하였다. 이후 충렬왕 시기에 수복되었다.

정답 ①

38 141

자료는 공민왕 시기에 인당과 유인우를 각기 서북면과 동북면으로 파견하여 쌍성총관부를 회복한 내용이다.

③ 유인우는 동북면 등주에서 쌍성 지역에 걸친 지역을 진격하였는데, 이 시기 쌍성 지역에서 상당한 세력을 가지고 있던 이자춘·이성계 부자가 유인우에게 내응하여 함락할 수 있었다. 이후 쌍성총관부 수복에 공을 세운 이성계가 신흥 무인 세력으로 등장하여 세력을 키우기 시작하였다.

오답 분석

① 청천강에서 영흥만에 이르는 국경선을 확보한 것은 고려 태조이다.

② 위화도 회군은 요동 지역과 관련이 있다.

④ 원 세조 쿠빌라이 칸은 1259년에 자신을 찾아 온 고려 태자(원종)에게 불개토풍의 정책을 천명(세조구제)하였다.

정답 ③

39 142

자료는 홍건적의 2차 침입(1361. 10., 공민왕 10) 당시 1362년 1월 고려군이 20만 병력으로 개경을 포위하여 사유·관선생을 비롯한 10만여 명의 홍건적을 몰살시킨 내용이다.

③ 홍건적의 침입을 계기로 공민왕의 반원 개혁 정치가 퇴색함에 따라, 1361년 원의 기관인 정동행성이 다시 설치되고 다음 해인 1362년 관제가 원나라 간섭기의 것으로 복구되었다.

오답 분석

①, ② 공민왕은 대외적으로는 반원 정책, 대내적으로는 왕권 강화와 사회·경제적 모순을 개혁하기 위하여 친원파인 기철을 제거하였다. 또한, 몽골풍을 폐지하고 관제를 복구하였으며, 인당과 유인우를 각기 서북면과 동북면으로 파견하여 실지(失地) 회복에 힘써 쌍성총관부를 점령하고 마천령 이북 지역까지 진출하는 성과를 올리기도 하였다. 그러나 이러한 내용은 홍건적의 침입 이전에 추진되었던 개혁이었다.

④ 정치도감은 1347년(충목왕 3)에 설치되었던 폐정 개혁 기관으로 고려 말기에 설치된 폐정 개혁 기관 가운데 신진 사대부의 참여가 두드러졌던 기관이었으나, 원의 간섭과 견제로 1349년(충정왕 1) 폐지되었다.

정답 ③

40 143

다음은 고려 어느 시기의 상황을 보여 주는 자료이다. 이 시기를 전후한 상황에서 일어난 사실을 〈보기〉에서 고르면?

> 백성이 사전의 전조(田租)를 낼 때에는 다른 사람에게서 빌려서 충당하고 있는데, 그 빚은 아내를 팔고 자식을 팔아도 갚을 수 없게 되고, 부모가 굶주리고 떨어도 봉양할 수 없습니다. … (중략) … 이 때문에 집이 비고 사람이 살지 않게 되었으며, 왜놈들이 깊숙이 침입하여 시체가 나뒹굴어도 막을 자가 없습니다.

보기
ㄱ. 최광수의 난과 같은 고구려 부흥 운동이 발생하였다.
ㄴ. 무신들이 집권한 후, 전시과 제도가 붕괴되었다.
ㄷ. 지방에서 성주 또는 장군이라 자칭한 호족 세력이 일어났다.
ㄹ. 권문세족들이 농장을 확대하였으며, 산천위표의 문제가 대두되었다.
ㅁ. 홍건적의 침입이 일어나 서북면의 여러 성이 함락당하고 사회 혼란이 가중되었다.

① ㄱ, ㄴ
② ㄱ, ㄹ
③ ㄴ, ㄷ
④ ㄹ, ㅁ

41 144

다음 내용과 관계있는 사건은?

> 왜적 55소가 어구에 들어와 큰 밧줄로 서로 묶은 뒤에 군사를 나누어 지키게 하고는 연안에 올라와 주현에 흩어져 들어가서 집을 불태우고 재물을 빼앗으니 시체가 산과 들을 덮었고, 곡식을 자기들 배로 나르면서 떨어뜨린 쌀이 한 자 두께나 되었다. 나세 · 심덕부 · 최무선 등이 이르러 처음으로 무선이 만든 화포를 사용하여 배를 불사르매 연기와 화염이 하늘을 뒤엎었고 적은 거의 모두 불타 죽었으며, 바다에 빠져 죽은 자도 많았다. 적은 사로잡은 자녀를 모조리 죽여서 시체가 산같이 쌓였고 지나가는 곳마다 피의 물결이었는데, 330여 명만이 도망쳐 왔다.

① 진포 대첩
② 황산 대첩
③ 관음포 대첩
④ 사천 해전

42 145

사료에서 밑줄 친 지역에 대한 설명으로 옳은 것은?

> 처음에 명나라 황제가 말하기를 "철령 북쪽과 동쪽은 원래 개원로의 관할이었으니, 이 지역에 살아온 한인 · 여진인 · 달달인 · 고려인을 그대로 요동에 소속시켜야 한다"하였다. 최영은 백관들을 모아놓고 이 일을 의논하니, 모두 말하기를 "명나라에 줄 수 없습니다."하였다.

① 공민왕 시기 유인우가 중심이 되어 무력으로 탈환하였다.
② 거란과의 타협으로 서희가 확보한 강동 6주 중 일부이다.
③ 이 지역에 설치되었던 기구는 이 지역을 고려에게 반환하고 요동으로 그 치소를 옮겨갔다.
④ 이성계는 4불가지론을 들어 이 지역 공격을 반대하였다.

43 146

(가) 인물에 대해 바르게 서술한 것은?

> 태조는 여러 장수들에게 타일렀다. "만약 상국(명) 국경을 침범해 천자에게 죄를 짓는다면 나라와 백성의 운명이 끝날 것이다. 나는 합당한 이치로 글을 올려 군사를 돌이킬 것을 청했다. 그러나 왕은 살피지 않았고, (가) 도 늙고 혼미하여 듣지 않았다. 너희들은 나와 함께 왕을 만나 직접 진실을 말하고 임금 곁에 있는 악인을 없애고 백성을 편안하게 하지 않겠는가?" 여러 장수들이 모두 말하였다. "우리나라 사직의 안위가 공(태조)에 달려있으니 감히 명령대로 따르지 않겠습니까?"

① 선죽교에서 이방원의 심복에 의해 죽음을 당하였다.
② 홍산 전투에서 왜구를 격파하였다.
③ 폐가입진의 논리로 공양왕을 옹립하였다.
④ 목호를 토벌하고 탐라총관부를 수복하였다.

40 143

자료는 고려 말에 대한 설명이다.

ㄹ, ㅁ. 고려 말에는 권세가들이 토지 겸병을 통해 농장을 확대하였고, 넓은 토지를 장악하는 산천위표의 문제점이 나타났다. 또한 두 차례에 걸친 홍건적의 침입으로 큰 피해를 입어 반원 자주 정책이 후퇴할 수밖에 없었다.

> 오답 분석

ㄱ. 최광수는 최충헌 집권기에 거란 침입에 대응하여 상장군 최유공의 휘하 군졸로 출정하였으나 반기를 들고 이탈하였다. 그는 고구려 부흥 운동을 표방하였으나, 곧 살해당하였다.

ㄴ. 전시과 제도는 무신 집권기 이후 토지 제도가 문란해져 점차 붕괴되었다.

ㄷ. 신라 하대에는 지방으로 낙향한 중앙 몰락 귀족, 군진 세력, 초적, 해상 세력, 촌주, 일부 6두품 계층이 호족으로 등장하였다.

정답 ④

41 144

① 진포 대첩은 1380년 왜선 5백여 척이 진포에 침입했을 때 나세 · 최무선 등이 화포를 이용하여 적선을 모두 불태운 전투이다.

> 오답 분석

② 황산 대첩은 진포 싸움에서 상륙한 왜구가 내륙 각지를 노략하고 황산에 이르렀을 때 이성계 등이 이를 모두 섬멸한 사건이다.

③ 관음포 대첩은 1383년 5월(우왕 9) 정지의 함대가 관음포 앞바다에서 왜구를 무찌른 것을 말한다.

④ 사천 해전은 임진왜란 당시 전라좌수사 이순신이 곤양쪽에서 사천으로 향하는 왜선을 발견하고 뒤쫓아 격파한 해전이다.

정답 ①

42 145

밑줄 친 '철령 북쪽과 동쪽'은 원이 100여 년간 통치했던 쌍성총관부 지역을 지칭한다.

① 공민왕 시기에 유인우는 동북면 등주에서 쌍성 지역에 걸친 지역을 이자춘 · 이성계 부자와 협력하여 탈환하였다.

> 오답 분석

② 서희가 수복한 강동 6주는 흥화진(의주 동쪽), 용주(용천), 통주(선주), 철주(철산), 귀주(귀성), 곽주(곽산)이다.

③ 1270년(원종 11)에 설치된 동녕부는 자비령 이북 지역으로 서해도 6성과 북계 54성 등 60성이 속하였다. 1290년(충렬왕 16) 고려가 원에 동녕부 반환을 계속적으로 요구하자 서북면 여러 성을 고려에 돌려주었고, 동녕부를 요동 지역으로 옮겼다.

④ 명의 철령위 설치 통고에 맞서 최영이 요동 정벌론을 주장하자, 이성계는 '여름철은 농번기라 군사 동원이 불가하고, 왜구의 침입이 우려되며, 장마철에 병장기가 녹슬어 훼손될 가능성이 높고, 소국이 대국을 공격하는 것은 이치에 맞지 않는다.'는 4불가 지론을 들어 이에 반대하였다.

정답 ①

43 146

(가)에 해당하는 인물은 '최영'이다.

② 최영은 1376년에 왜구의 침입에 맞서 홍산에서 대승을 거두었다.

> 오답 분석

① 정몽주는 고려 왕조를 지키려는 절의를 보였으나, 선죽교에서 이방원의 심복에 의해 죽음을 당하였다.

③ 폐가입진의 논리로 창왕을 폐하고 공양왕을 옹립한 인물은 이성계 등과 신진 사대부들이었다.

④ 탐라총관부가 세워지자 원은 몽골인 목호(몽골의 목자)들을 제주에 보내어 말을 기르게 하였는데, 이들은 고려 말까지 유지되었다. 탐라총관부는 충렬왕 시기에 수복되었으나, 목호들의 세력은 여전히 제주에 유지되었으며 원나라의 적인 명을 위한 말의 징발이 계획되자, 반란을 일으켰다. 이들은 최영을 비롯한 고려군에 의해 진압되었다.

정답 ②

44 147

다음의 교서를 내린 국왕의 재위기에 일어난 정치적 사건은?

> 신우·신창 부자가 왕위를 이어 왕을 참칭하고서 우리 왕실의 제사를 단절하고 우리 백성을 해치려 하니 조상의 신령과 백성들이 원통해 한 것이 무릇 16년이었다. 천자가 다른 성씨로 왕을 삼은 것을 질책하자 경은 여러 대신들과 함께 결단하여 내가 신종의 가장 가까운 현손이자 연장자라는 이유로 나로 하여금 종사를 잇게 했다. 단 하루 만에 사직을 회복하여 만세토록 큰 복록을 연장하게 했으니 그 크고 위대한 공훈은 고금의 역사를 살펴보아도 비교할 것이 드물다.
> ─「OO왕 교서」

① 강동의 역
② 표전문 사건
③ 흥왕사의 변
④ 과전법 시행

44 147

자료는 고려의 마지막 왕으로 추대된 공양왕이 내린 교서이다.

④ 위화도 회군 이후 우왕과 창왕이 폐가입진의 논리로 폐위되고 공양왕이 옹립되었다. 공양왕 재위기인 1391년에 과전법이 시행되었다.

오답 분석

① 강동의 역은 최충헌 집권 말기인 1218년부터 1219년에 걸쳐 일어났다.

② 표전문 사건은 조선 건국 이후 고명·금인 문제로 태조 이성계가 명으로부터 책봉을 받지 못했을 때 발생하였다. 명이 표전문이 불손하다는 이유로 트집을 잡자 조선은 요동 수복 운동 등 강경책으로 맞서게 되었다.

③ 홍건적의 2차 침입이 일어나 복주로 피신했던 공민왕이 돌아오면서 흥왕사를 시어궁으로 삼았는데 원 세력과 연결된 김용 등이 자객을 보내 왕을 피습하는 사건(흥왕사의 변)이 벌어졌다. 이 사건은 실패로 돌아갔으나 공민왕의 왕권이 약화된 상황을 상징적으로 보여주는 것이었다.

정답 ④

PART 04

근세 ~ 근대
태동기의 정치

PART 04 근세 ~ 근대 태동기의 정치

01 148

조선의 건국 과정 시기 일어난 사건의 순서를 옳게 정리한 것은?

> ㄱ. 위화도 회군
> ㄴ. 정몽주 제거
> ㄷ. 최영 장군 제거
> ㄹ. 조선 건국
> ㅁ. 한양 천도

① ㄱ - ㄷ - ㄴ - ㄹ - ㅁ
② ㄱ - ㄷ - ㄹ - ㅁ - ㄴ
③ ㄴ - ㄱ - ㄷ - ㅁ - ㄹ
④ ㄷ - ㄱ - ㄴ - ㅁ - ㄹ

02 149

다음의 시조를 지은 인물과 관련된 정치적 사건이나 정책으로 옳은 것은?

> 이런들 어떠하리 저런들 어떠하리
> 만수산 드렁칡이 얽어진들 어떠하리
> 우리도 이같이 얽혀서 백 년까지 누리리라

① 고려 말 조민수를 탄핵하고 창왕을 폐위, 공양왕을 옹립하는 데 공을 세웠으며, 전제 개혁을 주도하였다.
② 조선의 경복궁 및 도성 자리를 정하였고, 수도 건설 공사의 총책임자로 임무를 수행하였다.
③ '동방 이학(理學)의 시조'라 불렸으며, 개성에 5부 학당과 지방에 향교를 세워 교육 진흥을 도모하였다.
④ 6조 중심의 행정 체계를 완성하여 자신의 국정 장악력을 강화하였으며 서얼 차대법을 제정하였다.

03 150

다음의 내용과 관련 있는 서적에 해당하는 것을 고르면?

> 육전을 지은 지 이미 오래다. 『주례』를 상고하면 다음과 같다. 첫째는 치전이니 방국·관부·만민을 다스린다. 둘째는 교전이니 방국을 편안하게 하고 관부를 가르치며 만민을 교훈한다. 셋째는 예전이니 방국을 화평하게 하고 백관을 통합하여 만민을 화합하게 한다. 넷째는 정전이니 방국을 평정하고 백관을 바르게 하며 만민을 고르게 한다. 다섯째는 형전이니 방국을 따져 묻고 백관을 형벌하며 만민을 살핀다. 여섯째는 사전이니 방국을 부유하게 하고 백관을 부리며 만민을 기른다. 치는 이·교는 호·정은 병·사는 공이다. 예부터 천하 국가의 치란과 흥망은 뚜렷하게 상고할 수 있다. 치흥하게 된 것은 육전에 밝았기 때문이고 난망하게 된 것은 육전에 어두웠기 때문이다.

① 『경제육전』
② 『경국대전』
③ 『조선경국전』
④ 『육전등록』

04 151

다음의 절명시를 지은 인물과 관련된 역사적 사실로 옳은 것은?

> 자조(自嘲)
>
> 操存省察兩加功
> 타고난 성품을 가다듬고 온 공을 다해 살면서
> 不負聖賢黃卷中
> 책 속에 담긴 성현의 말씀 저버리지 않았네.
> 三十年來勤苦業
> 삼십 년 긴 세월 고난 속에 쌓아 놓은 사업
> 松亭一醉竟成空
> 송현방 정자 한 잔 술에 그만 허사가 되었네.

① 우왕 시기 일본에 왜구 근절을 위한 사절로 파견되었다.
② 김굉필에게 수학하였으며, 현량과를 실시하였다.
③ 사병을 혁파하려 하였으며, 요동 정벌을 추진하였다.
④ 과전법 시행을 주도하였으며, 『경제육전』을 저술하였다.

01 148

① 조선의 건국 과정 시기 일어난 사건을 순서대로 정리하면 ㄱ. 위화도 회군(1388) → ㄷ. 최영 장군 제거(1388) → ㄴ. 정몽주 제거(1392) → ㄹ. 조선 건국(1392) → ㅁ. 한양 천도(1394)이다.

ㄱ. 요동 정벌군을 이끌던 이성계는 압록강 하류의 위화도에서 회군(1388)을 감행하였다.

ㄷ. 위화도 회군 후 이성계는 최영을 제거한 뒤, 군사적 실권을 잡았다.

ㄴ. 정몽주는 고려 왕조를 지키려 하였으나, 1392년 선죽교에서 이방원의 심복에 의해 죽임을 당하였다.

ㄹ. 혁명파 세력은 1392년 정몽주를 비롯한 온건 개혁파를 제거한 후, 공양왕의 양위를 받아 조선을 건국하였다.

ㅁ. 이성계는 교통과 국방의 중심지로서 풍부한 농업 생산력을 보유한 한양으로 천도(1394)하였다.

정답 ①

03 150

사료는 정도전이 지은 『조선경국전』의 서문이다.

③ 1394년(태조 3)에 정도전은 『주례』를 모범으로 하여 치전·부전·예전·정전·헌전·공전 등 6전으로 구성된 『조선경국전』을 편찬하였다.

오답 분석

① 조준은 위화도 회군 이후부터의 법령을 정비(이·호·예·병·형·공 6전 체제)하고, 이두와 방언이 섞인 법전으로 공포된 법령을 수록하여 『경제육전』을 편찬(1397, 태조 6)하였다.

② 『경국대전』은 세조 시기부터 정비되기 시작하여 1471년 기초가 잡히고 최종적으로 1485년(성종 16) 완성되었다. 조선 시대 법률 체제의 골격으로 적용되었으며 유교적 통치 질서와 문물 제도의 완성을 의미한다.

④ 이직, 이원, 맹사성 등이 『속육전』 이후의 수교·조례 등을 모아 『육전등록』을 편찬(1426, 세종 8)하였고, 1428년, 1433년에 『속육전』과 함께 개수되었다.

정답 ③

02 149

제시문의 시조는 태종 이방원이 지은 '하여가'의 내용이다.

④ 태종 이방원은 1414년 의정부 서사제(의정부 서사제는 도평의사사를 폐지한 1400년부터 본격적으로 적용)를 6조 직계제로 바꾸어 왕권을 강화하기 위한 초석을 닦았다. 또한 1차 왕자의 난을 계기로 서얼 차대법을 제정하여 차별을 강화하였다.

오답 분석

① 조준, ② 정도전, ③ 정몽주에 대한 설명이다.

정답 ④

04 151

사료는 『삼봉집』에 언급된 정도전의 절명시 '자조'이다. 정도전은 이른바 무인정사라 불리는 1차 왕자의 난으로 이방원에 의해 죽임을 당하였다.

③ 정도전은 고명·금인 문제로 명과 갈등이 생기자 요동 수복 운동을 전개하였으며, 사병을 철폐하려 하였다.

오답 분석

① 정몽주, ② 조광조, ④ 조준에 관한 설명이다.

정답 ③

05 152

사료와 관련된 인물 및 시대적 상황과 그 영향으로 옳은 것은?

> "자고로 나라의 임금이 시해당하면 재상 자리에 있는 사람이 먼저 그 죄를 받는 법입니다. 황제가 선왕의 변고를 듣고 군사를 일으켜 죄를 묻는다면 공이 필시 모면하지 못할 터이니, 원나라와 화친해두는 것이 상책입니다."라고 귀띔했다. 이인임이 옳은 말이라 여기고 명나라 사신 채빈 등이 귀국할 때 찬성사 안사기를 보내어 전송한다고 둘러대고서 비밀리에 김의를 꾀어 중도에서 채빈 등을 죽여서 입을 막아버리게 했다. 김의가 채빈을 죽이고 북원으로 달아나버리자 이 때문에 사람들이 두려워하여 감히 명나라에 사신을 보내지 못했다.
> — 「고려사」

① 조선 건국 이후 이인임과 관련된 종계변무 문제가 일어났다.
② 시해된 왕은 재위기에 재정 확보를 위해 소은병을 발행하였다.
③ 이후 홍건적의 침입이 일어나 개경이 함락당하는 상황이 발생하였다.
④ 사료에서 언급된 명 황제는 우왕과 고명·금인 문제로 갈등을 빚었다.

06 153

다음의 사료와 관련된 왕의 후계 구도와 이후에 일어난 사실에 대한 설명으로 옳은 것은?

> 종척과 공신을 모아서 도읍 옮길 일을 의논하였다. 서운관에서 상언하였다. "뭇 까마귀가 모여서 울고 들 까치가 와서 깃들고, 재이가 여러 번 보였사오니, 마땅히 가다듬고 반성해 변을 없애야 하고, 피하셔야 합니다." 임금이 이에 종친과 좌정승 조준 등 여러 재상들을 모두 불러 서운관에서 올린 글을 보이고, 또 피해야 할지 물으니, 모두 피해야 된다고 대답하였다. 임금이 어느 방위로 피해야 할지 물으니, 대답하기를, "경기 안의 주현에는 대소 신료와 숙위하는 군사가 의탁할 곳이 없고, 송도는 궁궐과 여러 신하의 제택이 모두 완전합니다."하니, 드디어 송경에 환도하기로 의논을 정하였다. 애초부터 도성 사람들이 모두 옛 도읍을 생각하였으므로, 환도한다는 말을 듣고 서로 기뻐하여 손에 손을 잡고, 이고 지고하여 길에 연락부절하니, 성문을 지켜 이를 제지하도록 하였다.

① 수양 대군에게 왕위를 물려주고 상왕이 되었으나 사육신의 복위 운동 실패로 영월로 유배되었다.
② 제2차 왕자의 난을 계기로 정안군 방원을 세자로 책봉하였으며, 곧 양위하였다.
③ 폐모살제 사건을 계기로 반정이 일어나 폐위되었으며, 제주에서 생을 마감하였다.
④ 동생을 세제로 책봉하였으며, 옥사를 일으켜 견제 세력을 처단하기도 하였다.

07 154

다음의 주장을 한 인물에 대한 설명으로 옳은 것은?

> 임금의 직책은 한 사람의 재상을 정하는 데 있다. 재상은 위로는 임금을 받들고 밑으로는 백관을 통솔하여 만민을 다스리는 것이니, 그 직책이 매우 큰 것이다. …… 임금의 자질은 어리석을 수도 있고 현명할 수도 있으며, 강력한 자질도 있고 유약한 자질도 있어, 그것이 한결같지 않으니, 재상은 임금의 아름다운 점은 순종하고 나쁜 점은 바로잡으며, 옳은 일은 받들고 옳지 않은 것은 막아서, 임금으로 하여금 가장 올바른 경지에 들게 해야 한다.

① 「동호문답」을 저술하고 대공수미법의 실시를 주장하였다.
② 세조 시기 등용되었으며 사림파를 육성하였고 「조의제문」을 지었다.
③ 유교적 도덕 정치의 시행을 주장하며 위훈 삭제를 강행하였다.
④ 경복궁을 비롯한 성문의 이름과 한성부의 5부 52방 이름을 지었다.

05 152

① 조선은 건국 이후 1394년(태조 3) 4월에 명나라의 『태조실록』과 『대명회전』에 이성계가 고려의 권신 이인임의 후손이라 기록되어 있음을 알게 되었다. 이는 왕권의 정통성에 심각한 문제를 야기시킬 수 있는 것이었으므로, 태조는 이를 정정하기 위해 여러 차례에 걸쳐 사절을 파견하였으나, 받아들여지지 않았다.

오답 분석

② 시해된 왕은 공민왕으로, 최만생과 홍륜에 의해 시해되었다. 소은병은 충혜왕 시기에 발행되었다.
③ 공민왕 시기의 일이다.
④ 사료의 황제는 홍무제이며 고명·금인 문제는 조선 건국 이후 대두되었다. 명 황제(홍무제)가 제후국인 조선의 왕의 즉위를 승인하는 고명(왕위를 승인하는 문서)과 금인을 보내지 않아 고명과 금인을 받을 때까지 이성계는 '권지고려국사'라는 칭호를 사용하였다.

정답 ①

06 153

사료는 정종 시기의 개경 천도에 대한 내용이다. 정종은 1399년에 1차 왕자의 난이 일어난 한양에서 개경으로 다시 천도하였다.
② 개경 천도 이후 1400년(정종 2)에 논공행상에 불만을 품은 박포가 방원에게 불만을 갖고 있던 방간을 선동하여 제2차 왕자의 난을 일으켰고, 방원은 방간을 제거한 후 1400년 11월 정종의 양위를 받아 등극하였다.

오답 분석

① 단종은 1455년 수양 대군에게 왕위를 물려주고 상왕이 되어 수강궁으로 옮겨 살았다. 사육신의 복위 계획 실패 등으로 노산군으로 격하되어 영월로 유배되었으며, 금성 대군의 복위 계획이 발각됨에 따라 살해되었다.
③ 광해군은 왕위 계승 문제로 인해 이복 동생인 영창 대군을 살해하고, 선조의 계비인 인목 대비를 유폐한 이른바 폐모살제 사건으로 인해 도덕적 비난에 직면하였으며, 인조반정(1623)으로 서인이 정권을 장악한 후 폐위당하였다.
④ 경종은 즉위한 이듬해(1721)에 노론 주도로 숙빈 최씨 소생의 연잉군을 세제로 책봉하였다. 이후 소론은 신축옥사와 임인옥사를 일으켜 노론을 탄압하였다.

정답 ②

07 154

자료는 재상 중심의 정치를 주장한 정도전의 『조선경국전』, 「치전」 내용이다.
④ 정도전은 개경에서 한양으로 천도하는 과정을 비롯해 현재의 경복궁 및 도성 자리를 정하였고, 수도 건설 공사의 총책임자로 임무를 수행하였다. 수도 건설이 마무리되면서 경복궁을 비롯한 성문과 한성부의 5부 52방 이름을 지었다. 서울을 구성하던 각종 상징물에 의미를 부여하였는데, 대부분 유교의 덕목이나 가치가 담긴 표현이었다.

오답 분석

① 이이, ② 김종직, ③ 조광조에 관한 설명이다.

정답 ④

08 155

자료에서 언급한 왕이 추진했던 개혁으로 옳은 것은?

> 왕은 대표적인 역사서인 『자치통감』 완질을 구해 읽고 학자들을 동원해 이에 대한 주석서인 『자치통감훈의』를 편찬했는데, 이 주해본은 중국에서 간행된 것보다 완성도가 더 높다는 평을 들었다. 경전과 사서에서 찾아낸 제도를 적용하려면 우리 땅에 대해서도 보다 정확하게 알 필요가 있었다. 왕은 지방관들에게 각 지역의 지도·인문 지리·풍습·생태 등에 대한 정보를 요구했고, 이를 수합하여 편찬했다.

① 유민 방지와 군역과 요역 등의 효과적 징발을 위해 호패법과 인보법을 실시하였다.

② 원의 수시력과 아라비아의 회회력을 응용하여, 『칠정산』「내외편」을 편찬하였다.

③ 과전법을 개편하여 현직 관료에게만 수조권을 지급하게 규정한 직전법을 실시하였다.

④ 간경도감을 혁파하고 도첩제를 폐지하여 억불 정책을 강화하였다.

09 156

자료에 제시된 왕의 재위기에 행해진 정책으로 옳은 것은?

> 왕은 백성들에게 자주 은전을 베풀었고, 사면령을 빈번히 내렸으며, 징발된 군사들은 늘 기한 전에 돌려보냈다. 노비의 처우를 개선해주기도 했다. 주인이 혹형을 가하지 못하도록 했고, 실수로라도 노비를 죽인 주인을 처벌하도록 했다. 이전에는 겨우 7일에 불과하던 관비의 출산 휴가를 100일로 늘렸고, 남편에게도 휴가를 주었으며 출산 1개월 전에도 쉴 수 있도록 배려했다.

① 『삼강행실도』를 간행하여 유교적 가치관에 따른 모범적 사례를 제시하였다.

② 종계변무 문제를 재위 기간 중 해결하였으며, 니탕개의 난을 진압하였다.

③ 유교주의적 도덕 규범인 향약을 전국적으로 실시하려 하였다.

④ 『월인석보』를 간행하였으며 승정원 원상제를 처음으로 실시하였다.

10 157

연표의 (가) 시기에 시행한 정책으로 옳은 것은?

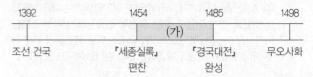

1392	1454	1485	1498
조선 건국	『세종실록』 편찬	『경국대전』 완성	무오사화

(가)

① 조광조를 비롯한 사림을 등용하여 유교 정치를 일으키려 했다.

② 승과를 부활시키고 불교 회복 정책을 폈다.

③ 언관의 활동을 억제하기 위하여 집현전을 없앴다.

④ 전국 농민의 여론을 수렴하고 세제를 개편하였다.

11 158

다음 자료에서 밑줄 친 '왕'의 재위기에 행해진 정책으로 옳은 것은?

> "성삼문과 박팽년이 말하기를 6월 1일 연회장의 운검(雲劍)으로 성승과 유응부가 임명되었다. 이날 연회가 시작되면 바로 거사하자. 우선 성문을 닫고 왕과 그 우익들을 죽이면, 상왕을 복위하기는 손바닥 뒤집는 것과 같을 것이다."
> – 『연려실기술』

① 『동몽수지』 등이 간행되었으며, 위훈 삭제 문제가 일어났다.

② 오위 체제와 진관 체제가 구성되고 경진북정이 추진되었다.

③ 사창제가 폐지되었으며, 유향소가 사림파의 주장에 의해 복설되었다.

④ 을사사화가 일어났으며, 왜인들이 전라도로 쳐들어오는 을묘왜변이 발발하였다.

08 155

자료는 세종조 때 『자치통감훈의』 편찬과 관련된 내용이다.
② 세종은 『용비어천가』·『정간보』·『동국정운』·『석보상절』·『월인천강지곡』·『향약집성방』·『의방유취』·『향약채취월령』·『농사직설』·『삼강행실도』·『총통등록』·『치평요람』 등 수많은 서적을 편찬하였다. 또한 역법에 있어서도 원의 수시력과 아라비아의 회회력을 응용하여 『칠정산』「내외편」을 편찬하였다. 그리고 지방관들에게 각 지역의 지도·인문 지리·풍습·생태 등에 대한 정보를 요구했고, 이를 수합하여 『신찬팔도지리지』를 편찬하였다.

오답 분석
① 태종은 유민을 방지하고 군역과 요역 등의 효과적인 수행을 위해 호패법과 인보법을 실시하였다.
③ 세조는 기존의 토지 제도였던 과전법을 개편하여 현직 관료에게만 수조권을 지급하는 직전법을 시행하였다.
④ 1471년 성종은 간경도감을 혁파하였고, 1492년에는 도첩제를 폐지하여 승려의 출가를 일체 금지하는 억불 정책을 단행하였다.

정답 ②

09 156

제시문의 왕은 세종이다.
① 세종은 『삼강행실도』를 간행하여 민간에 효·충·정의 기풍을 펼치기 위해 우리나라와 중국을 통틀어 삼강의 모범적 사례들을 모아 엮었다. 내용은 효자편(110명)·충신편(110명)·열녀편(110명)의 3부작으로 이루어져 있는데, 우리나라 사례로 효자 4명, 충신 6명, 열녀 6명을 싣고 있다.

오답 분석
② 선조, ③ 중종, ④ 세조에 관한 설명이다.

정답 ①

10 157

(가)의 시기는 단종 말~성종 재위기에 해당한다.
③ 세조(재위 1455~1468)는 사육신 사건 이후 언관의 활동을 억제하기 위하여 집현전과 경연을 폐지하였다.

오답 분석
① 중종은 1515년 신진 사류인 조광조를 등용해 우익으로 삼고, 그가 주장하는 도학에 근거한 철인 군주 정치를 표방해 기성 사류인 훈구파를 견제하려 하였다.
② (가) 시기에 해당하는 세조 때에도 불교 회복 정책을 펼친 것은 맞지만, 승과를 부활시켰다는 점은 명종 시기에 해당한다. 명종 시기에는 문정 왕후의 후원으로 불교 회복 정책이 시행되었다. 1550년에 선·교 양종을 부활시키고, 도첩제를 다시 시행하였고, 이듬해에는 승과를 설치하였다. 또한 보우를 비롯한 휴정·유정 등 고승이 배출되어 교리가 정리되고 교세가 확장되었다.
④ 세종은 객관적 기준에 의거하는 전세 제도를 확립하기 위하여 17~18만 명에 이르는 전국 관민의 여론을 수렴하여 공법이라는 새로운 정액세법을 구상하였다.

정답 ③

11 158

자료는 1456년(세조 2)에 일어난 단종 복위 운동(병자사화)이다. 이 사건에서 발각되어 처형되거나 스스로 목숨을 끊은 성삼문·박팽년·하위지·이개·유성원·유응부를 사육신이라 부른다.
② 세조는 군제 개편을 통하여 보법을 실시하였고 중앙군과 지방군을 정비하여 5위와 진관 체제를 확립하였다. 또한 신숙주를 보내 경진북정을 추진하여 모련위의 여진을 공격하였다.

오답 분석
① 1517년(중종 12)에 어린이 대상의 수신서인 『동몽수지』가 간행되었다. 이 시기에 조광조의 급진적 개혁 추진으로 훈구파의 위훈이 삭제되어 기묘사화의 원인이 되었다.
③ 성종은 사창제가 고리대의 성질로 변질되자 폐지하였으며, 사림파의 주장에 의해 세조 말년에 폐지되었던 유향소가 복설되었다. 사림파는 성리학적 향촌 질서를 확립함과 동시에 자신들의 세력 기반을 강화하기 위해 경재소를 통해 유향소를 통제하려 하였다. 그러나 이러한 조치는 곧 경재소를 장악한 훈구파들에 의해 유향소가 통제되는 결과를 낳았다.
④ 명종이 어린 나이에 즉위하여 문정 왕후의 수렴청정이 이루어지자 윤원형 일파의 소윤이 권력을 장악하여 대윤에 대한 대대적인 숙청을 단행했던 을사사화(1545)가 일어났다. 또한 1555년 세견선의 감소로 곤란을 겪어온 왜인들이 전라도 지방을 침입한 을묘왜변이 일어났다. 이 일을 계기로 비변사가 상설 기구화되었다.

정답 ②

12 159

조선 전기 각 시기별 국왕의 업적을 순서대로 나열한 것은?

> ㄱ. 한양에 시전을 설치하였으며, 사간원을 독립 기구로 전환하였다.
>
> ㄴ. 경연이 활성화되고 이후 대간들이 올린 상소와 차자 문제를 왕에게 직접 계하여 해당 문제의 중요성을 환기시키고 토론하였다.
>
> ㄷ. 『동국병감』, 『고려사』, 『고려사절요』 등을 편찬하였다.
>
> ㄹ. 사가독서제를 실시하였으며, 국왕이 의정부 대신들을 직접 불러 국정의 의논, 의의할 일은 의정부에 내려 의의·계문토록 하였다.
>
> ㅁ. 왕실 재정을 관리하기 위해 내수소를 내수사로 승격시켜 정식 기구로 편제하였다.

① ㄱ - ㄴ - ㄷ - ㄹ - ㅁ
② ㄱ - ㄷ - ㄴ - ㅁ - ㄹ
③ ㄱ - ㄹ - ㄷ - ㅁ - ㄴ
④ ㄱ - ㅁ - ㄴ - ㄹ - ㄷ

13 160

다음의 민요와 관련된 국왕이 실행한 정책으로 옳은 것은?

> 사모요(詐謀謠)
>
> 충성이란 사모요
> 거동은 곧 교동일세
> 일 만 흥청 어디 두고
> 석양 하늘에 뉘를 쫓아가는고
> 두어라 예 또한 가시의 집이니
> 날 새우기엔 무방하고 또 조용하지요
> 忠誠詐謀乎 擧動喬桐乎
> 興淸運乎置之何處 乃向荊棘底歸乎

① '신유공안'을 제정해 공납의 과세를 크게 확대함으로써 민생 파탄과 재정 운영의 몰락을 가져왔다.
② 강홍립이 부차 싸움에서 패하자 후금에 투항하였으며, 이후 친명친금 정책을 추진하였다.
③ 계유정난을 일으켜 문종의 고명대신인 김종서 등을 제거하고 집권하였으며, 팔방통보를 주조하려고 시도하였다.
④ 공신과 외척을 대거 제거하여 그들의 영향력을 약화시키고, 6조 직계제를 시행하였다.

14 161

다음의 자료에서 언급한 국왕과 관련된 사실로 옳은 것은?

> 그는 자의적(恣意的)인 욕망의 충족과 해소를 자유로운 왕권 행사와 혼동하거나 동일시했다. 그런 행태는 연회·음행(淫行)·사냥에의 탐닉, 금표(禁標) 설치와 민가 철거, 발언의 통제 등 극한적이고 기이한 황음(荒淫)으로 치달았다. 그리고 그런 과정의 궁극적인 결과는 과도한 재정 지출에 따른 국가 경제의 파탄이었다. 재위 5년부터 세출(20만 8522석 1두)은 세입(20만 5584석 14두)을 초과했다. 재위 7년에는 이른바 '신유공안(辛酉貢案)'을 제정해 기존의 공납을 크게 확대함으로써 민생의 부담과 재정의 유용은 격증(激增)했다.

① 재위기에 부산포, 제포, 염포 등지에서 삼포왜란이 일어났다.
② 무오사화를 일으켰으며, 많은 사류를 '능상(凌上)'으로 규정하여 박해하였다.
③ 반란이 일어나 도성이 함락되고 왕이 공주로 남천하였다.
④ 이시애의 난을 진압하고 유향소를 폐지하였다.

15 162

조선 시대 훈구파에 대한 설명으로 잘못된 것은?

① 서해안의 간척 사업과 토지 매입 등을 통하여 농장을 확대해 나갔고, 대외 무역에도 관여하였다.
② 성리학을 정치 이념으로 삼았으며 『주례』를 중시하였다.
③ 세조 말년 이후 승정원 원상제를 통해 특정한 직사를 가지지 않고도 정권을 장악할 수 있었다.
④ 경학을 중시하였으며 존화주의를 바탕으로 중국 중심의 화이관(華夷觀)을 가지고 있었다.

12 159

③ 조선 전기 각 시기별 국왕의 업적을 순서대로 나열하면 ㄱ-ㄹ-ㄷ-ㅁ-ㄴ이다.

ㄱ. 태종은 1405년 한양으로 재천도 이후 1412년에 시전을 설치하였으며, 사간원을 독립 기구로 발족시켜 왕권 강화의 토대를 강화하였다.

ㄹ. 세종은 1426년 젊은 문신들에게 휴가를 주어 독서에 전념할 수 있도록 하는 사가독서제를 실시하였고, 의정부 서사제를 시행하였다.

ㄷ. 문종 대에 편찬된 서적으로는 『동국병감』·『고려사』·『고려사절요』·『대학연의주석』 등이 있다.

ㅁ. 세조는 내수사를 통한 왕실의 부 축척에 적극적이었으며, 이러한 면은 후일 사림파의 비판 요소가 되었다.

ㄴ. 성종은 집현전의 후신으로 홍문관을 설치하여 왕의 자문 기구로 활용하는 한편, 경연을 관장하게 하고 경서와 서적을 관리하며, 문헌 처리 등의 업무를 담당하게 하였다. 또한 경연에서는 부수적으로 주요 정책에 관한 토론과 심의가 이루어졌다.

정답 ③

13 160

자료는 연산군 폐위 이후의 민요이다. 당시의 민심이 반영된 것으로 연산군에 대한 민중의 조롱을 담고 있다.

① 연산군 7년 신유공안을 제정하여 그동안 관청의 재정 규모를 정한 횡간을 무시하고, 상급 관청이 하급 관청의 재정을 전용할 수 있는 여지를 만들어 공납의 과세가 증폭되었고 재정 운영의 몰락을 가져왔다.

오답 분석

② 광해군은 후금의 강성에 대한 대비책을 강화하는 한편, 명나라의 원병 요청에 따라 강홍립에 1만여 명을 주어 명나라와 후금 사이에서 실리를 추구하는 친명친금의 양면 외교를 진행하였다.

③ 세조는 1453년 10월 정권을 빼앗고자 측근들과 함께 계유정난을 일으켜 문종의 고명대신인 김종서 등을 제거하였으며, 군사력 강화책의 일환으로 화살촉으로 사용할 수 있는 팔방통보를 주조하려고 시도하였으나 실제로 만들어졌는지는 알 수 없다.

④ 태종은 왕권을 강화하고 중앙 집권을 확립하기 위하여 공신과 외척을 대거 제거하였으며, 1414년(태종 14)에는 의정부를 거치지 않고 사안을 왕에게 직접 보고하는 6조 직계제를 시행하였다.

정답 ①

14 161

자료는 연산군에 대한 설명이다.

② 사관 김일손이 『성종실록』 편찬 과정에서 전라감사 시절 이극돈이 정희 왕후(세조비) 복상 기간 중 장흥의 기생과 어울렸던 일을 사초에 기록하자, 이극돈은 김일손이 스승인 김종직이 쓴 「조의제문」을 사초에 실은 것을 문제 삼았다. 즉, 김종직의 글이 세조의 왕위 찬탈을 비방한 글이라는 이유였으며, 이 일은 유자광에 의해 연산군에게 보고되어 죽은 김종직은 부관참시형을, 김일손 등은 능지처참형을 받는 등 많은 영남 사림이 박해를 받았다. 또한 연산군은 윗사람을 능멸한다는 의미의 '능상'을 규정하여 자유로운 왕권을 구축하려 하였다.

오답 분석

① 삼포왜란은 중종 재위기에 일어났다.

③ 반란군에게 도성이 함락되고 왕이 공주로 남천한 사건은 이괄의 난으로, 인조 시기에 일어났다.

④ 이시애의 난이 일어난 것은 세조 시기의 일이다. 세조는 이시애를 지원한 동북 지방의 유향소를 문제 삼아 전국의 유향소를 폐지하였다.

정답 ②

15 162

훈구 세력은 집권 초반 세조의 즉위에 수반된 논공행상으로 1453년 정난공신, 1455년 좌익공신들이 공신전을 분급 받았으며, 3정승과 6조 판서 등 요직을 독점하고, 인사권과 병권을 장악하였다. 훈구파는 이후 익대공신, 좌리공신 등 남발된 공신직을 독차지하였으며, 승정원 원상제를 통해 특정한 직사를 가지지 않고도 정권을 장악할 수 있는 기반을 공고히 할 수 있었다. 또한 훈구 세력은 서해안의 간척 사업과 토지 매입 등을 통하여 농장을 확대해 나갔고, 대외 무역에도 관여하였으며, 공물의 방납을 통해서도 경제적 이득을 취하였다. 훈구 세력은 사장(＝한시와 한문학)을 중시하였으며, 다른 학문에 대해 개방적이고 포용적 태도를 보였다.

④ 사림파에 대한 설명이다. 사림 세력은 경학을 중시하였으며 왕도 정치에 바탕을 둔 향촌 자치를 주장하였고, 존화주의에 입각해 중국 중심의 화이관을 가지고 있었다.

정답 ④

16 163

표는 조선의 정치 변동 과정에서 책봉된 공신들을 정리한 것이다. ㉠~㉣에 대한 설명으로 옳지 않은 것은?

공신 명칭	공신 책봉 시기	공신 수				
		1등	2등	3등	4등	합계
㉠ 개국 공신	태조 1년	17	13	22		52
㉡ 좌명 공신	태종 1년	9	3	12	22	46
㉢ 좌익 공신	세조 1년	7	12	27		46
㉣ 정국 공신	중종 1년	8	13	31	65	117

① ㉠ - 이색, 길재 등 온건 개혁파들이 포함되었다.
② ㉡ - 제2차 왕자의 난을 계기로 책봉되었다.
③ ㉢ - 단종을 폐위하는데 공을 세운 신하들이었다.
④ ㉣ - 조광조의 상소에 의해 공신 자격이 박탈되기도 하였다.

17 164

다음의 자료와 관련된 사건에 대한 설명으로 옳은 것은?

> 김종직은 초야의 미천한 선비로 세조 대 과거에 급제하였다. 성종조에 발탁되어 경연에 두어 오랫동안 시종의 자리에 있었다. 형조판서에 이르러서는 은총이 온 조정을 기울게 하였다. 병으로 물러나게 되자 성종은 소재지 관리로 하여금 특별히 미곡을 내려주도록 하여 그 연한을 마치게 하였다. 지금 김종직의 제자 김일손이 찬수한 사초에 부도한 말로써 선왕조의 일을 거짓으로 기록하고 스승 김종직의 「조의제문」을 실었도다.　- 「연산군일기」, 권30, 연산군 4년 7월 신해

① 이 시기 박해를 받은 인물들은 후일 기묘명현이라 존숭되었다.
② 이 사건은 지치주의를 실현하려 했던 김종직과 사림파의 위훈 삭제로부터 비롯되었다.
③ 김종직의 「조의제문」은 태종 시기에 일어난 왕자의 난을 비판한 것이었다.
④ 김일손은 언관의 활동 보장과 천거제의 적극 활용 등을 건의하였던 인물이었으나, 이 사건으로 죽음을 당했다.

18 165

밑줄 친 '여러 정책'에 해당하지 않는 것은?

> 사림이 조정에 참여하여 공론이 실행되면 나라가 잘 다스려지고, 사림이 조정에 없어 공론이 헛되이 되면 나라가 어지러워진다. …… 지난 기묘년에 사림이 여러 정책을 추진하면서 공론을 지켜나갔는데, 남곤·심정의 무리가 기회를 틈타 그들을 일망타진하였다.　- 「율곡전서」

① 경연과 언관의 활동 강화
② 「여씨향약언해」 인쇄·반포
③ 인재 등용을 위한 현량과 실시
④ 공론 수렴을 위한 붕당 활성화

19 166

다음은 중종 재위기 3사 관원에 진출한 사림파의 인적 현황을 나타낸 것이다. 이러한 변화와 관련된 인물이 추진한 개혁으로 옳은 것은?

시기	사헌부		사간원		홍문관	
	인원 대비	%	인원 대비	%	인원 대비	%
10년~14년 11월 15일	34/106	32. 1	35/86	40.7	36/109	33
14년 11월 16일~25년	9/141	6.4	5/97	5.2	7/112	6.3

① 전랑권을 확대하여 고관들이 가지고 있던 인사 추천권을 장악하게 하였다.
② 그는 서장관으로 세종 시기 일본을 방문하여 세견선 규모를 합의하였으며, 조선 초의 문물 제도 정비에 기여하였다.
③ 척신 정치를 청산하는 데 기여하였으며, 기성 사림과 연대하였다.
④ 서리망국론을 주장하였으며, 「단성소」를 올려 당시의 정치 상황을 비판하였다.

문제 풀이

16 163

① 온건 개혁파인 이색과 길재 등은 조선의 건국 과정에 참여하지 않았다. 조선에서는 개국한 지 한 달 뒤인 1392년 8월에 공신도감을 설치하고, 그해 9월에 이성계를 왕으로 추대한 신하 중에서 배극렴 등 44인을 1·2·3등으로 나누어 책록하고, 그들에게 토지와 노비를 내리는 한편 여러 가지 특전을 부여하였다. 조선의 개국 공신에는 조준, 정도전 등 급진 개혁파들이 포함되었다.

정답 ①

17 164

자료는 연산군 때 일어난 무오사화(1498, 연산군 4)에 관한 내용이다.

④ 사관이었던 김일손은 『성종실록』 편찬 과정에서 전라감사 시절 이극돈이 정희 왕후(세조비) 복상 기간 중 장흥의 기생과 어울렸던 일을 사초에 기록하였다. 이에 대응하여 이극돈은 김일손이 스승인 김종직이 쓴 「조의제문」을 사초에 실은 것을 문제 삼으면서 반발하였다. 이 사건으로 죽은 김종직은 부관참시형을, 김일손 등은 능지처참형을 받는 등 많은 영남 사림이 박해를 받았다.

오답 분석

①, ② 기묘사화(1519)에 대한 내용으로, 기묘사화는 김종직의 문인이었던 조광조와 사림파의 위훈 삭제로부터 비롯되었다.
③ 「조의제문」은 김종직이 수양 대군(세조)의 왕위 찬탈을 비방한 글이다.

정답 ④

18 165

④ 당시에는 붕당 정치에 대한 부정적 인식이 강해 조광조는 붕당을 만들려 했다는 이유로 사사되었다. 붕당 정치는 사림의 집권 이후 붕당관에 대한 긍정적 인식의 전환으로 선조 이후 등장한 정치 체제이다.

오답 분석

①, ②, ③ 중종 시기에는 연산군 때의 여러 폐정을 개혁하기 위해 문벌세가를 누르고 새로운 왕도 정치의 이상을 실현하고자 노력하였다. 중종은 1515년 신진 사류인 조광조 등을 우익으로 삼고, 도학에 근거한 철인 군주 정치를 표방해 기성 사류인 훈구파를 견제하려 하였다. 이들은 현량과를 실시하여 천거를 통한 사림의 무시험 등용을 추진하였으며, 중종 반정의 공신 중 3/4인 76명의 위훈을 삭제하여 훈구 세력의 약화를 기도하였다. 뿐만 아니라 경연과 언관의 활동을 강화하는 한편, 교화에 필요한 『이륜행실도』와 『여씨향약언해』 등의 서적을 인쇄·반포하였다.

정답 ④

19 166

주어진 표는 조광조의 개혁 정치와 관련된 것이다.

① 조광조는 이조·병조 전랑에게 인사권을 부여하여 후임자 자대권과 당하관 이하 관리의 인사 추천권인 통청권을 행사할 수 있게 하였다.

오답 분석

② 신숙주에 대한 설명이다.
③ 척신 정치를 청산하는 데 기여하였으며, 기성 사림과 연대하였던 인물은 심의겸으로 김효원과 대립하여 붕당 정치가 파생되는 원인을 제공하였다.
④ 남명 조식은 이황과 같은 시대에 살면서 경상우도를 대표하는 유학자로, 68세인 1568년에 올린 「무진봉사」에서 '서리망국론'을 펴 서리의 작폐를 근절할 것을 강력히 주장하는 등 나라 정치에 대한 자신의 견해를 피력하였다.

정답 ①

 PART 04 근세 ~ 근대 태동기의 정치 **103**

20 167

다음의 사건이 발발하였을 당시의 국왕이 처해있던 정치적 상황에 해당하지 않는 것은?

정유년 이후부터 조정 신하들 사이에는 대윤·소윤 설이 있었는데 일을 좋아하는 군소배들이 부회하여 말이 많았다. 이기·임백령·정순붕·최보한의 무리는 윤원형 형제와 은밀히 결탁하였다. 인종이 승하한 뒤에 원형이 기회를 얻었음을 기뻐하여 비밀리에 보복할 생각을 품고 위험한 말을 꾸며 다른 사람들을 두렵게 하니 소문이 위까지 들리고 자전은 밀지를 원형에게 내렸다. 이에 이기·임백령·정순붕·허자가 이로 인해 변을 고하여 큰 화를 만들어냈다.

① 조식이 상소를 올려 문정 왕후와 왕의 실정을 우회적으로 비판하였다.

② 관서를 중심으로 임꺽정의 난이 일어나 백성들의 지지를 얻기도 하였다.

③ 선·교 양종이 부활되고 승과가 재설치 되었다.

④ 정해서정으로 여진족의 발호를 차단하고 영향력을 강화시켰다.

21 168

(가)의 입장을 가진 국왕이 일으킨 (나) 사건에 해당하는 것은?

(가) "대간의 말을 들어주지 않으면 정승이 말하고, 정승의 말을 들어주지 않으면 육조가 말한다. …… 요즘 위에서 하는 일이라면 기어이 이기려고 해서 쟁론이 끝이 없다. …… 대간이 사체를 헤아리지 않고 말하는데 대신도 따라서 말하니 결코 들어줄 수 없다."

(나) 이 사건의 규모와 방식은 매우 거대하고 참혹했다. 피화 대상은 현직 대신과 삼사를 아우른 거의 모든 신하들을 넘어 이미 사망한 사람들까지 확대되었으며, 그 방식도 일반적인 처형 외에 부관참시, 쇄골표풍(碎骨飄風), 파가저택(破家瀦宅)처럼 극한적인 형벌이 적용되었다.

① 경신환국

② 갑자사화

③ 기축옥사

④ 기묘사화

22 169

다음의 사료에 언급된 인물과 관련된 사건이 일어난 국왕의 재위기에 추진된 정책은?

전주 출신이었던 정여립은 25세의 젊은 나이로 문과에 급제한 인재였다. 20대에는 이이와 성혼 문하에 있으면서 벼슬길에는 나가지 않았다. 정여립이 문제의 인물로 등장하기 시작한 것은 서인에서 동인으로 전향하면서부터이다. 이이의 문하에 있으면서 "공자는 익은 감이고 율곡은 덜 익은 감이다"라며 극찬하던 정여립은 동인으로 전향한 뒤로는 이이를 소인배라며 공공연히 비난했다.

① 『속대전』 간행

② 나선 정벌 단행

③ 경재소 폐지

④ 경기도 지역에 대동법 실시

23 170

다음의 사료에서 언급한 국왕 재위기에 일어난 사건에 해당하지 않는 것은?

우리나라가 중국 조정을 섬겨온 지 200여 년이다. 의리는 군신이며 은혜는 부자와 같다. 임진년(1592)에 입은 은혜는 만세토록 잊을 수 없다.

　　(가)　께서 40년 동안 재위하시면서 지극한 정성으로 섬기어 평생에 서쪽을 등지고 앉지도 않았다.

　　(나)　는 배은망덕하여 천명을 두려워하지 않고 속으로 다른 뜻을 품어 오랑캐에게 성의를 베풀었다. 기미년(1619) 오랑캐를 정벌할 때는 은밀히 장수를 시켜 동태를 보아 행동하게 하였다. 끝내 전군이 오랑캐에게 투항함으로써 추한 소문이 사해에 퍼지게 하였다. 중국 사신이 왔을 때 구속하여 옥에 가두듯이 하였다. 뿐만 아니라 황제가 자주 칙서를 내려도 구원병을 파견할 생각을 하지 않았다. 예의의 나라인 삼한을 오랑캐와 더불어 금수가 됨을 면치 못하게 하였다. 어찌 그 통분함을 이루 다 말할 수 있겠는가.

① (가) 남인과 북인의 분화

② (가) 니탕개의 난

③ (나) 선혜청 설치

④ (나) 우율 종사 문제

20 167

자료는 명종 시기에 일어난 '을사사화(1545)'에 관한 내용이다. 을사사화는 인종의 외척인 윤임과 명종의 외척인 윤원형 사이에 권력 다툼으로 인해 일어났다. 12세의 경원 대군이 명종으로 즉위하자 모후인 문정 왕후의 밀지를 받은 윤원형이 이기, 정순붕 등과 모의하여 명종의 보위를 굳힌다는 미명 아래 을사사화를 일으켰다.

④ 세조는 경진북정(1460, 신숙주)으로 모련위의 여진을 공격하여 무산군을 장악하였으며, 정해서정(1467, 남이 · 강순)으로 건주위 여진을 토벌하며 북방을 개척하였다.

오답 분석

① 남명 조식은 55세 때 단성현감에 임명되었으나 "자전께서 생각이 깊다하나 궁중의 한 과부요, 전하는 어린 나이로 선왕의 한 아들일 뿐이니, 천백 가지의 재앙을 어찌 다 감당하며 억만 갈래 민심을 어찌하여 수습하시렵니까?"라는 유명한 단성현감 사직소를 올려 문정 왕후와 왕의 실정을 비판하였다.

② 명종 시기인 1559년부터 1562년까지 3년여에 걸쳐 백정 출신인 임꺽정이 상인, 대장장이, 노비, 아전, 역리 등 많은 무리들을 규합하여 난을 일으켰다. 처음에는 구월산 · 서흥 등 산간 지대에서 출발하였으나 점차 평안도와 강원도, 안성 등 경기 지역까지 확대되어 갔다.

③ 명종 때는 문정 왕후가 불교를 독실히 믿었기 때문에 불교의 교세가 일어났다. 문정 왕후는 보우를 신임하여 봉은사 주지로 삼았다. 그리고 1550년에 선 · 교 양종을 부활시키고 이듬해에는 승과를 설치하였다.

정답 ④

21 168

자료와 관련된 국왕은 연산군이다.

(가) 무오사화(1498, 연산군 4) 이후 왕권의 일탈이 심각해지자 대간과 삼사의 간언도 강화되었는데, 연산군은 이를 능상의 해악이 만연하다고 판단하여 무차별적이고 직접적인 숙청이 필요하다고 생각하게 되었다.

(나) 능상에서 촉발된 연산군의 분노는 생모인 폐비 윤씨가 사사된 사건과 결부하여 거의 모든 신하들에게 보복적 사화로 연결되었으며, 대대적인 숙청이 이루어졌다. 이를 갑자사화(1504, 연산군 10)라 한다.

오답 분석

① 경신환국(1680년, 숙종 6)은 유악 사건이 발단이 되어 서인이 집권하고 남인이 탄압을 받은 사건이다.

③ 기축옥사(1589년, 선조 22)는 정여립 모반 사건을 조사하던 서인에 의해 동인의 주요 인물이 제거되어 1,000명 이상 숙청된 사건을 말한다.

④ 기묘사화(1519년, 중종 14)는 훈구파 위훈의 삭제를 주장하던 조광조에 반발한 훈구 세력이 중종에게 조광조가 붕당을 만들어 국정을 어지럽힌다고 고하여 사림파가 큰 화를 입었던 사건을 말한다.

정답 ②

22 169

정여립 모반 사건은 선조의 재위기에 일어났으며, 기축옥사라는 조선조의 가장 큰 옥사 사건으로 확산되었다.

③ 선조는 임란 뒤인 1603년 유향소를 관리했던 중앙의 경재소를 폐지하고 유향소의 운영권을 수령에게 넘겼다.

오답 분석

① 영조, ② 효종, ④ 광해군에 관한 설명이다.

정답 ③

23 170

(가)에 해당하는 국왕은 '선조'이다. 선조 재위기에 기축옥사와 세자 건저 문제를 둘러싸고 남인과 북인의 분화가 일어났다. 또한 여진족인 니탕개의 난이 대규모로 일어나 북방의 혼란이 가중되었다. (나)에 해당하는 국왕은 '광해군'이다. 광해군 즉위년인 1608년에 경기도에서 대동법이 실시되었으며, 주관 관청으로 선혜청이 설치되었다.

④ 우율 종사는 숙종조에 일어난 우계 성혼과 율곡 이이의 문묘 종사 문제를 말한다. 인조반정 이후 다수파를 점했던 서인은 자신들의 학문적 뿌리인 이이와 성혼의 문묘 종사를 꾀하였다. 반면, 정치적 열세를 학문적 정통성으로 극복하고자 했던 남인은 인조에서 숙종에 이르기까지 4대 60여 년에 걸쳐 이를 쟁점화하고 무산시켰다. 결국 서인의 비대화를 견제했던 왕권에 의해서 우율(우계와 율곡) 종사는 받아들여지지 않았다. 숙종 대의 경신환국 이후 도래한 서인 천하 하에서 문묘 종사는 일사천리로 진행되었다. 하지만 계속되는 환국의 연속에서 우율의 위판은 기사환국으로 출송되어 땅에 묻혔으며 갑술환국 이후에야 제대로 종사될 수 있었다.

정답 ④

PART 04

근세 ~ 근대 태동기의 정치 해커스공무원 대한국사 윤승규 단원별 700제

24 171

다음의 사건이 발생한 시기의 국왕 재위기에 일어난 일은?

> 1613년 유명 가문의 서자 7명이 연루된 모반 사건이 발각되었다. 박순의 서자 박응서를 비롯해 서양갑·심우영·이경준·박치인·박치의·허홍인 등은 서자로서 관직 진출이 막힌 것에 대해서 울분을 품고 생활하였다. 그러던 중 박응서 등이 모사를 꾸미기 위한 자금 확보를 위해 조령에서 은상(銀商)을 살해하고 은을 약탈한 사건이 발생하였다. 이 사건을 흔히 "칠서지옥(七庶之獄)"이라 한다.

① 노산군을 단종으로 복권시켰으며, 만과를 시행하였다.
② 조광조, 이언적, 이황 등이 문묘에 배향되었다.
③ 이괄의 난이 일어났으나 진압되고 잔당들이 후금으로 도주하였다.
④ 반란군이 청주성을 점령한 뒤 북상하였으나 안성과 죽산 등지에서 패배하여 진압을 당하였다.

26 173

다음 자료와 관련된 국왕의 재위기에 일어난 일이 아닌 것은?

> 조선은 어영청을 비롯한 군영을 정비하고 병력을 증강하는 등 군사력을 강화하였다. 그러던 중 청의 요청에 따라 두 차례에 걸쳐 만주에 출병하였다. 1차 출병 때에는 변급을 대장으로 조총병 100명과 기타 병력 50여 명, 2차 출병 때는 신류를 대장으로 조총병 200명과 기타 병력 60여 명을 파견하였다.

① 양척동일법의 시행
② 김육의 건의와 대동법의 확대
③ 어영청을 중심으로 한 북벌 추진
④ 창덕궁의 재건

25 172

다음의 사료와 관련된 전쟁에 대한 내용으로 잘못된 것은?

> 우리나라 임금으로 하여금 100보 가량을 걸어서 삼공과 육경을 데리고 삼배구고두의 예를 평지에서 행하도록 하였다. 또 앞에 나아가 삼배고두하게 하고는 인도하여 계단에 올라가 서쪽을 향하여 여러 왕자에 해당하는 자리에 앉아 몽골 왕과 상대가 되도록 하였다.
> — 「연려실기술」 권25

① 인조는 강화도가 함락된 이후 삼전도에서 항복하였다.
② 최명길은 정묘호란과 병자호란에서 모두 주화론을 주장하였다.
③ 형제 관계에서 군신 관계 전환 요구를 조선이 거부함으로써 전쟁이 발발하였다.
④ 명이 멸망한 이후 일어났으며, 광해군을 위해 보복한다는 명분으로 침략이 감행되었다.

27 174

다음 주장을 내세웠던 붕당에 대하여 옳게 설명한 것은?

> 효종이 인조의 적장자라면 어머니인 자의 대비가 아들을 위해 당연히 3년복을 입어야 한다. 그러나 효종은 인조의 둘째 아들로서 왕위에 올랐기 때문에 한 등급 내려 중자복(衆子服)인 1년복의 상복을 입어야 한다.

① 강경파와 온건파의 대립으로 인해 노론과 소론으로 분열되었다.
② 왕실의 권위 강화를 통한 체제 안정을 도모하였다.
③ 절의를 중시하여 임진왜란 때 의병장을 많이 배출하였다.
④ 2차 북벌을 추진하였으며, 기사환국으로 권력을 다시 회복하였다.

문제 풀이

24 171

자료는 광해군 재위기에 일어난 계축옥사에 대한 내용이다. 선조 재위 말부터 광해군을 지지하는 대북파와 영창 대군을 지지하는 소북파와의 갈등이 끊이지 않았다. 때마침 은상을 살해하고 은을 약탈한 7서의 사건이 발생하자, 대북파는 이들이 자금을 모아 영창 대군을 옹립하려 했다는 죄를 물어 역모 사건을 일으켰다. 이로 인해 폐모살제 사건이 발생하였다.
② 광해군 집권기에 김굉필, 정여창, 조광조, 이언적, 이황 등 사림 5현의 문묘 종사가 이루어졌다.

오답 분석

① 노산군을 단종으로 복위시키고 사육신을 복권시킨 왕은 숙종이다. 만과는 광해군, 인조 재위기를 거치면서 수천 이상의 급제자를 뽑던 무과가 숙종 시기에 이르러 1만 8천여 명을 넘게 선발하면서 붙여진 이름이다.
③ 이괄의 난은 1624년 인조 재위기에 일어났으며, 서울을 점령하였다가 장만이 이끄는 관군에 진압되었다.
④ 이인좌의 난에 대한 설명이다. 1728년(영조 4) 소론과 남인의 일부 강경파는 영조의 정통성을 부정하고, 경종의 죽음이 영조와 노론의 합작에 의한 독살로 이루어졌다고 주장하면서 난을 일으켰다.

정답 ②

25 172

사료는 병자호란 당시 삼전도의 굴욕적 항복에 대한 설명이다.
④ 명은 1644년 멸망하였으며, 광해군을 위해 보복한다는 명분으로 일어난 정묘호란은 1627년 발발하였다.

오답 분석

① 1637년 1월 22일 강화도가 함락되어 빈궁과 대군 이하 200명이 포로로 송환되었으며, 인조는 1월 30일 삼전도에서 청 태종에게 항복하는 의식을 거행하였다.
② 최명길은 정묘호란과 병자호란에서 홍익한 등의 척화론에 대해 명분보다 현실적 정세를 감안하여 주화론을 펴고 청진을 오가며 강화의 조건을 타결하였다.
③ 정묘호란에서 맺은 형제 관계를 군신 관계로 전환하여 과중한 세폐를 요구하자 조선은 이를 거부하였고 이를 계기로 병자호란이 발발하였다.

정답 ④

26 173

자료는 효종 시기에 일어난 북벌론과 나선 정벌에 관한 내용이다. 효종은 이완·유혁연 등을 중용해 실질적 북벌을 위한 군비 확충을 본격화했다. 우선 북벌의 중심 군영으로 어영청을 강화하였으며, 금군의 기병 전환을 모색하였고 영장제를 통해 속오군을 강화하였다. 1654년 2월에 청나라에서는 러시아 정벌을 위하여 조선에 사신을 보내 조선의 조총군 출병을 요구하였고, 변급을 대장으로 한 조선군은 전승을 거두고 돌아왔다. 이후 1658년 3월 청은 다시 사신을 보내 조선 조총군 파견을 요청하였고, 신유를 대장으로 삼아 정벌에 나선 조선군은 청과 연합하여 러시아 군사들을 무찔렀다. 이는 북벌에 대한 실험적 요소를 내포하고 있으나, 표면적으로는 청의 요구를 수용한 것이었다.
④ 창덕궁은 태종 시기에 완공되어 1592년(선조 25) 임진왜란 때 소실되었는데, 1607년(선조 40)에 그 복구가 시작되어 1610년(광해군 2)에 재건되었다. 그러나 1623년 3월에 인정전을 제외한 대부분의 전각이 다시 소실되어 1647년(인조 25)에야 그 복구가 완료되었다.

오답 분석

① 양척동일법은 수등이척제의 문제점을 해결하기 위해 1653년(효종 4)에 시행되었다.
② 효종은 김육 등의 건의를 받아들여 대동법의 실시 지역을 확대해 충청도, 전라도 산군(山郡) 지역과 전라도 연해안 각 고을에서 대동법을 실시했다.
③ 효종은 실질적 북벌의 실현을 위해 이완·유혁연 등을 중용해 북벌을 위한 군비 확충을 본격화했다. 우선 북벌의 중심 군영으로 어영청을 강화하였으며, 금군의 기병 전환을 모색하였고 영장제를 통해 속오군을 강화하였다. 그러나 재정의 부족과 집권 서인의 소극적 입장, 효종의 죽음으로 북벌은 실현되지 못하였다.

정답 ④

27 174

자료는 현종 시기의 예송 논쟁 중 기해 예송(1659) 당시 서인의 주장이다. 당시 서인은 효종이 대비에게는 둘째 아들이므로 왕위에 올랐다는 사실을 고려해서 1년간 상복을 입어야 한다고 주장하였다. 이에 반해 남인은 왕위를 계승한 것은 장자의 권위를 계승한 것이고 『주례』·『의례』·『예기』 등의 고례에 입각해 왕에게는 종법을 사대부와 똑같이 적용할 수 없다는 입장을 고수하였다. 이러한 서인과 남인의 대립 결과 기해 예송이 일어나게 되었고, 다수파인 서인이 승리하였다.
① 서인은 경신환국(1680) 이후 남인에 대한 집요한 탄압으로 빚어진 1682년의 역모 조작 사건을 둘러싸고 이 사건을 주동한 김익훈을 송시열이 두둔함으로써 서인 내부의 분열이 이루어져 송시열의 노론과 이를 반대한 윤증의 소론으로 갈라서게 되었다.

오답 분석

②, ④ 남인에 대한 설명이다. 기사환국(1689, 숙종 15)은 숙종이 후궁 장희빈이 낳은 아들을 원자로 정호하려는 문제를 반대한 서인을 정권에서 쫓아내고 남인을 집권시킨 사건이다. 이 사건으로 송시열이 사사되고 서인들이 대거 퇴출되었다.
③ 북인은 임진왜란 당시 의병을 일으키고 향촌 사회의 기반을 유지하여 전란이 끝난 뒤 정국을 주도할 수 있었다.

정답 ①

28 175

다음 주장을 내세웠던 붕당의 대표 인물들을 〈보기〉에서 모두 고른 것은?

> 효종은 임금이셨으니 새 어머니인 인조 임금의 계비는 돌아가신 효종에 대해 3년 상복을 입어야 합니다. 임금의 예는 보통 사람과 다릅니다.

보기
ㄱ. 윤선도
ㄴ. 허목
ㄷ. 송시열
ㄹ. 송준길

① ㄱ, ㄴ
② ㄱ, ㄹ
③ ㄴ, ㄷ
④ ㄴ, ㄹ

29 176

다음 글에 나타난 인식과 맥락을 같이하는 역사적 사실은?

> 화의가 나라를 망친 것은 어제 오늘의 일이 아닙니다. 옛날부터 그러하였으나 오늘날처럼 심한 적은 없습니다. 명나라는 우리나라에 있어서 부모의 나라입니다. 형제의 의를 맺고 부모의 은혜를 저버릴 수 있겠습니까. 더구나 임진년의 일은 조그마한 것까지도 모두 황제의 힘입니다. 우리나라가 살아서 숨 쉬는 한 은혜를 잊기는 어렵습니다.

① 송시열, 이완 등이 북벌 운동을 주도하였다.
② 안정복은 단군 조선 – 기자 조선 – 마한 – 통일 신라의 정통론을 제기하였다.
③ 자연을 사실대로 그리려는 진경산수 화풍이 출현하였다.
④ 청나라의 문물을 적극적으로 수용하자는 북학파가 등장하였다.

30 177

다음의 건의로 전개된 정책 추진 시기의 국왕의 업적으로 옳은 것은?

> "우리나라의 정예로운 병력과 강한 활 솜씨는 천하에 소문이 난데다가 화포와 조총을 곁들이면 넉넉히 진격할 수 있습니다. 병사 1만 대(隊)로 북경을 향해 나아가는 한편, 바닷길을 터서 정성공(鄭成功 : 청나라에 저항하여 명나라 부흥 운동을 전개한 인물) 세력과 힘을 합쳐야 합니다. 그리고는 연주, 계주, 요하 이북의 모든 지역과 여러 섬과 청, 제, 회, 절 등에 격서를 전하고 서촉까지 알려서 함께 미워하고 같이 떨쳐 일어나게 한다면 천하의 충의로운 기운을 격동시킬 수 있을 것입니다." ─ 「윤휴의 상소」

① 창덕궁 후원에 대보단을 설치하여 명 신종에 대한 제사를 모셨다.
② 수성윤음을 내려 삼군문 도성 방위 체제를 수립하였다.
③ 태조 · 태종 · 세종 · 문종 4조의 『국조보감』을 처음으로 간행하였다.
④ 후금이 침입해 의주를 함락시키고, 평산까지 쳐들어오자, 형제의 맹약을 맺게 되었다.

31 178

다음 자료에서 언급된 사건을 일으킨 '그'에 해당하는 국왕이 추진한 정책이나 상황이 아닌 것은?

> 환국은 급속히 진행되었다. 첫 조처는 병권의 교체였다. 그는 국구인 김만기를 훈련대장에, 신여철을 총융사에, 김익훈을 수어사에 임명해 병권을 서인에게 넘겼다. 주요 관직도 대거 교체했다. 김수항을 영의정에, 정지화를 좌의정에, 남구만을 도승지에 임명하고 삼사도 대부분 교체했다. 경신환국을 파괴적 결과로 이끈 사건은 그 이틀 뒤에 발생했다. 그것은 이른바 '삼복의 변'이다. 사건은 즉각 처리되었다. 두 주모자인 복선군과 허견은 사형에 처해졌다. 복창군도 사사되었고 복평군은 유배되었다. 가장 중요한 사실은 남인의 핵심적인 두 인물인 허적과 윤휴가 사사되었다는 것이다.

① 훈련별대와 정초청을 통합해 금위영을 신설함으로써 오군영 체제를 확립하였다.
② 갑인예송이 일어났으며, 예송의 결과 남인이 주장한 1년설이 채택되었다.
③ 역사에 대한 재평가로 단종과 사육신 및 소현세자빈에 대한 신원이 이루어졌다.
④ 두 번에 걸쳐 통신사를 파견하고 왜관 무역에서 사용하는 왜은의 조례를 확정했다.

28 175

자료는 기해예송(1659) 당시 남인의 주장이다.

ㄱ, ㄴ. 윤선도와 허목은 남인의 대표적인 인물로 왕에게는 종법을 사대부와 같이 적용할 수 없다는 왕자례부동사서를 주장하였다.

오답 분석

ㄷ, ㄹ. 송시열과 송준길은 서인으로 사대부와 왕의 예를 동일하게 적용하는 천하동례를 주장하며 1년복을 입어야 한다고 설파하였다.

정답 ①

29 176

제시문은 척화론을 주장한 윤집의 상소문이다.

① 효종 시기에 청에 반대하는 입장을 강하게 내세웠던 송시열, 송준길, 권시 등의 서인은 소중화사상을 바탕으로 북벌론을 주장하며 남인의 진출을 견제하였다. 또한 효종은 청과 연결된 김자점 등의 친청파 대신들을 몰아내고 정치 기강을 일신하였으며 수어청의 군사를 정비하는 한편, 어영청을 크게 증강함으로써 군사력을 강화하였다.

오답 분석

②, ③ 존화주의적 관점이 아닌 자주적 특성을 가진 것이라 볼 수 있다.

④ 중화사상을 극복하고 실리를 추구하려는 중상학파 실학의 성격이 반영된 것이다.

정답 ①

30 177

자료는 1674년 7월에 윤휴가 현종에게 2차 북벌을 주장하며 올린 상소문이다. 이후 현종이 죽고 한 달 뒤인 8월에 숙종이 즉위하였다. 숙종 즉위 후 윤휴를 비롯한 남인들은 다수파로서의 지위를 견고히 하고자 도체찰사부를 설치하고 군권을 귀일시켜 북벌을 강력히 추진하려 하였다.

① 숙종 시기에 민진후의 건의로 임진왜란 시기 원병을 보내 준 명 신종의 은혜를 기리기 위해서 창덕궁 후원에 대보단을 세웠다. 대보단은 영조 시기부터 명 태조와 의종을 함께 제사하였다.

오답 분석

② 영조는 도성 방위를 강화하기 위해 1751년 9월에 수성윤음을 내려 방어 지침을 완성하였다. 이에 따라 한성부 5부 백성들은 유사시 삼군문에 소속되어 분담된 위치에서 도성을 방어하는 역할을 부여받았으며, 일정 기간 훈련을 통해 이를 숙달시켜야 했다.

③ 『국조보감』을 최초로 구상한 임금은 세종이었으나 이를 편찬하지는 못하였다. 세조는 이를 계승해 1457년(세조 3)에 수찬청을 두고 신숙주와 권람 등에게 명해 태조 · 태종 · 세종 · 문종 4조의 보감을 처음으로 완성하였다.

④ 인조반정으로 서인이 정권을 잡은 뒤 광해군의 중립 외교에서 친명 배금 정책으로 전환하자 1627년 정묘호란이 일어났다. 이에 인조는 최명길의 강화 주장을 받아들여 형제 관계를 약속하는 정묘약조를 체결하였다.

정답 ①

31 178

제시문은 숙종 시기의 경신환국(1680)에 해당하는 내용이다. 숙종은 경신환국 이후 금위영(1682)을 신설하였으며 단종과 사육신, 김종서, 소현세자빈 등을 복권시켰다. 또한 일본에서 유입되는 은의 양이 많아지자 조례를 확정하여 무역의 균형을 갖추려 하였다.

② 갑인예송(1674)은 현종 시기에 일어났다.

정답 ②

32 179

경신환국에서 갑술환국까지의 일련의 사건에서 벌어진 붕당의 동향으로 옳은 것은?

① 국왕에 의해 온건파가 탕평파로 육성되었다.
② 예송 논쟁이 격렬하게 전개되어 보복과 사사가 빈번히 일어났다.
③ 임오화변 이후 관료들이 시파와 벽파로 갈라졌다.
④ 서인이 남인 역모 사건에 대한 견해 차이로 노론과 소론으로 분화되었다.

33 180

정치 세력 간의 주요 쟁점을 정리한 것이다. 이를 바탕으로 당시 상황을 추론한 내용 중 사실과 다른 것은?

시기	주요 쟁점
(가) 선조	이조 전랑의 임명 문제
(나) 인조~효종	병권 장악
(다) 현종	복제(服制)
(라) 숙종	세자 책봉

① (가) - 기성 사림과 신진 사림으로 나뉘어 대립하였다.
② (나) - 국왕이 금위영을 설치하여 왕권을 강화하려 하였다.
③ (다) - 왕위 계승에 대한 정통성과 관련하여 예송이 발생하였다.
④ (라) - 견제와 균형을 바탕으로 하는 붕당 정치의 원칙이 지켜지지 않았다.

34 181

다음은 이조 전랑에 대한 사료이다. 이를 읽고 조선 후기 정치 상황에서 이들과 관련된 내용을 올바르게 분석한 것을 〈보기〉에서 고르면?

> 무릇 내외의 관원을 선발하는 것은 3공에게 있지 않고 오로지 이조에 속하였다. 또한 이조의 권한이 무거워질 것을 염려하여 3사 관원의 선발은 판서에게 돌리지 않고 낭관에게 오로지 맡겼다. 따라서 이조의 정랑과 좌랑이 또한 3사의 언론권을 주관하게 되었다. 3공과 6경의 벼슬이 비록 높고 크나, 조금이라도 마음에 차지 않는 일이 있으면 전랑이 3사의 신하들로 하여금 논박하게 하였다. …… 이 때문에 전랑의 권한이 3공과 견줄 만하였다. 이것이 바로 크고 작은 벼슬이 서로 엮이고 위와 아래가 서로 견제하여 300년 동안 큰 권세를 농간하는 신하가 없었고, 신하의 세력이 커져서 임금이 제어하기 어려웠던 근심이 없었던 까닭이다.
> – 「택리지」

보기
ㄱ. 붕당 정치가 전개됨에 따라 인사권의 장악을 놓고 이들의 정치적 비중이 증대되었다.
ㄴ. 인조반정이 일어난 후 전랑권은 축소되고 비변사에서 인사권이 행사되었다.
ㄷ. 영조는 탕평책을 강화하기 위해 이들의 권한을 축소시켰다.
ㄹ. 환국으로 붕당 정치의 특성이 변질되자 이들의 정치적 권한은 강화되었다.

① ㄱ, ㄴ
② ㄱ, ㄷ
③ ㄴ, ㄷ
④ ㄴ, ㄹ

32 179

숙종 시기 빈번한 환국이 발생하자 특정 붕당이 권력을 독점하는 일당 전제화 경향이 대두되었으며, 붕당 정치는 공존적 균형이 파괴되고 변질되어 갔다.

④ 경신환국 이후 1682년에 남인의 역모 조작 사건을 둘러싸고 이 사건을 주동한 김익훈을 송시열이 두둔함으로써 서인 내부의 분열이 이루어져 송시열의 노론과 이를 반대한 윤증의 소론으로 갈라서게 되었다.

오답 분석

① 영조는 완론 탕평을 실시하여 온건파(탕평파)를 등용하고 붕당 간의 대립을 완화하고자 하였다.

② 예송 논쟁은 현종 시기에 일어났으며, 숙종 즉위 이후 경신환국 (1680)으로 붕당의 공존적 기반은 붕괴되었다. 이 시기에는 격렬한 붕당 간의 대립을 바탕으로 보복과 사사가 빈번히 행해졌다.

③ 임오화변은 1762년(영조 38) 5월 사도 세자가 부왕인 영조에 의해 뒤주 속에 갇혀 질식사한 사건으로 임오년에 일어났기 때문에 임오옥(壬午獄)이라고도 한다. 시파는 임오화변 시기 사도 세자의 죽음이 지나치다는 인식을 가졌으며, 벽파는 사도 세자의 죽음은 당연하고 영조의 처분은 정당하다고 하는 입장을 취했다.

정답 ④

33 180

② 금위영은 숙종에 의해 1682년에 창설되었으며 향군을 위주로 하는 군역병으로 편제되었다. 정초군과 훈련별대를 합쳐 1영·5부·20사·105초(哨)로 편제하고, 다시 이들을 10번으로 나누어 교대로 번상하게 하되, 그 운용을 위해 보(保)를 설정해서 '금위영'이라 하였다.

정답 ②

34 181

ㄱ. 붕당 정치가 발달하면서 각 붕당은 공존 속에서도 다수 세력으로서의 지위와 상대 세력에 대한 견제를 위하여 공론과 인사권을 장악하려고 하였다. 때문에 3사의 언관과 이조 전랑의 정치적 비중은 더더욱 증대되었다.

ㄷ. 영조는 1741년에 이조 전랑의 후임자 천거 제도를 폐지함과 동시에 이조 전랑의 3사 관원 선발권(전랑 통청권)을 폐지하였다. 그러나 전랑권은 이후에도 부활되었으며 결국 전랑 자대법(천대법)과 통청권은 정조 대에 최종 폐지되기에 이르렀다.

오답 분석

ㄴ. 비변사는 을묘왜변(1555) 이후 상설 기구화 되었으며, 임진왜란 이후에는 그 기능이 강화되었다. 그러나 인조 시기 인사 추천권은 전랑의 기능으로 유지되었다.

ㄹ. 숙종 이후 붕당 정치가 변질되는 과정에서 3사와 이조 전랑의 정치적 비중은 감소하였다. 반면 비변사의 기능이 강화되면서 이를 주도하던 고위 관원의 정치적 영향력이 확대되었다. 이후 세도 정치기에는 소수의 세도가들이 비변사의 고위직을 독점한 가운데 인사권과 군사권이 비변사에 의해 장악되었다.

정답 ②

35 182

다음 사료의 시기 이후 일어난 정치적 사건이나 특징이 아닌 것은?

> 신축 · 임인년(1721 · 1722) 이래로 조정에서 노론, 소론, 남인의 삼색(三色)이 날이 갈수록 더욱 사이가 나빠져 서로 역적이란 이름으로 모함하니, 이 영향이 시골에까지 미치게 되어 하나의 싸움터를 만들었다. 그리하여 서로 혼인을 하지 않을 뿐만 아니라 다른 당색(黨色)끼리는 서로 용납하지 않는 지경에 이르렀다.

① 쌍거호대의 인사 기용
② 갑술환국
③ 신유대훈
④ 이인좌의 난

36 183

밑줄 친 '그'가 펼친 정책으로 옳지 않은 것은?

> 군영을 정비하여 훈련도감, 금위영, 어영청의 3군문 도성 방위 체제를 구성하였다. 그는 수도의 방비를 강화하기 위해 「수성절목」을 만들었으나, 구체적 방안이 마련되지 않자 수성윤음을 내려 방어 지침을 완성하였다. 이에 따라 한성부 5부 백성들은 유사시 삼군문에 소속되어 분담된 위치에서 도성을 방어하는 역할을 부여받았으며, 일정 기간 훈련을 통해 이를 숙달시켜야 했다.

① 균역법 시행
② 악형 폐지와 삼복법 시행
③ 신문고 부활
④ 「농가집성」 간행

37 184

다음의 역모가 발생한 시기 재위한 국왕의 정책으로 옳은 것은?

> 5월. 춘당대에서 역적을 토벌한 것을 기념하는 정시(庭試)를 베풀었는데, 상이 친히 임하여 선비를 시험 보였다. 시권(試券) 하나에 어지러운 말을 적어 올린 것이 있었고, 또 이름이 적히지 않은 상변서(上變書)가 있었는데 말이 매우 불측하여 시권의 뜻과 같았다. 마침내 심정연을 찾아내 체포하여 국문하니, 심정연은 바로 무신년 역적 심성연의 동생이었다. 흥서는 그가 짓고 윤혜가 썼으며 김도성과 신치운이 모의에 참여하였다고 공초하였는데, 윤혜는 바로 윤지의 친족 동생이고, 김도성은 곧 김일경의 종손이고, 신치운은 곧 김일경과 박필몽이 길러낸 자였다. 차례대로 체포하여 국문하였는데, 윤혜의 문서 가운데 너무도 흉하고 어그러진 일이 적혀 있었고, 신치운은 감히 부도한 말을 멋대로 하였다.
> — 「국조보감」

① 병법서인 「병학통」, 「여지도서」를 보완한 「해동여지통재」 등을 국가 사업으로 간행하였다.
② 효명 세자가 대리 청정을 시도하여 세도가들을 견제하고 친왕적 권력 집단을 결집하려 했지만 갑자기 사망하면서 실패하였다.
③ 임금은 신민의 부모와 같다는 군부일체론을 내세워 임금에 대한 효를 강조하고 왕권에 순종하는 인물을 주로 등용하는 완론 탕평을 추진하였다.
④ 남방의 화성과 북방의 개성, 서방의 강화도, 동방의 남한산성을 함께 묶어 서울을 비호하는 네 개의 위성 도시 체제를 구축하였다.

문제 풀이 🔧

35 182

붕당 정치의 폐해에 대해 기록한 『택리지』의 내용이다. 1721년(경종 1)에 일어난 신축옥사와 1722년의 임인옥사 이후 붕당의 대립은 충역 시비를 중심으로 격화되었다. 이러한 상황을 타개하기 위하여 영조는 완론 탕평을 내세우고 쌍거호대에 입각한 인사 기용을 통해 노·소론 간의 연합 정권을 구성하였다. 또한 1740년 경신처분을 단행하여 노론 4대신의 신원과 자신의 혐의를 벗었고, 신유대훈을 반포하여 목호룡의 고변에 의한 인임옥사는 무고이며 세제 건저는 역모가 아니라 대비와 경종의 하교에 의한 적법한 절차였음을 밝혔다. 한편, 1728년(영조 4) 이인좌 등 소론과 남인의 일부 강경파는 영조의 정통성을 부정하고, 경종의 죽음이 영조와 노론의 합작에 의한 독살로 이루어졌다고 주장하면서 난을 일으켰다.

② 갑술환국은 1694년(숙종 20)에 서인들의 인현 왕후 복위 운동을 탄압하려다 남인이 몰락하고 노론과 소론이 정권을 장악한 사건이다.

정답 ②

36 183

자료의 밑줄 친 '그'는 영조이다. 영조는 군영을 정비하여 훈련도감, 금위영, 어영청의 3군문 도성 방위 체제를 구성하였다. 수도의 방비를 강화하기 위해 1746년 『수성절목』을 만들었으나, 구체적인 방안이 마련되지 않자 1751년 9월에 수성윤음을 내려 방어 지침을 완성하였다.

④ 『농가집성』은 효종 시기에 『농사직설』, 『금양잡록』, 『사시찬요초』, 『구황촬요』 등을 묶어 신속이 편찬하였다.

오답 분석

① 영조는 1750년 민생 안정책의 일환으로 군역의 부담을 줄여주기 위하여 균역법을 시행하였는데, 이 법은 감포론을 기준으로 하여 군역 부담을 1인 1필로 감해준 것이었다.

② 영조는 1725년에 압슬형을 폐지한 이래 낙형과 경자형 등을 폐지하는 등 가혹한 악형을 폐지하고 형벌을 남용하는 남형을 금지시켰다. 또한, 사형을 받지 않고 죽은 자에게는 추형을 금지하고, 사형수에 대한 삼심제를 엄격하게 시행하였다.

③ 영조는 연산군 시기 폐지되었던 신문고를 부활시켜 경희궁의 건명문에 다시 설치하는 등 민본 정책에 힘썼다.

정답 ④

37 184

사료의 내용은 영조 재위기에 일어난 토역경과정시 답안지 변서 사건이다. 이 사건은 나주 괘서 사건 이후 그 후속으로 발생하였다.

③ 영조는 임금은 신민의 부모와 같다는 군부일체론을 내세워 임금에 대한 효를 강조하고 왕권에 순종하는 인물을 주로 등용하는 완론 탕평을 추진하였다.

오답 분석

①, ④ 정조 때의 일이다.

② 순조 때의 일이다.

정답 ③

38 185

다음의 밑줄 친 (가)와 관련된 사실로 옳은 것은?

> "근래 나의 신기(神氣)가 더욱 피로하여 한 가지의 공사를 펼치는 것도 역시 수응하기가 어렵다. 이와 같고서야 만기(萬幾)를 처리할 수 있겠느냐? 국사를 생각하니 밤에 잠을 이룰 수 없은 지가 오래되었다. 어린 (가)가 노론이나 소론을 알겠으며 남인이나 소북(小北)을 알겠는가? 국사를 알겠으며, 조정 일을 알겠는가? 병조판서를 누가 할 만한가를 알겠으며 이조판서를 누가 할 만한가를 알겠는가? 이와 같은 형편이니 종사(宗社)를 어디에 두겠는가? 옛날 나의 황형(皇兄)께서는 '세제(世弟)'가 가한가? 좌우의 신하가 가한가?'라는 하교를 내리셨는데, 오늘의 시기는 더욱 황형의 시기보다 더할 뿐만이 아니다. … (중략) … 하교하려 하나 어린 (가)의 마음을 상하게 할까 두렵다. 청정(聽政)에 있어서는 우리 왕조의 고사(故事)가 있는데, 경 등의 의향은 어떠한가?"
>
> 하니, 적신(賊臣) 홍인한이 앞장서서 대답하기를,
>
> "(가)께서는 노론과 소론을 알 필요가 없으며, 이조판서와 병조판서를 알 필요가 없습니다. 조정의 일에 이르러서는 더욱이 알 필요가 없습니다."
>
> 하였다. 임금이 한참 동안 흐느껴 울다가 기둥을 두드리며, 이르기를,
>
> "경 등은 우선 물러가 있거라."하니, 대신 이하가 문 밖으로 나갔다.
> — 「○○실록」

① 사도 세자의 신원을 요구한 영남 만인소가 올려졌으며, 문체 반정이 일어났다.
② 재위 초에 장용영을 혁파하였으며, 세자에게 대리 청정을 추진하게 하였다.
③ 칠서의 옥에 연루되어 강화도로 유배되었다가 살해당하였다.
④ (가) 재위 시기에 동학이 창도되었으며, 진주 민란이 일어났다.

39 186

밑줄 친 '왕'이 실시한 정책으로 잘못된 것은?

> 왕은 행차 때면 길에 나온 백성들을 불러 직접 의견을 들었다. 또한 척신 세력을 제거하여 정치의 기강을 바로잡았고, 당색을 가리지 않고 어진 이들을 모아 학문을 장려하였다. 침전에는 '탕탕평평실(蕩蕩平平室)'이라는 편액을 달았으며, "하나의 달빛이 땅 위의 모든 강물에 비치니 강물은 세상 사람들이요, 달은 태극이며 그 태극은 바로 나다."라고 하였다.

① 노비종모법을 실시하였으며, 금주윤음을 발표하였다.
② 장용영을 내영과 외영으로 정비하고 국왕의 군사권을 강화하였다.
③ 창덕궁 후원에 주합루를 건축하여 규장각을 세웠다.
④ 화성을 건설하고 둔전 경작을 위해 만석거, 만년제 등의 수리 시설을 축조하였다.

40 187

다음과 같은 문물 정비가 이루어진 시기 국왕의 정책을 바르게 서술한 것은?

> • 서얼과 노비에 대한 차별을 완화하였으며, 재정 수입을 늘리고 상공업을 진흥시키기 위하여 자유로운 상업 행위를 허락하는 통공 정책(通共政策)을 시행하였다.
> • 전통 문화를 계승하면서 중국과 서양의 과학 기술을 받아들였다. 중국의 『고금도서집성』을 수입하여 학문 정치의 기초를 다졌고 왕조의 통치 규범을 전반적으로 재정리하기 위하여 『대전통편』을 편찬하였다. 그 밖에 외교문서를 정리한 『동문휘고』, 국가 각 기관의 기능을 정리한 『탁지지』, 『추관지』 등과 병법서인 『무예도보통지』 등을 편찬하였다.

① 서원을 정리하고 산림의 존재를 인정하지 않았다.
② 대리 청정 문제로 노론과 소론의 대립이 격화되었다.
③ 집권 초기 홍국영을 등용하여 반대 세력을 제거하였으며, 후기에는 군주도통론을 제창하였다.
④ 편당적인 인사 관리로 환국이 나타나기 시작하였다.

문제 풀이

38 185

밑줄 친 (가)는 정조에 해당한다. 정조는 선왕 영조를 계승하는 탕평 정책을 추진하였다. 그러나 그의 탕평은 영조의 완론 탕평과는 거리가 있는 것이었다. 정조는 척신 세력에 비판을 가해온 노론 청류를 조정의 중심부로 끌어들였으며, 그동안 정치에서 소외되었던 남인 세력을 등용하여 정치에 참여시켰다. 정조의 탕평은 각 붕당의 주장이 옳은지 그른지를 명백하게 가려 수용하는 적극적인 준론 탕평이었다.

① 1792년(정조 16) 영남 지역의 유생 이우를 소두(疏頭)로 영남 유생 1만 57인(2차 상소 때는 1만 368인)이 사도 세자의 신원을 위해 연명 상소한 영남 만인소가 올려졌다. 또한 정조는 문풍이 비속해지고 있다는 이유를 들어 당시 자유로운 문장으로 쓰인 많은 글들을 패관 소품(稗官小品)의 문체로 규정, 탄압을 가한 문체 반정을 일으켰다.

오답 분석

② 순조의 재위 초에 정순 왕후가 수렴 청정에 나서 장용영을 혁파하였다. 순조는 재위 후반기인 1827년 효명 세자에게 대리 청정을 시켜 안동 김씨의 세도를 견제하려 했으나, 1830년 효명 세자가 일찍 죽음으로써 실패했다.

③ 광해군 시기 칠서의 옥에 연루되어 강화도로 유배되었다가 살해당하였던 인물은 영창 대군이다.

④ 최제우에 의해 동학이 창도된 시기는 1860년이며, 진주 민란이 일어나고 삼정이정청이 설치된 것은 1862년에 해당한다. 이 시기는 모두 철종 재위기에 해당한다.

정답 ①

39 186

밑줄 친 '왕'은 정조이다.

① 영조는 1731년에 노비종모법을 확정하고, 1755년에 노비공감법을 실시해 종래 16~61세 사이의 노가 내던 포 2필을 1필로, 비가 내던 1.5필을 0.5필로 줄였다. 1775년에는 비가 내던 공물을 완전히 없애 노비의 부담을 줄여 주었다. 또 1758년에 큰 흉작이 발생하자 홍화문에 나가 직접 백성들에게 금주윤음을 발표하였다.

오답 분석

②, ③, ④ 정조는 병권을 장악하여 왕권의 군사적 기반을 확보하려는 목적에서 국왕의 친위 부대로서 1793년에 장용영을 설치하고, 외영과 내영으로 구성하였다. 또한 왕립 학술 기구로서 규장각을 세우고 국왕의 권력과 정책을 뒷받침하는 기구로 육성하였고, 1794년~1796년에 사도 세자의 묘를 수원으로 이장하며 화성을 신도시로 건설하여, 정치·군사적 기능을 부여하고 상공인을 유치하였다. 정조는 화성 행차 시 백성의 의견을 청취하여 정치에 적극 반영하기도 하였으며, 화성을 포함한 수원 일대를 자급자족 도시로 육성하고자 하였고, 이를 위해 국영 농장인 대유둔전을 설치하여 경작을 위한 물의 확보를 위해 만석거, 만년제 등 몇 개의 저수지를 축조하였다.

정답 ①

40 187

자료는 정조 때 실시한 신해통공(1791)과 편찬 사업에 대한 내용이다. 정조는 신해통공으로 시전 상인의 금난전권을 폐지하여 사상들의 자유로운 상행위를 허용하였다. 이는 기존의 특권 세력이 장악하고 있는 도성 중심의 경제권을 약화시킴과 동시에 시장 공간의 확대(경강, 누원, 송파, 수원 등) 등을 도모한 정책이었다.

③ 정조는 즉위 이후 홍국영을 중심으로 홍인한, 정후겸 등의 부홍파를 제거하였고 공홍파 계열의 척신인 김구주를 제거함으로써 척신 정치를 청산하였다. 또 종래에 사용하던 '홍재'라는 호를 대신하여 1798년부터 '만천명월주인옹'이라는 호를 사용하였는데, 이것은 군주도통론에 입각한 자신감의 표현이었으며, 산림 도통론을 부정하고 자신을 '의리주인'으로 자처하려는 절대 군주적 입장의 표명이었다. 이러한 점에서 군주도통론은 황극의 논리에 바탕한 왕권 강화의 상징이었다.

오답 분석

① 영조는 1741년에 170여 개소의 서원·사우에 대한 훼철을 강행함으로써 서원의 남설에 강력한 제동을 걸었다. 또 재야의 공론의 주재자로서 산림의 존재를 부정하였으며, 정치권에서 이들의 역할을 배제하였다.

② 경종 재위기에는 대리 청정 문제로 노론과 소론의 대립이 격화되었다. 신축옥사와 임인옥사를 계기로 붕당 간의 대립은 충역 시비로 변질되었으며 상대 당을 인정하지 않는 상황에까지 이르렀다.

④ 숙종 시기에는 빈번한 환국의 발생으로 특정 붕당이 권력을 독점하는 일당 전제화 경향을 띠며 붕당 사이의 견제와 균형이 파괴·변질되어 갔다.

정답 ③

41 188

다음 (　　)의 정책이 추진되었을 당시의 국왕의 업적으로 옳은 것은?

> (　　)을 실시하자 서울의 시전 상인들이 반대하기 위하여 공(채제공)의 집 앞을 메웠고 원망이 분분하였다. 사람들이 모두 (　　)의 시행이 옳지 못하다 하였으나 1년쯤 지나고 나니 물화가 모여들어 백성들의 생활이 넉넉해졌고 백성들이 크게 기뻐했다. 전에 원망하던 사람들도 모두 공의 정책이 옳다 하였다. ──「여유당전서」, 시문집, 변용유사

① 한림 회천권을 혁파하고 탕평과를 시행하였다.
② 시파와 벽파를 등용하였으며, 초계문신제를 시행하였다.
③ 김육 등의 건의를 받아들여 대동법의 실시 지역을 확대하였다.
④ 경덕궁(경희궁)과 인경궁을 중건하였다.

42 189

다음의 건물을 세운 국왕의 정책으로 옳은 것은?

> 하교하기를 "우리 선대왕의 운장(雲章)·보묵(寶墨)은 모두 다 소자를 가르쳐 주신 책이니, 존신 경근(尊信敬謹)하는 바가 어찌 보통 간찰(簡札)에 비할 것이겠는가? 의당 한 전각(殿閣)을 세워서 송조(宋朝)의 건봉(虔奉)하는 제도를 따라야 하겠으나 열조(列祖)의 어제·어필에서 미처 존각에 받들지 못한 것을 송조에서 각 왕조마다 전각을 달리하는 것과 같게 할 필요가 없으니 한 전각에 함께 봉안(奉安)하게 되면 실로 경비를 덜고 번거로움을 없애는 방도가 될 것이다. 아! 너 유사(有司)는 그 창덕궁의 북원(北苑)에 터를 잡아 설계를 하라."하고, 인하여 집을 세우는 것이나 단청을 하는 것을 힘써 검약함을 따르라고 명하였는데 3월에 시작한 것이 이때에 와서 준공되었다.

① 검서관 제도를 두어 서얼 신분인 이덕무·유득공·박제가 등을 등용하였다.
② 공법상정소를 설치하여 수취 체제를 안정시키고 민생을 돌보려 하였다.
③ 나주 괘서 사건과 토역경과정시 답안지 변서 사건 이후 소론이 큰 타격을 입었다.
④ 진산 사건 이후, 천주교 박해가 대대적으로 추진되었다.

43 190

다음의 상황이 발생한 시기의 국왕 재위기에 행한 정책으로 옳은 것은?

> 민생은 도탄에 빠지고, 각종 비기(秘記)와 참설(讖說)이 유행하는 등 사회 혼란이 일어났다. 이를 틈타 평안도 용강(龍岡) 사람인 홍경래와 그 무리가 반란을 일으켜 평안도 일대를 점령한 뒤 관군과 대결했다. 그러나 이듬해 4월 정주성이 함락됨으로써 난은 평정되었다. 그러나 이해 한성에 도적과 거지 떼가 들끓었고, 이후부터 제주도의 토호 양제해와 용인의 이응길이 민란을 일으켰다.

① 장인 등록제가 폐지되었으며, 수리 시설의 축조와 정비를 위한 「제언절목」이 반포되었다.
② 압슬형, 경자형, 낙형 등의 형벌을 폐지하고 형벌의 남용을 금지하였다.
③ 재정과 군정에 관한 내용이 집약되어 있는 「만기요람」이 편찬되었다.
④ 기해박해가 일어나고 척사윤음이 반포되었다.

41 188

괄호 안에 들어갈 정책은 정조 시기 채제공의 주장에 의해 시행한 '신해통공(1791)'이다.

② 정조는 김치인(노론)·이성원(소론)·채제공(남인)을 3정승에 임명함으로써 시파와 벽파를 등용하여 탕평에 가장 이상적인 정치 체제를 구성하였다. 또한 정조는 신진 인물이나 중·하급 관리 가운데 능력 있는 자들을 재교육시키는 제도로 초계문신제를 실시하여 왕권을 강화하려 하였다. 정조 시기에 초계문신에 선발된 사람은 모두 138명이며, 이 중 절반 이상이 청요직에 올랐다.

오답 분석

① 영조는 예문관의 여러 한림들이 투표로 후임 사관을 뽑는 한림회천권을 혁파함으로써 참하의 요직인 사관이 당색에 의해 결정되는 것을 막았다. 또한 1772년에 탕평과를 처음 시행하고 같은 붕당끼리의 혼인을 금하는 동색금혼패를 집집의 대문에 걸게 함으로써 붕당 정치의 기반을 약화시켰다.

③ 효종은 김육 등의 건의를 받아들여 대동법의 실시 지역을 확대해 충청도, 전라도 산군(山郡) 지역과 전라도 연해안 각 고을에서 대동법을 실시했다.

④ 광해군은 창덕궁을 원년에 준공하고 1619년에 경덕궁(경희궁), 1621년에 인경궁을 중건하였으며, 무주 적상산성에 사고를 설치하여 5대 사고를 정비하였다.

정답 ②

42 189

자료는 정조가 창덕궁 북원에 건립한 규장각에 대한 내용이다. 정조는 규장각을 설치하여 국왕의 권력과 정책을 뒷받침하는 기구로 육성하였다.

① 정조는 규장각 내에 검서관 제도를 두어 서얼 신분인 이덕무·유득공·박제가 등을 등용하였다. 이들은 모두 북학파의 대표적인 인물인 박지원의 제자들로, 서얼이라는 신분적 한계로 인해 자신들의 기량을 제대로 발휘하지 못한 인물들이었다.

오답 분석

② 세종은 17~18만 명에 해당하는 농민의 여론을 수렴하고 공법상정소, 전제상정소를 설치하였으며, 공법(연분 9등법, 전분 6등법)을 시행하였다.

③ 영조 시기의 일이다.

④ 1791년 천주교도인 남인의 윤지충과 권상연이 신주를 불태우고 제사를 거부한 진산 사건이 발생하였다. 노론 벽파는 남인과 천주교를 결부시켜 채제공 독상 체제를 붕괴시키려는 의도를 가지고 있었다. 정조는 이 사건을 채제공에게 빠르게 처리하게 하는 한편, 이 일을 확산 없이 조기에 수습하려 하였다. 또한 문체반정을 일으켜 노론 벽파의 천주교 공격을 무마시키고 탄압을 완화하였다.

정답 ①

43 190

자료는 19세기 초 홍경래의 난 등 혼란했던 사회상을 보여주고 있다. 순조 재위기였던 1811년 평안도에서 홍경래와 그 무리가 반란을 일으켜 정주 일대를 점령하였고, 이 난을 계기로 각 지역에서 민란이 끊임없이 발생하였다.

③ 『만기요람』은 1808년 순조의 명을 받아 편찬된 책으로, 18세기 후반부터 19세기 초에 이르는 조선 왕조의 재정과 군정에 관한 내용이 집약되어 있다.

오답 분석

① 정조는 장인들의 명부인 공장안(장인 등록제)을 폐지하였으며, 1778년에는 『제언절목』을 반포하여 보, 방죽, 저수지 등 수리 시설의 축조 및 정비를 명하였다.

② 영조는 1725년에 압슬형을 중지한 이래 낙형과 경자형 등을 폐지하는 등 가혹한 악형을 없애고 형벌을 남용하는 남형을 금지시켰다.

④ 1839년 헌종 재위기에 기해박해를 통해 주교 앵베르, 신부 모방과 샤스탕을 비롯한 많은 신자가 처형되었으며, 척사윤음을 발표하여 천주교 배척을 공식화하였다.

정답 ③

44 191

자료와 같은 상황이 전개되던 시기에 대한 설명으로 옳은 것을 〈보기〉에서 고르면?

> 가을에 한 늙은 아전이 대궐에서 돌아와서 처와 자식에게 "요즘 이름 있는 관리들이 모여서 하루 종일 이야기를 하여도 나랏일에 대한 계획이나 백성을 위한 걱정은 전혀 하지 않는다. 오로지 각 고을에서 보내오는 뇌물의 많고 적음과 좋고 나쁨에만 관심을 가지고, 어느 고을의 수령이 보낸 물건은 극히 정묘하고 또 어느 수령이 보낸 물건은 매우 넉넉하다고 말한다. 이름 있는 관리들이 말하는 것이 이리하다면 지방에서 거둬들이는 것이 반드시 늘어날 것이다. 나라가 어찌 망하지 않겠는가."하고 한탄하면서 눈물을 흘려 마지않았다.
> – 「목민심서」

보기
ㄱ. 숭명 의식의 강화로 충청도에 만동묘가 세워졌다.
ㄴ. 왕실의 외척, 산림 또는 관료 가문 중심으로 연합 권력을 형성하여 이권을 독점하였다.
ㄷ. 경향이 단절되고 정2품 이상의 고위직만이 정치 권력을 발휘하였으며, 그 이하의 관리는 행정 실무만 담당하는 처지로 전락하였다.
ㄹ. 신유박해를 통해 규장각 학자들을 제거하고 장용영을 강화하여 군권을 장악하였다.

① ㄱ, ㄴ
② ㄱ, ㄷ
③ ㄴ, ㄷ
④ ㄴ, ㄹ

45 192

조선 건국 직후 대명 관계의 갈등에서 빚어진 외교적 현안에 해당하지 않는 것은?

① 고명(誥命)·금인(金印) 문제
② 종계변무(宗系辨誣) 문제
③ 요동 수복 운동의 전개
④ 모문룡의 가도 주둔

46 193

조선의 여진에 대한 정책 중 옳지 않은 것은?

① 국경 지대에 북평관을 설치하여 조공 무역을 허용하였다.
② 15세기에 신숙주, 윤필상 등이 압록강과 두만강 이북의 여진족을 토벌하였다.
③ 수출품으로 미곡, 농기구, 소금 등을, 수입품으로 말, 모피류 등을 거래하였다.
④ 국경 지대에 진과 보를 설치하여 방어 체제를 구축하였으며, 귀순시 토지와 주택을 제공하였다.

44 191

자료는 세도 정치가 완연했던 조선 후기에 대한 설명이다.
- ㄴ. 19세기에는 안동 김씨, 풍양 조씨, 반남 박씨 등 왕실의 외척이 득세하고 산림, 관료 등 특정 가문의 권력 독점이 이루어지며 사회 혼란이 가중되었다.
- ㄷ. 세도 정치에는 소수 집단이 권력을 장악하여 수도와 지방의 연계가 단절되고 정치 권력의 사회적 기반이 약화되었으며, 권력 행사를 제한할 수 있는 견제 장치가 마련되지 못하였다. 이는 붕당 정치의 파탄을 의미하는 것으로 역사 발전을 저해하고 조선의 붕괴를 촉진시키는 결과를 가져왔다.

> 오답 분석

- ㄱ. 임진왜란 시기 원병을 보내준 명 신종의 은혜를 기리기 위해서 1704년(숙종 30)에 송시열의 유명으로 충청도 화양동에 만동묘가 건립되었다. 이곳에서는 신종과 의종의 신위를 봉안하여 제사 지냈다.
- ㄹ. 순조 시기 정권을 장악한 노론 벽파 세력은 1801년 신유박해를 이용하여 정조 친위 세력이던 규장각 학자들을 제거하였고, 1802년에는 장용영을 혁파하고 훈련도감을 정상화함으로써 군권을 장악하였다.

정답 ③

45 192

④ 1622년(광해군 14)에 모문룡의 지휘 하에 있던 명의 군대는 후금의 공격에 쫓겨 평안도 철산 앞바다의 가도(또는 피도)에 주둔했으며, 명군과 난민 1만여 명이 이곳에 머물렀다. 모문룡의 주둔은 조선과 후금의 갈등을 불러왔다.

> 오답 분석

- ① 명 황제가 제후국인 조선의 왕의 즉위를 승인하는 고명(왕위를 승인하는 문서)과 금인을 보내지 않아 고명과 금인을 받을 때까지 이성계는 '권지고려국사'라는 칭호를 사용하였다.
- ② 조선은 명나라의 『태조실록』과 『대명회전』에 이성계가 고려의 권신 이인임의 후손이라고 기록되어 있음을 알게 되자 이를 정정하려고 초기부터 수차례 사신을 파견하여 수정을 요구하였다. 이 문제는 오랫동안 해결되지 못하다가 1589년(선조 22) 성절사 윤근수가 개정된 『대명회전』 전부를 받아 옴으로써 완전히 해결되었다.
- ③ 조선 초기에는 명나라의 고압적인 태도에 격분하여, 정도전과 남은을 중심으로 요동 정벌 계획이 추진되었다. 이들은 태조의 동의를 얻어 군량미를 비축하고 병력을 증강하는 한편, 『진도』를 바탕으로 훈련을 강화하면서 요동 정벌을 준비하였다. 1398년 5월 조선에 대해 강경책을 구사했던 명 태조가 죽고, 9월에 제1차 왕자의 난으로 정도전이 죽게 되자 명과의 관계가 호전되어 표전 문제(명에게 고명·금인을 요청한 표전문의 글귀가 불손하다고 명이 조선에게 트집을 잡은 사건)와 요동 정벌 계획이 모두 일단락되었다.

정답 ④

46 193

① 조선은 여진 사절의 왕래를 통한 조공 무역을 위해 동대문 근처에 북평관을 설치하였고, 국경 지방인 경성과 경원에 무역소를 설치하여 국경 무역을 허용하였다.

> 오답 분석

- ② 1460년에 세조는 신숙주로 하여금 경진북정으로 모련위의 여진을 공격하여 무산군을 장악하였고, 1467년(세조 13) 길주에서 이시애의 난 토벌군이 북상했을 때, 강순·어유소·남이 등에 명하여 정해서정으로 건주위 여진을 토벌하였다. 또한, 성종은 1479년 좌의정 윤필상을 도원수로 삼아 압록강을 건너 건주여진의 본거지를 정벌하였다.
- ③ 여진은 조선과의 무역에서 말·모피 등의 토산물을 바치고, 식량·의복 재료·농기구·종이·소금 등을 교환해갔다.
- ④ 세종은 4군과 6진을 개척해 압록강에서 두만강에 이르는 국경을 확보하고 여기에 삼남 사람들을 이주시켜 이 지역을 개발하였다. 또한 국경 지방에 진(鎭)과 보(堡)를 설치해 전략촌으로 바꾸어 방비를 강화하고, 주민의 자치적 지역 방어 체제를 확립함으로써 여진족의 침략에 효과적으로 대처하려 하였다. 조선은 여진족의 귀순을 장려하여 여진족에게 관직을 수여하고, 정착을 위한 토지와 주택 등을 제공하였다.

정답 ①

47 194

다음과 같은 정치적 상황이 전개되었을 당시의 사실에 해당하는 것은?

> 세자(世子)가 이천(伊川)에 머물렀다. 세자가 처음에는 강계(江界)로 향하려 하였는데, 유홍이 '강계는 오랑캐 지역과 가까운 변경인데다 또 내지(內地)를 제어하기 어렵다.'고 하자 여러 사람이 이에 따랐다. 세자가 도로 정주(定州)로 들어가 황해도의 협로를 경유하여 강원도로 들어갔는데 여러 번 적에게 핍박당하며 기구하고 험난한 길로 고생을 겪으면서 이천에 이르니 적이 주둔한 곳과는 조금 멀어졌으므로 드디어 한 달 동안 머물렀다. 여러 도의 관원과 의병에게 하서(下書)하여 근왕(勤王)에 힘쓰도록 하였는데, 조정의 소식이 처음으로 동남쪽에 선포되었다.
> — 「○○실록」

① 이괄에 의해 서울이 점령되자, 인조는 공주까지 남천 하였으나 도원수 장만이 이끄는 관군이 이를 격파하자 환도하였다.

② 겨울의 혹한 속에 남한산성을 거점으로 항거하였으나 강화도를 빼앗기자 40여 일 만에 항복하였다.

③ 이순신은 견내량 주변이 좁고 암초가 많아 판옥선의 활동이 자유롭지 못하자, 한산도 앞바다로 적을 유인하여 격퇴하였다.

④ 이인좌가 청주성을 점령한 뒤 북상하였으나 안성과 죽산 등지에서 패배하여 진압을 당하였다.

48 195

임진왜란과 정유재란 당시의 승전이 순서대로 바르게 정리된 것은?

> ㄱ. 한산 대첩
> ㄴ. 진주 대첩
> ㄷ. 행주 대첩
> ㄹ. 명량 대첩
> ㅁ. 노량 대첩

① ㄱ-ㄴ-ㄷ-ㄹ-ㅁ
② ㄴ-ㄷ-ㅁ-ㄱ-ㄹ
③ ㄱ-ㄹ-ㅁ-ㄴ-ㄷ
④ ㄴ-ㅁ-ㄱ-ㄷ-ㄹ

49 196

밑줄 친 세력과 관련한 내용으로 옳은 것은?

> 건주(建州)의 달자(㺚子)가 2만 명의 병력을 보내 왜적을 무찌르겠다고 청해 오자, 형군문(명나라 장수)이 허락하고자 했다. 그러자 양포정(명 사신)이 "만일 달자에게 왜적을 정벌하도록 허락해 준다면 우리나라(명) 병마의 다소와 조선 병력의 강약은 물론이요, 산천의 형세에 대해서도 모두 세밀히 알게 될 것이니 결코 따르기가 어렵습니다."라고 말하니, 형군문이 중지시켰다.
> — 「선조실록」

① 이들 중에서 귀화한 김충선은 임진왜란과 정묘호란 및 병자호란에 참전하여 공을 세웠다.

② 이삼평 등이 이들의 지역에 끌려가 도자기 문화를 크게 융성시켰다.

③ 광해군은 이들이 성장하자 명과 이들 사이에서 실리적 중립외교를 구사하였다.

④ 고려 창왕 때에는 박위, 조선 태조 때에는 김사형이 이들을 토벌하였다.

50 197

다음은 전쟁 중에 작성된 일기의 내용이다. 이 글의 지은이와 관련된 내용으로 옳은 것은?

> 초1일 신유(辛酉). 맑다. 옥문을 나왔다. 남문(숭례문) 밖 윤간의 종의 집에 이르러 조카 봉(菶)·분(芬), 아들 울(蔚-차남), 윤사행·원경과 같은 방에 앉아 오랫동안 이야기했다. 지사 윤자신이 와서 위로하고, 비변랑 이순지가 와서 만났다. 지사가 돌아갔다가 저녁을 먹은 뒤에 술을 가지고 다시 왔고, 윤기헌도 왔다. 이순신이 술을 가지고 와서 함께 취하며 위로해 주었다. 영의정(유성룡), 판부사 정탁, 판서 심희수, 이상(찬성) 김명원, 참판 이정형, 대사헌 노직, 동지 최원, 동지 곽영도 사람을 보내 문안했다.

① 청과 화친을 주장하였으며, 양명학에 조예가 깊었던 인물로 한때 청에 압송되기도 하였다.

② 행주 대첩에서 왜군을 격파하였으며, 도원수로 전란을 지휘하였다.

③ 의병장으로 이몽학의 난에 연루되어 고초를 겪다가 죽음을 당하였다.

④ 명량 해전에서 왜군을 격파하여 임진왜란 후반기 다시 제해권을 장악하였다.

47 194

사료는 임진왜란(1592) 당시 세자였던 광해군의 분조를 기록한 내용이다. 광해군은 임진왜란이 발발하자 피난지 평양에서 세자로 결정되었다. 그는 임진왜란 당시 분조를 이끌고 전쟁을 지휘했으며, 종전 후 10년 뒤인 1608년 선조가 죽자 왕위에 오르고 이듬해 왕으로 책봉되었다.

③ 1592년 7월 8일 이순신은 견내량 주변이 좁고 암초가 많아 판옥선의 활동이 자유롭지 못하자, 한산도 앞바다로 적을 유인하여 학익진으로 포위·공격하여 47척을 분파하고 12척을 잡는 대승을 거두었다.

오답 분석

① 인조 시기인 1624년에 일어난 이괄의 난에 대한 설명이다. 이괄의 난은 조선 시대에 일어난 반란 중 유일하게 수도를 일시적으로 장악하였다.
② 인조는 1636년 병자호란이 일어나자 남한산성으로 피난하여 청나라에 항쟁하였다. 그러나 10여만 명의 청군에 포위당한 채 성이 고립되자, 1637년 1월 삼전도에서 청 태종에게 항복하였다.
④ 이인좌를 비롯한 소론과 남인의 일부 강경파는 영조의 정통성을 부정하고 난을 일으켰으나 실패(1728, 영조 4)하였다.

정답 ③

48 195

① 임진왜란과 정유재란 당시의 승전은 ㄱ. 한산 대첩(1592. 7. 8.) → ㄴ. 진주 대첩(1592. 10.) → ㄷ. 행주 대첩(1593. 2. 12.) → ㄹ. 명량 대첩(1597. 9. 16.) → ㅁ. 노량 대첩(1598. 11.) 순이다.

정답 ①

49 196

밑줄 친 '건주의 달자'는 여진족을 의미한다. 임진왜란을 계기로 명과 조선이 쇠약해지자, 건주위 여진의 추장 누르하치가 서서히 여진족을 규합하기 시작해 16세기 말에 이르러 여러 부족을 통합하였다. 이후 누르하치는 날로 강성해져 '대금'이라는 국호로 후금을 건국하고 명에 대항하였다.

③ 광해군은 명의 쇠퇴와 후금의 발흥이라는 동아시아의 정세 변화를 주시하면서 신중한 중립적 외교 정책을 펴나갔다. 광해군은 1619년 명의 요청에 의해 파견한 조선군(강홍립 지휘)이 부차(심하) 전투에서 패배하자 명의 추가 파병 요구를 받아들이지 않았으며, 명과 후금 사이에서 중립 외교 노선을 택하였다.

오답 분석

① 김충선은 조선으로 귀화한 일본인이다. 그는 임진왜란 때 가토 기요마사의 좌선봉장으로 내침하였으나, 곧바로 경상도 병마절도사 박진에게 귀순하였으며, 임진왜란 및 이괄의 난, 병자호란 등에서 혁혁한 공을 세웠다.
② 임진왜란 이후 이삼평을 비롯한 많은 도자기 기술자들이 일본에 끌려가 일본 도자기의 발달에 크게 기여하였다.
④ 박위는 1389년(창왕 1), 김사형은 1396년(태조 5)에 대마도를 정벌하였다.

정답 ③

50 197

선조는 이순신이 적극적으로 전투하지 않은 것을 이유로 체포하여 국문하였다. 이순신은 1597년 4월 1일 풀려났는데, 제시된 자료는 그날 쓴 난중일기의 내용이다.

④ 수군통제사에 복귀한 이순신은 명량 해전에서 12척의 함선을 이끌고 300여 척의 일본 전투선을 격퇴하였다.

오답 분석

① 인조반정의 1등 공신인 최명길에 대한 설명으로, 정묘호란과 병자호란 때 강화를 주장하여 지탄을 받았다. 1642년 영의정이 되었는데, 이때 임경업 등과 함께 명나라와 내통한 것, 조선의 반청적인 움직임이 청에 알려져 청나라에 불려갔다.
② 삼도체찰사 권율은 3만의 일본 병력이 행주산성을 공격해오자, 민과 합동하여 화차·비격진천뢰·총통·활 등을 총동원하여 일본군을 물리쳤고, 이 전투는 임란 3대첩의 하나가 되었다.
③ 김덕령은 임진왜란 때 의병장으로, 권율의 휘하에서 의병장 곽재우와 협력하여 여러 차례 왜병을 격파하였다. 충청도의 이몽학의 반란을 토벌하려다가 이몽학과 내통하였다는 신경행의 무고로 체포·구금되었다. 혹독한 고문으로 인한 장독으로 옥사하였는데, 1661년(현종 2) 신원되어 관작이 복구되고, 1668년 병조참의에 추증되었다.

정답 ④

51 198

조선 통신사에 대한 설명으로 잘못된 것은?

① 신유한은 조선 통신사 일행으로 파견되어 겪었던 내용을 『해유록』에 기록하였다.

② 임란 이후 3회까지는 회답 겸 쇄환사라는 이름으로 파견되었다.

③ 임란 이후 일본 국왕사의 상경도 허용되었으며 사신 유숙소로 동평관이 유지되었다.

④ 통신사는 조선 전기에도 8회 파견되었다.

52 199

조선의 대외 정책 중 옳지 않은 것은?

① 세종 시기 3포가 개항되었으며 계해약조가 체결되어 무역의 규모가 정해졌다.

② 중종 시기 3포 왜란이 일어나 비변사가 임시 기구로 설치되었으며 임신약조 이전보다 무역 규모가 축소되었다.

③ 1811년 역지빙례를 계기로 조선 통신사의 일본 본토 방문이 중지되고, 일본과의 외교 관계는 단절되었다.

④ 명에 가는 사절단으로 조천사가 파견되었으며, 청조에는 연행사가 파견되었다.

53 200

자료에서 제시한 의병이 활동한 전쟁의 주요 과정 중 옳은 것을 〈보기〉에서 고른 것은?

> 저는 본래 철산 사람으로 적의 침입을 당하여 험준한 용골산성으로 피난하였는데, 용천·의주·철산 등지에서 모여든 피난민들이 저를 장수로 삼았습니다. 이에 사방에서 의병을 모집하여 4천 명에 이르렀으니, 적들의 정세를 보아 가며 출전하려 합니다.

보기
ㄱ. 한산도 대첩과 진주 대첩
ㄴ. 인조의 강화도 피난
ㄷ. 탄금대 전투의 패배와 선조의 몽진
ㄹ. 후금과의 화의 성립

① ㄱ, ㄴ   ② ㄱ, ㄷ
③ ㄴ, ㄷ   ④ ㄴ, ㄹ

54 201

다음 자료에서 언급한 (가) 인물과 (나) 지역에 대한 설명으로 옳은 것은?

> [(가)]는 영웅호걸이라고 생각한다. 미천한 군졸로서 죽음을 무릅쓰고 나라를 위해 강적과 겨뤄 간사한 마음을 꺾어버리고 여러 대를 끌어온 분쟁을 그치게 했으며 한 고을의 토지를 회복했으니, 영특한 사람이 아니면 할 수 없는 일이다. 그런데 조정에서는 포상하지 않았을 뿐만 아니라 앞서는 형벌을 내리고 나중에는 귀양을 보냈으니 참으로 애통한 일이다.
> [(나)]는 척박하다. 그러나 대마도는 한 조각의 농토도 없고 왜인의 소굴이 되어 역대로 우환이 되어왔는데, [(나)]를 한번 빼앗기면 이것은 대마도가 하나 더 생겨나는 것이니 앞으로의 앙화(殃禍-재난)를 이루 말하겠는가. 그러니 [(가)]는 한 세대의 공적을 세운 것만이 아니었다. …… 그런 사람을 나라의 위기 때 병졸에서 발탁해 장수로 등용해 그 뜻을 펴게 했다면, 그 성취가 어찌 여기서 그쳤겠는가.
> ─『성호사설』

① (가)는 에도 막부로부터 (나) 지역이 조선의 영토라는 서계를 받았다.

② (가)는 목극등과 국경에 대해 협의하여 정계비를 건립하였다.

③ (나) 지역은 몽골에 저항한 삼별초의 마지막 항쟁지였다.

④ (가)는 회답 겸 쇄환사로 일본에 파견되어 포로 송환을 이끌어냈다.

51 198

③ 조선 전기 일본 국왕사의 상경로가 임란 당시 일본군의 침략로로 이용되는 등 피해가 심하자, 조선에서는 임란 이후 일본 국왕사의 상경을 허락하지 않았다. 조선 전기에 조선에 파견된 일본 국왕사는 주로 동(銅)을 가져와 생필품인 쌀·콩·목면을 구해가는 경제적인 목적을 가지고 있었다. 또한 일본에서 선종이 크게 유행하자 조선의 대장경과 범종을 수입해가기도 하였다. 이들은 주로 동평관(현재의 인사동 일대)에서 머물렀다.

오답 분석

① 『해유록』은 숙종 때 신유한이 통신사의 제술관으로 일본에 다녀오면서 기록한 사행일록이다.
② 임진왜란 직후인 1607년·1617년·1624년에 파견된 사절단은 통신사라 하지 않고, '회답 겸 쇄환사'라는 칭호를 썼다.
④ 조선 전기의 통신사 파견은 1413년(태종 13)부터 1596년(선조 29)까지 8회에 걸쳐 이루어졌다.

정답 ③

52 199

③ 역지빙례란, 일본이 1811년에 조선에 제의해서 이루어진 새로운 조·일 관계를 말하는 것으로 지역을 바꾸어 교빙의 예식을 갖는다는 의미이다. 이는 일본 사절이 우리나라에 올 경우 서울까지 오지 못하고 동래에서 교섭하게 하였으므로 조선 사절이 일본에 갈 경우에도 수도인 에도까지 들어가지 않고 중간 지대인 쓰시마에서 교섭을 해 외교의 형평을 유지하자는 주장이었다. 역지빙례로의 전환 이후 두 나라의 관계는 소극적 외교 관계만을 지속하였고, 1811년 이후 '역지통신'을 마지막으로 정례화된 통신사는 없었다. 그러나 이 시기에는 이중 외교기의 특성상 대마도로 가는 문위행과 동래부로 오는 차왜의 교류가 있었으며, 소극적이기는 하나 외교 관계가 단절된 것은 아니었다.

정답 ③

53 200

자료는 1627년(인조 5) 정묘호란이 일어나자 4,000여 명의 의병을 이끌고 전투에 참여한 정봉수에 대한 내용이다. 정봉수는 평안도의 용골산성에서 많은 후금군을 격파하고, 포로가 된 수천 명의 백성을 구출하여 그 공으로 철산부사가 되었다.

ㄴ. 정묘호란 시기에 소현 세자는 전주로 남하하였고, 인조는 전란을 피해 강화도로 들어갔다.
ㄹ. 후금은 후방 공격의 위험성과 명 정벌 계획으로 군사를 조선에 묶어둘 수 없어 강화 의사를 표명하였고, 조선은 화전 양론이 분분했으나, 결국 후금의 제의를 받아들였다.

오답 분석

ㄱ, ㄷ. 탄금대 전투와 한산도 대첩, 그리고 진주 대첩은 임진왜란과 관련된 전투이다.

정답 ④

54 201

자료의 (가)는 안용복, (나)는 울릉도이다.
① 안용복은 1693년(숙종 19)에 에도 막부에게 울릉도가 우리 땅임을 주장하고, 막부로부터 울릉도가 조선의 영토임을 확인하는 서계를 받아내었다.

오답 분석

② 목극등은 숙종이 보낸 접반사 박권과 함경 감사 이선부가 아닌 조선인 역관 및 군관만을 데리고 백두산에 올라가 정계비를 건립하였다.
③ 삼별초는 1273년 2월, 3년에 걸친 제주에서의 항쟁을 마지막으로 오랜 대몽 항쟁을 마무리하게 되었다.
④ 1607년 조선은 막부의 사정을 알아보고 전쟁 때 잡혀간 포로를 송환하기 위해 유정(사명대사)을 파견하여 일본과 강화하고 조선인 포로 3,500여 명을 데려왔다.

정답 ①

55 202

다음 지도에 그려진 경로와 관계가 있는 내용에 해당하는 것은?

① 조선 후기 통신사의 행로로 일본 사행의 기본 이동 경로에
해당하는 것이다.
② 고려 우왕 시기 왜구의 침입을 근절시키기 위해 정몽주가 파
견되었던 경로에 해당한다.
③ 지도는 안용복의 일본 방문 경로로 이로 인해 에도 막부는
울릉도와 독도를 조선 영토로 인정하는 통지를 보내왔다.
④ 원 간섭기 여몽 연합군의 일본 원정로에 해당하며, 두 차례
의 원정은 태풍으로 실패하였다.

56 203

조선 후기에 일어난 역사적 사실의 전개 과정을 순서대로 맞
게 배열한 것은?

ㄱ 청의 요청으로 러시아를 정벌하기 위하여 변급, 신유 등
의 조총군을 파견하였다.
ㄴ 북벌을 담당할 기구로서 도체찰사부를 설치하고 군비를
강화하였다.
ㄷ 남인들이 예송 논쟁에서 『주례』 등 고례에 입각해 왕에
게는 종법을 사대부와 똑같이 적용할 수 없다는 입장을
고수하였다.
ㄹ 청의 목극등은 백두산 일대를 답사하고 국경을 확정하
여 정계비를 세웠다.

---

① ㄱ-ㄴ-ㄷ-ㄹ
② ㄱ-ㄷ-ㄴ-ㄹ
③ ㄱ-ㄷ-ㄹ-ㄴ
④ ㄷ-ㄱ-ㄹ-ㄴ

55 202

지도는 안용복의 일본 방문 경로를 표기한 것이다.

③ 안용복의 1차 도일은 1693년에 울릉도에서 고기잡이를 하던 중 조선 해역에 침입한 호키주 요나코에서 온 일본 어민들에게 납치되어 이루어졌다. 당시 안용복은 호키주[伯耆州] 태수에게 울릉도가 우리 땅임을 주장하였고, 막부는 호키주 태수에게 안용복 등을 나가사키로 이송해 돌려보내라고 지시하면서 안용복에게 울릉도가 조선 영토임을 확인하는 서계를 써주었다. 그러나 이 서계는 대마도주에게 빼앗겨 위조되었다. 9월 초 안용복은 대마도에 인계되었다가 50일 정도 억류된 뒤 부산 왜관으로 송환되었다. 안용복의 2차 도일은 안용복이 조선 해역을 침입한 일본 어민들의 죄를 묻기 위해 자발적으로 이루어졌다. 그는 '울릉우산양도감세관'이라 자칭하고 일본 호키주에 가서 태수에게 국경을 침범한 사실을 항의, 사과를 받고 돌아왔다. 그러나 조선 정부는 안용복에게 나라의 허락 없이 외교 문제를 일으켰다는 이유로 귀양형을 내렸다. 1697년 일본 측은 자신들의 잘못과 농간을 사과하고 울릉도를 조선 땅으로 확인한다는 막부의 통지를 보내왔다.

정답 ③

56 203

② 순서대로 배열하면 ㉠ – ㉢ – ㉡ – ㉣이다.

㉠ 나선 정벌은 효종 시기인 1654년에 1차(변급), 1658년에 2차(신유)가 파견되었다.

㉢ 예송 논쟁은 현종 재위기인 1659년 1차인 기해예송이, 1674년 2차인 갑인예송이 전개되었다.

㉡ 도체찰사부는 숙종 재위 초반기 윤휴 등 남인에 의해 설치되어 2차 북벌의 주도 기관 역할을 하였다.

㉣ 백두산 정계비가 세워진 것은 숙종 재위 후반기인 1712년이다.

정답 ②

PART 05

통치 체제

PART 05 통치 체제

01 204

고구려의 관등 조직과 중앙 및 지방 관제에 대한 설명으로 잘못된 것은?

① 미천왕 대 이후에는 사자 계열이 우위를 점하였으나, 6세기 이후 형 계열이 다시 판세를 장악하였다.

② 신대왕은 국상제를 설치하고 명림답부를 처음으로 국상에 임명하였다.

③ 3경으로 평양성, 국내성, 한성 등이 있었으며, 모두 5부로 구획되어 처려근지가 통치하였다.

④ 제가 회의는 죄지은 자의 처벌과 왕위 계승에 영향력을 행사하였으며, 대외 전쟁과 국정의 중대사를 논의하였다.

02 205

통일 신라의 통치 체제에 대해 잘못 설명한 것은?

① 도독과 사신 등 9주 5소경의 지방 장관들은 진골 귀족만이 임명될 수 있었다.

② 중정대가 설치되어 관리의 비리를 감찰하는 기능을 수행하였다.

③ 국학을 설치하고 관리들의 비리와 부정을 방지하기 위하여 감찰 기구인 사정부를 두었다.

④ 하대에는 귀족 연합적인 정치 운영으로 상대등의 권력이 다시 강화되었다.

03 206

통일 신라 시기 9서당을 구성하고 있는 (가)와 (나)에 대한 설명 중 옳은 것은?

9서당	녹금 서당	자금 서당	비금 서당	황금 서당	백금 서당	청금 서당	적금 서당	벽금 서당	흑금 서당
구성원	신라인			고구 려인	(가)		(나)		말갈족

① (가)는 안승이 남하하여 금마저에 세운 소고구려국을 기원으로 한 군사 조직이다.

② (가)의 국가는 한때 중국 남조로부터 보국장군본국왕의 작호을 얻기도 하였다.

③ (나) 조직의 국가는 고구려 유민의 자치국으로 성립되었으며, 신문왕 시기 신라에 토벌되었다.

④ (나) 조직의 국가는 김수로왕이 건국하였으며, 법흥왕 시기 신라에 병합되었다.

04 207

각 시대의 중앙 행정 조직에 대한 설명으로 옳지 않은 것은?

① 백제는 무령왕 시기 22부를 설치하여 왕실 사무와 일반 행정을 담당하게 하였다.

② 신라는 법흥왕 시기 병부령과 병부를 설치하여 왕이 군사권을 장악할 수 있었다.

③ 조선 시대 의금부는 왕명 직속의 사법 기구로 대외 관계 범죄를 전담하는 기관이기도 하였다.

④ 고려의 도병마사와 식목도감은 성종 시기에 기원이 마련된 독창적 기관이었다.

01 204

③ 고구려에서는 3경으로 평양성, 국내성, 한성(재령)이 있었다. 3경은 모두 5부로 구획되어 욕살이 통치하였다. 또한 지방은 각 부에 파견된 욕살(외평)이 지방 통치의 중심지인 대성에서 통치하였으며, 행정과 군사의 양면을 관장하는 군정적 책임을 지니고 있었다. 하부 행정 단위로는 성이 있어, 성을 다스리는 처려근지와 소성을 다스리는 루초가 있었다.

정답 ③

02 205

② 중정대는 발해의 기구로 당의 어사대에 해당한다고 볼 수 있다. 관리의 비리를 감찰하는 기능을 수행하였으며, 중정대가 3성 6부 다음에 기록되어 있는 점으로 보아『신당서』그만큼 중요한 관부였음을 알 수 있다.

오답 분석

① 도독과 사신 등 9주 5소경의 지방 장관들은 편제상 6두품도 임명이 가능하였으나 실제로는 진골 귀족만이 임명될 수 있었던 것으로 보인다.
③ 국학은 682년에 신문왕이 유교 정치 이념에 입각한 인재 교육과 양성을 목적으로 설립하였다. 관리의 비리와 부정을 감찰하는 기능을 가진 관서는 544년(진흥왕 5) 차관급에 해당하는 경(卿)을 설치하여 이를 관장하게 하면서 설치되었다. 이 기능을 강화하여 장관인 영이 주관하는 사정부로 격상시킨 것은 659년(태종 무열왕 6)이었다.
④ 신라 하대에는 무열계가 아닌 내물 방계가 왕위를 차지함에 따라 왕권이 약화되고, 귀족 연합 정치가 강화되어 화백 회의의 수장인 상대등의 권한이 다시 강화되었다.

정답 ②

03 206

(가)는 백제인이며, (나)는 보덕국인이다.

③ 안승은 검모잠을 죽인 후 670년 신라로 망명하였는데, 문무왕은 그를 금마저(지금의 전북 익산)에 머무르게 하고 674년 보덕국왕에 봉하였다. 신라의 신문왕은 683년 안승을 금성으로 불러들여 소판으로 기용한 뒤 김씨 성을 하사하여 회유하였으나, 이듬해 안승의 족자 대문이 금마저에서 모반하자 그를 주살해서 평정하였다.

오답 분석

① 안승이 남하하여 금마저에 세운 소고구려국을 기원으로 한 군사 조직은 686년에 만들어진 적금서당과 벽금서당 즉, (나)에 대한 설명이다.
② 479년 대가야 하지왕은 중국 남제에 사신을 보내 '가라국'의 이름으로 '보국장군본국왕'의 작호를 받았다.
④ 김수로왕이 건국하고 법흥왕 시기 신라에 병합된 국가는 전기 가야 연맹인 금관가야이다.

정답 ③

04 207

① 성왕 시기 사비 천도 이후 22부를 두어 관료 조직을 정비하였다. 사군부, 사도부, 사공부, 사구부까지의 명칭은 중국 고대『주례』의 6관의 명칭과 동일한데, 이는 북주의 주례 주의적 관제 정비에서 영향을 받아 이루어진 것으로 보인다. 각 부의 장은 장사 · 재관장 등으로 불렸으며 3년에 한 번씩 교체되었다. 무령왕 시기에는 지방 행정 구역으로 22담로가 설치되었다.

정답 ①

05 208

밑줄 친 '왕'에 대한 설명으로 옳은 것을 〈보기〉에서 고르면?

> 태종 무열왕이 당의 복식 제도를 도입하려고 한 뒤부터 관복 제도가 점차 중국을 따르게 되었다. 태조가 건국할 때에는 초창기라 일이 많으므로 신라의 옛 제도를 그대로 썼다. 왕이 비로소 백관의 공복을 제정하니 존비 상하의 등급이 밝혀졌다.

보기
ㄱ. 귀법사를 세우고 화엄종을 중심으로 교종의 통합을 이루고자 하였다.
ㄴ. 왕가도에게 나성을 축조케 하고, 감목양마법을 실시하여 군마를 양성하였다.
ㄷ. 여러 주에 학교를 세우도록 조서를 내려 각 지방의 주현에 향학을 세우고 지방 자제들의 교육을 진흥하였다.
ㄹ. 외왕내제 체제를 구축하여 광덕, 준풍 등의 연호를 사용하였다.

① ㄱ, ㄴ
② ㄴ, ㄷ
③ ㄷ, ㄹ
④ ㄱ, ㄹ

06 209

다음의 연호와 관련이 있는 국가의 중앙 행정 기구로 옳은 것은?

> 나라의 연호를 수덕만세(水德萬歲)라 한 것은 신라의 금덕(金德)이 끝나고 수덕(水德)이 만세토록 이어진다는 5행의 상생 사상이 담겨 있었다.

① 광평성
② 정당성
③ 중서문하성
④ 집사성

07 210

다음은 고려 중앙 관제를 나타낸 도표이다. 이에 대한 설명으로 옳지 않은 것은?

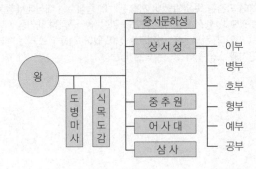

① 중서문하성의 낭사와 중추원의 추밀은 대성을 구성하여 서경권을 행사할 수 있었다.
② 6부 직주제였지만 재신들이 6부 판사를 겸임하였기 때문에 왕권을 강화하기 위한 역할을 가지기 어려웠다.
③ 삼사는 국가 회계 업무를 담당하여 화폐와 곡식의 출납을 관장하였다.
④ 관리들의 기능이 신라 시대보다 세분화 · 전문화되었으며 귀족 정치의 특징을 이루는 독창적 기관이 설치되었다.

08 211

고려 시대의 지방 행정 제도에 대한 설명으로 옳지 않은 것은?

① 도호부는 양계와 5도 지역의 중요 거점에 설치되었다.
② 현종은 처음으로 광역 행정 단위인 10도를 설치하였으며, 주현공거법을 정비하였다.
③ 점차 임시 지방관인 감무가 파견되면서 관리 파견 지역이 증가하였다.
④ 계수관은 중앙과 지방의 군현을 잇는 중간적 기능을 수행하면서 일반 군현을 통할하였다.

05 208

밑줄 친 '왕'은 고려 광종이다.

ㄱ, ㄹ. 광종은 개경에 귀법사를 세우고 균여를 주지로 임명하여 화엄종을 중심으로 교종 통합을 이끌고자 하였으며, 법안종을 중심으로 선종을 통합하고자 하였다. 또 밖으로는 중국의 제후국을 칭하였지만 안으로는 독자적인 칭제건원(왕호 : 황제, 연호 : 광덕·준풍)을 통해 자주 국가로의 면모를 일신하였으며, 개경을 황도, 서경을 서도로 승격시켜 당당한 황제 국가를 지향하였다.

[오답 분석]

ㄴ. 나성 축조와 감목양마법은 현종 시기에 추진되었다.
ㄷ. 인종에 대한 설명으로 서경에서 발표한 유신지교(1127)에 언급된 내용이다.

정답 ④

06 209

수덕만세는 태봉의 연호이다. 궁예는 911년 국호를 마진에서 태봉으로 고치고, 연호도 성책에서 수덕만세로 바꾸어 4년 동안 사용하였다.

① 궁예가 건국한 태봉의 중앙 행정 기구는 광평성이다.

정답 ①

07 210

① 대간(대성)은 어사대의 관원과 중서문하성의 낭사로 구성되었는데, 낭사는 간쟁과 봉박을, 대관은 시정을 논박하고 풍속을 교정하며 규찰, 탄핵하는 임무를 맡았다. 대간들은 왕을 직접 대면해 언론할 수 있는 면계의 배려를 받았고, 고신서경에 있어서 전 품계의 관직 임명 동의권을 행사할 수 있었다.

정답 ①

08 211

② 고려 성종은 987년 동경을 설치하여 태조 시기 설치된 개경, 서경과 함께 3경제를 완성하였으며, 10도제를 실시하고 12목을 12절도사로 개편하였다. 현종은 성종 시기 만들어진 10도제를 5도 양계로 정비하고 세부 행정 단위를 4도호부·8목과 경기제 및 군현제로 완비하였으며, 1012년(현종 3) 절도사를 폐지하고 5도호부 75도에 안무사를 두었다. 또한 과거제를 확대·개편하여 향리 자제의 과거 시험을 허용하는 주현공거법을 실시하였다.

[오답 분석]

① 도호부는 군사적 요지로 양계와 5도 지역의 중요 거점에 설치되었다. 현종 시기에는 4도호부였으나 후에 5도호부, 다시 3도호부로 개편되었다.
③ 예종 시기 외관 파견 지역을 확대해 임시 지방관인 감무를 각 지역에 파견하기 시작하였다.
④ 경, 도호부, 목 등 몇 개의 큰 군현을 계수관으로 지정하여 하부의 주현을 통할하게 하였다.(계수관-주현-속현)

정답 ②

09 212

고려의 지배 구조와 통치 체제에 대한 설명으로 잘못된 것은?

① 나말여초 중소 호족에서 기원한 향리 계층은 지방 행정의 말단을 담당하였다.
② 양계에는 병마사가 파견되어 상주하였으며, 어사대의 분대가 설치되었다.
③ 지방의 주현군 중 일품군은 국가의 노역에, 이품군과 삼품군은 지방의 노역에 동원되었다.
④ 2군 6위의 상장군과 대장군은 거란의 침입 이후 도병마사의 구성원이 되었다.

10 213

고려 시대의 관료 등용과 관련된 사실로 옳지 않은 것은?

① 근친혼 소생자, 승려의 자식, 남반, 잡류 등 중간층 신분 이하에게 한품제를 적용하여 관품 승진의 제한을 두었다.
② 왕명 전달 등을 담당하는 궁중 하급 관리를 선발하는 제도로 성중애마가 있었다.
③ 문한직 · 지공거직 · 학관직에는 과거 출신 이외에 취임할 수 없었다.
④ 잡과의 경우 부호정 밑의 하급 향리의 자손은 물론, 일반 양인들에게도 문호가 개방되어 있었다.

11 214

밑줄 친 (가)와 (나)에 대한 설명으로 잘못된 것은?

> 국가가 관직을 나누어 설치하였는데, 경(종3품의 관직), 감(종3품, 정4품 관직)을 제외하고 무신은 문관을 겸할 수 없었다. 그런데 (가) 경인(庚寅) 이래로 무신들이 (나) 대성(臺省)에 자리하였고 조정의 반열에 포열(布列)하였으며, 교위(정9품 무반직), 대정(교위 아래 관직)이 복두를 착용하는 것이 허용되고, 서반의 산직이 외관에 임명되니 선왕의 제도가 아니다.
> — 「고려사」

① (가)는 정중부, 이의방 등이 일으킨 무신 정변을 말하는 것이다.
② (가) 이후 김보당의 난과 개경 승도의 난이 이어졌다.
③ (나)에서 서경, 봉박, 간쟁 등이 행해졌다.
④ (나)는 충렬왕 이후 도평의사사로 확대되었다.

12 215

고려의 중앙군에 대한 설명으로 잘못된 것은?

① 직업 군인으로서 군반 씨족제에 의해 일반민과는 별도의 호적으로 관리되었다.
② 경군으로써 1000명을 단위로 한 령으로 구성되어 있었으며, 대략 4만 5천 명 정도의 병력으로 이루어져 있었다.
③ 거란의 침입에 대비하여 청천강 유역에 배치되었던 광군이 재편되는 과정에서 설치되었다.
④ 세습할 자손이나 친족이 없는 경우에는 선군제(選軍制)에 의하여 보충하였다.

문제 풀이 ⚙

09 212

④ 2군 6위의 지휘관인 상장군·대장군은 합좌 군사 회의 기구인 중방의 구성원이 되었다. 중방의 설치 연대는 알 수 없으나, 대체로 2군 6위의 군사 제도가 완성된 현종 무렵으로 추측되며, 무신 정변 이후 중심 권력 기구화 되었다. 도병마사는 중서문하성의 재신과 중추원의 추밀로 구성되었으며, 성종 시기 기초가 만들어지고 현종 이후부터 본격적으로 운영되었다. 법제와 격식을 다루는 식목도감과 같이 고려의 독창적 기구로서 군사 문제를 중심으로 열렸으나 점차 국정을 총괄하는 기구인 도평의사사로 발전하였다.

정답 ④

10 213

② 왕명 전달 등을 담당하는 궁중 하급 관리를 선발하는 제도는 남반잡로에 해당한다. 성중애마는 원나라 간섭기에 몽골의 영향을 받아 성중관이라는 고려 특유의 직명과 숙위 임무를 담당하는 관리의 몽골 직명인 애마(愛馬, 몽골어 'aimaq' 혹은 'ayimor'의 한자 가차음)가 합쳐져 통칭된 명칭이다. 고려 후기에 집권층 자제를 모아 여러 종류의 부대를 만들었는데 이를 총칭하여 '성중애마'라고 했다. 그러나 고려 말기에는 군역 기피자들의 피신처로 변질해 당초의 의도와는 달리 그 질이 저하되었다.

정답 ②

11 214

(가)는 무신 정변, (나)는 대간 제도이다.
④ 충렬왕 이후 도평의사사로 확대된 기구는 도병마사이다.

오답 분석

① 1170년 숭문천무 정책에 의해 차별을 받던 정중부·이의방 등의 무신들은 보현원에서 문신들을 참살하고 정변을 일으켰다.
② 무신 정치에 대한 불만으로 귀법사의 난 등 교종 승려들의 난(개경 승도의 난)과 김보당, 조위총의 난 등이 연거푸 발생하였다.
③ 대간은 어사대의 관원과 중서문하성의 낭사로 이루어져 있으며, 낭사는 간쟁과 봉박을, 대관은 시정을 논박하고 풍속을 교정하며 규찰, 탄핵하는 임무를 맡았다.

정답 ④

12 215

③ 정종은 거란의 고려 침략 계획을 감지한 뒤 광군사라는 군사 조직을 설치하고 청천강 유역에 광군 30만을 배치하였는데, 이 군사 조직은 이후 지방 주현군의 모태가 되었다.

오답 분석

①, ②, ④ 고려의 중앙군은 2군(국왕의 친위 부대 : 응양군, 용호군), 6위(수도 경비와 국경 방어 : 좌우위, 신호위, 흥위위, 치안 : 금오위, 의장 : 천우위, 궁성 수비 : 감문위)로 구성되었고, 2군 6위는 1,000명을 단위로 하는 령(領)을 바탕으로 총 45령(약 45,000명)으로 구성되었다. 또한 직업 군인으로서 군반 씨족이라고 할 수 있는 군호로 편입되어 군적에 기록되었고, 군인전이 지급되었으며 군역이 세습되었다. 세습할 자손이나 친족이 없는 경우에는 선군제에 의하여 보충하였다.

정답 ③

13 216

고려 시대의 향·소·부곡에 대해 잘못 설명한 것은?

① 이 지역민들은 형벌상 노비와 동등한 취급을 받았으며 승려 역시 될 수 없었다.

② 이 지역민들은 본관제에 의한 성씨를 가질 수 없었다.

③ 몽골 침략기에 승전을 거둔 지역에서 일반 현으로의 승격이 자주 이루어졌다.

④ 향·부곡은 하삼도 지역에 집중적으로 분포하였으며, 공해전·둔전·학전 등 국가의 공유지를 경작하였다.

14 217

다음 연표의 (가), (나) 시기의 정치 상황을 옳게 설명한 것은?

918	983	1170	1270	1388
			(가)	(나)
고려 건국	12목 설치	무신 정변	개경 환도	위화도 회군

① (가) – 최충헌은 국왕으로부터 진주 지역을 식읍으로 받았다.

② (가) – 충렬왕 시기 홍자번의 편민 18사가 건의되었다.

③ (나) – 빈민의 진료 및 치료를 위한 혜민국이 최초로 설치되었다.

④ (나) – 이종무에 의해 대마도가 정벌되었다.

15 218

다음의 시에서 언급된 시대 상황과 관련이 있는 조직에 대한 설명으로 옳은 것은?

> 몽골과 괴뢰 도당
> 진도 성도를 불사르고 인민을 죽였네
> 하느님이 탐라로 인도하시니
> 항성의 달빛이 밝구나
> 슬프다
> 원하옵건대 송도를 기필코 해방시켜 주옵소서

① 김준이 최의를, 임연이 김준을, 송송례가 임유무를 제거하는 데 모두 이들의 힘을 빌렸다.

② 일본 원정 실패 후, 원에 의해 왜구의 공격을 대비하여 설립된 군사 조직이다.

③ 노비와 사노로 구성된 천예군으로 조직되었다.

④ 농민병을 주축으로 하여, 신기군, 신보군, 항마군의 병종으로 구성되었다.

16 219

고려와 조선의 관제 특징에 대해 언급한 내용 중 잘못된 것은?

① 고려는 문무반에게 모두 문산계를 적용하였으나, 조선은 문반 관계로 문산계를, 무반 관계로 무산계를 적용하였다.

② 고려의 병마사는 상설직으로 양계의 군사권 및 행정권을 장악하였다.

③ 고려와 조선의 행정 기구에는 부정을 방지하기 위한 상피제가 적용되었다.

④ 조선은 중기 이후 이조와 병조의 전랑이 고신서경을 담당하였다.

13 216

② 향·소·부곡의 거주민들은 일반 군현민에 비해 관직 진출과 교육 등에서 법제적 차별 대우를 받았다. 그러나 국가에 직역이나 조세·공납·역을 부담하는 등 양민으로서 의무를 졌다는 점에서는 본질적인 차이가 없기 때문에 본관제에 의한 성씨를 가질 수 있었다.

오답 분석

① 향·소·부곡의 거주민들은 국학에 입학하거나 과거에 응시할 수 없었고, 형벌상 노비와 동등한 취급을 받았으며 승려 역시 될 수 없었다. 따라서 이들은 양민보다 하급 신분으로 대우받았으며, 신분은 양민이면서도 일반민에 비하여 심한 규제를 받았고, 더욱 과중한 세금을 부담해야 했다.

③ 특수 행정 구역은 무신 정권 시기 공주 명학소에서 일어난 망이·망소이의 난(1176)을 계기로 점차 일반 군현으로 전환되어 갔다. 특히 몽골 침략기 군사적 승전이 이루어진 곳에서 일반 지역으로의 승격이 자주 일어났다.

④ 향·부곡은 공해전, 둔전 등의 국공유지를 경작하였으며, 소는 광물과 수공업 제품을 생산하는 지역이었다.

정답 ②

14 217

(가)는 무신 집권기, (나)는 원 간섭기 및 원·명 교체기에 해당한다.
① 무신 집권기인 1206년, 최충헌은 진강후에 봉해지고 진주 지역을 식읍으로 받았다.

오답 분석

② 홍자번의 편민 18사가 건의된 시기는 (나) 시기의 원 간섭기인 충렬왕 때이다.

③ 서민의 질병 치료를 위한 기관인 혜민국은 예종 7년(1112)에 처음으로 설치되었다.

④ 이종무에 의해 대마도가 정벌된 것은 1419년 세종 때이다.

정답 ①

15 218

자료는 삼별초에 대한 내용이다. 삼별초는 최우가 치안을 담당하기 위해 설치한 야별초(사병)가 기원이며, 좌·우별초와 신의군으로 재편되었다.
① 『고려사』를 보면 권신들이 정권을 잡으면 삼별초를 자신의 앞잡이로 만들기 위하여 녹봉을 후하게 주고 사사로운 혜택을 베풀었으며, 김준이 최의를, 임연이 김준, 송송례가 임유무를 제거하는 데 모두 이들의 힘을 빌렸다고 서술되어 있다.

오답 분석

② 원나라의 영향을 받아 설치된 군사 조직인 만호부에 대한 설명이다.

③ 연호군에 대한 설명이다. 우왕은 왜구의 침입이 극렬해지자 1378년 12월 변경의 익군 편제를 전국적으로 확대하면서 노비와 사노로 구성된 일종의 노예군으로 연호군을 새로 조직하였다.

④ 별무반에 대한 설명이다. 1104년(숙종 9) 윤관의 건의로 별무반을 설치하였는데, 일반 농민인 백정으로 편성되었으며 문·무 산직 관리부터 상인·노비에 이르기까지 거국적으로 구성된 군사 조직이었다. 구성은 대략 17만 명으로 신기군(기병), 신보군(보병), 항마군(승병) 등 3개 군으로 이루어졌으며 군반 씨족제 와해의 계기가 되었다.

정답 ①

16 219

④ 고신서경은 문무 관리를 임명함에 있어 수직자에게 발급하는 고신에 대간(어사대, 낭사 → 사헌부, 사간원)이 서명하는 것을 말한다. 이조·병조의 정랑은 좌랑과 함께 인사 행정을 담당하여 전랑이라고 불렸다. 또한 이들은 삼사 관직의 임명 추천권인 통청권과 자신의 후임자를 추천할 수 있는 자천권이 있어 권한이 막강했으며, 이로 인해 붕당 정치의 폐단을 낳기도 하였다. 1685년(숙종 11)에는 전랑천대법이 폐지되었고, 1741(영조 17)년에는 전랑의 통청권을 제한하여 권한이 약화되었다.

정답 ④

17 220

고려와 조선의 과거 제도에 대한 설명으로 잘못된 것은?

① 고려는 예부시에서 제술과와 명경과를 통합한 삼장연권법을 시행하였다.

② 조선의 잡과는 식년시와 증광시에서만 인원을 선발하였다.

③ 조선의 소과와 대과 초시는 모두 각 도의 인구 비례를 기준으로 선발하였다.

④ 고려 예종 시기 일시적으로 무과가 시행되었으며 국자감에 강예재가 설치되었다.

18 221

조선 시대의 관리 등용 제도에 대한 설명으로 잘못된 것은?

① 음서는 공신이나 2품 이상 관리의 자제가 관직에 진출할 수 있는 제도였다.

② 무과에서는 무예와 병서뿐 아니라 유교 경전도 시험 과목에 포함되었다.

③ 역과, 율과, 의과, 음양과 등 잡과도 3년마다 치러졌는데 초시, 복시만 있고 분야별로 정원이 있었다.

④ 소과와 잡과는 식년시, 증광시 외에 알성시, 춘당대시, 정시 등 비정기 시험에서도 치러졌다.

19 222

다음 군사 제도를 시기 순으로 바르게 나열한 것은?

ㄱ. 궁성 숙위 강화를 위하여 충용위를 설치하고 무력 기반을 강화하였다.

ㄴ. 중앙군에 10위를 두어 각 위에는 대장군 1명, 장군 1명을 두었다.

ㄷ. 보법을 바탕으로 하여 군현 단위의 독자적·지역적 방위 체제를 확립하였다.

ㄹ. 좌장을 설치하여 내외 병마권을 관장하게 하였다.

① ㄱ-ㄹ-ㄴ-ㄷ
② ㄴ-ㄹ-ㄱ-ㄷ
③ ㄹ-ㄱ-ㄴ-ㄷ
④ ㄹ-ㄴ-ㄱ-ㄷ

20 223

조선 정치 체제의 특성으로 잘못된 것은?

① 당상관은 중요 관부의 요직과 함께, 도제조·제조 등의 직함으로 여러 속아문의 장을 겸임하였다.

② 실직에는 녹관과 무록관이 있으며, 녹관에는 다시 정직과 체아직이 있었다.

③ 산직 중 노인직은 양천을 막론하고 80세 이상의 노인에게 제수된 무급 산직이었다.

④ 대가제는 당상관을 늘리지 않으려는 조처로서 고려 시대에 운영되었던 제도를 계승한 것이었다.

문제 풀이 🔧

17 220

① 고려의 예부시는 동당시, 또는 춘관시라 불렸으며, 응시자들은 삼장연권법의 시험 절차에 따라 초장에 합격해야만 중장에 응시할 수 있고, 중장에 합격해야만 종장에 응시할 수 있었다. 고려는 예부시를 포함하여 문과 전체 과정에서 제술과와 명경과를 분리 시행하였다. 제술과는 시·부·송·시무책 및 논·경학 등의 과목을 시험하였으며, 명경과는 제술과와 달리 『상서』·『주역』·『모시』·『춘추』·『예기』가 시험 과목으로 분리되어 시행되었다.

정답 ①

18 221

④ 생원, 진사시인 소과와 율과·음양과·의과·역과로 이루어진 잡과는 3년마다 치러지는 정기 시험인 식년시와 국가의 대경사가 있었을 때 치러지는 비정기 시험인 증광시에서만 합격자를 선발하였다. 알성시, 춘당대시, 정시 등 비정기 시험에서는 대과인 문·무과 외에 소과와 잡과는 시험을 보지 않았다.

정답 ④

19 222

④ 군사 제도를 시기 순으로 바르게 나열하면 ㄹ-ㄴ-ㄱ-ㄷ이다.
ㄹ. 백제의 고이왕(234~286)은 좌장을 설치하여 내외 병마권을 관장하게 함으로써 귀족들의 독자적인 군사력을 약화시켰다.
ㄴ. 10위는 발해의 중앙 군사 조직에 해당한다.
ㄱ. 공민왕은 충용위를 설치하여 반원 정책을 뒷받침할 무력 기반을 마련하였다.
ㄷ. 세조 때 확정된 진관 체제에 대한 설명이다. 진관 체제는 군현 단위의 독자적·지역적 방위 체제로 각 도에 병영과 수영을 두어 병마절도사와 수군절도사로 하여금 육군과 수군을 지휘하게 했다.

정답 ④

20 223

④ 대가제는 중국이나 고려 시대에는 찾아볼 수 없는 조선의 독특한 제도로서, 국가에 경사가 발생하여 관품을 높여줄 때 현직, 산직을 막론하고 당상관과 정3품 하의 당하관 최고 지위(자궁)에 있는 자가 본인이 승진할 수 있는 품계를 자손이나 친척에게 대신 줄 수 있도록 법제화된 것이다. 대가는 실직을 지급하는 것은 아니지만 과거에 급제하거나 실직을 받을 때 높은 품계를 지니므로 관직 획득에 유리한 상황을 부여하는 것이었다.

정답 ④

21 224

조선 시대의 관계 조직에 대한 설명으로 옳은 것은?

① 참상관 이상은 목민관에 임용될 수 있었다.
② 산직은 검교직, 동정직에 해당했으며 명예직으로 첨설직도 부여되었다.
③ 행수제의 실시로 관직보다 품계가 높으면 관직 앞에 '수(守)' 자를 붙였다.
④ 이조 전랑은 당상관 이상의 추천권을 행사했으며, 3공에 견줄만한 권력을 누릴 수 있었다.

22 225

다음의 내용과 관련한 학습서에 해당하지 않는 것은?

역과는 기술관을 뽑기 위한 잡과(雜科) 중의 하나로 한학·몽학·왜학·여진학(뒤에 청학으로 바뀜.)의 네 종류가 있었다. 식년시와 증광시에 한학 13명, 몽학·왜학·여진학 각 2명씩을 뽑았으며(대증광시인 경우에는 각각 2명을 더 뽑았다.), 입격자에게는 종7품에서 종9품의 품계를 주어 각 사(司)의 권지(權知 : 관직 임명 전의 관리 후보자)로 분속시켰다가 자리가 나면 실직을 주었다.
---

① 『첩해신어』
② 『노걸대언해』
③ 『훈몽자회』
④ 『인어대방』

23 226

다음은 조선 시대의 어떤 관리들에 대한 자료이다. 이 관리들에 대한 설명으로 옳지 않은 것은?

대관은 마땅히 위엄과 명망이 우선되어야 하고 탄핵은 뒤에 하여야 한다. 왜냐하면 위엄과 명망이 있는 자는 비록 종일토록 말하지 않더라도 사람들이 스스로 두려워 복종할 것이요, 이것이 없는 자는 날마다 수많은 글을 올린다 하더라도 사람들은 더욱 두려워하지 않기 때문이다. … (중략) … 천하의 득실과 백성들을 이해하고 사직의 모든 일을 간섭하고 일정한 직책에 매이지 않는 것은 재상만이 행할 수 있으며 간관만이 말할 수 있을 뿐이니, 간관의 지위는 비록 낮지만 직무는 재상과 대등하다.
---

① 이 관리들은 정사를 비판하고 관리들의 비리를 감찰하는 언론 기능을 담당하였다.
② 조선은 이들과 홍문관을 합쳐 3사라 호칭하였다.
③ 이들은 후임자 자천권과 당하관 이하의 통청권을 가지고 있었다.
④ 이들은 고려 시대에 전 관직에 대한 임명 동의권을 행사할 수 있었다.

24 227

조선 시대 비변사의 설치와 운영에 대한 설명으로 옳지 않은 것은?

① 숙종 시기부터 팔도구관당상을 두어 8도의 군무를 나누어 담당하게 했는데, 각 도에 1인의 구관당상을 임명하였다.
② 숙종과 영조 때에는 인원과 관장 업무가 더 확장되었으며, 정조 시기에도 그 역할이 유지되었다.
③ 대원군은 비변사를 폐지하여 그 담당 업무를 의정부에 이관하고, 삼군부를 부활시켜 군무를 처리하게 하였다.
④ 비변사는 전라도 연안에 침입한 왜구의 방어 대책을 강구하는 과정에서 처음으로 설치되었다.

21 224

① 조선 시대에는 참상관 이상만이 지방 수령에 임용될 수 있었다. 산직은 고려·조선 시대에 직사(職事)가 없었던 관직을 일컫는다.

오답 분석

② 고려 시대의 관계 조직에 관한 설명이다. 고려 시대의 산직은 상층부에는 검교직(문5품 이상·무4품 이상), 하층부에는 동정직(문6품 이하·무5품 이하)을 설치했으며, 고려 후기에 신설된 첨설직(3품 이하)이 있었다. 조선 시대의 산직은 영직, 노인직, 산관직 등으로 나누어졌다. 영직은 양반들의 관직 진출 욕구를 충족시켜주기 위해 세종 대에 설치된 무급 산직이었다. 노인직은 양천을 막론하고 80세 이상의 노인에게 제수된 무급 산직이었다. 산관직은 과거 급제자로서 즉시 서용할 수 없는 사람에게 제수한 무급 산직으로 세종 대에 실시되었다.

③ 행수 제도는 순자법(근무 시간을 기준으로 근무 기간에 따라 관리를 승진시킨 제도) 실시로 관직과 관계가 어긋나는 것을 보완하기 위해 실시한 제도로서, 관계는 높은데 관직이 낮은 경우[계고직비(階高織卑)]는 행(行)을, 관계가 낮은데 관직이 높은 경우[계비직고(階卑織高)]는 수(守)를 명기하여 관계와 관직의 상관 관계를 파악할 수 있게 하였다.

④ 이조 전랑은 자대권(이조 전랑의 후임자 추천권)과 통청권(당하관 이하의 추천권과 3사 관원 선발권)을 부여받아 그 권한이 3공에 견줄만하였다.

정답 ①

22 225

자료는 조선 시대의 역과 운영에 대한 설명으로 이것과 관련한 통역 교재 또는 외국어 학습서가 아닌 것을 묻는 문제이다. 중인인 조선의 역관은 통역 등 역학을 바탕으로 사신을 수행하면서 무역에 관여하여 막대한 이득을 취하기도 하였으며, 조선 후기 청의 문물을 도입하는 데 큰 역할을 담당하였다.

③ 최세진이 편찬한 『훈몽자회』(1527)는 어린이용 한자 학습서로 생활 주변에서 흔히 볼 수 있는 사물에 관한 내용이 담겨 있다.

오답 분석

① 『첩해신어』는 선조 시기에 역관 강우성이 편찬한 일본어 학습서이다.

② 『노걸대언해』는 고려 시대부터 전해오던 중국어 학습서인 『노걸대』를 한글로 언해한 책이다. 이 책은 행상인들의 교역에 관한 일상 회화를 담고 있어 사절의 왕래나 상인의 교역에 필요한 중국어 회화를 익히는 데 활용되었다.

④ 『인어대방』은 정조 시기에 역관 최기령이 편찬한 일본어 학습서이다.

정답 ③

23 226

제시문은 대간(대관과 간관)에 대한 『삼봉집』의 내용이다.
③ 후임자 자천권과 당하관 이하의 통청권을 행사할 수 있었던 직위는 전랑에 해당한다.

오답 분석

① 대관과 간관의 직무는 원칙적으로는 관료에 대한 사찰, 왕에 대한 간쟁으로 구분되어 있었으나 실제적으로는 뚜렷한 구별이 없었다. 대간은 국왕의 눈과 귀로서 백관을 규찰하고 국왕을 간쟁하는 감사 기관의 두 기둥으로서 언론 양사라고도 불렸다.

② 조선 시대에는 사헌부와 사간원을 양사라 하였으며, 홍문관과 함께 삼사라 칭하였다. 고려 시대에는 대간의 풍문 탄핵을 제한하지 않았으나, 조선 왕조가 창건되자 금지되었다. 그러나 언론 삼사의 언론 활동이 활발해진 조선 중기부터는 풍문 탄핵이 묵인되었다. 풍문 탄핵을 금지시키면 사림과 관료들의 훈구파 관료에 대한 비판이 제대로 이루어질 수 없고, 군약신강(君弱臣强)의 정국에서 국왕이 권신들을 통제할 수 없었기 때문이다.

④ 고려의 대간은 전 관직에 대한 서경권을 행사할 수 있었으나, 조선의 대간은 5품 이하에 대한 서경권을 가지고 있었다.

정답 ③

24 227

④ 비변사는 삼포왜란(1510년, 중종 5)이 일어나자 비상시국에 대비하기 위하여 만들어 졌으며, 1517년 여진 침입에 대비한 축성사를 비변사로 개칭하였다. 이때 비변사는 임시 기구였으나, 이후 1555년 세견선의 감소로 곤란을 겪어온 왜인들이 전라도 지방을 침입한 을묘왜변(1555, 명종 10)을 계기로 상설 기구화 되었다.

정답 ④

25 228

다음은 우리나라의 지방 행정 제도를 정리한 것이다. 이를 순서대로 배열한 것은?

> ㉠ 3개의 독주주(獨奏州)가 설치되었고, 주의 장관은 자사로 도독의 지휘를 받았다.
> ㉡ 지방 장관으로서 관찰사를 임명하여 행정권 · 사법권 · 군사권 등을 부여하였다.
> ㉢ 22담로제가 시행되어 왕족 출신의 자제 종족이 중심이 된 지방관이 파견되었다.
> ㉣ 과거에 합격한 자를 속관으로 임명하여 수령을 보좌하게 하였다.

① ㉠ → ㉡ → ㉢ → ㉣
② ㉡ → ㉠ → ㉢ → ㉣
③ ㉢ → ㉠ → ㉣ → ㉡
④ ㉣ → ㉢ → ㉠ → ㉡

26 229

조선 전기 군역제에 대한 설명으로 옳지 않은 것은?

① 중앙군과 지방군은 모두 비상시에 군사 총동원 조직인 5위에 편성되었다.
② 갑사를 중심으로 한 5위는 고려의 2군 6위와 같이 군반 씨족제로 운영되었다.
③ 각계각층의 장정들로 구성된 예비군으로서 잡색군이 조직되었다.
④ 중앙군의 별시위는 국왕의 측근 시위병으로, 양반 자제 등이 지원하여 엄격한 취재 시험을 거쳐 선발되었다.

27 230

조선 전기의 군사 제도에 대한 설명으로 잘못된 것은?

① 진관 체제를 완성하면서 일종의 예비군인 잡색군을 강화하였으며, 서리, 잡학인, 신량역천인, 노비, 일반 농민 등이 배속되었다.
② 연해 각 도에 수영을 설치하고, 그 밑에는 포진(浦鎭)과 포(浦)를 두고 첨절제사와 만호를 파견하여 관할 수군을 통할하게 하였다.
③ 주요 요새지의 읍에는 읍성을 쌓았는데, 충청도와 전라도 해안가에 많이 축조되었으며, 이로써 산성 중심의 방어가 읍성 중심으로 바뀌었다.
④ 중앙군과 지방군의 유기적 통합을 위해 지방군의 일부를 교대로 서울에 올라와 복무하게 하였다.

28 231

다음 자료에서 설명하는 군사 제도에 대한 서술로 옳지 않은 것은?

> 각 도 군사들을 모두 진관에 분속시켰다. 이에 변란이 있으면 각 진관이 소속 군인들을 거느리고 정돈하여 주장(主將)의 호령을 기다렸다. 경상도를 예로 들어 말하면, 본도에는 김해, 대구, 상주, 경주, 안동, 진주 등 여섯 개의 진관이 있었다.

① 세조 시기 보법의 확립으로 군익도 체제가 전국으로 확대되면서 성립되었다.
② 진관에서 복무하는 병사들은 교대 번상제에 의해 중앙군에도 편제되었다.
③ 병마절도사나 수군절도사의 주진(主鎭) 아래에 몇 개의 거진을 두고 거진의 첨절제사가 여러 진을 통할하도록 이루어졌다.
④ 후방 지역에 군사가 없어, 일차 방어선이 무너지면 그 뒤를 막을 방도가 없는 약점이 있었다.

25 228

③ 우리나라의 지방 행정 제도를 순서대로 배열하면 ⓒ (백제) → ⓖ (발해) → ⓔ (고려) → ⓛ (조선)이다.

ⓒ 백제의 무령왕은 22담로에 왕족들을 파견하여 지방에 대한 통제력을 강화하였다.

ⓖ 발해는 3개의 독주주를 설치하여 중간에 있는 부를 거치지 않고 중앙에서 직접 관할하게 하였으며, 주의 장관은 자사로 도독의 지휘를 받았다.

ⓔ 고려 시대에는 하나의 주현에 여러 속현과 특수 행정 구역이 소속되어 있었는데, 넓은 행정 구역을 다스리기 위하여 과거에 합격한 자를 속관으로 임명하여 수령을 보좌하게 하였다.

ⓛ 조선 초 태조는 고려의 특수 행정 구역을 일반 군현으로 병합하여 관찰사제를 시행하여 지방 행정을 돌보게 하였으며, 행정권 · 사법권 · 군사권 등을 부여하였다.

정답 ③

26 229

조선의 중앙군인 5위는 갑사를 비롯한 13개의 병종이 나뉘어 소속되는 한편, 각 위마다 중 · 좌 · 우 · 전 · 후의 5부씩을 배치하여 총 25부를 구성하였다. 5위제는 무과에 의해 선발된 장병과 신분상의 특전으로 편입되는 특수병들, 그리고 농민이 의무 병역으로 중앙에서 근무하는 정병 등 셋으로 구성되었다. 그 가운데 가장 많은 수를 차지하는 것은 갑사와 정병으로, 중앙군의 핵심을 이루고 있었다. 양반 자제나 한량 · 양인들도 봉족을 받고 갑사가 될 수 있는 길은 있었으며, 실제로 시위패 · 영진군 · 선군 등도 취재 시험을 거쳐 갑사가 된 예가 많았다.

② 조선과 달리, 고려의 중앙군인 2군 6위는 직업 군인으로 편성되었으며 군인전을 지급받고 군역이 세습되었다. 이들은 군반 씨족이라고 할 수 있는 군호로 편입되어 군적에 기록되었으며, 군호는 상경하여 거주하였다.

정답 ②

27 230

잡색군은 정군이나 그 봉족이 되지 않는 자들 가운데 현직 관리와 전함 3품 이상자를 제외한 향리 · 관노 · 공사천구(公私賤口) · 목자(牧子) 향교의 생도 등 군역 이외의 국역을 지거나 아예 국역을 지지 않는 자들이 중심이 된 군사 조직이었다. 따라서 정군이나 봉족에 해당하는 일반 농민은 거의 편성되지 않았으며, 진관 체제 성립 이후 거의 유명무실화되었다.

정답 ①

28 231

자료는 세조가 확립한 진관 체제에 대한 내용이다. 진관 체제는 각 도에 한두 개의 병영을 두어 병사가 관할 지역 군대를 장악하고, 병영 밑에 몇 개의 거진을 설치하여 거진의 수령이 그 지역 군대를 통제하는 체제였다.

④ 제승방략 체제에 대한 설명이다. 제승방략 체제는 선조 대의 무장 이일이 저술한 『제승방략』에 따른 것으로 을묘왜변 이후부터 지역 방위 체제로 적용되기 시작하였다.

정답 ④

29 232

다음 내용과 관련된 조선 시대의 군사 조직 및 체제에 대한 연결로 옳은 것은?

> ㄱ. 적의 침입이 있을 때 각 읍의 수령이 가능한 많은 인원을 동원하여 이끌고 자신의 진을 떠나 배정된 방어 지역으로 가서 방어하는 체제
> ㄴ. 대·기·초·사·영 등으로 상향 조직된 지방군 조직
> ㄷ. 새로운 금위 체제를 위해 1785년에 국왕 호위의 전담 부대로 창설

	ㄱ	ㄴ	ㄷ
①	진관 체제	속오군	장용영
②	진관 체제	잡색군	금위영
③	제승방략 체제	속오군	장용영
④	제승방략 체제	잡색군	금위영

30 233

조선의 군사 조직 창설 과정을 올바른 순서로 묶은 것은?

> ㉠ 속오군 창설　　　　㉡ 어영청 창설
> ㉢ 훈련별대 창설　　　㉣ 장용영 창설

① ㉠-㉡-㉢-㉣
② ㉢-㉣-㉡-㉠
③ ㉡-㉠-㉣-㉢
④ ㉣-㉡-㉢-㉠

31 234

조선 전기 국방과 행정의 편의를 위한 교통과 통신 체계의 정비에 해당하는 내용이 아닌 것은?

① 군사적인 위급 사태를 신속하게 알리기 위한 봉수제가 정비되어, 밤에는 산꼭대기에서 봉화를 올리고 낮에는 연기를 피워 서울까지 보고하도록 했다.
② 조선 초기에는 취각령(吹角令)이라 불리는 비상 소집 훈련이 자주 시행되어 도성 안에 사는 관원들이 일시에 궁궐 앞에 모이기도 했다.
③ 봉수제를 보완하기 위해 수립된 파발제는 임진왜란 전까지만 운영되었으며, 이후 혁파되어 사라지게 되었다.
④ 육로로 물자를 운송하고 통신을 전달하는 역마참(驛馬站)이 전국적으로 짜여 중앙과 지방의 연계가 한층 강화되었다.

32 235

(　　　) 안에 들어갈 내용으로 옳은 것은?

> 허적은 훈련도감·어영청 등 서울의 군영도 (　　　)에 소속시켜 군권을 귀일시키자고 건의하였으나, 김석주 측의 반대로 다음해 6월에 일시 혁파되었다. 이때 총융청과 수어청은 중앙 군영의 하나였으나, 경기도 군사력으로 간주되어 (　　　)의 통제 아래에 들어가 있었다. 그런데 남인 측이 나머지 두 중앙 군영의 군권마저 이에 귀속시키려 하자, 김석주 등은 남인의 의도를 파악하고 이를 반대하였던 것이다.

① 오위진무소
② 의흥삼군부
③ 도체찰사부
④ 도병마사

29 232

ㄱ. 제승방략 : 중종 때의 삼포왜란, 명종 때의 을묘왜변을 겪으면서 시도된 전략으로서, 후방 지역에는 군사가 없기 때문에 1차 방어선이 무너지면 그 뒤를 막을 길이 없는 전법이었다. 이 때문에 임란 시기 무력화되었다.

ㄴ. 속오군 : 명의 장군 척계광의 『기효신서』를 바탕으로 임란 중인 1594년 지방군으로 설치되었다.

ㄷ. 장용영 : 정조 시기 국왕의 호위를 맡아보던 숙위소를 폐지하고 새로운 금위 체제에 따라 조직·개편한 국왕 호위 군대로 1793년 도성 중심의 내영과 그 외곽인 수원 성곽 중심의 외영으로 확대·편제되었다.

정답 ③

31 234

③ 파발제가 본격화된 것은 임란 이후에 해당한다. 1583년(선조 16)부터 사람이 뛰어서 전달하는 보발이 실시되다가, 1592년 말을 타고 전달하는 기발이 경상도에서 설치되었다. 임진왜란으로 인해 큰 피해를 입은 조선은 국방을 튼튼히 하는 것 못지않게 조정과 지방 관청 간에 신속하면서도 정확한 통신 체계가 필요하다고 생각했다. 외적의 침입과 같이 위급한 소식을 전달하던 봉수 제도가 있었지만 전달할 내용이 많아 문서로 작성해야 할 때, 혹은 내용을 비밀스럽게 전달해야 할 때에는 마땅치 않았다. 이에 조선 조정은 사람이 직접 소식을 전달하는 파발 제도를 만들었다. 파발은 사람이 직접 걷거나 뛰어가서 전달하는 '보발'과 말을 타고 달려가 전달하는 '기발' 등 두 가지가 있었다. 인조 때에는 전국에 세 개의 파발 길을 만들고, 중간중간에 '참'이라는 시설을 두어 안정적인 통신 체계를 갖추도록 했다. 인조 때 확정된 파발 길은 서울~황해도~평안도, 서울~강원도~함경도, 서울~충청도~경상도 등이었다. 방위로 보면 서쪽과 북쪽, 남쪽 지역과 도성을 잇는 것이었다. 가장 중요한 파발 길은 중국으로 이어지는 황해도~평안도 구간이었다. 이곳에서는 주로 말을 이용했고 나머지 구간은 도보로 가도록 했다. 말을 이용할 경우는 25리마다, 도보로 갈 경우는 60리마다 참을 두어 파발을 교대하도록 했다.

정답 ③

30 233

① 조선의 군사 조직 창설 과정을 순서대로 묶으면 ㉠ – ㉡ – ㉢ – ㉣이다.

㉠ 속오군은 임진왜란 중 『기효신서』의 속오법에 따라 조직된 군대이다. 임진왜란이 소강 상태였던 1594년(선조 27) 황해도부터 조직되기 시작했으며 1596년 말에는 거의 전국적 조직이 완성되었다.

㉡ 어영청은 인조 때 후금과의 항쟁 과정에서 국방력 강화를 명분으로 설치(어영군, 1623 → 어영청, 1628)되었다.

㉢ 1669년(현종 10)에 남인들의 주장으로 번상군인 훈련별대를 설치하였다.

㉣ 장용영은 1793년(정조 17)에 왕권 강화를 위해 설치한 군영이다.

정답 ①

32 235

③ 괄호에 들어갈 내용은 도체찰사부이다. 도체찰사부는 청에서 삼번의 난이 일어나자 윤휴를 비롯한 남인들이 북벌을 추진하기 위해 설치한 기구이다. 임란 시기 운영되었던 도체찰사부는 영의정을 도체찰사로 하는 전시의 사령부로서, 외방 8도의 모든 군사력이 이 기구의 통제를 받게 되어 있었다. 김석주 등이 반대하여 일시 혁파된 도체찰사부는 1678년 12월 영의정 허적의 주장으로 다시 설치되었으나, 숙종은 부체찰사로 김석주를 임명하여 견제하였다.

오답 분석

① 오위진무소는 조선 시대 군사 편제인 오위(五衛)의 일을 맡은 관아로 1451년(문종 1)에 군제를 개혁하고, 1466년(세조 12)에 오위도총부로 변경하였다.

② 의흥삼군부는 조선 초기 군령과 군정을 총괄하던 관서이다. 고려 말기인 1391년(공양왕 3) 종래의 오군 체제를 삼군 체제로 바꾸어 삼군도총제부를 두었는데, 이를 조선 초기인 1393년(태조 2) 9월에 개칭한 것이다.

④ 도병마사는 변경 지역의 군사 문제를 담당하는 고려의 회의 기관이다. 양계 지방의 축성·둔전·국경, 장졸에 대한 상벌, 주·진민에 대한 진휼 등 변경·군사·대외 문제를 의논·결정하였고, 민생 문제에 관계된 정책 회의 기관의 역할도 담당하였다.

정답 ③

PART 06

경제 구조와
경제생활

PART 06 경제 구조와 경제생활

01 236

삼국의 수취 체제에 대한 기록으로 잘못된 것은?

① 고구려 : 세(稅)는 포목 5필에 곡식 5섬이다. 조(租)는 상호
가 1섬이고, 그 다음이 7말이며 하호는 5말을 낸다.
② 고구려 : 유인(遊人)은 매년 10인이 가는 베 1필을 함께 낸다.
③ 백제 : 세(稅)는 포목, 비단 실과 삼, 쌀을 내었는데, 풍흉에
따라 차등을 두어 받았다.
④ 백제 : 2월 한수 북부 사람 가운데 15세 이상 된 자를 징발하
여 위례성을 수리하였다.

02 237

통일 신라 민정 문서에 대한 설명으로 잘못된 것은?

① 인구, 토지, 생산 자원에 대한 증감이 모두 나타나 있다.
② 인구는 연령별, 남녀별 6등급으로 구분하였고 호구는 9등급
으로 조사되었다.
③ 수좌내연의 존재로 사회적 이동이 제한적이나마 가능했음
을 파악할 수 있다.
④ 호두나무, 잣나무, 뽕나무 등 유실수와 소, 말 등 가축의 수
치와 변동까지 세밀하게 기록하였다.

03 238

통일 신라의 민정 문서에 대한 설명으로 잘못된 것은?

① 각 촌락에 노비의 수가 적어 주 생산 계층이 농민이었음을
유추할 수 있다.
② 토지는 전(田)과 답(畓)으로 이루어져 있는데, 답이 농경지
면적의 45% 정도였다.
③ 촌주위답은 관모전답 위에 설정되어 공동 노역으로 관리되
었다.
④ 4개의 촌락 중 3개의 촌락에서 소보다는 말의 숫자가 많았
음을 알 수 있다.

문제 풀이

01 236

선지의 내용은 삼국의 수취 체제에 대한 기록들이다. 『수서』에 의하면 고구려의 인두세에 해당하는 세는 포목 5필에 곡식 5섬이며, 토지세에 해당하는 조는 상호가 1섬이고, 중호가 7말, 하호가 5말이라고 기록되어 있다. 토지세에 해당하는 조는 재산의 많고 적음(토지의 많고 적음)에 따라 거두었던 것으로 보인다.

② 유인(유목민 또는 빈민으로 추정)은 매년이 아닌 3년에 한 번 10인이 모여 베 1필을 바쳤던 것으로 기록되어 있다.

정답 ②

02 237

① 민정 문서에는 인구와 생산 자원에 대한 기록은 있으나, 토지의 증감은 나타나 있지 않다.

오답 분석

② 민정 문서는 인구를 연령과 성별에 따라 촌락 단위로 6등급으로 구분하였으며, 호구는 토지의 다과에 따라 9등급으로 나누었다(호구를 인정의 다과에 따라 나누어야 한다는 견해도 있다). 또한 노비의 수가 현저히 적어 주로 생산에 종사한 계층이 일반 농민임을 알 수 있다.

③ 수좌내연은 민정 문서가 작성된 이후 3년 이내에 전입해 온 호(戶)를 의미하며, 수좌내연의 존재로 제한적이나마 인구 이동이 가능하였음을 아울러 알 수 있다.

④ 민정 문서는 뽕나무, 잣나무, 호두나무 등 유실수와 소와 말 등의 자원에 대한 수치와 변동까지 세밀하게 기록되어 있다.

정답 ①

03 238

③ 촌주위답은 사유지인 연수유전답 안에 설정되었으며, 4개 촌락 중 사해점촌 1곳에서만 존재하였다. 관모전답은 국유지에 설정된 것으로 관청 경비를 조달하기 위해 공동 노역으로 경작되었다. 국유지로는 이 밖에 관료전으로 추측되는 내시령답, 삼베 등을 수취하기 위해 경작하였던 마전 등이 있다.

정답 ③

04 239

사료의 밑줄 친 피리와 관련된 국가에 대한 설명으로 옳지 않은 것은?

> "제가 포로가 되어서 적국의 대도구라(大都仇羅)의 집에
> 서 목동이 되어 대오라나라는 들에서 방목을 하고 있었습
> 니다. 그런데 갑자기 용모가 단정한 한 스님이 손에 거문고
> 와 피리를 들고 오셔서는, 저를 위로하며 '고향 생각을 하
> 느냐?' 하시기에, 저는 저도 모르게 그 앞에 무릎을 꿇고는
> '임금님과 어버이를 그리워하는 마음이 어찌 끝이 있겠습
> 니까?' 하였습니다. 그러자 스님이 '그렇다면 나를 따라 와
> 야 하느니라.' 하시고는 저를 이끌고 바닷가로 가셨는데,
> 또 안상을 만나게 되었습니다. 스님은 곧 피리를 둘로 쪼개
> 어 저희 두 사람에게 각각 하나씩 타게 하고는 자신은 가야
> 금을 타고서 둥실둥실 떠서 돌아왔는데, 잠깐 사이에 여기
> 에 이르렀습니다." …… 6월 12일에 혜성이 동쪽에서 나타
> 났는데, 17일에 또 서쪽에서 나타났다. 그러자 천문을 담
> 당하는 관리가 아뢰었다.
> "가야금과 피리의 상서로움에 대해 작위를 봉하지 않아
> 서 그러한 것이옵니다."
>
> – 『삼국유사』

① 공장부가 전국의 수공업을 관장하였으며, 국왕이나 왕실 수
　요품을 생산하는 관청이 있었다.
② 촌락의 논과 밭, 삼밭의 결수를 조사하여 기록하였고, 뽕나
　무, 잣나무, 가래나무 등의 숫자를 별도로 파악하여 재정 수
　입의 자료로 삼았다.
③ 상류층은 육류와 수산물을 즐겼으며 섬에서 목장을 설치하
　여 가축을 기르기도 하였다.
④ 노성의 쌀, 책성부의 콩으로 만든 된장이 유명하였고, 목축
　도 성행하였다.

05 240

고려와 조선의 조창 운영에 대한 설명으로 옳지 않은 것은?

① 고려 초부터 조운 제도가 운영되어 양계를 포함한 모든 행
　정 구역에 조창이 설치되었다.
② 고려 후기 조운제는 몽골의 침략과 왜구의 약탈로 어려움을
　겪었다.
③ 조선의 조군 중 수부는 세습직으로 역이 고되어 신량역천으
　로 분류되었다.
④ 조선 후기에는 상업 활동과 연안 어업의 성장으로 조운의 운
　영이 점차 사선에 의존하게 되었다.

06 241

자료에서 언급한 조창이 설치된 지역과 관련된 사실은?

> 원주 · 평창 · 영월 · 정선 · 횡성 등 강원도 영서 지방 남
> 부 5개 고을의 세곡과 강릉 · 삼척 · 울진 · 평해 등 영동 지
> 방 남부 4개 고을의 세곡을 수납, 보관하였다가 일정한 기
> 일 안에 경창으로 운송하였다. 그 뒤 1413년(태종 13) 영동
> 지방의 세곡을 주창(主倉 : 그 지역의 세곡을 모두 한 곳으
> 로 모으는 조창)에 남겨두고 군사용의 물자로 사용하게 하
> 면서 영서 지방의 세곡만 운송하였다. 그 운송 항로는 한강
> 의 수로를 따라 서울의 용산강변에 이르는 것이었다.

① 김윤후의 대몽 항쟁이 일어난 지역이었다.
② 단종이 노산군으로 강등된 뒤, 이곳으로 유배되어 죽음을
　맞이하였다.
③ 궁예가 국호를 마진으로 바꾸고 천도하였던 곳이다.
④ 5소경의 하나인 북원경이 설치된 지역이었다.

04 239

사료의 밑줄 친 '피리'는 만파식적을 언급한 것이다. 『삼국유사』는 만파식적에 관하여 두 가지의 기록을 남기고 있다. 첫 번째 기록은 통일 신라의 신문왕이 만파식적을 얻은 경위에 대한 것이며, 두 번째 기록은 효소왕 시기 말갈의 포로가 되었던 화랑인 부례랑을 만파식적이 신묘한 힘으로 구출하는 내용이다.

④ 발해에 대한 설명이다.

정답 ④

05 240

우리나라는 구릉과 하천이 많고 운송 수단이 발달하지 못하였기 때문에 국가에서는 지방 세곡을 중앙으로 나르기 위하여 고려 초부터 조운 제도가 운영되었다.

① 양계에는 군사비 사용 목적으로 세곡을 자체 소비하였기 때문에 운반을 위한 조창이 설치되지 않았다.

오답 분석

② 고려의 조운제는 무신 집권기에 문란상을 보이고 몽골의 침략을 거쳐 고려 말에는 왜구의 침입으로 사실상 운영이 마비되었다.

③ 조선 시대에는 조운의 실제 담당자들을 조군이라 불렀는데, 특히 수운에 속한 조졸을 수부라고 하였다. 수부는 세습직이었으며, 그 역이 고되어 신량역천으로 분류되었다. 이들은 강제로 징발되기도 하였으며, 해난 사고로 인한 인명 피해로 그 인원 확보에 어려움을 겪었다.

④ 15세기 말 이후 대동법 실시로 인해 조운량이 늘어났다. 그러나 국역 체제가 문란해지고 조군들의 역 기피 현상으로 관선의 운영이 어려워졌으며, 관장제가 무너지면서 선박 건조도 타격을 입게 되었다. 반면 상업 활동과 연안 어업이 꾸준히 성장하면서 사선의 운송 활동은 활발히 이루어지고 있으므로 국가에서는 조운의 운영을 점차 사선에 의존하였고, 조선 후기에는 조운의 운영이 점차 사선 중심으로 넘어가 지토선(조창에 소속되지 않은 각 읍의 배)·경강 사선(경강 상인들의 배)·훈국선(훈련도감의 배) 등이 각 지역에서 세곡을 운반하였다.

정답 ①

06 241

자료에서 언급한 조창은 원주의 흥원창이다.

④ 원주의 흥원창과 함께 좌수참이라고 불리는 충주의 가흥창, 춘천의 소양강창은 모두 바닷길을 거치지 않는 내륙 수운에 해당한다. 이곳은 원래 고구려의 평원군이었으며, 신라가 장악한 뒤에는 북원소경을 설치했던 곳이다. 이후 경덕왕 때 북원경으로 개명되었다.

오답 분석

① 김윤후의 대몽 항쟁 지역으로는 경기도 용인의 처인 부곡(몽골 2차 침입)과 충주성(몽골 5차 침입)이 있다. 특히 조창(가흥창)이 위치한 곳은 충주에 해당한다.

② 단종이 노산군으로 강등된 뒤 유배된 곳은 영월이다.

③ 궁예가 국호를 마진으로 바꾸고 천도한 곳은 철원이다.

정답 ④

07 242

다음의 사실에 모두 해당되는 지역과 관련된 내용을 고르면?

> ㄱ. 석회암 동굴에서 구석기 시대의 유물과 유적이 다량으로 발견되었다.
> ㄴ. 고구려가 이 지역까지 판도를 넓혔음을 알려주는 비석이 있다.
> ㄷ. 몽골의 침략에 맞서 천민들의 항쟁이 치열하게 전개되었다.
> ㄹ. 조선 시대에는 조운(漕運)을 중심으로 수상 교통이 발달하였다.

① 조선 전기에 4대 사고 중 한 곳이 설치되었다.
② 이곳에서 『직지심체요절』이 금속 활자로 간행되었다.
③ 민정 문서는 이 지역을 중심으로 한 4개 촌락을 배경으로 작성되었다.
④ 이 주변 지역에서 재산 분쟁과 관련된 신라비가 발견되기도 하였다.

08 243

자료의 (가)~(나) 시기에 추진된 정부의 정책으로 옳은 것은?

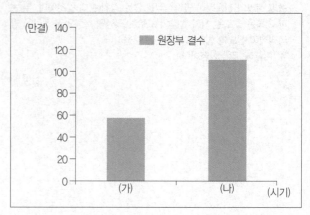

> (가) 공양왕 1년(1389), 경기와 5도의 토지를 양전하였다. 기한에 쫓겨 빠뜨린 것이 있으며, 해변의 토지 또한 양전하지 못하였다.
> (나) 태종 6년(1405), 의정부에서 여러 도(道)의 양전한 결수를 올렸다. 동·서북면을 제외하고 6도의 원전(原田)에 다시 양전하여 30만여 결을 더 확보할 수 있었다.

① 4군 6진을 설치하여 영토를 확장하였다.
② 강화도에서 대규모 간척 사업을 시작하였다.
③ 『해동농서』를 편찬하여 영농 기술을 보급하였다.
④ 노비변정도감이 설치되었으며, 개간을 장려하였다.

09 244

고려 시대 수취 제도에 대한 설명으로 옳지 않은 것은?

① 연작상경이 확대됨에 따라 비옥도에 따라 토지 면적을 달리하고 수등이척제를 사용하였다.
② 농민이 진전이나 황무지를 개간하면 일정 기간 소작료나 조세를 감면해 주었다.
③ 1결의 기준을 400두가 생산되는 땅으로 규정하고 6등급으로 규정하였으며, 1/10세를 거두었다.
④ 공물은 상공과 별공으로 구분되었고, 대개 육로를 통해 중앙으로 운송했다.

07 242

자료의 사실에 모두 해당되는 지역은 '충주'이다.

ㄱ. 충북 단양 금굴 유적은 현존하는 가장 오래된 구석기 유적지로 1980년 충주댐 건설로 인한 수몰 지역에 실시된 문화 유적 지표 조사에서 발굴되었다.

ㄴ. 국내에 유일하게 남아 있는 고구려의 석비(石碑)는 중원 고구려비로 고구려의 장수왕이 백제의 수도 한성을 함락시키고 남한강 유역을 점령한 뒤 세운 비석으로 알려져 있다. 중원 고구려비는 신라 시대 충주의 옛 지명에서 비롯된 비명으로 공식 명칭은 '충주 고구려비'이다.

ㄷ. 몽골의 고려 1차 침입(1231) 당시 몽골군이 개경을 포위하고 충주까지 도달하였는데, 고려의 백성들은 혼신의 힘을 다해 전투에 임해 몽골군의 남진을 저지하였고, 충주성에서는 지광수를 중심으로 노군들이 크게 활약하여 승전을 이끌었다.

ㄹ. 조선은 건국 직후부터 조운을 정비하고자 국초에 서해안의 예성강구로부터 남해안의 섬진강구에 이르는 해안 9곳에 조창을 설치하였다. 그중 충주에 경상도의 여러 읍과 충청도 충주·음성·괴산·청안·보은·단양·영춘·제천·진천·황간·영동·청풍·연풍·청산 구역을 관할하는 가흥창을 설치하였다.

① 조선 전기 임진왜란 전에는 1439년(세종 21) 7월에 내사고인 춘추관 실록각이 마련됨으로써 외사고인 충주·전주·성주를 포함한 4대 사고가 마련되어 운영되었다.

오답 분석

② 『직지심체요절』은 청주 흥덕사에서 간행되었다.

③ 민정 문서는 청주 서원경 부근의 4개 촌락에 대한 세원 확보를 위해 작성되었다.

④ 재산 분쟁과 관련된 비석이 발견된 지역은 포항과 인근 지역인 영일이며, 각각 포항 중성리비, 영일 냉수리비가 조사되었다.

정답 ①

08 243

자료의 시기는 고려 말 공양왕 재위기부터 조선 건국 이후 태종 초까지를 말한다.

④ 조선 건국 이후 태조와 태종은 노비변정도감을 설치하여 억울하게 노비가 된 사람들을 양인으로 해방시켰고, 개간을 장려하였다.

오답 분석

① 세종은 4군 6진을 개척하여 압록강~두만강 선까지 국경을 확보하였다.

② 고려 후기 몽골의 침략으로 강화도 천도가 이루어진 뒤, 이 지역을 중심으로 조밀한 간척 사업이 추진되었다.

③ 『해동농서』는 정조 재위기에 서호수가 편찬한 것이다. 이 책은 우리나라 농학의 전통 위에서 자연 조건을 반영하고 중국의 농업 기술까지도 수용해 전제·수리·농기에 관한 문제들을 포함하는 새로운 농학의 체계화를 기도한 것이다.

정답 ④

09 244

고려 시대 중기까지는 1결을 18석으로 규정하였으나, 고려 말부터 조선 초기까지는 300두가 생산되는 땅으로 기준을 조정하였다. 또한 토지를 3등급으로 구분하였다.

③ 1결의 기준이 400두로 설정되고 토지의 등급이 6등급으로 규정된 시기는 세종 때이다. 세종 이전에는 과세 기준이 1/10세였으나, 세종 시기 공법의 적용으로 최대 1/20세에서 최소 1/100세로 조정되었다.

정답 ③

10 245

다음 자료를 참고하여 조선 전기 농민 '갑'이 납부해야 하는 조세를 계산하면 얼마인가?

- 농민 '갑'은 4등전을 1결, 6등전을 2결 소유하고 있으며, 올해 개간하여 면세받은 토지도 1결 소유하고 있다. 또한 소작지도 1등전 1결을 경작하고 있다.
- 올해는 연분 9등법의 중상년으로 정해졌다.

① 50두
② 42두
③ 60두
④ 80두

11 246

세종 때 실시된 연분 9등법과 전분 6등법 제도에 대한 설명으로 옳은 것은?

① 전분의 등급이 같은 토지는 풍흉에 관계없이 동일한 조세를 부담하였다.
② 세종 시기 분할 재정의 운영 방식이 확정되어 이와 같은 공법이 시행되었다.
③ 1결의 절대 면적은 전분에 관계없이 항상 동일하였다.
④ 연분의 등급이 같은 토지는 1결당 동일한 조세를 부담하였다.

12 247

다음의 사료와 연관된 내용으로 잘못된 것은?

> 우리나라는 땅들이 지품이 달라 …… 전조(고려)에서는 단지 농부의 손가락 둘을 10번 더하여 상전척으로 삼고, 손가락 둘을 5번, 셋을 5번 더하여 중전척으로 삼고, 손가락 셋을 10번 더하여 하전척으로 삼아 3등전을 정하고, 1결 수조는 모두 30두씩을 정수로 하였다. 옛 제도와 어긋나긴 하지만 개국 이래 그대로 이 법을 써서 다시 양전하고 있다.
> – 「세종실록」

① 고려는 수등이척 수지척의 기준으로 토지를 측량하였다.
② 이러한 폐단을 극복하고자 공법이 제정되었다.
③ 고려와 조선은 모두 결부제를 적용하여 토지를 구획하였다.
④ 세종 시기 인지의가 발명되어 토지 측량의 문제점을 해결하였다.

13 248

아래 제도에 대한 설명으로 옳지 않은 것은?

> (가) 매년 9월 보름 이전에 수령이 그해의 농사 형편을 살펴 등급을 정한다. 관찰사가 심의, 보고하면 의정부와 6조가 함께 의논하여 다시 임금에게 보고한 다음 조세를 거둔다. 상상년(上上年)은 20두, 상중년(上中年)은 18두, 상하년(上下年)은 16두, 중상년(中上年)은 14두 … (중략) … 하하년(下下年)은 4두로 정한다.
> (나) 모든 토지는 6등급으로 나누며, 20년마다 측량을 다시 하여 대장을 만들어, 호조와 본도 및 본읍에 보관한다. 1등전은 주척으로 4자 7치 7푼 5리, 2등전은 5자 1치 7푼 9리, … (중략) … 6등전은 9자 5치 5푼의 자로 잰다.

① 토지는 비옥한 정도에 따라 6등급으로 나뉘었다.
② 그해의 풍흉 정도에 따라 납부하는 조세의 양이 달라졌다.
③ 경무법을 바탕으로 시행되었으며, 공법상정소와 전제상정소에서 논의되고 제정되었다.
④ 토지의 비옥도에 따라 길이가 다른 자를 사용하여 토지를 측량하였으며 이적동세의 특징을 갖는다.

10 245

조선 세종 시기에는 토지의 비옥도에 따라 1결의 크기를 6등급으로 구분하였으며, 크기가 다른 1결당 부과한 세금은 풍흉의 정도에 따라 9등급으로 구분되어 정해진 동일한 조세(하하년 4두~상상년 20두, 등급마다 2두씩 증가)를 부담하였다(이적동세). 따라서 1결당 납부해야 할 조세는 연분 등급에 따라 동일하게 적용되었다. ② 농민 '갑'이 납부해야 할 조세는 중상년을 기준으로 하므로 1결당 14두씩 3결을 소유하므로 총 42두를 납부해야 한다. 소작지는 토지 소유주가 조세를 부담하는 것이 원칙이었으며, 개간지는 일정 기간 면세되었다.

정답 ②

11 246

④ 1결은 생산량을 기준으로 하였기 때문에 비옥도에 관계없이 등급이 다르더라도 모두 동일한 세액을 부담하여야 했다. 따라서 1결에 대한 조세 기준은 풍흉의 정도에 따른 연분의 등급에 의해 결정되었다.

오답 분석

① 조세는 풍흉에 따른 연분 9등법에 의해 결정되었으며, 전분의 등급과는 관련이 없었다.
② 세종은 재정 운영 방식을 국용전제(1445년)로 개편하고, 고려 시기의 복잡한 재정 운영을 일원화하였다.
③ 1결의 면적은 400두를 생산하는 면적이었으므로 토지의 비옥도 (전분의 등급)에 따라 달랐다.

정답 ④

12 247

사료는 수등이척의 바탕인 수지척에 대한 설명이다. 세종은 전분 6등법을 실시하여 수지척을 토지의 등급에 따라 길이가 다른 자를 사용하여 토지를 측량하는 주척으로 전환시켜 척도의 명확한 기준을 확립하였다.
④ 인지의는 세조가 고안, 제작하였던 땅의 원근을 측량하는 기구였다.

오답 분석

① 고려 후기부터 조선 세종 이전까지 수등이척 수지척의 기준으로 토지를 측량하였다. 세종은 수등이척 수지척을 수등이척 주척으로 개편하였다.
② 답험 손실의 폐단을 지양하며, 농업 생산력의 발전에 상응하고 객관적 기준에 의거하는 전세 제도로 개혁하기 위하여 세종은 전국 관민의 여론을 수렴하여 공법이라는 새로운 정액세법을 구상하였다.
③ 고려와 조선에서 시행된 조세의 토지 기준은 모두 생산량을 바탕으로 한 결부제였다.

정답 ④

13 248

(가)는 연분 9등법, (나)는 전분 6등법에 관한 설명이다.
③ 경무법은 토지의 절대 면적을 단위로 한 계량법으로 우리나라에서는 고구려 시기를 제외하고 사용되지 않았다. 고구려는 척박한 환경으로 인해 토지 생산성이 낮아서 절대 면적을 기준으로 수취 체제를 정비하였다. 반면에 다른 국가에서는 토지 생산성의 차이로 인해 동일 면적을 단위로 한 수취 체제를 적용하기가 어려웠다. 따라서 신라 및 고려, 조선은 모두 생산량 기준의 결부제를 토지 기준으로 삼아 수취 체제를 정비하였다. 세종은 낙후된 수취 체제의 정비를 위해 1430년 17만 2천 명 농민의 여론을 수렴하였으며, 1436년 공법상정소를 설치하고 1443년 이를 전제상정소로 확대·개편하여 세제 개편을 논의하였다.

정답 ③

14 249

다음의 기준으로 수취 체제를 정비하였던 국왕의 업적으로 옳은 것은?

> 무릇 토지는 매년 9월 보름 이전에 수령이 그해의 농사 형편을 살펴 등급을 정한다. [읍내와 사면(四面)을 각각 나누어 등급을 정한다] 관찰사가 이를 심의 · 보고하면 의정부와 6조가 함께 의논하여 다시 임금에게 보고한 다음 조세를 거둔다. (소출이 10분의 10이면 상상년으로 결정해 1결당 20두, 9분이면 상중년으로 18두, 8분이면 상하년으로 16두, 7분이면 중상년으로 14두, 6분이면 중중년으로 12두, 5분이면 중하년으로 10두, 4분이면 하상년으로 8두, 3분이면 하중년으로 6두, 2분이면 하하년으로 4두씩 거두며 1분이면 면세한다.)

① 한양 재천도 이후 시전을 설치하였으며, 유향소를 폐지하였다.
② 조선 시대의 유학자들을 최초로 문묘에 배향하게 하였다.
③ 『용비어천가』와 『치평요람』 등을 편찬하였다.
④ 군제 개편을 단행하였고, 군사력 강화책의 일환으로 팔방통보를 구상하였다.

15 250

다음의 법이 정해졌던 시기에 정치적 과제로 대두되었던 내용은?

> 옛 등급 제도에 따라 척수를 달리한 법을 없애고, 주척의 4척 7촌 7분 5리를 양척으로 정하고, 등급의 높낮이는 논할 것 없이 통틀어 결부를 계산하여 전 1척을 파로, 10파를 속으로, 10속을 부로, 100부를 1결로 하고 계산하여 10,000척이 되는 전지에 대하여 1등전을 1결, 2등전을 85부 …… 6등전은 25부로 정하며 전품에 따라 세를 걷도록 하였다. 그런데 전지 모양이 저마다 다르고 명색이 현란해지기 쉬우므로 다만 알기 쉬운 방전 · 직전 · 제전 · 규전 · 구고전 5가지 명색으로 측량하여 안에 썼다. …… 6파 이상은 속으로 하고 5파 이하는 따지지 않았다. …… 전은 자호를 붙이되 천자문 차례를 쓰고 다시 一 · 二 · 三으로 차례를 정하였다. 묵은 밭과 일군 밭을 가리지 않고, 5결이 차면 한 자호로 표시한 다음에 전의 동서남북 사표와 소유주 이름을 양안에 쓴다.
> – 『만기요람』

① 전후 복구 사업의 추진과 종묘의 재건
② 어영청과 총융청의 창설
③ 화성 건설과 대유둔전의 설치
④ 북벌의 추진과 나선 정벌

16 251

다음의 현상이 발생하였을 당시의 수취 체제에 대한 설명으로 옳은 것은?

> 옛 풍속에 남의 토지를 경작하는 것을 병작이라 한다. 대개 지주와 소작인이 각각 수확량의 반을 거두어들인다. 한 사람이 경작하여 그 반을 분배할 때 전세와 종자는 지주 부담이고, 소작인이 관여하지 않는 것이 또 옛 풍속이다. 요즈음 호서 · 호남에는 점점 소작인 부담으로 되어 지주가 도리어 관여하지 않는데도, 사람들은 오히려 뇌물을 주고도 소작지를 얻지 못한다 한다.

① 토지를 비옥도에 따라 9등급으로 구분하여 조세의 양을 조절하였다.
② 대동법의 시행 이후에도 별공과 진상이 유지되어 토산물을 수시로 징수하는 문제가 발생하였다.
③ 농업 생산력이 안정되자 인보법에 의해 토지세가 책정되었다.
④ 대동법의 실시 직후부터 유치미는 서울로 운반되어 공인에게 필요 물품을 공급하게 하는 비용으로 사용하였다.

17 252

다음에서 공통적으로 설명하는 것은?

> - 부세가 토지로 집중되는 경향은 대동미, 결전, 결환 등으로 이어져 19세기에 이르러 이것으로 귀결되었다.
> - 이것은 원래 토지세의 전세 외에 군역, 환곡, 잡역 중 일부 또는 전부를 토지에 부과하여 화폐로 징수하는 것을 말한다.
> - 빈농층이 부세를 담당할 능력을 상실하면서 생긴 부세의 부족분을 쉽게 토지에 전가시켜 국가로서는 부세를 원활히 확보할 수 있는 방법이었다.
> - 수령과 아전 등이 횡령한 관곡을 손쉽게 민간의 토지에 부세로 떠넘기는 수단으로 악용되기도 하여 농민 항쟁의 중요한 원인이 되었다.

① 분석
② 도결
③ 번작
④ 백지징세

14 249

자료의 내용은 세종이 시행한 공법 중 연분 9등법과 관련된 것이다.
③ 세종은 학문 수양을 위해 사가독서제를 실시하였으며, 『용비어
천가』, 『치평요람』, 『삼강행실도』 등을 편찬하였다.

오답 분석

① 태종은 1405년 개경에서 한양으로 재천도를 하였으며, 1412년부
터 시전 행랑을 설치하기 시작하였다. 또한 그는 왕권 강화를 위
해 유향소를 폐지하였다. 유향소는 세종 시기 다시 복설되었다.
② 임진왜란 이후 사림 5현을 문묘에 최초로 배향하게 한 왕은 광
해군이다.
④ 세조는 보법을 실시하여 5위와 진관 체제를 정비하였으며, 화살
촉 모양의 팔방통보를 주조하여 국방력을 강화하려 하였다.

정답 ③

15 250

자료에서 언급한 법은 양척동일법이며, 효종 시기에 실시되었다.
④ 효종은 재위 10년간 어영청을 총 군영으로 삼고 금군을 기병화
하는 등 북벌을 추진하기 위해 총력을 기울였다.

오답 분석

① 전후 복구 사업과 종묘의 재건 완비는 광해군의 업적이다.
② 어영청과 총융청의 창설은 인조 재위기에 이루어졌다.
③ 화성 건설과 대유둔전의 설치는 정조 대의 일이다.

정답 ④

16 251

자료는 도조법의 시행지가 확대되고 소작지를 얻기 어려웠던 조
선 후기에 대한 내용이다. 도조법은 정액 지대로서 풍흉과 관계없
이 소작료를 지주에게 납부하는 것이었지만 조세 부담은 소작인에
게 주어졌다. 이 시기에는 광작이 성행하여 많은 소작농들이 소작
지에서 이탈되었으며, 소작지를 얻기가 어려워졌다.
② 대동법 시행 이후에도 별공과 진상이 유지되어 토산물을 수시
로 징수하는 문제가 발생하였으며, 대동세를 소작인에게 전가
하는 지주가 늘어나 농민 생활이 피폐해졌다.

오답 분석

① 토지는 비옥도에 따라 6등급으로 구분하였으며(전분 6등법) 조
선 후기에도 유지되었다.
③ 인보법은 태종 시기에 10호를 전후로 하는 편호 조직으로 만들
어졌으며 얼마 뒤 오가작통법으로 대체되었다.
④ 대동법 실시 이후 상납미는 선혜청에서 관장하여 공인과의 계
약을 통해서 중앙 관청의 필요 물품을 구입하는 데 사용하였으
나, 유치미는 지방 관청의 경비로 사용되었다. 18세기 후반에 이
르면서 상납미가 매년 증가하여 지방 유치미가 부족하게 되자
다시 세제의 문란상이 가속화되었다.

정답 ②

17 252

② 도결은 조선 후기 삼정 문란의 한 사례인 전정의 폐해로, 관리
들이 사적으로 횡령한 공금을 보충하기 위하여 일부 또는 전부
를 토지에 부과하여 화폐로 수납한 것이다.

오답 분석

①, ③ 분석(分石)과 번작(反作)은 삼정의 문란 중 가장 폐해가 심각
했던 환곡의 문제점에 속한다. 분석은 환곡에 풀뿌리, 모래, 겨
를 섞어 분량을 늘리고, 늘린 분량만큼의 쌀을 횡령한 일을 말
하며, 번작은 출납 관계에 대한 허위의 보고를 작성하여 문서상
으로만 환곡을 빌려준 것을 말한다.
④ 백지징세는 전정의 폐해 중 하나로 황폐한 토지를 징세안에 올
려놓고 강제 징수했던 것을 말한다.

정답 ②

18 253

다음 자료와 관련된 수취 제도에 대한 설명으로 옳지 않은
것은?

> 벌꿀이 강원도에서 생산된다 하여 다른 도에 배정하지
> 않고 모두 강원도에만 배정하면, 강원도는 반드시 그것을
> 감당할 수가 없을 것입니다. 경상도 용궁과 예천에서 돗자
> 리가 생산된다 하여 돗자리를 모두 여기에만 부과하면 또
> 한 이를 감당해 낼 수가 없습니다. 모든 물품이 이러하니
> 공물을 오로지 토산물로만 배정하는 것은 불가능합니다.
> － 『문종실록』, 권4, 문종 즉위년 10월 경진

① 공물은 역·원·관을 중심으로 육로 운송의 방법을 이용하
　였다.
② 연산군 대 이후 다음 해의 공물을 일시불로 미리 징수하는
　인납(引納)이 횡행하였다.
③ 공납은 함경도와 평안도가 잉류 지역으로 지정되어 세를 중
　앙으로 운반하지 않았다.
④ 불산 과세의 문제가 크게 대두되었으며, 이로 인해 대납과
　방납의 폐해가 발생하였다.

19 254

다음 자료에서 언급된 수취 체제에 대한 설명으로 잘못된
것은?

> "지금 별도로 청(廳)을 설치하여 매년 봄과 가을에 백성
> 으로부터 토지 1결마다 쌀을 거두어 본청에 수납하게 하소
> 서. 본청에서는 물가의 시세를 보아 쌀을 방납인에게 지급
> 하여 수시로 물품을 조달하게 하소서."라고 하니 왕이 이
> 에 따랐다. 이때 왕의 교지 중에 선혜(宣惠)라는 말이 있어
> 담당 관청의 이름으로 삼았다. 건의하여 방납의 폐해를 시
> 정하려 하였다.
> － 『광해군일기』

① 선혜청은 상납미를 중심으로 관청 수요품을 공급하고 조달
　하였다.
② 충청·전라·경상·황해 4도에서는 연해읍과 산군을 구별
　하여 각각 쌀이나 포·전으로 상납하도록 하였다.
③ 농민이 내는 부가세의 부담이 가중되고 지주의 부담은 줄어
　들었다.
④ 숙종 시기에 잉류 지역을 제외하고 전국적으로 실시되었다.

20 255

다음 사료의 밑줄 친 ㉠~㉣과 관련된 설명으로 옳지 않은
것은?

> 국초에는 신역법이 매우 엄격하여 위로 정승 판서의 아
> 들로부터 아래로 일반 백성에 이르기까지 각각 소속되어 있
> 지 않은 사람이 없었습니다. 조상의 음덕이 있는 사람은 충
> 순위·충찬위에 속하고 음덕이 없는 사람은 정병이나 갑사
> 가 되었으므로 백성들의 뜻이 안정되고 역이 고르게 되었습
> 니다. 요즘에는 세상이 점차 바뀌고 기강이 갈수록 해이해
> 져서 사대부의 자제들은 이미 충순위·충찬위에 속하지 않
> 고 ㉠ 지방의 품관이나 한미한 집안까지도 양반이라 하여 신
> 역에서 면제되려고 합니다. 이에 군역은 모두 피폐하고 세
> 력이 없는 가난한 백성들에게만 부과되기에 이르렀습니다.
> … (중략) … 그러니 실제로 양역에 응하는 호는 단지 10여
> 만 호에 불과할 따름입니다. ㉡ 10여만의 호로서 50만 호가
> 져야 할 양역을 감당해야 하니 한 집안에 비록 남자가 4~5
> 명이 있어도 모든 군역을 벗어나지 못합니다. 그리고 ㉢ 한
> 사람의 신포값이 4~5량이니 한 집안의 4~5명에 모두 소용
> 되는 비용은 20여 냥이나 됩니다. 이들은 물려받은 재산도
> 없고 가진 땅도 없어 모두 남의 땅을 소작하고 있으니 1년
> 의 수입이 많아도 10석을 넘지 못합니다. 그것마저 ㉣ 반을
> 땅주인에게 바쳐야 하니 그 나머지로 어떻게 20여 냥이나
> 되는 비용을 마련할 수 있겠습니까? 비록 날마다 매질을 하
> 여도 그것을 마련할 길이 없어 마침내는 죽지 않으면 도망
> 을 가게 됩니다. 도망가거나 죽은 자의 몫을 채울 수 없으
> 니 이에 백골징포·황구첨정의 폐단이 생겨나고, 일족과 이
> 웃에게 거두게 되니 죄수가 옥에 가득하게 되고, 원통하여
> 울부짖으니 화기(和氣)를 상하게 됩니다. 이것이 양역을 변
> 통시키자는 논의가 있게 된 까닭입니다.

① ㉠－납속책과 공명첩 등으로 신분 상승을 할 경우 군역을 면
　제받을 수 있었다.
② ㉡－군역 대상자의 축소로 중복 부과 등의 문제점이 생겨 농
　민 부담이 가중되고 있었다.
③ ㉢－군역이 노동력 징발의 성격에서 인두세의 성격으로 변
　질되었다.
④ ㉣－소작료의 성격이 병작반수에서 도조법으로 바뀌었다.

18 253

자료는 공납의 문제점을 지적한 글이다. 잉류 지역은 토지세에만 설정된 것으로 조세의 자체 소비 지역을 의미한다. 조선 시대에는 군사 비용 및 사신 접대 비용으로 조세를 충당한 함경도와 평안도가 잉류 지역으로 지정되었다.

③ 공납은 잉류 지역이 설정되지 않는다.

오답 분석

① 공납의 징수 방법은 중앙 관청에서 각 지역의 토산물을 조사하고 공물의 품목과 수량을 적은 공안을 작성하여 군현에 물품과 액수를 할당하면 군현은 가호에 다시 나누어 거두어 들였다. 공납은 역·원·관을 중심으로 육로 운송의 방법을 이용하였다.

② 연산군 대 이후 재정 수요가 크게 늘어나면서 수시로 별공 형태의 공물을 추가 배정하거나 다음 해의 공물을 일시불로 미리 징수하는 인납이 일상화되었다.

④ 상납하기 어려운 불산 공물과 고급 물품에 한하여 대납하는 제도인 방납은 조선 중기 이후 점차 확대되었다. 이 시기에는 물품 종류에 관계없이 공납을 자의로 대신하여 비싼 대가를 강제 징수하는 방납과 공물의 심사 과정에서 뇌물을 받거나 고의로 물품을 받지 않는 점퇴가 성행하였다. 이에 광해군은 방납의 폐단을 개선하기 위해 1608년 선혜청을 두어 경기도 지역에 대동법을 실시하였다.

정답 ③

19 254

자료는 대동법 실시에 대한 내용이다. 대동법은 농민의 부담을 경감하고 국가 재정을 확충하기 위하여 이원익의 주장으로 광해군 즉위년(1608) 경기도에서 시범적으로 시행되었다.

③ 대동법은 각종 현물 대신 쌀을 징수하고 가호에서 토지 결수로 과세 기준이 변경되어 토지를 가진 농민들은 1결당 쌀 12두만 납부하면 되었으므로 농민층의 부담은 줄어들고 양반 지주의 부담이 증가하였다.

정답 ③

20 255

④ ㉣은 병작반수제에 대한 설명이다. 지대의 형태는 타조법과 도조법이 있는데, 타조법은 지대액을 미리 일정하게 정하지 않고 해마다 수확량을 지주와 소작인이 절반씩 나누는 병작반수제를 말하는 것으로 지주 전호제에서의 일반적 방식이었다. 도조법은 지주와 소작인 사이에 일정한 지대액(생산량의 1/3)을 미리 정하여 농사의 풍작과 흉작에 관계없이 해마다 일정액을 바치는 정액제였다. 18세기 이후 도조법이 점점 확대되어 삼남 지방에 가장 많이 적용되었고, 평안도·함경도 지방 등 자연재해를 입기 쉬운 지역에서는 시행되지 못하였다.

정답 ④

21 256

밑줄 친 ㉠~㉣에 대한 설명으로 옳지 않은 것은?

> 나라의 100여 년에 걸친 고질 병폐로 가장 심한 것은 양역이다. ㉠ 호포니 ㉡ 구전이니 ㉢ 유포니 ㉣ 결포니 하는 주장들이 분분하게 나왔으나 적당히 따를 만한 것이 없다. 백성은 날로 곤란해지고 폐해는 갈수록 심해지니, 혹 한 집안에 부·자·조·손이 군적에 한꺼번에 기록되어 있거나 서너 명의 형제가 한꺼번에 군포를 납부해야 하며, 이웃의 이웃이 견책을 당하고 친척의 친척이 징수를 당하고, 황구는 젖 밑에서 군정으로 편성되고, 백골은 지하에서 징수를 당하며, 한 사람이 도망하면 열 집이 보존되지 못하니, 비록 좋은 재상과 현명한 수령이라도 어찌할지를 모른다.
> — 「영조실록」, 권66, 영조 23년 10월 경진

① 윤휴가 주장하기도 한 ㉠은 양반층에게도 조세를 부담시킨다는 것을 전제로 하였다.

② ㉡은 양반·농민·노비에게 차등을 두어 화폐로 거두자는 것이었다.

③ ㉢은 유생, 교생 등 역에 응하지 않는 자들을 모아 포를 내게 하자는 것이었다.

④ 군비 지출을 줄이기 위한 군액 감축, 군영 축소 등의 방법으로 ㉣이 제기되었다.

22 257

다음의 상황이 발생하게 된 정책을 시행한 국왕 재위기에 일어난 일로 옳은 것은?

> 충청도 관찰사 이익보가 상서하였다. "선무군관은 국가의 법령에 따라 뽑아 정원을 채우고 이들에게 과거 응시를 허락하여 무반직에 진출할 수 있는 기회를 주었습니다. 이들은 문관도 아니고 무관도 아니며 양반도 아니고 상민도 아니며 농사짓는 이들도 있고 장사하는 자들도 있습니다. 평소에 사대부의 의관을 모방하여 군역을 모면하고 있었는데 지금 군관이라는 명칭을 주어 군포를 거두니 일반 정군이나 보인과 차이가 없게 되었습니다. 반드시 모면하기를 도모하는 것은 진실로 이 때문입니다."
> — 「○○실록」

① 양역의 종류와 배정된 양인의 수를 조사하여 「양역실총」을 편찬하고 개혁안을 제시하였다.

② 대리 청정 문제를 둘러싸고 신임사화가 일어났으며, 정쟁이 격화되었다.

③ 홍인한, 김구주 등 척신들을 청산하였으며, 정치 문란에 일조했던 환관 세력들도 제거하였다.

④ 반란이 일어나 수도가 함락되었으며, 왕이 한때 공주로 남천하기도 하였다.

23 258

다음 법을 시행한 이후 재정 부족을 메우기 위한 수단으로 나온 대책이 아닌 것은?

> 양역을 절반으로 줄이라고 명하셨다. 왕이 말하였다. "구전은 한 집안에서 거둘 때 주인과 노비의 명분이 문란해지고, 결포는 이미 정해진 세율이 있어 더 부과하기 어렵다. … 호포나 결포는 모두 문제점이 있다. 이제는 1필로 줄이는 것으로 온전히 돌아갈 것이니 경들은 대책을 강구하라."
> — 「영조실록」, 권71, 영조 26년 7월 기유

① 선무군관포 징수

② 공물작미법의 시행

③ 결작 징수와 은여결세

④ 어염세와 선박세

24 259

환곡 제도의 변천에 관련해서 잘못 설명한 것을 고르면?

① 고구려의 진대법 이후 환곡 제도는 춘대추납의 원칙 아래 운영되었다.

② 환곡 제도는 16세기 이후 점차 이자 수납을 받는 고리대의 성격으로 변질되었다.

③ 세도 정치기 환곡은 강제 대출에 해당하는 늑대가 강화되어 삼정 문란의 하나로 대두되었다.

④ 조선 후기 수령의 권한이 약해지자 환곡에 대해 아전들의 농간이 심해지는 문제점이 발생하였다.

21 256

군역의 폐단이 나타나면서 양역변통론이 대두되었다. 효종, 현종 조를 거치면서 제기되기 시작한 양역변통론은 숙종, 영조 시기 크게 논의되었다. 양역변통론은 양역제의 존속 여부를 기준으로 할 때, 대변통론과 소변통론으로 나눌 수 있다.

④ 결포론은 토지세 전환을 모색한 대변통론에 해당하는 주장이다. 소변통론은 군비 지출을 줄이기 위한 군액 감축, 군영 축소 등의 방법이 군제변통론으로 제기되었다. 이를 바탕으로 5군영의 운영을 병조 중심으로 일원화해 양역 행정에 통일을 기하려 하였다.

오답 분석

①, ② 대변통론에는 양반층에게도 군세를 부담시키는 것을 전제로 한 호포론과 양반·농민·노비에게 차등을 두어 화폐로 거두자는 구전론 등이 있었다.

③ 유포론은 유생, 교생 등 역에 응하지 않는 자들을 모아 포를 내게 하자는 대변통론에 해당하는 주장이다. 또한 소변통론에는 군액을 줄여 걷자는 감포론이 제기되기도 하였다.

정답 ④

22 257

사료의 '선무군관'은 영조 시기에 균역법 실시에 따른 국가 재정의 부족분을 보충하기 위해 24,500여 명으로 조직되었다.

① 『양역실총』은 1743년(영조 19)에 우의정 조현명의 『양역사정안』을 토대로 마련된 것으로, 당시 예문관에 명하여 간행하게 하였으나 시행되지 못하고 1748년 6월에 간행, 반포되었다.

오답 분석

② 신임사화는 경종 즉위 후 1721년(신축년)과 1722년(임인년) 사이에 정권을 잡은 소론이 노론을 역모로 몰아 숙청한 사건이다.

③ 정조는 즉위 이후 곧바로 홍국영을 중심으로 비척신 계열의 청류인 정이환·김종수·서명선 등을 규합하여 부홍파를 제거하였고, 공홍파 계열의 척신인 김구주(정순 왕후의 오빠)를 제거하였다. 또한 이 시기 정치 문란에 일조했던 영조 대의 환관 세력들도 제거되었다.

④ 1624년에 일어난 이괄의 난으로 인조는 공주까지 남천했으나 도원수 장만이 이끄는 관군이 이괄을 격파한 뒤 환도했다.

정답 ①

23 258

제시문은 균역법의 실시에 대한 내용이다.

② 공물작미법은 공납에서의 현물 수취를 쌀로 대체해서 걷자는 주장으로 조선 전기에 대두되었으며, 이후 대동법의 시행으로 귀결되었다.

오답 분석

① 선무군관포는 양역의 부과 대상에서 빠져 있는 피역자들을 선무군관으로 편성하여 다시 수포한 것이다.

③, ④ 1750년(영조 26)에 양인 농민의 군포 부담을 반으로 줄이자는 감포론을 기반으로 한 균역법이 제정·실시되었다. 균역법의 실시로 연간 2필씩의 군포 부담은 1필로 줄어들고, 절반으로 줄어든 군포 수입 부족분은 결작미·어염세·선세·은여결세·선무군관포 등을 통해 보충하였다. 결작미는 평안도와 함경도를 제외한 전국의 전결에 1결당 쌀 2두(또는 돈 5전)를 부과·징수하는 것이고, 어염세는 종래 왕실에 속해 있던 어장과 소금에 대한 과세를 정부 재정으로 돌린 것이며, 은여결세는 전국의 탈세전을 적발하여 수세하는 것이었다.

정답 ②

24 259

④ 조선 후기에 수령의 관권이 향회를 장악하면서 향리의 역할이 중요해졌고, 새롭게 성장한 부농층이 관권과 결탁하여 향회를 장악하려 하면서 관권과 향리의 세력이 강화되었다. 부세의 지역별 할당제인 총액제에서의 환곡의 문제점과 수령과 향리의 농간으로 인해 백성들의 생활은 날로 피폐해져 갔다.

오답 분석

① 고구려의 진대법 이후 조선에 이르기까지 빈민 구제의 대책 중 가장 보편적인 것은 춘대추납 제도에 입각한 환곡 제도였다.

② 16세기 환곡 운영의 어려움으로 대출곡의 1/10을 이자로 받기 시작하면서 환곡은 점차 고리대의 성격으로 변질되었다.

③ 관리들은 필요 이상의 양을 강제로 꾸어주는 늑대(勒貸)를 강화하였으며, 번작(反作)이라 하여 출납 관계를 조작하는 행위를 수시로 자행하였다.

정답 ④

25 260

밑줄 친 '이것'에 대한 설명으로 옳은 것은?

> • 신문왕 9년 1월에 내외관의 '이것'을 혁파하고, 매년 조
> (租)를 내리되 차등이 있게 하였다.
> • 경덕왕 16년 3월에 여러 내외관의 월봉을 없애고 다시
> '이것'을 나누어 주었다.
> • 소성왕 원년 3월에 청주(菁州) 거노현을 국학생의 '이것'
> 으로 삼았다.
>
> － 「삼국사기」

① 일정 지역의 토지의 수조권과 노동력을 징발할 수 있는 권
한을 인정해 준 것이다.

② 초기 국가에서 군사적 전공을 세운 대가로 지급하였던 것이
효시이다.

③ 왕토 사상에 입각하여 귀족들에게 차등을 두어 지급하였던
것이다.

④ 이것은 고려 무신 집권기 최충헌이 왕에게 하사받았던 것이
기도 하였다.

26 261

고려 시대 다음의 자료와 관련이 있는 국왕 재위기의 토지 제
도와 관련된 내용은?

> • 나의 소원은 연등과 팔관에 있는바, 연등은 부처를 제사
> 하고, 팔관은 하늘과 5악(岳)·명산대천·용신(龍神) 등
> 을 봉사하는 것이니, 후세의 간신이 신위(神位)와 의식
> 절차의 가감(加減)을 건의하지 못하게 하라.
> － 왕의 유조 中
>
> • "어진 사람을 좋아하고 착한 일 하기를 좋아했다. 자기
> 생각을 미루고 남의 생각을 존중하며, 공손하고 검소하
> 며 예의를 지켰다. 모두 천성에서 우러난 것이었다. 민
> 간에서 자라 어렵고 험한 일을 두루 겪었기에 사람들의
> 참모습과 거짓 모습을 모두 알아보았고, 일의 성패도 내
> 다보았다. … (중략) … 재주 있는 사람을 버리지 않았
> 고, 아랫사람이 가진 힘을 모두 쏟을 수 있게 도왔으며,
> 어진 사람을 취할 때와 간사한 사람을 쫓을 때에 주저함
> 이 없었다."
> － 최승로의 5대조 정적평 中

① 역분전 지급

② 녹과전 지급

③ 시정 전시과 시행

④ 개정 전시과 시행

27 262

다음 자료의 토지 제도와 관련하여 옳게 설명한 것은?

> 문무백관에서부터 부병, 한인에게까지 과에 따라 전지
> 를 주지 않음이 없었고, 또 과에 따라 시지를 주었는데, 이
> 를 전시과라 한다. 죽은 후에는 모두 나라에 다시 바쳐야
> 했다. 그러나 부병은 나이 20세가 되면 비로소 땅을 받고,
> 60세가 되면 반환하는데, 자손이나 친척이 있으면 전지를
> 물려받게 하고, 없으면 감문위에 적을 두었다가 70세 이
> 후에는 구분전을 지급하고, 그 나머지 땅을 환수하였으며,
> 죽은 다음에 후계자가 없는 자와 전사한 자의 아내에게 모
> 두 구분전을 지급하였다.
> － 「고려사」

① 성종 이후에 제도화되어 문종 이후 봉작에 따라 지급되었다.

② 수조권 1대가 원칙이었으나 점차 직역과 함께 세습되는 전
정연립(田丁連立)의 경향이 나타났다.

③ 개정 전시과는 같은 과 내에서 전지와 시지가 대부분 균등
하게 지급되었다.

④ 구분전은 누대에 걸쳐 세습되는 영업전의 성격을 가지고 있
었다.

28 263

개정 전시과에 대해 잘못 언급하고 있는 것은?

① 공음전과 무산계 전시를 지급하였으며, 지급 토지의 부족
현상이 크게 대두되었다.

② 관직을 기준으로 18과로 차등 지급하고 인품 요소를 제거하
였다.

③ 전·현직 관리에게 모두 지급하였는데 퇴직(退職)을 현직에
비해 과(科)를 낮추어 지급하였다.

④ 무관에 대한 문관의 우위를 규정하였으며, 한외과는 전 17
결의 토지를 지급하였다.

문제 풀이 🔧

25 260

밑줄 친 '이것'은 녹읍이다. 『삼국사기』에는 신문왕 9년(689)에 녹읍을 폐지하고 문무 관료전을 지급하되 차등을 두었다는 것이 기록되어 있다. 녹읍은 이후 757년(경덕왕 16)에 부활되었는데, 녹읍의 부활은 백성들에 대한 귀족의 지배력을 강화시키고 경제력을 배가시키는 측면이 있다는 점에서 전제 왕권의 약화를 상징한다고 볼 수 있다. 또한 『삼국사기』에는 소성왕 원년(799)에 청주 거노현을 국학생의 녹읍으로 삼았다고 기록되어 있다.

① 녹읍은 국가에서 관료 귀족에게 관직 복무의 대가인 녹봉 대신 지급한 일정 지역의 토지로서 조세를 수취할 뿐만 아니라 그 토지에 딸린 노동력까지 징발할 수 있었다.

오답 분석

②, ④ 초기 국가에서 군공을 세운 대가로 지급되기 시작했던 것은 식읍이다. 식읍은 점차 공신 및 왕족에게도 지급하였으며, 통일 이후에는 지급 대상이 크게 축소되었다. 고려 시기에는 봉작제에 의해 차등 지급되었으며, 실제로 배분되는 것이 아닌 허봉의 성격이 강하였다. 그러나 무신 집권기 최충헌의 경우에는 진주 지역을 실봉으로 지급받기도 하였다.

③ 왕토 사상은 722년 성덕왕 때 백성들에게 지급한 정전과 관련된 것이다.

정답 ①

26 261

자료는 태조 왕건의 유조인 훈요 10조의 내용과 최승로의 5대조 정적평 중 태조에 대한 평가에서 발췌한 것이다.

① 건국 초기에는 통일 신라의 경덕왕 시기 부활하였던 녹읍을 신료들에게 지급하였으나, 통일 이후에 녹읍이 폐지되고, 940년에 역분전이 지급되었다. 역분전은 논공행상의 성격을 띠는 것으로 훈전의 특성이 반영된 것이었다. 그러나 이를 지급함에 있어 공훈에 더하여 인품이라는 모호한 기준을 적용하여 호족 연합 정권의 한계를 노출시켰다.

정답 ①

27 262

② 전시과는 토지 소유권을 준 것이 아니고 수조권을 준 것이므로, 토지를 받은 자가 죽거나 관직을 박탈당할 때 국가에 반납하는 것이 원칙이었다. 그러나 점차 직역과 함께 세습되는 전정연립의 경향이 나타났다.

오답 분석

① 성종 이후부터 정비되기 시작하여 문종 대에 봉작제(공·후·백·자·남)에 의해 지급된 것은 식읍이었다.

③ 전지와 시지가 대부분 균등하게 지급된 것은 시정 전시과이다. 그러나 시지가 경기에 지급됨에 따라서 지배층들의 개간이 확대되었고, 이후 지급될 임야의 부족으로 시지는 점차 축소되었다.

④ 구분전은 6품 이하 하급 관리와 군인의 유가족 또는 자손이 없이 퇴직한 70세 이상의 군인에게 지급된 토지이다. 구분전은 당대에 한하여 지급되는 것이기 때문에 누대에 걸쳐 세습되는 영업전에는 해당되지 않는다.

정답 ②

28 263

① 경정 전시과에 대한 설명이다. 경정 전시과(1076)는 지급 토지 부족 현상이 발생하여 전체적으로 토지 지급 액수가 감소하였고, 시지 지급이 대폭 축소되었다. 또한 한외과를 폐지하고 공음전·한인전·별사전·무산계 전시를 지급함으로써 한인과 잡류는 18과 내에 편입되었다.

오답 분석

② 개정 전시과는 998년(목종 1)에 시행되었으며, 성종 때 확립한 관제에 의해 관직을 기준으로 나누어 18과로 차등 지급하고 인품 요소를 제거하였다.

③ 개정 전시과는 전·현직 관리에게 모두 지급하였는데 퇴직을 현직에 비해 과(科)를 낮추어 지급하였다. 시정 전시과에 비해 지급 액수를 축소하여 16과부터는 시지를 지급하지 않았고, 규정 내용이 간편하고 체계화되었다.

④ 개정 전시과가 시행되면서 군인 전시과가 처음으로 시행되었으며, 마군은 17과, 보군은 18과를 적용하였다. 또 문·무관을 차등 지급하였는데, 무관에 대한 문관의 우위를 규정하였고, 한외과는 전 17결의 토지를 지급하였으며, 종래 한외과에 포함되었던 유외잡직이 과내로 편입되어 18과에 적용되었다.

정답 ①

29 264

경정 전시과에 대해 잘못 언급하고 있는 것은?

① 무반의 지위가 상승하였으며 산직자가 배제되는 특징을 갖는다.

② 개정 전시과에 비해 시지 미지급이 증가하고 있다.

③ 문종 시기 실시되었으며 공음전은 유지되었다.

④ 무산계 전시를 폐지하고 한외과를 확대하였다.

30 265

녹과전의 지급과 관련 있는 기구는?

① 급전도감

② 전민변정도감

③ 찰리변위도감

④ 주전청

31 266

밑줄 친 ㉠~㉣에 관한 설명으로 옳지 않은 것은?

전하께서 ㉠ 국내의 토지를 몰수하여 국가에 귀속시키고 ㉡ 식구를 헤아려 토지를 나누어 주어서 옛날의 올바른 전제(田制)를 회복하려 한 것인데, 당시 ㉢ 구가·세족들이 자기들에게 불리하기 때문에 입을 모아 비방하고 원망하면서 온갖 방해를 하여 백성들로 하여금 지극한 정치의 혜택을 입지 못하게 하였으니 어찌 한스러운 일이 아니겠는가. 그러나 뜻을 같이하는 2~3명의 대신과 함께 전 시대의 법을 강구하고 현실에 알맞은 것을 참작하여 국내의 토지를 측량하여 파악한 다음 토지를 결수로 계산하여 그중의 얼마를 상공전, 국용전, 군자전, 문무 역과전으로 분배하고 한량으로 서울에 거주하면서 왕실을 호위하는 자이거나 ㉣ 과부로서 수절하는 자, 향역이나 도진(渡津)의 관리, 또는 서민과 공장(工匠)으로서 공역을 맡은 자에 이르기까지 모두 토지를 분배해 주었다.

— 「조선경국전」

① ㉠ : 조선의 건국 세력들은 토지 국유제를 바탕으로 개혁을 추진하려 하였다.

② ㉡ : 계구수전의 원칙을 바탕으로 노동력을 기준으로 하여 경작권을 안정적으로 보장하려는 계획이 수립되었음을 알 수 있다.

③ ㉢ : 권문세족들은 사패전을 가산화하고 주와 군을 넘나드는 광대한 토지를 장악하고 있었다.

④ ㉣ : 과부가 지급받은 수신전은 휼양전과 함께 직전법이 실시된 이후에도 유지되었다.

32 267

다음과 같은 논의가 정책에 반영되어 나타난 제도는?

대비(大妃)께서 하교하시기를, "직전은 사람들이 한결같이 폐단이 있다고 말한다. …… 의논하여 혁파함이 어떠하겠는가." 도승지가 대답하기를, "전에 과전은 아버지가 사망하여 아들이 이어받은 것을 휼양전이라 하고, 남편이 사망하여 아내가 이어받은 것을 수신전이라 하였습니다. 이를 혁파하여 직전으로 삼았는데, 간혹 지나치게 거두어 원망하는 사람들이 있습니다. 만약 관이 직접 직전세를 거두어 전주(田主)에게 준다면 그 폐단이 없어지게 될 것입니다."라고 하였다.

① 관수 관급제의 실시

② 직전법 폐지와 녹봉제 실시

③ 지주 전호제의 금지

④ 도조법의 시행

29 264

④ 경정 전시과는 현직을 위주로 지급하였으며, 개정 전시과에서 지급 대상에 포함되지 않던 향직이 지급 대상자에 포함되었다. 또한 한외과를 폐지하는 한편 공음전 · 한인전 · 별사전 · 무산계 전시를 지급함으로써 한인과 잡류를 18과에 편입시켰다.

오답 분석

① 경정 전시과는 무관에 대한 대우가 현저히 상승하여 상장군은 목종 대 5과(135결)에서 3과로, 대장군은 6과에서 4과로 올랐으며, 다른 무반도 모두 과가 올랐다.
② 경정 전시과는 임야의 개간으로 인해 개정 전시과에 비해 시지 지급이 대폭 축소되었다.
③ 경정 전시과는 5품 이상 귀족들의 세습 토지인 공음전을 폐지하지 못함으로 여전히 토지 부족 문제를 해결하지 못했다. 이러한 추세 속에서 국가가 분급 토지에 대해 관리 · 통제를 제대로 시행하지 못하자 전지는 사사로이 세습되어 가산화하였다.

정답 ④

30 265

고려의 원종은 1271년에 녹봉의 부족분을 보충하기 위해 경기 8현의 토지를 녹과전으로 지급하였는데 충렬왕 때(1278) 재정비되었으며, 과전법의 기초가 되었다.

① 녹과전의 지급을 위해 급전도감이 설치되었는데 이 기구는 전시과를 공정하게 운영하기 위해 문종 시기에 처음 설치된 후 설치와 폐지를 반복하였으며 고종 시기 재설치된 후 녹과전의 운영에 깊이 관여하였다.

오답 분석

② 전민변정도감은 1269년(원종 10)에 고려 후기 권세가에게 점탈된 토지와 억울하게 노비화, 사민화된 농민을 되돌리기 위해 설치되었다. 그 뒤 1288 · 1301(충렬왕 27) · 1352(공민왕 1) · 1366 · 1381(우왕 7) · 1388년(우왕 14)에 각각 설치되었다가 폐지되었다.
③ 찰리변위도감은 충숙왕이 권세가가 점령한 전민을 색출해 그것을 원래의 주인에게 돌려주게 하여 권세가들의 토지 겸병으로 인한 폐단을 시정하고자 설치하였다.
④ 주전청은 17세기에 동전을 주조하거나 화폐를 주조하기 위하여 설치한 기구이다.

정답 ①

31 266

④ 세조는 새로운 관리에게 지급할 토지가 부족해지자, 현직 관리에게만 수조권을 지급하는 직전법을 시행하였다. 이에 따라 정부는 수신전, 휼양전을 폐지하고 액수를 낮추어 현직 관리에게만 토지를 지급하였다.

정답 ④

32 267

사료는 관수 관급제의 시행과 관련된 『성종실록』의 내용이다.

① 직전법 하에서 관리들의 위법, 탈법이 자행되어 대토지 소유가 증가하게 되자, 성종 시기 관수 관급제를 실시하였다. 관수 관급제는 수조권자가 세를 직접 걷을 수 없게 하였으며, 관청에서 수조권을 행사하여 관리에게 지급한 것이다. 이것은 전객이 관청에 세를 납부하면, 관이 이를 받아서 1결당 세에 해당하는 2두를 뺀 나머지를 관리들에게 지급한 것이다.

정답 ①

33 268

고려 시기 농업 발달과 관련이 없는 것은?

① 제초에 대한 능률이 향상되면서 시비법에서 분종법과는 다른 분전법이 나타나 영농 방법이 점차 개선되었다.

② 개간 사업이 장려되어 고려 말 토지 결수가 120만 결까지 확대되었다.

③ 김제의 벽골제, 밀양의 수산제가 개축되었으며 소규모의 저수지들이 확충되었다.

④ 고려 후기 밭농사에 2년 3작의 윤작법이 보급되고 논농사도 남부 일부 지방에 모내기법이 보급되었다.

34 269

다음 사료에서 언급한 내용에 대한 설명으로 일치하지 않는 것은?

> 예종 3년 2월에 왕이 명령을 내리기를, "경기 주, 현들에서는 상공 말고도 (가) 요역이 많고 무거워서 백성들이 고통스러워해 날이 갈수록 점점 도망치니 주관하는 관청에서는 공물, 부역의 다소를 담당 (나) 계수관들과 토의하고 적당히 제정하여 시행하도록 할 것이며, (다) 동·철·자기·종이·먹 등 (라) 잡소의 별공 징수가 매우 과중하므로 장인들이 고통을 견디지 못하여 도피하니, 해당 관청에서는 소마다 바치는 별공·상공의 물품을 적당히 제정하여 나에게 보고하여 결재받도록 할 것이다."라고 하였다.
> – 「고려사」 78권, '지' 32, 식화1, 전제, 공부

① (가)의 요역은 인정의 많고 적음에 따라 9등호제로 편제되어 있었다.

② (나)의 계수관제는 2경 4도호부 8목이 지정되면서 점차 확대되어 갔다.

③ (다)의 동은 고려동이라 하여 품질이 우수하였으며, 송에 수출되기도 하였다.

④ (라)의 소는 몽골 침략기에 다양한 전쟁 물자의 조달로 각 지역에서 추가 편제되었다.

35 270

조선 시대 양반 지주의 생활로 잘못된 것은?

① 재지 지주는 주로 외거 노비에게 사경지를 주고 작개지를 경작하게 하였다.

② 16세기 이후 지방에 거주하는 재지 사족층이 중심이 되어 천방을 만들어 수리 문제를 해결하려 하였다.

③ 중앙의 훈구파는 주로 전라도~평안도의 서남 연해 지역에 간척지인 언전(堰田)을 개간하였다.

④ 양반 중에는 물주로서 상인에게 자금을 제공하고 고리대로 부를 축적하는 사람도 있었다.

36 271

조선 후기 지대에 대한 설명으로 잘못된 것은?

① 지대의 금납화로 화폐 지대인 도전법이 등장하기도 하였다.

② 도조법은 토지세와 기타 부가세를 모두 작인이 부담하는 조건으로 성립되었다.

③ 도조법은 영농 과정에서의 지주의 개입이 줄어들었다.

④ 부재 지주는 대개 타조법을 선호하였으며, 재지 지주들은 도조법을 장려하였다.

문제 풀이 ⚙

33 268

② 고려 말에 국가가 파악한 토지는 대략 50만 결에 불과하였다. 이는 권문세족의 토지 겸병에 따른 수취 체제의 문란과 수탈이 심화되고 홍건적의 침입과 왜구의 약탈 등 외세의 침략이 잦아지자 내우외환의 혼란이 가중되었기 때문이다. 조선 건국 이후 과전법의 시행과 토지 개간의 장려, 권세가의 약탈 규제 등으로 국가가 파악한 토지는 태종 시기 120만 결, 세종 시기에는 160만 결로 확대되었다.

정답 ②

34 269

④ 향·소·부곡 등 특수 행정 구역은 1176년 공주 명학소에서 일어난 망이·망소이의 난을 계기로 점차 소멸의 과정을 거쳤다. 공주 명학소는 충순현으로 승격된 뒤 난이 진압되자 다시 명학소로 강등되었으나, 이는 향·소·부곡이 폐지되는 전기를 마련해 주었다. 이후 몽골 침략기에 승전한 많은 특수 행정 구역이 일반 현으로 승격되었다.

오답 분석

① 고려 전기의 요역 징발 기준은 인정의 많고 적음에 따라 9등호제로 편제되어 있었다.
② 고려의 계수관제는 3경 4도호부 8목 중 수도인 개경을 제외한 2경 4도호부 8목이 지정되면서 점차 확대되어 갔다. 최초 14개 지역으로 운영되었던 계수관제는 점차 증가하여 34개소로 확대되었다.
③ 고려의 구리는 고려동이라 하여 품질이 우수하였으며, 송에 수출되기도 하였다.

정답 ④

35 270

① 조선 전기의 재지 지주(토지가 있는 지역에 거주하는 지주)는 노비에게 경작하게 하거나 소작의 형태로 자신의 토지를 직접 관리하였다. 반면 부재 지주(토지가 있는 지역에 거주하지 않는 지주)의 경우에는 친족이나 노비를 파견하여 대리 관리하였고, 특히 노비 파견 농지(작개지)는 외거 노비의 노동으로 경작하게 하였다. 따라서 여기서 거두어들인 수확은 지주가 수취하였으며, 이들 노비는 노동력을 제공하는 대가로 대체로 주인집으로부터 사경지라는 경작지를 대여받기도 하였다. 여기서 거두어들인 수확물은 전적으로 경작 노비의 몫이었다.

정답 ①

36 271

④ 부재 지주가 선호한 것은 도조법이며, 재지 지주들은 타조법을 선호하였다.

오답 분석

① 조선 후기에는 화폐 사용의 증가에 따라 소작료도 화폐로 지불하는 도전법이 나타났다.
②·③ 도조법은 지주와 소작인 사이에 일정한 지대액(생산량의 1/3)을 미리 정하여 농사의 풍작과 흉작에 관계없이 해마다 일정액을 바치는 정액제이다. 도조법은 토지세와 기타 부과세를 모두 소작인이 부담하는 조건 아래 계약된 지대를 해마다 바치기만 하면 영농 과정 전체와 일부 작물의 선택까지도 소작인이 자유로이 할 수 있었기 때문에 지주의 간섭이 줄어들고 소작인의 자율성이 강화되었다.

정답 ④

37 272

조선 시대에 간행된 농서에 대한 설명으로 잘못된 것은?

> (가) 조선 후기에는 구황 작물로 고구마의 재배 방식을 서술한 이 책과 같은 농서들이 다수 편찬되었다.
> (나) 이 책은 왕명을 받들어 정초, 변효문 등이 편찬한 책으로 우리식 농법이 많이 수록되어 있다.
> (다) 이 책은 조선 전기의 한국적 농학을 집대성하였으며, 『농사직설』, 『금양잡록』, 『사시찬요초』, 『구황촬요』를 합본하여 증보한 것이다.
> (라) 홍만선이 저술한 이 책은 농촌 생활과 관련된 주택·건강·의료·흉년 대비 등을 서술한 소백과서적 농서이다.

① (가) : 『종저보』
② (나) : 『제민요술』
③ (다) : 『농가집성』
④ (라) : 『산림경제』

38 273

다음 농서와 〈보기〉의 내용이 바르게 연결된 것은?

> ㄱ. 『농사직설』
> ㄴ. 『해동농서』
> ㄷ. 『색경』
> ㄹ. 『임원경제지』

> **보기**
> (가) 우리나라 농학의 전통 위에서 중국의 농업 기술까지 수용, 18세기 농학을 체계화
> (나) 기존의 조선 농학의 체계 위에 800여 종의 문헌을 참고하여 편찬
> (다) 소백과서를 겸한 농서의 성격으로 박세당이 저술
> (라) 농군의 경험을 반영하여 풍토에 맞는 내용을 저술

① (가)-ㄱ, (나)-ㄴ, (다)-ㄷ, (라)-ㄹ
② (가)-ㄴ, (나)-ㄹ, (다)-ㄷ, (라)-ㄱ
③ (가)-ㄷ, (나)-ㄱ, (다)-ㄴ, (라)-ㄹ
④ (가)-ㄹ, (나)-ㄱ, (다)-ㄴ, (라)-ㄷ

39 274

고려의 상업에 대한 설명으로 잘못된 것은?

① 공민왕 재위기부터 삼남 지방에서 흉년이 들어 장문(場門)이 생겨났으며, 장시의 효시가 되었다.
② 후기에 이르러 소의 해체가 많아지자, 시전을 통한 관아의 물품 구입량이 증가하였다.
③ 사원은 토지에서 생산한 곡물의 상당량을 교환 시장에 유통시켰으며, 상업에 적극적으로 참여하였다.
④ 조운로를 따라 미곡, 생선, 소금, 도자기 등의 교역 활동이 활발하였다.

40 275

다음 상인에 대한 설명으로 옳은 것은?

> 이들은 개성에서 강제로 이주된 상인이 주축이 되었다. 새 왕조는 행랑을 건설하여 운종가에서 종묘 앞까지의 구간과 종루에서 광통교 구간을 이들의 전용 행랑으로 사용하게 하였다. 이들은 행랑 사용료에 해당하는 점포세와 함께 상세를 부담하였다. 또한 정부에서 필요로 하는 물자를 조달할 의무도 있었는데, 이 과정에서 손해를 감수하기도 하였다.

① 개국 초기부터 금난전권의 권한을 위임받았다.
② 조선 후기에는 도성 안에서만 금난전권을 행사할 수 있었다.
③ 이들 중 일부는 대동법 실시 이후 공인을 겸하기도 하였다.
④ 이들 중 다수가 도고로 성장하여 상권을 장악하고 물가 폭등의 폐단을 조장하였다.

37 272

② 세종 시기 정초·변효문 등이 왕명에 의하여 편찬한 농서는 『농사직설』이다. 한편 『제민요술』은 중국에 현존하는 가장 오래된 농업 기술 안내서로 북위 시기인 6세기 초에 저술되었다. 『농사직설』은 중국의 대표적 농서인 『제민요술』·『농상집요』·『사시찬요』를 참고(중국 화북 지방의 농법 참고)하고 촌로의 실제 경험을 존중하여 정리한 것이 특징이다.

오답 분석

① 『종저보』는 서유구가 1834년(순조 34)에 편찬한 책으로, 저자가 전라도 관찰사로 있을 때, 가뭄에 직면한 유랑 농민을 안정시키기 위해 고구마 재배를 권장하며 편찬·간행하였다.
③ 『농가집성』은 신속이 1655년(효종 6)에 편찬한 책으로, 『농사직설』·『금양잡록』·『사시찬요초』·『구황촬요』를 증보·합보하여 조선 전기의 한국적 농학을 집대성한 책이다.
④ 『산림경제』는 홍만선이 숙종 때 편찬한 농서 겸 가정생활서이다.

정답 ②

38 273

(가)-ㄴ. 18세기 말에 서호수가 지은 『해동농서』는 우리나라 농학의 전통 위에 우리나라의 자연조건을 반영하고, 중국의 농업 기술까지도 수용하여 전제·수리·농기에 관한 문제들을 포함하는 새로운 농학의 체계화를 기도한 책이다.
(나)-ㄹ. 19세기 초 서유구가 저술한 『임원경제지』는 전원생활을 하는 선비에게 필요한 지식과 기술, 그리고 기예와 취미를 기르는 데 필요한 사항을 모은 백과전서로 기존에 있던 조선 농학의 체계 위에 800여 종의 문헌을 참고하여 편찬하였다.
(다)-ㄷ. 1676년(숙종 2)에 박세당이 편찬한 『색경』은 2권으로, 상권에는 농업과 개별 작물·과일·화훼·가축에 대해 설명하였고, 하권에는 양잠과 양상을 서술하고 있어 소백과서를 겸한 농서의 성격을 가지고 있다.
(라)-ㄱ. 1429년 세종은 우리 풍토에 맞는 농서를 편찬하기 위하여 각 도 감사에게 명하여 각지의 익숙한 농군들에게 물어 땅에 따라 이미 경험한 바를 자세히 듣고 정초, 변효문 등으로 하여금 『농사직설』을 편찬하게 하였다.

정답 ②

39 274

① 장시는 15세기 후반 성종 시기에 전라도 지방에 흉년이 들자 백성들이 생계를 위해 장문을 열어 물물 교환을 시작하였던 것에서 출발하였다. 이후 서울 근교와 지방에서 농업 생산력 발달에 힘입어 정기 시장으로 정착하게 되었다.

정답 ①

40 275

자료에서 설명하는 상인은 '시전'이다. 시전은 태종 시기 도성에 조성된 행랑에 입주한 관허 상인이었다. 정부는 시전으로부터 점포세(공랑세)와 상세를 징수하였고, 왕실이나 관청에 대한 물품 공급의 의무를 부과하였으며, 도성 내 물품 판매 독점권을 보장해 주었다.
③ 시전의 일부는 대동법 실시 이후 공인을 겸하기도 했다.

오답 분석

①, ② 시전의 금난전권은 인조 시기부터 부여되었다. 당시 사상(난전)들이 성장하여 시전 상인의 상권을 침해하자, 정부는 재정 수입을 늘릴 목적에서 국역을 부담하는 육의전을 비롯한 시전 상인에게 금난전권을 부여하였다. 금난전권은 서울 도성 안과 도성 아래 10리 이내의 지역에서 사상의 활동을 규제하고, 특정 상품에 대한 전매권(일물일전의 원칙)을 지킬 수 있는 권리를 의미한다.
④ 사상 중 지역 상권을 장악한 송상·경강 상인·객주·여각 등은 점차 사상 도고로 성장하여 상권을 장악하고 물가 폭등의 폐단을 조장하였다.

정답 ③

41 276

다음은 조선 후기의 상업에 대한 사료이다. 당시 상업 활동의 특징으로 잘못된 것은?

> • 5, 6년 전부터 서울에서 놀고먹는 무리들 가운데 평시서 (平市署)에 출원하여 시전을 새로 낸 자가 매우 많아졌다. 이들은 상품을 판매하는 일보다 '난전' 잡는 일을 주로 한다. 심지어 채소와 기름, 젓갈 같은 것도 새로 생긴 시전 때문에 마음대로 거래할 수 없을 정도이다. 이 때문에 지방민이 가져오는 일상의 생활용품을 사고팔아 먹고사는 서울의 영세민들은 '금난전권'의 피해를 입어 장차 거래가 끊어질 형편이다.　　　－「비변사등록」, 영조 17년 6월
> • 좌의정 채제공이 왕께 아뢰기를 "… (중략) … 평시서로 하여금 30년 이내에 신설된 시전을 모두 혁파하게 하십시오. 그리고 형조와 한성부에 분부하여 육의전 이외에는 '금난전권'을 행사하지 못하게 할 뿐 아니라 도리어 처벌하십시오. 그러면 상인들은 자유롭게 매매하는 이익이 있을 것이고 백성들은 생활이 궁색하지 않을 것입니다." 하였다. 왕이 여러 신하들에게 물으니, 모두 다 옳다고 하여 그를 따랐다.　　　－「정조실록」, 정조 15년 1월

① 금난전권의 폐지에 따라 시전 상인은 점차 소멸되었으며, 난전이 서울의 상권을 장악하였다.
② 많은 사상들이 새로운 시전을 창설하여 상행위를 교란시키고 물가를 폭등시켰다.
③ 시전이 창설되면서 일물일전의 원칙에 의거한 금난전권이 새롭게 생성되어 많은 폐해를 일으켰다.
④ 채제공의 건의에 따라 육의전을 제외한 시전의 금난전권이 폐지되었다.

42 277

다음 자료에서 언급한 상인에 대해 가장 바르게 설명한 것은?

> 일본인은 보통 이를 문옥이라고 부른다. 그 업무는 일본의 문옥과 크게 다르지 않은데, 도매업·위탁 판매업·매매 중개업·은행업·숙옥업·환전업의 6종이다. (　　　)은(는) 자기의 계산으로 각지 산물을 수집하여 이를 소매상인에게 도매하거나, 다른 사람의 계산으로 물품을 판매한다. 또는 물화 매매를 주선하거나 또는 어음의 발행, 인수, 할인 나아가서는 예금, 대부, 기타의 교환을 영위한다. 더구나 상업상의 용무로 오는 사람은 특히 자기집에 숙박하도록 하기 때문에 …

① 인삼 재배 및 판매와 대외 무역을 통해 부를 축적하였다.
② 장시를 무대로 활동하며 유통망을 형성하였다.
③ 선상을 상대로 보관, 숙박, 금융 등의 영업을 하였다.
④ 한강을 무대로 운송업에 종사하여 거상으로 성장하였다.

43 278

다음 자료에서 나타난 상황이 일어난 시기에 대한 설명으로 옳지 않은 것은?

> 그(허생)는 안성의 한 주막에 자리 잡고서 밤, 대추, 감, 배, 귤 등의 과일을 모두 사들였다. 허생이 과일을 도거리로 사 두자, 온 나라가 잔치나 제사를 치르지 못할 지경에 이르렀다. 따라서 과일 값은 크게 폭등하였다. 허생은 이에 10배의 값으로 과일을 되팔았다. 이어서 허생은 그 돈으로 곧 칼, 호미, 삼베, 명주 등을 사 가지고 제주도로 들어가서 말총을 모두 사들였다. 말총은 망건의 재료였다. 얼마 되지 않아 망건 값이 10배나 올랐다. 이렇게 하여 허생은 50만 냥에 이르는 큰돈을 벌었다.

① 흉년 시기 빈민을 구제하기 위하여 「구황촬요」가 처음으로 간행되었다.
② 사상 도고의 활동으로 매점매석과 물가 폭등 현상이 가속화되었다.
③ 상업 자본이 수공업자를 지배하는 선대제 수공업이 발달하였다.
④ 공인은 관청별 또는 종목별 공동 출자로 계를 조직하여 상권을 독점하였다.

41 276

18세기에 이르러 시전 상인들은 서울에 유입되는 물품들은 물론, 소소한 물건까지도 난전으로 몰아 몰수하는 등 금난전권을 남용하여 많은 폐해를 발생시켰다. 이에 조선 정부는 1791년(정조 15)에 신해통공을 실시함으로써 육의전 외 시전의 금난전권을 모두 철폐하였다.

① 금난전권의 폐지에 따라 사상들의 활동이 활발해졌으나, 시전 상인의 몰락을 초래하지는 못하였다. 시전 상인의 상권은 다소 위축되었으나, 여전히 특권 상인으로서의 지위는 누릴 수 있었다.

정답 ①

42 277

괄호 안에 들어갈 상인은 사상 중 객주·여각에 해당한다.

③ 조선 후기에는 포구에서의 상업 활동이 활발히 전개되었는데, 그중 객주·여각은 선상의 상품 매매를 중계하고, 운송·보관·숙박·금융 영업 등을 했다.

오답 분석

① 송상(개성)은 전국에 송방이라는 지점을 설치·운영하였으며, 인삼을 직접 재배·판매하였고, 의주와 동래 상인을 매개로 하여 청·일 간의 중개 무역에 종사하였다.

② 보부상은 농촌의 장시를 하나의 유통망으로 연계하여 생산자와 소비자를 연결하였으며, 보부상단(조합)을 결성하기도 하였다.

④ 선상은 선박을 이용한 운송 및 판매를 담당하였던 상단으로, 경강 상인이 대표적 선상이며 이들은 한강을 근거지로 미곡·소금·어물 등을 거래하여 거상으로 성장하였다.

정답 ③

43 278

자료는 도고의 활동에 대한 설명이다. 도고는 18세기 이후 상품 화폐 경제의 발전과 더불어 도시를 중심으로 성장하였는데, 상품 유통 과정에서 매점매석과 독점을 배경으로 성장하였다.

① 『구황촬요』가 처음으로 간행된 시기는 16세기 명종 대이다.

오답 분석

② 사상 도고는 경제력을 바탕으로 상권을 장악해가는 과정에서 물가를 폭등시켜 도시 소상인·빈민들과 마찰을 빚기도 하였고, 상품 공급의 부족과 물가 상승을 야기하여 도시 소비자의 생활을 압박하였다. 이에 정조는 신해통공(1791)을 실시하고, 사상 도고의 독점도 금지하였다.

③ 조선 후기에는 공인과 같은 상업 자본이 성장하여 수공업자를 지배하고 특정 물품을 공급받는 선대제 수공업이 발달하였다.

④ 공인은 대동법 실시로 등장한 관수품 조달의 어용 상인으로 조선 후기에 관청별 또는 종목별 공동 출자로 계를 조직하여 상권을 독점하였다. 이들은 도시를 중심으로 큰 자본력과 상술, 매점매석과 독점 등을 바탕으로 도고 상인으로 성장하여 권력과 결탁하기도 하였다.

정답 ①

44 279

다음과 같은 시대 상황에서 일어날 수 있는 일로 유추할 수 없는 장면은?

> 남대문 밖 칠패에서 난전하는 부류들은 동쪽의 누원 점막이나 남쪽의 동작진에서 남북으로부터 서울로 올라오는 어물들을 모두 차지하여 칠패 난전에서 성내 중도아를 불러들여 날마다 난전한다. 그러므로 가로에서 남자는 싸리 장에, 여자는 나무 바가지에 담아 길거리에서 행상하는 것이 일반화되었다.

① 시장을 돌아다니며 흥정을 붙이는 거간꾼들
② 5위에 근무하기 위하여 교대 번상으로 올라가고 있는 정군들
③ 미리 돈을 받고 물건을 정해진 기일까지 생산하려 애쓰는 장인들
④ 포구에서 짐을 나르고 품삯을 받는 지게꾼들

45 280

밑줄 친 인물이 속한 상인 집단에 대한 설명으로 옳은 것은?

> 김세만은 서강에 거주하는 무곡 상인으로, 1719년(숙종 45) 100여 석의 미곡을 구입해 오다 황해도 용매진에서 배가 침몰되었으나 지역 주민에 의해 구제되었다. 마침 그 지역이 흉년으로 식량이 궁핍한 것을 보고 100여 석을 희사하여 절충장군직을 받았다. 그는 1736~1740년 충청도 태안, 1739년 충청도 결성·홍주·보령 경강 주인권, 1754년 황해도 신천 경우궁의 도장권을 매입했다. 그는 또 1738년에는 경주인도 겸하고 있었다. 김세만은 1731년에는 용산·서강 일대의 명화적으로부터 습격을 받았다. 미곡 독점을 통해 미가를 조종할 뿐 아니라, 각종 주인권의 집적을 통해 도고 활동을 한 것이 명화적의 습격 대상이 되었던 것으로 보인다.

① 전안에 등록되어 있었으며, 한양에서 비단, 무명, 모시, 명주, 종이, 해산물을 파는 어용 특허 상인이었다.
② '개성 부기'라고 불리는 체계적인 장부 정리법을 개발하였으며, 인삼을 홍삼으로 가공해 판매하였다.
③ 한양 부근의 송파·칠패·이현·누원 등 시장에서 물건을 떼어다 파는 영세 중간 도매업에 종사하였다.
④ 이들의 미곡 독점과 매점매석에 대한 불만으로 도시 하층민들이 1833년 쌀 폭동을 일으켰다.

46 281

조선 후기 상업에 대한 설명으로 잘못된 것은?

① 송상은 의주와 동래 상인을 매개로 청·일 간의 중계 무역에 종사하였다.
② 경강 상인은 뚝섬에서 양화진에 이르기까지 한강 유역에 많은 나루터를 건설하였다.
③ 훈련도감 군인들은 생계를 유지하기 위해 봉급으로 받은 면포를 팔거나 수공업 제품을 만들어 시장에 내다 팔았다.
④ 유상은 선상의 상품 매매를 중계하고, 운송·보관·숙박·금융 영업에 종사하였다.

47 282

역대 상업의 발전 과정에 대한 설명 중 옳지 않은 것은?

① 신라에서는 소지 마립간 시기에 동시가 개설되었으며, 통일 이후 서시와 남시가 추가로 설치되었다.
② 고려의 경시서는 개경에 설치되어 매점매석과 같은 상행위의 감독과 물가를 조절하는 기능을 수행하였다.
③ 고려의 사원은 후기에 들어와 교역으로 얻은 재물을 역마로 운반하여 도시에서 다시 팔아 이익을 얻거나 고리대 자본으로 사용하였다.
④ 조선 후기의 시전들은 사상과의 경쟁에서 우위를 확보하기 위해 도성 밖에까지 지점을 개설하고 금난전권을 행사하였다.

44 279

사료는 조선 후기 사상의 성장을 나타내는 기록이다. 17세기 후반 이후 도시의 인구가 늘어나고 상업이 발전하면서, 서울의 경우 시전 상가 외에 남대문 밖의 칠패와 동대문 근처의 이현 등에 새로운 시장이 형성되고 거리마다 사상이 개설한 난전이 생겨 시전의 전매품을 매매하게 되었다.
② 5위는 조선 전기에 궁궐과 서울의 수비를 담당한 중앙군이다. 무과에 의해 선발된 장병, 신분상의 특전으로 편입되는 특수병들, 그리고 중앙에서 근무하는 정병 등으로 구성되는데 임진왜란을 계기로 붕괴되었다.

오답 분석

① 거간꾼은 시장을 돌아다니며 상인들 사이에서 흥정을 중개하는 사람들을 말한다. 이들의 등장 시점은 정확히 알 수 없으나, 조선 후기의 기록에서 거간꾼에 대한 내용이 다수 발견되었다.
③, ④ 조선 후기에는 관영 수공업이 쇠퇴하고 민영 수공업이 발달하였는데, 특히 선대제 수공업은 상인 물주가 자금과 원료를 선대하고 수공업자는 제품을 만들어 납품하는 형식으로 상업 자본이 수공업자를 지배하는 형태였다. 또 18세기에 상거래가 활발해지면서 포구가 상업의 중심지로 성장하였다.

정답 ②

45 280

밑줄 친 인물인 김세만은 경강 상인에 속한다. 경강 상인들은 마포, 용산, 서강, 양화진, 한강진, 노량진, 서빙고, 뚝섬, 송파진 등을 거점으로 경강에서 하역된 물품의 운송을 담당하였고 쌀과 소금, 어물 등이 이곳에서 거래되었다. 경강 상인들은 각 지방에서 서울로 올라오는 물품을 모두 매집하였고 도매로 거래하면서 가격을 조정하여 상당한 이익을 얻었다.
④ 1833년 경강 상인들이 쌀을 독점하자 한양에는 쌀이 부족해졌고, 쌀값이 오르자 쌀을 구하지 못한 백성들의 불만이 높아졌다. 이에 분노한 도시민들이 폭동을 일으켜 경강 상인들의 창고를 불태우는 사건이 이른바 1833년의 쌀 폭동이다.

오답 분석

① 시전 상인에 대한 설명이다.
② 송상에 대한 설명이다.
③ 조선 후기에 시전에서 물건을 떼어 소비자에게 직접 팔거나, 행상에게 팔던 일종의 중간 상인인 중도아(中都兒)에 대한 설명이다.

정답 ④

46 281

④ 유상은 평양 상인이며 송상 · 내상 · 만상 등과 함께 조선 후기의 대표적인 지역 상인이었다. 선상의 상품 매매를 중계하고, 운송 · 보관 · 숙박 · 금융 영업에 종사한 상인은 객주 또는 여각이다.

정답 ④

47 282

① 5세기 말 소지 마립간 시기에 금성에 처음으로 시장이 설치되었으나, 동시는 6세기 지증왕 때 개설되었다. 이후 통일이 되고 나서 695년 효소왕 때 서시와 남시가 추가로 설치되었다.

오답 분석

② 고려의 경시서는 시장 감독 관청으로, 조선 세조 때 평시서로 개칭되었다.
③ 사원 상업은 고려 후기에 한층 더 확대되어, 교역으로 얻은 재물을 역마로 운반하여 도시에서 다시 팔아 이익을 얻거나 고리대 자본으로 썼다. 사원이 상업과 고리대로 부를 쌓으면서 폐단을 불러일으키자, 이후 사원이나 승려의 상행위가 계속 논란 대상이 되었다.

정답 ①

48 283

보부상에 대한 설명으로 잘못된 것은?

① 임란시 행주 대첩 등 직접 전투에도 가담하여 왜군을 물리치는 데 공헌하였다.

② 혜상공국은 이들의 권익을 위해 설립된 기구였다.

③ 황국 중앙 총상회에 소속되었다가 다시 황국 협회에 이속되었다.

④ 동학 농민 운동 시 이들은 농민군에 가담, 황토현 전투에서 승리하였다.

49 284

밑줄 친 '이 시대'의 수공업 발달에 대한 설명으로 옳지 않은 것은?

> 궁중의 사치를 막기 위해 종전에 쓰던 금이나 은그릇을 추방하고 그 대신 도자기를 썼기 때문에 이 시대 도자기는 생산량이 많고 품질이 우수했다. 도자기 가마는 전국에 325개소나 되었는데, 특히 사용원 분원이 있는 경기도 광주와 경상도 고령의 생산품이 최고급으로 인정받았다.

① 성적이 좋고 근무 기간이 오랜 장인은 최고 종6품까지의 유외잡직 벼슬을 주고 체아(遞兒)라는 형식의 녹봉을 지급했다.

② 이 시대 재배가 전국적으로 확대된 목화로 만든 무명은 옷감뿐만 아니라 배의 돛으로 쓰이고, 화폐 기능을 겸하여 상업 발달을 촉진시켰다.

③ 소의 주민들이 실, 옷감, 종이, 먹, 차 등을 생산하여 공물로 바쳤으며, 사찰에서는 승려와 노비들이 불교 행사에 필요한 각종 물품을 생산하였다.

④ 관영 수공업은 고도로 분업화되어 활은 궁인과 시인이, 책 출판은 8종의 공장이 협동으로 만들었다.

50 285

다음 자료와 관련 있는 조선 후기의 수공업에 대한 설명으로 옳은 것을 〈보기〉에서 모두 고른 것은 ?

> 방짜 유기를 생산하는 제조장의 노동자 구성
> • 주물 공정 : 곁대장[鑄物夫] 1명, 발풍구 1명
> • 압연 공정 : 대장 1명, 앞망치(제1망치군) 1명, 겉망치(제2망치군) 1명, 제망치(제3망치군) 1명, 네핌가질(압연 선반군) 1명, 네핌앞망치(연연망치군) 1명, 안풍구(숙련 풍구 책임자) 1명
> • 선반 공정 : 가질(선반공) 2명

> **보기**
> (가) 상인 물주가 자금과 원료를 선대(先貸)하고 수공업자는 제품을 만들어 납품하는 형식의 특징을 갖는다.
> (나) 놋그릇, 농기구, 모자, 장도 분야에서 생산과 판매까지 주관하였다.
> (다) 이들은 점촌(店村)을 조성하여 물건을 직접 팔기도 하고, 보부상을 통해 자신들의 물건을 유통시키기도 하였다.
> (라) 납포장으로부터 받는 비용으로 기존 관장제를 고용제로 전환하여 관영 수공업을 지탱한 형태이다.

① (가), (나)

② (나), (다)

③ (다), (라)

④ (가), (라)

문제 풀이 ⚙

48 283

④ 보부상은 언제나 정부와 결속하였으며, 동학 농민 운동 당시 황토현 전투에서도 전라 감영군과 연계하여 동학군을 진압하려다가 패배하였다.

오답 분석

②, ③ 보부상은 농촌의 장시를 하나의 유통망으로 연계하여, 생산자와 소비자를 연결하였다. 이들은 스스로 보부상단이라는 조합을 결성하여 활동하였는데, 보부상단은 이후 보부청(1866), 혜상공국(1883년부터 보부상으로 통칭)으로 변천되었고, 이후 상리국(1885)을 거쳐 황국 중앙 총상회에 소속되었다가 다시 황국협회에 이속(1898)되었다. 그 뒤로도 상무사(1899), 공제소(1903), 상민회(1903), 진명회(1904), 공진회(1904)를 거쳐 활동하였으나 일제 강점기에 말살 정책으로 거의 소멸되었다.

정답 ④

49 284

밑줄 친 '이 시대'는 조선 시대에 해당한다.

③ 조선 시대는 소가 기능을 상실하였으며, 고려의 특수 행정 구역이 대부분 소멸되었던 때라 볼 수 있다. 또한 사찰의 수가 급격하게 줄어들었던 시기이기도 하다. 조선 시대에는 다양한 현물 수요를 공납을 통해 조달받았으며, 비교적 기술과 기교를 요하는 공물은 관영 수공업을 통해 공급받았다.

정답 ③

50 285

제시문은 조선 후기 민영 수공업의 발달을 보여주는 자료로 독립 수공업에 대한 내용이다.

(나), (다) 조선 후기의 독립 수공업자들은 놋그릇, 농기구, 모자, 장도 분야에서 생산과 판매까지 주관하였다. 이들은 점촌을 조성하여 물건을 직접 팔기도 하고, 보부상을 통해 자신들의 물건을 유통시키기도 하였다.

오답 분석

(가) 선대제 수공업에 대한 설명이다. 조선 후기에는 상인 물주가 자금과 원료를 선대하고 수공업자는 제품을 만들어 납품하는 형식으로 상업 자본이 수공업자를 지배하는 형태로 경영 형태가 변화하였다. 선대제 수공업은 주로 종이, 화폐, 철물 분야에서 등장하였으며, 공인이 효시였다.

(라) 조선 후기에는 관영 수공업이 쇠퇴하고 정부의 재정이 악화되면서 관장이 관영 수공업장에서 이탈하는 현상이 나타났다. 이에 정부는 납포장으로부터 받는 비용으로 기존 관장제를 고용제로 전환하였다. 이후 정조 연간에는 정부가 공장안(장인 등록제)을 폐기하였고, 이후부터 사영 수공업자들은 공장세만 부담하면 자유롭게 제품을 생산할 수 있게 되었다.

정답 ②

51 286

밑줄 친 부분과 관련된 내용들을 묶은 것으로 거리가 먼 것은?

> 조선 후기 사회에서는 새로운 변화가 일어나고 있었다. 특히, 경제면에서 변화가 두드러졌다. 그 움직임은 궁극적으로 근대 경제로 넘어가는 준비 과정이었다. 농민들은 생산력을 높이기 위하여 농기구와 시비법을 개량하는 등 ㉠ 새로운 영농 방법을 추구하였고, ㉡ 상품 작물을 재배하여 소득을 늘리려 하였다. 상인들도 상업 활동에 적극적으로 참여하여 ㉢ 대자본을 가진 상인들도 출현하였고, ㉣ 수공업 생산도 활발해졌다. 이러한 과정에서 자본 축적이 이루어지고 지방에서는 상업 중심지가 형성되었다.

① ㉠ - 모내기법, 견종법
② ㉡ - 담배, 모시, 생강
③ ㉢ - 경강 상인, 송상, 만상, 내상
④ ㉣ - 관청 수공업, 사원 수공업

52 287

다음의 자료에 언급된 광업과 관련된 설명 중 잘못된 것은?

> 황해도 관찰사의 보고에 의하면, 수안에는 본래 금광이 다섯 곳이 있었다. 두 곳은 금맥이 다하였고, 세 곳만 금맥이 풍성하였다. 그런데 지난해 장마가 심해 작업이 중지되어 광군들 대부분이 흩어졌다. 금년(1799년, 정조 23) 여름 새로이 39개소의 금혈을 팠는데, 550여 명의 광군들이 모여들었다. 이들은 일부가 도내의 무뢰배들이지만 대부분은 사방에서 이득을 쫓아 몰려온 무리들이다. 그리하여 금점 앞에는 700여 채의 초막이 세워졌고 광군과 그 가족, 좌고, 행상, 객주 등 인구도 1,500여 명에 이른다.

① 18세기 말, 채굴과 제련이 쉬운 사금 채굴에 상업 자금이 몰리면서 금광 투자가 증가하였다.
② 덕대는 상인 물주로부터 자본을 조달받아 혈주(穴主)와 채굴 노동자, 제련 노동자 등을 고용하여 광산을 운영하였다.
③ 금광의 개발로 농촌 노동력이 크게 부족해지는 상황이 발생하자 정부가 채굴 금지령을 내리기도 하였다.
④ 분업에 의한 협업(굴진, 운반, 분쇄, 제련) 방식으로 운영하였고, 싱입 자본을 축직해 나갔다.

53 288

다음은 조선 후기 광업에 관한 사료이다. 이에 대한 설명으로 옳은 것은?

> • 금년(1799) 여름 새로이 39개소의 금혈을 팠는데, 550여 명의 광군들이 모여들었다. … (중략) … 대부분은 ㉠ 사방에서 이득을 쫓아 몰려온 무리들이다. 그리하여 금점 앞에는 700여 채의 초막이 세워졌고 광군과 그 가족, 좌고, 행상, 객주 등 인구도 1,500여 명에 이른다. 갑자기 많은 사람들이 모여들어 그곳에서는 ㉡ 생필품의 값이 폭등하는 사태가 종종 일어나고 있다고 한다.
> • 조정에서 은이 나는 곳에 은점 설치를 허가만 내주면 ㉢ 돈 많은 장사꾼은 각자 재물을 내어 일꾼을 모집할 것입니다. ㉣ 땅이 없어 농사짓지 못하는 백성들은 점민이 되기를 원하게 될 것입니다. 그곳에 모여 살며 은을 캐어 ㉤ 호조와 각 영, 고을에 세를 바치고, 남는 대로 물주에게 돌릴 것입니다.

① ㉠ 중에는 ㉣과 같은 사람들이 상당수 있었다.
② 상평통보가 재산 축적의 수단으로 쓰임에 따라 나타난 전황이 ㉡의 상황을 촉진하였다.
③ ㉢과 같은 상인의 대부분은 채굴 업자와 노동자 등을 고용하여 광산을 직접 운영하였다.
④ ㉤과 같이 국가에 세금을 바치고 자유롭게 채굴하는 것을 잠채라고 한다.

54 289

고대의 무역에 대한 설명으로 잘못된 것은?

① 발해는 일본에 담비 가죽 등 모피를 주로 수출하였으며, 당에는 도기를 판매하였다.
② 백제는 근초고왕 이후 해상 무역을 활발히 전개하였으나, 고구려는 장수왕 시기부터 대중국 무역이 쇠퇴하였다.
③ 장보고는 당과의 교역을 위해 견당매물사(遣唐買物使)를 파견하였으며, 일본에는 사절단인 회역사(廻易使)를 파견하였다.
④ 대성동 고분에서 왜계 유물이 다수 발견되어 금관가야가 왜와의 교류를 활발하게 전개하였음을 알 수 있었다.

51 286

④ 관청 수공업과 사원 수공업은 각각 고려 시대에 발달한 수공업의 형태로 관청 수공업은 고려 전기에, 사원 수공업은 고려 후기에 활성화되었다. 조선 후기에는 시장 판매를 위한 수공업 제품 생산이 활발하였다. 더불어 종래의 관영 수공업이 쇠퇴하면서 정조 때 공장안(장인 등록제)을 폐기하였으며, 이후부터 사영 수공업자들은 공장세만 부담하면 자유롭게 제품을 생산할 수 있게 되었다. 또한 점차 민영 수공업인 철점과 사기점이 도시를 중심으로 발달하였고, 18세기 이후에는 놋그릇, 농기구, 모자, 장도 분야에서 생산과 판매까지 주관하는 독립 수공업자가 나타났다.

정답 ④

52 287

제시문은 조선 후기 광산촌의 모습을 묘사한 것이다. 17세기에 이르러 조선 정부는 허가받은 민간인에게 정부의 감독 아래 광물 채굴을 허용하였다(설점수세제). 이 시기에는 광작 현상으로 농촌에 잉여 노동력이 발생하였으며, 이들은 상업 분야로 진출한 중도아 및 광산·포구 임노동자 등이 되었다.

③ 금광 채굴로 인한 문제가 발생한 것은 무분별한 광산 개발로 인한 농토 훼손 때문이었다. 또한 정부의 채굴 금지령은 내려지지 않았다.

오답 분석

① 18세기에는 민영 수공업의 발달에 따라 광물 수요가 증가하였으며, 상업 자본의 광산 경영 참여가 증가하였다. 또한 금·은광의 잠채가 성행하여, 국가의 감독을 받지 않고 민간인이 광물을 자유롭게 채굴하는 경우도 생겨났다.

② 조선 후기에는 광산 개발 방식에도 변화가 생겨 '덕대'라는 경영 전문가가 등장하여 상인 물주로부터 자본을 조달받아 채굴 업자인 혈주(穴主)와 채굴 노동자, 제련 노동자 등을 고용하여 광산을 운영하였다.

④ 조선 후기에는 분업에 의한 협업(굴진 → 운반 → 분쇄 → 제련) 방식으로 운영하였고, 상업 자본을 축적해 나갔다.

정답 ③

53 288

① 조선 후기에는 일부 농민이 소득을 증대시켜 부자가 되는 경우도 있지만, 토지를 잃고 몰락해 가는 농민도 증가하였다. 농촌을 떠난 농민은 도시로 옮겨가 상공업에 종사하거나 임노동자가 되었으며, 광산이나 포구를 찾아 임노동자가 되었다. 그리하여 이 시기에 광산, 포구 등에는 새로운 도시가 형성되기도 하였다.

오답 분석

② 숙종 시기인 1678년에 상평통보가 법화로 지정되어 상품 화폐 경제를 견인하였다. 상평통보 등 화폐를 지주, 대상인이 고리대나 재산 축적 수단으로 인식하면서 화폐 부족 현상인 전황이 초래되었다. 이에 따라 물가가 폭락하는 상황이 수시로 발생하였다.

③, ④ 16세기에 들어서 농민층이 광산 부역 노동을 거부하자, 17세기에 이르러 정부는 설점수세제라 하여 허가받은 민간인에게 정부 감독 아래 광물 채굴을 허용하였다. 이후 상업 자본의 광산 경영 참여가 증가하면서 국가의 감독을 받지 않고 민간인이 광물을 몰래 채굴하는 잠채가 성행하기도 하였다.

정답 ①

54 289

② 백제는 근초고왕 이후 요서·산둥·큐슈를 연결하는 해상 교역로를 장악하였으며, 교역 대국으로 성장하였다. 고구려 장수왕 시기에는 평양 천도 이후 위(魏)와 조공 무역을 하면서 공무역의 규모가 크게 늘어나 고구려의 무역량이 2배로 증가하였다. 중국 남·북조의 여러 국가를 거쳐 수·당에 이르기까지 고구려의 정규적 조공 무역은 지속적으로 이루어졌다.

정답 ②

55 290

밑줄 친 그에 대한 설명으로 옳지 않은 것은?

> 836년 신라의 왕위 계승에서 패배한 김우징이 그에게 의지하면서 그는 진골 귀족의 정치 분쟁에 관여하였다. 그는 막강한 해상력을 기반으로 민애왕을 살해하고 김우징을 신무왕으로 즉위시켰다. 이후 자신의 딸을 문성왕과 혼인시키고자 하였으나 중앙 귀족들의 반대로 실패하였다. 이와 같은 그의 세력 확대에 위협을 느낀 중앙 귀족들은 마침내 염장을 보내 그를 암살하였다.

① '월주요'의 청자 찻잔 제작 기법을 배워 직접 생산하여 수출하기도 하였다.
② 당에 교역선을 보냈으며, 일본에는 회역사와 함께 상선을 보내 중계 무역을 하였다.
③ 양태사와 일본 대사 오노 다모리와 함께 일본을 방문하였으며, 왕의 표문과 공물을 전하였다.
④ 일본인 승려 엔닌의 탄원을 받아들여 입당과 귀국 여정에 도움을 주었다.

56 291

고려의 대송 무역에 대한 설명으로 잘못된 것은?

① 남송과의 무역은 벽란도에서 흑산도를 거쳐 밍저우로 연결되는 항로가 주로 이용되었다.
② 무역품은 현주의 삼베와 세 가지 유약을 배합하여 구워낸 삼채 도자기가 유명하였다.
③ 남송과의 무역은 공무역이 쇠퇴하고 사무역이 활성화되는 특징을 갖는다.
④ 송으로부터 왕실과 귀족들의 사치품 수입이 증가하여 비단·약재·악기 등이 수입되었다.

57 292

다음 자료는 사마르칸트의 아프라시압 궁전 벽화이다. 이 벽화에 그려진 조우관을 쓴 인물들은 어느 국가의 사신으로 추정되고 있다. 이 나라와 관련된 내용으로 옳은 것은?

① 7세기에는 당나라로 갑옷을 수출했으며, 이 나라 사람들은 투호, 바둑, 주사위 놀이, 쌍육 등 다양한 오락을 즐겼다.
② 조, 콩 등을 재배하는 밭농사가 주로 이루어지다가, 점차 황해도 일대와 한강 유역을 점령하면서 논농사가 확대되었다.
③ 토인이라 불린 집단은 도독, 자사, 수령과 같은 지방 행정직의 대부분을 차지하였다.
④ 반역자는 그 가족과 재산을 몰수하고, 살인자는 노비 3인을 제공하면 속죄되었다.

58 293

고려의 해외 교통로와 교류 내용 중 옳은 것을 〈보기〉에서 고르면?

> **보기**
> ㄱ. 예성강 어귀의 벽란도가 국제 무역항으로 번성하였다.
> ㄴ. 거란이나 여진과의 교역은 물물 교환 형태였다.
> ㄷ. 아라비아 상인들의 왕래도 있었다.
> ㄹ. 대송 무역은 고려의 대외 무역에서 가장 적은 비중을 차지하였다.
> ㅁ. 송으로부터의 주요 수입품은 종이, 붓, 먹, 화문석 등이다.

① ㄱ, ㄷ, ㄹ
② ㄱ, ㄹ, ㅁ
③ ㄷ, ㄹ, ㅁ
④ ㄱ, ㄴ, ㄷ

55 290

밑줄 친 '그'는 장보고이다. 장보고는 중국 월주요의 청자 제작 기술을 익혀 청해진에서 생산하였으며, 이를 주요 수출품으로 판매하기도 하였다.

③ 발해에서 일본에 파견한 사신 양승경에 대한 내용이다. 그는 758년 9월 부사 양태사 및 발해에 파견한 일본 대사 오노 다모리(小野田守)와 함께 도일하였다. 대사 자격으로 도일할 당시 그의 관직은 보국대장군, 행목저주자사, 겸병서소정, 겸장군, 개국공 등이었다. 이듬해 정월 발해 왕의 표문과 공물을 전하고, 정3품의 관직과 함께 향응과 녹봉을 받았다.

정답 ③

56 291

② 발해에 대한 설명이다. 발해의 수출품은 각종 공예품·모피류·약재·도자기 등이었고, 수입품은 견직물·마포(麻布)·서적 등이 거래되었다. 특히 현주의 삼베와 세 가지 유약을 배합하여 구워낸 삼채 도자기가 유명하였다.

정답 ②

57 292

자료는 우즈베키스탄의 아프라시압 궁전 벽화에 그려져 있는 고구려 사신의 모습이다. 고구려를 비롯한 삼국은 서역과 활발하게 교류하였으며, 각저총과 같은 고구려 고분 벽화에는 서역 계통의 인물이 등장하기도 한다.

② 고구려는 땅이 척박해 밭농사를 주로 하다가, 영토 확장으로 황해도 일대와 한강 유역을 점령하면서 논농사가 확대되었다.

오답 분석

① 백제는 7세기에 당나라로 갑옷을 수출했으며, 철갑·조부(彫斧) 등이 제조되었다는 기록이 있다. 또한 백제 사람들은 투호, 바둑, 주사위 놀이, 쌍육 등 다양한 오락을 즐겼다.

③ 발해에 대한 설명이다. 발해에서는 고구려 유민들을 토인이라 불렀으며, 그들은 대부분의 지역에서 지방관 등 관직을 장악하였다.

④ 백제의 형법이다.

정답 ②

58 293

④ 옳은 것은 ㄱ, ㄴ, ㄷ이다.

오답 분석

ㄹ. 송나라는 고려 최대의 무역국으로서 대송 무역은 고려의 대외 무역에서 가장 많은 비중을 차지하였다.

ㅁ. 고려는 대송 무역에서 종이·인삼·먹·붓·나전 칠기·화문석 등의 수공업품과 토산물을 수출하였고, 왕실과 귀족들의 사치품을 비롯한 비단·약재·악기 등을 수입하였다.

정답 ④

59 294

다음은 조선 후기 일본과의 무역에 관한 내용이다. 이에 대한 설명으로 옳은 것을 고르면?

> 일본이 이전에는 나가사키에서 남경과 무역하였으나 지금은 청국이 무역을 금하였다. 그리하여 조선이 청에서 사들인 백사(白絲)는 모두 왜관에서 거래되었다. …… 북경에서 은 60냥으로 백사 100근을 구입해서 왜관에 가면, 백사 100근 가격은 은 160냥이 되었다. – 「승정원일기」

① 임진왜란 이후에는 제포에 개설된 왜관을 통해서 개시 무역과 후시 무역이 이루어졌다.

② 조선 통신사 파견을 통한 사행 무역이 정기적으로 추진되었으며, 막부는 이를 통해 많은 이익을 얻을 수 있었다.

③ 주요 수출품으로는 인삼, 쌀, 무명 등이 있었으며, 무역을 위해 대형 무역선의 건조가 사상들에 의해 추진되기도 하였다.

④ 은, 구리, 황, 후추 등을 수입하였는데, 은은 청과의 무역에서 지불 수단으로 쓰고, 구리는 국내 동전 주조에 이용하였다.

60 295

다음 (   )에 들어갈 무역과 관련한 내용으로 옳은 것은?

> 숙종 26년(1700) (청국) 예부에 청하여 (   )를 혁파하였으나, 책문 후시는 지금까지 행한다. … 사행이 책문을 출입할 때는 의주 상인과 개성 상인 등이 은·삼을 몰래 가지고 인부나 마필 속에 섞여들어 물종을 팔아 이익을 꾀하였다. 되돌아올 때는 걸음을 일부러 늦추어 사신을 먼저 책문으로 나가게 하여 거리낄 것이 없게 한 뒤에 저희 마음대로 매매하고 돌아오는데 이것을 책문 후시라 한다.
> – 「만기요람」, 「재용편」 5, 책문 후시

① 이 무역은 청으로 가는 사신로를 따라 형성된 것으로 회동관 후시에 해당한다.

② 개시와 후시가 같은 장소에서 행해졌던 지역에서 성행한 것으로 중강 후시를 말한다.

③ 이 무역을 주도한 상인들은 사상으로 성장하였던 내상과 송상이었다.

④ 인조 이후 함경북도 회령에서 청나라와 행하던 무역이었다.

61 296

다음 자료에 해당하는 시기의 화폐 정책으로 옳은 것은?

> 7년 12월에 왕이 명령하기를, "백성들을 부유하게 하고 나라에 이익을 가져오게 하는 데 돈보다 중요한 것은 없다. 서북 두 나라에서는 돈을 쓴 지가 이미 오랜데 우리나라에서만 아직 실행하지 않았다. 그러므로 이제 비로소 금속을 녹여 돈을 만드는 법령을 제정한다. 부어서 만든 돈 15,000꾸러미를 재추와 문무 양반과 군인들에게 나누어 주어 돈 통용의 시초로 삼고 돈에 새기는 글을 해동통보라 한다. 또 처음으로 돈을 통용한다는 것을 태묘에 알리며 곧바로 경성에 좌우주무를 설치하고 또 거리 양쪽에는 신분이 높고 낮음을 가리지 않고 저마다 점포를 두어 돈 사용의 이익을 크게 거두도록 할 것이다"라고 하였다. – 「고려사」

① 건원중보라는 철전을 주조하여 통용시키려 하였다.

② 금속 화폐 외에도 원의 영향을 받아 지폐를 발행하여 통용시키려 하였다.

③ 삼한통보·삼한중보·해동중보 등의 동전을 연속적으로 주조하였다.

④ 은병의 순도를 높여 가치를 안정시킨 소은병이 주조되었으나 실패하였다.

62 297

다음 중 고려 시대에 발행된 화폐가 아닌 것은?

① 삼한중보

② 팔방통보

③ 해동통보

④ 소은병

59 294

④ 일본에서는 주로 은, 구리, 황, 후추 등을 수입하였는데, 은의 수입이 급증하자 숙종 시기 왜은에 대한 조례를 정하기도 하였다. 수출은 인삼을 중심으로 쌀, 무명 등이 거래되었다. 구리는 특히 일본으로부터의 중요 수입품이었다.

오답 분석

① 임진왜란 이후 개설된 왜관은 부산포였으며, 이곳에서 개시 무역과 후시 무역이 행하여졌다.

② 조선 통신사는 비정기적으로 일본의 요청이 있었을 경우에만 파견되었으며, 이 시기에 에도 막부는 막대한 경비를 지출하였다.

③ 일본인들이 선박을 이용해 부산포로 입항하여 무역을 행하였기 때문에 국내의 상인들은 대형 무역선을 건조할 이유가 없었다. 선박의 건조는 수상을 통해 국내의 유통을 장악한 경강 상인들이 주도하였다.

정답 ④

60 295

괄호에 들어갈 무역은 '중강 후시'이다. 개시 무역은 조선 후기에 개설되었던 대외 교역 시장으로 압록강 하류에서 열리는 중강 개시와 함께 함경도 회령 · 경원 등에서 청나라와 행하던 무역이다. 개시는 정부가 일정 시간, 장소, 교역량 등을 정해주고 행하는 무역으로 조정의 간섭과 통제를 받았다. 압록강의 난자도에서 열렸던 중강 개시는 점차 통제가 해이해져 후시 무역까지 성행하였으나, 숙종 시기 폐지되고 말았다.

② 의주의 중강에서 중강 개시와 중강 후시가 이루어졌다.

오답 분석

① 조선 후기 사상들이 전개한 밀무역으로 조선에서 중국으로 사신을 보낼 때 형성된 것으로 회동관에서 이루어진 사무역을 회동관 후시라 한다.

③ 17세기 기유약조 이후 왜관 개시는 동래 상인이었던 내상이 주도하였으며, 송상은 만상과 내상을 연결하는 중계 무역으로 막대한 이익을 얻었다.

④ 회령 개시에 대한 설명이다. 회령 개시는 경원 개시와 함께 북관쌍시라 불렸으며, 대개 청 상인의 체류 비용을 조선 상인들이 부담하는 전제하에서 열렸다.

정답 ②

61 296

자료는 고려 숙종 시기의 화폐 정책에 대한 내용이다.

③ 대각 국사 의천의 건의로 1097년에 주전관을 두어 화폐 주조 관계 업무를 담당 수행하게 하고, 1101년에 주전도감을 설치하여 귀금속 화폐로서 은병(활구)을 법화로 주조, 유통시키기 시작했다. 이후 숙종은 1102년에 해동통보의 유통 보급을 시도하였고, 삼한통보(1102) · 삼한중보(연대 미상) · 해동중보(1103) 등의 동전을 연속적으로 주조하였다.

오답 분석

① 건원중보는 996년(성종 15), ② 지폐인 저화는 1391년(공양왕 3), ④ 소은병은 1331년(충혜왕 1)에 각각 발행되었으나, 널리 통용되지는 못하였다. 특히 공양왕 시기 발행된 저화는 고려의 멸망으로 전혀 사용되지 못하고 사장되었다.

정답 ③

62 297

② 팔방통보는 조선 세조 때 유사시를 대비하여 화살촉인 철촉을 법화로서 사용하는 정책에 의거하여 주조되었다. 그러나 이러한 의도로 만들어진 팔방통보(유엽전)가 실제 유통되었는가에 대해서는 많은 의문점이 있다.

오답 분석

①, ③, ④ 삼한중보는 고려 숙종 시기 발행된 것으로 추정되며, 해동통보는 숙종 7년(1102)에 주조되었다. 소은병은 숙종 시기부터 발행된 은병의 위조가 성행하자 충혜왕 시기인 1331년에 발행되어 유통되었다.

정답 ②

63 298

조선 시기의 화폐 제도 운영에 대해 잘못 설명한 것은?

① 1810년대에 정약용에 의해 근대 금 · 은 본위제와 유사한 화폐 제도의 개혁 방안이 구상, 제시되었다.

② 조선 전기에는 풍부한 구리 생산을 바탕으로 조선통보를 주조하였다.

③ 저화는 조선 초기 법화로 지정되기도 하였으나, 점차 현물 화폐에 밀려 그 가치를 상실하였다.

④ 18세기 후반에는 세금과 소작료도 동전으로 대납이 가능해졌다.

64 299

다음 자료에 대한 설명으로 잘못된 것은?

> 교환 경제가 점차 발전하는 가운데 동전의 수요량이 공급량을 초과하게 되었고, 그 과정에서 동전의 구매력은 더욱 상승하였다. 이에 따라 동전 자체가 투기의 대상이 되면서 교환 경제에서 퇴장되었고, 이는 동전의 부족 현상을 더욱 가속화시켰다.

① 이 시기에 상대적으로 물가가 높아지는 문제가 발생하여 고액전의 발행 요구가 거세졌다.

② 조선 말의 당백전의 발행은 위와 반대의 현상을 초래하였다.

③ 위의 문제는 부를 저장할 수 있는 화폐의 기능이 강해졌기 때문에 생긴 것이다.

④ 18세기 초부터 19세기 초에 걸쳐 우리나라에 나타났던 전황 현상을 말한다.

65 300

화폐 제도의 변천에 대한 설명으로 잘못된 것은?

① 박지원은 전황 현상에 대해 용전론을 주장하였다.

② 조선 후기 정약용은 이익의 입장을 계승하여 폐전론을 주장하였다.

③ 고려 숙종 시기 대각 국사 의천의 건의로 다양한 화폐 제도를 구비하였다.

④ 십전통보는 효종 시기 김육의 건의로 개성 지방의 민간인에 의해 주조되었으나 제대로 활용되지 못하였다.

63 298

② 조선 전기에는 화폐 원료가 부족해 구리의 거의 대부분을 일본으로부터 수입하였기 때문에 필요한 동전을 충분히 주조할 수 없는 상황이었다. 동전의 주조 업무는 사섬서에서 관장하였으나, 다량의 동전을 단시일 내에 주조, 발행할 수 없어 각 지방에 주전소를 증설하여 동전을 주조하게 하였다.

정답 ②

64 299

자료는 18세기 초부터 19세기 초에 걸쳐 나타났던 전황에 대한 내용이다.
① 전황은 동전 부족 현상을 의미하는 것으로, 조선 후기에는 전황이 발생하여 화폐의 가치가 높아져 물가는 하락하게 되었다.

오답 분석

② 전황과 반대의 상황을 초래한 것은 당백전의 발행이었다. 당백전은 경복궁 중건을 위해 발행한 동전으로 실제 가치는 상평통보의 1/5~1/6에 불과하였다. 정부가 많은 수량을 발행하면서 당백전으로 조세를 납부하는 것을 거부하였기 때문이다. 정부의 부조리한 화폐 정책으로 당백전은 통용 1년 만에 엄청난 인플레이션을 초래하면서 가치가 하락하였고, 이에 따라 물가는 폭등하였다.

정답 ①

65 300

② 1810년대에 정약용에 의해 근대 금·은 본위제와 유사한 화폐 제도의 개혁 방안이 구상·제시되었다. 정약용은 상평통보 이외에도 고액전이 유통되어야 할 필요성을 강조하였으며, 근대적 화폐 제도와 유사한 개혁안을 제시하였다. 폐전론을 주장한 대표적 인물은 이익이다. 중농학파인 이익은 조선 후기 전황 현상이 일어나자 폐전론을 주장하였다.

정답 ②

PART 07

사회 구조와 사회생활

PART 07 사회 구조와 사회생활

01 301

다음 자료의 밑줄 친 ㉠~㉢ 계층의 특징을 잘못 설명한 것은?

> 부여, 초기 고구려, 삼한의 읍락에는 경제적으로 부유한 ㉠ 호민과 그 아래에 ㉡ 하호가 있었으며, 읍락의 최하층에는 ㉢ 노비가 있었다. 부여와 초기 고구려에는 ㉣ 가·대가로 불린 권력자들이 있었는데, 이들은 호민을 통하여 읍락을 지배하는 한편, 자신의 관리와 군사력을 지니고 정치에 참가하였다.

① ㉠ - 하호를 다스리는 중간 매개자의 역할을 하였으며, 읍락에서 실질적 지배권을 행사할 수 있었다.

② ㉡ - 전쟁 시 부역에는 종사하였으나, 직접적으로 전투에는 참여하지 않았다.

③ ㉢ - 읍락의 최하층으로 주인에게 예속되어 있었다.

④ ㉣ - 호민을 통해 읍락을 지배하였으며, 율령의 제정 이후 특권을 상실하여 평민화 되었다.

02 302

다음 자료에 언급된 국가에 대한 설명으로 옳은 것은?

> 모반하거나 전쟁에서 퇴각한 자, 살인을 한 자는 목을 베었다. 도둑질을 한 자는 유배시키고 훔친 물건의 두 배를 물게 하였다. 부인이 간통죄를 범하면 남편 집의 노비로 삼았다.
>
> - 『주서』

① 왕족인 부여씨와 8성의 귀족이 지배층을 구성하였다.

② 척박한 자연환경으로 인한 식량 부족으로 대외 정복 활동을 활발히 전개하였다.

③ 혼인 시 남자 집에서 돼지고기와 술을 보낼 뿐 다른 예물은 주지 않았다.

④ 신령한 4영지에서 돌아가면서 귀족 회의를 개최하였다.

03 303

다음에서 언급된 국가에 대한 설명으로 옳은 것은?

> 그 나라에는 5경 15부 62주가 있었다. 숙신의 옛 땅을 상경으로 삼아 용천부라 하고 3주를 통할하게 하였는데, 동남쪽은 바다에 닿았으니 일본도라 하고, 남부를 중경으로 삼아 현덕부라 하고 6주를 통할하게 하고, 예맥의 옛 땅을 동경으로 삼아 용원부 또는 책성부라 하고 4주를 통할하게 하고, 옥저의 옛 땅을 남경으로 삼아 남해부라 하고 3주를 통할하게 하여 신라도라 하였으며, 고구려의 옛 땅을 서경으로 삼아 압록부라 하고 4주를 통할하게 하여 조공도라 하였으며, 장령부는 2주를 통할하였는데 영주도라 하였다. 부여의 옛 땅을 부여부로 삼아 2주를 통할하게 하고 거란도라 하였으며, 마힐부는 2주를 통할하였으며, 읍루의 옛 땅을 정리부로 삼아 2주를 통할하게 하였으며, 안변부는 2주를 통할하게 하였다. 솔빈의 옛 땅을 솔빈부로 삼아 3주를 통할하게 하였고, 불날의 옛 땅을 동평부로 삼아 5주를 통할하게 하였고, 철리의 옛 땅을 철리부로 삼아 6주를 통할하게 하였으며, 월희의 옛 땅을 회원부로 삼아 9주를 통할하게 하였으며, 안원부는 4주를 통할하게 하였고, 영·동·진 3주를 독주주로 삼았다.
>
> - 『신당서』

① 이 나라는 왕족 이외에도 고·장·양·도·오·이씨 성을 가진 유력 귀족과 기타 49개의 성을 지닌 일반 귀족이 존재하였다.

② 실위와 읍루 등 주변 민족에게 철을 공급하였으며, 남조인 송에 말 800여 마리를 수출하기도 하였다.

③ 중국과는 북선 항로와 남선 항로의 해로를 이용한 해상 무역을 전개하였다.

④ 귀족들 중 일부는 금입택에 거주하였으며, 별장인 사절유택을 소유하였다.

01 301

④ 가·대가는 부여와 초기 고구려의 권력자로서, 호민을 통해 읍락을 지배하였던 실질적 유력자들이었다. 자신의 관리와 군사력을 바탕으로 정치에 참여하였고, 국가의 중앙 집권화 과정에서 점차 귀족으로 편제되었다.

정답 ④

02 302

자료에서 언급된 국가는 '백제'이다.
① 백제는 왕족인 부여씨와 8성(해씨, 진씨, 사씨, 연씨, 협씨, 국씨, 목씨, 백씨)의 귀족이 지배층을 구성하였다.

오답 분석

②, ③ 척박한 자연환경으로 인한 식량 부족으로 대외 정복 활동을 활발히 전개한 국가는 고구려이다. 또한 고구려에서는 남녀 간의 자유로운 교제를 통하여 혼인이 이루어졌으며, 혼인 시 남자 집에서 돼지고기와 술을 보낼 뿐 다른 예물은 주지 않았다는 기록이 있다.
④ 신라는 씨족 사회의 유습인 화백 회의를 통해 국정을 운영하였는데, 경주 남쪽의 오지산, 경주 동쪽의 청송산, 서쪽의 피전, 북쪽의 금강산 등 신령한 4영지에서 회의를 개최해 국사를 논의하였다.

정답 ①

03 303

사료에서 언급된 국가는 '발해'이다. 발해는 선왕 시기에 5경 15부 62주의 행정 구역을 완비하였다.
① 발해에는 왕족인 대씨와 고·장·양·도·오·이씨 등 유력 귀족과 기타 49개 성의 일반 귀족이 있었다.

오답 분석

② 고구려, ③ 고려, ④ 통일 신라에 대한 설명이다.

정답 ①

04 304

신라의 골품제에 대한 설명으로 옳지 않은 것은?

① 중위제를 통해 계서적 한계에 대한 불만을 해소하려 하였다.

② 6두품은 '득난'이라 불렸으며 3관등 이상의 직위는 올라갈 수 없었다.

③ 가옥의 규모, 의복의 색깔, 수레의 재료와 장식까지도 제한되는 폐쇄적 신분제였다.

④ 영토 확대와 통일 과정에서 가야계인 김유신계와 고구려계인 안승이 진골로 인정되었다.

05 305

다음 사료와 관련된 조직에 대해 잘못 설명한 것은?

> 김대문은 말하기를 "어진 재상과 충신이 여기서 배출되었고, 훌륭한 장군과 용맹한 병사가 이곳에서 생겨났다." 하였고, 최치원은 이르기를 "이 나라에 현묘한 도가 있어 이를 풍류라 하였다. 이 가르침의 근원은 선사(仙史)에 상세히 실려 있거니와 실로 이는 3교를 포함한 것으로 모든 민중을 교화하였다. 즉, 집안에서는 효도하고, 밖에서는 나라에 충성을 다하니 이것은 공자의 취지이다. 모든 일을 거리낌없이 처리하고 말하지 않고 실행하는 것은 노자의 종지였으며, 모든 악한 일을 하지 않고 선한 일만을 행하는 것은 석가의 교화 그대로이다."라고 하였다. ─ 「삼국사기」

① 진흥왕 때 원화(原花) 제도에서 확대·개편되었다.

② 미륵 신앙과 연계되었으며, 신선 신앙 및 신도 사상의 특징, 무속 신앙적 성격 등 다양한 특징을 내포하는 청소년 수련 단체였다.

③ 교육적, 군사적, 종교적 기능과 함께 계급 간의 갈등을 조절, 완화하는 기능을 지녔다.

④ 중앙 집권적 토대에서 생겨난 집단으로 씨족 사회의 특성을 극복하는 과정에서 파생되었다.

06 306

다음은 원광이 제시한 세속오계의 내용을 유교의 오륜과 비교한 것이다. 이를 바탕으로 당시 신라 사회에서 중시된 윤리관을 옳게 추론한 것은?

순서	세속오계	오륜
1	충(忠)으로써 임금을 섬긴다.	부모와 자식 사이에는 친함이 있어야 한다.
2	효로써 부모를 섬긴다.	임금과 신하 사이에는 의리가 있어야 한다.
3	믿음으로써 친구를 사귄다.	부부 사이에는 구별이 있어야 한다.
4	전쟁터에 나아가 물러서지 않는다.	나이든 사람과 어린 사람 사이에는 순서가 있어야 한다.
5	생명 있는 것을 가려서 죽인다.	친구 사이에는 신의가 있어야 한다.

① 불교 계율의 영향을 받아 살생을 금기시하려는 경향이 대두되었다.

② 부모에 대한 효도가 왕에 대한 충성보다 우선하였다.

③ 후대에 비해 남녀 간의 구별은 크게 강조되지 않았다.

④ 연령의 고하를 중심으로 사회 생활의 위계 질서가 강조되었다.

07 307

고려의 신분제에 대한 설명 중 잘못된 것은?

① 왕족들은 봉작에 대응한 명예직을 부여받았으나, 실직으로의 관직 취임은 금지되었다.

② 고려의 봉작제는 작위가 상속되지 않았고 작위 유무가 귀족 신분과 하층 신분을 구분하는 기준이 되지 않았다.

③ 충선왕은 권문세족 중 재상지종을 지정하여 왕실과의 혼인을 장려하였다.

④ 남반은 도필지임(刀筆之任)이라 불렸으며, 관청 실무를 보는 입사직에 해당하였다.

04 304

② 6두품은 대족장 출신으로 '득난'이라고도 불렸으며, 5관등 이상의 직위는 올라갈 수 없었다.

오답 분석

① 골품에 따라 관등 승진의 상한선을 결정하면서 불만이 야기되자, 아찬·대나마·나마에 중위제를 두었다.

③ 신라의 골품은 개인 신분과 친족 등급의 표현으로, 개인·사회생활·정치 활동의 범위를 엄격히 제한하였다.

④ 신라의 골품제는 크게 왕족(성골, 진골)과 귀족(6·5·4두품)으로 구분할 수 있다. 처음에는 왕경만의 신분제(경위제)로 지방 지배층은 제외되었다. 따라서 지방의 지배층은 별도의 외위제를 구성하였다. 영토 확장과 통일 과정에서 가야계인 김유신계로 이어지는 금관가야의 왕족과 고구려계인 안승이 진골로 인정되면서 외위제는 경위제로 통합되었다. 이로써 경위제인 골품제가 비로소 전 지배층을 편제하는 신분제로 확대되었다.

정답 ②

05 305

사료와 관련된 조직은 '화랑도'이다.

④ 화랑도는 원시 씨족 사회의 청소년 집단에서 유래한 제도이다.

오답 분석

① 화랑도는 정복 활동을 강화하던 진흥왕 시기에 원화 제도에서 국가적 조직으로 확대·개편되었다.

② 화랑도는 명산대천을 찾아다니며 제천 의식을 행하고, 사냥과 전쟁에 관하여 교육을 받음으로써 협동과 단결 정신을 기르고 심신을 연마하였다. 화랑도는 불교적 관점에서는 미륵 신앙과 연계되었으며, 신선 신앙 및 신도 사상의 특성, 무속 신앙적 성격 등 다양한 특징을 내포하는 청소년 수련 단체였다.

③ 화랑도는 여러 계층이 한 조직 속에 편입되어 계급 간 대립과 갈등을 완화·조절하는 기능을 가지고 있었다.

정답 ④

06 306

③ 세속오계는 7세기 신라가 처한 국가적 상황에 맞게 정비된 윤리 체계로, 기존의 유교 윤리인 삼강오륜과는 차별적 특성을 갖는다. 유교의 오륜은 효(孝)를 우선으로 충(忠)을 확충하는 것을 전제로 신분의 고하와 연령의 고하, 남녀 간의 구별이 강조되었다. 그러나 세속오계는 신라 사회의 당면한 위기를 극복하기 위해 효보다 충을 강조하고 있으며, 골품제의 폐쇄성에 의해 연령에 따른 예법을 무시하고 있다. 또한, 남녀의 차별을 제외시켜 여성의 왕위 계승에 정당성을 부여하려 하였다.

정답 ③

07 307

④ 중간 계층인 남반은 말단 행정직으로서 궁정의 당직이나 국왕의 호종 및 왕명의 전달, 의장(儀仗) 등의 궁중의 실무를 담당하는 관리를 말하며 횡반이라고도 불렸다. 남반직은 궁중의 이직(吏職)이었으므로 잡류보다 신분이 높았다. 도필지임이라 불린 계층은 서리들로, 관청 실무를 보는 입사직인 주사·녹사·영사·사·기관 등과, 미입사직으로 하급 임무를 맡은 장고 등이 있었다. 이들은 중앙의 각 사에서 기록 등 행정의 말단을 맡아 실무에 종사한 사람들이며 세습적으로 서리역을 잇는 이족(吏族)이 담당하였다.

정답 ④

08 308

다음 자료에서 설명하는 계층의 생활 모습으로 옳은 것은?

> 김돈중 등이 절의 북쪽 산은 민둥하여 초목이 없으므로 그 인근의 백성들을 모아 소나무, 잣나무, 삼나무, 전나무와 기이한 꽃과 이채로운 풀을 심고 단을 쌓아 임금의 방을 꾸몄는데 아름다운 색채로 장식하고 대의 섬돌은 괴석을 사용하였다. 하루는 왕이 이곳에 행차하니 김돈중 등이 절의 서쪽 대에서 잔치를 베풀었다. 휘장, 장막과 그릇이 사치스럽고 음식이 진기하여 왕이 재상, 근신들과 더불어 매우 흡족하게 즐겼다.

① 식읍과 녹읍을 통하여 조세와 공물을 거두었고 노동력을 동원하였다.

② 금입택, 사절유택, 포석정 등 호화 주택과 별장을 마련하여 살았다.

③ 무역으로 당의 비단, 서적 등을 수입하여 화려한 생활을 영위했다.

④ 정계의 요직을 장악하고 과거와 음서로써 신분을 세습하여 권력을 유지하였다.

09 309

다음 지배층에 대한 서술 중 바르지 못한 것은?

> 무신 정변에 의해 ⑤ 이 몰락하고 무신이 집권 세력이 되었으나, 무신 정권이 붕괴된 후에는 ⑥ 이 새로운 지배 세력으로 대두되었다. 그 후 ⑥ 을 비판하며 성리학을 사상적 바탕으로 한 ⑥ 가 나타나 새로운 왕조를 성립시켰다.

① ⑤은 중첩된 혼인과 과거, 음서를 통해 세력을 유지하였다.

② ⑥은 첨의부, 도평의사사의 구성원이 되었으며, 정방을 통해 인사권을 장악하였다.

③ ⑥은 친원적이고 친불교적인 성향의 인사들로 역성혁명의 주체 세력이 되었다.

④ ⑥은 광범위한 농장을 가지고 있었으며, 압량위천의 불법을 일삼았다.

10 310

고려 시대의 신분과 사회 제도에 대한 설명 중 옳은 것으로만 묶은 것은?

> ⑤ 양천교혼일 경우, 천자수모법의 원칙에 따라 어머니 쪽의 신분에 귀속되었다.
> ⑥ 고려의 본관제는 지역 차별의 근거로 적용되기도 하였다.
> ⑥ 재인, 화척 등도 본관제에 의해 성씨를 부여받았으며, 국역에 편입되었다.
> ⑥ 남녀 차별 없이 태어난 순서대로 호적에 등재되었으며, 결혼한 후에도 호적에서 지워지지 않았다.

① ⑤, ⑥   ② ⑤, ⑥

③ ⑥, ⑥   ④ ⑥, ⑥

11 311

자료에서 설명하는 상황이 일어날 당시의 사회 모습에 대한 설명으로 옳지 않은 것은?

> 충렬왕 24년 정월에 다음과 같은 교서를 내렸다. "근래에 양민을 강압하여 천인으로 만드는 예가 많으니, 해당 관리는 문건이 없거나 위조한 자를 조사하여 처벌하라. … (중략) … 양반의 노비는 주인 집 부역이 따로 있다 하여 예로부터 공역(公役)이나 다른 세금을 부과하지 않았다. 지금 양민이 세력 있는 집으로 들어가서 그 공역을 피하고 있으니 이제부터는 이런 일이 일절 없도록 하라." -「고려사」

① 납속보관제를 통해 양인의 신분 상승이 가능해졌다.

② 이연년 형제의 난과 같은 난이 반복되어 지배 체제가 붕괴되었다.

③ 공녀들이 원으로 끌려가는 일이 자주 일어나자 조혼이 유행하게 되었다.

④ 역관, 향리, 평민, 부곡민 등 하층 신분에서 신분 상승을 하는 사람이 많았다.

08 308

김돈중은 고려의 문신으로 김부식의 아들이다.

④ 고려의 귀족층은 정치적 특권인 음서와 경제적 특권인 공음전의 혜택을 누렸으며, 요직을 독점하고 정책 결정이나 가치의 배분을 자기 중심으로 하면서 국가 운영을 하여 귀족 사회를 유지해 나갔다.

오답 분석

①, ②, ③ 국가로부터 식읍과 녹읍을 받았으며, 기와집, 창고, 마구간, 우물, 주방 등을 갖추고 높은 담을 쌓은 집에서 살면서 풍족하고 화려한 생활을 영위한 것은 삼국과 통일 신라의 귀족들이었다. 특히 통일 신라의 귀족들은 중국에서 수입된 비단으로 옷을 만들어 입고 보석과 금, 은으로 치장하였으며, 금입택에 거주하고 별장인 사절유택을 가지고 있었다. 또한, 호화 생활을 영위하였으며 수많은 노비와 사병을 거느렸다.

정답 ④

09 309

㉠은 문벌 귀족, ㉡은 권문세족, ㉢은 신진 사대부이다.

③ 신진 사대부는 성리학을 수용한 세력으로, 유교적 소양을 갖추고 있었다. 그들은 국가 재정이 어려워지고 전시과의 붕괴로 과전을 받지 못하자 사전의 폐단을 지적하여 권문세족과 대립하였다. 신진 사대부가 역성혁명의 주체 세력이었던 것은 맞지만, 그들은 친원 세력인 권문세족을 비판하였으며, 척불교론을 내세웠던 세력이다.

오답 분석

① 문벌 귀족은 유력한 귀족 가문이나 왕실과 서로 중첩된 혼인 관계를 맺었다. 이들은 정치적 특권인 음서와 경제적 특권인 공음전의 혜택을 누렸으며, 요직을 독점하고 정책을 주도하였다.

②, ④ 권문세족은 첨의부와 도평의사사의 실권을 장악하고 있었고, 정방을 통해 인사권을 장악하였다. 이들은 개간을 전제로 한 사패전을 보유하고 있었는데, 이것은 소유 면적에 특별한 제한이 따르지 않아 대규모의 토지 겸병이 가능한 것이었다. 또한, 권문세족은 압량위천으로 양인 농민을 사민화시켜 수탈하였다.

정답 ③

10 310

③ 고려 시대의 신분과 사회 제도에 대한 설명으로 옳은 것은 ㉡, ㉣이다.

㉡ 고려 시대의 신분 집단은 거주지가 각각 본관으로 묶여 있고 독자의 적(籍)이 있었기 때문에 거주 이동에 제한을 받았다. 정호층과 백정층은 주로 군현제 지역에, 잡척층은 부곡제 지역에 거주했다. 즉, 고려 시대 사람들은 살고 있는 지역에 따라 지위에 차이가 있었고, 본관의 행정 명칭에 따라 본관이 군현 지역인가, 부곡 지역인가를 따져 세금과 역의 부과, 관리 진출에 차등을 두었다.

㉣ 고려의 여성들은 호주가 가능하였고, 호적에 연령 순으로 등재되었다. 여성의 재가가 허용되었고, 남편의 유산 분배권을 행사할 수 있었다. 가사와 경제 운영에서도 남성과 거의 대등한 사회적 위치를 차지하고 있었다.

오답 분석

㉠ 고려 시대에는 양천교혼일 경우, 일천즉천의 적용으로 부모 중의 한쪽이 노비이면 그 자식도 노비가 되게 하였다. 또, 천자수모법(1039, 정종 5)의 제정으로 천인혼 시 노비의 자녀 소유권이 모계 쪽의 주인에게 귀속된다는 규정이 만들어졌다.

㉢ 천인 신분인 노비와 재인, 화척은 호적도 없고 본관도 없었다.

정답 ③

11 311

자료는 고려 후기 원 간섭기의 모습이다.

② 이연년 형제의 난(1237)은 무신 정권기인 최우 집권기에 일어난 대표적인 농민 봉기이다.

오답 분석

① 납속보관제는 충렬왕 이후 국가의 부족한 재정을 해결하기 위해 곡식이나 은을 납부하는 사람에게 관직을 주는 제도이다.

③ 원의 공녀 요구를 충족시키기 위해 결혼도감(뒤에 과부처녀추고별감으로 개편)을 설치하고 많은 처자들을 끌고 갔으며, 이로 인해 조혼이 성행하였다.

④ 원 간섭기 이후 전공을 세우거나 몽골 귀족과 혼인하여 출세하는 하층 신분이 많았다.

정답 ②

12 312

고려 시대의 중간 계층에 대한 설명으로 옳지 않은 것은?

① 법제상 여러 제약을 받아 과거 응시나 국학 입학이 금지되었다.

② 남반과 서리는 잡업을 통하여 과거에 급제하면 대개 7품까지만 승진이 허락되었다.

③ 이들의 직역은 세습되었으며 직역의 대가로 외역전과 같은 토지를 받았다.

④ 개인의 능력에 따라 신분 내 상위 품계 이동이 가능하였다.

13 313

밑줄 친 '이들'에 대한 설명으로 관련이 있는 것은?

> 이들은 10년 내지 15년간 입역하는 동안 중앙 관아의 이속격(吏屬格)으로 잡무에 종사하였다. 그리고 지방에 관한 일도 다스렸는데, 즉, 고향의 과거 응시자에 대한 신원 조사나 사심관의 차출에 있어서 자문에 응하는 것 등이었다. 이들은 입역이 끝나면 관인으로 진출할 수 있는 직위에 임명되었다.

① 향리전과는 별도로 기인전이 지급되었으며, 수확물의 일부를 국가에 조세로 바쳤다.

② 왕성을 하사하여 의제가족적 성격의 왕족으로 포섭하는 한편, 토성을 분정해주었다.

③ 고려 시대 향직을 총괄한 관직이며 부호장 이하의 지방 향리를 지배하였다.

④ 향·소·부곡에 거주하는 양인의 최하층 사람이나 교통의 요지인 역이나 진에 근무했던 사람이다.

14 314

다음 자료에 나오는 행정 구역에 대한 옳은 설명을 〈보기〉에서 고른 것은?

> 예종 3년(1108)에 왕이 명령하기를, "구리, 철, 자기, 종이, 먹 등을 만드는 지역은 공물을 지나치게 많이 거두어 주민들이 어려움을 이기지 못해 도망하고 있다. 이제 해당 관청에서는 그 공물의 양을 다시 정하여 보고하도록 하라."라고 하였다.
> – 「고려사」

보기
ㄱ. 주민의 신분은 양민이었다.
ㄴ. 속현과 달리 지방관이 파견되었다.
ㄷ. 주민의 세금 부담은 군현민보다 많았다.
ㄹ. 중앙 관청에 소속되어 수공업 제품을 생산하였다.

① ㄱ, ㄴ   ② ㄱ, ㄷ
③ ㄴ, ㄷ   ④ ㄷ, ㄹ

15 315

고려 시대의 노비를 구분한 표이다. (가)~(라)에 들어갈 내용으로 알맞은 것은?

구분		특징
공노비 (공공 기관)	입역 노비	(가)
	납공 노비	(나)
사노비 (개인, 사원 예속)	솔거 노비	(다)
	외거 노비	(라)

① (가) – 궁중, 중앙 관청, 지방 관아에서 잡역에 종사하던 노비이다.

② (나) – 귀족이나 사원에서 직접 부리는 노비로 잡일을 담당하였다.

③ (다) – 농업에 종사하였고, 수입 중 규정된 액수를 관청에 납부하였다.

④ (라) – 10여 세부터 노동력을 제공하고 정로제에 따라 60세에 면역되었다.

12 312

고려 시대의 중간 계층은 후삼국의 혼란을 거쳐 고려의 지배 체제가 정비되는 과정에서 하부 구조를 맡아 중간 역할을 담당하는 집단으로 편제되었다.
① 고려의 중간 계층은 과거에 응시할 수 있었는데, 다만 제술업과 명경업에 응시할 수 있는 계층은 부호장 이상의 손(孫)과 부호정 이상의 자(子)로 제한되었다.

오답 분석

② 남반은 횡반이라고도 불렸으며, 궁중 실무를 담당하는 계층이었다. 또한 서리는 중앙 관청의 실무를 맡았던 계층으로 이들은 모두 7품까지만 승진이 가능하였다.
③ 중간 계층은 직역을 세습적으로 물려받았고, 그 직역의 대가로 외역전과 같은 토지를 분급받았다.
④ 하층 향리의 경우에는 직역이 세습되긴 하였지만 개인의 능력에 따라 신분 내 상위 품계로 이동이 가능하였다.

정답 ①

13 313

밑줄 친 '이들'은 기인이다.
① 기인은 중앙에 선상(選上)되어 역을 부담하였고, 입역이 끝나면 관인으로 진출할 수 있는 직위에 임명되었다. 또한 기인의 생활 유지를 위해 향리전과는 별도로 기인전이 지급되었다.

오답 분석

② 호족에 대한 설명으로 고려 초기에는 건국 과정과 통일 과정에서 공을 세운 대호족에 대해 사성 제도를 시행하는 한편, 토성을 분정해주기도 하였다.
③ 왕건에 의해서 시행된 사심관 제도는 호족들에 대한 우대 정책에서 출발한 것으로 사심관들은 부호장 이하의 인사권과 통제권을 행사할 수 있었다. 그러나 치안 및 행정에 대한 연대 책임으로 호족들을 견제하는 장치로도 이용되었다.
④ 향·소·부곡·장·처·역·진에 거주하였던 사람들은 천민은 아니나 과거 응시 자격 제한, 거주 이전의 자유 제한, 형벌 시 노비와 동등하게 취급 등으로 차별을 받는 계층이었다.

정답 ①

14 314

고려 시대 특수 행정 구역인 소(所)에 대한 설명이다. 소에 사는 사람들은 수공업이나 광업품의 생산에 종사하였는데 금·은·동·철 등 광물이나 도자기·종이·먹 등의 수공업품, 소금·어물·생강·차 등의 특산물을 납부하였다.
ㄱ, ㄷ. 고려 시대에 향·소·부곡·장·처는 특수 행정 구역으로서 주민의 신분은 양민이었으나, 일반 군현민에 비해 관직 진출과 교육 등에서 법제적 차별 대우를 받았고 세금도 더 많이 부담하였으며, 거주 이전의 자유도 없었다.

오답 분석

ㄴ. 고려는 지방을 주·군(지사), 현(현령)으로 나누어 통치하였는데, 주현은 지방관이 파견된 지역으로 주변의 속현을 아울러 관장하였다. 소와 같은 특수 행정 구역에는 지방관이 파견되지 않았다.
ㄹ. 고려에는 신라와 마찬가지로 수공업을 관장하는 집권적 관료 기구가 존재하였는데, 중상서(왕실용 그릇 제조), 장야서(금·은·동·철기를 관장), 잡직서(각종 직물의 생산과 수납을 관장), 그리고 도염서(명주·비단과 그의 염색을 관장) 등이 있었다.

정답 ②

15 315

고려의 공노비는 입역 노비와 납공 노비로 구분된다. 사노비는 솔거 노비와 외거 노비로 나뉘는데, 개인 또는 사원에 예속되었으며, 본관과 성씨를 가질 수 없었다.
(가) 입역 노비는 궁중, 중앙 관청, 지방 관아에서 잡역에 종사하는 노비로, 별사라는 일정한 급료를 받고 생활했으며, 10여 세부터 노동력을 제공하고 정로제에 따라 60세에 면역되었다.
(나) 납공 노비는 농업에 종사하였고, 수입 중 규정된 액수를 관청에 납부하였다.
(다) 솔거 노비는 귀족이나 사원에서 직접 부리는 노비로, 잡일을 담당했으며 외거 노비에 비해 사회·경제적 지위가 열악하였다.
(라) 외거 노비는 주인과 따로 살면서 농업에 종사하였는데, 주인에게 일정량의 신공을 납부하였다. 주인의 토지뿐만 아니라 타인의 토지도 소작이 가능했으며, 경제적 여유가 있을 때에는 토지 소유도 가능하였다. 신분적으로는 예속민이었지만, 양민인 백정과 비슷한 경제적 생활을 누릴 수 있었기 때문에 지위 상승이나 재산 증식이 가능하였다.

오답 분석

② (다) 솔거 노비에 대한 설명이다.
③ (나) 납공 노비에 대한 설명이다.
④ (가) 입역 노비에 대한 설명이다.

정답 ①

16 316

다음의 제시문과 관련된 시대에 해당하는 사회적 특징으로 잘못된 것은?

> 노비는 남자인 노와 여자인 비로 나뉘는데, 노는 머리를 깎아 창두(푸른 머리통)라고도 불렸고, 비는 짧은 치마를 입어 적각(뺄건 다리)이라고도 불렸다. 복장이 평민과 달랐던 것이다. 그러나 노비라고 해서 주인이 함부로 죽이는 것은 법으로 금지했다. 노비 중에는 군인으로 선발되어 공을 세우고 출세하는 경우도 없지 않았다.

① 문벌 귀족 자제들에게 국자감의 국자학과 태학에 입학할 수 있는 자격을 부여하였으며, 음서의 혜택을 부여하였다.

② 수공업자나 상인은 간, 또는 척이라 불렸으며, 일반 백정들에 비해 낮은 대우를 받았다.

③ 양인이 공민으로서 출세하려면 성씨가 있어야 했으며, 성씨 집단의 확산은 공민층의 확대를 의미하는 것이었다.

④ 화척, 재인, 양수척, 기생 등이 있었는데, 이들은 대개 거란족이나 여진족 출신이 많았으며 호적을 갖지 못하였다.

17 317

다음은 고려 시대 노비의 생활을 언급한 사료이다. 이 사료를 읽고 잘못 추론한 것은?

> 평량은 평장사 김영관의 집안 노비로 경기도 양주에 살면서 농사에 힘써 부유하게 되었다. 그는 권세가 있는 중요한 길목에 뇌물을 바쳐 천인에서 벗어나 산원동정의 벼슬을 얻었다. 그의 처는 소감 왕원지의 집안 노비인데, 왕원지는 집안이 가난하여 가족을 데리고 가서 위탁하고 있었다. 평량이 후하게 위로하여 서울로 돌아가기를 권하고는 길에서 몰래 처남과 함께 원지의 부처와 아들을 죽이고 스스로 그 주인이 없어졌으므로 계속해서 양민으로 행세할 수 있음을 다행으로 여겼다.
> – 「고려사」

① 평량은 자신의 재산을 모아 양민 백정과 비슷한 경제적 생활을 영위할 수 있었다.

② 당시에는 노비도 일정한 경제력을 바탕으로 신분 상승을 할 수 있었음을 알 수 있다.

③ 평량은 김영관의 솔거 노비였으며 주인의 토지를 대리 경작하여 부를 축적하였다.

④ 평량은 자식의 신분 상승을 위해 처의 주인 일족을 살해하였다.

18 318

고려 시대 사람들의 생활 모습으로 옳지 않은 것은?

① 친족 용어도 부계와 모계를 구분하지 않아 조부와 외조부를 '한아비', 삼촌과 외삼촌을 '아자비', 고모와 이모는 '아자미'로 불렀다.

② 향도는 불상, 석탑 제작, 사찰 건설 등에 대규모 인력을 동원하는 등, 불교 행사를 담당하였던 지역 공동체이다.

③ 장과 처에 거주하는 농민들은 법제적으로 과거 응시에 제약이 없었고, 전지를 받는 군인으로 선발이 가능하였다.

④ 상피제에서는 상피의 대상을 형제, 친삼촌과 외삼촌, 모든 사촌들의 순으로 균등하게 확대하였다.

19 319

고려의 풍속과 도교 및 풍수지리설에 대한 설명으로 잘못된 것은?

① 신돈은 『도선비기』를 비판하고 한양 길지설을 주장하여 천도론을 제기하였다.

② 현세에서 무병장수하려는 신앙을 바탕으로 수경신이라는 풍속이 성행하였다.

③ 예종 시기 복원궁이 건립되고 도교적 특성에 맞추어 초제를 거행하였다.

④ 중요 산천을 숭배하고 큰 산이나 강에 신의 이름과 벼슬을 내리기도 하였다.

16 316

노를 창두라 부르고, 비를 적각으로 호칭했던 시기는 고려 시대이다. 고려 시대에는 간, 척이라 칭했던 봉수간 · 염간 · 진척 · 화척 · 양수척 등을 일반 백성에 해당하는 백정보다 신량역천으로 천대하였다. 이들의 신분은 양인이었지만 누구나 기피하는 고된 역에 종사하였다.
② 수공업자나 상인들은 신량역천과는 관련이 없다.

정답 ②

17 317

③ 평량은 김영관의 외거 노비였다. 외거 노비는 주인과 따로 살면서 농업에 종사하였으며 일정량의 신공을 납부하였다. 주인의 토지뿐만 아니라 타인의 토지도 소작이 가능했으며, 경제적 여유가 있을 때에는 토지 소유도 가능하였다. 신분적으로는 예속민이었지만, 양민인 백정과 비슷한 경제적 생활을 누릴 수 있었기 때문에 지위 상승이나 재산 증식이 가능하였다. 솔거 노비는 귀족이나 사원에서 직접 부리는 노비로, 잡일을 담당했으며, 외거 노비에 비해 사회 · 경제적 지위가 열악하였다.

오답 분석
④ 평량이 신분 상승을 하였다 하더라도 그 부인은 왕원지의 노비 신분이기 때문에 일천즉천이 적용되어 자식이 노비일 수밖에 없었다.

정답 ③

18 318

③ 고려는 특수 집단민으로서 향 · 소 · 부곡 · 장 · 처 등에 거주하는 양인의 최하층 사람이나 교통의 요지인 역이나 진에 근무했던 사람들을 잡척층이라 하여 백정과 구별되는 차별적 존재로서 관리하였다. 그중 장과 처에 거주하는 사람들은 경기 · 충청 지역에 집중적으로 분포하였으며, 각 궁원, 내장택, 사원 등 왕실 재정과 사원 재정을 담당하였다. 이들은 국학에 입학하거나 과거에 응시할 수 없었고, 형벌상 노비와 동등한 취급을 받았으며 승려 역시 될 수 없었다. 또한 일반 양민에 비해 세금의 부담도 더 많았고, 거주지가 소속 집단 내로 제한되어 다른 지역으로 이주하는 것이 금지되어 있었다.

정답 ③

19 319

① 신돈은 승려 도선이 지은 풍수지리서인 『도선비기』를 근거로 하여 서경 천도설을 주장하였지만 실행되지 못하였다. 당시 불교계에서는 보우가 한양 천도설을 내세우며, 신돈과 대립하고 있었다.

정답 ①

20 320

다음의 시가 지어졌을 당시의 시대 상황에 해당하는 것은?

내가 시골집에 들러 늙은 농부에게 물으니, 늙은 농부
나를 보고 자세히 얘기하네.
요새 세력 있는 사람들이 백성의 토지를 빼앗아 산이며
내로 경계를 짓는 공문서를 만들었다네.
혹은 한 토지에 주인이 여럿이어서 지대를 받고 나서 또
받아가느라 쉴 새가 없네.
혹, 홍수와 가뭄을 당해 흉년이 들면 타작 마당엔 풀만
나 있네.
살을 긁고 뼈를 쳐도 아무것도 없으니, 나라의 조세는
어찌 낼꼬.
장정 몇천 명은 흩어져 나가고 늙은이와 어린 아이만
남아,
거꾸로 달린 종처럼 빈집을 지키네.
차마 시궁창에 처박고 죽을 순 없어, 마을을 비우고
산에 올라가 도토리와 밤을 줍네.
　　　　　　　　　　　　　　　－ 윤여형 「상률가」

① 압량위천 현상이 만연하였으며, 토지 겸병으로 농장이 확대
되었다.
② 광작 현상으로 몰락 농민이 증가하고, 임노동자가 양산되
었다.
③ 중앙의 종실과 훈척들이 서남 연해 지역에 간척지인 해택지
를 개간하였다.
④ 전주 전객제가 폐지되자, 양반 지주의 토지 집적이 성행하
여 병작반수제가 강화되었다.

21 321

자료의 (가)에 대한 옳은 설명을 〈보기〉에서 고른 것은?

『미수기언』에 이르기를 "삼척에 매향안(埋香岸)이 있는
데, '충선왕 2년(1310)에 향나무 2백 50그루를 묻었다.'라
고 하였다. … (중략) … 여기에서 　(가)　라는 이름이 시
작되었는데, 후에 이들이 상여를 메었다."라고 하였다. …
(중략) … 이들이 모일 때 승려와 속인이 마구 섞여 무리를
이루었다고 하니 　(가)　의 시초는 불교로부터 이루어진
것이다.
　　　　　　　　　　　　　　　－ 『성호사설』

보기
ㄱ. 고려 전기 : 정부의 후원으로 만불향도와 같은 조직을
　　결성하였다.
ㄴ. 고려 후기 : 미륵을 믿고 불사(佛事)에 참여하였다.
ㄷ. 조선 시대 : 마을 상장례에 서로 도움을 주었다.
ㄹ. 조선 시대 : 향음주례를 주관하였다.

① ㄱ, ㄴ　　　　　　　　　② ㄱ, ㄷ
③ ㄴ, ㄷ　　　　　　　　　④ ㄷ, ㄹ

22 322

다음 자료에서 설명하고 있는 사회 풍속과 관계 깊은 사실
은?

고려의 혼인 풍습에는 남자가 여자 집에 가서 자손을 낳
으면 외가에서 자라므로, 그 은혜가 무거워서 상복(喪服)
제도에서도 친가와 외가의 차이가 크지 않았다.

① 여성이 호주가 되는 것이 가능하였고, 호적에 연령 순으로
등재되었다.
② 보학이 발달하여 족보 편찬이 유행하였다.
③ 『주자가례』에 따른 가정의례가 널리 보급되었다.
④ 가묘와 사당의 건립이 지배층 사이에 유행하였다.

20 320

자료는 고려 말 수조권의 문란을 묘사한 「상률가」이다.

① 고려 말에는 권문세족들이 특정 지역의 개간권인 사패권을 바탕으로 소유권 확보와 동시에 전조를 면제 받는 사패전과 같은 농장을 확대하였다. 또한 농장이 발달하면서 압량위천으로 양인 농민이 농장주에게 부세까지 포탈당하는 사민이 되면서 부세 부담자인 양인의 수가 줄어드는 현상이 발생하였다.

오답 분석

② 조선 후기에 농업 생산력이 증가하자 이전보다 부농들은 더 넓은 영토를 경작할 수 있는 광작 농업을 통하여 부를 쌓았으며, 토지에서 이탈된 다른 농민들을 단기나 장기 임노동자로 고용하여 부족한 노동력 문제를 해결하였다.

③ 16세기 이후 지방에 거주하는 재지 사족층이 중심이 되어 천방(보)을 만든 반면에 중앙의 종실이나 훈척(훈구파)들은 주로 전라도에서 평안도의 서남 연해 지역에 간척지인 언전(해택지)을 개간하였다.

④ 1556년 명종이 직전법을 폐지하고 녹봉제를 실시하면서 전주전객제를 바탕으로 한 사적 수조권이 소멸되었으며 토지 제도는 소유권 중심의 체제로 이행되었다. 이는 수조권을 박탈당한 양반 지주의 토지 집적이 성행하여 사적 소유권과 병작반수제가 강화되는 현상을 초래하였다.

정답 ①

21 321

자료의 (가)는 향도이다.

ㄴ. 고려 후기에는 나라가 위기에 빠지고 외침이 많아지자 국태민안의 목적에서 미륵 신앙에 의지하여 향나무를 묻는 매향 활동이 해안가의 향도를 중심으로 이루어졌다. 매향 활동의 기록으로 가장 잘 알려진 것은 사천 매향비이다.

ㄷ. 조선 시대에 들어와 향도는 향촌 공동체적인 조직으로 바뀌어 자연 촌락을 기반으로 조직되고, 회음 의식, 장례 시의 부조 행위 등이 주된 활동 내용을 이루었다. 이와 같은 향도의 향촌 공동체적 성격이 향촌 질서와 결합되고, 또 보편적으로 나타나게 됨에 따라 조선 초기에는 국가 권력이 공적으로 향도를 단위로 부역을 징발하는 현상도 나타났다.

오답 분석

ㄱ. 고려 전기의 향도는 군현 단위의 관 주도적 성격이 많이 나타나며, 관이 개입된 형태의 불사에 많은 노동력이 동원되었다. 이 시기에는 향도가 지역 공동체와 밀접하게 관련되어 팔관회·연등회 개최에 구심적 역할을 수행하기도 하였다. 고려 중기에는 승려와 세속 신자들로 이루어진 만불향도가 조직되었는데, 이들은 술과 파를 파는 행위를 하였을 뿐만 아니라, 무기를 가지고 포악한 짓을 일삼고 윤리와 풍속을 문란하게 하였다. 이에 인종은 1131년(인종 9)에 어사대와 금오위를 동원하여 금지령을 내렸다. 만불향도로 칭해진 결사는 개경과 지방 여러 곳에서 나타났으며, 일반민을 비롯한 다양한 계층이 참여한 것으로 보인다. 이로써 향도는 점차 일반민 중심의 공동체로 변화하게 되었다.

ㄹ. 향음주례는 향촌의 선비·유생들이 학교·서원 등에 모여 학덕과 연륜이 높은 이를 모시고 술을 마시며 잔치를 하는 향촌 의례이다.

정답 ③

22 322

① 고려 시대에는 친가와 외가의 차이가 크지 않았고, 아들이 없을 경우 딸이 부모의 제사를 받들었다. 더불어 여성이 호주가 되는 것이 가능하였고 호적에 연령 순으로 등재되었다. 또한 여성의 재가가 허용되었고, 남편의 유산 분배권을 행사할 수 있었다.

오답 분석

②, ④ 조선 후기에는 보학이 발달하여 양반 문벌 제도의 강화에 기여하며 족보 편찬이 유행하였고, 적장자 중심의 종법 질서가 확립되면서 지배층 사이에서 가묘와 사당의 건립이 유행하기도 하였다.

③ 조선 중기 이후에는 『주자가례』에 따른 가정의례가 널리 보급되었고, 이와 같은 성리학적 의식과 예절의 발달은 장자 중심의 가족 제도 및 남존여비 사상, 서얼 차대, 과부의 개가 금지 등 많은 부분에서 조선 후기의 엄격한 성리학 중심의 사회 제도 및 가족 제도 확립에 기여하였다.

정답 ①

23 323

다음과 같은 글을 기록할 당시의 혼인 풍습과 여성의 지위에 대한 설명으로 옳지 않은 것은?

> "…… 우리나라는 남자는 적고 여자가 많은데 지금 신분의 높고 낮음을 막론하고 처를 하나 두는 데 그치고 있으며 아들이 없는 자들까지도 감히 첩을 두려고 생각하지 않고 있습니다. …… 그러므로 청컨대 여러 신하, 관료들로 하여금 여러 처를 두게 하되 품위에 따라 그 수를 점차 줄이도록 하여 보통 사람에게 이르러서는 1인 1첩을 둘 수 있도록 하며 여러 처에서 낳은 아들들도 역시 본처가 낳은 아들처럼 벼슬을 할 수 있게 하기를 원합니다. 이렇게 한다면 나라 안에 원한을 품고 있는 남자와 여자들이 없어지고 인구도 늘게 될 것입니다."라고 하였다. 부녀자들이 이 소식을 듣고 원망하고 두려워하지 않는 자가 없었다. 때마침 연등회 날 저녁 박유가 왕의 행차를 호위하여 따라갔는데 어떤 노파가 그를 손가락질하면서 "첩을 두고자 요청한 자가 저 놈의 늙은이이다."라고 하니, 듣는 사람들이 서로 전하여 서로 가리키니 거리마다 여자들이 무더기로 손가락질하였다. 당시 재상들 가운데 그 부인을 무서워하는 자들이 있었기 때문에 그 건의를 정지하고 결국 실행되지 못하였다.

① 토지와 노비 상속은 상속자와 피상속자가 참여하여 문계를 작성하였다.

② 아들이 없을 경우에는 딸이 부모의 제사를 받들었다.

③ 일부일처제가 일반적 특징이었으며, 서류부가혼의 형태인 처가살이가 많았다.

④ 여성은 남편의 유산 분배권을 행사할 수 있었으나, 재가는 허용되지 않았다.

24 324

조선 초의 신분제에 대한 설명으로 잘못된 것은?

① 법제적 신분제인 양천제와 더불어 실제적 신분 구분인 반상제가 대두되었다.

② 조선 초에는 정호층·백정층·잡척층을 모두 단일화하는 조치를 취하여 양천제를 현실적 제도로 기능하게 하려 하였다.

③ 중앙 관청의 실무를 맡은 중인 계층들은 위항인(委巷人)이라 불리기도 하였다.

④ 기술관은 대개 역과, 율과, 의과 등 잡과를 거쳐 정직으로 임용되었다.

25 325

다음 글의 밑줄 친 '이들'에 대한 설명으로 적절하지 않은 것은?

> <u>이들</u>은 넓은 의미로는 양반과 상민의 중간 신분 계층을 뜻하고, 좁은 의미로는 기술관만을 의미한다. 넓은 의미의 <u>이들</u>은 15세기부터 형성되어 조선 후기에 이르러 하나의 독립된 신분층을 이루었다. <u>이들</u>은 양반들로부터 멸시와 하대를 받았으나 대개 전문 기술이나 행정 실무를 담당하였으므로 나름대로 행세할 수 있었다.

① 이들은 잡과를 통해 하급 기술직인 유외잡직에 진출하였다.

② 철종 시기 서얼을 제외한 나머지 이들의 소청 운동은 실패하였다.

③ 조선 후기에 옥계시사, 직하시사 등과 같은 문학 동인 모임을 결성하기도 하였다.

④ 소속된 관청에서 가까운 곳에서 거주하였으며 직역을 세습하였다.

26 326

다음 자료에서 언급한 조선 후기의 인물이 속한 계층에 대한 설명으로 옳은 것은?

> 열일곱에 사역원(司譯院) 한학과에 합격하여, 틈이 나면 성현의 책을 부지런히 연구해 쉬는 일이 없었다. 경전과 백가에 두루 통달하여 드디어 세상에 이름이 났다. … (중략) … 공은 평생 고문(古文)을 좋아하였다. 일에 종사하느라 거기에 힘을 오로지 쏟지 못했지만 공의 시와 문장은 당시 안목 있는 사람들에게 인정을 받았다.
> – 「완암집」

① 효종 시기 북벌론을 내세웠으며 기해예송에서 기년설을 주장하였다.

② 시사를 조직하고 시집을 간행하는 등 활발한 문학 창작 활동을 벌였다.

③ 일당 전제화로 중앙 정계에서 몰락하자 서원 건립을 통해 지방 영향력을 유지하고자 하였다.

④ 사족의 권위를 내세우며 유학자로서의 소양과 자질을 닦는 데 힘썼다.

문제 풀이

23 323

제시문은 고려 시대 여성의 지위에 관한 『고려사』 '박유 열전'의 내용이다. 고려 시대의 혼인 풍습은 일부일처제가 일반적 특징이었으며, 왕실에서는 근친혼이 성행하였다. 상속은 자녀 균분 상속이 일반적이었고, 토지와 노비의 상속은 상속자와 피상속자가 참여하여 문계를 작성하였다.

④ 고려 시대의 여성은 호주가 가능하였고, 호적에 연령 순으로 등재되었으며, 재가가 허용됨은 물론 남편의 유산 분배권을 행사할 수 있었다. 뿐만 아니라 가사와 경제 운용에서도 남성과 거의 대등한 사회적 위치를 차지하고 있었고, 친가와 외가의 차이가 크지 않았으며 아들이 없는 경우 딸이 제사를 받들기도 하였다.

정답 ④

24 324

④ 조선 시대에는 기술직이 등한시되면서 기술관은 중인층으로 양반 계층보다 격하시켜 한품서용과 체아직의 주된 직위로 전락하였다. 기술관은 역과 · 의과 · 음양과 · 율과 등 잡과를 통해 선발하였는데, 합격자는 사역원 · 전의감 · 관상감 및 형조 등의 종7품 이하 기술관으로 채용되었고 모두 문신(동반) 체아직에 속하였다. 또한 조선 시대의 기술관과 서얼은 한품서용에 따라 참상관, 향리와 토관은 참상관, 그리고 잡직은 참하관까지 허용되었다(원칙적으로 기술관이나 환관들은 당상관이 되는 것이 불가능하였지만 간혹 특례로 제수를 통해 당상관이 되는 경우도 있었다).

정답 ④

25 325

밑줄 친 '이들'은 중인층이다. 조선 시대의 중인층에는 서리와 향리, 기술관 등이 속했다.

① 유외잡직은 액정서(궁궐 내에서 왕과 왕족의 명령 전달, 문방구 관리, 궐내 각 문의 출입 통제 및 문단속, 청소 · 정돈 등을 관장) · 공조 · 교서관(경적 인쇄, 향과 축문 · 도장 등을 관장) · 사섬시(저화의 주조 및 외거 노비의 공포에 관한 업무 관장) · 조지서 등의 관청에 설치된 기술직으로 수공업자와 상인, 공노비 등이 진출하였다. 유외잡직은 잡과와는 관련이 없으며, 잡과는 음양과, 의과, 율과, 역과 등에만 해당하였다.

오답 분석

② 조선 후기에 이르러 서얼은 납속책 실시와 공명첩 발급을 통해 관직으로 진출하였고, 철종 시기에 신해허통(1851)으로 청요직 허통이 이루어졌다. 그러나 서얼을 제외한 중인들은 축적된 부와 전문적 지식을 소유했음에도 불구하고 여전히 고급 관료로의 진출이 제한되었고, 19세기(철종) 대규모 소청 운동을 전개하였지만 정부의 거부로 실패하였다.

③ 중인층의 시인은 서울 주변 지역에서 시사를 조직하였다. 대표적인 시사로는 천수경 등의 옥계시사(송석원 시사), 최경흠 등의 직하시사가 있었다.

④ 조선 시대에는 양반의 기득권을 지키기 위해 문무 양반만 사족으로 인정하여, 중인층(향리, 서리, 기술관, 군교, 역리 등)을 양반 계층보다 격하시켰고, 서얼을 양반에서 배제하였다. 이들은 양반 신분에서 격하되어 차별받았는데, 주로 같은 신분 안에서 혼인하였고 그 직역은 세습되었으며 소속된 관청 주변에 거주하였다.

정답 ①

26 326

제시문에서 사역원 한학과에 합격했다는 것을 통해 중인인 역관 신분임을 알 수 있다. 또한 『완암집』은 조선 후기 역관인 정내교의 문집이다.

② 중인들은 서울 주변 지역에서 시사를 조직하여 문학 활동을 전개하였고, 시를 모아 시집을 간행하기도 하였다. 대표적인 모임으로는 천수경의 옥계시사, 최경흠의 직하시사 등이 있었다.

오답 분석

① 서인은 효종 시기 명분적 북벌론을 주장하였으며, 천하동례에 입각하여 기해예송에서 기년설을 주장하였다.

③ 중앙 정계에서 밀려난 남인들은 지방 영향력을 키우고자 서원을 건립하는 데 주력하였다. 따라서 조선 후기 가장 많은 서원을 설립한 붕당은 남인이었다.

④ 중인에 대한 설명이 아닌, 양반 사족에 대한 설명이다.

정답 ②

27 327

다음 밑줄 친 계층에 대한 설명으로 옳은 것은?

> 조선 시대의 혼인 형태는 일부일처를 기본으로 하였지만 남자들은 첩을 들일 수 있었다. 양반들의 처와 첩 사이에는 엄격한 구분이 있었고, 첩의 자식은 처가 낳은 자식에 비해 차별을 받았다.

① 액정서 · 공조 · 교서관 · 사섬시 등에서 근무하는 하급 기술직에 주로 진출하였다.

② 외역전과 읍리전이 혁파되어 경제적 기반이 약화되었다.

③ 철종 시기 대규모 소청 운동을 전개하였으나 실패하였다.

④ 16세기 말에는 이이와 최명길 등이 서얼 허통을 주장하였으나 실현되지 못하였다.

28 328

다음 제시문의 상황이 전개된 시기의 사회적 동향에 해당하는 내용이 아닌 것은?

> 과거에 합격했다 하더라도 실제 관직을 주는 경우에는 가문의 차별과 지방의 차별이 있었다. 청요직이라 불리는 승문원 · 홍문관 등에는 서울 양반이 임용되고, 서북 사람은 그보다 못한 성균관, 중인은 승진이 어려운 교서관에 임용되는 것이 관례였다. 무과의 경우도 마찬가지여서, 서울 양반은 왕을 호종하는 선전관에, 중인은 궁궐이나 성문을 지키는 수문청에 임용되었다.

① 신분 상승에 대한 욕구가 사회 전반에 확대되어 환부역조, 모칭유학의 현상이 점차 확산되었다.

② 내수사가 설치되어 왕실의 토지 겸병이 확대되었으며, 이후 척신과 권신의 해택지 개간이 자주 이루어졌다.

③ 병작반수제가 확대되면서 작인의 처지에 있던 부류는 양인이건 노비이건 상한(常漢)으로 불렸다.

④ 서얼 허통에 자극받아 중인들의 연합 상소가 이루어졌으나 청요직으로의 허통은 실패로 돌아갔다.

29 329

시대별 노비의 신분 세습에 관한 표이다. ㉠~㉣에 들어갈 내용으로 알맞지 않은 것은?

구분	신분 세습(양천교혼)
고려~조선 초기	㉠
태종	㉡
조선 중기(세조 이후)	㉢
조선 후기(영조 이후)	㉣

① ㉠ : 일천즉천   ② ㉡ : 노비종모법

③ ㉢ : 일천즉천   ④ ㉣ : 노비종모법

30 330

자료의 조치로 인해 나타난 사회 변화를 옳게 지적한 것은?

> 판부사 송시열이 아뢰었다. "이경억이 충청 감사로 있을 때 상소하여 공 · 사노비가 양인 처를 맞이하여 낳은 자식은 남녀를 가리지 않고 한결같이 어미의 역을 따르도록 청하였습니다. 이는 일찍이 이이가 주장한 것인데 당시 조정에서 막아 시행하지 못하였습니다. 지금 양민이 날로 줄어들고 있는 것은 실로 이 법을 시행하지 않기 때문입니다. 속히 제도를 만들어 변통하소서." 이에 왕이 공 · 사노비의 양인 처 소생은 어머니의 역을 따르도록 법을 세우라고 명하였다.
> —『현종실록』

① 노비 세습제가 법제적으로 폐지되었다.

② 이 법을 시행하기 위해 노비추쇄도감이 설치되었다.

③ 노비에 대한 매매 · 상속 · 증여가 불가능해졌다.

④ 국역 부담자의 증가로 국가의 재정 운영이 나아졌다.

문제 풀이

27 327

밑줄 친 계층은 서얼이다. 이들은 조선 시대 중인과 같은 신분적 처우를 받았으며, 문과 응시가 금지되었고 주로 무반직에 등용되었다.

④ 16세기 명종 대에 들어와서 서얼의 자손을 자자손손으로 해석해야 한다는 주장이 받아들여져 서얼의 문과 응시 금지 규정은 더욱 강화되었다. 정조는 박제가, 유득공, 이덕무, 서이수 등 서얼 출신을 규장각 검서관으로 기용하였다.

오답 분석

① 하급 기술직인 유외잡직으로 진출할 수 있었던 계층은 상인을 포함한 수공업자와 공노비 등이다. 유외잡직은 액정서(궁궐 내에서 왕과 왕족의 명령 전달, 문방구 관리, 궐내 각 문의 출입 통제 및 문단속, 청소 · 정돈 등을 관장) · 공조 · 교서관(경적 인쇄, 향과 축문 · 도장 등을 관장) · 사섬시(저화의 주조 및 외거 노비의 공포에 관한 업무 관장) · 조지서 등의 관청에 설치된 기술직으로 수공업자와 상인, 공노비 등이 진출하였다.

② 향리에 대한 설명이다. 조선 시대의 향리는 고려보다 지위가 현저히 격하되었으며, 1445년(세종 27) 외역전이 폐지된 뒤 일체의 과전이나 녹봉이 지급되지 않았다.

③ 기술직 중인들은 철종 시기 청요직 진출을 위한 대규모 소청 운동을 전개하였으나 실패하였고, 고종 시기인 1882년 관직 승진 제한 규정이 철폐되었다.

정답 ④

28 328

제시문은 조선 후기의 상황을 언급한 내용이다.

② 내수사의 설치로 왕실 재정이 강화되고 토지 겸병이 확대되었던 시기는 세조 재위기로 조선 전기에 해당한다. 이후 명종 대에 이르기까지 척신과 권신들의 해택지(바다와 연못) 개간이 이루어졌다.

정답 ②

29 329

ⓒ 태종은 양천교혼 시 양인 남성과 노비 여성이 혼인하는 경우가 많다는 점에 착안하여 노비종부법을 시행하여 그 자식을 아버지의 신분에 따르도록 하였다. 이 조치는 양인을 많이 확보하려는 정책의 일환이었다.

오답 분석

ⓐ 고려 충렬왕 시기부터 양천교혼 시 일천즉천의 규정이 적용되어 부모 가운데 어느 한 쪽이 노비이면 그 자녀는 모두 노비가 되게 하였다. 양천교혼 시 일천즉천의 적용은 노비의 비율을 증가시킨 반면, 양인의 수는 감소하게 만들었다.

ⓓ 세조 때에는 노비의 신분 세습에 대한 논란이 가중되자, 일천즉천을 규정하고 그 내용을 『경국대전』에 법제화하였다.

ⓔ 일천즉천 시 노비 신분 세습은 서인과 남인의 정권이 교체될 때마다 종량과 환천(還賤)이 되풀이되다가 1731년(영조 7)에는 노비종모법으로 확정되었다.

정답 ②

30 330

자료는 노비종모법의 시행 배경이다. 송시열은 일천즉천의 적용으로 양인 인구가 감소하여 국가 재정의 감소를 초래하게 되자, 양인 증가를 위해 노비종모법 시행을 주장하였다.

④ 노비종모법의 시행으로 양인 인구가 증가하여 국가의 재정 운영이 나아졌다.

오답 분석

① 노비 세습제가 법제적으로 폐지된 것은 1886년 고종 재위기의 일이다.

② 노비추쇄도감은 공노비 중 납공 노비의 파악과 색출을 위하여 만들어진 관청으로 납공의 증가를 꾀하기 위해 운영했던 기구이다.

③ 노비에 대한 매매 · 상속 · 증여는 갑오개혁 때 신분제가 폐지될 때까지 지속되었다.

정답 ④

31 331

자료의 향촌 조직이 운영된 결과에 대한 옳은 설명을 〈보기〉에서 고른 것은?

> 모인 사람들은 나이와 덕망과 학술이 높은 한 사람을 추대하여 도약정으로 삼고, 학문과 덕행이 투철한 두 사람을 뽑아 부약정으로 삼는다. 약중(約中)에서 직월과 사화를 교대로 뽑되, 직월은 반드시 심부름을 시킬 만한 노복이 있는 사람을 뽑고, 사화는 서원의 유생 중에서 뽑는다. 도약정과 부약정은 사고가 있지 않으면 바꾸지 않으며, 직월은 모임이 있을 때마다 바꾸고, 사화는 1년에 한 번씩 바꾼다.　– 『율곡전서』

보기
ㄱ. 임진왜란 후인 1603년 유향소가 소멸되었다.
ㄴ. 향리의 향촌 지배력이 강화되었다.
ㄷ. 성리학적 질서가 향촌 사회에 확산되었다.
ㄹ. 지방 유력자가 농민을 수탈하는 부작용이 발생하였다.

① ㄱ, ㄴ　　　　　② ㄱ, ㄷ
③ ㄴ, ㄹ　　　　　④ ㄷ, ㄹ

32 332

다음 사료를 통해 당시 향촌의 상황을 타당하게 추론한 것을 〈보기〉에서 모두 고른 것은?

> • 매향(賣鄕)에는 여러 가지 방법이 있다. 돈을 받고 향임(鄕任)에 임명하는가 하면, 사례비를 받고 향안(鄕案)이나 교안(향교의 학생 명단)에 올려준다. … (중략) … 한번 향임을 지내거나 향안, 교안에 오른 자들은 대개 군역과 요역에서 벗어났다.　– 『정조실록』
> • 전국의 각 고을에는 향안이 있어서 한 고을의 기강이 되고 있으며, 황해도는 율곡 이이의 향약을 고을의 기강으로 삼아 특별히 중요하게 여겼다. 그런데 요즘 몇몇 탐학한 수령이 매향에 방해되는 것을 꺼려 향전(鄕戰)을 빌미 삼아 향안을 불살라 버렸다. 이로 말미암아 고을의 기강이 문란해지고 위아래의 구분이 없게 되었다.

보기
ㄱ. 부농층의 성장으로 신분제가 동요되었다.
ㄴ. 향반의 성장으로 관권이 현저하게 약화되었다.
ㄷ. 향회를 통한 사족들의 향촌 지배력이 강화되었다.
ㄹ. 상민의 수가 감소하여 농민층의 조세 부담이 과중해졌다.

① ㄱ, ㄴ　　　　　② ㄴ, ㄷ
③ ㄱ, ㄹ　　　　　④ ㄴ, ㄷ

33 333

다음 자료와 관련된 시기의 사회상으로 적절한 것은?

> 오래도록 막혀 있으면 반드시 터놓아야 하고, 원한은 쌓이면 반드시 풀어야 하는 것이 하늘의 이치다. 중인, 서얼을 가로막는 것은 우리나라의 편벽된 일로 이제 몇백 년이 되었다. 서얼은 다행히 조정의 큰 성덕을 입어 문관은 승문원, 무관은 선전관에 임용되고 있다. 그런데도 우리들 중인은 홀로 이 은혜를 함께 입지 못하니 어찌 탄식조차 없겠는가? 이제 바야흐로 의논을 모아 글을 써서 원통함을 호소하고자 먼저 통문을 띄우노니 이달 29일 마동에 있는 홍현보의 집에 모여 상의코자 한다.　– 『상원과방자료』

① 상무 정신을 함양하는 석전이 국가의 장려로 활성화되었다.
② 두레가 처음으로 조직되어 마을 간의 공동 노동이 활성화되었다.
③ 신향이 성장하고 향전이 전개되었다.
④ 주인이 함부로 노비에게 형벌을 가하거나 죽이는 것이 법으로 허용되었다.

34 334

임술 농민 봉기(1862)에 대한 설명으로 옳지 않은 것은?

① 단성 민란에서 진주 민란으로 이어졌으며, 전국으로 확대되었다.
② 정부는 진주 민란 이후 삼정이정청을 두어 구체적인 개선안을 마련토록 하였다.
③ 함흥에서 제주까지 전국적으로 농민 항거가 발생하였다.
④ 토지 재분배와 신분 제도를 폐지할 것을 요구하였다.

31 331

자료는 향약에 대한 설명이다.

ㄷ. 향약은 일반 백성에게 성리학의 이념을 보급하기 위해 모색한 방법으로 임란 이후 신분에 관계없이 향민 전원을 대상으로 하여 강제적으로 편성하였으며, 도약정·부약정·직월 등의 임원을 두었다. 향약은 사림의 지방 자치가 구현된 것으로서 향안, 향회, 향규가 마련되어 운영됨으로써 상민층에까지 성리학적 질서를 침투시키는 데 큰 역할을 하였다.

ㄹ. 향약은 향촌 사회 내에서 지방 사족들의 지배력을 확보하는 수단으로 활용되어 사족들의 농민 통제력이 강화되었다. 그러나 지방 유력자들이 주민들을 위협·수탈하는 배경을 제공하기도 하였고, 향약의 간부들이 향권을 놓고 대립하면서 오히려 풍속과 질서를 해치는 경우가 발생하기도 하였다.

오답 분석

ㄱ. 유향소는 지방 자치를 위하여 설치된 것으로 수령의 보좌, 향리의 감찰, 풍속의 교정 등의 기능을 담당하였다. 1603년 폐지된 것은 경재소이다.

ㄴ. 향약은 사족이 중심이 되어 운영했던 기구로서 향리의 향촌 지배력 강화와는 관계가 없다.

정답 ④

32 332

사료의 내용은 조선 후기 향촌의 상황에 관련된 것이다.

ㄱ. 조선 후기 성장한 부농들은 납속책과 공명첩 또는 족보 매입 및 위조 등을 통해 신분 상승을 꾀하였고, 매향으로 향직에 진출하기도 하였다.

ㄹ. 신분제가 이완되고 피지배층의 신분 상승이 가속화되자, 상민 수가 감소하여 국가 재정이 어려워졌다.

오답 분석

ㄴ. 붕당 정치의 변질로 소수의 권반들이 권력을 장악하고 다수의 양반들이 권력에서 소외되자, 향반을 비롯한 향촌 지배 세력의 힘이 현저히 약화되었다. 관권은 부농 중심의 신향을 지원하였으며, 신향이 향전에서 승리하자 지배력을 강화할 수 있었다.

ㄷ. 신향들이 관권의 지원을 받아 향회를 장악하는 경우가 많아지자, 사족들의 향촌 지배력은 약화되었으며, 향회는 부세를 거두는 자문 기구의 역할로 격하되었다.

정답 ③

33 333

제시된 자료는 조선 후기 기술직 중인들의 소청 운동과 관련된 사료이다. 조선 후기 신향은 소외되었던 서얼·부농층·중인층이 포함된 새로운 세력으로, 종래에 향권을 장악하고 있던 재지 사족층인 구향과 비교하여 신향이라 불렀다. 양난 이후, 기존 사회 체제가 동요하면서 새로운 지배 질서가 모색되었고, 신향은 이러한 상황에서 부를 축적하며 대두하였다.

③ 신향이 성장함에 따라 조선 후기에는 향촌 사회의 지배권을 두고 신향과 구향이 대립하는 향전이 격화되었다.

오답 분석

① 석전은 상무 정신을 함양하기 위해 마을 간에 실시했던 놀이로 사상자가 속출하자 국법으로 금지하였으나, 민간 풍습으로 계승되었다.

② 두레는 삼한 시기 처음으로 조직되어 운영되었던 농촌 공동체이다.

④ 조선 시대의 주인과 노비 사이에는 유교적 군신 관계가 적용되었고, 주인이 함부로 노비에게 형벌을 가하거나 죽이는 것은 법으로 금지되었다.

정답 ③

34 334

임술 농민 봉기(1862)는 단성 민란에서 출발하여 진주 민란으로 확대되었으며, 삼남 지방의 70여 군현을 휩쓸고 함흥에서 제주까지 전국적으로 확대·발생하였다. 정부에서는 선무사, 안핵사를 파견하여 농민들의 요구 조건을 수락하고, 부패한 수령과 향리를 처벌하여 민심을 진정시키고자 하였다. 또한 진주 민란 이후 삼정이정청을 설치하여 삼정의 개선책을 마련하고자 하였다.

④ 토지 재분배와 신분 제도를 폐지할 것을 요구한 것은 동학 농민 운동(1894)이 효시이다.

정답 ④

35 335

다음 사료와 관련된 농민 항쟁에 대한 설명으로 옳은 것은?

> 서토(西土)에 있는 자 어찌 억울하고 원통하지 않을 자 있겠는가. 막상 급한 일을 당해서는 …… 과거에는 반드시 서로(西路)의 힘에 의지하고 서토의 문을 빌었으니 400년 동안 서로의 사람이 조정을 버린 일이 있는가. 지금 나이 어린 임금이 위에 있어서 권세 있는 간신배가 날로 치성하니 …… 흉년에 굶어 부황 든 무리가 길에 널려 늙은이와 어린이가 구렁에 빠져 산 사람이 거의 죽음에 다다르게 되었다.
> – 「대원수」

① 삼정 문란이 가속화되자 일어난 민란으로 토지 재분배를 주장하였다.

② 주기론의 입장에서 후천개벽 사상이 주장되었으며, 포접제의 조직이 등장하였다.

③ 이 민란 이후 삼정이정청이 설치되어 수취 체제의 개선이 모색되었다.

④ 정부의 잠상(潛商) 금지와 광산 개설 금지 조치는 이 지역의 신흥 상공업 세력과 몰락 양반이 결집하여 봉기를 일으키는 계기가 되었다.

36 336

다음의 사료와 관련된 민란에 해당하는 내용은?

> 지금 나이 어린 임금이 위에 있어 권신들의 간악한 짓은 날이 갈수록 더 심해지고, 김조순의 무리가 국가의 권력을 갖고 노니, 어진 하늘이 재앙을 내려 겨울 번개와 지진이 일어나고 바람과 우박이 없는 해가 없으니, 이 때문에 큰 흉년이 들고, 굶어 죽는 사람들이 셀 수 없다. 그러나 다행히 세상을 건질 성인이 나타났으니 그분은 철기 10만의 군대를 거느리셨으며, 부정부패를 척결할 뜻을 가지셨다. …… – 「격문」

① 마음속에 한울님이 모셔져 있다는 시천주 사상과 낡은 세계가 끝나고 새로운 세계가 열린다는 사상을 바탕으로 민란을 일으켰다.

② 천주님 앞에 모든 사람이 평등하며, 죽은 다음 천당에 갈 수 있다는 약속에 위안을 얻고 포교 활동의 자유를 얻기 위해 민란을 기획하였다.

③ 상인과 광산 업자를 끌어들여 자금을 마련하고 『정감록』의 예언 사상을 바탕으로 세도 정권 타도를 주장하며 봉기하였다.

④ 봉기의 결과 정부에서 기구를 만들어 동포제 시행, 환곡의 전세 전환, 사창제 실시를 모색하였으나 곧 폐지되었다.

37 337

다음의 사료와 관련 있는 종교에 대한 설명으로 잘못된 것은?

> 경신년(1860)에 이르러 전해 들으니, 서양인이 천주의 뜻이라 하여 부귀를 취하지 않고 천하를 공취하여, 그 교당을 세우고 그 도를 행하려 한다고 하였다. 그래서 나는 의심하기를 '과연 그럴까, 어찌 그럴 수 있을까.' 하였더니, 뜻밖에 4월에 가슴이 벅차지고 몸이 떨려왔다. …… 홀연히 무슨 신성한 말이 귀에 들렸다. 놀라서 일어나 물으니 가로되, "두려워하지 말라. 나는 세상 사람이 말하는 상제다." 또 가로되, "너를 세상에 보내 사람들에게 이 법을 가르치게 하려 함이니, 의심치 말라." 하였다. 내가 물어 가로되, "그러면 서학(천주교)으로써 사람들을 가르쳐야 하겠는가." 하니, "아니다. 나에게 이 부적을 받아 사람의 질병을 구제하고 ……" – 「동경대전」

① 하늘의 운수 사상인 후천개벽을 바탕으로 조선 왕조를 부정하였다.

② 주리론적 관점을 가지고 있었으며, 여성과 어린이를 존중하였다.

③ 샤머니즘과 도교적 특성을 가져 부적과 주술도 이용하였다.

④ 『동경대전』을 순 한문으로, 『용담유사』를 순 한글로 간행하였다.

38 338

다음의 역사적 사실을 시대 순으로 올바르게 배열한 것은?

> ㉠ 귀족들은 금입택이라 불린 지역에서 호화로운 생활을 영위하였다.
> ㉡ 관리가 뇌물을 받았을 때 3배를 배상하고 종신토록 금고형에 처하였다.
> ㉢ 왕경의 관리 가운데 죄를 지은 자가 있으면 귀향형에 처하기도 하였다.
> ㉣ 향회의 주도권을 신향을 통해 국가 권력이 장악하면서 향회는 수령이 세금을 부과할 때 의견을 물어보는 자문 기구로 전락하였다.

① ㉠-㉣-㉡-㉢   ② ㉡-㉠-㉢-㉣

③ ㉡-㉢-㉣-㉠   ④ ㉢-㉠-㉣-㉡

35 335

사료는 평안도에서 일어난 홍경래의 난에 대한 설명이다.

④ 평안도는 정부의 규제에도 불구하고 대청 무역이 성행하였고, 광산 개발이 활발하게 이루어진 지역이었으나, 정치 권력으로부터 소외된 지역이었다. 이와 같은 상황에서 정부의 잠상과 광산에 대한 제재는 영세 농민과 광산 노동자 등의 반발을 불러일으켜 홍경래의 난이 일어나는 계기가 되었다.

오답 분석

① 홍경래의 난은 토지 문제 등 사회 개혁의 구체적인 내용을 제시하지 못한 것이 한계였다.
② 주기론의 입장으로 후천개벽 사상을 주장하여 조선 왕조의 체제를 부정한 것은 동학이다. 동학은 포접제를 중심으로 지역의 한계를 뛰어 넘어 전국적인 봉기를 일으킬 수 있었다.
③ 삼정이정청의 설치는 1862년 일어난 진주 민란 이후에 이루어졌다.

정답 ④

36 336

③ 제시문의 사료는 홍경래의 난(1811)에 관한 것이다. 이 난은 홍경래·우군칙 등의 주도로 평안도에서 일어난 농민 항쟁으로써 신분제 폐지나 토지 개혁, 그리고 당시 사회적 모순이 집약된 삼정(전정·군정·환곡)에 대한 개혁 조치 등이 추진되지 못했다는 점에서 일정한 한계를 갖는다.

오답 분석

① 동학, ② 천주교, ④ 진주 민란에 대한 설명이다.

정답 ③

37 337

사료는 동학에 대한 설명이다. 동학은 종래의 풍수 사상과 유·불·도의 교리를 토대로 하여, '인내천, 천심즉인심'의 사상에 근간을 두고 있다. 또한 양반과 상민의 신분 차별과 노비 제도의 폐지를 주장하였으며, 여성과 어린이를 존중하였다. 동학은 신분 적서 제도 등에도 반기를 들어 이를 비판하였으므로, 대중적이고 현실적인 교리는 당시 사회적 불안이 커지고 질병이 크게 유행하던 삼남 지방의 농민들에게 전파되었다. 그러나 국가에서는 동학을 불온한 사상이라 여겨 탄압하였고, 마침내 1863년에는 최제우를 비롯한 동학 교도를 혹세무민의 죄로 체포하여, 1864년에 사형에 처했다.

② 동학은 철학적인 바탕을 주기론에 두고 관념론을 배격하였다.

오답 분석

① 동학은 정치적으로 하늘의 운수 사상(후천개벽)을 바탕으로 조선 왕조를 부정하였으며, 대외적으로는 보국안민을 내세워 서양과 일본 세력의 침투를 경계하였다.
③ 동학은 샤머니즘과 도교에 가까워 부적과 주술을 사용하였다.
④ 동학은 제2대 교주 최시형의 노력으로 교세가 확대되었고, 『동경대전』·『용담유사』를 간행함으로써 교리를 정리하고, 교단을 정비하였다.

정답 ②

38 338

② 역사적 사실을 시대 순으로 올바르게 배열하면 ⓒ – ㉠ – ⓒ – ㉢이다.

ⓒ 이 법은 고이왕 시기 실시된 백제의 범장지법이다. 백제는 엄격한 법률을 적용하여 도둑질한 자는 귀향을 보냄과 동시에 훔친 물건의 2배를 배상하게 하였고, 관리가 뇌물을 받거나 횡령을 했을 때는 3배를 배상하고 금고형에 처하였다.
㉠ 통일 신라 귀족들의 생활 모습으로, 금입택에 거주하고 별장인 사절유택을 유지하는 등 호화 생활을 영위하였으며 수많은 노비와 사병을 거느렸다.
ⓒ 고려의 문벌 귀족에 대한 설명이다. 이들은 주로 왕경(개경)에 거주하였고 죄를 지으면 형벌로 귀향형에 처해졌다.
㉢ 조선 후기 향촌 사회에 대한 설명이다. 중앙의 관권이 향회를 장악하면서 향리의 역할이 중요해졌고, 새롭게 성장한 부농층(신향)이 관권과 결탁하여 향회를 장악하려 하면서 향회의 역할이 변화하였다. 종래에 향촌 지배 전반을 관장하며 재지 사족인 양반의 이익을 대변하던 향회는 주로 수령이 세금을 부과할 때에 의견을 물어 보는 자문 기구로 전락하였다.

정답 ②

39 ³³⁹

다음 중 조선 시대의 종교와 제사에 대한 설명으로 옳지 않은 것은?

① 조선 시대의 국가 제사 중 왕실 조상의 신위를 모신 종묘와 토지, 곡식 신을 모신 사직에 대한 제사가 가장 크고 중요하였다.

② 조선 초 왕실에서는 불교 행사가 자주 시행되기도 하였지만, 국가 차원에서 불경 등 불교 관련 책을 편찬하지는 않았다.

③ 성리학이 지배적인 학문으로 자리 잡으면서 불교와 도교 등을 이단 혹은 음사로 규정하여 배척, 억압하는 정책을 폈다.

④ 조선 초기에는 소격서라는 관청을 두어 일월성신에 대한 제사를 주관하게 하였다.

40 ³⁴⁰

다음과 같은 주장이 제기된 이후 조선 사회의 변화 모습으로 적절하지 않은 것은?

> 적자가 있으면 지손(支孫)이 제사를 받들지 못하는 것이 마땅한 예임에도 자기 어버이의 기일을 맞아 각 집에서 돌아가면서 제사를 지내고 있습니다. 이런 풍속은 예법에 지극히 어긋나는 것이므로 마땅히 금하도록 하소서.
> — 『중종실록』

① 친영 제도가 정착되어 혼인한 여자는 시가살이를 하였다.

② 과부의 재가를 금지하고 효자나 열녀를 표창하였다.

③ 예학이 발달하여 『가례집람』과 『오선생예설분류』가 편찬되었다.

④ 부인이 남편보다 먼저 죽을 경우 여자의 재산은 본가로 귀속되었다.

41 ³⁴¹

조선 시대의 제례에 대한 설명으로 잘못된 것은?

① 조선 후기에는 『주자가례』에 따라 4대까지 제사하는 것이 관행이 되어 제사 부담이 커지게 되었다.

② 평양에 단군을 모시는 숭령전(崇靈殿)과 기자를 모시는 숭인전(崇仁殿)이 설치되었다.

③ 황해도 구월산에는 환인, 환웅, 단군을 삼성(三聖)으로 모시는 삼성사(三聖祠)가 있어서 질병이 돌거나 흉년이 들면 백성들이 기도하는 민간 풍속이 전승되었다.

④ 고려에서는 단군과 기자를 제사하였으나, 조선에서는 이들 외에 동명왕, 온조, 박혁거세 등이 추가되었다.

42 ³⁴²

다음은 조선 전기의 족보에 관한 설명이다. 이를 토대로 조선 전기의 사회 모습을 추론했을 때 타당한 것은?

> 『성화보』는 안동 권씨의 족보임에도 불구하고 권씨는 총 수록 인원 9120명 중 867명에 불과하고, 외손의 외손으로 이어지는 가계(家系)가 6, 7대에 이르기도 하였다. 이러한 까닭에 『성화보』는 안동 권씨에 의해 만들어진 것이 아니고 서거정 등 권씨 외손의 손을 거쳐 완성되었다.

① 국가가 필요로 하는 노동력 동원이 곤란해지면서 국가 부역에 임노동자를 고용하는 현상이 많아졌다.

② 종법적 가족 제도가 성립되었고 동성촌이 확대되었다.

③ 자녀 윤회 봉사 및 자녀 분할 봉사가 일반적으로 행해졌다.

④ 장자 중심 상속이 일반화되었다.

39 339

② 조선 초 왕실은 불교를 억압하고 제한적으로 인정하는 성향이 강했으나, 친불교적 성향을 가진 세조는 간경도감을 설치하고 한글로 불경을 간행하여 보급하기도 하였다.

오답 분석

① 국가가 시행했던 제례 의식으로 가장 중요했던 것은 사직에 대한 제사였다. 그다음이 역대 왕을 모시는 종묘의 제사 의식이었는데, 실질적으로는 왕권 강화를 목적으로 하는 종묘 제사가 가장 성대하게 거행되었다.

③ 조선의 건국 세력은 성리학에 입각한 도덕 사회의 구현을 천명함으로써 도교를 비롯해 불교 · 무격 등을 철저히 배격했다.

④ 고려 시대의 소격전이 1466년(세조 12) 소격서로 개칭되었다. 이 관청은 하늘과 별자리, 산천에 복을 빌고 병을 고치게 하며 비를 내리게 기원하는 국가의 제사를 주관하였다.

정답 ②

40 340

사료는 16세기 중반을 넘기며 성리학적 사회 질서를 구현하려 했던 시대상을 보여주고 있다.

④ 중기 이전에는 시집을 가도 여자의 재산은 확실히 보장받았다. 만약 남편과 사별하고 재혼할 경우 자신이 시집갈 때 가져갔던 재산들을 유지하고, 남편보다 먼저 죽을 경우 여자의 재산은 본가로 귀속되었다.

오답 분석

① 17세기로 진입하며 친영 제도가 정착되어 시집살이가 정착되었다.

②, ③ 과부의 재가를 금지하고 효와 정절을 강조하였으며, 성리학적 예를 바로 세우기 위하여 『가례집람』과 『오선생예설분류』가 편찬되는 등 예학이 발달하였다.

정답 ④

41 341

④ 고려에서는 기자와 동명왕을 제사하였으나, 조선에서는 이들 외에 단군, 온조, 박혁거세 등을 추가하였다.

오답 분석

② 평양에 세운 기자 사당은 고려 시대를 전승한 것이었으며, 단군은 태종 대에 기자를 모시는 숭인전(기자전(사)을 1612년 광해군 시기에 숭인전으로 개칭)에 합사하였다가 세종 시기에 단군전(1429)을 세워 제사를 독립시켰다. 이후 단군전은 영조 시기인 1729년 숭령전으로 개칭되었다.

③ 황해도 구월산에는 삼성사의 기원인 삼성당(고려 이전으로 설치 추정)이 있었으나 태종 시기 폐지되었다가 성종 시기인 1472년 삼성사로 개칭하고 재설치되었다.

정답 ④

42 342

③ 고려나 조선 전기까지는 남녀의 지위가 비교적 동등하였고, 여성은 재산 상속권, 가계 상속권 등에서 차별을 받지 않았다. 딸의 자식인 외손도 가계를 계승할 수 있었고 어머니가 호주가 되기도 했다. 제사 때에도 자녀 윤회 봉사 및 자녀 분할 봉사의 관습이 행해져 장자 혹은 중자가 거행하는 것이 아니라 자녀가 돌아가면서 제사를 지내거나 책임을 분담하였다.

오답 분석

① 16세기 이후 부역제가 해이해지면서 17~18세기 국가가 필요로 하는 노동력 동원이 곤란해지게 되어 국가 부역에 임노동자를 고용하였다.

②, ④ 17세기 이후 성리학적 의식과 예학이 발달하면서 김장생의 『가례집람』과 정구의 『오선생예설분류』 등 예서가 편찬되었다. 종법적 부계 친족 중심의 가족 제도가 확립되어 가면서 부계 위주의 족보가 편찬되었고, 동성촌이 형성되었다. 또한 자녀 균분 상속은 장자 중심 상속으로 전환되기 시작하였다.

정답 ③

43 343

다음 내용과 같은 시기에 나타난 가족 제도의 모습을 옳게 추론한 것은?

> 인종 1년 정월 초 5일(1545년) : 어머니 기일이다. 제사의 차례는 큰 누님댁이다. 일찍이 휘(큰 형의 아들)와 함께 청파동에 갔더니 염(작은 형의 아들)도 막 도착해 있었다. 바로 지방을 써서 제사를 거행하였다. …… 누님을 모시고 식사도 하면서 술도 한 잔 하였다.
>
> ─『이문건 일기』

① 아들과 딸 모두에게 재산을 골고루 분배하였다.
② 족보의 작성 방식이 아들을 먼저 기재하고 딸을 나중에 기록하는 선남후녀의 방식으로 바뀌었다.
③ 대를 이을 아들이 없을 경우 양자를 들이는 경우가 많았다.
④ 남녀가 하나의 가계를 이루면 여자는 남편 가계의 구성원의 일원으로만 이해되었고, 친족 집단으로서의 종중 의식이 확산되었다.

44 344

밑줄 친 '이것'에 대한 설명으로 옳은 것은?

> 이것은 고구려의 진대법(賑貸法)에서 비롯되었다. 고려 초 태조 때 흑창(黑倉)을 설치하였다가 986년(성종 5)에 이름을 이것으로 바꾸고 지방 주군에까지 이를 설치해 시행토록 했다. 이 제도는 무신 집권기와 몽골 침입 이후 폐지되었다가 1389년(창왕 1)에 양광도에 이를 설치하고 1391년(공양왕 3)에는 개경의 5부(部)에도 설치해 조선에 계승되었다.

① 물가 조절 기관으로 성종 시기 개경과 서경, 12목에 설치하였다.
② 환자 진료와 빈민 구휼을 위해 개경에 세웠던 의료 기관이다.
③ 춘대추납의 빈민 구제 제도로 이후 조선 시대의 사창, 환곡으로 이어졌다.
④ 재해 발생 시 병자의 치료와 빈민의 구제를 목적으로 설치한 임시 기관이다.

43 343

사료는 자녀 윤회 봉사의 관습대로 자녀 중 큰 딸의 집에서 제사를 거행하였던 내용을 기록한 것이다.

① 조선 중기 이전에는 제사를 장자 혹은 중자가 거행하는 것이 아니라 자녀가 돌아가면서 제사를 지내거나 책임을 분담하였다. 당시에는 서류부가혼의 형태인 처가살이 풍습이 다수 유지되었고, 자녀 균분 상속이 이루어졌으며 시집을 가도 여자의 재산은 확실히 보장받았다. 만약 남편과 사별하고 재혼할 경우 자신이 시집갈 때 가져갔던 재산들을 유지하고, 남편보다 먼저 죽을 경우 여자의 재산은 본가로 귀속되었다.

정답 ①

44 344

밑줄 친 '이것'은 의창이다.

③ 의창은 춘대추납의 빈민 구제 제도로, 고구려의 진대법을 계승하였다. 고려 태조 시기에 설치되었던 임시 기구인 흑창은 고려 성종 때 의창으로 확대·개편되었다. 의창은 후에 조선 시대의 사창, 환곡으로 이어졌다.

오답 분석

① 고려는 성종 시기에 물가 조절 기관으로 개경과 서경, 12목에 상평창을 설치하였다. 상평창은 곡식의 값이 내렸을 때 사들였다가 값이 오르면 싸게 팔아 물가를 조절하였다. 서경의 상평창은 분사 사헌대가, 주·군의 상평창은 계수관의 관원이 관리하도록 하였다.

② 동·서 대비원은 환자 진료와 빈민 구휼을 위해 개경에 세웠던 의료 기관으로, 조선 시대에 동·서 활인서로 이어졌다. 개경에는 동쪽과 서쪽에 각각 하나씩 있어 동·서 대비원이라 했으며 서경에도 분사 1원(院)이 있었다.

④ 재해 발생 시 병자의 치료와 빈민의 구제를 목적으로 설치한 기관은 구제도감과 구급도감이었다. 이 기구들은 상설 기구가 아니고 필요에 따라 임시적으로 설치되었다.

정답 ③

해커스공무원 대한국사 윤승규
단원별 700제

PART 08

민족 문화의 발달

PART 08 민족 문화의 발달

01 345

삼국의 불교에 대한 설명으로 잘못된 것은?

① 고구려는 공(空) 사상과 비유비무(非有非無)를 강조하는 삼론종이 크게 융성하였다.

② 백제의 겸익은 인도에서 직접 가져온 불경을 번역하고 율종을 개창하였다.

③ 고구려의 관륵은 영양왕 시기 도일하여, 일본 불교 교단의 최초 승정이 되었다.

④ 신라는 진흥왕 시기 팔관회와 백좌강회를 통해 호국 불교 의식을 강화하였다.

02 346

고대의 불교에 대한 설명으로 잘못된 것은?

① 고구려의 불교는 7세기 이후 연개소문의 도교 장려와 불교 배척으로 인해 쇠퇴하였다.

② 신라의 원광은 걸사표를 써서 수에게 고구려 침공 요청을 하기도 하였다.

③ 왕흥사와 미륵사의 창건은 백제 불교의 호국적 성격을 상징하는 것이다.

④ 의상은 긍정과 부정을 역동적으로 파악하고 원만하게 융합시켜 일심 속에서 서로 보완할 수 있다고 보았다.

03 347

다음에 묘사된 인물과 관계있는 것은?

> 하는 말은 상식에 어긋나고 드러난 행동은 거슬리고 거칠었다. 거사처럼 기생집과 술집을 드나들었고, 지공같이 갈과 석장을 지녔다. 소(疏)를 지어 화엄경을 강하기도 하고 사우에서 가야금을 타며 노래하기도 하고, 속인 집에서 잠을 자기도 하고, 산수 간에서 좌선도 하는 등 마음 가는 대로 하여 도무지 정해진 틀이 없었다.

① 신라 땅 낙산에 관세음보살이 머물고 있다고 널리 알림으로써, 많은 사람들에게 현실적 고뇌를 극복할 수 있는 희망을 주었다.

② 『십문화쟁론』과 『대승기신론소』, 『금강삼매경론』 등을 저술하였다.

③ 인도·서역 지역까지 순례하여 『왕오천축국전』이란 기행문을 저술하였다.

④ 유식 불교의 대표적 인물로 서명 학파의 개조가 되었다.

04 348

통일 신라 전기에 융성했던 교종 종파 중 고구려에서 도래되어 옛 백제 지역을 기반으로 발달한 종파와 대표 인물이 바르게 연결된 것은?

① 계율종 : 자장

② 법상종 : 진표

③ 열반종 : 보덕

④ 법성종 : 원광

문제 풀이

01 345

③ 백제의 관륵은 602년(무왕 3)에 일본으로 건너가서 천문·지리·역서·둔갑·방술서 등을 전하는 한편, 일본의 첫 번째 승정이 되었다. 관륵은 삼론의 해석에 뛰어났으며 명의이기도 하였다.

오답 분석

① 고구려의 불교는 초기에 무(無)와 공(空)을 동일시하는 중국 격의 불교의 영향을 받았으나 점차 교리적 발전을 이루어, 대승 불교로서 공 사상과 비유비무를 강조하는 삼론종이 크게 융성하였다. 삼론종은 인도의 고승 용수의 『중론』과 『십이문론』, 제바의 『백론』 등 삼론을 주요 경전으로 삼아 성립된 종파이다. 고구려의 승랑은 중국에서 삼론학을 집대성하여 새로운 삼론종의 성립에 원동력이 되었다.
② 백제 성왕 시기 겸익은 인도에 가서 범어를 익힌 후 불경을 가지고 귀국하였다. 이후 그것을 번역하여 율문 72권으로 엮었으며, 율종을 발전시켰다.
④ 고구려의 혜량은 신라로 망명하여 승통이 되었으며, 호국 불교적 성격의 백고좌 법회와 팔관회를 최초로 개최하였고, 불교의 여러 사무를 통괄하였다.

정답 ③

02 346

④ 의상이 아닌 원효에 대한 설명이다. 원효는 대승 불교의 2대 주류를 이루고 있던 중관과 유식을 비판하였다. 먼저 중관은 부정에만 집착하여 긍정을 전혀 인정하지 않는 이론으로서 분별을 깨뜨릴 수는 있지만 발생의 능력이 없고, 유식은 긍정에만 집착하여 부정을 전혀 인정하지 않는 이론으로서 발생의 능력은 있지만 분별을 깨뜨릴 수 없다 하고, 이 둘의 결합을 일심으로 해결할 수 있다고 보았다.

오답 분석

① 고구려의 불교는 소수림왕 시기 전래되어 크게 융성하였으나, 당과의 교류로 도교가 본격적으로 전래된 이후 쇠퇴하기 시작하였다. 특히, 연개소문은 불교 사찰을 도교 사원으로 전용하는 등 불교를 강하게 탄압하였다.
② 수나라에 유학하였던 승려 원광은 진평왕의 명으로 608년 걸사표를 작성하였으며, 신라는 611년 걸사표를 수나라에 바쳤다. 이에 수 양제는 113만의 대군으로 고구려를 침략하였다.
③ 위덕왕 시기 창건된 왕흥사와 무왕 시기 창건된 미륵사는 백제 후기 호국 불교의 성격을 반영하는 대표적인 사찰이다.

정답 ④

03 347

신라의 고승 원효에 대한 설명이다.

② 원효는 일심 사상을 우리나라 불교 속에 정착시키고 독특한 사상으로 발전시켰다. 그의 일심 사상은 『금강삼매경론』·『대승기신론소』 등 그의 모든 저술에서 철저하게 천명되고 있다. 인간의 심식(心識)을 깊이 통찰하여 본각(本覺)으로 돌아가는 것, 즉 귀일심원(일심의 원천으로 돌아가는 것)을 궁극의 목표로 설정하고 육바라밀의 실천을 강조하고 있다.

오답 분석

① 신라의 고승 의상은 『화엄일승법계도』를 저술하여 전제 왕권 강화에 기여하였다. 그는 670년 귀국하여 낙산사 관음굴에서 신라에 화엄 대교가 퍼지기를 기원하며 『백화도량발원문』을 지어 관세음보살에게 봉헌하였다. 그리고 676년 왕의 뜻을 받아 태백산에 부석사를 창건하고 화엄을 강설하여 해동 화엄종의 시조가 되었다. 또한 실천 수행을 근본으로 삼았으며 화엄 사상의 근본인 원융무애의 세계관에 입각하여 아미타 신앙·관음 신앙 등을 적극적으로 수용하였다.
③ 혜초는 723년경에 인도 구법을 결심하고 만 4년 동안 인도를 여행하였고, 카슈미르(Kashmir)·아프가니스탄·중앙아시아 일대까지 답사하였다. 그는 천축국(인도)의 다섯 나라와 그 인근 지방에 대한 기행문으로 『왕오천축국전』을 저술하였다.
④ 원측은 인도에서 전래한 호법 계통의 유상유식을 연구하고, 무상유식설을 비롯한 불교학 전반을 두루 섭렵한 유식 불교의 대가로 성장하였다. 자은 대사 규기와 함께 현장의 쌍벽을 이루는 제자였으나 학문적 견해를 달리하여 규기의 정통 계열과 대립하였다. 원측의 학맥은 규기의 자은 학파에 저항하는 서명 학파의 성립으로 이어졌다.

정답 ②

04 348

신라 통일기에 원효를 비롯한 여러 고승들에 의해 경전에 대한 주석이 가해짐으로써 불교 철학에 대한 이해가 심화되었고, 아울러 보덕의 열반종, 자장의 계율종, 원효의 법성종, 의상의 화엄종, 진표의 법상종 등의 여러 종파가 확립되었다.

③ 열반종은 고구려 연개소문의 불교 탄압으로 백제로 망명했던 보덕이 세운 종파로 알려져 있으나 이것 역시 자세한 종파의 내력이 전하지 않는다.

오답 분석

① 자장의 계율종은 양산 통도사를 근거지로 하는 종파이다.
② 진표의 법상종은 김제 금산사를 근거지로 하는 종파이다.
④ 법성종은 원효와 관련된 종파로서 경주 분황사를 근거지로 하였다.

정답 ③

05 349

다음은 삼국 시대의 불상이다. 이와 연관된 불교 사상과 관련이 없는 것은?

① 조선 후기 사회가 어지러워지자 민간 신앙과 결합하여 현세의 불행을 극복하려는 움직임으로 나타났다.

② 일본에 전파되어 비슷한 형태의 불상이 제작되기도 하였다.

③ 궁예는 이 사상을 바탕으로 이상적 국가 건설을 계획하였으나 실패하였다.

④ 원효의 화쟁 사상과 연관되어 종파의 대립 해소에 기여하였다.

06 350

다음 제시문에서 (가)에 해당하는 인물로 옳은 것은?

> 미래 부처인 미륵불이 먼 훗날 지상에 와서 이상 사회를 건설한다는 믿음을 중요시했는데, 이 신앙을 크게 퍼뜨린 이는 백제계 유민이던 [(가)]였다. 그는 경덕왕 때 김제의 금산사를 중심으로 활약하면서 백제 유민들에게 미래의 꿈을 심어 주었는데, 그 전통이 후백제를 세운 견훤에까지 이어졌다.

① 진표
② 김교각
③ 자장
④ 홍척

07 351

다음 사료가 보여주는 시기의 불교와 그 사회적 기능에 관한 설명으로 옳지 않은 것은?

> 진지왕 때 승려 진자가 미륵상 앞에서 소원을 빌며 말했다. "원컨대 부처님이 화랑으로 변하여 세상에 나타나시면, 항상 받들어 모시겠습니다."
> 어느 날 꿈에 한 승려가 나타나 말했다. "웅천의 수원사에 가면 미륵선화를 볼 수 있으리라." 진자가 꿈에서 깨어 그 절을 찾았다. …… 화장하고 장신구를 갖춘 수려한 남자 아이가 길가에서 노는 것을 보고, 진자는 그가 미륵선화라고 생각하여 데려와 왕에게 보였다. 왕은 그를 공경하고 사랑하여, 받들어 국선으로 삼았다.
> ─ 「삼국유사」

① 왕즉불 사상이 유행하였으며, 신라에서는 전륜성왕설과 진종설이 나타났다.

② 성속무애 사상을 기반으로 불교의 대중화가 이루어졌다.

③ 화랑도의 이념적 기반으로 미륵 신앙이 융성하였다.

④ 호국 불교의 특성이 강하게 나타나 원광이나 자장과 같은 승려가 배출되기도 하였다.

08 352

다음 사료의 내용과 관련 있는 불교 종파의 특징으로 잘못된 것은?

> 하나 안에 일체가 있으며, 많음 안에 하나가 있다.
> 하나가 곧 일체요, 많음이 곧 하나다.
> 한 작은 티끌 속에 시방을 머금고,
> 일체의 티끌 속에 또한 이와 같다.
> 한량없는 먼 겁이 곧 한 찰나요,
> 한 찰나가 곧 그 한량없는 겁이다.

① 고려 시대에는 현화사를 근거지로 성장하였으며 문벌 귀족을 대변하는 종파 역할을 하였다.

② 의상이 이 종파의 개조이며 통일 신라의 중앙 집권화에 크게 기여하였다.

③ 우주 만물이 대립적 존재가 아닌 조화, 포용의 관계를 이루고 있다는 사상 체계를 가지고 있다.

④ 고려 광종은 귀법사를 창건하여 이 종파를 후원하였으며, 균여가 대표적 승려였다.

문제 풀이 🔍

05 349

사진 속 불상은 금동 미륵보살 반가 사유상(국보)이다. 미륵은 미래 불로서 하생하기 전, 도솔천에서 중생을 구제하기 위하여 정진과 사색에 매진하고 있다고 알려져 있다. 미륵 반가 사유상은 이런 모습을 형상화한 것이다.

④ 원효는 모든 만물의 시초가 일심(一心)에서 발생하여 일심으로 돌아온다고 보아 마음이 순수해야 함을 강조한 일심 사상을 주장하였고, 화쟁 사상을 통해 종파 간 융합을 도모하였다. 더불어 '나무아미타불'만 염불하면 누구나 서방정토로 가서 다시 태어날 수 있다는 아미타 신앙(정토 신앙)을 통해 대중을 교화하였다. 원효의 화쟁 사상은 미륵 신앙과는 관련이 없다.

오답 분석

① 조선 후기 세도 정치기에는 현세의 정치 기강 문란과 사회 혼란으로 촉발된 불행을 미륵 신앙으로 극복하려는 움직임이 나타났다.

② 금동 미륵보살 반가 사유상의 형식은 일본에 전해져 고류사 미륵 반가 사유상 등 비슷한 형태의 불상이 제작되기도 하였다.

③ 궁예는 후고구려를 건국하여 미륵 신앙을 바탕으로 이상적 전제 정치를 꾀하였으나, 918년 왕건에 의해 축출되었다.

정답 ④

06 350

(가)에 해당하는 인물은 진표이다.

① 진표는 참회정진으로 미륵보살과 지장보살로부터 참회법과 점찰간자(占察簡子)를 전해 받았다고 전하며 새로운 참회 불교인 점찰교법(占察教法)을 크게 일으켜서 널리 국민을 교화하였다. 법상종과 관련이 있다고 알려져 있으나 확실하게 밝혀진 내용은 없다.

오답 분석

② 김교각은 신라의 왕자 출신으로 중국에 건너가 각지를 돌며 구도 생활을 하다가 양쯔강 남쪽 구화산에 화성사를 짓고 불법을 설교하였다. 그의 설법으로 주화산은 불교의 성지 중 하나가 되었으며, 99세에 입적 후 등신불이 되었다.

③ 자장은 대국통으로 선덕 여왕에게 황룡사 9층 목탑의 창건을 건의하고 통도사를 창건하였으며, 이듬해 금강계단을 설치하였다.

④ 홍척은 당나라에 가서 서당 지장의 심법을 배우고 귀국하여 선종 구산문의 하나인 실상산파를 탄생시켰다.

정답 ①

07 351

다음 사료는 삼국 시대 신라 불교를 나타내고 있다.

② 성속무애 사상을 바탕으로 불교의 대중화를 꾀했던 인물은 고려 시대의 승려 균여이다.

오답 분석

① 당시 신라 왕실은 왕즉불 사상을 통해 왕의 권위를 높여주는 한편, 귀족의 특권을 인정받고자 하였다. 그 후 불교는 왕실과 결합하여 발전하였고, 법흥왕 이후 진덕 여왕까지 불교식 왕명을 사용하였으며, 진종설과 전륜성왕설을 내세워 왕권의 정통성을 세우려 하였다.

③ 진흥왕 때 조직화된 화랑도는 신라 불교의 호국성을 잘 보여주는 예이며, 화랑을 미륵불의 화신으로 여겼던 사실 역시 신라 불교의 이러한 특성을 잘 보여주는 것이다.

④ 원광은 608년 진평왕에게 고구려를 치기 위하여 수나라에 청병하는 글인 걸사표를 지어 올렸다. 진평왕은 이 글을 611년에 수나라에 보냈으며, 612년 살수 대첩이 일어났다. 자장은 호국 불교의 기풍을 크게 진작시켰으며, 그의 건의로 호국 불교의 기념비적인 황룡사 9층 목탑이 건립되었다.

정답 ②

08 352

사료는 의상의 『화엄일승법계도』의 일부로 이와 관련된 종파는 화엄종이다.

① 현화사는 현종이 불우하게 죽어간 부모의 명복을 빌기 위해 건립하였으며, 후에 인주 이씨 등 문벌 귀족들의 후원을 받은 법상종의 중심 사찰이 되었다.

오답 분석

②, ③ 화엄종의 개조인 의상은 "하나 속에 우주 만물을 아우르자."라는 화엄 사상으로 통일 직후의 신라 사회를 통합하고 전제 왕권 강화에 이바지하였다.

④ 고려의 광종은 귀법사를 창건하여 화엄종의 본찰로 삼아 교종을 정비하였다. 균여는 광종의 부름을 받고 귀법사 주지로 발탁되어 양분되었던 화엄종 내부의 분열을 종식시키고, 교종의 다른 일파인 법상종을 화엄종 중심으로 통합하였다.

정답 ①

09 353

고려 불교 문화의 특징으로 잘못된 것은?

① 의천이 성상겸학 사상을 바탕으로 화엄종과 법상종의 통합 운동을 이끌었다.
② 초기에는 선종과 호족 문화가 융합된 형태로 균형미나 비례미가 떨어지는 불상들이 다수 제작되었다.
③ 원나라 불교의 영향으로 임제종이 도입되어 선풍의 혁신을 주도하려는 시도를 하였다.
④ 보우는 정토 신앙과 법화 신앙을 강조하였으며, 수선사 결사와 양립하였다.

10 354

다음 사료에서 언급된 국왕 통치기 불교의 특징으로 옳은 것은?

> 홍화사, 유암사, 삼귀사 등의 절을 창건하였다. 승 혜거로 국사를 삼고, 탄문으로 왕사를 삼았다. 왕이 참소를 믿고 사람을 많이 죽였으므로 마음속에 스스로 의심을 품고 죄악을 소멸하고자 널리 재회를 베푸니 무뢰배들이 승려라 사칭하여 배부르기를 구하고 구걸하는 자가 모여들었으며 혹은 떡, 쌀, 연료를 서울과 지방의 도로에서 나누어 주는 것이 이루 다 헤아릴 수 없었다. 방생소를 줄지어 설치하고 부근 절에 나아가 불경을 연습하며 도살을 금하니 고기도 또한 시에서 사다가 올렸다.
> – 「고려사」

① 균여는 화엄종에서 남악과 북악의 대립을 해소하고, 이후 화엄종과 법상종의 통합을 시도하였다.
② 연등회와 팔관회가 부활되었으며, 초조대장경이 조판되고 현화사가 창건되었다.
③ 고려에 남아 있던 불교 서적이 송에 역수출되어 중국에서 화엄학이 부흥하는 계기가 되었다.
④ 훈요십조에서 산수의 순과 역을 강조하고, 비보사찰 이외의 사원 건립을 경계하였다.

11 355

다음 주장을 한 인물과 관련된 저술이 아닌 것은?

> 교(敎)를 배우는 사람은 내(內)를 버리고 외(外)를 구하려는 경향이 강한 반면에, 선(禪)을 익히는 사람들은 인연 이론을 잊어버리고, 내조(內照)만 좋아하나니, 이 모두가 편비된 것이다. 가만히 생각하면 성인이 가르침을 편 목적은 행(行)을 일으키려는 데 있는 것이므로, 입으로만이 아니라, 몸으로 행동하게 하려는 것이다. 그러므로 양자를 고루 갖추어 안팎으로 모두 조화를 이루어야 한다.

① 『원종문류』
② 『석원사림』
③ 보현십원가
④ 『천태사교의주』

12 356

밑줄 친 인물과 관련이 있는 내용으로 옳은 것은?

> 지금 사방에서 병란이 일어나 백성이 도탄에 빠졌으나 오직 우리나라만은 편안하여 아무런 근심이 없다. 평화롭게 닭이 울고 개 짖는 소리가 사방의 변경에 이른다. 남자는 밭에서 농사짓고 여자는 집에서 베를 짜며 부귀와 장수를 잃지 않으니 이것이 어찌 사람의 힘으로 하는 것이겠는가. 이는 국사가 … (중략) … 목숨을 돌보지 않고 멀리 해외에 가서 법을 전해 와서 이 땅에 무궁하게 전해 준 데 기인한다.

① 김제의 금산사를 중심으로 백제계 유민들에게 미륵 신앙을 전파하였다.
② 선 수행(定)과 독경(慧)의 병행을 주장하였으며, 노동을 강조하였다.
③ 송에 유학하여 많은 불교 서적을 가지고 들어왔으며, 천태종을 창시하고 국청사를 창건하였다.
④ 심성의 도야를 강조함으로써 성리학 수용의 사상적 발판을 마련하였다.

09 353

④ 보우는 임제종의 도입과 관련있으며, 선지의 내용은 요세에 관한 것이다. 요세는 지눌과 더불어 '정혜 결사'에 참여하였지만, 이후 천태종 중심의 '백련 결사'를 주창하였다. 정토 신앙과 법화 신앙을 강조한 백련 결사는 강진 만덕사를 중심으로 발전하였으며, 진정한 참회를 강조하여 민중의 큰 호응을 받았다.

오답 분석

① 의천은 문종 시기 세워진 흥왕사와 화엄종을 중심으로 성상겸학의 교리를 정비하여, 법상종과의 통합을 이루려 노력하였다.
② 고려 시기의 불상은 시기와 지역에 따라 독특한 모습을 띠며, 신라 양식이 주류를 이루나 신라에 비해 균형과 조형미가 부족한 작품들이 많다. 또한 호족 문화의 영향을 받아 자유분방함과 향토적 특색을 반영하고 있다.
③ 선종의 한 종파인 임제종은 원나라 불교의 영향으로 도입되었다. 임제종은 불교계의 타락에 대응하며 선풍의 혁신을 주도하였고, 이 교단의 승려 보우는 불교의 폐단을 시정하기 위해 교단 정비에 노력하였지만 결과적으로 실패하였다.

정답 ④

10 354

사료는 고려 광종의 불교 정책이다.

① 광종은 승과 제도를 실시하여 국가 차원에서 승려의 수준을 높이고자 하였고, 국사·왕사 제도를 실시하여 968년 혜거를 고려 시대 최초의 국사로 임명하였다. 또 면세지인 사원전을 지급하고 면역 혜택을 주었으며, 균여를 귀법사 주지로 발탁하여 법상종을 화엄종 중심으로 통합하였다.

오답 분석

② 성종은 불교의 비대화를 경계하고 유교 정치 사상을 강조한 최승로 등의 영향으로 연등회·팔관회를 폐지하였으나, 현종이 다시 부활시켰다. 또한 현종은 거란의 침입으로 개경이 점령되자 대장경판을 각인하여 부인사에 보관하였고, 부모의 명복을 빌기 위해 현화사를 건립하였다.
③ 선종의 재위기에 이루어졌던 의천의 송나라 유학과 관련된 사실이다. 중국에서는 당 말부터 계속된 전란과 불교에 대한 탄압으로 많은 불교 서적이 유실되었는데, 의천이 불교 서적을 송에 전래함으로써 화엄학이 중흥하는 계기가 되었다.
④ 태조는 훈요 10조를 제시하여 불교 숭상과 연등회·팔관회의 중요성을 강조하였고, 도선의 풍수지리설에 대한 존중을 당부하여 비보사찰 외에 전국에 함부로 사찰과 탑을 세우지 말 것을 주장하였다.

정답 ①

11 355

사료는 의천이 주장한 교관겸수와 내외겸전에 대한 내용이다.

③ 보현십원가는 균여가 지은 시가로서 성속무애 사상이 잘 드러나 있으며, 향가 11수를 담고 있다.

오답 분석

『원종문류』, 『석원사림』, 『천태사교의주』는 모두 의천의 저술이다.
① 『원종문류』는 화엄종에 관한 중요한 문헌을 모아 총서로 엮은 책으로 22권으로 제작되었다.
② 『석원사림』은 불교의 귀중한 사기(事記)를 바탕으로 불교사를 집대성한 책이다.
④ 『천태사교의주』는 의천이 제관의 『천태사교의』에 주석을 단 것으로 보이나 현전하지는 않는다.

정답 ③

12 356

자료는 선봉사 대각 국사 비문의 내용으로, 밑줄 친 '국사'는 의천이다.

③ 의천은 송 유학 이후 교종을 중심으로 선종을 통합하려는 노력으로 천태종을 창시하고 국청사를 창건하였다.

오답 분석

① 진표는 백제계 유민이며 참회 불교인 점찰교법의 신앙 체계를 바탕으로 금산사에서 미륵 신앙을 전파하였다. 진표의 교세는 백제계 유민과 고구려계 유민에게 크게 확대되었다.
② 지눌은 정혜쌍수로 선 수행과 독경을 강조하였다. 또한 그는 불경의 가르침에 의한 공덕을 쌓아 왕실 및 문신 귀족과 결탁한 교종의 권위에 도전, 무신의 옹호를 받으며 독자적인 세계를 개척하였다.
④ 진각 국사 혜심은 유교와 불교의 통합을 시도하여 유·불 일치설을 주장하였으며, 심성의 도야를 강조함으로써 성리학 수용의 사상적 발판을 마련하였다.

정답 ③

13 357

다음과 같은 주장을 한 인물에 대한 설명으로 옳은 것은?

> 지금의 불교계를 보면 아침저녁으로 행하는 일들이 비록 부처님 법에 의지하였다고 하나, 자신을 내세우고 이익을 구하는 데 열중하며, 세속의 일에 골몰한다. 도덕을 닦지 않고 옷과 밥만 허비하니, 비록 출가하였다고 하나 무슨 덕이 있겠는가. 하루는 같이 공부하는 사람 10여 인과 약속하였다. 마땅히 명예와 이익을 버리고 산림에 은둔하여 모임을 맺자. 항상 선을 익히고 지혜를 고르는 데 힘쓰고, 예불하고 경전을 읽으며 힘들여 일하는 것에 이르기까지 각자 맡은 바 임무에 따라 경영한다.

① 정혜쌍수를 강조하면서 선종을 중심으로 교종과의 통합을 시도하였다.

② 공·유의 집착과 편견의 극복을 위하여 서로 다른 주장들이 존재할 수 있는 진리의 일면성을 인정하고, 조화를 꾀하였다.

③ 아미타 신앙을 통해 불교 대중화 운동에 노력하였다.

④ 화엄종의 교단을 양성하였고, 부석사를 건립하여 관음 신앙을 보급하였다.

14 358

고려 불교의 특징으로 옳은 것은?

① 균여가 왕실의 비호를 받으며 수선사를 중심으로 불교 통합 운동에 나섰다.

② 요세의 백련 결사가 영통사를 중심으로 활발하게 전개되었다.

③ 의천은 『신편제종교장총록』 편찬 과정에서 균여 관련 서적은 포함시키지 않았다.

④ 흥왕사에서 정혜 결사가 출범하여 교종 중심의 불교계가 선종 중심으로 재편되었다.

15 359

고려 불교의 흐름을 주도한 승려에 대한 설명 중 잘못된 것은?

① 승려 수기는 의천이 『교장』을 간행할 때 누락시킨 균여의 저술과 의상 제자들의 저술을 모아 『대장경』의 보판으로 편입시켰다.

② 요세의 백련 결사는 순수한 법화 신앙을 내세우기 위해 세운 천태종의 신앙 단체로 강력한 항몽 투쟁을 표방하여 최씨 정권의 비호를 받기도 했다.

③ 의천은 『신편제종교장총록』을 편찬하면서 송과 일본의 교장을 총망라하였지만 요의 자료는 배제하였다.

④ 혜심은 선종과 교종의 통합에서 더 나아가 불교와 유교의 통합까지 시도하여 성리학 수용의 토대를 제공하였다.

16 360

다음 글과 관련된 문화유산에 대한 설명으로 옳은 것은?

> 심하도다. 몽골이 환란을 일으키는 일이여! 그 잔인하고 흉포한 성품은 이미 말로 다 할 수 없고, 어리석고 사리에 어두운 것이 또한 금수보다 심하니, 어찌 천하에서 공경하는 바 불법이란 것이 있는 것을 알겠습니까. 이 때문에 그들이 지나가는 곳마다 불상과 불경을 모두 불태워 버렸습니다. …… 옛적 현종 2년에 거란 왕이 군사를 크게 일으켜 쳐들어오자 현종은 …… 대장경 판본의 판각을 이루었는데 그 뒤에 거란병은 스스로 물러갔습니다. 그렇다면 대장경도 한 가지이고 판각한 것도 한가지이며 군신이 함께 서원하는 것도 또한 마찬가지인데, 어찌 유독 그때에만 거란병이 스스로 물러가고 지금의 몽골은 그렇지 않겠습니까. 오직 모든 부처와 33천이 돌보아 주시는가에 달려 있을 뿐입니다.

① 교장도감에서 제작하였으며 흥왕사에 보관하였다.

② 경(經)과 논(論)보다는 주소(註疏) 부분을 중심으로 신라와 거란 고승들의 저술을 수록하였다.

③ 고려 후기 청주 흥덕사에서 간행하였다.

④ 조선 초기의 건축물인 해인사 장경판전에 소장된 목판이다.

13 357

자료는 보조 국사 지눌에 대한 설명이다.
① 지눌은 돈오점수의 방법으로 정혜쌍수를 강조함으로써 선종을 중심으로 교종과의 조화를 이루려 하였다.

오답 분석

② 원효에 대한 설명이다.
③ 원효와 의상에 대한 설명이다.
④ 의상에 대한 설명이다.

정답 ①

14 358

③ 균여의 화엄 사상은 고려 중기 의천에 의해 심하게 배척당했다. 의천은 『신편제종교장총록』을 저술하면서 화엄 · 유식 · 법화 · 천태 관계 저술은 포함하면서 의식적으로 균여의 화엄 저술은 제외하였다.

오답 분석

① 균여는 귀법사의 주지로 발탁된 후 성상융회 사상을 주장하며 화엄종 내부의 분열을 종식시키고, 교종의 다른 일파인 법상종을 화엄종 중심으로 통합하였다. 또한 그는 화엄 사상을 바탕으로 보살의 실천행이라는 실천 신앙을 통해 왕실과 기층 사회를 연결시켜주는 매개로서의 역할을 하였다. 한편 수선사는 지눌이 결사 운동을 전개한 곳이다.
② 영통사는 의천이 출가한 절로 그가 입적한 곳이기도 하다. 요세의 백련 결사는 강진 만덕사를 중심으로 결성되었다. 요세는 지눌과 함께 수선사 결사 운동을 경험했으나, 1208년(희종 4) 천태 교학으로 사상을 전환하고 강진 지방의 호족 세력과 연합하여 수선사에 맞서 백련 결사를 제창하였다.
④ 지눌은 수선사를 중심으로 정혜 결사를 출범하였으며, 선종을 중심으로 교종의 통합을 이루었다.

정답 ③

15 359

③ 교장은 의천이 경. 율. 논 등 대장경에 대해 연구하여 해석한 장소(章疏)를 수집하고 그 목록을 만들고 간행한 것이다. 신라 고승의 저술 4백여 권을 비롯하여 송, 거란(요), 일본 등에서 수집한 자료를 모아 『신편제종교장총록』을 편찬한 뒤 이것을 바탕으로 교장을 간행하였다.

정답 ③

16 360

자료는 재조대장경(팔만대장경)에 대한 설명이다.
④ 최우를 비롯한 고려의 지도층은 몽골 침략기에 몽골군에 비해 군사적인 열세가 두드러지자, 부처의 가호로 적군을 물리치고자 새로운 대장경을 조판하였다. 이 대장경이 팔만(재조)대장경으로 1236년에 제작하기 시작하여 1251년에 완성되었고, 현재 해인사 장경판전에 소장되어 있다.

오답 분석

①, ② 의천은 대장경의 이해 수준을 높이고자 고려와 요 · 송 · 일본에서 구입한 교장들을 목록화 하여 『신편제종교장총록』을 작성하였고, 흥왕사에 교장도감을 설치하여 『신편제종교장총록』을 바탕으로 교장들을 인간(印刊)했다. 교장은 몽골의 침입으로 소실되었다.
③ 『직지심체요절』은 1377년에 청주 흥덕사에서 간행되었으며, 현존하는 세계 최고(最古)의 금속 활자본으로 현재 프랑스 국립 도서관에 소장되어 있다.

정답 ④

17 361

( ) 안에 들어갈 인물의 저서에 해당하는 것으로 옳은 것은?

> 도의를 서로 연마하고 혹은 노래와 음악으로 서로 즐겼
> 는데, 산과 물을 찾아 노닐고 즐김에 멀더라도 이르지 않은
> 곳이 없었다. 이로 인하여 그 사람됨의 악함과 바름을 알게
> 되어, 선량한 이를 택하여 조정에 천거하였다. 그러므로
> ( )이(가) "어질고 충성스러운 신하들이 이로부터 나
> 왔고, 훌륭한 장수와 용감한 병사가 이로부터 생겼다."고
> 한 말이 바로 이것이다.
> – 『삼국사기』, '김흠운 열전'

① 『계림잡전』　　　② 『풍왕서』
③ 『법장화상전』　　④ 『해동고승전』

18 362

다음 두 자료에 공통적으로 내재되어 있는 종교 사상이 담긴
문화재가 아닌 것은?

> • (백제 근구수왕이) 적을 크게 무찔렀다. 도망치는 적을
> 쫓아 수곡성에 이르렀다. 장군 막고해가 간하였다. "'만
> 족할 줄 알면 욕되지 않고 그칠 줄 알면 위태롭지 않다.'
> 라는 말이 있습니다. 지금 얻는 바가 많으니 더 나갈 것
> 이 있겠습니까?"
> • 우리나라에는 현묘한 도가 있으니 이를 풍류라고 한다.
> … (중략) … 집에서는 부모에게 효성을 다하고 나라에
> 충성을 다하는 것은 공자의 가르침과 같다. 모든 일을
> 순리에 따라 묵묵히 실행하는 것은 노자의 가르침과 같
> 고, 악한 행동은 아니하고 착한 행실만을 신봉하면서 열
> 심히 살아가는 것은 석가모니의 가르침과 같다.

① 사신도　　　　② 사택지적비문
③ 산수문전　　　④ 칠지도

19 363

다음 제시문에서 (가)~(라)에 해당하는 왕으로 옳게 짝지어
진 것은?

> 7세기 말 (가) 왕 2년에 유교 교육 기관으로 국학을
> 세우고, 12등급에 해당하는 대사(大舍) 이하의 하급 귀족
> 에게 입학 자격을 주었다. 그 후 8세기 초 (나) 왕 16년
> 에는 당으로부터 공자와 그 제자들의 화상을 들여와 국학
> 에 안치하고, 8세기 중엽 (다) 왕 때에는 국학을 태학감
> 으로 고치고 박사와 조교를 두어 본격적으로 유학 교육을
> 실시했다. 8세기 말 (라) 왕 4년에는 여기서 한 걸음 나
> 아가 유교 경전의 이해 수준에 따라 관리를 등용하는 독서
> 삼품과를 실시하기에 이르렀다.

① (가) 문무왕, (나) 효소왕, (다) 경덕왕, (라) 원성왕
② (가) 신문왕, (나) 성덕왕, (다) 경덕왕, (라) 원성왕
③ (가) 신문왕, (나) 성덕왕, (다) 혜공왕, (라) 소성왕
④ (가) 문무왕, (나) 경덕왕, (다) 혜공왕, (라) 소성왕

20 364

다음 사상이 조선 시대에 끼친 영향으로 옳은 것은?

> • 모든 사원은 도선이 산수(山水)의 순역(順逆)을 가려 개
> 창한 것이다. 신라 말 사원은 함부로 지어 나라가 망하였
> 다. 마땅히 경계해야 할 것이다.
> – 『고려사』
> • 아래로는 지맥(地脈)을 살피고 위로는 천심(天心)을 헤
> 아려 묘지를 써야 하니, 이는 천만대 후손에게 미칠 경사
> (慶事)를 보전하는 것이요, 자연의 이치이다. 불법(佛法)
> 은 머무르는 모양이 없고 장례에는 때가 있으니 땅을 가
> 리어 자리 잡는 것이 하늘의 이치를 따르는 것이다.
> – 숭복사 비문

① 조선 후기 산송 문제가 일어나는 원인이 되었다.
② 명의 진무신을 모시는 관묘가 전국적으로 설치되었다.
③ 세도 정치기 정치 기강의 문란과 사회 혼란이 가속화되자 이
　것이 내세 신앙으로 중요시되었다.
④ 김시습과 같은 인물이 이 사상을 바탕으로 수련적 특성을 체
　계화 하였다.

17 361

( ) 안의 인물은 김대문이다.

① 김대문은 『계림잡전』, 『고승전』, 『화랑세기』, 『한산기』 등을 저술하여 신라 문화에 대한 주체적 인식을 드러내었다.

오답 분석

② 『풍왕서』는 일반적으로 『화왕계』라 불리는 설총의 저술이다.
③ 『법장화상전』은 최치원이 당나라 법장 화상의 생애를 서술한 책이다.
④ 『해동고승전』은 고려 시대 각훈의 저술이다.

정답 ①

18 362

두 자료에 공통적으로 내재되어 있는 종교는 '도교'이다.

④ 칠지도는 4세기 후반에 백제에서 만들어 일본에 보낸 것으로 강철로 만들고 금으로 글씨를 상감해 새겨 넣어 백제 제철 기술의 우수함을 잘 보여주고 있다. 이것은 백제와 왜의 교류 관계를 보여 주는 유물로서 도교와는 상관이 없다.

오답 분석

① 우리나라에 도교가 공식적으로 유입된 것은 고구려의 624년(영류왕 7)과 643년(보장왕 2)이었으며 5세기경부터는 고분 벽화에 여러 모습의 신선이 등장하고 있다. 사신도는 도교의 방위신과 관련이 있으며 사후 세계를 지키기 위한 믿음의 표현으로 그려졌다.
②, ③ 백제의 경우, 도사를 중심으로 한 교단 성립과 관련된 기록은 전해지지 않지만, 부여 능산리에서 출토된 금동 대향로 뚜껑에 신선이 사는 이상 세계가 형상화되어 있는 것과 부여 외리에서 발견된 산수무늬 벽돌(산수문전)에 표현된 신선 사상에서 백제인의 도교적 성향을 살펴볼 수 있다. 지배층과 관련된 유물에서도 그런 점들을 볼 수 있는데, 사택지적비에 새겨진 명문의 표현이나 무령왕릉 지석의 내용과 왕릉에 매장된 오수전의 존재가 대표적 사례라 하겠다.

정답 ④

19 363

(가)~(라)에 해당하는 왕은 다음과 같다.

(가) 국학 설립 – 신문왕
(나) 공자를 비롯한 유현의 화상 도입 – 성덕왕
(다) 국학을 태학감으로 개칭 – 경덕왕
(라) 독서삼품과 시행 – 원성왕

정답 ②

20 364

사료는 풍수지리 사상에 대한 기록이다. 조선의 천도 과정에서 풍수지리 사상은 중요한 역할을 하였다. 조선 중기 이후에는 묘지 혹은 개인의 주택을 대상으로 하는 이기적 성격의 풍수가 대종을 이루게 되었다.

① 풍수지리 사상이 일반 백성들에게까지 크게 유행하게 되면서 조선 후기에는 산송 문제가 발생하는 등 여러 가지 폐단이 속출하였다.

오답 분석

② 관우를 모시는 관묘 또는 동묘가 전국적으로 설치된 것은 임진왜란 이후 강화된 숭명 의식 때문이었다.
③ 세도 정치기 내세 신앙으로 중요시된 것은 미륵 신앙이다.
④ 조선 시대에 들어와 도교는 수련도교적 특성이 강화되었는데, 김시습은 이를 체계화한 대표적인 인물이다.

정답 ①

21 365

다음의 글을 남긴 인물의 저술이 아닌 것은?

> 윤회설이 변명되면 인과설은 변명하지 않아도 자명해진다. …… 과연 불씨의 설과 같다면 사람의 화복과 질병이 음양오행과는 관계없이 모두 인과보응에서 나오는데, 어찌하여 우리 유가의 음양오행을 버리고 불씨의 인과보응설로 사람의 화복을 정하고 사람의 질병을 진료하는 사람이 한 사람도 없느냐, 불씨의 설이 황당하고 오류에 가득 차 족히 믿을 수 없다.
>
> — 「삼봉집」

① 『훈몽자회』   ② 「심기리편」

③ 「심문천답」   ④ 『경제문감』

22 366

다음의 상황이 전개되었던 시기의 시대적 특성에 해당하지 않는 내용은?

> 무릇 수령이 정사를 제대로 처리하지 못하면 아전과 백성 중에서 원한을 품은 자들이 산에 올라가 크게 욕지거리를 하는데, 이를 산호(山呼)라 한다. …… 근래 부세가 무겁고 관리가 탐학하여 백성들이 편안히 살 수 없어서 모두 난리가 나기를 바라고 있기 때문에 요망스러운 말들이 동쪽에서 부르짖고 서쪽에서 화답하니 이들을 법률에 따라 죽인다면 백성으로서 살아남을 자가 한 사람도 없을 것이다.
>
> 「목민심서」

① 천명이 심성에 발동하는 구조를 그린 천명도가 다수 제작되었으며, 다양한 해설이 제기되었다.

② 광대가 고수의 장단에 맞추어 이야기를 창과 아니리로 엮어 나가는 사설이 유행하였다.

③ 땅을 잃은 백성들이 초군 집단을 형성하거나, 두레 등을 통해 결속력을 강화하려 하였다.

④ 가산에서 봉기가 일어나 선천, 정주 등을 점거하고 한때 청천강 이북을 장악하였다가 진압되었다.

23 367

다음과 같은 특징을 가진 교육 기관에 대한 설명으로 옳은 것은?

> • 규모와 지역에 따라 중앙에서 교수 또는 훈도를 파견하였다.
> • 성현에 대한 제사와 유생의 교육, 지방민의 교화를 위해 설치하였다.

① 공자를 비롯한 중국과 우리나라 유현들의 위패를 모시고 제향을 받들며 유학을 가르쳐 인재를 양성하는 기관이었다.

② 16세기부터 설립되기 시작하여 붕당 정치의 기반으로서 막대한 영향력을 발휘하였다.

③ 초등 교육 기관의 성격으로 한말과 일제 강점기에는 개량된 특성을 보이기도 하였다.

④ 한말 경학원이 부설되었지만, 침체된 학풍을 개선시키지 못하였다.

24 368

다음의 자료와 관련된 인물에 대한 설명으로 옳은 것은?

> 옛 현인과 군자들이 성학을 밝히고 심법을 얻어서 도를 만들고 설을 만들어, 사람들에게 도에 들어가는 문과 덕을 쌓는 기초를 가르친 것이, 오늘날 해와 별같이 밝았습니다. 이에 감히 이것을 가지고 나아가 전하에게 진술하여, 옛 제왕들의 공송과 기명의 끼친 뜻을 대신하고자 하옵니다. … 이에 삼가 종전에 있었던 것에서 더욱 뚜렷한 것만 골라 그림 7점을 얻고 그중 「심통성정도」는 정임은의 그림에다가 신이 만든 작은 그림 2점을 덧붙인 것입니다. 이 밖의 그림 3점이 있는데, 비록 신이 만들었으나 그 글과 뜻이 조목과 규획에서 한결같이 옛 현인이 만든 것을 풀이한 것이요, 신의 창작이 아닙니다. 이를 합하여 『성학십도』를 만들어서, 각 그림 아래에 외람되게 신의 의견을 덧붙여서 조심스럽게 꾸며 올립니다.

① 독서당에서 『동호문답』을 저술하였으며 사회경장론을 강조하였다.

② 기해예송에서 기년설을 주장하였으며, 천하동례에 입각한 예론을 내세웠다.

③ 일원적 이기이원론의 입장에서 기발이승일도설을 주장하였다.

④ 에도 시대에 그의 저술이 일본 각판으로 복간되어 일본의 근세 유학에 큰 영향을 끼쳤다.

21 365

사료는 정도전이 편찬한 『삼봉집』이다.

① 『훈몽자회』는 중종 시기에 최세진이 어린이용 한자 학습서로 편찬한 서적이다.

[오답 분석]

② 「심기리편」은 정도전이 유가의 입장에서 불가와 도가를 비판하고 유가의 우수함을 찬양한 글이다.

③ 「심문천답」은 정도전이 불교의 인과응보에 대한 유교적 비판과 변호의 내용을 마음이 묻고 하늘이 답하는 형식으로 간략하게 해명한 글이다.

④ 정도전의 『경제문감』은 『조선경국전』의 「치전」을 보완한 것으로, 상권은 재상의 위상과 이상적 모습을 제시하였고, 하권은 대간·위병·감사·수령의 직책과 역할을 규정하였다.

정답 ①

22 366

사료는 조선 후기의 실학자 정약용이 1818년(순조 18)에 편찬한 『목민심서』의 내용이다. 정약용은 이 책에서 목민관인 수령이 지켜야 할 지침을 밝히면서 당시 관리들의 폭정을 비판하였다.

① 천명도는 조선 중기에 다수 제작되었다. 특히 16세기 중엽에 정지운이 그린 천명도를 발단으로 퇴계 이황과 고봉 기대승 사이에 사칠 논변이 전개되기도 하였다.

[오답 분석]

② 조선 후기에 유행한 판소리에 대한 설명이다.

③ 조선 후기에 땅을 잃은 농민들은 나무꾼인 초군 집단을 형성하여 풀이나 나무를 베어 생계를 유지하는 경우가 많았다. 이들은 진주 민란 등 농민 봉기 때 주축을 이루기도 하였다.

④ 1811년에 일어난 홍경래의 난에 대한 설명이다.

정답 ①

23 367

자료는 향교에 대한 설명이다.

① 향교는 국가에서 지방의 각 행정 단위인 주, 부, 목, 군, 현에 성균관을 축소하여 설치한 유학 교육 기관으로 성현에 대한 제사와 유생의 교육 및 지방민의 교화를 위해 설치하였다.

[오답 분석]

② 조선 시대 서원은 풍기 군수 주세붕이 세운 백운동 서원이 시초였으며, 이곳은 소수 서원이라는 최초의 사액 서원이 되었다. 16세기 서원의 난립은 당쟁의 근원이 되었고 많은 폐단을 발생시켰다.

③ 서당은 향촌 사회에 생활 근거를 둔 사족과 백성이 주체가 되어 면·동·리를 기본 단위로 설립한 초·중등 단계의 사설 교육 기관이었다.

④ 1876년 개항 이후 개화의 분위기 속에서 구교육의 총본산인 성균관은 침체기를 맞았다. 성균관 교육의 강화를 위하여 1887년 경학원을 부설하였지만, 종래의 유학 교육에서 벗어나지 못해 큰 실효는 거두지 못하였다.

정답 ①

24 368

자료는 이황이 선조에게 『성학십도』를 바치면서 언급한 내용이다.

④ 이황의 문집은 임진왜란 후 일본으로 반출되어, 에도 시대 일본 근세 유학에 큰 영향을 끼쳤다.

[오답 분석]

① 이이는 사회적 경험을 중시하고 사회경장론을 강조하였으며, 『동호문답』과 『성학집요』를 저술하였다.

② 서인들은 사대부의 예법과 왕의 예법이 동일하다는 천하동례에 입각한 기년설을 기해예송에서 주장하였다. 남인들은 이 시기 왕자례부동사서에 입각한 삼년설을 주장하였다.

③ 이이는 '기발이승일도설'을 바탕으로 이(理)는 기(氣)가 활동하고 작용하는 원인이 될 뿐이고 스스로 활동·작용하는 것은 기(氣)뿐이라고 주장하였다. 이황은 '이발기수지 기발이승지'를 바탕으로 사단과 칠정의 작용을 설명하였으며, 이귀기천의 입장을 천명하였다.

정답 ④

25 369

다음의 자료와 관련된 인물에 대한 설명으로 옳은 것은?

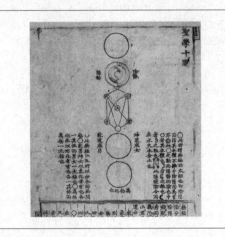

① 이 인물과 관련한 문묘 배향 문제로 회퇴변척소가 정인홍에 의해 제기되었다.
② 정철과 독서당에서 수학하였고, 대공수미법을 주장하였다.
③ 주자 성리학을 본격적으로 도입하였고, 섬학전을 만들었다.
④ 주자 도통론의 계승자로 만동묘를 건립하는 데 기여하였다.

26 370

성학에 대해 다음과 같은 주장을 펼친 유학자에 대한 설명으로 잘못된 것은?

> 후세의 통치자들이 천명을 받아 최고 통치자의 직책을 맡게 되면, 그 책임이 지극히 크고 막중합니다. 그럼에도 불구하고 (최고 통치자는) 어찌하여 몸과 마음을 스스로 올바르게 다스리는 일은 하나도 엄격하게 실천하지 않고 있는 것입니까. 오히려 왕이 백성들의 추대를 마음이 들떠 스스로 성인인 체하고 오만 방자한 생활을 하다가 마침내 백성들이 반란을 일으켜 국가를 멸망에까지 이르게 합니다. 이 일을 어찌 이상한 일이라고 할 수 있겠습니까? 나라가 혼란한 지금 신하된 사람이라면 최고 통치자를 인도하여 도리에 합당하도록 여러 방면으로 마음을 쓰지 않을 수 없습니다.
> — 『퇴계집』

① 향촌의 안정이 필요하다는 인식하에 『예안향약』을 제정하였다.
② 주리론을 주장하였으며, 도덕적 행위의 근거로서 인간의 심성을 중시하였다.
③ 『성학집요』 등이 그의 대표적인 저술이며, 현명한 신하가 군주의 기질을 바꾸는 것이라 주장하였다.
④ 기대승과 사단 칠정 논쟁을 벌였으며, 이기호발설을 주장하였다.

27 371

다음과 같은 주장을 한 학자에 대한 설명으로 잘못된 것은?

> 이기(理氣)가 원래 떨어지지 아니하며 일물(一物)인 것 같으나, 그 구별되는 바는 이(理)는 무위(無爲)이며, 기(氣)는 유위(有爲)입니다. 이(理)는 무형이고, 기(氣)는 유형이므로 이(理)는 통(通)하고 기(氣)는 국한(局限)됩니다. 이통기국(理通氣局) 네 글자는 나의 발견이라고 생각하면서 또 나의 독서가 넓지 못한가 생각되는데, 혹시 옛적에 이런 말이 있는 것을 내가 보지 못한 것이 아닌지도 모르겠습니다.

① 어명에 의해 「인심도심설」을 지어 올렸으며, 「김시습전」을 저술하였다.
② 임진왜란 이후 광해군을 도와 전후 복구 사업을 주도하고 사회경장론을 주창하였다.
③ 존화주의적 관점에서 기자의 행적을 정리한 『기자실기』를 편찬하였다.
④ 이기를 불상잡(不相雜)의 대립이 아니라 불상리(不相離)의 묘(妙)로 파악하였다.

28 372

다음 연보에 관련된 인물의 저서로 옳은 것은?

> • 어려서부터 어머니에게 학문을 배웠고 1548년(명종 3) 13세로 진사시에 합격하였다.
> • 23세가 되던 봄에 예안의 도산으로 이황을 방문하였고, 겨울에 별시에서 '천도책(天道策)'을 지어 장원하였다.
> • 전후 9번의 과거에 모두 장원하여 '구도장원공(九度壯元公)'이라 일컬어졌다.
> • 1569년 『동호문답』을 지어 올리고, 1574년 우부승지가 되었으며, 재해로 인하여 『만언봉사』를 올렸다.

① 『의례문해』
② 『격몽요결』
③ 『전습록논변』
④ 『동몽선습』

25 369

자료는 이황의 『성학십도』이다.
① 1570년(선조 3)에 관학 유생들이 4현의 문묘 종사를 주창한 이래 이황이 사망하고 5현의 종사 문제가 논의되었으나, 학파 간의 대립, 사림을 견제하려는 선조의 입장 등이 뒤엉켜 실현되지 못하였다. 광해군 시기 김굉필, 정여창, 조광조, 이언적, 이황 등 사림 5현의 문묘 종사는 남명 학파의 불만을 야기하였고, 1611년(광해군 3)에 정인홍은 이황과 이언적의 문묘 종사를 반대하는 회퇴변척 상소와 함께 조식의 시호 추증과 문묘 종사를 건의했다.

오답 분석

② 정철과 함께 독서당에서 수학하며 『성학집요』를 저술한 인물은 율곡 이이이다. 그는 사회경장론에 입각하여 수미법, 10만 양병설 등의 현실 문제에 대한 개혁 방안을 제시하였다.
③ 고려의 문신 안향은 국학이 부진하고 재정이 곤란해지자 충렬왕 시기에 섬학전 제도의 시행을 건의하였다. 안향은 여러 차례 원나라를 왕래하여 그곳의 학풍을 견학하였으며, 주자 성리학의 국내 보급을 위해 노력함으로써 고려의 유학을 크게 부흥시켰다.
④ 송시열은 주자도통론을 철저하게 신봉하였으며, 소중화사상을 바탕으로 북벌을 주창하였다. 그의 제자인 권상하는 기사환국 당시 송시열의 유언에 따라 1703년 민정중 · 정호 · 이선직과 함께 부근 유생들의 협력을 얻어 만동묘를 창건하고 명나라 신종과 의종의 신위를 봉안하여 제사 지냈다.

정답 ①

26 370

사료는 퇴계 이황에 대한 설명이다.
③ 『성학집요』를 저술하고 현명한 신하가 군주의 기질을 바꾸어야 한다는 신권 중심의 입장을 전개한 인물은 율곡 이이이다.

오답 분석

① 이황은 1556년(명종 11)에 경북 안동 예안 지방을 중심으로 중국의 『여씨향약』을 본떠 『예안향약』을 제정하였다.
② 이황은 이원적 이기이원론의 입장을 바탕으로 기(氣)보다 이(理)를 중시하는 주리적 입장을 나타냈다. 또한 도덕적 행위의 근거로서 이가 주도하는 사단에 의한 인간의 심성을 중시했다.
④ 이황은 격물설 · 심성설을 수립하여 '이가 발한다.'는 주장을 고수하였으며, 사단 칠정에 있어서도 기대승과의 논변을 통해 '사단은 이가 발함에 기가 따르는 것이고, 칠정은 기가 발함에 이가 타는 것(四端理發而氣隨之 七情氣發而理乘之)'이라 하여 이기가 호발한다고 하였다. 기대승은 기만이 능동성을 갖는다는 이기겸발설을 주장하였다.

정답 ③

27 371

사료는 율곡 이이의 '이통기국론'에 대한 내용이다. 이이는 이황과 더불어 조선 시대 유학의 쌍벽을 이루는 학자로 기호 학파의 연원을 열었다. 또한 이(理)는 무형무위한 존재이고, 기(氣)는 유형유위한 존재로서 이는 기의 주재자이고, 기는 이의 기재(器材)라는 이기론의 입장을 체계화하여 이통기국설 및 기발이승론을 주장하였다. 사단과 칠정에 대하여는 이황의 사단이발설을 비판하고 사단 칠정이 모두 기발이승이라고 주장하였다. 이이는 정치 · 경제 · 교육 · 국방에 대해서도 관심이 깊어 동서 붕당의 조정을 위한 노력, 폐법의 개혁을 위한 상소, 노예의 속량(贖良)과 서얼들의 통허, 향약의 장려, 수미법의 시행 등을 제시하기도 하였다. 그는 『동호문답』, 『만언봉사』, 『성학집요』, 『격몽요결』 등을 저술하였다.
② 율곡 이이는 임진왜란 전에 사망하였으며, 광해군의 전후 복구와는 관련이 없다.

정답 ②

28 372

자료는 율곡 이이에 대한 내용이다.
② 이이는 1575년 『성학집요』, 1577년 『격몽요결』을 지었으며, 1580년 『기자실기』, 1582년 『인심도심설』, 「김시습전」, 「학교모범」을 지었다. 『격몽요결』은 1577년(선조 10) 이이가 어린 학도들에게 도학의 입문을 지시하기 위해서 저술한 책이다.

오답 분석

① 『의례문해』는 사계 김장생이 의례를 문인과의 문답 형식으로 정리한 것이다.
③ 『전습록논변』은 이황의 저술로 왕양명의 『전습록』의 이론을 성리학에 입각하여 비판한 것이다.
④ 『동몽선습』은 박세무가 서당에 처음 입학한 학동을 위하여 지은 책으로 어린이 교육을 위한 우리나라 최초의 역사 교과서라 할 수 있다.

정답 ②

29 373

다음 사료에서 ( ) 안에 해당하는 인물이 저술한 서적으로 옳은 것은?

> ( )은(는) 윤증의 당이다. 자기보다 나은 사람을 시기하고 괴벽한 행동을 하는 자로 항상 남의 뒤에 있는 것을 부끄러워하더니, 청환에서 탈락된 뒤에는 분한 마음을 품고 물러나서 감히 한 권의 책을 지어 『사변록』이라 하였다. 주자의 『사서집주』를 공격하고, 심지어 『중용』에서는 제멋대로 장구를 고쳤으니, 한결같이 윤휴의 투식을 그대로 이어받았다. 그리고 이경석의 비문을 짓고 선생을 모욕함이 매우 도리에 어긋났으므로 관학 유생 홍계적이 많은 선비를 거느리고 상소하여 그 글을 거두어다가 불 속에 넣고 성현과 선정을 모독한 죄를 다스리자고 청하였다. 상(숙종)이 "( )이(가) 성현을 모독하고 선정을 헐뜯음이 이런 지경까지 이르렀으니, 사문에 관계되므로 결코 내버려두기 어려운 일이다"라고 비답하고, 형조에 명하여 품처하라고 하였다.
>
> — 『송자대전』, 권11, 연보, 계미

① 『색경』　　　　　　　② 『금석과안록』
③ 『백호문집』　　　　　④ 『가례원류』

30 374

다음 두 주장과 관련된 서술로 옳지 않은 것은?

> (가) 생태계를 구성하는 인간, 금수, 초목은 차별점이 있지만, '차별성'이 '차등성'이 되는 것은 아니다. 금수와 초목에는 나름대로 예(禮)와 의(義)가 있다. 사람과 사물을 귀하고 천함에 차이가 있다고 하여도 하늘이라는 절대적 관점에서 보면 사람과 사물은 균등하다.
>
> (나) '물(物)'은 번식하는 이치만을 부여한다. 인간은 본래부터 신령스러움을 갖고 태어나기 때문에 '물'보다 월등하게 뛰어난 존재이며 '물'을 이용할 수 있는 권리를 갖는다. '사람'과 '물'은 주인과 노예의 관계가 같다.

① (가)의 입장을 잘 계승한 사람은 홍대용으로 『의산문답』에 이러한 특징이 잘 나타나 있다.
② (가)를 뒷받침하는 인물로는 송시열, 정약용을 들 수 있다.
③ (나)는 이통기국론 중 사물과 인간의 본성을 기국의 입장에서 해석하였다.
④ (나)는 한원진이 주장하였으며 호론으로 계승되었다.

31 375

밑줄 친 '이 학문'과 관련된 설명으로 옳은 것을 〈보기〉에서 모두 고른 것은?

> <u>이 학문</u>은 인의를 해치고 천하를 어지럽히는 것이다. …… 심즉리(心卽理)라는 말을 만들어내 "천하의 이(理)는 내 마음 속에 있지 밖의 사물에 있는 것이 아니니, 다만 마음을 보존하여 기르는 데 힘쓸 뿐 사물에서 이(理)를 구해서는 안 된다."라고 한다. 그렇다면 사물에 오륜과 같이 중요한 것이 있어도 되고 없어도 된다는 것인데, 불교와 무엇이 다른가?
>
> — 『퇴계집』

보기
ㄱ. 도통론을 강화하여 산림도통론의 토대를 구축하였다.
ㄴ. 세도 정치기 세도가들은 이 학문에 빠져 개혁 의지를 상실하였으며 지방 사회의 어려움을 이해하지 못하였다.
ㄷ. 일반민을 도덕의 주체로 상정하고, 양반 신분제의 폐지를 주장하였다.
ㄹ. 박은식은 『유교구신론』에서 성리학을 비판하고 이 학문의 활성화를 주장하였다.

① ㄱ, ㄴ　　　　　　　② ㄱ, ㄷ
③ ㄴ, ㄷ　　　　　　　④ ㄷ, ㄹ

32 376

다음과 같은 학문에 대한 설명으로 옳지 않은 것은?

> 지(知)는 심(心)의 본체이다. 심은 자연히 지를 모이게 한다. 아버지를 보면 자연히 효(孝)를 안다. 형을 보면 자연히 제(悌 : 형제 간의 우애)를 안다. 어린 아이가 우물에 들어가려는 것을 보면 자연히 측은함을 안다. 이것이 양지이다. 마음 바깥에서 미루어 알 수 있는 것이 아니다. …(중략)… 양지라는 것을 맹자가 이른바 '시비(是非)의 마음은 모든 사람이 지니고 있다.'고 한 것이다. 시비의 마음은 생각을 기다려서 아는 것이 아니고, 배워서 알 수 있는 것이 아니다. 그러므로 양지라고 한다.
>
> — 『하곡집』

① 지행합일의 입장을 가지고 있으며, 인간의 마음이 곧 이치라 보았다.
② 강화 학파가 형성되었으며 정제두, 정인보, 이건창 등에게로 계승되었다.
③ 기대승 등 유학자에 의해 처음 소개되었다.
④ 이 학문은 주화론자인 지천 최명길에 의해 본격적으로 수용되었다.

29 373

사료에서 언급한 인물은 박세당이다. 박세당은 숭명배청 대신 친청 정책으로 실리를 추구할 것을 주장하였다. 실학파의 선구적 인물로서 그의 사상과 학문은 비판적인 관점에서 출발하였으며, 자주 의식이 강하며 자유분방한 독창성을 지니고 있었다.

① 박세당의 저서로는 『서계집』과 『사변록』, 『신주도덕경』이 있으며, 편저로는 농서인 『색경』이 있다.

오답 분석

② 『금석과안록』은 실학자 김정희가 진흥왕 순수비 가운데 황초령비와 북한산비의 두 비문을 판독, 고증한 책이다.

③ 『백호문집』은 남인의 산림이었던 윤휴의 문집이다.

④ 『가례원류』는 유계가 『가례』에 관한 여러 글을 분류, 정리한 책이다.

정답 ①

30 374

(가)는 인물성동론(낙론), (나)는 인물성이론(호론)에 대한 내용이다. 영조 재위기에 심성론에 대한 관심으로 인간과 사물의 본성이 같은가 다른가 등의 문제를 둘러싸고 권상하의 문인 중에서 노론 중심의 논쟁이 발생했는데, 이를 호락 논쟁이라 한다.

② 인물성이론은 권상하와 정약용이, 인물성동론은 김창흡, 박필주, 이재 등이 지지하였다.

오답 분석

① 호론은 충청 노론이 계승하여 위정척사적 관점과 연계되었으며, 낙론은 서울 · 경기의 노론이 계승하여 홍대용 등 중상학파 실학으로 연결되었다.

③ 호론은 이이의 '이통기국론'을 바탕으로 '기국'의 입장에서 인간과 사물의 본성이 다르고 인간이 우월하다는 '인물성이론'을 주장하였는데, 이에 반하여 낙론은 '이통'의 입장에서 인성과 물성의 동질성을 파악하는 '인물성동론'을 주장하였다.

④ 인물성이론을 주장하는 사람들의 대표 주자는 한원진이며, 인물성동론의 대표 주자는 이간으로 둘 다 충청도 사람이었다. 이들은 모두 송시열의 제자인 권상하를 스승으로 모셨는데, 권상하가 한원진의 인물성이론을 지지함으로써 충청 지역 학인들 간의 호락 논쟁은 일단락되었다.

정답 ②

31 375

사료는 양명학에 대한 설명이다. 양명학은 인간의 마음을 도심(道心)과 인심(人心)으로 구분하는 성리학과는 달리, 마음은 하나이며 곧 이(理)라는 심즉리를 사상의 바탕으로 하고 있다.

ㄷ. 양명학은 인간이 상하 존비의 차별 없이 본래 타고난 천리(天理)로서의 양지를 실현하여 사물을 바로잡을 수 있다는 치양지설을 주장하며, 신분 계급 질서를 부정하고 평등을 지향했다. 또한 마음이 곧 이치이기 때문에 마음이 원하는 것을 깨닫는 순간이 실천의 순간이라고 파악함으로써 앎과 행함이 분리되거나 선후가 있는 것이 아니라 앎은 행함을 통해서 성립한다는 지행합일설을 주장하였다.

ㄹ. 양명학은 종래의 성리학이 형이상학적 이론과 이상을 추구한데 반해 현실로 관심의 방향을 전환한 특징이 있다. 또한 자유로운 사고와 비판 정신으로 한말과 일제 강점기에 국학자들(이건방, 이건창, 박은식, 정인보)의 사상적 기반이 되어 민족 운동에 영향을 주었다. 박은식은 「유교구신론」에서 양명학 중심의 유교 개혁과 적극적 교화 활동을 주장하였다.

오답 분석

ㄱ. 송시열은 주자도통론을 강화하여 산림도통론의 기반을 마련하는 한편, 주자를 비판하는 윤휴, 박세당 등을 사문난적으로 규정짓고 비판하였다.

ㄴ. 세도 정치기에 세도가들은 고증학에 치우쳐 개혁 의지를 상실하였으며 지방 사회의 어려움을 이해하지 못하고, 상업 발달과 서울의 도시적 번영에 만족하였다.

정답 ④

32 376

사료는 양명학에 대한 것으로 『하곡집』은 정제두의 문집이다.

③ 양명학은 조선에 16세기 전반인 중종 때 전래된 후, 명과의 교류가 활발해지면서 주로 서경덕 학파와 종친들 사이에서 점차 확산되었다. 그러나 이황 등 주자 학파는 양명학을 사문난적으로 몰아 철저히 배척했으므로 비밀리에 전수되는 특성의 형태로만 유지되었다.

오답 분석

① 양명학은 심즉리(인간의 마음이 곧 이치이다) 사상을 바탕으로 지행합일을 주장하였다.

②, ④ 양명학은 17세기 중반을 기점으로 주화론자인 최명길 등에 의해 본격적으로 수용되었고, 18세기 정권에서 실각한 소론의 가학(家學)으로 형성되다가 정제두에 의해 체계화 되었다. 이후 그의 집안 후손과 인척을 중심으로 이른바 강화 학파가 형성되었고, 이건창, 이건방, 박은식, 정인보 등 국학자들에게 계승되어 민족 운동에 영향을 주었다.

정답 ③

33 377

조선 후기 산림에 대한 설명으로 옳지 않은 것은?

① 최초의 산림은 광해군 대의 정인홍이었으나, 인조반정으로 죽임을 당하였다.
② 경연과 서연을 중심으로 왕과 세자의 스승으로서 활약하기도 하였다.
③ 산림은 재야의 공론의 주재자로서 국정의 방향과 운영, 정파의 성쇠에 큰 영향을 끼쳤다.
④ 산림은 고려의 이제현, 이색, 권근으로 연결되는 관학파의 도통론을 바탕으로 한다.

34 378

다음과 같은 주장을 한 실학자에 대한 설명으로 옳은 것은?

> 면적은 사방 100보를 1무(畝)로 하여 100무를 1경(頃)으로 하고, 4경을 1전(佃)으로 한다. 농부 한 사람이 1경의 토지를 받으며 법에 따라 조세를 내고, 4경마다 군인 1명을 내게 한다. 사(士)로서 처음 학교에 입학한 자는 2경의 토지를 받고, 내사(內舍)에 들어간 자는 4경을 받되 병역 의무는 면제한다. 현직 관료는 9품부터 7품까지는 6경, 그리고 정2품의 12경에 이르기까지 조금씩 더 준다. 그러나 모두 병역 의무는 면제하며, 현직에 근무할 때는 녹을 별도로 받는다. 퇴직하였을 때는 받은 토지로 생계를 유지한다.

① 규장각 검서관으로 등용되었으며, 『청장관전서』를 저술하였다.
② 균전제를 토대로 하는 토지 제도의 개혁을 추진하였다.
③ 화폐 제도의 활성화를 주장하였으며, 자신의 사회적 처지와 관련해 봉건적 신분제를 반대하였다.
④ 『을병연행록』, 『계방일기』와 같은 저술을 남겼다.

35 379

다음 주장을 한 인물에 대한 설명으로 옳지 않은 것은?

> 사람들이 간악한 것은 재물이 모자라는 데서 생기고 재물이 모자라는 것은 농사에 힘쓰지 않기 때문이다. 농사에 힘쓰지 않는 까닭은 여러 가지 좀 때문인데, … (중략) … 노비 제도, 사치와 미신, 게으름 등이다.

① 그의 저서의 내용 중 「천지문」에서 지심론이 주장되었다.
② 한전제를 주장하여, 토지 소유의 상한선 제한을 제시하였다.
③ 사창제의 실시와 폐전론을 주장하였다.
④ 붕당 정치의 폐단을 비판하였으며, 『곽우록』을 저술하였다.

36 380

다음은 조선 후기 실학자들의 개혁론 중 일부 내용이다. 각 개혁론과 관련하여 잘못 설명한 것은?

> (가) 1여에는 여장을 두고 1여의 토지는 1여의 백성이 공동으로 경작하도록 하여 내 땅, 네 땅의 구별이 없이 하며, 오직 여장의 명령에만 따른다. 여민들이 농경하는 경우 여장은 매일 개개인의 노동량을 장부에 기록해 두었다가, 가을이 되면 오곡의 수확물을 모두 여장의 집에 가져온 다음, 노동량에 따라 분배한다.
> (나) 대체로 재물은 비유하건대 샘(우물)과 같은 것이다. 퍼내면 차고, 버려 두면 말라 버린다. 그러므로 비단 옷을 입지 않아서 나라에 비단 짜는 사람이 없게 되면 여직공이 쇠퇴하고, 찌그러진 그릇을 싫어하지 않고 기술을 숭상하지 않아 나라에서 장인을 도야(陶冶)하는 일이 없게 되면 기예가 망하게 된다.

① (가) - 농민층의 입장에서 토지 제도의 폐단을 시정하려 하였다.
② (가) - 토지 사유를 바탕으로 한 농병 일치의 군사 조직과 사농 일치의 교육 제도를 지향한 것이다.
③ (나) - 상공업의 진흥과 기술의 혁신 등 물질 문화와 부국강병에 관심이 많았던 북학파의 주장에 해당한다.
④ (나) - 절약보다는 소비를 권장하여 생산을 자극시킬 필요가 있다고 생각하였다.

33 377

④ 원래 산림이란 관직을 하지 않고 은거한 인물을 상징하는 용어였으나, 조선 후기에는 국가적으로 대우받은 사림의 명망가를 일컫는 말로 사용되었다. 따라서 조선 전기 관학파의 도통론과는 연관성이 없다.

오답 분석

① 최초의 산림으로 알려져 있는 정인홍은 경상도 사림의 영수로서 광해군 시기 북인 정권의 지지를 바탕으로 국정 방향을 제시하였으나 유적에서 삭제되고 인조반정으로 죽임을 당하였다.

② 인조반정 이후 서인들은 산림을 우대하기 위한 산림직을 개설하였다. 이들은 일반 관원에 비해 파격적인 대우와 특권을 누리며 경연과 서연을 무대로 왕과 세자의 스승으로서 활약했다.

③ 산림은 한 지역 사대부의 여론을 주도하고, 지역 사림의 천거권까지 보유하여 국정의 방향과 운영, 특정 붕당이나 정파의 성쇠에 큰 영향을 끼쳤다. 임진왜란 후 사회 변동이 심해지고 국가 체제에 대한 여러 가지 개혁론이 대두되면서 사림의 공론과 지지는 국정 운영에 더욱 중요한 요소가 되었다.

정답 ④

34 378

사료는 유형원의 개혁안을 담은 『반계수록』으로, 해당 부분은 그가 주장한 '균전론'에 대한 내용이다.

② 유형원은 관리·선비·농민 등 신분에 따라 토지를 차등 분배하는 균전론을 주장하였다.

오답 분석

① 『청정관전서』는 규장각 검서관이었던 실학자 이덕무의 저술 총서로 당대 실학 중심의 학풍과 계몽적인 사조를 나타내고 있다.

③ 화폐 제도의 활성화와 봉건적 신분제 반대를 주장한 인물은 박제가이다. 박제가는 상공업 진흥론을 내세워 화폐의 질을 높여 사용할 것을 주장하였다. 또한 서얼 출신인 자신의 처지와 관련하여 봉건적 신분제를 반대하기도 하였다.

④ 『을병연행록』과 『계방일기』는 홍대용이 저술한 책이다. 『을병연행록』은 청나라에 다녀오면서 기록한 기행문이며, 『계방일기』는 왕세자의 서연을 담당하는 계방의 시직으로 임명되어 약 300일 동안 정조의 서연에 참석해 나눈 문답을 기록한 것이다.

정답 ②

35 379

자료는 성호 이익이 6좀의 폐단을 지적한 기록이다.

② 한전제를 주장한 인물은 이익과 박지원이다. 그러나 이익은 토지 소유의 상한선 제안을 제시한 박지원의 한전제와는 달리 토지 소유의 하한선을 제시한 한전제를 주장하였다. 이익의 한전제는 영업전을 중심으로 한 토지 매매 제한을 제안하였다.

오답 분석

① 이익은 『성호사설』 중 「천지문」에서 지구의 구심설과 만유인력의 초기적 이론에 바탕을 둔 지심론을 주장하였다.

③ 이익은 빈민 구제와 관련하여 사창제의 실시를 주장하였으며, 전황 현상이 크게 대두되자 폐전론을 주장하였다.

④ 이익은 사족의 증가와 관직의 부족으로 인해 붕당 정치의 폐단이 생겨났음을 지적하였고, 『성호사설』의 현실 개혁안을 다시 체계적으로 정리하여 『곽우록』을 저술하였다.

정답 ②

36 380

(가)는 정약용의 여전론, (나)는 박제가의 소비관이 나타나는 기록이다.

② 정약용은 여전론을 통해 모든 토지의 사유화를 인정하지 않았으며, 농사를 짓는 사람에게만 토지의 점유권과 경작권을 부여해야 한다고 주장하였다.

오답 분석

① 정약용은 경세치용학파(중농 실학자)로서 농민층의 입장에서 토지 및 각종 조세·군사·교육 제도 개혁을 주장하였다.

③·④ 박제가는 상공업 중심의 개혁론을 내세운 북학파(이용후생 학파, 중상 실학자)로서 청 문물을 적극 수용하였고, 상공업 진흥과 기술 혁신을 통한 부국강병을 추구하였다. 그는 '재물'을 '우물물'에 비유함으로써 절약보다 소비를 권장하고, 생산 자극의 필요성을 주장하였다. 또한 교통 기관 발달과 화폐 사용 활성화, 밀무역의 양성화, 은의 해외 유출 금지 등을 주장하였으며, 봉건적 신분제를 반대하고 신분 타파를 주장하기도 하였다.

정답 ②

37 381

다음의 토지 개혁론을 주장한 인물의 저서로 옳은 것은?

• ○○법은 아주 이상적인 제도이다. 토지 경영이 바로 잡히면 모든 일이 제대로 될 것이다. 백성은 일정한 직업을 갖게 되고, 귀천상하가 모두 자기 직책을 갖게 될 것이므로, 민생이 안정되고, 풍속이 도타와질 것이다.
• 농사를 짓는 사람이 토지를 갖게 하여야 한다. 마을 공동으로 땅을 경작하고, 노동량에 따라 수확물을 분배하게 한다.

① 『북학의』　　　　② 『임원경제지』
③ 『성호사설』　　　　④ 『흠흠신서』

38 382

밑줄 친 '그'가 주장한 내용으로 옳은 것은?

진한 시대 이후 천자는 신성불가침의 권력으로 중앙과 지방의 관료들을 임면(任免)하였고, 이런 제도 때문에 아래로부터의 회의와 도전은 용납할 수 없는 반역으로 여겨지게 되었다. 따라서 그는 옛 상고 시대의 예와 정의의 원칙에 따라 아래로부터 통치자를 선택하고 옹립해야 한다고 주장하였다. 그러므로 무력으로 역성혁명을 일으킨 탕왕과 무왕을 보는 부정적 시각은 불식시키고, 그들이 선양으로 왕위에 오른 성군인 요순과 마찬가지로 위대한 사람들로 평가해야 한다는 것이다.

① 『성호사설』을 통해 객관적이며 실증적인 역사 인식을 주장하고 고증과 비판을 중시하였다.
② 『전론』에서 마을 단위의 공동 농장제를 주장하였으며, 노동량을 기준으로 수확량을 분배하여야 한다고 주장하였다.
③ 『의산문답』에서 지전설과 무한 우주론을 바탕으로 중국 중심의 화이관을 비판하였다.
④ 수레와 선박을 이용한 외국과의 상업적 무역을 제시하고, 상평통보의 조절과 은 본위 화폐 제도를 주장하였다.

39 383

다음 사료에서 밑줄 친 '그'가 저술한 또 다른 저작에 해당하는 것은?

그는 책 앞머리에 『방례초본인』을 붙여 저술 의도를 밝히면서 "터럭만큼도 병통이 아닌 것이 없는바, 지금이라도 고치지 않으면 반드시 나라가 망할 것이다."라고 하여 근본적인 개혁을 통해서만 국가와 사회가 유지될 수 있음을 강조하였다. 또한 그는 『서경』과 『주례』의 이념을 바탕으로 이를 조선의 현실에 맞도록 조정하여, 정치·사회·경제 제도를 개혁하고 부국강병을 이루는 것에 목표를 두었다고 밝히고 있다. 그는 이·호·예·병·형·공의 6전(六典) 체제로 기술된 『주례』와 『경국대전』을 본받아, 천관이조·지관호조·춘관예조·하관병조·추관형조·동관공조·천수관제·지관수제·하관수제 등으로 서술하였다. 그러나 형(刑)과 공(工)에 해당하는 추관수제와 동관수제는 완성하지 못하였다.

① 『반계수록』　　　　② 『목민심서』
③ 『담헌연기』　　　　④ 『열하일기』

37 381

자료는 정약용이 주장한 '정전제'와 '여전제'이다.
④ 『흠흠신서』는 정약용의 저서로 1819년(순조 19)에 완성된 형법서이다. 이밖에도 『경세유표』(중앙 행정), 『목민심서』(지방 행정), 「탕론」(민본적 왕도 정치), 「원목」(이상적 통치 사상), 「전론」(토지 제도) 등을 저술하였다.

오답 분석

① 『북학의』는 박제가가 청나라의 풍속과 제도를 시찰하고 돌아와서 저술한 책으로, 중상학파 실학의 개혁안을 집대성하고 있다.
② 『임원경제지』는 서유구가 전원생활을 하는 선비에게 필요한 지식과 기술, 기예 및 취미를 기르는 법을 백과사전식으로 기술한 책이다.
③ 『성호사설』은 이익이 저술한 백과전서적인 책이다. 이 책을 통해 이익의 지심론과 서양 기술 수용에 대한 개방적 관점을 확인할 수 있다.

정답 ④

38 382

제시문은 「탕론」으로 정약용의 논설에 대한 설명이다.
② 정약용은 무도한 하나라의 걸왕을 제거하고 은을 세운 탕왕을 변호하면서, 역성혁명의 정당성을 옹호하였다. 또한 정약용은 「전론」에서 마을 단위의 공동 농장제인 여전제를 주장하였으며, 노동량을 기준으로 수확량을 분배하여야 한다고 주장하였다.

오답 분석

① 이익, ③ 홍대용, ④ 박제가에 대한 설명이다.

정답 ②

39 383

밑줄 친 '그'는 정약용이며, 사료는 정약용의 저서인 『경세유표』 중 일부 내용이다. 『경세유표』는 『방례초본』이라고도 불린다.
② 『목민심서』는 정약용의 저서이다. 정약용의 대표 저서인 1표 2서 중 『흠흠신서』와 더불어 2서를 구성하며, 백성들의 입장에서 지방 행정 제도의 개편을 논의하고 있다.

오답 분석

① 『반계수록』은 유형원이 국가 운영과 개혁에 대한 견해를 담은 책으로, 중농학파 실학의 선구를 이루고 있다.
③ 『담헌연기』는 홍대용이 사신단의 일원으로 청을 방문한 뒤 저술한 기행문이다.
④ 『열하일기』는 박지원의 기행문으로 청을 방문한 뒤 저술되었다.

정답 ②

40 384

다음의 내용을 저술한 인물의 주장으로 옳은 것은?

> 이 책의 「천지문」에는 223항목의 글이 실려있는바, 이는 천문과 지리에 관한 서술로서 해와 달, 별들, 바람과 비, 이슬과 서리, 조수, 역법과 산맥 및 옛 국가의 강역에 관한 글들이다. 만물문에는 생활에 직접·간접으로 관련이 있는 368항목에 대한 서술로서 복식·음식·농상·가축·화초·화폐와 도량형·병기와 서양 기기 등에 관한 것들이 실려 있다.
>
> 「인사문」에는 정치와 제도, 사회와 경제, 학문과 사상, 인물과 사건 등을 서술한 990항목의 글이 실려 있다. 그 예를 들면, 비변사를 폐지하고 정무를 의정부로 돌려야 한다는 설, 서얼 차별 제도의 폐지, 과거 제도의 문제점과 개선안, 지방 통치 제도의 개혁안, 토지 소유의 제한, 고리대의 근원인 화폐 제도 폐지, 환곡 제도의 폐지와 상평창 제도의 부활, 노비 제도의 개혁안, 불교·도교·귀신 사상에 대한 견해, 음악에 대한 논의, 혼인·상제에 대한 습속의 비판 등이다.
>
> 「경사문」에는 육경사서(六經四書)와 중국·우리나라의 역사서를 읽으면서 잘못 해석된 구체적인 내용과 그에 대한 자신의 견해를 실은 논설, 그리고 역사 사실에 대한 자신의 해석을 붙인, 1,048항목의 글이 실려 있다. 특히 이에는 역사에서 정치적 사건에 도덕적 평가를 앞세우는 것을 비판하고 당시의 시세 파악이 중요함을 주장하고, 신화의 기술은 믿을 수 없다고 하여 역사 서술에서 이의 배제를 논하여 그의 역사학적 방법론과 역사관이 반영되어 있다. 마지막의 시문문에는 시와 문장에 대한 평으로서 378항목의 글이 실려 있다. 여기에서는 중국 문인과 우리나라의 역대 문인의 시문(詩文)이 비평되어 있다.

① 균전제를 주장하였으며, 양인과 노비의 차별을 전제로 하면서 개인의 능력을 존중하는 사회를 추구하였다.

② 문헌에 대한 충분한 고증과 비판도 없이 주관적인 억측으로 역사를 인식하는 것에 반대하였다.

③ 『경세유표』에서 점진적 토지 국유화를 강조하는 정전제를 주장하였고, 경자유전의 원칙을 강조하였다.

④ 「한민명전의」에서 대토지 소유 제한을 주장하는 한전제를 제시하였다.

41 385

제시문은 조선 후기에 집필된 구구단이 수록된 수학 서적의 내용이다. 이 책을 집필한 인물의 주장에 대한 설명으로 옳은 것은?

> 120두를 20호에 나누어 주려고 한다. 한 집에 쌀을 얼마나 주게 되는가? 답은 6두.
> 米一百二十斗。今二十戶分之。問戶得米幾何。答日。六斗。

① 비변사의 군국기무 처리권을 의정부로 귀속시켜 의정부 중심의 명령 체제 일원화를 주장하였다.

② 상인 간의 합자를 통하여 경영 규모를 확대하고 상인이 생산자를 고용할 것을 주장하였다.

③ 사회 계급과 신분제에 반대하여 교육 기회의 균등을 역설하였으며, 『의산문답』을 저술하였다.

④ 이용감을 신설하여 과학 기술을 발전시키고 선박, 수레의 크기와 도로의 폭을 규격화할 것을 주장하였다.

42 386

다음의 주장을 한 인물에 대한 설명으로 잘못된 것은?

> 무늬 있는 비단옷을 입지 않으므로 비단 짜는 기계가 없고, 따라서 여자의 바느질 솜씨도 쇠하여졌으며, 풍악을 숭상하지 않으므로 오음과 육률이 화하지 못합니다. 물이 새어 드는 배를 타고, 먹감지 않은 말을 타며, 비뚤어진 그릇에 밥을 담아 먹고, 먼지가 푸석거리는 방에 거처하므로 공장과 목축과 질그릇 장수의 일이 망하였습니다. 따라서 농사일로 거칠어져서 제 시기를 놓치고, 장사도 이윤이 박하여져서 일을 잃게 되었습니다. 사민이 다 같이 곤란하여 서로 돕지 못하니, 저 가난한 사람은 날마다 사치하도록 채찍질하여도 될 수 없을 것입니다.

① 유생도 노동을 하여 상업 활동에 종사하게 할 것을 주장하였다.

② 악화 주조를 금지하고 화폐의 질을 높일 것을 주장하였다.

③ 은을 축적하고 수레를 보급하는 한편, 둔전을 설치할 것을 건의하였다.

④ 「허생전」, 「민옹전」, 「양반전」 등을 저술하였으며 유민익국을 주장하였다.

40 384

자료는 이익의 『성호사설』에 대한 설명이다.
② 이익은 객관적이며 실증적인 역사 인식을 주장하였으며 고증과 비판을 중시하였다. 또한 역사 서술에서 신화 기술의 배제를 주장하였다.

오답 분석
① 유형원은 균전론을 내세워 자영농을 육성할 것을 주장하였으며, 사농공상의 직업적 우열 및 양인과 노비의 차별을 전제로 개인의 능력을 존중하는 사회를 추구하였다. 균전론을 주장했던 또다른 인물인 홍대용은 사회 계급과 신분제를 반대하였으며, 신분에 관계 없이 교육의 기회는 균등해야 한다고 주장하였다.
③ 정약용은 『경세유표』를 통해 개혁의 궁극적 목표를 자영농의 경영을 기본으로 하는 정전제에 두면서도 당장의 실현을 어렵다고 생각하여 부분적 개혁론인 정전의를 제시하였다.
④ 박지원은 농촌 문제의 핵심은 지주 전호제에 의한 토지 겸병에 있다고 판단하고, 『한민명전의』를 통해 토지의 상한선을 정한 한전제를 제시하였다.

정답 ②

41 385

구구단이 수록된 수학책인 『주해수용』을 저술한 인물은 홍대용이다.
③ 홍대용은 사회 계급과 신분제에 반대하여 교육 기회의 균등을 역설하였으며, 『의산문답』, 『담헌연기』, 『을병연행록』, 『임하경륜』 등을 저술하였다.

오답 분석
①, ④ 정약용. ② 유수원에 해당하는 내용이다.

정답 ③

42 386

제시문의 내용은 박제가의 『북학의』로 소비를 권장하여 생산을 촉진시켜야 한다는 입장을 취하고 있다. 박제가는 재화 유통의 필요성과 수상 운송의 편리함을 역설하고 더 나아가 해외 무역의 필요성을 강조했다.
④ 「허생전」, 「민옹전」, 「양반전」 등을 저술한 인물은 연암 박지원이다.

정답 ④

43 387

19세기에 경험론을 강조한 학자로서 「지구전요」, 「인정」 등 1,000여 권의 방대한 저서를 남긴 실학자는?

① 김정호　　　　　　② 이규경
③ 홍대용　　　　　　④ 최한기

44 388

다음 글의 비판을 받은 인물이 편찬한 역사서에 대한 설명으로 잘못된 것은?

> 역사에 대한 식견이나 재주가 전혀 없어 지리가 어떠한지도 알지 못하며 역사의 관례가 어떠한지도 알지 못하며, 자기 나라의 높일 만한 것도 알지 못하며, 영웅이 귀중함도 알지 못하고 단지 허무맹랑하고 비열하며 전혀 생각해 볼 가치가 없는 얘기를 끌어 모아 몇 권을 만들고 이것을 역사라 하고 또한 삼국사라 한 사람이니, 역사여, 역사여, 이러한 역사도 역사인가.
> － 「독사신론」

① 삼국의 왕들을 본기로 편찬하였으며 세가가 없다.
② 백제의 요서 경략에 대한 구체적 서술이 존재하지 않는다.
③ 이 책의 열전에서 가장 자세히 언급된 인물은 김유신이다.
④ 이 책은 신라 왕들의 명칭을 고유 호칭 대신 모두 왕으로 표기하였다.

45 389

다음 자료를 토대로 고려 시대의 역사 편찬에 대해 설명한 것으로 옳지 않은 것은?

사서	시기	저자	특징
「7대실록」	현종	황주량	태조~목종까지의 고려 초기 역사
「고금록」	문종	박인량	총 10권이었다고 하나 현존하지 않음
「속편년통제」	예종	홍관	삼국 시대 이래의 역사를 정리, 현존하지 않음
「삼국사기」	인종	김부식	기전체 사서, 보수적 유교 사관, 신라를 정통시함
「해동고승전」	고종	각훈	우리나라 불교 역사를 기록
「동명왕편」	명종	이규보	고구려 시조 동명왕을 영웅으로 묘사한 서사시
「삼국유사」	충렬왕	일연	단군 신화를 비롯한 설화나 야사 수록
「제왕운기」	충렬왕	이승휴	단군부터 고려까지의 중국과 우리 역사를 한시로 기록
「사략」	공민왕	이제현	정통과 대의명분을 중시하는 성리학적 사관 반영

① 묘청의 서경 천도 운동 이후 유교적 합리주의 사관에 입각한 역사서가 편찬되었다.
② 무신 정변 이후 사회 혼란의 와중에서 민족적 자주 의식이 강조되었다.
③ 고려 초기에 역사 편찬은 개인이 주도하였으나, 후기로 갈수록 점차 국가가 주도하게 되었다.
④ 만권당에서 수학한 이제현은 고려 말기에 신진 사대부의 역사 인식이 반영된 역사서를 편찬하였다.

43 387

④ 최한기는 경험론을 강조한 학자로서 1,000여 권의 방대한 저서를 남겼는데, 그중 『지구전요』(1857)를 통해 세계 각국의 지리·역사·물산·학문 등을 상세히 소개하였다. 이 책은 중국의 『해국도지』와 『영환지략』을 요약하였으며, 코페르니쿠스의 지동설을 비롯한 많은 서양 과학의 내용도 포함하고 있다.

정답 ④

44 388

사료는 신채호가 그의 저서인 『독사신론』에서 김부식을 비판한 내용이다.
④ 김부식이 왕명에 따라 펴낸 역사서인 『삼국사기』는 신라 고유의 왕호인 거서간, 차차웅, 이사금, 마립간을 사용했다는 점에서 자주적 측면을 살펴볼 수 있다.

오답 분석

① 『삼국사기』는 삼국의 역사를 본기로 편찬하였으며, 세가를 서술하지 않았다.
② 백제의 요서 경략에 대한 기술은 『송서』·『제서』·『양서』 등 중국의 사서에서 주로 언급된다.
③ 『삼국사기』는 10권의 열전 중 김유신의 열전을 세 권으로 소개하는 등 가장 비중 있게 언급하고 있다.

정답 ④

45 389

고려의 역사서는 많은 부분이 소실되어 실전된 책들이 대부분이다.
③ 고려 초기의 역사서는 주로 국가의 주도로 편찬되었으며, 후기의 역사서는 개인의 노력에 의해 편찬되는 경우가 많았다.

오답 분석

① 1135년 묘청의 서경 천도 운동 이후 편찬된 『삼국사기』(1145)는 유교적 합리주의가 부각되었으며, 신라 중심의 서술 체계를 취하고 있다.
② 이규보의 『동명왕편』은 무신 집권기인 1193년에 편찬된 서사시로서 『동국이상국집』에 수록되어 있으며, 고구려 계승 의식을 바탕으로 한 자주적 사관을 드러내고 있다.
④ 이제현의 『사략』은 논찬 정도만이 현존하며, 정통과 대의명분을 중시하는 성리학적 사관이 반영되어 있다.

정답 ③

46 390

다음 자료에서 설명하는 서적에 대한 설명으로 옳은 것은?

> 이 책은 민간에서 구할 수 있는 약재로 급한 병을 구하는 방문(方文)을 모아놓은 것이므로, 약재나 병의 한어명(漢語名)에 해당하는 우리말을 차자(借字)로 기록하여 민간인들이 쉽게 알 수 있도록 하였다. 이 향명이 13세기 중엽의 국어를 보여주는 것이어서 국어사 연구에 매우 중요한 자료가 된다. 이 향명은 본문인 방문 가운데 한어명의 세주(細註)로 기록되기도 하였지만, 부록인 권말의 방중향약목초부(方中鄕藥目草部)에 정리되어 있다.

① 현존하는 우리나라 최고(最古)의 의서로 대장도감에서 간행된 것으로 보인다.

② 왕명에 따라 동양 의학에 관한 서적과 이론을 총 집대성하였다.

③ 노중례가 편찬한 의학서로, 국산 약재를 소개하고, 치료 방법에 대해 정리하였다.

④ 사상 체질을 분석하여 분류하고, 체질에 맞는 의약 처방과 치료 방법을 제시하였다.

47 391

다음의 내용에서 언급한 (   )에 해당하는 저작의 특징으로 옳은 것은?

> (상권) 옛부터 제왕들이 서로 잇고 주고받으며 흥하고 망하던 사실들은 세상을 다스리는 군자들이 몰라서는 안 되는 일이다. 그러나 고금의 전적들은 많고 많으며 앞뒤가 서로 엉클어져 복잡하다. 그러니 요긴한 것을 추려 시로 읊조릴 수만 있다면 보기에 편리하지 않겠는가. 이런 까닭에 옛 책에 따르고 삼가 여러 자(子)·사(史)에서 뽑아 밝힌 것이다. 만약 지금까지 드러나지 아니한 방책 같은 것들이 환하게 이목에 익혀지도록 풍영(諷詠)으로써 세상에 펴지게만 된다면, 선한 일은 법이 되겠고 악한 일은 경계가 될 것이니, 문득 일에 따라서는 『춘추』 같은 역할도 할 수 있을 것이다.
>
> 때문에 이름 지어 (   )라 하나니, 대체로 2,370언인데, 대개 충신·효자가 임금과 아비를 모시는 뜻이 들어 있다.
>
> (하권) 삼가 『국사』에 의거하고 한편 각 『본기』와 『수이전』에 실린 것을 채록하고, 요·순·이래 경·전·자·사를 참고하여 허튼 말을 버리고, 이치에 맞는 것은 취하여 그 사적을 펴 이를 읊음으로써 흥망한 연대를 밝히니 대체로 1,460언이다.　　　　　　　　 – (   ). 서

① 몽골 침략기에 저술되어 항몽적 성격이 강하게 반영되어 있다.

② 표전문 사건을 해결하기 위해 명에 파견된 권근의 응제시에 주석을 단 것이다.

③ 단군부터 서술하여 고조선 계승 의식을 드러냈으며, 우리 역사를 중국과 대등하게 파악하였다.

④ 향가 14수가 수록되어 있어 고대 시가의 연구에 중요한 자료가 되고 있다.

46 390

자료는 『향약구급방』에 대한 설명이다.

① 『향약구급방』은 우리나라 현존 최고(最古)의 의서로 1236～1251년경 대장도감에서 간행되었다. 또한 고려 중기의 의약적 지식과 더불어 당시의 본초학 및 약용 식물 등의 연구, 고려어의 연구 및 이두로 표기하는 한자 사용법의 고증에 중요하게 활용될 수 있는 문헌이다.

오답 분석

② 『의방유취』는 1445년 왕명을 받고 전순의 등이 동양 의학에 관한 서적과 이론을 집대성한 의학 백과사전으로, 민족 의학의 자주적 체계를 마련했다는 점에서 의의가 있다.

③ 『향약집성방』은 『향약채취월령』을 발전시켜 노중례가 편찬하였으며, 국산 약재와 치료 방법에 대해 정리하였다.

④ 이제마의 『동의수세보원』은 사상 체질론에 의거하여 원리 · 생리 · 병리 · 체질 감별 · 진단 및 사상 체질에 맞는 약물 선택과 치료 방제 조성 등 모든 것을 창도하여 저술하였다.

정답 ①

47 391

사료는 『제왕운기』의 서문으로, 괄호에 들어갈 저작은 『제왕운기』이다. 『제왕운기』는 이승휴가 저술하였으며 상권은 반고로부터 금나라까지 중국의 역사를 칠언시로 엮었고, 하권은 1 · 2부로 나누어 단군부터 충렬왕까지의 역사를 서술했다. 1부 '동국군왕개국연대'는 전조선 · 후조선 · 위만 조선 · 한사군 · 삼한 · 신라 · 고구려 · 백제 · 후고구려 · 후백제 · 발해의 사적을 칠언시 1,460언으로 엮었다. 2부 '본조군왕세계연대'는 고려 건국부터 충렬왕 때까지의 역사를 오언시 700언으로 기록했다.

③ 『제왕운기』에 대한 설명이다.

오답 분석

① 『제왕운기』는 원 간섭기인 충렬왕 시기에 저술되었다.

② 『응제시주』는 권람이 자신의 조부인 권근의 응제시에 자세히 주석을 붙여 엮은 책이다. 권근의 응제시는 조선 초기에 발생한 표전 문제로 명나라에 불려간 권근이 명 태조의 명을 받아 지어 올린 한시를 말한다.

④ 일연이 편찬한 『삼국유사』는 고조선 계승 의식에 입각해 단군을 민족의 시조로 인식하였으며, 향가 14수가 수록되어 있어 고대사 연구에 중요한 자료가 된다.

정답 ③

48 392

고려 시대에 편찬된 역사서들에 대한 설명으로 옳지 않은 것은?

① 『삼국사기』와 『삼국유사』는 모두 신라 중심 서술 체계를 취하고 있다.

② 민지는 『사략』을, 이제현은 『본조편년강목』을 저술하였다.

③ 이규보의 『동명왕편』은 무신 집권기에 저술된 『동국이상국집』에 실려 있다.

④ 일연의 『삼국유사』와 이승휴의 『제왕운기』는 모두 원 간섭기인 충렬왕 시기 저술된 것이다.

49 393

다음 사료와 관련한 역사서에 대한 설명으로 적절한 것을 〈보기〉에서 모두 고른 것은?

> 요하 동쪽에 별천지가 있으니, 중국과 확연히 구분되도다.
> 큰 파도 삼면을 둘러싸고, 북쪽으로 대륙과 길게 이어졌네.
> 가운데 사방 천 리 땅, 여기가 조선이니, 강산의 형승은 천하에 이름 있도다.
> 밭 갈고 우물 파며 평화로이 사는 예의 집, 중국인들이 우리더러 소중화라 하네.

보기

ㄱ. 단군을 우리 역사 서술의 출발점으로 삼았다.

ㄴ. 16세기 존화주의적인 측면에서 기자를 중시하였으며, 소중화의식을 강화하였다.

ㄷ. 발해의 역사를 우리의 역사로 인식하여 서술하였다.

ㄹ. 성리학적 유교 사관이 대두하여 정통과 대의명분을 강조하였다.

① ㄱ, ㄴ   ② ㄱ, ㄷ

③ ㄴ, ㄷ   ④ ㄴ, ㄹ

50 394

제시문의 (가)와 (나)에 해당하는 문헌을 옳게 짝지은 것은?

> ___(가)___ 는 전통 문화 중에서 특히 경주 중심의 신라 불교 전통을 부각시킴으로써, 승려의 한계와 친신라적인 지역주의를 벗어나지 못하였다. 이에 반해 ___(나)___ 는 유교를 중심으로 하여 불교와 도교를 포섭하려는 시각이 담겨 있고, 특히 우리 민족이 모두 단군의 혈통을 계승하고 있다고 보는 단군 민족주의가 투영되어 있다. 그러나 자료 수집의 충실성에서는 ___(가)___ 가 훨씬 우수하여 고대사 연구의 자료적 가치가 매우 크며, ___(나)___ 는 서사시적 형식을 취하고 있다는 점에서 역사서라기보다는 문학서에 가깝다.

	(가)	(나)
①	『해동고승전』	『동명왕편』
②	『삼국유사』	『제왕운기』
③	『고승전』	『계림잡전』
④	『삼국유사』	『동명왕편』

51 395

다음과 같은 내용이 담겨진 서적은?

> 최초의 금속 활자본 『상정고금예문』의 인쇄 사실을 전함, 고구려 계승 의식을 드러낸 저술을 남겨 "천하로 하여금 우리나라가 본래 성인이 살던 곳임을 알게 하려 한다." 라고 밝힘

① 『파한집』   ② 『삼국유사』

③ 『동국이상국집』   ④ 『제왕운기』

48 392

② 『사략』(1357, 공민왕 6)은 이제현이 정통과 대의명분을 중시하는 성리학적 유교 사관에 입각하여 편년체로 저술한 책이다. 민지가 편찬한 『본조편년강목』(1317, 충숙왕 4)은 편년체와 강목체를 결합한 형식으로 여겨지며, 『세대편년절요』를 보완한 것으로 추정된다.

정답 ②

49 393

사료는 이승휴가 저술한 『제왕운기』(1287, 충렬왕 13)의 내용으로, 우리 역사에 대한 자부 의식이 드러나는 부분이다.

ㄱ, ㄷ. 이승휴는 『제왕운기』에서 우리의 역사를 단군부터 서술하면서 중국의 역사와 견주어도 손색없는 우리 역사의 유구함을 강조하였고, 간략하게나마 발해사까지 언급하면서 우리 역사의 전통에 대한 강렬한 자부 의식을 나타내었다.

오답 분석

ㄴ. 16세기 소중화사상에 입각하여 기자를 중시한 중요 저술은 이이의 『기자실기』, 윤두수의 『기자지』 등이다.

ㄹ. 정통과 대의명분을 강조한 성리학적 유교 사관의 대표적인 저술은 이제현의 『사략』이다.

정답 ②

50 394

② (가)는 일연의 『삼국유사』, (나)는 이승휴의 『제왕운기』에 대한 내용이다. 『삼국유사』는 삼국 및 가락국 · 후삼국의 왕대와 연표가 있는 왕력, 고조선부터 삼한 · 부여 · 고구려 · 백제 · 신라 등에 대한 내용이 실려 있는 기이, 그리고 의해, 신주, 감통, 피은, 효선 등으로 구성되어 있다. 『제왕운기』는 7언시와 5언시로 지은 책으로 상편은 중국, 하편은 국내의 제왕 사적을 엮어 편찬한 것이다.

정답 ②

51 395

③ 『동국이상국집』은 이규보의 시문집이다. 이 문집의 제3권에는 『동명왕편』이 수록되어 있으며 동명왕 탄생 이전의 계보를 밝힌 서장(序章)과 출생에서 건국에 이르는 본장(本章), 그리고 후계자인 유리왕의 경력과 작가의 느낌을 붙인 종장(終章)으로 구성되어 있다. 이 책은 이규보의 뛰어난 시와 문 등의 문학 작품이 수록된 귀중한 문헌일 뿐만 아니라 사료로서도 귀한 자료들이 포함되어 있다. 특히, 『대장경각기고문』을 통해 팔만대장경 판각의 연혁과 『신인상정예문발미』에 의해 금속 활자의 사용 및 최초의 금속 활자본 『상정고금예문』의 인쇄에 관한 사실을 알 수 있다.

오답 분석

① 『파한집』은 이인로의 문집이다. 이인로는 우리나라 명유(名儒)들의 시 작품들이 기록으로 남겨지지 못한 채로 인멸되어 가는 것을 막아야겠다는 사명감을 가지고, 많은 시화를 『파한집』에 수록하였다.

정답 ③

52 396

다음의 내용이 언급된 사서에 해당하는 것은?

> 위조(僞朝) 신씨를 열전(列傳)으로 강등시킨 것은 그들이 참람하게도 왕위를 도적질한 데 대한 엄격한 징벌이라 하겠습니다. 충신과 간신, 사악한 자와 올바른 이를 내용별로 나누고 제도와 문물을 종류별로 모았으니 큰 줄거리가 바로 서고 연대도 상고할 수 있게 되었습니다.

① 『여사제강』
② 『고려사』
③ 『고려사절요』
④ 『동사강목』

53 397

『조선왕조실록』에 대한 설명으로 잘못된 것은?

① 편년체로 쓰였으며, 왕의 사망 이후 실록청이 설치되어 편찬을 주관하였다.
② 임란 이후 춘추관, 태백산, 오대산, 묘향산, 마니산 등에 보관되었다.
③ 실록의 기본 자료로 이용한 사초나 초초 · 중초 · 정초는 모두 물에 씻어 세초하였다.
④ 일반적으로 연산군 일기와 광해군 일기를 제외한 25대 왕의 기록만을 실록으로 인정하고 있다.

54 398

밑줄 친 역사서에 대한 설명으로 잘못된 것은?

> 오늘날 사람들은 우리나라에 태어났으면서 우리나라 사실을 전혀 알지 못하고 있다. 심지어 "『동국통감』이 있으나 누가 읽겠는가."라고 말하니, 사리에 어긋남이 이와 같다. 우리나라는 스스로 우리나라로, 그 규칙이나 제도, 나라의 운영 모습이 당연히 중국사와 달라야 한다. ― 『성호사설』

① 서거정이 중심이 되어 편찬하였으며, 단군 조선을 민족사의 기원으로 정립하였다.
② 고려의 역사를 세가로 편찬하고 우왕, 창왕의 재위기를 열전으로 격하하여 서술하였다.
③ 단군 조선에서 삼한까지를 「외기」, 이후 문무왕 9년까지를 「삼국기」, 고려 태조 18년까지를 「신라기」, 935년부터 고려 말까지를 「고려기」로 편찬하였다.
④ 삼국이 대등하다는 균적론을 내세워 어느 한 나라를 정통으로 간주하지 않았다.

55 399

다음 사서에 대한 설명으로 옳은 것은?

> 삼가 삼국 이하의 여러 역사를 뽑고 겸하여 중국사를 채집하여 시간의 흐름에 따라 사건을 기록하였으며, 범례는 모두 『자치통감』에 의거하였습니다. 삼국이 병립하였을 때는 「삼국기(三國紀)」라 하였고, 신라가 통일했을 때는 「신라기」라 하였으며, 고려 때는 「고려기」라 하였고, 삼한 이상은 「외기(外紀)」라 하고는 천사백 년 동안 국세의 이합과 국운의 장단과 임금의 잘잘못과 정치의 성쇄를 모두 거짓 없이 서술하였습니다.

① 조선 전기에 편찬된 편년체의 통사이다.
② 사초와 시정기 등을 종합, 정리하여 편찬되었다.
③ 『구삼국사』를 기본으로 저술됐으며, 혜성 · 일식 · 지진 · 가뭄 등 천재지변을 구체적으로 기술하고 있다.
④ 이익의 역사 인식을 계승하여 우리 역사의 독자적 정통론을 세웠다.

52 396

② 제시문은 기전체로 집필된 『고려사』의 내용 중 일부이다. 『고려사』는 1449년(세종 31)에 편찬하기 시작해 1451년(문종 1)에 완성된 역사서로 세가 46권, 열전 50권, 지 39권, 연표 2권, 목록 2권으로 구성되어 있다. 특히 『고려사』는 폐가입진(가짜를 폐하고 진짜를 세움)의 논리에 입각해 우왕과 창왕을 신돈의 자손으로 묘사, 세가가 아닌 열전으로 격하시켜 언급하고 있다.

정답 ②

53 397

④ 실록은 27대에 걸쳐 모두 기술되었으나, 일제 강점기에 편찬된 고종 실록과 순종 실록은 제외하는 것이 일반적이다. 연산군과 광해군에 대한 기록은 폐위된 군주의 기록이라 하여 '일기'로 격하되었으나, 실록으로는 인정되고 있다.

정답 ④

54 398

② 『고려사』에 대한 설명이다. 『고려사』는 정인지와 김종서 등이 기전체로 서술한 역사서로, 주자학적 명분론과 대명의식이 두드러지게 작용하였다.

정답 ②

55 399

자료는 『동국통감』에 대한 설명이다.

① 『동국통감』은 성종 시기에 서거정 등이 참여하여 편찬한 편년체의 통사로써 단군 조선을 민족사의 기원으로 정립하였고, 삼국이 대등하다는 균적론을 표방하였다. 엄격한 유교적 명분론에 입각하여 준엄한 포폄을 가한 것이 특징이며 조선 초기 역사 서술의 완성본이라는 평가를 받고 있다.

오답 분석

② 『조선왕조실록』은 사초와 시정기 등을 종합하여 편찬하였다.

③ 『삼국사기』는 김부식이 왕명에 따라 펴낸 역사서로, 신화적 세계관을 배척하였으며, 『구삼국사』를 기본으로 유교적 합리주의 사관에 입각하여 신라 · 고구려 · 백제 세 나라의 역사를 기전체로 적었다. 특히 정확한 천재지변의 기록은 고대 과학의 발달을 가져와 일식(14.8년) · 가뭄(9.2년) · 지진(10.3년) 등의 주기 산출이 가능하게 되었다.

④ 이익의 제자인 안정복은 『동사강목』을 통해 단군 조선-기자 조선-마한-문무왕-왕건으로 이어지는 우리 역사의 독자적 정통론(삼한 정통론)을 주장하였다. 안정복의 이러한 역사 인식은 중국계 정복 왕조인 위만 조선과 중국 한나라의 4군 2부가 조선 전체를 지배한 것처럼 인식한 종전의 화이 사관에서 벗어난 것이었다.

정답 ①

56 400

조선 전기의 역사서 편찬 순서를 옳게 정리한 것은?

| ㉠『고려사』 | ㉡『삼국사절요』 |
| ㉢『고려사절요』 | ㉣『동국통감』 |

① ㉠-㉡-㉢-㉣
② ㉠-㉢-㉡-㉣
③ ㉡-㉠-㉢-㉣
④ ㉡-㉠-㉣-㉢

57 401

다음 자료에서 언급한 문헌에 대한 설명으로 옳은 것은?

- 이 책은 태조부터 현종까지 각 왕대의 중요한 사건을 엮은 '원집(原集)', 저자가 생존했던 숙종 당대의 사실을 기록한 '속집(續集)', 역대의 관직을 위시하여 전례·문예·천문·지리·대외 관계 및 역대 고전 등을 여러 편목으로 나누어 그 연혁을 기재하고 출처를 밝힌 '별집(別集)'의 세 파트로 구성되어 있다.
- 이 책은 야사를 중심으로 시대별 주요 사건에 대해 본(本)과 말(末)을 설정하여 편찬하였다.

① 『연려실기술』
② 『휘찬여사』
③ 『해동역사』
④ 『열조통기』

58 402

조선 후기의 역사가와 그 저술의 특징으로 옳지 않은 것은?

① 『해동역사』는 『발해고』보다 뒤의 시기에 저술되었으며, 기전체의 특징을 지니고 있다.
② 이긍익의 『연려실기술』은 사실 그대로를 서술하고 개인의 논평은 따로 부기하지 않았다.
③ 이종휘의 『동사』는 기전체의 특징을 가지며, 삼한 시대의 역사를 삼한 본기로 서술하고 있다.
④ 안정복은 기전체인 『열조통기』에서 조선 태조에서 영조조에 이르는 역사 과정을 다루었다.

59 403

다음 역사서와 저술한 인물들의 연결이 잘못된 것은?

| ㄱ.『동국통감제강』 | ㄴ.『동사회강』 |
| ㄷ.『동국역대총목』 | ㄹ.『동사찬요』 |

① ㄱ-홍여하
② ㄴ-허목
③ ㄷ-홍만종
④ ㄹ-오운

56 400

㉠ 『고려사』는 김종서, 정인지 등이 1449년(세종 31)에 편찬하기 시작해 1451년(문종 1)에 완성한 역사서이다.
㉡ 『고려사절요』는 1452년(문종 2) 김종서 등이 편년체로 편찬한 고려 시대의 역사서이다. 기전체로 쓰인 『고려사』와 함께 고려 시대를 연구하는 데 아주 중요한 자료이다.
㉢ 『삼국사절요』는 1476년(성종 7) 노사신 · 서거정 등이 편찬한 편년체의 역사서로서 단군 조선부터 삼국의 멸망까지를 다루고 있다.
㉣ 『동국통감』은 1485년(성종 16)에 조선 전기의 문신 서거정 등이 왕명을 받아 단군 조선부터 고려 말까지의 역사를 엮은 사서(史書)이다.

정답 ②

57 401

① 『연려실기술』은 조선 후기의 학자인 이긍익이 지은 기사본말체의 사서로 태조 이래 현종까지의 각 왕대의 주요 사건을 야사 중심으로 서술하였으며, 인용한 문헌을 밝혀 적어 놓았다.

오답 분석

② 『휘찬여사』는 조선 후기의 학자 홍여하가 지은 사서로 고려 태조에서 공양왕까지 32명의 역대 왕들의 행적을 적고 있으며, 저자의 안목으로 『고려사』를 간략하게 줄여 편찬한 책이다.
③ 한치윤의 『해동역사』는 단군부터 고려까지의 역사를 기술하고 있으며, 한국의 역사서를 참고하면서 중국 · 일본의 자료를 참고하여 국사 인식의 폭을 넓히는 데 기여한 역사서이다.
④ 안정복이 저술한 『열조통기』는 조선 태조부터 영조까지의 역사를 편년체로 기록하고 있으며, 『국조보감』을 기본으로 『동문선』 · 『동국여지승람』 등의 자료를 이용하여 편찬된 역사서이다.

정답 ①

58 402

④ 안정복이 저술한 『열조통기』는 조선 태조부터 영조까지의 역사를 편년체로 기록하였다.

오답 분석

① 『해동역사』는 한치윤이 조선 후기 순조 때 단군 조선~고려까지의 역사를 기전체로 기술한 역사서이고, 『발해고』는 1784년에 유득공이 조선의 역사책과 중국 · 일본의 사서들을 종합하여 발해사만을 최초로 다룬 역사서이다.
② 『연려실기술』은 이긍익이 편찬한 책으로, 조선 태조~현종까지 각 왕대의 중요 사건과 저자의 생존 시기인 숙종 당대 사실 및 역대 관직과 각종 전례 · 문예 · 천문 · 지리 등을 서술한 것이다. 이 책은 기사본말체의 서술 방식에 따라 도덕적 평가를 배제하고, 사건의 인과성을 중요시한 것이 특징이다.
③ 『동사』는 조선 후기에 이종휘가 단군 조선~고려까지의 역사를 기전체로 서술한 책으로, 부여 · 고구려 · 백제 · 예맥 · 옥저 · 비류 등을 모두 단군의 후예로 기술하였고, 한사군의 역사 서술을 배제하였다. 신채호는 이종휘를 조선 후기 역사가 중 가장 주체적 인물로 평가하였다.

정답 ④

59 403

② 『동사회강』은 임상덕이 편찬한 역사서로 「삼국기」, 「신라기」, 「고려기」로 구성되어 있는데, 특히 삼국 무통론을 전면에 내세워 안정복의 『동사강목』에 영향을 주었다. 허목은 『동사』를 집필하였는데, 이 책은 그의 문집인 『기언(記言)』에 수록되어 있다.

정답 ②

60 404

다음 중 ㄱ~ㄹ의 역사서와 그에 대한 설명이 바르게 연결된 것은?

ㄱ. 『동사강목』   ㄴ. 『동몽선습』

ㄷ. 『연려실기술』   ㄹ. 『동사』

(가) 양명학적 입장에서 서술

(나) 삼한 정통론으로 한국사를 체계화

(다) 아동 교육용 역사서로 『천자문』과 함께 필수적 교과서

(라) 발해사를 고구려의 계승 역사로 인식
---

① ㄱ - (가), ㄴ - (나), ㄷ - (다), ㄹ - (라)

② ㄱ - (라), ㄴ - (가), ㄷ - (다), ㄹ - (나)

③ ㄱ - (나), ㄴ - (다), ㄷ - (가), ㄹ - (라)

④ ㄱ - (나), ㄴ - (다), ㄷ - (라), ㄹ - (가)

61 405

역대 역사서와 그 서술 방식으로 잘못 연결된 것은?

① 『삼국사절요』 - 편년체

② 『동국통감』 - 편년체

③ 『동사찬요』 - 편년체

④ 『삼국사기』 - 기전체

62 406

다음 글은 어떤 책의 서문이다. 이 책이 편찬된 시기의 문화적 특징으로 옳은 것은?

천하의 떳떳한 다섯 가지가 있는데 삼강이 그 수위에 있으니, 실로 삼강은 경륜의 큰 법이요 일만 가지 교화의 근본이며 원천입니다. … "간혹 훌륭한 행실과 높은 절개가 있어도, 풍속습관에 옮겨져서 보고 듣는 자의 마음을 흥기시키지 못하는 일도 또한 많다. 내가 그 중 특별히 남달리 뛰어난 것을 뽑아서 그림과 찬을 만들어 중앙과 지방에 나누어 주고, …"고 하시고 … (후략)
---

① 송의 영향을 받아 보현사 8각 13층 석탑과 같은 다각 다층탑이 제작되었다.

② 이의봉이 방언과 해외 언어를 정리한 『고금석림』을 편찬하였다.

③ 부농과 상인의 지원을 받아 쌍계사, 개암사 등이 건립되었다.

④ 국가 행사를 오례에 따라 거행했으며, 사대부에게 『주자가례』 시행을 장려하였다.

63 407

다음 내용과 관련된 저술에 대한 설명으로 옳은 것은?

조선 초기 통치 체제의 정비 노력 중에서 전국의 토지와 호구를 중심으로 하는 국세(國勢)의 파악이 가장 급선무였다. 이에 일찍부터 호적과 군적을 작성하고 양전을 거듭하는 한편, 그 전체를 종합하기 위해 노력하였다. 그 결과 각 군현의 이름과 연혁, 소금·철·양마 등 특수 산물의 유무, 토지의 비옥도, 기후 및 민속, 호구·인구 및 토산물의 종류, 조세·세공과 그 수송 방법, 영·진의 위치한 군사·전함의 수, 부속 도서의 정세, 봉화대, 왕릉 및 선현의 묘, 토성과 지역 출신의 명현 등 10여 항목에 걸쳐 실로 주밀한 파악이 이루어졌다.
---

① 법전의 정비 작업을 거쳐 성종 때에 이르러 『경국대전』을 완성하였다.

② 15세기 초 태종조에 혼일강리역대국도지도가 완성되었다.

③ 도로와 시장에 대한 이용과 유통량의 증대를 중시하고, 그에 대한 정확한 파악을 위해 『도로고』 등이 편찬되었다.

④ 성종 때 『팔도지리지』를 보완하여 『동국여지승람』을 편찬하였다.

문제 풀이

60 404

ㄱ-(나) 안정복의 『동사강목』은 고조선부터 고려 말까지의 역사를 강목체로 서술하였다. 정통 왕조를 기자 조선·마한·통일 신라·고려로 파악하고 마한이 멸망한 뒤의 삼국 시대는 정통 국가가 없는 시대로 파악하여 삼한 정통론으로 한국사를 체계화하였다.

ㄴ-(다) 『동몽선습』은 서당에 처음 입학한 학동을 위하여 지은 책으로 오륜과 중국·우리나라의 역사가 약술되어 있다. 학동들의 필수 교양 서적이므로 보다 쉬운 글자와 문구가 사용되었다.

ㄷ-(가) 이긍익의 『연려실기술』은 양명학적 입장에서 서술되었으며, 400여 종의 자료를 참조하여 조선 시대의 정치와 문화를 정리하여 우리나라 야사 가운데 가장 모범적이고 풍부한 사료를 제시했다는 평가를 받고 있다.

ㄹ-(라) 이종휘가 지은 『동사』는 기전체 형식으로 우리 역사에서 단군이 차지하는 혈통과 문화적 지위를 격상시켜 저술하였다. 또한 발해를 말갈 계통으로 인식해온 일부 학자들의 견해를 따르지 않고 이를 고구려 유민에 의해 성립된 국가로 설명함으로써 발해사를 본격적으로 한국사로 편입시킨 것이 특징이다.

정답 ③

61 405

③ 『동사찬요』는 오운이 1606년(선조 39)에 지은 기전체 역사서로 군왕기(君王紀)와 열전으로 구성되었고, 지(志)는 없다. 1609년(광해군 1)에 처음 간행되었는데 개찬 당시 지리서를 첨가하였고, 개찬 이후 한백겸의 삼한설을 추가 수록하였으며 신라 → 고구려 → 백제 → 고려 순으로 서술하였다.

정답 ③

62 406

사료는 1434년(세종 16)에 편찬된 『삼강행실도』의 서문이다. 즉, 조선 전기의 문화적 특징을 고르는 문제이다.

④ 세종은 유교적 의례의 실천을 위하여 국가 행사를 오례에 따라 거행했으며, 사대부에게 『주자가례』 시행을 장려하였다. 또한 의례의 정리 과정에서 비판·연구 과정을 통해 조선의 실정에 맞지 않는 것은 받아들이지 않음으로써 주체성을 견지하였다.

오답 분석

① 고려의 석탑은 송의 영향을 받아 안정감이 부족한 다각 다층탑이 제작되었으며, 석탑의 몸체를 받치는 받침이 보편화되었다.

② 1789년 이의봉이 편찬한 『고금석림』은 역대의 우리말과 중국어를 비롯한 해외의 언어를 정리하여 해설한 것으로 조선 시대 편찬된 것 중 가장 큰 어휘집이다.

③ 18세기에는 사회적으로 크게 부상한 부농과 상인의 지원을 받아 근거지에 장식성이 강하게 나타나 있는 쌍계사와 개암사, 석남사 등이 건립되었다.

정답 ④

63 407

자료는 『동국여지승람』의 기록으로 국가 통치에 필요한 포괄적 정보의 체계화에 대하여 언급한 것이다.

④ 조선 전기에는 중앙 집권이 강화되면서 전국 각지의 자연 및 인문지리에 대한 조사가 깊어지고, 이를 토대로 지도와 지리지의 제작이 활발해졌다. 지리지의 제작은 세종 때부터 본격적으로 이루어졌는데, 『세종실록지리지』와 『동국여지승람』이 대표적이다.

정답 ④

64 408

다음의 내용과 관련된 저술을 남긴 저자는?

제1권에 조선고(朝鮮考)·사군총고(四郡總考)·낙랑고(樂浪考)·현도고(玄菟考)·임둔고(臨屯考)·진번고(眞番考)·낙랑별고(樂浪別考)·대방고(帶方考)·삼한총고(三韓總考)·마한고(馬韓考)·진한고(辰韓考)·변진고(弁辰考) 등이 있고, 제2권에 변진별고(弁辰別考)·옥저고(沃沮考)·예맥고(濊貊考)·예맥별고(濊貊別考)·말갈고(靺鞨考)·발해고(渤海考) 등이 있다.

또한 제3권은 졸본고(卒本考)·국내고(國內考)·환도고(丸都考)·위례고(慰禮考)·한성고(漢城考)·팔도연혁총서상(八道沿革總敍上)·팔도연혁총서하(八道沿革總敍下)·패수변(浿水辯)·백산보(白山譜), 제4권은 발해속고(渤海續考)·북로연혁속(北路沿革續)·서북로연혁속(西北路沿革續) 등으로 되어 있다.

① 유득공
② 정약용
③ 한백겸
④ 신경준

65 409

조선 후기 지리학에 관련된 내용 중 옳지 않은 것은?

① 요계관방지도는 우리나라 북방 지역과 중국 동북 지방의 군사적 요새지가 상세히 표현되어 있다.
② 허목의 『지승』은 사민총론, 팔도총론, 복거총론, 총론 등으로 구성되어 있다.
③ 『아방강역고』는 발해의 강역을 기술하였으며, 백제 도읍지를 현재의 서울로 언급하였다.
④ 대동여지도는 하천은 곡선으로 도로망은 직선으로 표현하였으며, 10리마다 방점을 찍어 표기하였다.

66 410

밑줄 친 '이 지도'에 해당하는 것은?

이 지도는 18세기 중반에 제작된 비슷한 유형의 군현 지도집 가운데 가장 완성도가 높다. 전국 군현의 지리적인 내용을 통일된 체제로 묘사하였으며 당시까지 제작된 모든 회화식 지도의 기법을 포함하고 있다는 점에서 조선 후기 군현 지도집의 발달 과정을 보여주는 중요한 자료이다. 이 지도집에는 조선 전도, 도별도, 군현 지도뿐만 아니라 만리장성과 중국 전도·유구 지도 등 370여 종의 지도가 포함된 세계 지도, 외국 지도, 관방 지도 등도 포함되어 있다.

① 동국지도
② 혼일강리역대국도지도
③ 해동지도
④ 대동여지도

67 411

조선 후기에는 우리 국토와 역사에 대한 관심이 높아져 관련 책들이 많이 편찬되었다. 그중 하나인 『산경표』에 관한 설명 중 옳지 않은 것은?

① 우리나라의 산줄기를 분수계를 기준으로 백두대간, 장백정간, 13개의 정맥 등으로 구분하였다.
② 『산경표』에서 백두대간은 백두산에서 태백산을 거쳐 지리산에 이르는 산줄기이다.
③ 『산경표』의 국토 인식 체계는 산지 체계를 기준으로 문화권을 구분하였으며, 현행 산맥 체계의 근간이 되었다.
④ 대동여지도는 대간과 정맥, 정맥에서 갈라져 나간 산줄기를 차차 가늘게 그림으로써 『산경표』의 체계를 지도상에 구현하였다.

64 408

자료는 정약용이 1811년(순조 11)에 지은 『아방강역고』이다.
② 정약용은 이 책에서 기자 조선에서 발해에 이르는 우리나라 강
역의 역사를 중국 및 우리나라의 문헌을 들어서 고증하고, 저자
의 의견을 별도로 첨부하였다. 또한 백제의 첫 도읍지가 지금의
서울이라는 점을 밝혔고, 발해의 중심지를 백두산의 동쪽이라
고 해명하였다. 1903년에 이 책을 장지연이 증보하여 『대한강
역고』를 간행하였다.

정답 ②

65 409

② 허목의 『지승』은 17세기 중엽에 간행된 것으로 우리나라를 몇
개의 풍토권과 문화권으로 나누어 각 지방 문화의 특성을 찾아
내고 중국과 다른 인문지리적 특성을 설명한 지리지이다. 사민
총론, 팔도총론, 복거총론, 총론으로 구성되어 있는 저술은 이
중환의 『택리지』이다.

정답 ②

66 410

③ 제시문의 지도는 영조 시기인 1750년대 초에 제작된 회화식 군
현 지도집으로 해동지도를 언급한 것이다. 해동지도는 제1책 경
기도, 제2책 해서전도 · 관서전도, 제3책 관동전도 · 북관전도,
제4책 서북피아양계전도, 제5책 영남전도, 제6책 호서전도, 제
7책 호남전도, 제8책 팔도총도 등으로 구성되어 있다. 대부분의
도별 지도책은 도 지도, 군현 지도, 도내 군사적 요충지의 지도
순으로 편집되어 있다.

정답 ③

67 411

조선 후기에는 왜란과 호란 이후 우리 국토와 역사에 대한 관심이
높아졌고, 국방에 대한 관심이 커지면서 국가 사업 차원에서 많은
국방 지도(관방 지도)가 제작되었다.
③ 『산경표』는 영조 시기에 신경준이 풍수지리에 입각하여 우리나
라의 산과 강을 체계적으로 정리한 것이다. 오늘날 지질학적 특
성을 바탕으로 한 산맥 체계와는 매우 다르고, 수계(水系)를 기
준으로 백두대간과 장백정간, 13정맥의 산줄기를 구분하였다는
점, 국토 전체가 산줄기의 맥으로 연결되어 있는 점, 백두산을
출발점으로 하고 있는 점, 산줄기를 경계로 문화권이 달라진다
는 분석 등 조선 시대 우리 선조들의 자연에 대한 인식 체계를
보여준다. 『산경표』는 한말 조선 광문회에서 간행하여 널리 보
급하였다. 현행 산맥 체계는 일제에 의해 정리된 것이다.

정답 ③

68 412

조선 후기에 간행되었던 사찬 백과사전의 발간을 순서대로 바르게 나열한 것은?

(가)『지봉유설』	(나)『청장관전서』
(다)『성호사설』	(라)『오주연문장전산고』

① (가) - (나) - (다) - (라)
② (가) - (다) - (나) - (라)
③ (나) - (가) - (라) - (다)
④ (다) - (가) - (나) - (라)

69 413

17세기에 편찬, 간행된 윤리와 의례서에 해당하는 것은?

ㄱ.『이륜행실도』	ㄴ.『오선생예설분류』
ㄷ.『국조오례의』	ㄹ.『의례문해』

① ㄱ, ㄴ
② ㄱ, ㄷ
③ ㄴ, ㄷ
④ ㄴ, ㄹ

70 414

(가), (나)와 관련된 설명으로 옳지 않은 것은?

> (가) 재조대장경은 그 내용이 정확하고 글씨가 아름다우며 제작 기술이 뛰어나 세계에서 가장 훌륭한 판본이다. 그래서 그것은 고려대장경으로 널리 알려져 있다. 고려의 (가) 는(은) 팔만대장경의 제작 과정에서 최고의 기술 수준에 도달한 것이다.
>
> (나) 12세기 말이나 13세기 초에는 이미 (나) 가(이) 발명되었으리라 추측되며, 몽골과 전쟁 중이던 강화도 피난 시에는『상정고금예문』이 탄생하였다. 이는 서양보다 200여 년이나 앞선 것이었다.

① (가) : 여러 가지 책을 소량으로 인쇄하는 데 적합하였다.
② (가) : 통일 신라 때부터 발달하여 불경을 간행하는 데 이용되었다.
③ (나) : 조선 세종 때 밀랍 대신 식자판을 조립하는 방법을 창안하였다.
④ (나) : 조선 태종 때 주자소를 설치하고 계미자를 주조하였다.

71 415

고대에서 조선 시대까지의 과학 기술에 대한 설명으로 옳지 않은 것은?

① 7세기 신라의 선덕 여왕은 천문과 관련한 첨성대를 축조하였다.
② 고려 후기 이암은 원의『농상집요』를 가져왔는데, 지방관인 강시가 이를 간행하여 널리 보급하였다.
③ 이규경은 60권으로 된『오주연문장전산고』에서 기하학의 실용적인 용도를 설명하였다.
④ 홍대용은 최초로 지전설을 주장하였으며, 중국 중심의 세계관을 비판하였다.

68 412

(가) 이수광 『지봉유설』 : 1614년(광해군 6)에 이수광이 편찬한 최초의 백과사전적인 저술

(다) 이익 『성호사설』 : 1740년대 추정, 정확한 편찬 연대 미상

(나) 1793년 이덕무 사후 아들 이광규가 이덕무의 저술을 모아 1795년 편찬

(라) 이규경 『오주연문장전산고』 : 19세기경 이덕무의 손자인 이규경이 집필, 정확한 편찬 연대 미상

정답 ②

69 413

양난 이후 기존의 사회 질서와 가치, 윤리가 혼란에 빠지게 되면서 강상의 재건이 필요하게 되었다. 따라서 유교적 질서의 회복을 강조하면서 예학의 중요성이 커졌고, 이는 예치를 강조하는 사회 분위기로 이어졌다.

ㄴ. 정구는 『오선생예설분류』에서 정호 · 정이 · 장재 · 사마광 · 주희의 예설을 엮었으며, 이 책은 1629년(인조 7)에 간행되었다.

ㄹ. 김장생은 11명의 성리학자들과 질문과 대답을 통해 의례의 내용을 정리한 『의례문해』를 엮었으며, 이 책은 1646년(인조 24)에 간행되었다.

오답 분석

ㄱ. 『이륜행실도』는 1518년(중종 13)에 김안국, 조신 등이 장유와 붕유의 윤리를 진작한 것이다.

ㄷ. 『국조오례의』는 1474년(성종 5)에 신숙주, 정척 등이 길례 · 가례 · 빈례 · 군례 · 흉례 등 5례에 대해 규정한 예전이다.

정답 ④

70 414

(가)는 목판 인쇄술이고, (나)는 활자 인쇄술이다. (가)는 몇몇 책을 다량으로 인쇄하는 데 적합한 방식이며, (나)는 다양한 책을 소량으로 인쇄하는 데 적합한 방식이다.

(가) 목판 인쇄술은 고대의 통일 신라 때부터 발달하여 불경을 간행하는 데 이용되었는데, 대표적인 인쇄물은 경주 불국사의 석가탑 탑신부에 안치된 사리함 속에서 발견된 『무구정광대다라니경』이다. 『무구정광대다라니경』은 8세기 초에 제작된 유물로, 현존하는 세계 최고(最古)의 목판 인쇄물이다.

(나) 최초의 금속 활자본은 1234년에 제작된 『상정고금예문』으로 서양보다 200여 년 앞서 제작되었다. 이후 조선에서는 태종 시기 주자소를 설치하고 구리로 계미자를 주조하였고, 세종 시기에는 경자자(1420, 세종 2), 갑인자(1434, 세종 16)를 주조하였다. 갑인자는 밀랍 대신 식자판을 조립하는 방법을 창안하여 종전의 두 배 정도의 인쇄 능률이 향상되었다. 선조 시기에는 전란으로 인해 없어진 활자들을 목활자인 훈련도감자를 주조하여 부족한 활자를 보충하였고, 영조 시기에는 금속 활자인 임진자를 주조하였다.

정답 ①

71 415

④ 지전설을 주장한 것은 김석문, 홍대용, 박지원 등이 있다. 처음으로 김석문이 『역학도해』를 통해 지구의 자전을 주장하였으며, 이후 홍대용은 지구가 우주의 중심이 아니라는 무한 우주론을 주장하여 중국 중심의 세계관을 극복하려 노력하였다.

정답 ④

72 416

밑줄 친 '임금'이 재위하던 시기에 편찬된 서적으로 옳은 것은?

> "임금은 음률에 밝아 새로운 음악은 모두 임금이 만든 것인데, 막대기로 땅을 치면서 하루 저녁에 음악을 만들었다." 적혀 있다. 임금이 작곡한 음악은 여민락(與民樂)·정대업(定大業)·보태평(保太平) 등인데, 이 곡들은 요즘도 연주되고 있다.

① 『악학궤범』　　　　② 『동의보감』
③ 『향약집성방』　　　④ 『동국문헌비고』

73 417

다음 유물이 처음으로 만들어진 세기에 제작된 서적은?

> 이것은 파수호 4개와 수수호 2개, 12개의 살대, 동력 전달 장치 및 자동 시보 장치로 되어 있다. 파수호에서 흘러내려온 물이 수수호로 들어가서 살대를 띄워 올리면 그 부력이 지렛대와 쇠구슬로 전달되어 격발하면 구슬이 떨어지면서 시각을 알리는 장치를 움직이는 것이다. 시각을 알리는 장치는 자동으로 움직이는 인형들로 이루어져 있다. 즉, 파수호보다 높은 곳에 목인(의관을 갖춘 나무 인형)이 3명 서 있어서 하나는 시를 알리기 위하여 종을 치는 일을 맡고 다른 하나는 경을 알리는 북을 치고, 나머지 하나는 점을 알리는 징을 치게 하였다.
> – 전상운, 『한국 과학사의 새로운 이해』

① 『강계고』　　　　② 『총통등록』
③ 『화서집』　　　　④ 『호산외기』

74 418

밑줄 친 '그'의 재위기에 있었던 과학 기술 및 의학의 발전에 해당하는 것은?

> 그는 우리나라와 중국의 역대 사적 중에서 정치의 귀감이 될 사실을 간추려 책을 편찬할 것을 명하였으며, 이에 지중추원사 정인지 등이 집현전 학자들과 함께 『치평요람』을 편찬하였다. 편찬자들은 중국 주(周)나라에서부터 원나라까지의 역사와 우리나라 기자 조선으로부터 고려에 이르기까지의 역사를 간략하게 정리하여 150권으로 완성하였다.

① 『향약구급방』이 대장도감에서 약재의 자급자족을 위하여 간행되었다.
② 각도와 축척의 원리를 이용하여 토지의 원근과 높낮이를 측량하는 인지의가 개발되었다.
③ 간의를 비롯하여 혼의, 혼상, 앙부일구, 일성정시의, 규표, 자격루, 옥루 등을 제작·설치하였다.
④ 예방 의학에 중점을 두고 쉽게 구할 수 있는 약재를 사용한 치료 방법을 수록하고 있는 『동의보감』이 편찬되었다.

75 419

밑줄 친 '왕'의 정책으로 옳은 것은?

> 예전에 평양성에 천문도를 새긴 석각이 있었다. 세월이 흘러 석각은 사라졌고 그것의 탁본조차 매우 희귀해져서 찾아볼 수 없었다. 그런데 왕이 즉위한 지 얼마 되지 않아 그 천문도의 탁본을 바친 사람이 있었다. 이에 왕이 서운관에 명하여 그것을 바탕으로 돌에 새기도록 하였다.
> – 『양촌집』

① 6조 직계제를 실시하고 사간원을 독립시켜 대신을 견제하게 하였다.
② 의정부 서사제를 실시하였으며 『월인천강지곡』을 간행하였다.
③ 용산에 남호 독서당을 설치하여 독서제술에 전념하게 하였다.
④ 의흥삼군부를 설치하고 한양으로 천도하였다.

72 416

밑줄 친 '임금'은 세종이다. 세종은 「용비어천가」에 곡을 붙인 여민락 등 많은 곡들을 작곡하였다.
③ 『향약집성방』은 1433년(세종 15)에 유효통·노중례·박윤덕 등이 편찬한 책이다.

오답 분석
① 『악학궤범』은 성종, ② 『동의보감』은 광해군, ④ 『동국문헌비고』는 영조 시기에 각각 편찬되었다.

정답 ③

73 417

자료는 자격루에 대한 설명이다. 자격루는 시간 측정 기구로서 장영실이 1434년(세종 16) 지렛대의 원리를 이용하여 자동 시보 장치를 부착하여 만들었다.
② 『총통등록』은 자격루를 최초로 제작한 시기와 같은 시기에 간행되었다. 세종은 군기감에 명하여 야소(화포 주조소)를 행궁 앞에 짓게 하고 직접 지휘하여 사정거리를 늘리기 위한 연구와 발사 시험을 거듭하여 새로운 화포 설계를 완성하였다. 또한 이를 바탕으로 1445년 각도에 화포 주조 감독관을 파견하여 개량된 규식에 따라 모든 화포를 새로 주조하도록 지시하였다. 이로써 종래의 화포는 모두 폐기되고 전혀 새로운 형식의 화포가 전국적으로 배치되었다. 이렇게 하여 완성된 화포의 주조법과 화약의 사용법을 상세히 기록하고, 또 그림으로 표시하고 정확한 규격을 기입하여 1448년 9월 『총통등록』을 편찬, 간행하였다.

오답 분석
① 『강계고』는 영조 시기에 신경준이 간행한 역사 지리서이다.
③ 『화서집』은 1899년에 만든 이항로의 시문집이다.
④ 『호산외기』는 조희룡이 헌종 재위기인 1844년에 간행한 중인층 42인의 행적을 기록한 전기이다.

정답 ②

74 418

밑줄 친 '그'는 세종이다.
③ 세종은 「용비어천가」, 「정간보」, 『동국정운』, 『석보상절』, 『의방유취』, 『향약채취월령』, 『치평요람』, 『삼강행실도』, 『총통등록』, 『자치통감훈의』 등 많은 서적을 편찬하였다. 세종은 또한 과학 기술을 진흥시켜 『칠정산』을 편찬하고 간의를 비롯하여 혼의, 혼상, 앙부일구, 일성정시의, 규표, 자격루, 옥루 등을 제작 설치하였다.

오답 분석
① 『향약구급방』은 고려 후기에 편찬되었다.
② 인지의는 세조 시기에 제작되었다.
④ 『동의보감』은 광해군 시기에 편찬되었다.

정답 ③

75 419

사료는 천상열차분야지도에 대한 내용으로 밑줄 친 '왕'은 조선 태조 이성계이다. 즉위하고 얼마 후 어떤 이가 당시로서는 매우 희귀한 고구려 천문도의 인본을 바쳤으며, 이를 진귀하게 여긴 태조는 이것을 그대로 중각하고자 하였다. 이에 따라 천상열차분야지도가 석각본으로 다시 제작되었다.
④ 태조는 고려 말 혼란스러운 군령권을 정비해 의흥삼군부를 설치하여 군권을 장악하였으며, 1394년 한양으로 천도하였다.

오답 분석
① 태종. ② 세종. ③ 성종에 대한 설명이다.

정답 ④

76 420

다음 기기가 제작되었을 당시의 시대적 특징이나 정책을 바르게 추론한 것은?

① 부안 개암사나 안성 석남사와 같은 지역적 특색이 강한 사원이 건축되었다.
②『상정고금예문』이 금속 활자본으로 다시 제작되었다.
③『치평요람』이 간행되고 금부삼복법이 시행되었다.
④ 실학적 학풍으로 진경산수화가 등장하였으며 회화의 토착화가 이루어지고 있었다.

77 421

조선 시대 천문학에 대한 설명으로 옳지 않은 것은?

① 이익은 지구는 둥글며 따라서 지구 어느 곳에도 중심이 없다는 지심론(地心論)을 주장하였다.
②『칠정산』「외편」은 서아라비아의 역을 도입하여 만든 회회력을 우리나라에 맞도록 교정하여 편찬하였다.
③『천세력』은 김육의 주장으로 효종 시기 도입된 역서인 시헌력을 참고하여 영조가 편찬한 것이다.
④ 혼천의와 간의는 모두 세종 시기에 제작된 대표적인 천문 관측 기구였다.

78 422

다음 사료에 해당하는 설명으로 옳은 것을 〈보기〉에서 모두 고르면?

> 천체가 운행하는 것이나 지구가 자전하는 것은 그 세가 동일하니 분리해서 설명할 필요가 없다. 다만 9만 리의 둘레를 한 바퀴 도는데 이처럼 빠르며, 저 별들과 지구와의 거리는 겨우 반경밖에 되지 않는데도 몇천만 억의 별들이 있는지 알 수 없는데 하물며 천체들이 서로 의존하고 상호 작용하면서 이루고 있는 우주 공간의 세계 밖에도 또 다른 별들이 있다. …… 칠정(태양, 달, 화성, 수성, 목성, 금성, 토성을 통틀어 이르는 말)이 수레바퀴처럼 자전함과 동시에 맷돌을 돌리는 나귀처럼 둘러싸고 있다. 지구에서 가까이 보이는 것을 사람들은 해와 달이라 하고 지구에서 멀어 작게 보이는 것을 사람들은 오성(수성, 금성, 화성, 목성, 토성)이라 하지만 사실은 모두가 동일한 것이다. – 『담헌집』

보기
ㄱ. 인물성이론에 입각하여 전통적인 세계관을 극복하려 하였다.
ㄴ. 지구가 우주의 중심이 아니라는 무한 우주론을 주장하였다.
ㄷ. 중국 시헌력의 영향을 받아 『칠정산』이 편찬되었다.
ㄹ. 이러한 주장이 반영된 저술로는 『의산문답』이 있다.

① ㄱ, ㄴ   ② ㄱ, ㄷ
③ ㄴ, ㄷ   ④ ㄴ, ㄹ

79 423

다음의 내용에 해당하는 의서로 옳은 것은?

> 1653년에 해서 지방에 여역이 크게 유행하자 왕은 어의 안경창 등에게 명하여 한글 번역을 붙여 의서를 간행하게 하였다. 온역은 장티푸스나 발진티푸스에 해당하는 것으로 의서의 내용은 온역병원·온역표증의행·온역반표반리의 화해·온역이증의하·온역발황·대두은·온역양법·온역벽법·부전염법·금기 등 항목으로 나누어 전염병의 특성과 치료 방법을 논한 것이다.

①『마과회통』   ②『동의수세보원』
③『의방유취』   ④『벽온신방』

문제 풀이

76 420

제시된 사진은 앙부일구로 15세기 세종 때 처음 만들어진 공중용 해시계이다.

③ 세종은 우리나라와 중국의 역대 사적 중에서 정치의 귀감이 될 사실을 간추려 책을 편찬할 것을 명하였다. 이에 1445년(세종 27) 지중추원사 정인지 등이 집현전 학자들과 함께 『치평요람』을 편찬하였다. 또한 세종은 사형죄를 세 번 심리를 하도록 한 제도인 금부삼복법을 제정하였다.

오답 분석

①, ④ 부안 개암사나 안성 석남사는 18세기에 사회적으로 크게 부상한 부농과 상인의 지원으로 건립되었다. 동시대인 18세기에 정선의 진경산수화가 등장하였으며, 사실적 묘사와 남종·북종의 화법을 고루 수용한 실학적 화풍이 두드러졌다.

② 『상정고금예문』은 12세기 고려 인종 때 최윤의 등이 지은 의례서인데 강화도로 천도할 때 예관이 가지고 오지 못하자 최우가 보관하던 것을 강화도에서 금속 활자로 28부 인쇄하였다.

정답 ③

77 421

③ 『천세력』은 1782년(정조 6)에 효종 시기 도입된 시헌력을 바탕으로 중국의 역법을 참고하여 관상감에서 엮어낸 것이다.

정답 ③

78 422

사료는 홍대용이 주장한 지전설에 대한 내용이다.

ㄴ, ㄹ. 홍대용은 지구가 우주의 중심이 아니라는 무한 우주론을 주장하였고, 이러한 주장은 그의 저서인 『의산문답』에 반영되었다. 홍대용을 비롯한 김석문, 정약용 등이 주장한 지전설은 종래의 성리학적 우주관인 지정천동설을 부정함으로써 지동설을 주장한 서양의 코페르니쿠스, 갈릴레이, 케플러처럼 중세적 세계관을 무너뜨리는 데 기여하였다.

오답 분석

ㄱ. 홍대용은 중상학파 실학의 대표적 인물로써 인물성동론의 낙론을 계승하였다.

ㄷ. 『칠정산』은 해, 달, 화성, 수성, 목성, 금성, 토성 등 7개의 운동하는 천체의 위치를 계산하는 방법을 서술한 역법서이다. 이 책은 한양을 기준으로 「내편」은 원의 수시력을 보완하여 제작하였으며, 「외편」은 아라비아의 회회력을 보완하여 제작하였다.

정답 ④

79 423

④ 『벽온신방』은 전염병 치료에 관한 의서로 효종의 명에 의해 안경창 등이 편찬하였다. 전염병인 온역은 장티푸스나 발진티푸스에 해당하는 것으로 보인다. 이 책은 허준의 『신찬벽온방』의 전통을 따르고 있지만 내용은 보다 간략히 기술되어 있다.

정답 ④

80 424

다음의 내용과 관련이 있는 인물에 해당하는 사람은?

> 55세 때 쓴 『격치고(格致藁)』에서 그는 세상의 모든 존재를 물체(物)·몸(身)·마음(心)·일(事)의 네 영역으로 나누고 "물체는 몸에 깃들고 몸은 마음에 깃들며, 마음은 일에 깃든다"고 지적하면서 각 존재가 서로 뗄 수 없이 연관되어 영향을 주고받는다고 설명하였다. 이런 사상(四象) 철학은 그 뒤 그의 대표적 저작에 나타나는데 이 책은 '세상 사람들이 천수를 누리고 원기를 보존'하게 하려는 의미를 담고 있다.

① 노중례　　　　　　② 정약용
③ 허준　　　　　　　④ 이제마

81 425

고구려와 관련된 일본의 문화 전파 특성에 해당하지 않는 것은?

① 혜관이 영류왕 시기 일본에 건너가 삼론종의 개조가 되었다.
② 담징이 종이와 먹의 제조 방법을 전수하였다.
③ 다카마쓰 고분에서 강서 수산리 고분 벽화와 유사한 벽화가 발견되었다.
④ 목탑 건립과 가람 양식에 영향을 주었으며, 축제술에도 기여하였다.

82 426

다음은 고대 한반도 문화의 일본 전파와 관련한 글이다. 문화 전파에 공헌한 사람들 중 밑줄 친 인물이 속한 국가와 연관되지 않은 고대인은?

> 일본에는 우리나라와 중국에서 건너간 도공·화공·가죽 제품공 등 기술자들이 많이 있었는데 이들은 '베(部)'라는 무리에 속하여 있었다. 인사라아는 '가베(畫部)'에 속하였으며, 그의 자손도 일정한 장소에 살면서 면세를 받는 등 국가적 보호를 받으며 대로 그림을 그려 일본 미술 발전에 이바지했다. 이들을 가와치 화사[河內畫師]로 불렸다.

① 아직기　　　　　　② 단양이
③ 미마지　　　　　　④ 양태사

83 427

삼국 문화의 일본 전파 내용으로 잘못된 것은?

① 백제의 노리사치계가 불경과 불상을 전래하였으며, 고류사 미륵 반가 사유상 등이 제작되었다.
② 가야의 토기가 일본 스에기 토기 형성에 영향을 주었다.
③ 삼국의 문화 전파로 일본의 하쿠호 문화가 발전하였다.
④ 백제의 미마지는 남중국에서 배운 기악(伎樂)을 왜에 전하였다.

80 424

자료의 『격치고』는 동무 이제마가 45세부터 집필하여 62세에 완성한 대표적 저술이다.

④ 이제마는 사상 체질론을 제창하여 사상 체질에 맞는 약물 선택과 치료 방제 조성 등 모든 것을 창도하고 『동의수세보원』을 저술하였다.

오답 분석

① 노중례는 『향약채취월령』을 발전시켜 국산 약재를 소개하고 치료 방법에 대해 정리한 『향약집성방』을 편찬하였다.

② 정약용은 박제가와 종두법을 연구 실험하고 마진·두진에 관해 연구한 『마과회통』을 집필하였으며, 부록에는 『종두방서』를 실어 제너의 종두법을 소개하였다.

③ 허준은 수련도교의 영향을 받아 예방 의학에 중점을 두고 쉽게 구할 수 있는 약재를 사용한 치료법을 수록한 『동의보감』을 편찬하였다.

정답 ④

81 425

④ 백제는 5경 박사, 의박사, 역박사, 천문 박사, 채약사, 화가, 공예 기술자 등을 일본에 파견하였으며, 목탑 건립과 백제 가람 양식 수용에 영향을 주었다. 그리고 신라는 조선술과 축제술을 일본에 전해주었다.

정답 ④

82 426

제시문의 인사라이는 백제 출신으로 일본 고대 회화에 지대한 영향을 끼친 인물이다.

④ 양태사는 '다듬이 소리'라는 시로 유명한 발해인으로 일본에 사신으로 파견되었던 인물이다.

오답 분석

백제는 일본에 다양한 문화를 전파하였는데 근초고왕 시기에는 아직기와 왕인, 무령왕 시기에는 단양이, 고안무가 유교 문화를 전래하였다. 이후에도 성왕 시기 노리사치계, 무왕 시기에 관륵이 불교 문화를 전파하였다. 특히 무왕 시기에는 미마지가 기악무를, 지기마려는 일본 정원의 고대 양식에 영향을 끼쳤다.

정답 ④

83 427

③ 삼국 문화의 영향을 받아 발전한 문화는 아스카 문화에 해당한다. 하쿠호 문화는 7세기 후반에 발달한 일본의 고대 문화로 당시 통일 신라의 영향을 많이 받았다. 불상, 가람 배치, 탑, 율령과 정치 제도에서 신라의 불교와 유교의 영향이 컸다.

정답 ③

84 428

다음 고분에 대한 설명으로 옳은 것은?

① 모줄임 천장 양식이 나타나는 것이 특징이다.
② 고구려의 장군총으로 벽의 표면에서 무용도와 수렵도가 발견되었다.
③ 4 · 6 변려체의 비문이 발견되어 한문학의 수준이 높았음을 짐작할 수 있다.
④ 이와 같은 형식의 백제 시대 고분이 한강 유역에 분포되어 있다.

85 429

고대의 고분과 관련된 내용으로 잘못된 것은?

① 무용총은 굴식 돌방무덤으로 생활도와 더불어 사신도가 그려져 있다.
② 무령왕릉은 공주 송산리에 위치한 벽돌무덤으로 벽화가 존재한다.
③ 발해의 정혜 공주 묘에서는 묘지석과 함께 돌사자상도 출토되었다.
④ 금관이 출토된 신라 고분으로는 천마총, 금관총, 금령총, 황남대총, 서봉총 등이 있다.

86 430

다음에서 언급한 밑줄 친 '이 나라'에 대한 설명으로 옳지 않은 것은?

> 이 나라의 고분 벽화에는 측면의 사신도와 함께 천장에 황룡을 그려 넣어 중국 황제와 대등한 위상을 표현하고 있다. 북위에서도 이 나라를 황룡국이라 칭하고 있어 이 나라의 위상이 대외적으로도 인정받고 있었음을 알 수 있다.

① 5세기 후반의 남진 정책으로 이 나라의 남쪽 영역은 아산만에서 영일만을 연결하는 지역까지 확대되었다.
② 황상이라는 칭호를 사용하였고, 일본에 보낸 외교 문서에 천손이라 표현하였으며, 거의 전 시기에 걸쳐 독자적인 연호를 사용하였다.
③ 중국 중심의 세계관을 부정하고 이 나라를 중심으로 한 별도의 천하를 설정하였으며, 광개토 대왕릉비와 충주 고구려비에 이러한 성격이 반영되어 있다.
④ 왕의 칭호를 중국 황제와 같은 의미를 담은 '태왕', '대왕'이라고 하였으며, 유교 교육 기관을 수도와 지방에 설치하였다.

87 431

삼국의 고분과 미술 문화에 대한 설명으로 옳은 것은?

① 백제의 미륵사지 석탑과 신라의 분황사 모전 석탑은 각각 목탑과 전탑의 모습을 많이 간직하고 있다.
② 신라의 거대한 돌무지무덤은 5세기에서 6세기 초까지 유행한 묘제로 많은 껴묻거리가 존재한다.
③ 고구려의 고분 벽화는 처음에는 사신도가 유행했으나 점차 생활 풍속도 중심으로 변화했다.
④ 한강 유역의 돌무지덧널무덤은 백제 건국의 주도 세력이 고구려계 유이민임을 반영한다.

84 428

자료는 고구려의 대표적인 돌무지무덤인 장군총이다.
④ 돌무지무덤은 돌로 쌓아 만든 무덤으로 청동기 시대부터 삼국
시대까지 만들어졌으며, 초기 고구려의 무덤과 고구려의 영향
을 받은 한성 백제 시대의 무덤 등에서 나타난다.

오답 분석
① 모줄임 양식은 고구려와 발해의 굴식 돌방무덤에서 나타나는
형식이다.
② 돌무지무덤에는 벽화가 없으며 무용도와 수렵도가 그려진 무덤
은 굴식 돌방무덤인 무용총에 해당한다.
③ 4·6 변려체의 비문은 발해의 정혜 공주 묘와 정효 공주 묘에
서 발견되었다.

정답 ④

85 429

② 충청남도 공주시에서 발견된 벽돌무덤인 송산리 6호분은 성왕
의 능으로 추정되며 철(凸)자형 평면에 아치형 천장을 가진 단
실분 형식으로 네 면에 사신도가 그려져 있어 '송산리 벽화 고
분'이라고 불리기도 한다. 송산리 6호분의 바로 옆에 위치하는
무령왕릉은 송산리 6호분과 같이 아치형 천장을 가진 벽돌무덤
이지만 벽화가 존재하지 않는다.

정답 ②

86 430

밑줄 친 '이 나라'는 고구려이다. 고구려의 고분 벽화는 대략 120
여 기가 존재한다. 많은 벽화 무덤에서 사신도가 존재하는데 일
부 천장에서 황룡 그림이 발견되어 오신도가 구성되어 있는 경우
도 있다.
② 황상이라는 칭호를 사용하였고, 일본에 보낸 외교 문서에 천손
이라 표현하였으며, 거의 전 시기에 걸쳐 독자적인 연호를 사용
한 국가는 발해이다. 정혜 공주 묘 및 정효 공주 묘에서 발견된
묘지석에는 문왕을 대왕과 황상이라 표현하고 있다.

정답 ②

87 431

① 국보인 미륵사지 석탑은 우리나라 최고(最古)이자 최대(最大)의
석탑으로 목탑 양식을 재현한 것이다. 『삼국유사』의 기록 및 석
탑의 형식 등으로 보아 무왕 대(600~641)에 건립되었을 것으로
추정된다. 국보인 신라의 분황사 모전 석탑은 벽돌 양식(전탑
양식)의 석탑으로, 9층 탑이라는 기록이 있으나 3층까지만 현존
하며, 분황사 창립 연대인 634년(선덕 여왕 3)에 건립되었을 것
으로 추정된다.

오답 분석
② 신라에서 5세기~6세기 초까지 유행한 묘제는 돌무지덧널무덤
의 형식이다.
③ 고구려의 고분 벽화는 주로 생활도 중심에서 사신도를 표현한
특성으로 변화했다.
④ 백제가 한강 유역을 도읍으로 두었던 한성 시기의 무덤 형식은
돌무지무덤이다. 당시의 무덤 형식은 고구려의 영향을 받아 제
작되어 백제 건국의 주도 세력이 고구려계 유이민임을 추정할
수 있다. 돌무지덧널무덤은 신라에서 축조된 분묘 형식이다.

정답 ①

88 432

다음에서 언급한 (가) 국가의 유물 및 고분의 특성으로 옳은 것은?

6~7세기에 걸쳐 100년간 일본을 지배했던 명문가 소가(蘇我)씨 또한 (가) 와 관계가 깊다. 8세기에 집권한 칸무 천황의 어머니 등 (가) 왕실의 자손이 왜로 건너가 일본 왕가와 혼인하기도 하였다. 또한, (가) 의 아좌 태자는 일본 고대 회화사의 중요한 자료로 평가받고 있는 쇼토쿠 태자의 화상을 그렸다고 전해진다.

① 벽돌로 벽면을 축조한 뒤, 천장 구조는 평행 고임 양식으로 마무리한 당과 고구려적 요소를 결합한 무덤이 이 나라의 대표적 고분이다.

② 이 나라의 유물로 알려진 대향로의 윗부분은 도교의 이상 세계를 표현하고 있는 반면, 몸체 부분은 불교의 상징인 연꽃으로 장식되어 있다.

③ 덧널을 설치하고 그 위에 냇돌을 쌓은 뒤 흙으로 덮은 구조의 무덤이 유행하였으며, 이 무덤군에서는 도굴이 어려워서 상대적으로 많은 껴묻거리가 출토되었다.

④ 이 나라의 무덤인 덕흥리 고분의 천문도 벽화는 북두칠성의 위치는 물론, 밝기에 따라 크기를 달리 표현하였으며, 잘 알려지지 않은 보성까지도 그려 넣었다.

89 433

각 시대의 분묘에 대한 설명으로 옳은 것은?

① 고려와 조선 시대의 분묘에는 벽화가 제작되지 않았다.

② 신라의 호우총에서는 호우명 그릇과 함께 묘지석이 출토되었다.

③ 정혜 공주 묘는 널길의 동·서벽과 널방의 동·서·북벽에 그려진 12명의 인물도를 통해 발해인의 모습을 보여준다.

④ 백제에서는 굴식 돌방무덤과 벽돌무덤에서 각각 벽화가 발견되었다.

90 434

다음 자료와 관련한 내용으로 잘못된 것은?

공주는 ○○ 56년(792) 여름 6월 9일 임진일에 사망하니, 나이는 36세였다. 이에 시효를 정효 공주라 하였다. 이해 겨울 11월 28일 기묘일에 염곡의 서쪽 언덕에 배장하였으니, 이것은 예의에 맞는 것이다. 황상(皇上)은 조회를 피하고 크게 슬퍼하여, 침소에 들어가지 않고 음악도 중지시켰다.

① 황상이라는 표현을 통해 이 나라의 자주성을 확인할 수 있다.

② 공주의 무덤은 고구려에서 많이 나타나는 평행 고임 구조를 지니고 있다.

③ 자료의 황상은 대흥보력금륜성법대왕이라는 시호의 주인공으로 알려져 있다.

④ 공주의 무덤은 발해 초기 고분군인 육정산 고분에 위치해 있다.

91 435

다음 자료에서 언급한 석탑은?

기단은 각 면의 모서리와 모서리에 기둥돌을 끼워 놓았고 탑신부의 각층 모서리마다 기둥을 세워 놓았는데, 탑신부는 목조 건물의 배흘림 기법을 이용하였다. 얇고 넓은 지붕돌은 처마의 네 귀퉁이마다 부드럽게 들려져 있어 단아한 자태를 보여 주고 있다. 이 탑에는 신라와 연합하여 백제를 멸망시킨 당나라 장수 소정방이 '백제를 정벌한 기념탑'이라는 뜻의 글귀를 새겨 놓아 한때 '평제탑'이라 불리는 수모를 겪기도 하였다고 한다.

① 정림사지 5층 석탑   ② 미륵사지 석탑

③ 분황사 모전 석탑   ④ 왕궁리 5층 석탑

88 432

(가) 국가는 백제에 해당한다.

② 백제의 금동 대향로는 맨 위에 봉황을 장식하여 도교 사상의 영향을 나타내는 한편, 몸통에 연꽃 봉우리를 장식해 불교의 영향도 받았음을 알 수 있다.

오답 분석

① 발해의 정효 공주 묘, ③ 신라의 돌무지덧널무덤, ④ 견우 · 직녀가 그려져 있는 고구려의 덕흥리 고분과 관련된 내용들이다.

정답 ②

89 433

④ 백제에서는 지금까지 2기의 벽화무덤이 발견되었는데, 벽돌무덤인 송산리 6호분과 굴식 돌방무덤인 능산리 고분에서 하나씩 발견되었다.

오답 분석

① 고려의 분묘와 조선 전기의 무덤은 석실을 배치한 경우가 많아 벽화가 다수 존재한다.

② 해방 이후 최초로 발굴된 호우총에서는 묘지석이 출토된 바가 없다. 묘지석은 무령왕릉, 정혜 공주 묘, 정효 공주 묘 등에서 출토되었다.

③ 발해의 정혜 공주 묘는 굴식 돌방무덤이며 모줄임 양식으로 축조되었다. 또한 육정산에 위치하며 벽화는 모두 파괴되어 그 자취를 알 수 없다. 인물도가 그려진 벽화는 정효 공주 묘에 해당한다.

정답 ④

90 434

정효 공주 묘는 벽돌무덤으로 벽화가 그려져 있으며, 천장 양식은 고구려의 평행 고임 구조를 갖고 있다. 이 무덤을 통하여 정효 공주의 신상과 문왕의 존호에 대한 표현을 알 수 있었다. 정혜 공주는 문왕의 둘째 딸, 정효 공주는 문왕의 넷째 딸로 각각 40세, 36세에 사망하였다. 두 사람의 무덤에서는 4 · 6 변려체의 묘지석이 각각 발굴되었는데 내용은 동일하며, 공주들의 신원만이 다르게 기록되어 있다.

④ 정효 공주의 묘는 용두산 고분에 위치해 있으며, 육정산 고분에 위치해 있는 것은 정혜 공주 묘이다.

정답 ④

91 435

① 자료에서 언급한 석탑은 백제의 정림사지 5층 석탑이다. 정림사지 5층 석탑은 백제의 석탑이 목탑의 번안에서 시작되었다는 것을 추정할 수 있는 근거가 되고 있다. 세부 수법에 있어서는, 맹목적인 목조 양식의 모방에서 탈피하여 정돈된 형태의 세련되고 창의적인 조형을 보였으며, 백제탑 형식 중 전형적인 석탑이자 석탑의 시조로서 석탑 양식의 기틀을 마련한 것으로 볼 수 있다. 정림사지 5층 석탑은 백제 멸망 이후 당의 장수 소정방이 자신의 치적을 탑신에 새겨 평제탑이라고 불리기도 하였다.

오답 분석

② 미륵사지 석탑(국보)은 백제 무왕 시기에 건립되었을 것으로 추정되며, 우리나라 최고(最古) · 최대(最大)의 석탑으로 목탑 양식을 재현한 것이다.

③ 경주 분황사 모전 석탑(국보)은 벽돌 양식의 석탑으로 분황사 창립 연대인 634년(선덕 여왕 3)에 건립되었을 것으로 추정된다.

④ 익산 왕궁리 5층 석탑(국보)은 이 지역에서 후대에까지 유행하던 백제계 석탑 형식에 신라탑 형식이 첨가된 고려 초기의 작품으로 추정된다.

정답 ①

92 436

다음의 통치 체제를 정비한 국가의 문화재로 옳은 것은?

서울에는 방을 두고 각각의 방을 5부로 나누었는데, 이를 상부, 전부, 중부, 하부, 후부라 하였다. 부에는 5개의 항을 두었는데, 이곳에 평민들이 거주하였다. 부는 군사 5백 명을 통솔하며 5방에 방령(方領)을 각각 1명씩 두었는데, 달솔을 이에 임명하고 방좌(方佐)를 두어 그를 보좌케 하였다. 방에는 10개 군이 있고 군에는 장수 3명을 두었는데 덕솔을 이에 임명하여 군사 1천1백 명 이하 7백 명 이상을 통솔하게 하였다.”라고 기록되어 있다.　　－「삼국사기」

① 영광탑
② 연가 7년명 금동 여래 입상
③ 서산 용현리 마애 여래 삼존상
④ 상원사 동종

93 437

신라 문화재에 대한 설명으로 옳은 것은?

① 감은사지 3층 석탑은 쌍탑 형식으로 통일 신라의 석탑 중 이른 시기의 것이다.
② 성덕 대왕 신종은 아연 성분이 포함되어 있지 않으며, 용뉴 부분이 막혀 있다.
③ 석굴암은 자연 암반을 단순히 깎아 만든 천장 구조를 가지고 있다.
④ 백제 출신의 우륵은 가야금 12악곡을 지어 신라에 전해 주었으며, 이후 가야금 음악은 진흥왕 대에 신라의 궁중 음악인 대악으로 채택되었다.

94 438

대가야의 문화와 경제적 특징에 대한 설명으로 옳지 않은 것은?

① 고령의 고아동 벽화 고분은 연꽃무늬 벽화가 그려져 있어 가야의 불교 문화를 유추할 수 있다.
② 고분에서는 다양한 금·은 장식의 유물이 출토되고 있지만 순장체는 발견되지 않았다.
③ 내륙 산간 지역에서는 지류 등을 이용하여 벼, 기장, 보리, 조, 밀, 콩, 팥 등을 재배하였다.
④ 이뇌왕의 아들인 월광 태자는 석가모니 전생의 이름으로 가야의 불교 수용을 보여주고 있다.

95 439

다음 내용과 관련된 국가의 특징으로 볼 수 없는 것은?

이 나라의 각저총 벽화에서도 쪽구들로 난방을 한 흔적을 엿볼 수가 있다. 또한 동대자 유적에서도 ‘ㄱ’자 형태의 쪽구들이 발견된 바 있다. 아울러 아차산의 군사 유적지에서도 쪽구들이 다수 발견되었다.

① 이 나라에서는 운송 수단 및 이동 수단으로 수레를 많이 사용하였다.
② 이 나라의 인사라아라는 인물이 도일하여 일본 회화에 영향을 주었다.
③ 유교 교육 기관인 태학이 설립되고 율령이 반포되었다.
④ 후기에는 대성산성 일대의 안학궁에서 평양 장안성으로 궁을 옮겼다.

92 436

지방 행정 제도를 정비해서 5부 5방제를 설치한 것은 백제 성왕이다.

③ 서산 용현리 마애 여래 삼존 불상은 백제의 미소라는 별칭을 가진 대표적인 백제의 문화재이다.

오답 분석

① 발해의 영광탑은 무덤 위에 축조되었으며 5층 전탑의 구조를 가지고 있다.

② 연가 7년명 금동 여래 입상은 평양에서 주조되어 한반도 남부로 전파된 유물로 경남 의령에서 발견되었다.

④ 상원사 동종은 통일 신라에서 주조되었는데 용뉴 좌우에 종명이 음각되어 있어 주조 연대가 725년(신라 성덕왕 24)임을 알 수 있다. 이 종이 주성된 후 어느 절에 소속되어 있었는지 알 수 없으나, 『영가지』에 의하면 경상북도 안동누문에 걸려 있던 것을 1469년(예종 1)에 왕명에 의하여 현재의 상원사로 옮겨온 것으로 되어 있다.

정답 ③

93 437

① 경주 감은사지 동서 3층 석탑(국보)은 2기의 쌍탑 형식으로 682년(신문왕 2)에 건립되었다. 이 석탑은 목탑의 구조를 충실히 계승한 동시에 기단을 2단으로 한 새로운 형식을 도입하여 석탑 양식의 시원을 마련하였다.

오답 분석

② 성덕 대왕 신종(국보)은 통일 신라 시기인 771년(혜공왕 7)에 제작된 것으로 추정되며 아연 성분이 포함되어 있고, 용뉴 부분이 비어 있는 것이 특징이다.

③ 석굴암(국보)은 통일 신라 문화 황금기(751~774)에 건립된 신라 전성기의 최고 걸작으로 석가모니가 정각(正覺), 즉 깨달음을 얻은 순간을 가시적인 건축과 조각으로 재현한 것이다. 석굴암은 백색의 화강암재를 사용하여 토함산 중턱에 인공으로 석굴을 축조한 것이다. 그 내부 공간에는 본존불인 석가여래 불상을 중심으로 그 주벽에 보살상 및 제자상과 금강역사상, 천왕상 등 총 39체의 불상을 조각하였다.

④ 우륵은 가야의 인물로 백제 출신은 아니다.

정답 ①

94 438

② 순장은 부여뿐만 아니라 고조선을 비롯하여 고구려, 가야, 신라, 삼한 등지에서도 이루어졌던 것으로 보인다. 가야 문화권에서도 순장이 있었는데, 대가야의 대표적 유적지인 고령 지산동 유적 등에서 순장한 흔적이 다수 확인되었다.

오답 분석

현재까지 발견된 가야의 고분 중 벽화가 있는 유일한 고분은 고아동 고분이다. 고아동 고분에는 신라의 법흥왕과 대가야의 이뇌왕 시기에 혼인 동맹을 통해서 불교가 전파되었음을 유추할 수 있는 연꽃무늬 벽화가 남아 있다. 또한 이뇌왕의 아들인 월광 태자도 신라로부터의 불교 수용을 알 수 있는 작명이라 볼 수 있다.

정답 ②

95 439

구들 및 온돌의 난방 방식은 대개 고구려와 발해의 유적에서 다수 발견되고 있다. 각저총 벽화, 동대자 유적, 아차산 보루 등은 모두 고구려의 유적에 해당한다.

② 인사라아는 백제 인물로서 개로왕 시기에 도일하여 일본의 고대 회화에 영향을 주었다.

오답 분석

① 수레는 고대 사회에 있어서 중요한 물자 운송 수단 및 이동 수단이었으며, 고구려·백제·신라 및 통일 신라에 걸쳐 널리 사용되었다.

③ 고구려는 소수림왕 재위기인 372년에 유교 교육 기관인 태학을 설립하였고, 373년에는 율령을 반포하였다.

④ 고구려는 장수왕 시기 국내성에서 평양의 안학궁을 중심으로 천도하였으며, 평원왕은 다시 평양에 장안성(평양성)을 축조하고 궁을 옮겼다.

정답 ②

96 440

다음 불상이 제작된 나라에 대한 설명으로 옳은 것을 〈보기〉에서 고르면?

보기

ㄱ. 도당 유학생을 다수 파견하였으며, 국자감을 설치하여 귀족 자제들에게 유교 경전과 한문학을 교육하였다.

ㄴ. 돌궐·일본과 연결하여 당·신라를 견제하고 동북아시아의 세력 균형을 유지하였다.

ㄷ. 고구려계의 대씨와 고씨 등이 중요 관직을 차지하였다.

ㄹ. 돌무지무덤 양식의 모줄임 천장 구조가 나타나는 고분이 남아 있다.

① ㄱ, ㄴ　　　　② ㄴ, ㄷ
③ ㄷ, ㄹ　　　　④ ㄱ, ㄹ

97 441

다음 사료에서 묘사된 주요 산물을 생산한 국가에 대한 설명으로 잘못된 것은?

> 귀하게 여기는 것에는 태백산의 토끼, 남해부의 곤포(다시마), 책성부의 된장, 부여부의 사슴, 막힐부의 돼지, 솔빈부의 말, 현주의 포(베), 옥주의 면(누에 솜), 용주의 주(명주), 위성의 철, 노성의 쌀, 미타호의 붕어가 있고, 과일에는 환도의 오얏, 낙유의 배가 있다.
> ─ 「신당서」

① 고구려계 유민 이정기가 독자적 세력을 당에서 구축하자 말을 대규모로 수출하였다.

② 당의 문화를 수용하였고, 사회 기풍이 씩씩하였으며 활쏘기, 말타기, 격구 등이 성행하였다.

③ 여성은 비교적 지위가 높은 편이었으며, '여사'라는 여성 교사가 활동하기도 하였다.

④ 이 나라에서는 불교가 성행하여 이중 기단 위에 3층으로 쌓는 석탑의 형식이 나타났다.

98 442

다음 제시문에서 언급한 탑이 제작된 국가의 또 다른 문화재에 해당하는 것은?

> 이 탑은 8각 모양의 2단 기단 위에 9층 탑신을 올린 뒤, 머리 장식을 얹어 마무리한 모습이다. 2중 기단으로 지대석은 1단의 받침이 있어 하층 중석을 받치고 있다. 각 면에는 1면 2개씩의 안상(眼象)이 조각되었으며 갑석은 복련(아래로 향한 연꽃)으로 덮고, 그 위의 상층 면석을 받치는 받침돌이 있다. 탑신부는 2층 탑신부터 거의 같은 높이를 유지하고 있으며, 갑석 위에 탑신을 괴는 받침돌이 1매 있어 첫 층 옥신(屋身)을 받치는데, 8면에 1면씩을 건너뛰어 4개면에 작은 규모의 감실(불상을 모셔두는 방)을 마련해 두었다.

① 상원사 동종　　　② 부석사 무량수전
③ 이불 병좌상　　　④ 법주사 쌍사자 석등

99 443

다음은 고려 시대 어떤 문화재에 대한 이색의 시이다. 이와 관련된 고려 문화의 특징이 아닌 것은?

> 마을 동쪽 백여 리
> 시진 고을 관촉사네
> 큰 석상 미륵불은
> "내 나온다, 내 나온다"하고 땅에서 솟아났단다.
> 눈같이 흰빛으로 우뚝하게 큰 들에 임하니
> 농부가 벼를 베어 능히 보시하네
> (석불이) 때때로 땀흘려 군신을 놀라게 했다함이
> 어찌 구전뿐일까, 옛 역사에 실려 있다오.

① 하남 하사창동 철조 석가여래 좌상은 이 문화재와 유사한 문화적 특성을 가지고 있다.

② 신라에 비해 균형, 조화미가 부족하고 퇴화되는 특징을 보이고 있다.

③ 이불 병좌상과 같은 신라 양식을 계승한 문화재가 다수 제작되었다.

④ 향도의 매향 활동은 이 문화재와 같은 신앙 의식에서 이루어졌다.

문제 풀이 ⚙

96 440

자료는 발해의 이불 병좌상이다. 발해의 동경 용원부 유지에서 발견된 이 불상은 현재 남아 있는 발해 이불 병좌상 중에서 그 형태가 가장 완전한 것이다.

ㄴ. 발해의 무왕은 요서 지역에서 당군과 격돌하고 돌궐·일본과 연계하여, 당과 신라를 견제하고 동북아시아의 세력 균형을 유지하였다.

ㄷ. 발해는 고구려계의 대씨와 고씨 등이 중요 관직을 차지하였다.

오답 분석

ㄱ. 국립 대학인 국자감을 정비·설치하여 귀족 자제에게 유교 경전과 한문학을 교육한 것은 고려 성종이다.

ㄹ. 돌무지무덤은 청동기 시대부터 고구려·백제 초기에 나타나는 묘제 중 하나로 압록강 유역과, 남한강 유역에 분포한다. 모줄임 천장 구조는 고구려와 발해의 굴식 돌방무덤에서만 나타난다.

정답 ②

97 441

사료의 산물은 모두 발해에서 생산되는 것이다.

④ 이중 기단 위에 3층으로 쌓은 석탑의 형식이 나타난 국가는 통일 신라에 해당한다.

오답 분석

① 이정기 세력이 당에서 독자적인 세력을 구축하던 시기인 8세기 후반, 발해는 54회에 걸쳐 당나라에 사신을 보냈고 이들은 대부분 이정기의 평로 번진을 경유했다. 이정기는 당나라와의 전쟁에 대비해 매년 문왕의 발해와 명마를 거래했다.

② 발해는 문왕 시기부터 본격적으로 당과 교류하였으며, 고구려를 계승하여 활쏘기, 기마술, 격구 등이 성행한 것으로 알려져 있다.

③ 상대적으로 다른 국가에 비해 여권이 강했던 발해에서는 여성들이 여사라는 여성 교사에게 개인 지도를 받기도 하였다.

정답 ④

98 442

제시문에서 언급한 탑은 월정사 8각 9층 석탑으로 송의 영향을 받은 고려의 석탑이다.

② 고려 후기의 대표적 건축물로는 영주 부석사 무량수전이 있다.

오답 분석

① 상원사 동종은 통일 신라. ③ 이불 병좌상은 발해. ④ 법주사 쌍사자 석등은 통일 신라의 문화재에 해당한다.

정답 ②

99 443

사료는 고려의 관촉사 석조 미륵보살 입상에 대한 이색의 시이다.

③ 이불 병좌상은 발해의 유물로 그 지역에 법화 신앙이 유행하였던 것을 보여주는데, 발해에서는 특히 동경 용원부 유지에서만 8구 이상이 출토되었다.

오답 분석

①, ② 관촉사 석조 미륵보살 입상과 안동 이천동 석불 등의 고려 시대 조각은 지역의 특색을 반영하여 독특한 모습을 띠고 있으며, 자유분방함과 향토적 특색이 나타나는 것이 특징이다. 또한 당시의 조각들은 신라 양식이 주류를 이루지만 신라에 비해 균형과 조형미가 부족하여 퇴화하는 특징이 나타난다. 이러한 특색은 하남 하사창동 철조 석가여래 좌상(광주 춘궁리 철불)에도 나타나며, 고려 시대에는 이와 같은 대형 철불이 많이 조성되었다.

④ 향도의 매향 활동은 민심 안정을 소망하는 왕권의 힘과 불교 대중화의 모습이 반영되어 있는 관촉사 석조 미륵보살 입상과 같이 내세의 복을 빌고 위기가 닥쳤을 때를 대비하여 향나무를 바닷가에 묻었다가, 이를 통하여 미륵을 만나 구원받고자 하는 염원에서 시작되었다.

정답 ③

100 444

다음 시대적 배경과 같은 시기의 문화적 동향으로 옳지 않은 것은?

> 유청신은 장흥부 고이부곡 사람이다. 나라 법도에 부곡리는 비록 공이 있더라도 5품을 넘을 수 없다고 하였다. ······ 몽골어를 익혀 여러 차례 원에 사신으로 가서 잘 응대하였다. 이로 말미암아 충렬왕의 총애를 받아 낭장에 임명되었다. 하교하기를 "청신은 조인규를 따라 힘을 다해 공을 세웠으므로 비록 가세가 5품에 한정해야 하나 본인에게는 3품까지 허용하며, 고이부곡을 고흥현으로 승격하라." 라고 하였다.

① 농서인 『농상집요』가 수입되어 널리 보급되었으며, 경천사지 10층 석탑이 축조되었다.

② 관촉사의 석조 미륵보살 입상이나 안동의 이천동 마애여래입상 등 거대한 불상이 조성되었다.

③ 수시력이 채용되어 천체의 주기적 운행과 시간 계산법에 대한 지식이 확대되었다.

④ 원의 풍속이 민간에 전해져 철릭, 족두리 등 복식 문화와 만두, 설렁탕, 소주 등 음식 문화에 영향을 주었다.

101 445

다음 사진의 승탑을 제작한 나라의 문화에 대한 특징으로 옳지 않은 것은?

① 동시대에 탑신부에 불상 부조가 새겨진 3층 석탑이 제작되었다.

② 호족의 얼굴이라 불리는 철불이 제작되었다.

③ 안정감이 부족한 다각 다층의 석탑이 다수 제작되었다.

④ 이 나라의 현존 최고(最古)의 건물로는 안동 봉정사 극락전이 있다.

102 446

다음의 문화재와 관련된 설명 중 옳지 않은 것은?

① 법화경, 무량수경, 화엄경에 근거한 이상 세계가 형상화되어 공간적 분할을 이루고 있다.

② 전방후원(前方後圓)의 형태를 취하면서 사각의 전실(前室)과 원형의 주실(主室)로 나뉘어져 있다.

③ 본존불을 중심으로 그 주벽에 보살상 및 제자상과 금강역사상, 천왕상 등을 조각하였다.

④ 인조 석굴의 특성으로 건축되었으며, 쐐기돌 형식의 석재로 지탱한 돔이 존재한다.

103 447

고려와 조선 시대의 건축물에 대한 내용으로 잘못된 것은?

① 화엄사 각황전은 다포계의 2층 팔작 지붕으로 전내에는 삼여래·사보살을 봉안하였다.

② 종묘의 정전은 광해군 시기에 재건되었으며, 큰 규모 중층 건물의 특징을 가지고 있다.

③ 수덕사 대웅전은 백제 건축 양식을 계승하였으며, 주심포 양식을 따르고 있다.

④ 가장 오래된 건물로 맞배 지붕에 주심포 양식을 따른 안동 봉정사 극락전이 현존하고 있다.

100 444

사료의 시대적 배경은 '몽골어', '원에 사신으로 가서', '충렬왕' 등의 부분을 통해 원 간섭기임을 알 수 있다. 또한 사료를 통해 고려 시대의 향·소·부곡 등 특수 지역의 최고위 향리는 과거에 급제해도 5품까지만 승진할 수 있었다는 것을 확인할 수 있다.

② 관촉사 석조 미륵보살 입상(보물)은 고려 광종 때인 968년, 또는 970년에 공사를 시작하여 1006년에 완성되었고, 안동 이천동 마애여래 입상(보물)은 11세기경에 조성되었을 것으로 추정된다. 두 작품 모두 자유분방하고 향토적인 특색이 반영되었으며, 불교 대중화의 특징을 가지고 있다.

오답 분석

① 이암은 충정왕을 수행하여 원나라에 다녀오면서 귀국할 때 농서인 『농상집요』를 수입, 보급하여 고려의 농업 기술 발달에 공헌하였다. 개성 경천사지 10층 석탑은 1348년 충목왕 시기에 건립되었다. 원의 영향을 받아 대리석으로 제작되었으며, 라마교의 영향으로 화려한 조각이 새겨져 있는 것이 특징이다.

③ 수시력은 원 간섭기인 충선왕 시기에 도입되었다.

④ 원 간섭기에는 몽골의 철릭, 족두리, 연지 등의 복식 문화를 비롯하여 설렁탕, 소주 등의 음식 문화, 변발, 몽골어 등이 지배층뿐 아니라 민간에게도 전해져 영향을 주었다.

정답 ②

101 445

자료는 국보 법천사지 지광 국사 현묘탑으로 고려 중기(1085, 선종 2)를 전후하여 조성되었다.

① 탑신부에 불상 부조가 새겨진 3층 석탑은 통일 신라 말기에 제작된 양양 진전사지 3층 석탑이다.

오답 분석

② 고려 시대에는 당대의 독특한 형태를 보여주는 광주 춘궁리 철불이 제작되기도 하였다. 이 철불은 이 시기에 대두한 호족과 연결하여, 그 얼굴을 호족의 얼굴이라 표현하기도 한다.

③ 고려 시대에는 송의 영향을 받아 다소 안정감이 부족한 다각 다층의 석탑이 다수 제작되었고, 석탑의 몸체를 받치는 받침이 보편화되었다.

④ 봉정사 극락전은 국보로 고려 중기인 12~13세기에 세워진 우리나라에서 가장 오래된 목조 건물이다.

정답 ①

102 446

자료는 통일 신라 시대에 경주 토함산에 세워진 석굴암이다. 석굴암은 석가모니가 깨달음을 얻은 순간을 가시적인 건축과 조각으로 재현했다는 설과 아미타불을 조형한 것이라는 설로 양분되어 있다. 석굴은 백색의 화강암재를 사용하여 토함산 중턱에 인공으로 축조하고 그 내부 공간에는 본존불을 중심으로 그 주벽에 보살상 및 제자상과 금강역사상, 천왕상 등 총 39체의 불상이 조각되어 있다. 석굴암은 신라인들의 신앙과 염원, 뛰어난 건축미, 성숙한 조각 기법 등을 보여주는 역사 유적으로 국보로 지정되었으며, 유네스코 세계 문화유산으로도 지정되었다.

① 751년 신라 경덕왕 때 김대성이 창건하여 서기 774년 신라 혜공왕 때 완공된 불국사에 대한 설명이다. 불교 교리가 사찰 건축물을 통해 잘 형상화된 대표적인 사례로 법화경, 무량수경, 화엄경에 근거한 이상 세계를 형상화하고 있으며, 석굴암과 함께 세계 문화유산으로 지정되었다.

정답 ①

103 447

② 종묘는 광해군 시기에 재건되었으나, 종묘의 정전은 단층 건물이다. 종묘의 정전은 역대 국왕과 왕비의 신위를 모시고 제사를 지내는 공간으로 종묘에서 가장 중심이 되는 공간이다. 정전에는 태조와 현 국왕의 4대조, 사대부 가문의 불천위 조상에 해당하는 공덕이 큰 왕과 왕비의 신위를 모시는 공간이다. 현재는 19위의 신위가 모셔져 있으며 신실 한 칸에는 한 분의 왕과 그 왕비의 신주가 모셔져 있다. 정전은 19칸의 신실에 좌우 익실 각 3칸을 갖춘 세계적으로도 유례가 드문 긴 목조 건물이 되었으며, 영녕전 또한 16칸의 긴 건물이 되었다.

정답 ②

104 448

각 시대의 건축에 대한 내용으로 잘못된 것은?

① 창덕궁 돈화문은 17세기 건축물로 우진각 지붕에 다포 양식을 취하고 있다.

② 고려 초기에는 당·송의 영향을 받은 다포 형식의 건축 양식이 유행하였다.

③ 15세기에 건축된 건물로는 해인사 장경판전이 있다.

④ 부석사 무량수전은 팔작 지붕의 주심포 양식 건물로 소조 아미타여래 좌상이 봉안되어 있다.

105 449

다음에서 설명하는 불상은 고려 초기의 가장 대표적 불상 중 하나이다. 이 불상이 봉안된 사찰과 관련이 있는 것은?

> 통일 신라 불상 양식의 전통을 이어 만들어진 고려 시대의 불상이다. 즉 당당하면서도 장중한 신체와 안정감 있는 자세, 우견편단(右肩偏袒)의 착의 형식과 옷 주름의 표현 등은 석굴암 본존불을 본떠 만들어진 고려 초기 불상과 같은 계통의 양식이다. 그러나 온화함이 사라진 근엄한 표정이나 형식화로 흐른 옷 주름 등은 초기 불상 양식에서 차츰 후기 양식으로 변해 가는 모습으로 보인다. 석가모니불의 특징인 오른손을 무릎 위에 놓은 항마촉지인의 수인을 취하고 있는데, 이것이 원래 모습인지는 불확실하다.

① 의상이 창건한 절로 화엄종의 본찰이며 북악의 중심이 되었던 사찰이다.

② 이곳에서 금속 활자로 『직지심체요절』이 간행되었다.

③ 이 사찰에서 의천이 교장을 간행하였다.

④ 재조대장경을 봉안한 장경판전이 자리하고 있다.

106 450

사진에 나타난 건물의 특징 및 건립 시기와 연관하여 잘못 추론한 것은?

① 봉은사 주지로 임명된 보우를 중심으로 선·교 양종과 승과가 부활되고 불교가 잠시 중흥기를 맞았다.

② 화엄사 각황전, 금산사 미륵전 등이 동시대에 세워진 불교 건축물이다.

③ 이 시기에는 양반 계층의 지원을 받아 규모가 큰 다층 건물 형식의 불교 건축물이 다수 세워졌다.

④ 이 건물은 황룡사 9층 목탑과 같은 목탑 양식의 건축물이다.

107 451

조선 후기 18세기에 건축된 문화재로 바르게 묶은 것은?

① 논산 쌍계사, 안성 석남사

② 법주사 팔상전, 금산사 미륵전

③ 수원 화성, 무위사 극락전

④ 소쇄원, 옥산 서원

104 448

② 다포 양식은 원 간섭기인 고려 후기에 유행하기 시작하였으며, 공포가 기둥 위에만 짜여 있지 않고 기둥 사이 공간에도 창방 위에 두꺼운 평방을 더 올려놓은 양식에 해당한다. 다포 양식은 웅장한 지붕이나 건물을 화려하게 꾸밀 때 쓰였다. 심원사 보광 전(1374)과 석왕사 응진전(1386)이 대표적인 예이다.

정답 ②

105 449

제시문의 불상은 부석사 소조 아미타여래 좌상으로 부석사 무량수 전 안에 봉안되어 있다.
① 부석사는 의상이 창건한 절로 화엄종의 중심 사찰이며, 왕건을 지지하였던 북악의 본찰이었다. 한편 견훤을 지지하였던 화엄 종 남악의 중심 사찰은 지리산 화엄사였다.

> 오답 분석

② 청주 흥덕사, ③ 개경 인근의 흥왕사, ④ 합천 해인사에 해당하 는 내용이다.

정답 ①

106 450

사진에 나타난 건물은 법주사 팔상전이다. 이 건물은 황룡사 9층 목탑과 같은 목탑 양식의 건축물로 불교의 사회적 지위 향상과 양 반 지주층의 경제적 성장이 반영(규모가 큰 다층 건물)된 17세기 건 축물이다. 동시대에 화엄사 각황전, 금산사 미륵전 등이 세워졌다.
① 보우는 16세기에 명종의 어머니 문정 왕후의 신임을 얻어 봉은 사 주지가 되었으며, 당시 침체되어있던 불교를 부흥시키는 데 주도적 역할을 하였다.

정답 ①

107 451

① 논산 쌍계사와 안성 석남사는 18세기의 불교 건축물로, 사회적 으로 크게 부상한 부농과 상인의 지원으로 건립되었다.

> 오답 분석

② 불교의 사회적 지위 향상과 양반 지주층의 경제적 성장을 반영 한 금산사 미륵전, 화엄사 각황전, 법주사 팔상전 등은 17세기에 제작된 대표적 건축물이다.
③ 수원 화성은 18세기 정조에 의해 건축되었으나 무위사 극락전 은 15세기의 대표적인 불교 건축물이다.
④ 옥산 서원은 16세기 대표 서원이며, 소쇄원 또한 16세기의 정원 양식이다.

정답 ①

108 452

각 시대의 건축에 대한 내용으로 잘못된 것은?

① 고려 말 성불사 응진전, 심원사 보광전 등 다포 양식의 건물이 등장하였다.

② 18세기 후반에 조성된 화성은 임노동자를 고용하여 지어졌으며, 벽돌을 축성 재료로 활용하였다.

③ 15세기에 건축된 대표적 건축물로는 평양 보통문, 무위사 극락전 등이 있다.

④ 광화문과 숭례문은 국가의 대표적 건축물로써 팔작 지붕의 웅장한 형식을 취하고 있다.

109 453

다음 문화재가 제작되었던 시기의 문화적 동향에 해당하는 것은?

> • 원주 흥법사 진공 대사탑
> • 여주 고달사 원종 국사 혜진탑
> • 충주 정토사 홍법 국사 실상탑

① 안동 제비원 석불과 금강산 묘길상, 관촉사 미륵 불상 등이 제작되었다.

② 당과의 문화 교류가 활발하여 김운경, 김가기, 최치원, 최승우 등이 당의 빈공과에 급제하였다.

③ 대나무 숲과 계곡이 어우러진 자연미를 보여주는 소쇄원과 같은 정원이 조성되었다.

④ 고구려, 백제의 무덤 양식을 계승한 굴식 돌방무덤이 축조되었으며, 12지신상을 조각한 호석을 봉분에 두르기 시작하였다.

110 454

우리나라의 세계 문화유산과 관련된 내용으로 잘못된 것은?

① 백제 문화 유적 지구 중 부여는 관북리 유적(관북리 왕궁지) 및 부소산성, 정림사지, 능산리 고분군, 부여 나성 등으로 구성되어 있다.

② 조선의 왕릉 중 성종의 선릉과 중종의 정릉은 임진왜란 시기 일본에 의해 도굴되었다.

③ 불국사는 인공적으로 쌓은 석조 기단 위에 지은 통일 신라 시기부터 현존하는 목조 건축물로 고대 불교 건축의 정수를 보여 주고 있다.

④ 남한산성은 중국과 일본으로부터 전해온 성제의 영향과 서구의 화기 도입에 따라 변화된 축성 기술의 양상을 반영하였다.

111 455

( ) 안에 해당하는 국가에서 발견된 유물에 해당하지 않는 것은?

> "( )을(를) 방문한 여행자는 누구나 정착해 다시 나오고 싶어 하지 않는다. 그곳은 매우 풍족하고 이로운 것이 많기 때문이다. 사람들은 개나 원숭이의 목줄도 금으로 만든다."
> – 중세 이슬람 학자 알 이드리시, 『지리학 총서』(1154)

① 계림로 보검

② 칠곡 송림사 5층 전탑 사리 장엄구

③ 금동 대향로

④ 14면체 목제 주령구

108 452

④ 광화문과 숭례문은 해인사 장경판고, 창덕궁 돈화문과 같이 지붕면이 전후좌우로 물매를 갖는 우진각 지붕의 형식을 취하고 있다. 우진각 지붕은 지붕면 높이가 팔작 지붕보다 높게 되어 있는 것이 특징이다. 곡면이 특이하고 가장 아름다운 구성미를 지닌 팔작 지붕의 형식을 취한 건축물은 부석사 무량수전, 경복궁 근정전, 통도사 불이문 등이 있다.

정답 ④

109 453

원주 흥법사 진공 대사탑, 여주 고달사 원종 국사 혜진탑, 충주 정토사 홍법 국사 실상탑은 모두 고려 시대의 문화재이다.
① 고려 시대에는 마애불인 안동 제비원 석불과 금강산 묘길상, 관촉사 미륵 불상 등이 제작되었다.

오답 분석
② 통일 신라 후기인 신라 하대, ③ 조선 중기인 16세기, ④ 통일 신라 전기인 신라 중대(김유신 묘 등)에 해당한다.

정답 ①

110 454

③ 불국사의 건물은 임진왜란 시기에 화재로 소실되었다가 조선 후기에 중건된 것이다. 통일 신라 시기의 것으로는 석축과 청운교, 백운교, 석가탑, 다보탑 등이 현존하고 있다.

정답 ③

111 455

괄호에 해당하는 국가는 신라이다.
③ 금동 대향로는 도교적 특성과 불교적 특성이 결합된 백제의 유물이다.

오답 분석
① 계림로 보검은 신라와 중앙아시아의 문화 교류와 신라 문화의 국제적인 성격을 증명하는 매우 중요한 유물로 경주시 황남동 미추왕릉 지구에서 발견되었다. 이 보검의 다채 장식은 고대 그리스, 로마, 이집트, 서아시아 등지에서 널리 유행한 기법이었다.
② 송림사 오층 전탑 사리 장엄구는 통일 신라 시대의 유물이다. 사리병과 녹색 유리잔을 사리기 안에 봉안한 형태는 송림사 5층 전탑 출토품이 유일하다.
④ 14면체 목제 주령구(주사위)는 통일 신라 안압지(월지)에서 발견된 놀이 기구로서 당시의 유희 문화를 이해할 수 있는 유물이다.

정답 ③

112 456

다음은 조선 시대 한양 도성에 대한 내용이다. 이에 대한 설명으로 옳지 않은 것은?

> 한양 도성은 서울을 둘러싼 네 산을 따라 축조된 까닭에 상당 부분이 잘 남아있다. 산성을 쌓는 전통을 가진 우리나라는 고구려 때부터 산성과 도성을 일체시킨 한국식 도성제를 발전시켜왔다. 내사산을 성곽으로 이어 평지성과 산성을 결합시킨 독특한 도성 형식은 한양 도성이 유일하다. 내부는 효과적인 도시 관리를 위해 격자형으로 구획했다. 중앙에 주작대로를 두고 종로와 남대문로를 두었다. 내부의 야트막한 구릉과 소하천이 지나는 세부 지형을 존중한 까닭에 경복궁과 숭례문은 일직선의 축을 이루지는 않는다.

① 한양 도성에 대한 지도로 대표적인 것은 김정호의 제작으로 추정되는 수선전도이다.
② 한양 도성의 사대문 외의 문들은 각각 동북문 홍화문, 동남문 광희문, 소북문 소덕문, 서북문 창의문이라고 불렸다.
③ 성벽은 평지와 산지를 결합하여 백악·낙산·남산·인왕산의 능선을 따라 축조되었다.
④ 좌묘우사 원칙에 의해 법궁의 동쪽에 사직단이, 서쪽에 종묘가 건립되었다.

113 457

국내의 세계 문화유산에 설명으로 옳지 않은 것은?

① 창덕궁은 6궁을 모두 갖추고 있으며, 명정전이 국보로 지정되었다.
② 종묘는 좌묘우사의 원칙에 따라 세워졌으며, 광해군 시기 재건되었다.
③ 조선의 왕릉은 속세의 공간인 진입 공간, 제향 공간, 그리고 성역 공간의 3단계로 구분되어 조성되었다.
④ 화성은 벽돌과 돌의 교축, 목재와 벽돌의 조화를 이룬 축성 방법 등이 활용되었다.

114 458

다음 중 조선 시대의 종묘에 대한 설명으로 옳지 않은 것은?

① 종묘는 경복궁의 동쪽에 위치하였으며, 중심 건물은 정전과 영녕전이다.
② 연산군과 광해군은 폐위된 군주로 종묘에 모셔진 신위에서 제외되었다.
③ 종묘의 공간에는 왕으로 추존된 인물이나 공신들은 배제되어 모셔지지 않았다.
④ 종묘의 제사는 매년 정전에서 5회, 영녕전에서 2회를 모셨다.

115 459

다음 자료에서 언급한 인물과 관계가 있는 것은?

> 그는 조선의 문신으로, 시와 글씨, 그림에 모두 뛰어나 '삼절(三絶)'이라 불렸다. 글씨에서는 전서(篆書)·예서(隸書)에도 독보적인 경지를 이루었다. 세조 때에는 임신자(壬申字)를 녹여서 새로 글자를 주조할 때 직접 글씨를 썼는데, 이를 을해자(乙亥字)라고 불렀다. 그는 작은 풍경화를 묵화로 즐겨 그렸으며, 영모화(翎毛畵)·산수화·인물화에도 뛰어났다. 사대부들의 처사적(處士的) 성향과 밀착되어 자연과의 친화 관계를 보여주는 그의 소경 인물화는 특히 유명하였다.

① 영통동구도
② 송하보월도
③ 몽유도원도
④ 고사관수도

112 456

④ 한양 도성은 좌묘우사 원칙에 의해 법궁인 경복궁의 동쪽에 종묘가, 서쪽에 사직단이 조성되었다.

[오답 분석]

① 수선전도는 김정호의 제작으로 추정되며, 19세기 외국인의 안내 지도로 많이 활용되었다.

정답 ④

113 457

① 창덕궁은 사적으로, 1997년 12월에 유네스코 세계 문화유산으로 등록되었다. 조선 시대 궁궐 중 가장 원형이 잘 보존되어 있는 별궁으로, 1405년(태종 5) 이궁으로 창건되었다. 경복궁의 동쪽에 있다 하여 창경궁과 함께 일명 동궐이라 불렸으며, 임진왜란 때 전소된 것을 1611년(광해군 3) 중건하여 오늘에 이르고 있다. 명정전은 창경궁의 정전으로 국보에 지정되어 있다. 왕, 왕비, 대비, 후궁, 세자, 세자빈의 공간 등 6궁을 모두 갖춘 궁궐은 법궁인 경복궁이 유일하다.

정답 ①

114 458

종묘는 조선 왕조 역대 왕과 왕비 및 추존된 왕과 왕비의 신주를 모신 유교 사당으로서 유교의 검소한 기품에 따라 건립된 가장 정제되고 장엄한 건축물이다.

③ 영녕전은 정전에 모시지 않은 왕과 왕비의 신위를 모신 별묘인데, 세종 때 처음 건립되었다. 영녕전에는 목왕, 익왕, 도왕, 환왕의 순으로, 서협실에는 정종(2대), 문종(5대), 단종(6대), 덕종(추존), 예종(8대), 인종(12대), 동협실에는 명종(13대), 원종(추존), 경종(20대), 진종(추존), 장조(추존), 영왕과 각 왕의 비를 합쳐 모두 34신위가 16감실에 모셔져 있다.

[오답 분석]

① 태조는 유교 이념에 따라 궁궐인 경복궁을 중심으로 왼쪽인 동쪽에 종묘를, 오른쪽인 서쪽에 사직을 세웠다. 현재 종묘를 구성하고 있는 중심 건물은 종묘 정전과 영녕전으로, 태조가 종묘를 건설할 당시는 종묘 정전뿐이었다.

② 한때 폐위되었다가 숙종 때 복위된 단종의 신위는 영녕전에 모셔져 있으나, 폐위된 연산군과 광해군의 신위는 정전과 영녕전 모두에서 제외되었다.

④ 종묘의 제사는 정전이 섣달, 봄, 여름, 가을, 겨울의 5회, 영녕전이 정전의 제사일 중 섣달, 봄, 가을 중 택 2회로 같은 날에 모셔졌다.

정답 ③

115 459

자료의 내용은 강희안에 대한 설명이다. 강희안은 조선 전기의 문신으로 1444년 최항·박팽년·신숙주와 함께 「용비어천가」의 주석을 붙였다.

④ 강희안은 일찍부터 그림과 글씨에 뛰어났으며, 그의 대표적인 작품으로는 고사관수도가 있다.

[오답 분석]

① 영통동구도는 조선 후기의 문인 서화가이자 평론가이며, 김홍도의 스승으로 유명한 강세황의 작품이다.

② 송하보월도는 16세기 노비 출신 화원인 이상좌의 작품으로 남송 마원의 화풍과 가장 밀접한 관계를 보인다.

③ 몽유도원도는 조선 초기의 화가인 안견의 작품으로, 그의 화풍은 조선 중기까지 영향력을 발휘하였으며, 일본 무로마치 시대의 수묵 산수화에 영향을 주었다.

정답 ④

116 460

다음 그림이 제작되었던 시기의 시대적 특징으로 옳은 것은?

① 시 동인 모임이 유행하여 『풍요삼선』과 같은 시집이 편찬되었다.
② 동시대의 작품인 몽유도원도는 웅장한 구도 위에 이상 세계와 현실 세계를 대비하여 그려낸 작품이다.
③ 이 시기를 전후하여 최석정은 대수와 기하 이론을 정리한 『구수략』을 간행하였다.
④ 이광사의 원교체와 같은 우리의 정서와 개성이 추구된 글씨체가 완성되었다.

117 461

다음 그림과 관련된 세기의 문화적 동향과 관련이 없는 것은?

① 홍대용이 수학서인 『주해수용』을 저술하고 구구단을 수록하였다.
② 문체 반정이 일어나 순정 문학으로의 회귀가 주도되었다.
③ 행려풍속도와 단원풍속도첩 등 서민들의 생활상과 생업의 점경이 간략하면서도 짜임새 있는 구도 위에 그려진 그림이 유행하였다.
④ 오원 장승업이 작품 활동을 활발하게 전개하였으며, 현세 구복적 민화가 다수 제작되었다.

118 462

19세기의 문화적 동향에 대한 설명으로 잘못된 것은?

① 창덕궁과 창경궁의 전모를 담아낸 『동궐도』는 기록화로서 정확성과 정밀성이 뛰어나며 배경산수의 묘사가 극히 예술적이다.
② 이 시기를 대표하는 명필 이광사는 시·서·화에 모두 능하였으며, 특히 글씨에서 그의 독특한 서체인 원교체를 이룩하고 후대에 많은 영향을 끼쳤다.
③ 필사된 『완월회맹연』은 180권이나 되는 방대한 분량으로 효제충신의 내용을 담은 것이다.
④ 이 시기 유행한 국문 소설로는 『옥루몽』, 『배비장전』, 『채봉감별곡』 등이 알려져 있다.

119 463

각 시대의 음악에 대한 설명으로 옳은 것은?

① 아악은 송에서 고려 시대에 전래되었으며, '문묘제례악'이 현존하는 유일한 아악이다.
② 조선 시대 장악원에서 연주했던 음악은 『악학궤범』에는 대부분 누락되어 수록되지 않았다.
③ 세조는 『정간보』를 창안하고 편경 등의 악기를 제작하기도 하였다.
④ 산조는 18세기 김창조에 의해 가야금 산조가 출현하면서 유행하였다.

116 460

제시된 그림은 15세기 작품으로 조선 초기의 문인 강희안이 그린 고사관수도이다.

② 이 시기에는 전문 화원인 안견이 몽유도원도를 제작하는 등 중국의 화풍과 독자적 화풍이 적절하게 결합된 그림이 많이 제작되었다.

오답 분석

① 『풍요삼선』은 철종 시기에 중인의 시 동인 모임이었던 직하시사의 유재건, 최경흠 등이 편찬한 시집이다. 1853년에 편찬 작업을 시작하여 1857년 겨울에 편집을 완료하여 300여 본을 간행하였다. 수록된 시들을 지은 사람들은 주로 위항 문학의 전성기라고 할 수 있는 송석원시사에서 활동하였던 인물들로, 위항 문학에 대한 강한 자부심을 보여주고 있다.

③ 최석정의 『구수략』은 조선 후기인 1700년(숙종 26)에 간행된 서적이다.

④ 18세기의 서예가인 이광사는 특유의 서체인 원교체를 이룩하고 우리의 정서와 개성을 추구하였다. 이광사는 『연려실기술』을 집필한 이긍익의 아버지이다.

정답 ②

117 461

제시된 그림은 18세기 작품인 정선의 인왕제색도이다.

④ 오원 장승업은 19세기의 대표적 화가이며, 민화 역시 19세기에 주로 제작되었다.

오답 분석

① 18세기 후반에 활약한 홍대용은 수학 서적인 『주해수용』을 저술하였는데, 이 책에는 구구단이 수록되어 있다.

② 문체 반정은 정조 시기에 명·청의 영향을 받은 자유분방한 문체에서 벗어나 고문, 즉 이른바 순정 문학으로 회귀하려는 의도에서 추진되어 문학 발전을 저해하고 경직시킨 사건이다.

③ 18세기에 활약한 김홍도는 29세에 영조의 초상을 제작하는 데 참여할 정도로 재능이 뛰어났으며, 정조의 총애를 받아 화원 출신으로 벼슬을 지냈다. 그가 그린 풍속화로는 행려풍속도와 단원풍속도첩이 남아 있다. 행려풍속도에는 김홍도가 여행하면서 목격한 장면을 그린 그림이 담겨 있고, 단원풍속도첩에는 서민의 생활 모습을 실감나게 표현한 다채로운 그림들이 들어 있다.

정답 ④

118 462

② 이광사는 18세기 대표적인 명필로 정치적으로 몰락한 소론 출신이다. 정제두에게 양명학을 배웠고, 윤순의 문하에서 필법을 익혔다. 시·서·화에 모두 능하였으며, 특히 글씨에서 그의 독특한 서체인 원교체를 이룩하고 후대에 많은 영향을 끼쳤다. 그의 아들인 이긍익은 야사류의 역사서인 『연려실기술』을 저술하였다.

정답 ②

119 463

① 아악은 원래 중국 고대의 음악으로, 1116년(예종 11)에 송나라 '대성 아악'을 들여와 태묘 등의 제례악으로 채택하였으며, 그 이후 계속하여 왕실의 대중사(大中祀)에 사용하였다. 지금은 성균관의 석전에서만 그 명맥을 유지하고 있으며, '문묘제례악'이 현존하는 유일한 아악이다.

오답 분석

② 『악학궤범』은 실용 음악을 중심으로 장악원에서 연주했던 많은 음악을 채록하였으며, '동동', '정읍사', '처용가' 등이 한글로 수록되어 있다.

③ 『정간보』를 창안하고 편경 등의 악기를 제작한 인물은 세종이다.

④ 산조는 19세기 말 김창조에 의해 가야금 산조가 만들어지면서 출현하였다.

정답 ①

120 464

자기의 시대별 특성과 발전을 언급한 내용으로 잘못된 것은?

① 발해 자기는 가볍고 광택이 있었으며 당에 수출하기도 하였다.

② 청자의 주요 도요지는 전라도 강진과 부안 등지이다.

③ 상감 청자는 은입사 기법과 유사한 특징을 보이며 원 간섭기와 원·명 교체기에 발달하였다.

④ 분청사기는 조선 초 전국적인 자기소와 도기소에서 생산되었다.

121 465

다음 자료에서 (가)~(라)에 해당하는 내용으로 옳지 않은 것은?

> 어린 시절부터 일기를 써 온 ☐(가)☐ 은/는 즉위 이후에도 직접 일록(日錄)을 기록해 왔는데 5년(1781)에 『논어』에서 증자(曾子)가 '날마다 세 가지로 자신을 반성한다.'라고 한 뜻을 취하여 " ☐(나)☐ "(이)라는 명칭을 붙이고 ☐(다)☐ 을/를 기본 체제로 정하였다. 기록할 내용이 많아지고 ☐(라)☐ 가/이 관서로서의 기능을 정립한 7년(1783)부터는 각신과 검서관에게 대신 작성하게 하였다.

① (가) 정조
② (나) 『일성록』
③ (다) 기사본말체
④ (라) 규장각

120 464

③ 상감 청자는 나전 칠기나 은입사 공예에서 응용된 것으로 그릇 표면을 파낸 자리에 백토·흑토를 메워 무늬를 내는 방법으로 만들어졌다. 의종 시기에 처음 등장한 것으로 보이며, 무신 집권기에 발달하였다. 상감 청자는 원 간섭기 이후 퇴조하고, 원의 북방 가마에서 영향을 받은 분청사기가 등장하였다.

정답 ③

121 465

자료는 정조가 작성한 『일성록』에 대한 내용이다. 정조는 세손 시절부터 자신의 언행과 학문을 기록한 『존현각일기』를 작성하였고, 이 책은 1783년(정조 7)부터 국왕의 개인 일기에서 규장각 관원들이 시정에 관한 내용을 작성한 후에 왕의 재가를 받은 공식적인 국정 일기로 전환되었다.

③ 『일성록』은 국정의 주요 현안들을 강(표제)과 목(세부 사실)으로 나누어 기록하고, 국정 운영에 참고할 내용들을 일목요연하게 찾을 수 있는 체제로 편찬되었다.

정답 ③

PART 09

한말 - 근대 사회의 전개

01 466

밑줄 친 '그'에 대한 설명으로 옳은 것은?

일찍이 송시열을 받들던 노론 세력은 경기 여주에 있는 송시열의 사우 현판에 '대로(大老)'라는 글자를 써서 걸었다. 그런데 조정에서는 공식적으로 그를 '대로'로 추대하고, 국태공(國太公) 등과 함께 공식 직함으로 사용하였다. 왕실의 위상을 높이고 서양 세력을 물리쳐 대의를 세운 공로라는 명분이었다. 그리고 '대로'가 둘일 수 없다 하여 송시열 사우의 현판을 '강한(江漢)'으로 고치도록 하였다. 노론은 이를 수치스럽게 여겼다. 그는 자신을 '대로'라고 부르게 함으로써 송시열을 간접적으로 격하시켰다.

① 전라도 태인에서 임병찬과 함께 거병하여 의병 활동을 하다 붙잡혔고, 대마도로 유배되었다.
② 임진왜란 때 소실된 경복궁을 왕권 회복과 국가 위신 제고를 목적으로 중건하였다.
③ 청에서 삼번의 난이 일어나자 도체찰사부를 설치하고 군권을 귀일시켜 북벌을 강력히 추진하려 하였다.
④ 그의 '양물금단론'은 서양의 경제적 침략을 저지하면서 우리 문화를 지키려는 현실 인식이 반영된 것이었다.

02 467

다음 시에 나타나 있는 사회 문제를 해결하기 위하여 흥선 대원군이 취한 조치로 옳은 것은?

(가) ……
　　빌려주고 빌리는 건 양쪽 다 원해야지
　　억지로 강제하면 불편해져서
　　온 땅을 통틀어도 고개만 저을 뿐
　　빌리겠단 사람은 하나도 없네
　　봄철에 좀먹은 쌀 한 말 받고서
　　가을에 온전한 쌀 두 말을 바치고
　　……
　　　　　　　　　　　　　　　　　　　– 정약용

(나) ……
　　남편은 세상을 떴으나
　　뱃속에 아기가 있었지요
　　천행으로 사내애를 낳아서
　　그 아이 배내털 마르기도 전에
　　이임(里任)이 관가에 보고하여
　　군액에 충원이 되었네요
　　……
　　　　　　　　　　　　　　　　　　　– 정민교

	(가)	(나)
①	사창제 실시	호포법 실시
②	사창제 실시	당백전 발행
③	호포법 실시	사창제 실시
④	호포법 실시	당백전 발행

01 466

밑줄 친 '그'는 흥선 대원군이다. 흥선 대원군은 세도 가문을 배출시킨 노론 세력을 약화시키기 위해 송시열의 위상을 격하시키고, 그를 배향한 화양동 서원을 철폐하였다. 또한 송시열의 유명으로 건립된 만동묘를 없애 버렸다.
② 경복궁은 흥선 대원군 집권기에 중건되었다.

오답 분석
① 최익현, ③ 윤휴, ④ 기정진에 해당한다.

정답 ②

02 467

(가)는 환곡의 폐단, (나)는 군정의 폐단이 나타난 시이다.
① 흥선 대원군은 환곡의 폐단을 시정하기 위하여 사창제를 실시하였고, 군정 개혁을 위해 호포법을 실시하였으며 그 결과 국가 재정 수입이 증가하였다.

오답 분석
당백전은 흥선 대원군이 1866년에 경복궁 중건을 위해 발행한 동전으로, 실제 가치는 상평통보의 1/5~1/6에 불과하였으며 통용 1년 만에 심각한 인플레이션을 초래하였다.

정답 ①

03 468

한말 대원군 집권기에 다음과 같은 문제점을 해결하기 위해 시행했던 정책에 대한 설명으로 잘못된 것은?

> … 맨 처음 이 법을 만든 본뜻은 반은 백성의 양식을 위함이요, 반은 나라의 경비를 위한 것이니, 어찌 반드시 백성에게 모질고 사납게 하기 위하여 만든 것이겠는가. 지금은 폐단이 거듭되어 나라 경비에 보탬이 되는 것은 열 가운데 하나요, 여러 아문에서 관장하여 자기들 몫으로 삼는 것이 열 가운데 둘이다. 군현 아전들이 농간질하고 판매를 해서 스스로 장삿속으로 이득을 취하게 되는 것이 열 가운데 일곱이다. 백성은 일찍이 쌀 한 톨도 만져보지 못했는데 해마다 바쳐야 하는 쌀이 천이나 만이 되니, 이것은 부렴이지 어찌 진라 하겠으며, 이것은 늑탈이지 어찌 부렴이라 할 수 있겠는가.
> – 「목민심서」

① 이 시기에 시행되었던 사창제는 갑오개혁 때에 폐지되었다.
② 부정이 크게 줄고 원곡이 보존되었으며, 국가 재정 수입이 증가하였다.
③ 사수라 하여 인망 있고 경제적 여유가 있는 마을 사람을 선출하여 운영하도록 하였다.
④ 함경도, 평안도, 강원도에서는 실시되지 않았다.

04 469

밑줄 친 사건 이후 전개된 정책이나 열강의 침략에 해당하지 않는 것은?

> 이번의 덕산(德山) 묘소에서 일어난 변은 놀라고 놀랄 일이다. 그러나 해외의 더러운 서양 오랑캐들이 어떻게 그 길을 알아서 침입할 수 있었겠는가? 반드시 국내의 사류(邪類 : 이교도)들이 종용하고 길 안내를 받은 것이다. 그 생각을 할수록 더욱 아픔을 참을 길이 없다. 이제부터 그물을 빠져나간 사류를 서울에서는 양 포도청이, 지방에서는 진영이 남김없이 잡아들여 없애고 묘당으로 그 경과를 알리도록 하라.
> – 「고종실록」

① 진무영 관하의 각 진영에서 소요되는 경비를 항상 비축해두기 위해 심도포량미를 거두었다.
② 운요호가 영종도에 포격을 가하고 해병대를 상륙시켜 살인과 약탈 및 방화를 자행한 뒤 일본으로 돌아갔다.
③ 텐진에 체류 중이던 미국인 프레스톤은 자기 소유 상선을 대동강에 진입시켜 수심을 측량하였으며, 이 배는 이에 항의하는 중군 이현익을 감금하였다.
④ 미국의 아시아 함대 사령관 로저스의 지휘 아래 측정 원정대가 강화 해협의 손돌목에 침입하자 조선군이 포격을 가하였다.

05 470

( ) 안의 사건과 관계된 사실로 옳은 것은?

> 천주교도들은 프랑스, 영국 등과 교섭하여 러시아 세력을 저지해주는 대신 천주교를 공인받고자 대원군과 적극적인 교섭을 벌였다. 그러나 당시 집권 세력이 강하게 반발하였을 뿐만 아니라 선교사와의 연락이 지연되는 상황이 전개되자 대원군은 천주교에 대한 입장을 바꾸었으며 이는 곧 ( )의 계기가 되었다.

① 정부는 '대왕대비교령'을 통해 천주교 금압령을 발표하고 3년간 9명의 프랑스 신부와 약 8천여 명의 신도를 처형하였다.
② 척사윤음이 반포되었으며, 정하상이 『상재상서』를 저술하여 천주교 교리를 옹호하려 하였다.
③ 이승훈·이가환·권철신·주문모 등이 처형되고 정약용과 정약전이 유배되었다.
④ 김대건이 서양 성직자 잠입 해로를 개척하다가 순위도에서 체포되어 처형되었다.

06 471

자료의 사건과 관계있는 국가에 대한 설명으로 옳은 것은?

> 1871년 4월 8일, 정부는 남양 부사로부터 이양선이 나타났다는 급보를 받고 어재연을 진무중군에, 이창회를 강화판관에 임명하여 현지로 파견하였다. 또한 서울에 있는 각 영으로부터 군대를 차출하고 대포·화약·군량미를 수송했다. 4월 14일, 이양선들이 염하 일대를 측량하고 손돌목을 지나 광성진으로 나가려고 하자, 연안을 경비하고 있던 조선 포대가 포격을 가했고, 덕진진과 초지진에서도 합세하여 그들을 공격하였다.

① 이 나라와의 수교 직후, 외교 사무는 주한 러시아 공사가 일시적으로 대리하여 처리하였다.
② 갑신정변 당시 개화당을 지원하였으며, 한성 조약을 체결하였다.
③ 이 나라와의 조약에서 치외 법권이 명시되었으나 잠정적인 것으로 규정하였으며, 조선의 사법 기관이 완비되었을 때 철폐한다는 조건이 전제되었다.
④ 외규장각 도서를 약탈하였으며, 펠리오 문서로 입수한 『왕오천축국전』을 소장하고 있다.

03 468

자료는 환곡의 문제점을 지적한 것이다. 환곡제는 춘궁기에 양식과 종자를 빌려 준 뒤 추수기에 회수하여 농민의 생활을 안정시키는 제도로 조선 후기에 이르러 환곡의 강제 대출(늑대)이나 이물질을 섞어 주고(분석), 대출을 위조(반작)하는 등 폐단이 발생하게 되었다. 흥선 대원군 집권기인 1867년(고종 4)에는 이러한 환곡의 문제점을 해결하기 위해 향촌에서 자치 운영하는 사창제를 실시하여 빈민을 구제하려 하였다.

① 사창제는 흥선 대원군이 퇴진하면서 유명무실해졌다가 갑오개혁 시기에 재개되었다.

정답 ①

04 469

자료의 밑줄 친 '덕산 묘소에서 일어난 변'은 오페르트 도굴 사건을 의미한다. 독일 상인 오페르트는 2번에 걸친 조선과의 통상 요구가 거절된 후 1868년 남연군의 묘를 도굴하려 하였다가 실패하였다.

③ 1866년에 일어난 제너럴셔먼호 사건에 대한 내용으로 오페르트 도굴 사건 이전의 일이다. 텐진에 체류 중이던 미국인 프레스톤(Preston)은 자기 소유 상선인 제너럴셔먼호를 대동강에 진입시켜 수심을 측량하고, 중군 이현익을 감금하였다. 이 소식을 접한 평안도 관찰사 박규수는 적극적 대응을 펼쳤고, 그 결과 제너럴셔먼호가 불타고 선원들이 살해되었다. 이 사건은 신미양요의 계기가 되었다.

오답 분석

① 병인·신미양요 이후 군대 강화의 필요성이 대두되었고 이를 위한 막대한 재정이 소요되었다. 이에 흥선 대원군은 1871년 새로운 특별세인 심도포량미(1결당 1두)를 부과하여 해군 사령부에 해당하는 진무영 등의 군비 강화를 도모하였다.

② 1875년 운요호 사건에 대한 내용이다. 이 사건으로 조선인이 피해를 입었음에도 불구하고 일본은 이 사건의 책임을 묻는다는 구실로 조선을 개항시키려고 하였다.

④ 1871년 신미양요에 대한 설명이다. 당시 콜로라도호를 선두로 군함 5척과 미 해병대 병력 1,230여 명이 침략하여, 손돌목에서 포격전을 벌였고 초지진과 덕진진이 함락되었다.

정답 ③

05 470

프랑스를 이용하여 러시아의 남하를 막으려던 흥선 대원군의 정책은 프랑스와의 교섭 실패, 청에서의 천주교 탄압 소식, 유생들의 반발, 조두순 등의 배외 정책 등으로 인해 결국 천주교에 대해 대대적 탄압을 가하는 방향으로 전환되었다.

① 정부는 '대왕대비교령'을 통해 천주교 금압령을 발표하고 병인박해를 통해 3년간 9명의 프랑스 신부와 약 8천여 명의 신도를 처형하였다. 살아남은 리델·페론·칼레 선교사는 프랑스 해군 제독 로즈(P. G. Rose)에게 이 사실을 보고하였으며 이는 병인양요의 원인이 되었다.

오답 분석

② 기해박해(1839), ③ 신유박해(1801), ④ 병오박해(1846)에 대한 설명이다.

정답 ①

06 471

자료는 신미양요에 관련된 내용으로 해당 국가는 미국이다.

③ 치외 법권(영사 재판권)에 대한 조·미 수호 통상 조약의 내용은 다음과 같다. '조선 국왕이 그 국왕의 법령과 재판 절차를 수정 및 개혁한 결과 그것들이 미합중국에 있어서의 법령 및 재판 절차와 일치된다고 미합중국이 판단할 때에는 언제든지 조선에 있는 미합중국 공민에 대한 치외 법권(영사 재판권)은 철폐될 것이며 그 후에는 미합중국 공민이 조선 국왕의 경내(境內)에 있을 때에는 현지 당국의 법권(法權)에 복종할 것을 양 체약국 간에 상호 합의 결정된다.'

오답 분석

①, ④ 프랑스, ② 일본에 대한 내용이다.

정답 ③

07 472

다음은 19세기 후반에 전개된 어떤 운동의 흐름을 보여 주는 자료이다. 이를 시기 순으로 바르게 배열한 것은?

> (가) 일단 강화를 맺고 나면 저들은 물화를 교역하는 데 욕심을 낼 것입니다. 저들의 물화는 모두 지나치게 사치스럽고 기이한 노리개로 손으로 만든 것이어서 그 양이 무궁합니다. 우리의 물화는 모두가 백성들의 생명이 달린 것이고 땅에서 나는 것이므로 한정이 있습니다. … (중략) … 저들이 비록 왜인이라고 하나 실은 양적(洋敵)입니다.
>
> (나) 서양 오랑캐의 화(禍)가 오늘날에 이르러서는 홍수나 맹수의 해(害)보다 더 심합니다. 전하께서는 부지런히 힘쓰시고 경계하시어 안으로는 관리들로 하여금 사학(邪學)의 무리를 잡아 베게 하시고 밖으로는 장병으로 하여금 바다를 건너오는 적을 정벌하게 하소서.
>
> (다) 러시아 · 미국 · 일본은 같은 오랑캐입니다. 그들 사이에 누구는 후하게 대하고 누구는 박하게 대하기는 어려운 일입니다. … (중략) … 더욱이 세계에는 미국 · 일본 같은 나라가 헤아릴 수 없이 많습니다. 만일 저마다 불쾌해하며, 이익을 추구하여 땅이나 물품을 요구하기를 마치 일본과 같이 한다면 전하께서는 어떻게 이를 막아내시겠습니까?
>
> (라) 원통함을 어찌하리. 이미 국모의 원수를 생각하며 이를 갈았는데, 참혹함이 더욱 심해져 임금께서 또 머리를 깎으시는 지경에 이르렀다. … (중략) … 이에 감히 먼저 의병을 일으키고서 마침내 이 뜻을 세상에 포고하노니, 위로 공경(公卿)에서 아래로 서민에 이르까지 어느 누가 애통하고 절박한 뜻이 없을 것인가.

① (가) - (나) - (다) - (라)
② (가) - (나) - (라) - (다)
③ (나) - (가) - (다) - (라)
④ (나) - (가) - (라) - (다)

08 473

다음과 같이 주장한 서적의 유포가 조선에 끼친 영향으로 옳은 것은?

> 조선의 땅덩어리는 실로 아시아의 요충을 차지하고 있어 열강이 서로 차지하려고 할 것이다. 조선이 위태로우면 중국도 위급해진다. 러시아가 영토를 넓히려고 한다면 조선이 첫 번째 대상이 될 것이다. … (중략) … 그렇다면 오늘날 조선의 책략은 러시아를 막는 일보다 더 급한 일이 없다. 러시아를 막는 책략은 무엇인가? 중국과 친하고 일본과 맺고, 미국과 친함으로써 자강을 도모할 따름이다.

① 일본과 근대적 조약을 체결하는 계기가 되었다.
② 러시아의 압력이 거세지자 프랑스와의 조약이 추진되었다.
③ 영남 만인소가 제기되었으며, 조 · 미 수호 통상 조약이 체결되었다.
④ 일본이 초지진에 포격하였으며, 영종진에 상륙하여 많은 피해가 일어났다.

09 474

수신사에 대한 설명으로 잘못된 것은?

① 1차 수신사 김기수는 1876년 일본에 파견되어 돌아온 후 『일동기유』를 저술하였다.
② 2차 수신사 김홍집이 황쭌셴이 지은 『조선책략』을 가지고 들어왔다.
③ 3차 수신사로 파견되었던 박영효의 건의로 박문국이 설치되었다.
④ 수신사는 종래의 통신사를 계승하여 에도 막부에 파견되었던 외교 사절이다.

07 472

자료는 19세기 후반에 전개된 위정척사 운동에 관한 기록이다. 위정척사 사상은 외세의 침략에 반대하는 반외세·반침략의 자주적 민족 운동으로 계승·발전하였다.

③ 위정척사 운동을 시기 순으로 바르게 배열하면 (나) → (가) → (다) → (라)이다.

(나) 1860년대에 이항로가 올린 통상 반대 상소의 내용이다. 이항로와 기정진 등은 서양의 통상 요구 반대 운동을 전개한 것에 이어 서양의 무력 침략에 맞서 싸우자는 척화 주전론을 펼쳤다.

(가) 1876년에 최익현이 올린 개항 반대 상소의 내용이다.

(다) 영남 만인소의 내용으로 1880년 김홍집에 의해 유입된 『조선책략』의 내용에 반발하여 이만손을 중심으로 영남의 유생들이 집단 상소를 올린 것이다.

(라) 유인석의 창의문으로 을미의병 때의 기록이다. 1890년대에는 위정척사 운동을 계승한 유생들이 명성 황후 살해 사건(을미사변)과 단발령 등에 자극되어 의병 운동을 일으켰다. 당시의 의병 운동은 위정척사 사상을 지닌 봉건 유생층이 주도하였고, 대표적인 인물로는 문석봉, 유인석, 이소응 등이 있었다.

정답 ③

08 473

사료는 1880년에 2차 수신사로 파견된 김홍집이 들여온 『조선책략』의 내용이다.

③ 『조선책략』의 유포로 조선 내에서는 연미론이 대두하였고, 정부가 미국과의 수교를 적극적으로 추진한 결과 조·미 수호 통상 조약이 체결되었다. 한편 이러한 움직임에 반발한 개화 반대 운동이 본격적으로 진행되었는데, 1881년(고종 18) 이만손을 비롯한 경상도 유생들은 영남 만인소를 작성하여 정부의 개화 정책을 반대하였다.

오답 분석

① 조선은 운요호 사건 등을 계기로 일본과 최초의 근대적 조약인 강화도 조약(1876)을 체결하였다.

② 프랑스와의 조약은 1886년에 체결되었다.

④ 일본의 공격은 1875년에 일어난 운요호 사건에 해당한다.

정답 ③

09 474

④ 수신사는 메이지 유신 이후에 파견되었다. 이전까지는 조선에서 일본에 파견하는 사신을 통신사라 불렀으나, 1876년(고종 13) 강화도 조약 이후 수신사로 바뀌었다. 이는 양국이 근대적 입장에서 사신을 교환한다는 뜻이다.

정답 ④

10 475

다음 사료에 나타난 주장과 관계 깊은 역사적 사실은?

> 지금 그 나라는 내분 중이며, 쇄국 세력이 아직 강하지 않은 틈을 타 힘을 덜 들이고 일을 쉽게 이루려면 우리 군함 두 척을 파견하여 대마도와 그 나라 사이의 바다에 보내어 해로를 측량하게 하고, 그들로 하여금 우리 편의 뜻이 무엇인지 알게 하여야 합니다.
> ─「대일본 외교 문서」

① 운요호 사건으로 강화도 조약이 체결되어 개항이 이루어졌다.
② 일본은 청·일 전쟁을 일으켜 조선에서의 주도권을 장악하려 하였다.
③ 개화 정책을 추진하기 위하여 영선사를 파견하였다.
④ 흥선 대원군은 서구 열강과의 통상과 수교를 거부하였다.

11 476

(가)~(다) 조약에 대한 설명으로 옳은 것은?

> (가) 부산 외에 두 곳의 항구를 개항하고 일본인이 오가며 통상을 하도록 허락한다.
> (나) 다른 나라에 본 조약에서 부여되지 않은 특혜를 허가할 경우 동등한 특혜는 미국 관민에게도 무조건 균점된다.
> (다) 중국 상인이 조선의 양화진과 서울에 들어가 상점을 차릴 수 있도록 허락한다.

① (가)의 조약은 통상과 관세에 대한 구체적 조건이 본문에 규정되었다.
② (나)는 수출입 상품에 대한 관세 부과권을 조선 정부에 귀속시켰다.
③ (다)는 갑신정변 이후 청의 영향력이 극대화되는 시기에 체결되었다.
④ (가)와 (나)는 최혜국 대우가 허용된 불평등 조약이었다.

12 477

다음 조문(條文)을 통해 추론한 것으로 잘못된 것은?

> 제1조 조선은 자주의 나라이며, 일본과는 평등한 권리를 갖는다.
> 제7조 조선은 일본 항해자가 자유로이 해안을 측량함을 허가한다.
> 제10조 일본 인민이 조선의 각 항구에 머무르는 동안에 죄를 범한 것이 조선 인민에게 관계되는 사건일 때에는 모두 일본 관리가 심의한다. 만약 조선 인민이 죄를 범하고 일본 인민에게 관계된 사건일 때에는 모두 조선 관리가 수사하여 재판한다.
> ─「조·일 수호 조규」
> 제7조 일본 인민은 일본의 여러 화폐로 조선 인민의 소유물과 교환할 수 있고, 조선 인민은 교환한 일본 여러 화폐로 일본에서 나는 여러 화물을 살 수 있으니, 이로써 조선이 지정한 여러 항구에서 일본 화폐를 인민 상호 간에 통용할 수 있다.
> ─「조·일 수호 조규 부록」

① 일본은 조선에 대한 청의 종주권을 부인하였다.
② 일본은 조선에 진출한 주요 국가 가운데 서울 이외의 지역에 영사관을 설치하지 않은 유일한 국가였다.
③ 개항장에서 일본 화폐의 통용으로 무역을 일본이 주도할 수 있었다.
④ 조·일 수호 조규의 제7조와 제10조는 상호주의가 결여되어 불평등의 요소를 내포하고 있다.

13 478

불평등 조약 체제의 성립 과정에서 체결된 조약의 내용이 사실과 다른 것은?

① 조·일 수호 조규 부록(1876) - 흉년시 곡물 유출 제한 허용
② 조·미 수호 통상 조약(1882) - 수입 상품의 경우 일용품 10%, 수입 사치품 30%의 비교적 높은 관세율이 적용
③ 조·일 수호 조규 속약(1882) - 간행이정 50리
④ 조·영 수호 통상 조약(1883) - 영국 면제품의 관세율 7.5% 규정, 총영사 파견

10 ₄₇₅

사료는 1875년에 모리야마가 일본 정부에 건의한 외교의 방책으로 개항에 대한 일본의 입장이 잘 드러나 있다.
① 1875년 일본의 운요호는 부산항에서 한 차례 무력 시위를 한 뒤 강화도 바닷길을 따라 한강을 거슬러 올라가려고 시도하였다. 이에 강화도의 초지진 포대는 경고 사격을 하였으며, 운요호는 초지진에 대대적인 포격을 가하였다. 운요호는 이어 영종도에 포격을 가하고 해병대를 상륙시켜 살인과 약탈 및 방화를 자행한 뒤 일본으로 돌아갔다. 그러나 조선인이 피해를 입었음에도 불구하고 일본은 이 사건의 책임을 묻는다는 구실로 조선을 개항시키려고 하였다. 결국 일본의 강압에 의해 강화도 조약이 체결되어 조선의 개항이 이루어졌다.

정답 ①

12 ₄₇₇

자료는 강화도 조약(1876. 2., 조·일 수호 조규)과 부속 조약인 조·일 수호 조규 부록(1876. 7.)의 내용이다.
② 서울 이외의 지역에 영사관을 설치하지 않은 유일한 국가는 미국이다.

오답 분석
① 조·일 수호 조규(강화도 조약) 제1조에서 일본은 조선의 자주국 지위를 인정함으로써 조선에 대한 청의 간섭을 배제하고자 하였다.
③ 조·일 수호 조규 부록에서 정한 일본 화폐의 통용은 무역 결제 수단으로 일본 화폐가 규정되는 결과를 가져와 일본에 커다란 이익을 보장하였다.
④ 조·일 수호 조규(강화도 조약)는 상호주의가 결여된 편무적 특성을 보이며 완전한 불평등의 성격을 가진 것이었다.

정답 ②

11 ₄₇₆

② (나) 조·미 수호 통상 조약(1882. 4.)은 수출입 상품에 대한 관세 부과권을 조선 정부에 귀속시켜 조선 정부의 주도권을 어느 정도 인정해준 측면이 있었다. 이 조약은 강화도 조약과 같이 불평등의 특성을 가지고 있었으나 상대적으로 그 정도는 미약하였다. 조선은 거중조정의 조항을 약속받았으며 최초로 최혜국 대우를 미국에게 적용시켰다.

오답 분석
①, ④ (가) 강화도 조약의 통상 조건 내용은 조·일 수호 조규 부록, 조·일 무역 규칙 등 대부분 부속 조약에서 다루어졌다. 또한 강화도 조약에는 최혜국 대우가 규정되어 있지 않다.
③ (다) 조·청 상민 수륙 무역 장정(1882. 8.)은 청나라가 조선에 대한 종주권 및 경제적 침투를 강화하기 위한 목적으로 체결한 조약이었다. 이 조약은 조선과 청의 종속 관계를 명문화하였고, 청국 상인들에게 양화진 및 한성에 대한 통상권 및 거주·여행·영업 등의 자유를 허용하였다. 갑신정변은 1884년에 일어났다.

정답 ②

13 ₄₇₈

① 일본은 종래의 통상 장정을 개정한 조·일 통상 장정을 1883년 6월 22일(양 7월 25일)에 체결하였다. 이 장정에서 흉년 시 곡물 유출을 제한할 수 있는 규정이 만들어져 방곡령을 선포할 수 있는 근거를 조선이 확보할 수 있었다. 그러나 방곡령이 선포되자 일본은 다양한 트집을 잡아 조선 정부에게 배상금을 요구하였으며, 결국 방곡령은 실패할 수밖에 없었다. 이 장정에 따르면 기존 장정에서의 무관세 조항이 수출 5%, 수입 8%를 기본으로 하는 협정 관세로 전환되었으며, 개항장 밖 과세는 모두 부정되었다. 또한 최혜국 대우가 인정되어 해운·연안 무역권이 승인되었다.

정답 ①

14 479

1883년 일본과 체결한 통상 장정의 내용에 해당하는 것은?

① 양곡의 무제한 유출이 허용되었다.
② 일본 선박의 무항세 규정이 성립되었다.
③ 최혜국 대우가 일본에게 부여되었다.
④ 수출입 상품의 비과세가 인정되었다.

15 480

밑줄 친 부분에 해당하는 조약과 관련 있는 설명으로 옳은 것은?

조선은 국기가 없었다. 전권 특사 슈펠트 제독은 조선이 청나라의 황룡기와 유사한 깃발을 게양한다면 조선을 독립국으로 인정하려는 자신들의 정책에 위배된다고 생각하여 국기를 요구하였다. 이에 김홍집은 역관 이응준을 시켜서 스와타라호 안에서 국기를 만들게 하였다. 이렇게 만들어진 태극기는 제물포에서 열린 조인식에서 성조기와 나란히 게양되었고, 이로써 우리나라는 서양 국가에도 최초로 문호를 개방하게 되었다. 그해 9월에 수신사로 일본에 파견된 박영효는 '이응준 국기'를 기본으로 삼아 4괘의 좌우를 바꾼 뒤, 태극기로 공식 제정하였다.

① 이 조약으로 조선 내에서 포교 및 선교 사업을 위한 교육 기관 설치가 가능해졌다.
② 치외 법권의 철폐가 조선 국왕에 의해 주도되는 것이 아니라, 이 나라의 판단에 의해 승인할 때 가능한 것으로 조약 본문 내용을 규정하였다.
③ 이 나라에 보빙 사절단이 파견되는 배경이 되었다.
④ 청·일 모두 이 나라를 견제하여 조약을 알선하지 않았기 때문에 조선이 독자적으로 체결하였다.

16 481

각 조약의 내용들을 먼저 체결한 순서대로 바르게 배열한 것은?

ㄱ. 일본 공사관에 군인 약간을 두어 경비한다. 그 비용은 조선국이 부담한다.
ㄴ. 조선 국왕이 그 국왕의 법령과 재판 절차를 수정 및 개혁한 결과 그것들이 미합중국에 있어서의 법령 및 재판 절차와 일치된다고 미합중국이 판단할 때에는 언제든지 조선에 있는 미합중국 공민에 대한 치외 법권은 철폐될 것이며 그 후에는 미합중국 공민이 조선 국왕의 경내에 있을 때에는 현지 당국의 법권에 복종할 것을 양 체약국 간에 상호 합의 결정된다.
ㄷ. 조선에서 언어와 문자를 배우거나 가르치며, 법률과 기술을 연구하는 프랑스인들은 우호의 표시로 언제든지 보호와 원조를 받아야 한다.
ㄹ. 앞으로 조선에서 변란이나 중대 사건이 일어나 청·일 양국 중 어떤 한 나라가 파병을 하려고 할 때에는 마땅히 그에 앞서 쌍방이 문서로서 알려야 한다. 그 사건이 진정된 뒤에는 즉시 병력을 철수시키며 잔류시키지 못한다.

① ㄱ-ㄴ-ㄷ-ㄹ   ② ㄴ-ㄱ-ㄹ-ㄷ
③ ㄷ-ㄱ-ㄹ-ㄴ   ④ ㄹ-ㄱ-ㄷ-ㄴ

14 479

③ 1883년 개정된 통상 장정에는 일본에 대한 최혜국 대우, 협정 관세, 흉년 시 곡물 유출을 제한해야 할 경우 1개월 전 통보 규정 등의 내용이 포함되었다.

오답 분석

①, ②, ④ 1876년 7월에 체결된 통상 장정(무역 규칙)의 내용이다.

정답 ③

15 480

자료는 1882년 4월에 체결된 조 · 미 수호 통상 조약에 대한 내용이다. 청의 알선을 통해 맺어진 이 조약은 치외 법권(4조, 영사 재판권)과 최혜국 대우(14조)를 인정하는 불평등 조약이었다. 청나라 이홍장의 주장에 의해 거중조정권(1조)이 명시되기도 하였으나, 이 조항은 실제로 지켜지지 않아 유명무실하게 전락하였다.

③ 조 · 미 수호 통상 조약 체결의 결과 미국 공사가 파견되었고, 조선에서는 양국 간의 친선을 위하여 보빙사(민영익, 홍영식, 서광범, 유길준)를 파견하기도 하였다.

오답 분석

① 조 · 프 수호 통상 조약(1886), ② 조 · 영 수호 통상 조약(1883. 10.), ④ 조 · 러 수호 통상 조약(1884)에 해당한다.

정답 ③

16 481

② 체결된 순서대로 배열하면 ㄴ. 조 · 미 수호 통상 조약 → ㄱ. 제물포 조약 → ㄹ. 톈진 조약 → ㄷ. 조 · 프 수호 통상 조약이다.

ㄴ. 조 · 미 수호 통상 조약(1882. 4.) : 최초로 최혜국 대우가 인정되었고 잠정적 치외 법권(영사 재판권)이 인정되었다.

ㄱ. 제물포 조약(1882. 7. 17.) : 일본은 임오군란으로 인한 일본민의 피해 보상을 빌미로 제물포 조약 체결을 요구하였다. 제물포 조약을 통해 조선은 일본에 배상금을 지불하고, 일본 공사관의 경비를 위해 일군의 주둔을 허용하게 되었다.

ㄹ. 톈진 조약(1885. 3. 4.) : 청나라와 일본 사이에 맺은 조약으로 청 · 일 양국군의 철수가 결정되었고, 장래 조선에 변란이나 중대 사건이 일어나 군대를 파병할 경우 그 사실을 상대방에게 알릴 것 등이 규정되었다.

ㄷ. 조 · 프 수호 통상 조약(1886) : 천주교 포교의 허용을 놓고 지연되다가 조 · 프 수호 통상 조약의 제9조 조항을 바탕으로 천주교 포교에 대한 권리를 획득하였다.

정답 ②

17 482

다음 자료와 관련하여 잘못된 내용을 고르면?

> ┌─(가)─┐의 요점은 조선의 금일의 임무는 '러시아를 막는
> 것보다 급한 것이 없다.'고 하고, 러시아를 막기 위해서는
> '┌─(나)─┐와 친하고, ┌─(다)─┐와 맺고, ┌─(라)─┐와 이어져야
> 한다.'는 것입니다.
> ┌─(나)─┐는 우리가 신하의 예로써 섬기는 바이며 해마다
> 옥과 비단을 보내는 수레가 요동과 계주를 이었습니다. 삼
> 가 신의와 절도를 지키고 속방의 직분을 충실히 지킨 지 벌
> 써 200년이나 되었습니다. 이제 무엇을 더 친할 것이 있겠
> 습니까? ┌─(다)─┐ 측에서 황(皇)이니 짐(朕)이니 하는 존칭을
> 써서 보내 온 국서를 우리가 받아들이는 경우, ┌─(나)─┐가
> 이것을 짚어서 문책해 온다면 장차 이를 어떻게 해명할 것
> 입니까? 이것이 이해(利害)의 명백함이 첫째입니다.

① (가)의 영향으로 1882년에 (라)와 수교하게 되었다.
② (나)의 역할을 강조한 중립화론이 유길준에 의해 갑신정변
이후 제시되기도 하였다.
③ (다)는 러시아와 전쟁을 벌인 뒤 니시 – 로젠 협정을 체결하
였다.
④ (라)는 (다)와 밀약을 맺고 거중조정에 대한 약속을 유명무
실화시켰다.

18 483

다음 자료와 같은 생각을 가지고 있었던 계층에 대한 옳은 설
명을 〈보기〉에서 모두 고른 것은?

> 난신들의 발호로 오백 년 사직이 무너지고 삼천리 강토
> 가 금수의 나라로 변했다. 개화는 선왕의 법도가 아니니 척
> 화의 큰 뜻과 열사의 절의로 나라를 위해 목숨을 바칠 때가
> 왔다.

보기
ㄱ. 동도서기의 개혁으로 전제 군주정을 유지하자는 입장
이었다.
ㄴ. 청과 일본을 끌어들여 러시아의 진출을 막고자 하였다.
ㄷ. 흥선 대원군의 서원 정리를 결사적으로 반대하였다.
ㄹ. '양물금단론' 등을 주장하였으며, 초기 의병 활동을 주
도하였다.

① ㄱ, ㄴ   ② ㄱ, ㄷ
③ ㄴ, ㄷ   ④ ㄷ, ㄹ

19 484

다음 사건의 결과에 해당하지 않는 것은?

> 호리모토는 훈련장에서 구리재로 도망가다 돌에 맞아 죽
> 었다. 또 다른 일본 사람으로 성 내에 들어왔다 죽은 사람
> 이 모두 7명이나 되었다. 난민들은 천연정을 포위하고 손
> 을 휘두르며 모두 죽여버리겠다고 외쳤다. 일본 공사 하나
> 부사 요시타다와 그 휘하에 있던 일본인들은 대오를 편성
> 하여 도망쳤으나 포를 쏘고 칼을 휘둘러 가까이 따라잡지
> 못하였다.

① 조 · 청 상민 수륙 무역 장정의 체결
② 영선사 파견
③ 제물포 조약 체결
④ 친군영과 4영의 설치

20 485

다음의 밑줄 친 '이 사건'이 일어난 배경으로 옳은 것은?

> 조선에서 대신들이 살해되고 왕비가 실종되었다. 이 과
> 정에서 일본 공사관이 불에 타 일본이 군대를 파견하려 하
> 였다. 그래서 오장경에게 군함 세 척을 인솔하여 일본보다
> 먼저 도착하도록 명하였다. 우리가 <u>이 사건</u>을 조사해보니,
> 조선 국왕의 부친 이하응이 주동자였다. 그를 체포한 후 톈
> 진으로 압송하니, 난당(亂黨)이 흩어지고 왕비가 궁으로 돌
> 아왔다.
>   – 「동행심록」

① 급진 개화당이 일본으로부터 차관 도입에 실패하였다.
② 일본이 제물포 조약으로 많은 배상금을 요구하였다.
③ 조선에 주둔한 청군의 일부가 청 · 프 전쟁으로 철수하였다.
④ 정부가 별기군을 우대하고 구식 군인을 차별하자 일어났다.

문제 풀이 🔧

17 482

자료는 영남 만인소(1881)의 내용으로, (가)는 『조선책략』, (나)는 중국, (다)는 일본, (라)는 미국을 가리킨다. 영남 만인소는 2차 수신사로 파견된 김홍집으로부터 『조선책략』이 유포되자, 이에 반발하여 이만손을 중심으로 한 경상도 유생들이 작성한 것으로, 이로부터 촉발된 위정척사 운동은 전국적으로 확산되었다.

③ 니시 – 로젠 협정은 1898년에 체결되었으며, 러 · 일 전쟁은 1904년에 발발하였다.

정답 ③

18 483

자료는 위정척사 사상에 대한 내용이다. 위정척사 사상은 성리학적 전통 질서를 유지하고 외세로부터의 유입을 차단하자는 입장으로, 이항로, 기정진, 최익현 등 유학자들이 주도하였다.

ㄷ. 위정척사론자들은 흥선 대원군의 서원 정리에 대해 통렬한 비판을 가하기도 하였다.

ㄹ. 기정진의 '양물금단론'은 서양의 경제적 침략을 저지하면서 우리 문화를 지키려는 전형적인 위정척사적 현실 인식을 반영한 것이다. 또한 위정척사론자들은 1890년대부터 전개된 의병 운동을 주도하였다.

오답 분석

ㄱ. 김홍집, 어윤중, 김윤식 등은 온건 개화파로서 청의 양무운동의 영향을 받아 동도서기론에 입각한 점진적 개혁을 추진하였다.

ㄴ. 황쭌셴이 저술한 『조선책략』의 입장에 해당한다.

정답 ④

19 484

자료는 1882년에 일어난 임오군란에 대한 내용이다.

② 고종은 1881년 이홍장의 권유로 김윤식을 영선사로 하여 학생 · 기술자 등 총 38명을 청의 톈진에 파견하였다. 이들은 무기 제조법, 군사 훈련, 외국어 학습 등을 받기로 되어있었으나, 재정 결핍과 임오군란 등으로 파견된 지 1년여 만에 귀국하였다.

오답 분석

① 청군은 임오군란을 진압한 이후 조선에 대한 종주권 및 경제적 침투를 강화하기 위해 조 · 청 상민 수륙 무역 장정을 체결하여 조선을 청의 속방으로 규정하고 종속 관계를 명문화하였다. 또한 이 조약은 청 상인들에게 내지 통상권 및 거주의 자유 등의 혜택을 부여하여 청 상인들의 본격적인 조선 진출 발판이 되었다.

③ 일본은 임오군란으로 인한 일본민의 피해 보상을 빌미로 제물포 조약의 체결을 요구하였고, 이 조약에 의해 조선은 일본에 배상금을 지불하고 일본군의 주둔을 허용하게 되었다.

④ 임오군란이 진압되고 재집권한 민씨 정권은 청의 간섭 아래 군제 개편을 단행하였다. 그 결과 훈련도감이 폐지되고 친군영이 세워졌으며, 그 밑에 4영이 설치되었다.

정답 ②

20 485

사료의 '이 사건'은 임오군란(1882)을 의미한다.

④ 임오군란은 개화파(민씨 정권)와 보수파(흥선 대원군, 유생)의 대립이 극심했던 상황에서 구식 군인에 대한 차별 대우와 곡물값 폭등(일본 유출) 등으로 일본에 대한 민족적인 반감이 고조되면서 발발하였다.

오답 분석

①, ③ 갑신정변(1884)이 일어난 배경에 해당한다. 당시 개화당 세력은 임오군란 이후 청의 내정 간섭이 심화되고, 일본으로부터 차관 도입이 실패하자 입지가 좁아지고 있었다. 1884년 베트남 문제로 청국과 프랑스 간에 전쟁이 일어나 조선에 주둔한 청군 중 일부가 철수하자, 개화당은 이를 이용하여 갑신정변(1884)을 일으켰다.

② 제물포 조약은 임오군란의 배경이 아닌 결과에 해당한다.

정답 ④

21 486

밑줄 친 '그들'이 추진하였던 정책에 대한 설명 중 옳은 것을 〈보기〉에서 모두 고른 것은?

그들의 실패는 우리에게 무척 애석한 일이다. 내 친구 중에 이 사건을 잘 아는 이가 있는데, 그는 어쩌다 조선의 최고 수재들이 일본인에게 이용당해서 그처럼 큰 잘못을 저질렀는지 참으로 애석하다고 했다. 어찌 일본인이 조선의 운명과 그들의 성공을 위해 노력을 다했겠는가? 우리가 만약 국가 발전의 기미를 보였다면 일본인들은 백방으로 방해할 것이 자명한데 어찌 그들을 원조했겠는가? 당시 일본은 청국의 위세를 꺾으려고 온갖 계략을 세우고 있었는데, 우리 청년 수재들은 일본의 신풍조에 현혹되어 일본인들의 힘을 빌려 청국으로부터 벗어나려고만 했으니 …

― 『한국통사』

보기
가. 규장각 폐지
나. 토지 가격 부과 방식의 지조법 개혁
다. 단발령 반대 시위 주도
라. 토지 재분배 주장

① 가, 나
② 가, 다
③ 나, 라
④ 다, 라

22 487

다음 사료에서 언급한 이들이 일으켰던 사건 이후 전개된 결과로 옳은 것은?

1884년 중엽에 새로운 집단이 영향력을 끼치기 시작했다. 일본으로 유학 간 몇몇 젊은이들은 철저한 개혁론자가 되어 돌아왔다. 일본이 변모하는 과정을 본 이들은 일본처럼, 아니 일본보다 더 철저히 개혁을 바랐다. 가능하다면 필봉한 자루로 조국을 서구화하고 싶어 했다. 또 일본 관료의 품에 몸을 던져 혁명적 변혁을 위한 만반의 기틀을 마련하였다.

― F.A. 맥켄지, 『대한 제국의 비극』

① 조선에 대한 청의 내정 간섭이 더욱 강화되자 고종은 내무부를 설치하여 반청 정책의 중심 기구로 활용하였다.

② 청은 정치 고문과 외교 고문으로 마젠창과 묄렌도르프를 파견하고 군사 고문으로 위안스카이를 파견하였다.

③ 통리기무아문을 최종적으로 통리교섭통상사무아문과 통리군국사무아문으로 개편하였다.

④ 조ㆍ일 수호 조규 속약이 맺어져 일본의 경제적 침투가 강화되었다.

23 488

( ) 안에 들어갈 인물과 관련된 내용으로 옳은 것은?

처음 ( )는 박규수의 문하에서 배웠다. 자못 천하 대세에 밝았고 일찍이 동지들과 국사를 염려하며 한탄하였다. 1881년 나는 영선사로서 톈진에 들어갔고, ( )는 여러 사람과 같이 조사 시찰단(신사 유람단)으로 일본에 건너갔다. 다같이 부국할 것을 기약하였다. 나는 임오군란 때 청병을 따라 귀국하였다. 이때로부터 청국은 우리 국사를 자주 간섭하고, 나는 청국당으로 지목되었다. ( ) 등은 청국이 우리 자주권을 침해하는 데 분노하여 마침내 일본 공사와 같이 갑신정변을 일으켰다. 마침내 일본당으로 지목되고 일이 허사로 돌아가자, 세간에서는 그를 역적으로 규탄하였다. 나는 정부에 몸담고 있었기에 소리를 같이하여 성토치 않을 수 없었다. 그러나 두 사람의 마음은 서로 비추어가며 애국하는 데 있었음을 알았다. 결코 다른 나라를 위한 것이 아니었다.

― 『속음청사』

① 2차 갑오개혁 당시 김홍집과 연립 내각을 구성하였다가, 실각하여 일본으로 망명하였다.

② 일본에 망명하여 중립화론을 주장하기도 하였으며, 상하이에서 홍종우에게 피살되었다.

③ 『서유견문』을 저술하였으며, 을미개혁에 적극적으로 참여하였다.

④ 조사 시찰단과 보빙 사절단으로 파견되었으며, 관민 공동회에 나가 시정 개혁을 약속하였다.

24 489

다음의 두 나라에 대한 설명으로 옳은 것은?

1885년 5월 (가) 국은 제주도와 쓰시마 사이에 위치한 섬을 불법 점령하고 해밀턴 항이라 칭하였다. (가) 국은 이 섬에 저탄장을 설치하여 군항 기지로 만들고 (나) 국이 태평양으로 진출하는 것을 막고자 하였다. 그러나 경비 조달이 어렵게 되어 (나) 국으로부터 조선의 영토를 침범하지 않는다는 약속을 받은 후 2년 만에 물러났다.

① (가)국은 조선을 청의 속방으로 인정, 공사 대신 총영사를 파견하였다.

② (가)국의 군대는 대원군 집권기에 삼랑성에서 양헌수가 이끄는 조선군에 의해 격퇴당하였다.

③ (나)국은 내정 간섭을 위해 조선에 묄렌도르프를 파견하였다.

④ (나)국은 일본으로부터의 차관 도입 실패 이후 개화당의 후원 요구를 거절하였다.

21 486

사료의 밑줄 친 '그들'은 문호 개방을 전후한 시기에 개화 사상을 수용한 일부 선각적인 양반과 중인 출신의 개화당 세력이다.

가. 갑신정변을 주도했던 개화당은 왕의 참모 기구로 활용될 수 있었던 규장각을 폐지하여 왕권을 약화시키려 하였다.

나. 지조법 개혁은 토지에 부과하는 세금을 생산량 기준이 아니라 토지 가격에 따라 부과하는 방식이었다. 이는 삼정의 문란을 해결하기 위해 일본에서 시행한 것을 수용하려 한 것이었다.

오답 분석

다. 단발령 반대 시위는 을미개혁(1895) 이후 위정척사 사상을 계승한 유생층이 주도하였다.

라. 갑신정변을 일으킨 개화당 세력이 주도한 개혁안은 토지 재분배 문제 등 민중의 요구를 반영하지 못했고, 일본이 조선을 침략하는 데 용이하게 하였다는 점에서 한계가 있다.

정답 ①

22 487

사료에서 언급한 이들은 개화당 세력으로 1884년 갑신정변을 일으켰다.

① 갑신정변 이후, 조선은 일본에 대한 사의 표명, 배상금 10만 원 지불, 일본 공사관 수축비 부담 등을 명시하는 한성 조약을 체결하였다. 또한 조선은 갑신정변 이후 청의 간섭이 날로 거세지자 통리기무아문의 후신이라 할 수 있는 내무부를 만들어 군주권을 보존하고 민씨 척족 정권은 그 자신의 정권을 유지하면서 부국강병에 관련된 개화·자강 정책을 적극 추진하였다. 그 결과 1894년 갑오개혁 때까지 내무부는 재정, 군사, 외교, 변정, 산업 등 국정 전반에 걸쳐 200여 개의 주요 안건을 입안, 시행하는 등 개화·자강 운동을 주도하였다.

오답 분석

②, ③ 1882년 임오군란의 결과에 해당한다.

④ 임오군란 이후, 조선과 일본은 제물포 조약과 조·일 수호 조규 속약을 체결하여 기존에 10리로 규정되었던 간행이정을 50리까지 확대하였다.

정답 ①

23 488

사료의 괄호 안에 들어갈 인물은 김옥균이다.

② 김옥균은 1886년 일본 신문에 조선의 중립화에 대해 논했으며, 1894년 초 상하이에서 홍종우에게 피살되었다.

오답 분석

① 박영효, ③ 유길준에 대한 설명이다.

④ 조사 시찰단과 보빙 사절단으로 파견된 인물은 유길준이고, 관민 공동회에 나가 시정 개혁을 약속한 인물은 박정양이다.

정답 ②

24 489

(가)는 영국, (나)는 러시아이다. 1884년에 조선은 러시아와 독자적으로 수호 통상 조약을 체결하였고, 1885년에는 비밀리에 비밀 협약을 맺으려다 청에 탄로나 조약 체결이 무산되었다. 이러한 상황에서 영국이 러시아를 견제하고자 거문도를 점령하는 일이 발생했다.

① 영국은 조선에 전권 공사를 파견하지 않고 총영사를 파견해 청나라의 조선에 대한 종주권을 인정하였다.

오답 분석

② 1866년 병인양요가 일어났던 시기에 프랑스 군대가 양헌수의 군대에게 정족산성(삼랑성)에서 패배하였다.

③ 청은 외교 고문으로 조선에 묄렌도르프를 파견하여 내정 간섭을 강화하였다.

④ 개화당은 일본으로부터의 차관 도입 실패 이후 미국 등 서구 국가의 후원을 모색하였으나 거절당하였다.

정답 ①

25 490

다음 [   ]에 들어갈 조직과 관련된 내용으로 잘못된 것을 고르면?

> 지금 혜상공국을 설치함은 특별히 임금님께서 [   ]을 가엾게 보시고 보호하는 것이니 그 감사하고 축하함이 과연 어떠하리오. 더욱 2만 냥의 돈을 내려주시면서 좌상과 우상에게 반씩 나누어 8도의 경비에 쓰도록 하여 임금의 은혜와 혜택을 고르게 받도록 하시었다. 우리 상민은 오직 임금님의 뜻을 우러러 받들어 6천 냥은 좌우상대청에 주고, 나머지 1만 4천 냥은 각 도별로 나누어서 이를 밑천으로 삼고 이자를 늘려 좌우상대로 하여금 [   ]을 어려움에서 건져 구하는 자금으로 삼았다.
>
> − 「혜상공국 절목」(1883)

① 황토현 전투에서 전라 감영군과 연합하였지만 농민군에게 패배하였다.

② 황국 협회에 주도적으로 참여하여 만민 공동회를 습격하였다.

③ 개화당은 개혁 정강에서 이 단체의 권익 보장과 관련된 혜상공국의 혁파를 주장하였다.

④ 사민논설 13조를 발표하여 외국 자본의 침식과 일제의 주권 침해를 비판하였다.

26 491

동학 농민 봉기와 관련된 사건들을 순서대로 바르게 나열한 것은?

> ㉠ 백산 봉기   ㉡ 보은 집회
> ㉢ 삼례 집회   ㉣ 고부 봉기

① ㉠−㉡−㉢−㉣   ② ㉠−㉢−㉡−㉣
③ ㉡−㉢−㉠−㉣   ④ ㉢−㉡−㉣−㉠

27 492

다음은 동학 농민 운동 시기에 주장된 내용이다. 다음의 내용을 실천에 옮기던 시기를 〈연표〉에서 바르게 고른 것은?

> • 노비 문서를 소각한다.
> • 토지는 평균 분작한다.
> • 왜와 통하는 자는 엄징한다.

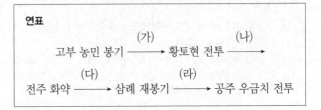

① (가)   ② (나)
③ (다)   ④ (라)

28 493

다음의 내용과 관련이 있는 사건에 대한 설명으로 옳은 것은?

> …… 관군이 바라보니 어떤 커다란 물체가 굴러오는데 뒤에는 보졸 수천 명이 엎드려서 몰아오고 있었다. 관군 측이 총을 쏘아 대니 죽은 자가 무수했지만 죽음을 무릅쓰고 달려오고 있었다. 그리고 머리를 싸맨 사람들이 일어나서 총을 쏘고는 다시 엎드렸다. …… 관군은 어찌할 바를 모르고 도망하였다.
>
> − 이병수, 「금성정의록」

① 주도 세력들은 금광 경영, 인삼 무역 등으로 자금을 마련하고 무기와 군수 물자를 준비하여 봉기하였다.

② 자료와 관련이 있는 민란 이후 함흥에서 제주에 이르기까지 봉기가 전국적으로 확산되었다.

③ 전주 화약 이후 전라도 지역의 53개 군현에 집강소를 설치하여 지역의 치안을 유지하고 부패한 행정을 개혁하였다.

④ 이 봉기 이후 삼정이정청이 설치되고 개혁 정책이 추진되었지만 문제의 근본적인 해결에는 실패하였다.

25 490

혜상공국은 보부상의 권익을 보장하고 효율적 조직 관리를 위하여 설치된 기구로 빈칸에 들어갈 내용은 보부상에 해당한다. 보부상은 국가의 일정한 보호를 받는 대신 유사시에 정부에 동원되어 정치적인 활동을 수행해 온 역사를 가진 관상 조직이다.

④ 사민논설 13조는 동학 농민군의 잔여 세력인 활빈당과 관련이 있다.

정답 ④

26 491

④ 관련 사건들을 순서대로 나열하면 ⓒ 삼례 집회 → ⓛ 보은 집회 → ⓔ 고부 봉기 → ⓘ 백산 봉기이다.

ⓒ 동학 교도들은 1892년 11월 삼례 집회를 통해 동학 탄압 중지를 주장하였고, 1893년 2월 서울 집회에서 교조 신원 상소를 올렸다.

ⓛ 1893년 3월 11일부터 시작된 보은 집회는 '척왜양창의'를 표방하였으며, 교조 신원 운동에서 반외세와 반봉건적 성격의 사회 개혁 운동으로 전환하였다.

ⓔ 1894년 1월 전봉준 등 농민 지도자들은 고부 군수 조병갑의 학정에 반발하여 사발통문을 돌리고, 고부 관아를 습격하였다.

ⓘ 1894년 3월 고부 봉기 이후 안핵사 이용태의 탄압을 계기로 동학 농민군은 4대 강령과 격문을 발표하고 집결하였으며, 백산에서 봉기하였다.

정답 ④

27 492

자료는 동학 농민군의 폐정 개혁안 12개조의 내용이다.

③ 전라도 관찰사 김학진은 6월에 동도대장 전봉준을 감영으로 불러, 관민의 협력을 통해 타개책을 강구, 동학교도의 서정 협력과 관찰사와 관민의 화합을 위해 각 군에 집강을 두기로 하였다. 농민군은 집강소를 통해 지방 통치의 실권을 장악하고 이속과 행정의 말단 조직을 지배하에 두고서 무기와 군량을 모으는 한편, 삼정 업무를 관장하고 민간의 사송을 처리해 나갔다.

정답 ③

28 493

사료의 내용은 동학 농민 운동 당시 농민군이 사용한 장태와 관련된 것이다. 원래 장태란 대나무를 타원형의 큰 항아리 모양으로 엮어 그 안에서 닭과 병아리를 키우던 것인데, 이것을 변형시켜서 장태 안에 볏짚을 가득 넣고 그 바깥으로는 칼을 꽂아서 방어용·공격용으로 만든 것이다.

③ 전주 화약 이후 농민군은 폐정 개혁안을 집행하기 위해 자치 조직으로서 집강소를 설치하였다. 집강소가 설치된 후 농민군의 조직은 크게 확장되어 일부 양반 유생과 이서(吏胥)층들도 참가했으며 무기와 군량을 모으고 무기의 조작법을 익히는 등 군사 활동을 하기도 하였다.

오답 분석

① 홍경래의 난(1811)과 관련된 내용이다.
②, ④ 진주 민란(1862)과 관련된 내용이다.

정답 ③

29 494

다음의 주장과 관련이 있는 민란에 대한 설명으로 옳은 것은?

- 전운소를 혁파할 것
- 세금을 징수할 토지를 확대하지 않을 것
- 보부상들이 일으키는 폐단을 금지할 것
- 전 감사가 이미 거두어 간 환곡을 다시 내라고 하지 말 것
- 대동미를 낼 기간에는 각 포구에서 미곡의 밀매를 금지할 것
- 동포전은 매호마다 봄가을에 두 냥씩으로 정할 것
- 탐관오리는 파면하여 쫓아낼 것
- 임금을 둘러싸고 매관매직하며 국권을 농간하는 자를 축출할 것
- 지방관이 자신의 관할 지역에서 장례를 치르지 않고 논도 거래하지 말 것
- 전세는 전례를 따를 것
- 집집마다 부과하는 노역을 줄여줄 것
- 포구 어염세를 폐지할 것
- 보세는 걷지 말고 궁방전은 없앨 것
- 지방관들이 백성의 땅에 표시를 하고 함부로 매장하지 말 것

① 전라도 각지에 집강소를 설치하고, 폐정 개혁안을 실천에 옮겨 탐관오리 처벌, 조세 개혁, 신분 차별 철폐 등을 위해 노력하였다.

② 대원군은 반란을 진정시키고 군제를 개편하는 등 이 민란을 아우르고 수습했지만 청의 탄압으로 실패하였다.

③ 경상 우병사로 있던 백낙신과 진주 목사 홍병원이 갖가지 이름으로 농민들에게 과중한 세금을 거두어들이면서 발생하였다.

④ 정주성으로 퇴각한 농민군은 고립된 채 몇 배나 우세한 경군·향군·민병의 토벌대와 맞서 거의 4개월간 공방전을 펼쳤으나 패배하였다.

30 495

다음 사료에서 언급된 내용 이후 전개된 사실은?

왕과 왕비는 크게 노하여 반민들을 빨리 평정하지 못하면 점점 난측한 말이 퍼질 근심이 있다 하고, 민영준을 불러 계책을 정하니 전보를 보내 청국에 원병을 청하자 하였다. 민영준이 말하기를, "진실로 우리를 위하니 악의가 없음을 보장할 수 있다. 그러나 일본은 오랫동안 틈을 엿보고 있으니 조약의 내용을 빙자해서 원병을 맞아오지 아니하면 형세가 심히 험악할 것이니 어찌할 것인가" 하였다. 중궁이 말하기를 "용렬한 무리들이 어찌 왜놈들과 작간할 수 있겠는가? 다시 임오군란과 같은 일은 참을 수 없다. 내가 패하면 너희들도 모두 멸망할 것이니 많은 말을 할 필요가 없다." 고 하였다. 민영준이 위안스카이에게 원조를 청하니 위안스카이는 북양대신 이홍장에게 이 사실을 전보로 알렸는데, 이홍장은 허락하겠다는 회답을 보내왔다.

– 『매천야록』

① 흥선 대원군이 납치되고 청군이 주둔하게 되었다.
② 갑신정변이 실패하고 김옥균, 박영효 등이 일본으로 망명하였다.
③ 청의 알선에 의해 조·미 수호 통상 조약이 체결되었다.
④ 전주 화약이 맺어지고, 이후 청·일 전쟁이 발발하였다.

31 496

다음 격문이 발표된 시기의 동학 농민 봉기와 관련이 없는 것은?

금년 유월에 개화간당이 왜국을 끌어들여 밤을 타 서울로 들어와 임금을 핍박하고 국권을 마음대로 하며 … (중략) … 생령이 도탄함에 이제 우리 동도(東徒)가 의병을 일으켜 왜적을 소멸하고 사직을 편히 보전하려 한다.

① 장성 황룡촌 전투에서 홍계훈이 이끄는 중앙군을 격파하였다.
② 황해도의 농민군이 재령, 안악, 평산 등지에서 세력을 확장하였다.
③ 공주 우금치에서 농민군과 일본군이 격전을 벌였다.
④ 손병희가 이끄는 북접의 농민군이 논산에서 합류하여 남·북접 연합군이 결성되었다.

29 494

제시문의 사료는 전봉준이 제시한 27개조의 폐정 개혁안으로, 현재 14개 조항이 전봉준 판결 선고서에 전해지고 있다.

① 1차 봉기 이후 동학 농민군은 전라도 각지에 집강소를 설치하고, 폐정 개혁안을 실천에 옮겨 탐관오리 처벌, 조세 개혁, 신분 차별 철폐 등을 위해 노력하였다.

오답 분석

② 임오군란(1882), ③ 진주 민란(1862), ④ 홍경래의 난(1811)에 해당하는 내용이다.

정답 ①

30 495

사료는 동학 농민 운동 당시 청·일 양군의 출병에 관한 『매천야록』의 기록이다.

④ 농민군이 황룡촌 전투에서 승리하고 전주성에 입성하는 등 세력이 날로 커지자, 조선 정부는 스스로 농민군을 진압할 수 없다고 판단하고 청에 지원 요청을 하였다. 청군이 아산만에 상륙(1894. 5. 5.)하자 일본군이 톈진 조약을 구실삼아 출병(1894. 5. 6.)하였다. 조선 정부는 일본이 독단으로 대규모 군인을 파병한 데 당황하여 이에 항의, 즉시 철병할 것을 요청하였다. 당시 정부는 농민군과 전주 화약을 체결하였기 때문에 외국군이 간섭할 구실이 없어진 상황이었다. 이후 청과 일본 양국은 회담을 열고 공동 철수에 합의하였으나, 전쟁의 구실이 필요했던 일본군은 철수를 거부하고 경복궁을 점령하여 청·일 전쟁을 초래하였다.

정답 ④

31 496

자료는 동학 농민군의 2차 봉기(1894. 9.) 중에 전봉준이 작성한 '동도 창의소'이다. 일본이 경복궁을 점령하고 청·일 전쟁을 초래하자, 동학 농민군의 지도부는 일본군 축출을 목적으로 재봉기를 결정하였다.

① 장성 황룡촌 전투(1894. 4.)는 1차 봉기 중 일어난 사건으로 동학 농민군이 전라도 장성 황룡촌에서 관군과 싸워 승리한 전투를 말한다.

오답 분석

② 1894년 10월 김구를 비롯한 농민군이 해주성을 공격하면서 세력을 확장하였으나 정부군에게 진압되고 말았다.

③ 동학의 남북접 연합군은 1894년 11월 공주 우금치에서 관군과 일본군의 연합군과 결전을 벌이다 패배하였다.

④ 전봉준은 남접과 북접의 연합을 시도하였고, 최시형의 승인을 받은 손병희가 북접의 농민군을 이끌고 논산에서 전봉준과 합류하였다.

정답 ①

32 497
다음의 사료와 관련이 있는 봉기의 내용이 아닌 것은?

> 일구(일본 도적떼)가 구실을 만들어 출병하여 우리 임금님을 핍박하고 우리 백성을 어지럽게 함을 어찌 그대로 참을 수 있단 말이오. … 지금 조정의 대신은 망령되고 구차하게 생명을 유지하며 위로는 군부(국왕)를 위협하고 밑으로는 백성을 속여 왜이(일본 오랑캐)와 연결하여 삼남(三南)의 백성에게 원한을 사며 망령되게 친병을 움직여 선왕의 적자(赤子)를 해하려 하니 참으로 그 무슨 뜻이오 …
>
> – 갑오 10월 16일, 논산에서 삼가 올림

① 남접과 북접이 연합하여 충청도 웅치, 우금치 전투에서 일본군과 혈전을 벌였다.
② 해주성을 공격한 것을 시작으로 황해도에서도 봉기가 일어났으나, 진압되고 말았다.
③ 민보군과 연대하여 일본군의 남진을 한때 저지하기도 하였다.
④ 일본군이 경복궁을 습격하고 갑오개혁을 강요하는 한편, 청 · 일 전쟁을 일으키자 봉기하였다.

33 498
다음 자료에 제시된 내용 이후 전개된 사실로 옳은 것은?

> … 귀 공사가 지금 대군을 주둔시키고 기한을 정해서 개혁의 실행을 촉구하는 것은 자못 내치에 간여할 우려가 있다. 따라서 수호 조규 제1조의 취지에 맞지 않는다. 우리 정부가 만약 귀 공사의 청구에 응할 경우, 조약 체결 각국이 아마 균점의 예에 따라 나름대로 요구하게 될 것이다.

① 교정청을 설립하여 동학 농민 운동의 주장을 수용하려 하였다.
② 개정 통상 장정이 체결되어 일본이 최혜국 대우 조건을 얻어내었다.
③ 최시형은 손병희와 의논하여 전국에 통문을 보내고 '척왜양 창의'를 표방한 집회를 개최하였다.
④ 통리기무아문이 만들어져 개혁을 총괄하였다.

34 499
표는 우리나라 근대화 과정에서 추진된 개혁을 정리한 것이다. 이에 대한 설명으로 옳지 않은 것은?

구분	1차 개혁	2차 개혁	을미개혁
배경	일본군 경복궁 점령→김홍집 내각 수립	청 · 일 전쟁에서 일본 우세→김홍집 · 박영효 연립 내각 구성	을미사변 → 김홍집 내각 구성
내용	• 정부와 왕실 분리 • 중국 연호 폐지 • 과거제 폐지 • 재정 기관 일원화 • 공 · 사 노비법 폐지 • 연좌법 폐지 • 과부 재가 허용	• 내각제 시행 • 8아문제→7부제 • 8도제→23부제 • 지방 재판소 개설 • 재판소 구성법 제정 • 한성 사범학교 설립 • 외국어 학교 관제 공포	• 연호 '건양' 사용 • 친위대, 진위대 설치 • 단발령 실시 • 태양력 사용 • 우편 사무 시작 • 소학교 설치

① 지방관의 권한이 이전보다 강화되었다.
② 교정청이 폐지되고 군국기무처가 1차 개혁을 총괄하였다.
③ 1차 개혁에서 개국 연호를 사용하였다.
④ 2차 개혁에서 교육 입국 조서가 발표되었다.

35 500
다음의 기구가 신설되었을 당시의 개혁안에 해당하는 것은?

> 도찰원은 내외 백관의 공과를 규찰하여 정부에 알려 상벌하도록 한다. 원장 1원인데, 좌찬성이 겸한다. 사헌은 5원, 주사는 10원이다.
>
> –「고종실록」

① 죄인 자신 이외의 일체의 연좌율을 폐지한다.
② 대한국 대황제는 행정 각 부서의 관제를 정하고 행정에 필요한 칙령을 공포한다.
③ 지조법을 개혁하여 간사한 관리를 뿌리 뽑고 백성의 곤란을 구제하며, 국가 재정을 넉넉하게 한다.
④ 외국과 이권에 관한 계약과 조약은 각 대신과 중추원 의장이 합동 날인하여 시행한다.

32 497

사료는 전봉준의 연설문으로 동학 농민 운동과 관련이 없는 지문을 고르는 문제이다.

③ 2차 봉기 이후 공주 우금치 전투에서 양반 유림층 중심의 민보군과 일본군이 합세하여 대대적인 농민군 색출을 실시하자 동학 농민군은 큰 피해를 입었다.

오답 분석

① 2차 봉기에서는 남접과 북접이 연합하였다.
② 1894년 10월 장연에서 수만 명이 해주성을 공격한 것을 시작으로 황해도에서도 봉기가 일어났다. 김구도 황해도 전투에 참여하였으나, 일본군과 정부군에게 진압되었다.
④ 2차 봉기의 원인에 해당한다.

정답 ③

33 498

자료는 동학 농민군 1차 봉기(1894) 당시 일본 공사관에 보낸 조선 정부의 입장 표명문이다.

① 동학 농민군의 봉기 이후 조선 정부는 청에 지원을 요청하였는데, 이때 톈진 조약을 구실로 일본이 출병하여 내정 개혁안 5개조를 제시하고 이를 시한부로 시행할 것을 촉구하였다. 고종은 이를 거부하고 교정청을 설치하여 동학군의 주장을 수용하고 자주적인 내정 개혁을 시도하려 하였다.

오답 분석

② 1883년 개정 통상 장정이 체결되어 일본은 최혜국 대우 조건을 얻어내었고, 조선 정부가 쌀의 수출을 금지하고자 할 때에는 1개월 전에 지방관이 일본 영사관에 통고하도록 하였다.
③ 1893년 3월에 충청도에서 열린 보은 집회에 해당하는 내용이다.
④ 조선은 청의 총리아문을 모방하여 삼군부를 폐지하고 1880년 12월에 통리기무아문을 설치하여 신문물 수용과 부국강병을 도모하려 하였다.

정답 ①

34 499

제시된 표는 갑오 · 을미개혁의 내용을 정리한 것이다.

① 제2차 갑오개혁 당시 사법 제도의 개편이 시도되었으며, 그 결과 재판소가 개설되고 재판관 양성소가 만들어졌다. 이는 사법권을 장악하고 있던 지방관의 권한을 축소하고 민권을 신장시키는 결과를 가져오게 되었다.

오답 분석

② 조선 정부는 1894년 동학 농민 운동 이후 자주적인 개혁을 추진하고자 교정청을 설치하고 일본의 개혁안을 거부하였으나, 일본 정부는 이를 무시하고 경복궁을 점령한 뒤 제1차 김홍집(온건 개화파) 내각을 성립시켰다. 이후 교정청을 폐지하고 군국기무처를 설치하여 제1차 갑오개혁(1894. 6.~1894. 11.)을 추진하였다.
③ 제1차 갑오개혁에서는 중국의 연호를 폐지하고 개국 기년의 사용을 의무화하였으며, 경무청을 신설하고 탁지아문을 설치하여 재정을 일원화하였다. 이 밖에도 당시의 개혁에서는 은 본위 화폐 제도 마련, 도량형 통일, 신분제 폐지, 조혼 금지, 고문 · 연좌법 폐지 등이 이루어졌다.
④ 제2차 갑오개혁은 김홍집 · 박영효 연립 내각(온건+급진 개화파)을 구성하여 추진된 것으로 교육 입국 조서를 반포(1895)하였다.

정답 ①

35 500

조선은 제1차 갑오개혁에서 대간 제도를 폐지하고 감찰 기구로 명 · 청을 본받아 도찰원을 설치(1894)하였다. 도찰원은 내외 백관의 공과(功過)를 규찰하고, 이를 의정부에 알려 상벌을 공정하게 하는 임무를 맡았지만 1895년에 폐지되었다.

① 제1차 갑오개혁에서는 고문과 연좌제가 폐지되었다.

오답 분석

② 광무개혁에서 발표된 대한국 국제(1899)의 내용이다.
③ 갑신정변(1884) 당시 제시된 지조법 개혁의 내용이다.
④ 관민 공동회에서 결의한 헌의 6조(1898)의 내용이다.

정답 ①

36 501

다음 내용이 발표된 시기의 내각이 실시한 개혁으로 옳은 것은?

- 청국에 의존하려는 마음을 버리고 자주독립하는 기초를 확고히 세울 것
- 왕실 전범을 제정하여 왕위의 계승과 종실, 외척의 구별을 밝힐 것
- 대군주가 정전에서 일을 보되, 정사를 친히 각 대신에게 물어 재결하며 왕비와 후궁, 종실과 척신이 간여하지 못하게 할 것
- 왕실 사무와 국정 사무를 모름지기 나누어 서로 혼합하지 아니할 것

---

① 친위대를 창설하였다.
② 태양력을 사용하였다.
③ 재판소를 설치하였다.
④ 6조를 8아문으로 개편하였다.

37 502

다음 의식과 함께 추진된 개혁에 관한 내용으로 옳은 것은?

종묘에 나가서 참배하였다. 세자도 따라가서 의식을 거행하였다. "감히 역대 임금들의 신령 앞에 고합니다. … (중략) … 이제부터는 다른 나라에 기대지 않고 국운을 융성하게 하여 백성의 복리를 증진함으로써 자주독립의 터전을 튼튼히 할 것입니다. 그 방도는 낡은 습관에 얽매이지 말고 안일한 버릇에 파묻히지 말며, 우리 조상의 큰 계책을 공손히 따르고 세상 형편을 살펴 내정을 개혁하여 오래 쌓인 폐단을 바로 잡는 것입니다. 이에 14개 조목의 큰 규범을 하늘에 있는 우리 조상의 신령 앞에 고합니다."

---

① 장관(將官)을 교육하고 징병하는 법을 사용하여 군제의 기초를 확정할 것
② 공사채(公私債)를 물론하고 기왕의 것은 무효로 할 것
③ 그 전에 유배 금고된 사람들을 사정을 참작하여 석방할 것
④ 재정은 모두 호조에서 관할케 하고 그 밖의 재무 관청은 폐지할 것

38 503

다음 글의 밑줄 친 '법령들'에 의해 이루어진 개혁을 〈보기〉에서 모두 고른 것은?

새로 발표된 법령들에는 배타적인 과거의 낡은 관습을 고수하고 있는 것은 옳지 않다는 내용이 들어 있었다. 그리하여 성문을 닫고 통행 금지 시간을 알리는 종각의 타종을 없애버리고, 태양력도 채택하였다. 그런데 이 새로운 법령들에 일본인이 관련되어 있다고 믿었기 때문에 국민들의 반대 감정은 매우 격앙되었다.

— 해밀턴, 『개화기의 한·미 관계』

보기
ㄱ. 개항장 이외의 외국인 토지 소유 금지
ㄴ. 우체사 설치
ㄷ. 훈련대 폐지
ㄹ. 재정의 일원화

---

① ㄱ, ㄴ   ② ㄱ, ㄷ
③ ㄴ, ㄷ   ④ ㄴ, ㄹ

39 504

제2차 갑오개혁에서 추진된 개혁안에 해당하지 않는 것은?

① 사법권을 행정부로부터 독립시키되 군수의 1심 재판 관할은 유지하고, 1심 재판소로 지방 재판소와 개항장 재판소, 2심 재판소로 순회 재판소와 고등 재판소를 설치하려 하였다.
② 과거 제도를 폐지하고 보통 시험과 특별 시험을 거쳐 관리를 임용하도록 하였으며, 방곡령 반포를 금지시키고, 일본 화폐의 유통을 허용하였다.
③ 탁지부 산하에 세금 징수를 관장하는 관세사와 징세사를 지방에 두어 징세 업무를 강화하였다.
④ 국왕의 근시 기구인 규장각을 규장원으로 개칭하여 궁내부의 한 관서로 격하시켰다.

36 501

자료는 제2차 갑오개혁(1894. 11.~1895. 5.) 때 반포된 '홍범 14조' 의 내용이다.

③ 제2차 갑오개혁은 김홍집·박영효 연립 내각을 구성하여 추진되었다. 제2차 갑오개혁을 통해 의정부가 내각으로, 80문이 7부로 개편되었으며, 8도가 23부로 편제되었다. 또한 재판소를 설치하여 사법권을 분리·독립시킴으로써 지방관의 권한을 축소하였으며, 사관 양성소·훈련대·시위대를 설치하기도 하였다.

오답 분석

①, ② 을미개혁(1895)의 내용이다.
④ 제1차 갑오개혁(1894. 6.~1984. 11.)의 내용이다.

정답 ③

37 502

자료는 제2차 갑오개혁과 함께 발표된 홍범 14조에 관한 것이다.

① 제2차 갑오개혁은 청·일 전쟁에서 일본의 승리가 확실해진 후 추진되었다. 당시 개혁의 방향을 제시한 홍범 14조의 내용은 다음과 같다.

1. 청국에 의존하려는 마음을 버리고 자주독립하는 기초를 확고히 세울 것
2. 왕실 전범을 제정하여 왕위의 계승과 종실, 외척의 구별을 밝힐 것
3. 대군주가 정전에서 일을 보되, 정사를 친히 각 대신에게 물어 재결하며 왕비와 후궁, 종실과 척신이 간여하지 못하게 할 것
4. 왕실 사무와 국정 사무를 모름지기 나누어 서로 혼합하지 아니할 것
5. 의정부와 각 아문의 직무 권한을 명확히 제정할 것
6. 인민에 대한 조세 징수는 법령으로 정해서 명목을 덧붙여 함부로 거두지 말 것
7. 조세의 부과와 징수, 경비 지출은 모두 탁지아문이 관할할 것
8. 왕실 비용을 솔선 절감하여 각 아문 및 지방관의 모범이 되게 할 것
9. 왕실 비용 및 각 관부 비용은 일 년 예산을 세워 재정의 기초를 세울 것
10. 지방 관제를 속히 개정하여 지방 관리의 직권을 제한할 것
11. 나라 안의 총명한 자제를 널리 파견하여 외국의 학술과 기예를 보고 익히게 할 것
12. 장관(將官)을 교육하고 징병하는 법을 사용하여 군제의 기초를 확정할 것
13. 민법과 형법을 엄격하고 명확하게 제정하고, 함부로 사람을 가두거나 징벌하지 말게 하여 인민의 생명과 재산을 보전할 것
14. 문벌과 지연에 구애받지 않고 사람을 쓰고, 세상에 퍼져있는 선비를 두루 구해 인재의 등용을 넓힐 것

오답 분석

② 동학 농민 운동 폐정 개혁안 12조의 내용이다.
③, ④ 갑신정변 개혁 정강 14개조 정강의 내용이다.

정답 ①

38 503

밑줄 친 '법령들'에 의해 이루어진 개혁은 을미개혁이다. 개혁의 내용은 다음과 같다.

태양력과 연호의 사용	• 태양력 사용 : 음력 1895년 11월 17일을 기하여 양력 1896년 1월 1일로 정함 • 연호 '건양' 사용
우체사 설치	• 국내의 통신망 확장을 위해 개성·수원·충주·안동·대구·동래 등지에 우체사를 설치 ➔ 갑신정변 때 중단되었던 우체 사무를 재개
종두법 시행	• 지석영의 종두법을 토대로 하여 광제원에서 담당
단발령 시행	• 단발령을 공포하여 상투를 자르게 하고 망건의 착용을 금지 • 외국 의복의 착용이 무방함을 고시 ➔ 의병 봉기의 결정적 계기[면암 최익현 : 내 머리는 자를 수 있지만 머리털은 자를 수 없다.('吾頭可斷 此髮不可斷')]
군제 개혁	• 훈련대와 시위대를 해산·재편 ➔ 중앙에는 친위대 2개 중대, 평양·전주에는 진위대 각 1개 대대(총 2개)를 두어 육군을 편제
교육 제도 개혁	• 소학교령(小學校令)을 제정·공포 ➔ 서울과 지방 여러 곳에 관립·공립 소학교를 설치 • 남녀 교육의 균등을 규정

정답 ③

39 504

② 과거 제도의 폐지는 제1차 갑오개혁의 내용에 해당한다. 제1차 갑오개혁에서는 과거제를 폐지하는 한편 '선거 조례'와 '전고국 조례' 등 새로운 관리 임용 제도를 마련하고 운영하려 하였다. 새로운 관리 임용 제도의 내용은 대개 다음과 같다.

(1) 의정부가 5부(府)·8도에 관리 희망자를 천거하도록 지시하면 각부(各府)·각사(各司)의 장은 관리 희망자를 추천하되, 경기도 10인, 충청도와 전라도 각 15인, 경상도 20인, 평안도 13인, 강원도와 황해도 및 함경도 각 10인, 그리고 5도 및 제주도 각 1인을 선정한다.
(2) 각 장관이 성명·연령·본관·거주지 등을 기록하고 또 어느 국, 어느 과에 적합한가를 자세하게 기록한 선장(選狀)을 주어 전고국으로 보내면, 전고국에서 보통 시험과 특별 시험에 의하여 선발, 각 부처에 배치한다.
(3) 보통 시험은 국문·한문·산술·내국 정략·외국 사정을 고시하는데 내국 정략과 외국 사정은 책으로써 시험한다.
(4) 특별 시험은 선장에 적혀 있는 전문 분야를 고시하는데 한 번의 시험으로 끝낸다.
(5) 불합격자는 본인과 추천한 기관에 통지하며 합격자에게는 전시장(銓試狀)을 발급하여 소속 대신의 참고에 이바지하게 한다.

정답 ②

40 505

다음 사건들을 일어난 순서대로 나열하면?

> ㉠ 조 · 일 수호 조규　　㉡ 제물포 조약
> ㉢ 을미사변　　　　　　㉣ 집강소 설치
> ㉤ 춘생문 사건　　　　　㉥ 아관 파천

① ㉠-㉡-㉣-㉢-㉤-㉥
② ㉠-㉢-㉡-㉣-㉥-㉤
③ ㉠-㉢-㉡-㉥-㉣-㉤
④ ㉡-㉣-㉠-㉤-㉢-㉥

41 506

자료는 개항 이후에 제정된 법 조항이다. 이와 같은 법이 제정되는 데 영향을 준 것은?

> 제1조　중추원은 다음의 사항을 심사 논의하여 정하는 곳으로 할 것
> 　　　　1. 법률과 칙령의 제정 · 폐지 혹은 개정에 관한 사항
> 　　　　2. 의정부에서 논의하여 상주하는 사항
> 　　　　3. 칙령에 따라 의정부에서 자문하는 사항
> 　　　　……
> 제3조　…… 의관 반수는 정부에서 추천하고, 반수는 인민 협회 중에서 27세 이상의 사람이 정치 · 법률 · 학식에 통달한 자로 투표 선거할 것

① 헌정 연구회의 입헌 정체 수립 활동
② 독립 협회의 의회 설립 운동 전개
③ 임시 정부의 민주 공화제 채택
④ 대한 제국의 대한국 국제 제정

42 507

다음 (　　) 안에 들어갈 단체와 관련된 것으로 잘못된 내용은?

> 　이제 대조선국이 독립국이 되어 세계 만방을 어깨에 겨누니 이는 우리 대군주 폐하의 위덕이 떨침이요, 우리 대조선국의 유사 이래의 광명이요, 우리 이천만 동포의 행복이다. 그러나 아직까지 기념할 실적이 없으므로 이에 공공의 의견으로 (　　)를 발기하여 전 영은문 자리에 독립문을 새로이 세우고, 전 모화관을 새로 고쳐 독립관이라고 하여 옛날의 치욕을 씻고 후인의 표준을 만들고자 함이요, 그 부근의 땅에 독립 공원을 이루어 그 독립문과 독립관을 보전코자 하니 성대한 일이라 아니할 수 없다. 돌아보건대, 그 공역이 커서 큰 비용이 될 것이니 힘을 합치지 않으면 성취를 기약치 못할 것이다.

① 천민, 여성들도 가입할 수 있었다.
② 공주, 평양, 대구 등 각 지역에 지회를 설립하였다.
③ 보증이나 추천 없이도 회원 가입이 가능한 개방형 조직으로 운영되었다.
④ 점차 국민 주권주의에 입각한 공화정체의 정치 형태를 지향하였다.

43 508

다음 자료에 대한 설명으로 적절하지 않은 것은?

> (가) 외국인에게 의지하지 아니하고 관민이 협력하여 전제 황권을 공고히 할 것. / 외국과의 이권에 관한 계약과 조약은 각 대신과 중추원 의장이 함께 서명할 것. / 국가 재정은 탁지부에서 모두 관리하고 예산, 결산을 국민에게 공포할 것. / 중대한 범죄는 반드시 재판하되, 피고의 인권을 존중할 것.
> (나) 대한국은 세계 만국이 공인한 자주독립 제국이다. / 대한 제국의 정치는 영원히 변하지 않는 전제 정치이다. / 대한국 대황제는 국내 법률을 토대로 만국 공통의 법률을 본받아 대사, 특사, 감형, 복권 등의 명령을 내린다.

① (가)는 열강의 이권 침탈을 경계하였다.
② (가)는 국민의 자주 민권 의식을 고취하였다.
③ (나)는 입헌 군주제를 지향하였다.
④ (나)는 구본신참(舊本新參)을 개혁의 방향으로 정하였다.

40 505

① 순서대로 나열하면 ㉠ 조 · 일 수호 조규 → ㉡ 제물포 조약 → ㉣ 집강소 설치 → ㉢ 을미사변 → ㉤ 춘생문 사건 → ㉥ 아관 파천이다.

㉠ 조 · 일 수호 조규는 1876년 체결된 강화도 조약을 일컫는다.

㉡ 제물포 조약은 임오군란 이후 1882년(고종 19) 7월 17일 조선과 일본 사이에 맺어진 조약이다. 제물포 조약을 통해 조선은 일본에 배상금을 지불하고, 일본 공사관의 경비를 위해 일본군의 주둔을 허용하게 되었다.

㉣ 집강소는 1894년(고종 31) 동학 농민 운동 시기 농민군이 전라도 각 고을의 관아에 설치한 민정 기관이다.

㉢ 을미사변은 1895년(고종 32) 8월 20일에 일본이 경복궁에서 명성 황후를 살해한 사건이다.

㉤ 을미사변에 반발한 친미 · 친러파의 관리와 군인들은 1895년 11월 28일 고종을 궁 밖으로 탈출시켜 친일 정권을 타도하고 새 정권을 수립하려는 춘생문 사건을 일으켰으나 실패하였다.

㉥ 을미사변 이후 신변에 불안을 느끼던 고종은 1896년 경복궁을 탈출하여 러시아 공사관으로 처소를 옮기는 아관 파천을 단행하였다.

정답 ①

41 506

제시된 법 조항은 관민 공동회에서 반포한 중추원 관제로 근대적 의회 설립 내용을 담고 있다.

② 관민 공동회 이후 1898년 11월 5일 민선 의관을 독립 협회에서 선출하기로 하였으나 보수 세력의 익명서 사건 날조로 독립 협회는 해산되고 의회 정치의 실현은 무산되었다.

정답 ②

42 507

자료의 괄호 안에 들어갈 단체는 독립 협회이다. 1896년 독립 협회는 첫 사업으로서 국민의 성금을 모아 영은문 자리에 독립문을 세우고 모화관을 독립관으로 개수하였다.

④ 의병과 연대하여 무장 투쟁을 전개하고 국민 주권주의에 입각한 공화정체의 정치 형태를 지향한 단체는 신민회이다. 독립 협회는 의회 설립 운동을 전개하였다.

정답 ④

43 508

(가) 관민 공동회가 발표한 헌의 6조(1898)의 내용이다. 독립 협회는 진보적인 관료들을 중심으로 개혁 내각을 수립하고 민의를 반영할 수 있는 민선 의회를 설립해, 국정 전반에 걸쳐 근대적 자강 개혁을 추진하려고 하였다. 독립 협회는 이를 위해 만민 공동회에 관리들을 참여시켜 관민 공동회를 개최하였다. 이들은 열강의 이권 침탈을 반대하여 러시아의 절영도 조차 요구를 저지하고 프랑스와 독일의 광산 채굴권 요구도 저지하였으며, 신교육 진흥 및 산업 개발을 위해 노력하였다.

(나) 대한 제국 수립 후 발표한 대한국 국제(1899)의 내용이다.

③ 대한 제국은 대한국 국제를 통해 전제 왕권 강화와 자주독립을 천명하였다. 따라서 입헌 군주제의 추진과는 관련이 없다.

정답 ③

44 509

다음의 결의가 이루어진 해에 일어난 일이 아닌 것은?

> 제1조 중추원은 다음의 사항을 심사하고 의정하는 처소로 할 것.
> ① 법률과 칙령의 개정, 폐지 혹은 개정에 관한 사항
> ② 의정부에서 토의를 거쳐 임금에게 상주하는 사항
> ③ 칙령에 의하여 의정부에서 문의하는 사항
> ④ 의정부에서 임시 건의에 대해 문의하는 사항
> ⑤ 중추원에서 임시 건의하는 사항
> ⑥ 인민이 건의하는 사항
> 제3조 의장은 대황제 폐하께옵서 문서로 임명하시고, 부의장은 중추원 공천에 의해 임명하시고, 의관 반수는 정부에서 공로가 일찍이 있는 자로 회의하여 추천하고, 반수는 인민 협회에서 27세 이상의 사람이 정치, 법률, 학식에 통달한 자로 투표 선거할 것.
> – "주의", 제27책

① 제국신문 창간   ② 황성신문 창간
③ 종현(명동) 성당 준공   ④ 만국 박람회 참여

45 510

다음은 독립 협회가 저지한 이권 침탈의 내용이다. 이와 관련된 국가가 차지한 다른 이권에 해당하는 것은?

연월	침탈 저지
1898년 2월	절영도 조차 요구 저지
1898년 3월	군사 교련단 철수
1898년 5월	목포, 증남포 해역 토지 매도 시도 저지

① 운산 금광 채굴권
② 울릉도 산림 벌채권
③ 경부선 철도 부설권
④ 경인선 철도 부설권

46 511

(   )의 모임이 개최되었던 시기 이후의 역사적 사실에 해당하는 것은?

> (   )은(는) 종로에 연단을 만들고 신분과 나이의 구별 없이 어린이조차 연단에 올라 연설을 하는 등 '한국의 직접 민주주의' 또는 '대중의 정치적 의사 표현'의 원형이 되었다고 평가받고 있다. (   )이(가) 열리면 밥장사는 장국밥을 수백 그릇 날라 왔고, 어떤 부자는 집 판 돈 500원을 모두 기부했으며, 거지조차 닷 푼의 기부금을 내놓는 등 참여자들 사이에는 일종의 운명 공동체 의식이 형성되었다. 서대문, 자하문 밖은 물론 과천에서 배를 타고 건너온 나무꾼들이 기부한 장작은 밤하늘을 훤하게 비추었고, 사람들이 산처럼 모여 밤을 지새우기도 하였다. 그래서 '장작 집회'라고도 불렸다.

① 고종이 경운궁으로 환궁하고 대한 제국을 수립하였다.
② 대동 상회, 장통 회사 등 상회사가 최초로 설립되었다.
③ 정부는 육영 공원을 설립하고 미국인 강사를 초빙하여 상류층 자제들에게 근대 학문을 가르쳤다.
④ 한성 전기 회사가 서대문에서 청량리까지 운행하는 전차를 가설하였다.

47 512

다음의 중요 사건과 개혁안이 시대 순으로 바르게 연결된 것은?

> (가) 갑신정변   (나) 갑오개혁
> (다) 을미개혁   (라) 광무개혁

> ㄱ. 양지아문 설치   ㄴ. 건양 연호 제정
> ㄷ. 도량형 통일   ㄹ. 지조법 개혁

① (가)−ㄱ (나)−ㄴ (다)−ㄷ (라)−ㄹ
② (가)−ㄴ (나)−ㄹ (다)−ㄱ (라)−ㄷ
③ (가)−ㄷ (나)−ㄴ (다)−ㄹ (라)−ㄱ
④ (가)−ㄹ (나)−ㄷ (다)−ㄴ (라)−ㄱ

44 509

중추원 관제의 의회식 개편은 1898년 관민 공동회의 결의 사항인 헌의 6조에서 본격적으로 결의되었다. 이해에는 제국신문과 황성신문이 창간되었으며, 종현 성당(명동 성당)도 완공되었다.
④ 대한 제국은 국제 사회의 일원으로 인정받기 위하여 1900년 파리 만국 박람회에 참여하는 한편, 같은 해 만국 우편 연합에 가입하였다. 또한 1903년에는 국제 적십자사에 가입하기도 하였다.

정답 ④

45 510

자료와 관련된 국가는 '러시아'이다.
② 러시아는 1896년 4월 경원·종성·경성의 광산 채굴권을 장악하였고, 같은 해 8월에는 블라디보스토크 상인 Y. 브린네르의 명의로 압록강·두만강 유역과 울릉도의 산림 벌채권을 얻어내는 데 성공했다.

오답 분석

① 미국은 운산, 갑산 금광 채굴권을 획득하였다.
③, ④ 일본은 경인 철도 부설권(미국)을 매수하였다. 또한 경의 철도 부설권을 프랑스가 획득하였으나 자금상 반환되어 대한 철도 회사를 거쳐 서북 철도국이 착수하려 하였는데, 러·일 전쟁 중 불법으로 착수하였다. 추가로 경부·경원 철도 부설권을 획득하여 주요 간선 철도망을 장악하였다.

정답 ②

46 511

사료의 괄호 안에 들어갈 모임은 '장작 집회'라고도 불렸던 '만민 공동회'이다. 만민 공동회는 1898년 3월 10일 종로의 보신각 앞에 1만여 명이 모인 대중 집회가 독립 협회의 주도하에 개최되면서 출발하였다. 이후 러시아의 이권 침탈 저지, 프랑스, 독일의 광산 채굴권 요구 저지 등을 위한 토론과 비판이 이 집회에서 활발히 전개되었다.
④ 1899년 청량리에서 서대문에 이르는 전차가 개통되었다.

오답 분석

① 1897년, ② 1883년, ③ 1886년의 일이다.

정답 ④

47 512

(가) 갑신정변(1884) – ㄹ. 갑신정변 14개조 정강 중 제3조에서 지조법 개혁을 주장하였다.
(나) 갑오개혁(1894) – ㄷ. 온건 개화파 중심의 군국기무처에서 주도한 제1차 갑오개혁(1894. 6.~1894. 11.)에서 도량형이 통일되었다.
(다) 을미개혁(1895) – ㄴ. 일세일원(一世一元)을 주창하고, 양력 첫날을 건양(建陽) 원년(1896)으로 삼았다.
(라) 광무개혁(1897~1904) – ㄱ. 대한 제국은 양전 사업을 추진하여 양지아문(1898)과 지계아문(1901)을 설치하고, 토지 조사 사업·지계 발급 사업(1899~1904)을 실시하였으나, 러·일 전쟁을 일으킨 일본의 방해로 중단되었다.

정답 ④

48 513
다음 중 광무개혁의 내용이 아닌 것은?

① 지방 제도를 갑오개혁 시기에 설치된 23부에서 13도 체제로 개편하였다.
② 소학교령을 공포하고 남녀 교육의 균등을 규정하였다.
③ 해외 교민을 보호하기 위해 블라디보스토크에 해삼위 통상 사무를 설치하였다.
④ 양지아문과 지계아문을 설치하여 조세 수입의 증대 및 근대적인 토지 소유권을 확립하려 하였다.

49 514
다음의 글에서 언급한 칙령 개항지가 아닌 곳은?

조약에 따른 개항이 수동적이었다고 한다면, 칙령에 따른 개항은 능동적이었다. 고종은 세계 열강을 끌어들여 세력 균형을 이루려 하였고, 이를 실행에 옮기기 위해 칙령 개항을 하였다.

① 마산   ② 군산
③ 성진   ④ 원산

50 515
1897년 성립한 대한 제국에 대한 설명으로 옳은 것은?

① 고종이 러시아 공사관에서 경복궁으로 환궁함과 함께 국내외에 독립을 선포하면서 등장하였다.
② 같은 시기에 성립한 독립 협회와 초기부터 상호 대립적인 관계를 유지하였다.
③ 황제 직속으로 법규 교정소를 설치하여 대한국 국제를 제정하였다.
④ 대간 제도를 폐지하고 도찰원을 설치하였다.

51 516
대한 제국의 국제적 활동 및 자주적 독립 노력에 해당하는 것으로 잘못된 것은?

① 1900년 파리의 만국 박람회에 참여하였으며, 만국 우편 연합과 국제 적십자사에 가입하였다.
② 남해의 섬을 서양 세력에게 개방하여 '포트 해밀턴'의 건설을 허용하였다.
③ 수민원이라는 국가 기관을 설치하여 외국 여행과 이민 업무를 담당하게 하였다.
④ '만국공법'을 바탕으로 국제 사회의 일원으로 인정을 받아 독립을 유지하려는 입장을 취하였다.

48 513

② 소학교령이 발표되고 남녀 교육의 균등이 규정된 것은 을미개혁 시기의 일이다.

오답 분석

①, ③, ④ 광무개혁에서는 해삼위·간도 지방으로 이주한 교민들을 보호하기 위해 해삼위 통상 사무·북간도 관리가 설치되었다. 또 북간도의 영토 편입을 시도하기도 하였다. 또 1899년에는 오랫동안 종주권을 주장해 온 청나라와 통상 조약을 체결하여 공사의 교환이 이루어졌다. 갑오개혁 당시부터 중요한 과제로 대두되었던 양전 사업도 추진되었는데, 전후 두 차례에 걸쳐서 전국 토지의 약 3분의 2에 달하는 218군에 대한 양전을 완료하였다. 양전 사업이 시작되면서 지계 발급 사무도 이루어졌다.

정답 ②

49 514

자료는 대한 제국의 칙령 개항지에 대한 내용이다. 군산, 마산, 성진은 고종의 칙령에 따라 1898년 개항이 결의되었고, 1899년 개항되었다.

④ 원산은 일본이 요구한 강화도 조약(1876)을 근거로 1880년에 개항되었다. 일본의 요구에 의해 개항된 항구로는 그 밖에도 부산(1876), 인천(1883)이 있다.

정답 ④

50 515

③ 대한 제국은 광무개혁을 추진하여 외세 의존적이었던 기존의 개혁을 비판하고, 자주적 입장에서 근대적 개혁을 추진하려 하였다. 고종은 독립 협회를 해산한 다음 황제 직속으로 법규 교정소를 설치하여 지금의 헌법에 해당하는 대한국 국제를 제정하였다. 대한국 국제는 만국공법에 의거하여 대한 제국은 세계 만국이 공인한 자주독립국이며, 황제가 군 통수권, 입법권, 행정권, 사법권 등 모든 권한을 가진다고 규정하였다.

오답 분석

① 고종은 1897년 경운궁(덕수궁)으로 환궁하였으며, 이후 대한 제국을 수립하고, 대한국 국제를 반포하여 국내외에 자주독립을 천명하였다.

② 독립 협회는 광무개혁 초기 관료와 왕실의 지원을 받기도 하였으나, 보수파 정권의 외세 의존 정책과 전제 왕권 강화 정책을 비판하기 시작하면서 정부와 대립하였다.

④ 제1차 갑오개혁의 내용에 해당한다. 도찰원은 1894년에 설치되었다가 이듬해에 폐지된 의정부 소속의 관청으로 내외 백관의 공과를 규찰하고, 이를 의정부에 알려 상벌을 공정하게 하는 임무를 맡아 보았다.

정답 ③

51 516

② 포트 해밀턴은 거문도를 말하는 것으로 영국은 갑신정변 이후인 1885년 이곳을 점령하여 해군 기지를 건설하였다. 아프가니스탄에서 러시아와 지속적으로 마찰을 빚던 영국은 러시아의 조선 선점을 예방하고 러시아를 견제한다는 명목으로 영흥만을 탐사하고, 이후 거문도를 장악하였다.

정답 ②

52 517

다음 자료와 관련된 개혁의 내용으로 옳은 것은?

> 나라는 옛 나라이나 천명을 새로 받았으니 이제 이름을 새로 정하는 것이 합당하다. 조선은 기자가 봉해졌을 때의 이름이니 당당한 제국의 이름으로 합당치 않다. 한(韓)은 우리의 고유한 나라 이름이며, 우리나라는 마한 · 진한 · 변한 등 원래의 삼한을 아우른 것이니 큰 한(大韓)이란 이름이 적합하다.

① 재판소 설치
② 신식 화폐 발행 장정 시행
③ 군국기무처 설치와 선유사 파견
④ 내장원 재설치와 강화

53 518

대한 제국 선포와 광무개혁에 관한 내용으로 옳지 않은 것은?

① 내무아문 예하에 강력한 경찰 기구로서 경무청을 신설하여 일반 국민의 모든 활동을 규제하고, 그들의 반정부 활동을 탄압할 수 있는 제도적 장치를 마련하였다.
② 원수부를 설치하고, 호위대와 진위대를 대폭 증강하였으며, 이어 원수부 안에 육군 헌병대를 설치하였다.
③ 태조, 장조(사도 세자), 정조, 순조, 익종을 황제로 추존하고, 황자들을 왕으로 봉하였다.
④ 1902년 평양을 서경으로 높이고 이곳에 풍경궁이라는 행궁을 건설하여 양경 체제를 갖추었다.

54 519

다음은 19세기 말부터 20세기 초 농민들이 요구한 개혁 내용이다. 이를 통해 당시 조선의 경제 상황을 잘못 추론한 것은?

> • 개항장 밖의 부동산을 매매하지 말라.
> • 일본 화폐 사용을 금지하라.
> • 곡물 유출을 막고, 빈민 구제법을 채택토록 하라.
> • 토지는 공평하게 나누어 주어 경작하게 하라.
> • 금광(金鑛) 채굴을 엄격히 금지하게 하라.

① 쌀이 일본으로 많이 유출되어 쌀값이 오르고 있었다.
② 농민들이 광산에 몰려 농촌 노동력이 크게 부족하였다.
③ 일본인들이 조선에 들어와 땅을 몰래 사들이고 있었다.
④ 지주 전호제가 일반화되어 대부분의 농민이 토지를 갖지 못하였다.

55 520

다음 정책이 실현된 이후 등장한 사회 구조의 변화에 해당하지 않는 것은?

> 왕이 지시하였다. "내수사와 각 궁방과 사노비의 공물을 없애고 노비안을 불태워 버린 것은 바로 우리 순조 임금이 그들을 불쌍히 여기고 돌봐 준 지극히 어진 훌륭한 덕이었다. 그러니 누가 그 큰 은혜에 감격하지 않았겠는가. 나도 늘 칭송하면서 그 위업을 잘 이어가려고 하였다. 그런데 개인 가정을 놓고 보더라도 한 번 노비가 되면 종신토록 복종하고 섬겨야 하며, 대대로 그 역(役)을 지면서 이름을 고치지 못한다. 이것은 어진 정사에 흠이 될 뿐 아니라, 온화한 기색을 손상시키기에 충분한 조건이다. 명분은 원래 엄한 규례가 있으므로 부리는 것은 단지 자신 한 몸에만 국한하게 하고, 대대로 부리지 못하도록 한성부의 당상관이 총리대신과 토의해 절목을 만들어 온 나라에 반포해 상서로운 화기를 맞게 하라."
> – 「고종실록」

① 갑신정변에서 문벌의 폐지와 인민 평등권의 제정이 주장되었다.
② 고문 · 연좌법이 폐지되고 조혼이 금지되었다.
③ 대한 제국 수립 이후 호적 제도가 개혁되어 신분 대신 직업을 기재하게 되었다.
④ 여러 조세 항목을 지세와 호세로 통합하는 재정의 일원화가 추진되었다.

52 517

자료는 고종이 대한 제국을 수립하면서 국호를 제정한 이유를 설명한 내용이다.

④ 내장원은 을미개혁 시기(1895)에 설치되었으나, 같은 해 내장사로 축소되었다. 대한 제국은 1899년 내장사를 내장원으로 확대·개편하고 황실 재정을 담당하는 내장원의 기능을 확대하여 황실 재정을 확보하고 황실 주도의 개혁 사업을 추진하였다. 이에 따라 재정의 일원화 추진은 실패하였다.

오답 분석

① 제2차 갑오개혁 시기의 내용이다.
②, ③ 제1차 갑오개혁 시기의 내용이다.

정답 ④

53 518

① 1894년 제1차 갑오개혁 시기 정부는 종래의 포도청을 폐지하고 내무아문 산하에 일본식 경찰 제도를 본뜬 경무청을 설치하였다. 이와 함께 종래의 전옥서(典獄署)를 폐지하고 감옥서를 설치하여 경무청 소속 아래 두었다. 이후 1900년 경부(警部)로 승격되면서 경무청의 관할 지역은 한성부에서 전국으로 확대되었다.

정답 ①

54 519

사료는 활빈당의 사민논설 13조이다. 활빈당은 1900년부터 충청도·경기도·경상도 지역과 소백산맥 부근에서 활동하였다. 주로 행상·유민·노동자·화적 등 대부분 빈민으로 구성된 활빈당은 관리와 양반 부호들의 무능과 수탈을 신랄하게 비판하였다. 그들은 부호와 관청, 장시 등을 습격하여 무기와 재물을 약탈하고 그 일부를 빈민에게 나누어 주는 등 의적으로 행세하였다. 또한 정부에 구민법 시행과 토지 균등 분배 등을 요구하고 외세 침탈에 저항하였다.

② 금광 채굴의 금지 주장은 노동력 부족의 문제가 아니라 농토 훼손의 심각성 때문이었다. 당시 농업 노동력의 부족 현상은 발생하지 않았다.

정답 ②

55 520

사료는 1886년 고종이 노비 세습제 폐지를 지시하는 내용이다.

① 갑신정변은 급진 개화파 인사들이 1884년에 일으킨 사건이다.

오답 분석

②, ④ 1894년 제1차 갑오개혁의 내용이다.

정답 ①

56 521

다음의 조치가 이루어진 개혁의 내용으로 옳은 것은?

> 서울의 친위대가 개편되어 2개 연대로 증강되고, 2개 연대의 시위대가 창설되었으며, 호위군도 호위대로 개편, 증강되었다. 지방군도 증강되어 이전까지는 평양·전주에 진위대가 있었을 뿐이지만, 그 뒤 2개 진위대, 14개 지방 대대로 확대되고, 다시 6개 연대의 진위대로 통합, 개편되었다.

① 한성 사범학교를 설립하고, 외국어 학교 관제를 공포하였다.
② 탁지아문을 중심으로 재정의 일원화가 추진되었다.
③ 양무호와 광제호를 수입하여 해군력을 강화하려고 하였다.
④ 의정부와 궁내부가 분리되어, 국정 사무와 왕실 사무가 나누어졌다.

57 522

다음 순서를 옳게 정리한 것은?

> ㉠ 베베르 – 고무라 각서
> ㉡ 니시 – 로젠 협정
> ㉢ 로바노프 – 야마가타 의정서
> ㉣ 용암포 사건

① ㉠-㉡-㉢-㉣　　　② ㉠-㉢-㉡-㉣
③ ㉡-㉠-㉢-㉣　　　④ ㉡-㉠-㉣-㉢

58 523

일본이 독도를 강제로 자국의 영토에 편입한 시기는?

① 통감부 설치 시기
② 한·일 신협약 체결 시기
③ 니시 – 로젠 협정 체결 시기
④ 러·일 전쟁 중

59 524

다음 대한 제국 말기 식민지화의 민족적 위기 상황에서 강제된 내용들이다. 시기 순으로 바르게 나열된 것은?

> ㄱ. 교통 및 통신 기관의 중요한 부분을 우리 쪽이 장악하는 것은 정치상·군사상·경제상의 여러 점에서 매우 긴요한 것으로서 그중 교통 기관인 철도 사업은 한국 경영의 골자라고도 할 수 있다.
> ㄴ. 한국 황제 폐하는 한국 전부에 관한 모든 통치권을 완전 또는 영구히 일본 황제 폐하에게 양여한다.
> ㄷ. 일본 정부는 동경에 있는 외무성을 경유하여 금후에 한국이 외국에 대하는 관계 및 사무를 감리·지휘함이 가하고 일본국의 외교 대표자 및 영사는 외국에 재하는 한국의 신민 및 이익을 보호함이 가함.
> ㄹ. 한국과 일본은 상호 간의 승인을 거치지 않고서는 협정의 취지에 위배되는 협약을 제3국과 맺지 못한다.
> ㅁ. 한국 정부의 법령 제정 및 중요한 행정상의 처분은 미리 통감의 승인을 거칠 것.

① ㄱ-ㄷ-ㄹ-ㅁ-ㄴ
② ㄱ-ㄹ-ㅁ-ㄷ-ㄴ
③ ㄹ-ㄷ-ㄱ-ㅁ-ㄴ
④ ㄹ-ㄱ-ㄷ-ㅁ-ㄴ

문제 풀이

56 521

자료는 대한 제국이 건립된 이후 구본신참의 원칙 아래 시행된 광무개혁(1899)에 대한 내용이다.
③ 고종은 자주독립을 지키고 근대 국가로서의 위상을 정립하려는 시도하에 군사력을 증강시키기 위해 원수부를 설치하고 황제 호위 부대를 증강하였으며, 무관 학교를 설립하였고 양무호(1903)와 광제호(1904)를 구입하였다.

오답 분석
① 제2차 갑오개혁 시기에 추진된 내용이다.
②, ④ 제1차 갑오개혁(1894. 6.~1894. 11.)에서 탁지아문을 중심으로 재정의 일원화가 추진되었으며, 의정부와 궁내부가 분리되어 국정 사무와 왕실 사무가 나누어졌다.

정답 ③

57 522

② 사건의 순서는 ㉠ 베베르–고무라 각서(1896. 5.) → ㉢ 로바노프–야마가타 의정서(1896. 6.) → ㉣ 니시–로젠 협정(1898) → ㉤ 용암포 사건(1903) 순이다.
㉠ 베베르 – 고무라 각서는 1896년 5월에 체결되었다. 이 각서에서 일본은 을미사변에 대한 책임을 인정하였고, 아관 파천과 친러 정권을 인정하였다. 또한 일본군 병력 감원 및 철수가 결정되었는데, 다만 거류민 보호를 위한 수준의 일본군 주둔은 허용되었다.
㉢ 로바노프 – 야마가타 의정서는 1896년 6월에 체결된 것으로, 한반도에서 러시아의 정치적 우위를 인정하는 대신 일본군의 한반도 주둔을 인정하였다. 이때 일본은 39도선을 기준으로 한반도를 분할 지배하는 것을 제안하였으나 러시아가 거절하였다.
㉣ 니시 – 로젠 협정은 1898년 4월에 맺은 협정으로 러시아와 일본 양국이 조선의 주권과 독립을 인정하고 일체의 내정 간섭을 하지 않을 것이 포함되어 있다.
㉤ 용암포 사건은 1903년에 러시아가 압록강 삼림 채벌권 실행을 명목으로 압록강 유역에 군대를 이동시켜 용암포를 군사 기지화한 사건이다.
• 러시아와 일본 사이의 협약

1차 협상	베베르–고무라 각서 (1896. 5.)	• 일본의 아관 파천과 친러 정권 인정 • 일본군 병력의 감원 · 철수 및 동일한 사항의 러시아군 적용 ➔ 그러나 거류민 보호를 위한 수준의 일본군의 주둔은 양해됨
2차 협상	로바노프–야마가타 의정서 (1896. 6.)	• 한반도에서 러시아의 정치적 우위를 인정하는 대신 일본군의 한반도 주둔을 인정 • 일본, 39도선을 기준으로 한반도 분할안 제시 ➔ 러시아 거절 • 러시아, 향후 필요한 경우 러 · 일 양국이 조선을 공동 점거 제안 ➔ 양국 합의
3차 협상	니시–로젠 협정 (1898. 4.)	• 한국 내정 불간섭 ➔ 교관 · 고문 파견 사전 협의 • 한국에서의 일본의 경제적 우위 인정 ➔ 정치적 우위 불인정

정답 ②

58 523

④ 러 · 일 전쟁 직전, 대한 제국은 국외에 중립을 선포(1904. 1.)하였으나 일본은 조선의 중립국 선포를 무시하고 경복궁에 군대를 투입하였다. 1904년 2월에 러 · 일 전쟁이 발발하자 일제의 강압으로 이지용과 하야시 사이에 6개조로 된 한 · 일 의정서가 체결되었다. 또한 이 시기 일본은 독도를 일방적으로 자국의 영토로 편입(1905. 2.)시켰다.

정답 ④

59 524

④ ㄹ. 한 · 일 의정서(1904. 2.) → ㄱ. 대한 시설 강령(1904. 5.) → ㄷ. 을사늑약(제2차 한 · 일 협약, 1905. 11.) → ㅁ. 한 · 일 신협약 체결(정미 7조약, 1907) → ㄴ. 한 · 일 합병 조약(국권 피탈, 1910. 8.) 순으로 체결되었다.

정답 ④

60 525

밑줄 친 (가) 전쟁 및 (나) 조약과 관련된 내용으로 옳은 것은?

메이지 유신 이후 일본은 주변국을 침략하거나 배상금을 얻어 실속을 챙겨왔다. 임오군란과 갑신정변 등을 계기로 조선에서도 배상금을 받아낸 적이 있었다. 청·일 전쟁 후 받은 배상금과 삼국 간섭으로 랴오둥 반도를 청에 반환하고 받은 돈을 합하면, 무려 2억 3천만 냥이나 된다. 이는 당시 일본 정부 1년 예산의 4배였다. 전쟁 배상금 덕분에 돈벼락을 맞은 일본은 금 본위제를 실시했고, 야하타 제철소를 건설해 강철을 생산하기 시작하였다. 그런데 (가) 전쟁 후 일본은 배상금을 한 푼도 받지 못하였다. 이에 격분한 일본 국민은 전쟁을 종결하는 (나) 조약이 체결되던 날, 도쿄 히비야 공원에서 '굴욕적인 강화 반대', '전쟁 계속' 등을 외치며 폭동을 일으켰다.

① (가) 전쟁 중 대한 제국에 대한 자주독립 보장 약속이 들어 있는 한·일 의정서가 체결되었다.

② (가) 전쟁의 승리로 일본은 만주를 장악하게 되었으며, 만주국이 수립되었다.

③ (나) 조약을 주선한 대가로 미국 대통령 루즈벨트는 노벨 평화상을 수상하였으며, 이후 일본과 가쓰라·태프트 밀약을 체결하였다.

④ (나) 조약 이후 일본에 의해 명성 황후가 살해되는 사건이 일어났다.

61 526

다음 글에서 언급한 조약의 강요 이후 등장한 역사적 사건에 해당하지 않는 것은?

극동의 소식통에 따르면 이 11월 조약은 일본과 같은 문명국이 도덕적으로 비열한 방법과 물리적인 강박에 의하여 한국 정부에 강요되어 체결되었다. 조약의 서명은 전권 공사인 이토 후작과 하야시 공사가 일본 군대의 호위를 받는 압력 아래서 대한 제국 황제와 대신들로부터 얻었을 뿐이다. 이틀 동안 저항한 후, 대신 회의는 체념하고 조약에 서명하였지만, 황제는 즉시 강대국, 특히 워싱턴에 대표를 보내서 가해진 강박에 대하여 맹렬히 이의를 제기하였다.
－ 프란시스 레이, 「대한 제국의 국제법적 지위」

① 특사가 대륙 횡단 철도를 경유하여 헤이그에 파견되었다.

② 포츠머스 조약이 체결되어 러시아가 한반도에 대한 일본의 우위를 인정하였다.

③ 장지연은 황성신문에 시일야방성대곡을 기고하였으며, 이후 자신회가 조직되었다.

④ 민종식이 홍주성에서 의병을 일으켜 항일 운동을 전개하였다.

62 527

다음의 국어적 표현에서 어원을 유추해볼 때 이와 관련이 있는 사건은?

'을씨년스럽다'는 어디에서 온 말인가? '-스럽다'가 '복스럽다, 자랑스럽다'에서 보듯 일부 명사 뒤에 붙어 '그러한 성질이 있음'의 뜻을 더하는 접미사로 쓰이므로 '을씨년'이 명사라는 점과, 또 '을씨년스럽다'에 '을씨년'의 성질이 반영되어 있다는 점을 분명히 알 수 있다. 그 때문에 '을씨년스럽다'의 어원은 '을씨년'의 어원을 밝히는 것으로 자연히 드러난다.

① 명성 황후가 경복궁에서 일본 낭인들에 의해 살해당한 을미사변이 일어났다.

② 심의겸과 김효원의 다툼으로 서인과 동인이 갈라선 을해분당이 일어났다.

③ 을사늑약이 강제되어 외교권이 박탈당하고 통감부가 설치되었다.

④ 한강 유역에서 발생한 사상 최고의 대홍수로 1925년 을축년 홍수가 일어났다.

63 528

밑줄 친 부분에서 언급한 조약의 내용으로 옳은 것은?

1882년 이후 대한 제국과 아메리카 합중국은 통상 관계를 유지해 오고 있습니다. … (중략) … 이제 일본은 1904년에 체결한 협정에서 약속한 것을 어기고 우리나라에 대한 보호 정치를 강행하니 본래의 조약에 약속한 책무를 저버리려 하는 태도가 분명합니다. 또한 지난 2년간 일본의 행태를 보더라도 앞으로 대한 제국을 문명적으로 대우할 리가 없다고 봅니다. 이제 우리나라의 멸망이 눈앞에 다가온 정세를 충분히 살펴 진정 우리를 도울 수 있는 방법이 무엇인지 깊이 생각해 주기 바랍니다.
－ 「루즈벨트 대통령에게 보낸 고종 황제의 친서」, 1905. 12.

① 한국 정부는 일본 정부가 추천하는 일본인 1명을 재정 고문으로 둔다.

② 일본 정부는 한국 황제 밑에 1명의 통감을 두되, 통감은 오로지 외교에 관한 사항을 관리하기 위해 경성에 주재한다.

③ 한국 정부는 통감이 추천하는 일본인을 한국 관리로 임명한다.

④ 제3국의 침해나 혹은 내란으로 인해 대한 제국에 위험이 있을 경우 대일본 제국 정부는 속히 임기응변의 필요한 조치를 수행한다.

문제 풀이

60 525

(가) 전쟁은 러·일 전쟁, (나) 조약은 포츠머스 조약(1905. 9.)에 해당한다.

① 러·일 전쟁은 1904년 2월에 일어나서 1905년 9월에 종료되었다. 한·일 의정서는 러·일 전쟁이 일어난 직후인 1904년 2월에 체결되었으며, 일본이 한반도의 군사적 요충지와 시설을 마음대로 이용하기 위해 강제로 체결한 조약이다.

오답 분석

② 만주 사변은 1931년, ③ 가쓰라·태프트 밀약은 러·일 전쟁 중인 1905년 7월, ④ 을미사변은 1895년에 일어났다.

정답 ①

61 526

사료는 을사늑약(제2차 한·일 협약)이 강요된 이후 프랑스 공법학자 레이가 프랑스 잡지 『국제공법』에서 이 늑약의 무효를 주장한 것이다.

② 포츠머스 조약은 1905년 9월 미국의 중재로 체결된 러·일 간의 강화 협약이다. 이 조약으로 한반도에 대한 일본의 권익이 독점적으로 인정되었고, 러시아는 사할린·여순·대련 등 이전에 청으로부터 얻은 모든 영토를 일본에게 양도하였다.

오답 분석

① 고종은 이 늑약의 강제 이후 대한매일신보에 이를 부인하는 친서를 보냈고, 미국과 헤이그에 특사를 파견하였으며, 런던 타임즈를 통해서도 을사늑약의 부당함을 토로하였다. 통감 이토 히로부미는 고종에게 특사 파견의 책임을 추궁하여 고종을 강제로 퇴위시켰다.

③ 을사늑약 체결로 민영환·조병세는 자결하였고, 나철·오기호는 5적 암살단(자신회)을 조직하였으며, 장지연은 황성신문에 시일야방성대곡을 써 부당함을 호소하였다.

④ 원용팔(원주), 민종식(홍주), 최익현(태인, 순창), 정운경(단양), 이문호(지평), 구만서(광주) 등 유생층을 지휘부로 한 의병 항쟁이 전국적으로 일어났다.

정답 ②

62 527

자료의 '을씨년'은 을사늑약이 이루어지던 을사년을 빗대서 나온 말이다.

③ 을사늑약이 강제 체결되고 이듬해인 1906년 2월, 서울에 통감부가 설치되었고, 이토 히로부미가 초대 통감으로 취임하였다.

정답 ③

63 528

자료에서 언급한 1904년에 체결한 협정은 한·일 의정서이다. 한·일 의정서의 내용은 다음과 같다.

제1조 한·일 양 제국은 항구불역할 친교를 보전하고 동양의 평화를 확립하기 위해 대한 제국 정부는 대일본 제국 정부를 확신하고 시정의 개선에 관하여 그 충고를 들을 것

제2조 대일본 제국 정부는 대한 제국의 황실을 확실한 친의로써 안전·강녕하게 할 것

제3조 대일본 제국 정부는 대한 제국의 독립과 영토 보전을 확실히 보증할 것

제4조 제3국의 침해나 혹은 내란으로 인해 대한 제국의 황실 안녕과 영토 보전에 위험이 있을 경우 대일본 제국 정부는 속히 임기응변의 필요한 조치를 행하며, 대한 제국 정부는 대일본 제국 정부의 행동이 용이하도록 충분히 편의를 제공할 것. 대일본 제국 정부는 전항(前項)의 목적을 성취하기 위해 군략상 필요한 지점을 임기 수용할 수 있을 것

제5조 대한 제국 정부와 대일본 제국 정부는 상호의 승인을 경유하지 않고 훗날 본 협정의 취지에 위반할 협약을 제3국 간에 정립할 수 없을 것

제6조 본 협약에 관련된 미비한 세부 조항은 대한 제국 외부대신과 대일본 제국 대표자 사이에 임기 협정할 것

오답 분석

① 제1차 한·일 협약(한·일 협정서, 1904. 8.) 제1조의 내용이다.

② 을사늑약(1905. 11.) 제3조의 내용이다.

③ 한·일 신협약(1907) 제5조의 내용이다.

정답 ④

64 529

다음 노래의 배경이 되는 사건과 관련된 사실로 잘못된 것은?

> 하우 두 유 두 / 곤니치와
> 무슨 일로 나왔어 / 볼 일 있어 나왔지
> 유월 삼복 더운데 / 수고로이 나왔네
> 무슨 볼 일 있었나 / 해아(海牙) 일로 나왔지
> 해아 일이 있은들 / 나와 무엇 하겠나
> ⋯ (중략) ⋯
> 우리 황상 폐하의 / 허락한 바 없는데
> 억지로 조약 후 / 협약했다 칭하고
> 한국 인민 야만종 / 우리가 보호하노라
> 만국 공안 속이고 / 헛말 공포했다지
>
> − 「잘왔군 타령」

① 일제가 한·일 의정서에서 체결한 약속을 어기고 외교권을 박탈하자 일어났다.

② 헐버트가 『회의시보(Courier de la Conference)』에 한국 대표단의 호소문을 싣게 하였으며, 적극적으로 한국의 국권 회복 운동에 협력하였다.

③ 이 사건 이전 장인환과 전명운이 스티븐스를 사살하였다.

④ 이 사건 이후 고종은 강제 퇴위되고, 정미의병이 일어났다.

65 530

다음과 같은 내용의 조약이 체결된 직후에 일어난 상황으로 가장 적합한 것은?

> 제1조 한국 정부는 시정 개선에 관하여 통감의 지도를 받을 것
> 제2조 한국 정부의 법령 제정 및 중요한 행정상의 처분은 미리 통감의 승인을 거칠 것
> 제4조 한국 고등 관리의 임명은 통감의 동의로써 이를 행할 것
> 제6조 한국 정부는 통감의 동의 없이 외국인을 용빙(傭聘) 아니할 것

① 사법청이 설치되어 사법 자주권을 박탈당했다.

② 지방 행정을 장악해 한반도 전역을 지배하기 위해 개항지를 중심으로 이사청을 설치, 운용하였다.

③ 경찰 통감부를 설치하여 헌병 경찰제를 확립하였다.

④ 박승환이 자결하였고, 해산 군인이 의병과 합류하여 의병 전쟁을 전개하였다.

66 531

다음 연표의 (가), (나), (다), (라) 시기에 일어난 정치적 사건이 아닌 것은?

1904	1905	1906	1907	1908
(가)	(나)	(다)	(라)	

① (가)−한·일 의정서 체결

② (나)−포츠머스 조약 체결

③ (다)−학회령 제정

④ (라)−군대 해산

67 532

다음은 한말에 쓰여진 어떤 인물의 절명시 중 일부를 발췌한 것이다. 이 인물이 죽은 해에 일어난 사건으로 옳은 것은?

> 鳥獸哀鳴海岳嚬 (조수애명해악빈)
> 새와 짐승 슬피 울고 산하도 찡그리니
> 槿花世界已沉淪 (근화세계이침륜)
> 무궁화 세계가 이미 망했구나.
> 秋燈掩卷懷千古 (추등엄권회천고)
> 가을 등불 아래 책 덮고 천고의 역사를 회고하니
> 難作人間識字人 (난작인간식자인)
> 글을 아는 인간의 구실이 어렵구나.

① 경술국치

② 을사늑약

③ 고종 퇴위

④ 을미사변

문제 풀이 ⚙

64 529

사료의 '해아'는 헤이그의 음역어이다. 일제가 을사늑약을 통하여 외교권을 박탈하자 고종은 이 조약의 불법성과 일제의 침략을 폭로하고 열강의 후원을 얻기 위하여 헤이그 특사(1907)를 파견하였다. 그 결과 고종이 강제 퇴위되고 이를 계기로 정미의병이 일어났다.

③ 장인환(대동 보국회)과 전명운(공립 협회)은 헤이그 특사 파견 이후인 1908년에 외교 고문 스티븐스를 샌프란시스코에서 저격하였다.

정답 ③

65 530

자료는 1907년 7월 24일 체결된 한·일 신협약(정미 7조약)에 대한 내용이다.

④ 한·일 신협약의 부수 각서에 의해 일제는 재정 곤란 등을 이유로 대한 제국의 군대를 해산시켰고, 이 소식을 들은 시위대 1대 대장 박승환이 자결하였으며, 해산 군인들이 각지의 의병과 합류하여 의병 전쟁을 전개하였다.

오답 분석

① 1909년 기유각서를 체결한 후 통감부에 사법청이 설치되어 사법 자주권을 박탈당했으며, 감옥 사무권도 통감부에 강제로 이관되었다.

② 을사늑약의 결과 통감부가 설치되고 1906년 1월 부산·마산·군산·목포·경성·인천·평양·진남포·원산·성진, 8월에 대구, 11월에 신의주, 1907년 12월 청진 등 13개의 이사청이 설치되었다. 11개 지방에는 그 지청이 설치되었다.

③ 국권 피탈 이전인 1910년 6월 일본은 경찰권 위탁 협정을 맺어 경시청을 폐지하고 경찰 통감부를 설치하여 헌병 경찰제를 확립하였다.

정답 ④

66 531

1904년 국민 교육회 등을 비롯하여 학문 분야에서 정치 활동과 경제 부흥 및 애국 계몽에 이르기까지 다양한 학회가 설립되었다. 이러한 활동의 전개는 교육 구국(敎育救國)에 기초를 둔 것으로, 장차 나라를 이끌어갈 학생들의 실력을 양성하고 민족의식을 고취시켜 자주적으로 주권을 찾고자 함이었다.

③ 통감부는 학회의 적극적인 계몽 활동을 경계하여 1908년 8월 26일 칙령 제63호로 학회령을 공포하였다.

오답 분석

① 한·일 의정서는 1904년 2월, ② 포츠머스 조약은 1905년 9월, ④ 군대 해산은 1907년 8월 초에 각각 추진되었다.

정답 ③

67 532

사료의 절명시는 매천 황현이 경술국치 이후 자살을 선택하면서 남긴 것이다.

① 황현(1855~1910)은 격동을 거쳐 망국으로 귀결된 한말의 모든 과정을 살고 지켜보았던 인물이다. 20대의 청춘부터 죽음에 이르기까지 그의 삶은 험난한 근대화를 알리는 개항(1876, 21세)으로 시작되어 임오군란(1882, 27세)·갑신정변(1884, 29세)·갑오개혁(1894, 39세)를 거쳐 나라의 멸망과 함께 마감되었다. 그의 활동은 다양했다. 『매천야록』과 『오하기문』을 쓴 역사가였고, 2천여 편에 이르는 시를 남긴 문학가였으며, 강위·김택영·이건창 등 당대의 명사들과 교유한 지식인이었다.

정답 ①

68 533

궁궐과 관련된 근대사의 주요 사건 중 잘못 연결된 내용은?

① 아관 파천 이후 고종은 덕수궁(경운궁)으로 환궁하였다.

② 창덕궁과 경우궁을 중심으로 갑신정변이 일어났다.

③ 경복궁 건청궁에서 명성 황후가 일제에 의해 살해되었다.

④ 덕수궁(경운궁) 중화전에서 을사늑약이 강제되었다.

69 534

다음 자료와 관련된 의병에 대한 설명으로 옳은 것은?

> 이번에 춘천 등지에서 백성이 소란을 피운 것은 8월 20일 사건 때 쌓인 울분 때문이었다. 나라의 역적을 이미 법에 의해 처단하였고, 나머지 무리들도 차례로 처벌할 것이다. 해당 지방에 주둔하는 군대는 반드시 이 조칙을 춘천부에 모여 있는 백성에게 보여, 각자 임금의 충성스런 백성으로 돌아가 생업에 편안히 종사하도록 해야 할 것이다. 아울러 너희 군대의 무관과 병졸은 즉시 돌아오도록 하라.
>
> – 효유 조칙

① 유인석은 자신의 의병 조직을 이끌고 서북 지역으로 북상하였다.

② 신돌석의 의병 부대가 경상도 동해안을 중심으로 평해, 울진 등지에서 활동하였다.

③ 외교권 박탈에 항의하여 일어났다.

④ 서울 진공 작전을 전개하였다.

70 535

다음에서 설명하는 사건에 관련된 내용은?

> 우리 팔도 동포는 차마 망해 가는 나라를 내버려 둘 것인가. 제 할아버지, 제 아버지가 없는 백성이 아니거늘 내 나라, 내 집을 위하여 어찌 한두 사람의 의사도 없단 말인가. ⋯⋯ 우리 국모의 원수를 생각하면 이미 이를 갈았는데 참혹한 일이 더하여 ⋯⋯ 우리 부모에게서 받은 머리털을 풀 베듯이 베어 버리니 이 무슨 변고란 말인가.
>
> – 유인석의 창의문

① 나철은 5적 암살단을 조직하여 활동하였다.

② 홍범도 등 평민 의병장이 활약하여 일본군에게 큰 타격을 입혔다.

③ 일본군이 호남 지방의 의병 진압을 위해 대토벌 작전을 자행하였다.

④ 단발령 철회와 국왕의 해산 권고 조칙으로 해산하였다.

71 536

다음은 유생 최익현의 격문이다. 이 격문이 나오게 된 계기가 된 사건과 관련이 있는 것은?

> 의병을 일으킴에 여러 말이 필요치 않다. ⋯⋯ 슬프다. 작년 10월에 저들이 한 행위는 만고에 일찍이 없었던 일로서, 억압으로 한 조각의 종이에 조인하여 5백 년 전해오던 종묘사직이 드디어 하룻밤 사이에 망하였으니, 천지신명도 놀라고 조종(祖宗)의 영혼도 슬퍼하였다. 나라를 들어 적국에 넘겨준 이지용 등은 실로 우리나라 만대의 변할 수 없는 원수요, ⋯⋯ 이토 히로부미(伊藤博文)는 마땅히 세계 여러 나라가 함께 토벌해야 할 역적이다.

① 한국의 사법권과 경찰권을 빼앗았다.

② 각 부의 차관을 일본인으로 임명하였다.

③ 일제가 통감부를 설치하였으며, 전국에 재무서와 재무 감독국을 설치하고 징세 업무를 관장하게 하여 정부 재정을 장악하였다.

④ 외교와 재정 분야에 외국인 고문을 두도록 하였다.

68 533

④ 을사늑약은 덕수궁 중명전에서 강제로 체결되었다. 이로써 통감부가 설치되었으며, 대한 제국은 일본에 외교권을 박탈당하였다. 을사늑약 체결로 외국에 있던 대한 제국의 외교 기관이 전부 폐지되었고, 영국·미국·청국·독일·벨기에 등의 외교 사절들은 공관에서 철수하여 본국으로 돌아갔다.

정답 ④

69 534

자료는 을미의병에 대한 고종의 해산 권고 조칙이다.
① 대표적인 을미의병장으로는 유성·보은의 문석봉, 제천에서 일어난 유인석과 춘천에서 일어난 이소응, 선산에서 일어난 허위 등이 있었다. 이들은 아관 파천으로 인해 친일 정권이 무너지고 단발령이 철회되자 국왕의 효유 조칙 이후 전쟁의 명분을 잃고 대개 해산을 결정하였다. 유인석은 의병 운동을 유지하기 위해 서북 지역으로 이동하였으나, 의병 활동이 어렵게 되자 서간도로 망명하였다.

정답 ①

70 535

제시문은 을미의병 당시에 유인석이 작성한 창의문의 내용이다.
④ 1895년 명성 황후의 살해에 이어 강제적으로 시행된 단발령은 전국의 유림을 중심으로 전개된 반일·반개화 의병 운동의 기폭제가 되었다. 이 시기 유인석, 이소응 등의 유생층이 의병 운동을 주도하였으며, 농민층과 동학 농민군의 잔여 세력들이 합세하였다. 을미의병은 충주를 비롯한 지방 주요 도시를 공격하여 친일 관리·일본인을 처단하였고, 아관 파천 이후, 단발령 철회와 국왕의 해산 권고 조칙으로 대부분 해산하였다. 이후 일부 농민 세력이 활빈당 등 무장 조직으로 전환하여 반침략·반봉건 투쟁을 전개하였다.

[오답 분석]
① 나철, 오기호 등은 을사늑약 체결에 반발하여, 을사오적을 표적으로 하는 5적 암살단을 조직하였고, 일진회 등을 공격하였다.
② 정미의병(1907) 시기에는 홍범도·김수민 같은 평민 의병장이 활약하였다.
③ 1909년 일본군은 호남 지방의 의병들을 진압하기 위하여 '남한 대토벌' 작전을 벌여 탄압을 강화하였다. 의병들은 대부분 전사하거나 포로가 되었고, 잔여 세력들은 만주 지방으로 이동하여 독립군의 효시가 되었다.

정답 ④

71 536

제시문은 을사의병 당시에 최익현이 작성한 격문의 내용이다. 을사의병은 을사늑약 체결에 반대하며 일어났다. 원용팔(원주), 최익현(태인·순창), 민종식(홍주) 등의 유생층이 주도하였으며, 신돌석과 같은 평민 의병장이 활약하기도 하였다.
③ 일본은 1905년 을사늑약을 강제로 체결하고 통감부를 설치했으며 외교권을 박탈하였다. 그 후 외교뿐만 아니라 내정에 간섭하고 재정을 장악하였다.

[오답 분석]
① 일본은 기유각서(1909. 7.) 체결 후 통감부에 사법청을 설치함으로써 사법 자주권을 박탈하였고, 감옥 사무권도 통감부에 강제로 이관시켰다.
② 한·일 신협약(정미조약, 1907) 체결로 제1차 한·일 협약부터 시행되던 고문 제도가 폐지되고, 각 부의 차관 자리에 일본인 관리가 다수 임명되는 '차관 정치'가 시행되었다.
④ 제1차 한·일 협약(한·일 협정서, 1904. 8.)을 통해 일본은 대한 제국에 고문관의 초빙을 강요하였다.

정답 ③

72 537

13도 창의군의 서울 진공 작전에 대한 설명으로 옳지 않은 것은?

① 각국 공사관에 합법적 교전 단체로 인정할 것을 요구하는 서신을 보냈다.

② 허위의 지휘에 따라 돌격대가 동대문 방향으로 진격하였다.

③ 평민 출신 의병장들은 편성 과정에서 제외되었다.

④ 이인영을 총대장으로 경기도 양주에 집결하였으며, 해산 군인이 합류하였다.

73 538

(가)와 (나)의 시기에 일어났던 사건이 아닌 것은?

> (가) 이준, 이상설, 이위종은 헤이그에서 열리는 만국 평화 회의에 참석하여 일본인의 음모를 폭로하고 회의에 참석한 각국의 대표자에게 자주독립을 호소하려 하였다.
>
> (나) 김세영은 서울 시내에 잠입하여 각국 기관에 통문을 보냈다. 통문에 의하면 "의병은 일본의 불의를 성토하기 위한 애국 단체이니 열강도 만국공법에 의거하여 우리를 교전 단체로 인정하고 성원을 바란다."라고 하였다.

① 군대 해산

② 3차 한 · 일 협약 체결

③ 고종의 강제 퇴위

④ 니시 – 로젠 협정

74 539

(　　)에 들어갈 집단과 관련이 있는 내용으로 옳은 것은?

> (　　)의 우매를 경고한다.
>
> 근일 (　　)의 무리는 모두 나라에 화를 가져다주는 요망한 재앙이요, 백성을 해치는 악독한 병이라. 허망한 명분을 빌어 불량한 폭동을 일으키다가 그 결과는 집과 나라에 화를 미치게 하며 민인에게 해를 남기고 그 자신의 아내와 자식이 치욕에 빠지게 할 따름이니.
>
> – 황성신문, 광무 10년(1906) 5월 29일

① 동학 농민 운동군의 잔여 세력으로, 충청과 경기, 소백산맥 부근 등지에서 의적 활동을 이어나갔다.

② 민종식, 최익현, 신돌석 등이 활약하였으며, 점차 전국적으로 확산되었다.

③ '안악 사건'과 '양기탁 등 보안법 위반 사건', '105인 사건' 등의 여파로 해산하였다.

④ 포도청과 의금부를 습격하여 동료를 구출하고, 척신과 개화파 관료의 집을 습격하였다.

75 540

다음은 김구가 한말에 활동했던 단체에 대해 쓴 글이다. 설명에 해당하는 단체는?

> 세상에 큰 도적 떼가 있어서 능히 장거리와 큰 고을을 쳐서 관원을 죽이고 재물을 빼앗되, 단결이 굳고 용기가 있으며, 동에 번쩍 서에 번쩍 동작이 민첩하여 나라 군사의 힘으로도 잡지 못한다는 말을 들었는데, 우리가 독립운동을 하자면 견고한 조직과 기민한 훈련이 필요한즉, 이 도적 떼의 결사와 훈련의 방법을 연구할 필요가 있다하여 두루 탐문해 보았으나, 마침내 아무 단서도 얻지 못하고만 일이 있었다. …… 그들은 비록 도적이라 하나 약한 백성의 것은 건드리지 아니하고, 나라의 재물이나 관원이나 양반의 것을 약탈하여서 가난하고 불쌍한 자들을 구제함을 쾌사로 삼았다.
>
> – 『백범일지』, 김구

① 독립 협회　　　　② 활빈당

③ 신민회　　　　　④ 찬양회

72 537

국권 피탈 직전인 1908년, 해산 군인의 가담으로 무기와 병력이 크게 강화된 전국 의병 부대들은 마침내 서울 진격을 목적으로 연합 전선을 형성하였다. 13도 창의군은 이인영(총대장), 허위(군사장) 등 유학자들이 주도하였으며, 평민 의병장은 배제되었다. 총대장 이인영은 각국 영사관에 사람을 보내 의병 부대를 국제 공법상의 전쟁 단체로 인정해줄 것을 요청하였다.
① 을사늑약에 의해 외교권이 박탈당하자, 각국 공사관은 철수하였으며, 국내에는 영사관 조직만이 유지되었다.

정답 ①

73 538

제시문은 1907년에 일어난 사건들에 대한 내용이다.
(가) 을사늑약 체결 이후 고종의 명으로 파견된 헤이그 특사에 대한 내용이다.(1907. 6.)
(나) 13도 창의군에 대한 내용이다. 창의군 대장 이인영은 김세영을 서울에 잠입시키고, 각국 영사관에 13도 창의군의 격문을 보냄으로써 항일 의병 투쟁 활동의 합법성을 국제적으로 호소하였다.(1907. 12.)
④ 니시 – 로젠 협정은 일본과 러시아가 1898년 4월에 한국에서의 정치·경제적 이해를 상호 승인한 협정으로, 대한 제국에 대한 상호 중립을 규정하고 있다.

정답 ④

74 539

사료의 괄호에 들어갈 집단은 을사의병(1905)이다. 을사의병은 한·일 의정서와 제1차 한·일 협약 등이 체결되는 상황에서 시작되어, 을사늑약이 강제되자 이에 반대하여 본격적으로 일어났다.
② 을사의병은 을미의병에 비해 참여 계층이 확대되어 최익현, 민종식 등의 유생층이 주도적 역할을 하는 가운데, 신돌석, 정순현, 이하현과 같은 평민 의병장이 등장하였다.

오답 분석
① 활빈당(1900), ③ 신민회(1907. 4.), ④ 임오군란(1882)에 대한 설명이다.

정답 ②

75 540

사료는 김구가 『백범일지』에 기록한 '활빈당'에 대한 내용이다.
② 활빈당은 토지에서 유리된 농민들이 19세기 중반 이래 증가한 화적당들과 결합하여 전국적 조직으로 발전시킨 것이다. 활빈당은 1900년부터 충청도, 경기도, 경상도 지역과 소백산맥 부근에서 활동하였는데, 주로 행상, 유민, 노동자, 화적 등 빈민으로 구성되어 있었으며, 의병 운동에 점차 포섭되었다.

정답 ②

76 541

다음 주장을 펼친 인물의 활동으로 옳은 것은?

> 러·일 전쟁을 일으킬 때 일본 황제의 선전 포고문에 "동양 평화를 유지하고 대한 독립을 공고히 한다." 운운했으니, 이 같은 대의가 청천백일의 빛보다 더 환하였기 때문에 한·청 인사들은 지혜로운 사람이나 어리석은 사람을 물론하고 한 몸과 한마음으로 오직 감화하고 복종했음이 그 하나이다. 오늘날 서양 세력이 동양으로 점차 밀려오는 환난을 동양 인종이 일치단결해서 온 힘을 다하여 방어해야 하는 것이 제일 상책임은 어린아이일지라도 익히 아는 바인데, 무슨 까닭으로 일본은 이러한 순리의 형세를 돌아보지 않고 같은 인종인 이웃 나라를 약탈하고 우의를 끊어, 스스로 도요새가 조개를 쪼으려다 부리를 물리는 형세를 만들어 둘 다 잡히어 어부를 기다리는 듯 하는가.
>
> – 「동양평화론」

① 일가의 전 재산을 처분하여 만주에 신흥 강습소를 설립하였다.
② 황성신문에 '시일야방성대곡'을 게재하여 을사늑약의 부당함을 규탄하였다.
③ 을사늑약이 체결되자, '대한 제국 2천만 동포에게 고함'이라는 유서를 남기고 자결하였다.
④ 을사늑약의 원흉으로 지목된 이토 히로부미를 만주 하얼빈에서 사살하였다.

77 542

한말 애국 계몽 단체 중 대한 자강회와 관련된 사실로 옳은 것은?

① 오산 학교·대성 학교 등 주로 중학교를 설립하여 민족 교육의 차원을 높이려 하였다.
② 고종 퇴위 반대 운동을 벌이다가 통감부의 보안법에 의해 강제 해산당하였다.
③ 해외 독립운동 기지 건설에 노력하여 남만주 삼원보에 신흥 강습소를 건립하였다.
④ 일진회가 한·일 합병을 주장하자, 국민 대회를 열어 일진회를 규탄하였다.

78 543

다음의 글을 저술한 인물과 관련되지 않은 것은?

> 옛 사람들이 이르기를 나라는 멸망하더라도 역사는 망할 수 없다고 하였다. 나라라는 것은 형체만을 말하는 것이고, 역사는 바로 신명과 같은 것이다. 오늘날 우리나라의 형체는 이미 훼손되고 말았으나, 신명만큼은 고고히 남아 존재하고 있으니, … (중략) … 신명이 존재하여 없어지지 않으면 형체는 언젠가는 다시 살아날 것이다.

① 황성신문
② 신민회
③ 한인 애국단
④ 대동 보국단

79 544

한말 애국 계몽 단체 중 대한 협회와 관련된 사실로 옳은 것은?

① 입헌 군주제 수립과 민권 확대를 바탕으로 만민 공동회 등 대중 계몽 운동을 추진하였다.
② 민족 교육 육성을 위하여 강화에 보창 학교를 설립하는 등 민족 교육의 차원을 높이고자 하였다.
③ 일본 통감부 정치를 문명지도로 긍정하는 등 점차 친일적 색채를 드러냈다.
④ 전국 각지에 25개의 지회를 설립하고 월보를 간행하면서 교육·언론·종교 등 문화 운동에 치중한 국권 회복 운동을 전개하였다.

문제 풀이

76 541

자료는 안중근이 저술한 『동양평화론』의 내용이다.

④ 안중근 의사는 1909년 하얼빈에서 이토 히로부미를 사살하고 뤼순 감옥에서 1910년 3월에 사형당하였다. 『동양평화론』은 감옥에서 집필한 거사에 대한 술회로 미완성 저술에 해당한다.

오답 분석

① 이시영, 이회영 형제. ② 장지연. ③ 민영환과 관련된 내용이다.

정답 ④

77 542

② 대한 자강회(1906)는 헌정 연구회를 계승한 단체로 교육·언론·종교 등 문화 활동에 치중하여 활동했던 애국 계몽 단체이다. 이 단체는 일제가 고종을 강제로 퇴위시키자, 그에 대한 반대 운동을 펼치다가 일제의 탄압으로 해산되었다.

오답 분석

①, ③ 신민회(1907. 4.)는 공화정체의 근대 국민 국가 건설을 최초로 주장한 비밀 결사 단체로 민족 사업 육성을 위해 태극 서관(대구)·자기 회사(평양) 등을 설립하였다. 또한 신민회는 신흥 강습소(1911, 남만주 삼원보), 밀산 무관 학교(1913), 동림 무관 학교(1913) 등 무장 투쟁을 위한 교육 기관을 해외에 건립하였다. 신흥 강습소는 뒤에 신흥 무관 학교로 이름을 바꾸었다.

④ 대한 협회(1907. 11.)는 서울에서 조직되어 1910년 국권 피탈 직후까지 활동하였다.

정답 ②

78 543

자료는 박은식이 저술한 『한국통사』의 서문이다.

③ 한인 애국단(1931)은 김구 등이 독립운동 활성화와 민족의 독립 의지 고취를 목적으로 상해에서 조직한 항일 무장 단체이다.

오답 분석

① 황성신문(1898)은 박은식을 비롯하여 유근, 장지연, 신채호 등의 애국 계몽 운동가들이 주필로 활약하였다.

② 신민회(1907)는 안창호의 발기로 양기탁, 이동휘, 이동녕 등 7인이 창건 위원이 되고, 박은식, 신채호, 김구, 노백린, 이승훈 등이 참여하였다.

④ 대동 보국단(1915)은 상해 지역에서 신규식과 박은식이 조직한 단체로서 잡지 『진단』을 발간하였다.

정답 ③

79 544

③ 대한 협회는 대한 자강회 해산 후 후신으로 1907년 설립된 단체이다. 대한 협회는 통감부의 통치를 문명지도로 긍정하여 자치론을 구상하기도 하였고, 친일 단체인 일진회와 제휴를 모색하는 등 친일적 색채를 띤 단체로 변모해갔다.

오답 분석

① 독립 협회. ② 신민회. ④ 대한 자강회에 대한 설명이다.

정답 ③

80 545

(가)에 해당하는 신문이 발간된 해에 일어난 사건으로 옳은 것은?

> 동학의 이파였던 이용구가 일진회를 조직하여 일제를 돕는 반역 행위를 자행했다. 이에 손병희는 그와 모든 연을 끊고 따로 동학의 정신과 전통을 계승한 천도교를 창건하는 한편 민족 운동의 일환으로 ＿(가)＿를 창간하기에 이르렀다. 오세창을 사장으로 발행인은 신광희, 주필에 이인직의 진용으로 발족하였으며 반민족 행위에 대한 비난과 일진회를 공격하는 데 앞장섰다.

① 용암포 사건

② 105인 사건

③ 한 · 일 의정서 체결

④ 서전서숙 설립

81 546

다음과 같은 활동을 전개한 단체에 대한 설명으로 옳은 것은?

> • 안창호, 양기탁 등이 중심이 되어 조직하였다.
> • 대구, 평양, 서울 등지에 태극 서관을 설립하고 자기 회사를 세웠다.
> • 대한매일신보가 기관지 역할을 하였으며, 『소년』이 창간되어 외곽 조직인 청년 학우회의 기관지가 되었다.

① 비밀 결사로 신채호, 박은식, 이승훈, 김구 등이 참여하였다.

② 러시아의 절영도 조차 반대 운동을 전개하였다.

③ 황성신문에 헌정을 소개하고 입헌 군주의 덕목을 강조한 「헌정쇄담」을 연재하기도 했다.

④ 의회식 중추원 관제의 시행을 요구하고 노륙법 및 연좌법을 부활시키려는 보수파 대신에 맞서 이들의 파면을 주장하며 철야 상소를 벌이기도 하였다.

82 547

다음 내용에 대한 설명으로 옳은 것을 〈보기〉에서 고르면?

> 중앙의 각전이 통동설회하여 전계를 정하되, 동으로 철물교, 서로 송교, 남으로 소광교, 북으로 안현 이내에서는 외국인의 상판을 금하고 해당 지역 이외의 본국 각전은 중앙회에서 관할한다.

보기

ㄱ. 갑오개혁 이전에 조직되어 은 본위 화폐 제도의 실시를 주장하였다.

ㄴ. 시전 상인이 주도하여 이 조직이 결성되자 독립 협회는 이들의 활동을 지원하였다.

ㄷ. 보부상이 초기에 가담하였으나, 곧 탈퇴하여 황국 협회를 중심으로 활동하였다.

ㄹ. 거류지 무역이 강화되어 조선 시장이 급속히 붕괴해갔다.

① ㄱ, ㄴ

② ㄱ, ㄷ

③ ㄴ, ㄷ

④ ㄷ, ㄹ

83 548

개항 이후의 상권 침탈 및 수호 노력에 해당하는 것으로 잘못된 것은?

① 서울과 인천에서 각각 장통 회사와 대동 상회가 설립되어 국내 교역 및 해외 무역에 진출하였다.

② 조 · 청 상민 수륙 무역 장정의 체결 이후 조선 상인의 홍삼 수출이 전면 금지되었다.

③ 정부에서는 관민 합작으로 해운 회사인 이운사를 설립하였다.

④ 1890년 서울 시전 상인들은 철시를 비롯한 상권 수호 운동을 전개하였으며, 1898년에 황국 중앙 총상회를 개설하였다.

문제 풀이

80 545

(가)는 천도교의 기관지로서 1906년에 발간된 만세보이다. 만세보는 국한문 혼용체로 작성되었고, 국민 교육, 특히 여성 교육과 여권 신장에 관심이 많았다.

④ 서전서숙은 을사늑약 체결 후 1906년에 만주로 망명한 이상설, 이동녕 등이 독립사상을 고취할 목적으로 간도 용정에 설립한 학교이다.

오답 분석

① 용암포 사건은 1903년, ② 105인 사건은 1911년에 일어났다.
③ 한 · 일 의정서는 1904년에 체결되었다.

정답 ④

82 547

제시문은 시전 상인들이 1898년에 발족시킨 황국 중앙 총상회에 대한 내용이다.

ㄴ. 황국 중앙 총상회는 외국 상인들의 불법적인 내륙 상업 활동에 대한 엄단을 요구하는 상권 수호 운동을 펼쳤으며, 독립 협회와 상호 지원 및 후원 관계에 있었다.

ㄷ. 보부상은 1898년 황국 중앙 총상회에 소속하였다가 곧 탈퇴하고, 다시 황국 협회에 이속하였다.

오답 분석

ㄱ. 황국 중앙 총상회는 갑오개혁 이후인 1898년에 조직되었으며, 은 본위 화폐 제도와는 관련이 없다.

ㄹ. 1882년 이후 외국 상인들의 내륙 침투가 확산되어 거류지 무역이 약화되었고, 상권 수호 운동이 전개되었다.

정답 ③

81 546

제시문은 신민회에 대한 설명이다.

① 신민회는 1907년 4월 안창호의 발기로 양기탁 · 전덕기 · 이동휘 · 이동녕 · 이갑 · 유동열 · 안창호 등 7인이 창건 위원이 되고, 이승훈 · 김구 · 신채호 · 박은식 등이 참여한 비밀 결사 단체이다. 신민회는 오산 학교(정주) · 대성 학교(평양) · 보창 학교(강화) 등 주로 중학교를 설립하여 민족 교육의 차원을 높이려 하였다.

오답 분석

②, ④ 독립 협회는 만민 공동회를 개최하여 러시아의 절영도 조차 요구를 저지하였고(1898), 의회 설립 운동을 전개하였다. 이들은 보수파 내각을 퇴진시키고 개혁 내각을 수립할 것을 주장하였으며, 관선 25명, 민선 25명으로 구성된 중추원 관제를 반포하기도 하였다.

③ 헌정 연구회는 입헌 군주제 수립과 민권 확대를 바탕으로 대중 계몽 운동을 추진하였으나, 통감부 설치 직후에 정치 집회가 금지되면서 해산되었다.

정답 ①

83 548

② 조 · 청 상민 수륙 무역 장정의 체결 당시 조선 상인의 홍삼 수출이 허용되었으나, 조선의 무역 수지는 점점 악화되어 시전 상인, 공인 등의 조선 상인이 몰락하였다.

정답 ②

84 549

다음 표에서 (가)에 해당하는 국가가 침탈한 또 다른 이권은?

연월	침탈 국가	침탈 내용
1896년 3월	(가)	경인 철도 부설권
1896년 7월	프랑스	경의 철도 부설권
1896년 9월	러시아	울릉도 삼림 채벌권

① 운산 금광 채굴권
② 전주 · 군산 · 나주 지역에 농장 설치
③ 경부선 철도 부설권
④ 직산 금광 채굴권

85 550

다음 정책의 결과에 대한 설명으로 옳지 않은 것은?

> 한국 정부의 위탁을 받은 제일은행은 1905년부터 제일
> 은행권을 본위 화폐로 발행하고, 구 백동화를 새 화폐로 교
> 환하는 작업을 진행하였다. 구 백동화는 품질에 따라 갑 ·
> 을 · 병종으로 분류되었다. 갑종은 1매당 2전 5리로 계산되
> 어 새 화폐와 1/2의 비율로 교환되고, 을종은 1전으로 매수
> 되었다. 품질이 나쁜 병종은 화폐로 인정되지 않았다. 제
> 일은행은 또한 소액 교환을 거부하고 어음 발행을 중지하
> 였으며, 새 화폐 발행을 지연시켜 극심한 피해를 불러 일으
> 켰다.

① 국내 물가가 폭등하였다.
② 한국인의 화폐 자산이 줄어들었다.
③ 한국인 상인과 회사가 줄지어 도산하였다.
④ 국내 자본으로 설립된 은행이 위축되었다.

86 551

다음의 노래와 관련된 내용으로 옳은 것은?

> ......
> 대한 2천만 민중에 / 서상돈만 사람인가?
> 단천군 이곳 우리들도 / 한국 백성 아닐런가?
> ......
> 아홉 살 어린이 이용봉(李龍鳳)도 / 세뱃돈 얻어 보조하니
> 감발(感發: 감동하여 분발함)할 일 감발할 일이네 / 충애심
> 으로 감발할 일이네
> 포동 사는 안형식(安衡植)이 지금 여섯 살 어린애로서
> 아버지의 의금 내는 것 보고 / 구화 2원 꺼내 바쳤네
> ......

① 지주층은 쌀 수출로 자본을 마련하였고, 상인층과 합작하여
   회사를 설립하였다.
② 일제는 대한매일신보의 사주 베델을 국외로 추방하기 위한
   공작을 폈으며, 지도부가 모금액을 횡령했다고 탄압하였다.
③ 연통제, 교통국을 통해 애국 공채 및 국민 의연금이 임시 정
   부로 전달되었다.
④ '한민족 1천만이 한 사람이 1원씩'이라는 구호를 걸고 전국적
   인 모금 운동을 전개하였다.

87 552

다음의 제시문에서 언급한 차관 도입 이후 국내에서 전개된
민족 운동에 대한 성격으로 옳지 않은 것은?

> 제1차 한 · 일 협약 이후 우리나라에 재정 고문으로 부임
> 한 메가타는 1906년까지 네 차례에 걸쳐 1,150만 원의 차
> 관을 도입하였다. 제1차 차관은 1905년 1월 '폐정리자금채'
> 라는 명목으로 해관세를 담보로 한 3백만 원이었다. 제2차
> 차관은 1905년 6월 우리 정부의 부채 정리와 재정 융통에
> 필요한 자금 명목으로 한국의 국고금을 담보로 2백만 원을
> 들여왔다. 제3차 차관은 1905년 12월 우리나라의 토착 자
> 본을 일본 자금에 예속시킬 목적으로 금융자금채 150만 원
> 을 들여왔다. 제4차 차관은 1906년 3월 기업자금채의 명
> 목으로 5백만 원을 들여왔다.

① 일제는 '국채 보상금 소비 사건'을 조작하고 양기탁을 구속
   하여 지도부의 분열을 기획하였다.
② 친일 단체인 대동 광문회는 이 운동을 방해할 목적으로 창
   설되어 각 지부를 통해 조직적인 모금 저지 운동을 펼쳤다.
③ 노동자 · 인력거꾼 · 기생 · 백정 등 하층민들까지 적극 참여
   하여 범국민적 운동으로 전개되었다.
④ 상인들은 인천 · 부산 · 원산 · 평양 등지에서 상업 회의소
   등을 통하여 적극적으로 활동에 참여하였다.

문제 풀이 ⚙

84 549

(가)에 해당하는 국가는 미국이다.
① 미국은 경인 철도 부설권을 포함하여 운산, 갑산 금광 채굴권을 획득하였다.

오답 분석

② 일본은 1880년대부터 고리대금업을 통해 점차 토지를 수탈하기 시작하여, 청·일 전쟁 직후에는 전주·군산·나주 지역에 대규모 농장을 설치하였다.
③, ④ 일본은 경부·경원 철도 부설권을 획득하였고, 경인 철도 부설권(미국)을 매수하였다. 또한 경의 철도 부설권을 프랑스가 획득하였으나 자금상 반환되어 대한 철도 회사를 거쳐 서북 철도국이 착수하려 하였는데, 러·일 전쟁 중 불법으로 착수하여 주요 간선 철도망을 장악하였다. 또한 일본은 송화, 직산 금광 채굴권을 차지하기도 하였다.

정답 ①

85 550

자료는 화폐 정리 사업에 대한 내용이다. 제1차 한·일 협약에 따라 대한 제국의 재정 고문이 된 메가타는 일본의 금융이 한국을 지배하도록 하며, 한국의 경제를 일본에 예속화시키려는 목적으로, 1905년 1월에 화폐 정리 사업을 실시하였다. 화폐 개혁이 발표된 후 대한 제국에서는 전황(화폐 부족 현상)이 일어나 도산하는 기업체가 속출하고, 상점이 휴업하고 기업주가 음독 자살하는 소동이 곳곳에서 벌어졌다. 뿐만 아니라 한국인의 화폐 자산이 상실되고, 국내 자본 은행들은 몰락하거나 자주성을 잃게 되어 한국의 금융은 사실상 일제에 의해 지배되어 갔다.
① 이 시기에는 화폐 발행 지연으로 신화폐의 가치가 폭등하여, 현물 자산 및 물가가 폭락하였다.

정답 ①

86 551

자료는 국채 보상 운동에 관련된 것이다. 일제는 통감부가 설치된 뒤에 적극적으로 차관을 제공하였는데, 이는 경찰 기구 강화나 일본인들을 위한 시설 등을 만드는 데 쓰였다. 이에 따라 우리나라가 일본에 진 빚은 눈덩이처럼 불어나 1907년에는 대한 제국의 1년 예산과 맞먹는 1,300만 원에 이르게 되었다. 이렇게 일제에 대한 경제적 예속이 더욱 심해지자, 국민의 성금으로 국채를 갚고 국권을 지키자는 국채 보상 운동이 전개되었다. 국채 보상 운동은 1907년 2월 대구 광문사에서 서상돈을 중심으로 시작되어 같은 달 서울에서 국채 보상 기성회가 설립되는 등 순식간에 전국으로 확산되었다.
② 국채 보상 운동이 전 국민의 호응을 얻자 일제는 온갖 방법으로 이 운동을 방해하고 탄압하였다. 특히, 대한매일신보의 사주 베델을 국외로 추방하기 위한 공작을 폈으며, 국채 보상 기성회 지도부가 모금액을 횡령했다고 탄압하여 국채 보상 기성회의 간사인 양기탁을 구속하였다. 이러한 일제의 공작으로 국채 보상 운동은 그 목적을 이루지 못하고 1908년에 중단되었다.

정답 ②

87 552

② 대동 광문회는 1907년 2월 대구 광문사 사장 김광제, 부사장 서상돈 등이 특별회를 개최하여 대구 광문사를 확대·개편하는 과정에서 개칭된 것이다. 이 단체는 국채 보상 취지서를 작성해 각 지방에 발송했으며, 2월 21일 대구 북후정(北後亭)에서 국채 보상 모금을 위한 국민 대회를 열고 대구 서문 밖 수창사(壽昌社)에 국채 지원금 수합 사무소를 설치하였다. 그 뒤 국채 보상 운동은 전국적으로 확산되어 2월 22일 서울에 국채 보상 기성회가 설치되었다.

정답 ②

88 553

다음의 단체와 관련된 공통의 목적을 지향한 조직과 관련된 사실은?

> 1904년 이도재, 김종한 등 일부 실업가와 관리들이 자본금을 모아 설립하였고, 국내 진황지 개간·관개 사무와 금·은·동·철 등의 각종 채굴 사무에 관여하였다.

① 보안회가 일본의 황무지 개간권 요구를 철회시키는 데 기여하였다.
② 금광의 채굴 허용 통제를 주장하였으며, 토지 재분배를 요구하였다.
③ 상권 수호 운동을 전개하였으며, 독립 협회와 연계하였다.
④ 대구 광문사를 중심으로 거국적으로 확대된 운동을 이끌었으며, 전국적인 금연 운동을 전개하기도 하였다.

89 554

다음의 글이 발표되었을 당시의 사회적 경향에 대해 잘못 파악한 것을 고르면?

> 이목구비와 사지오관 육체에 남녀가 차이가 있는가? 어찌하여 사내가 벌어다 주는 것만 앉아서 먹으며 평생을 깊은 골방에 갇혀 남의 절제만 받을 것인가! 우리보다 먼저 문명이 개화된 나라들을 보면 남녀의 권리가 동등하다.
> – 황성신문

① 독립 협회는 여성의 권리 존중과 남녀평등을 주장하고 있었다.
② 여성들은 국채 보상 운동에 적극 참여하여 경제적 구국 운동을 전개하였다.
③ 백정이 관민 공동회 연사로 나서 정부와 국민의 합심을 호소하였다.
④ 제국신문이 국한문 혼용으로 간행되어 강경한 항일 논설을 전개하였다.

90 555

밑줄 친 '이 신문'에 대한 설명으로 옳은 것은?

> 이 신문은 우리나라 최초의 근대 신문으로, 국내 기사(정치·사회·경제), 국제 기사, 논설(사설이나 칼럼)로 구성되었다. 그중에서도 국제 기사가 가장 많았는데, 이는 당시 조선 정부가 세계 정세에 높은 관심을 가지고 있었다는 것을 반영하는 것이다. 또한 외국 관련 기사 중 60% 이상이 강대국과 약소국 사이의 전쟁이나 갈등, 서양 열강의 국방 정책에 관한 것이었다. 이 신문은 시각 자료도 실어 근대 신문으로서의 면모를 갖췄다. 예컨대 창간호에 실린 지구전도는 신문이 시각적 전달을 위해 시도한 최초의 도판이었다. 이 신문은 관보의 성격을 뛰어넘는 근대적 신문으로서 서구의 제도와 문물, 동향 등을 전해 주는 창구 역할을 하였다.

① 이 신문은 의병 운동을 비판하였으며, 을사늑약 이후에 '시일야방성대곡'을 게재하였다.
② 이 신문은 월 3회 발행된 순간지로 박문국에서 발행하였으며 관리 외 일반인도 구독할 수 있었다.
③ 1896년 창간된 이 신문은 순 한글을 사용하여 독자층을 늘리고 한글을 일상적인 문자로 격상시켰다.
④ 하층민과 부녀자를 주된 독자층으로 삼았으며, 주로 법률 지식과 풍속 개량을 통해 국민을 계몽하고자 하였다.

91 556

밑줄 친 '그'와 관련된 내용으로 잘못된 것은?

> 그는 1880년 제2차 수신사 김홍집의 수행원으로 일본 도쿄에 건너가서 그곳 위생국 우두종계소장 기쿠치에게 종두 기술을 익히고 두묘의 제조, 저장법과 독우(송아지)의 사양법(飼養法)·채장법(採漿法)을 배운 뒤 두묘 50병(柄)을 얻어가지고 귀국하였다. 서울에서 두묘를 만들어 종두를 보급하면서 군의 마에다로부터 서양 의학을 배웠다. 1882년 임오군란이 일어나자 일본에서 종두법을 배워왔다는 죄목으로 체포령이 내렸다. 그는 재빨리 피신하였으나 종두장은 난민들의 방화로 불타버렸다. 정국이 바뀌면서 서울로 돌아와 종두장을 재건하였다.

① 그의 건의를 받아들여 1895년 조선 정부는 종두 규칙을 반포하고 종두의 양성소 설립을 추진하였다.
② 조사 시찰단의 일원으로 일본을 방문한 뒤 근대적 농서인 『농정신편』을 엮어 간행하였다.
③ 1885년에 제너의 우두법 발견을 비롯하여 우두의 실시, 천연두의 치료, 두묘의 제조, 독우의 사양법·채장법이 간명하게 서술되어 있는 『우두신설』을 저술하였다.
④ 1908년 국문 연구소 위원이 되었으며, 1909년 옥편의 효시라 할 수 있는 『자전석요』를 편찬하였다.

88 553

자료는 일본의 황무지 개간권 요구에 대응하여 한국인 관리와 실업자들이 개간 사업을 목적으로 설립한 근대적 농업 회사인 농광 회사에 대한 설명이다.
① 보안회 또한 일본의 황무지 개간권 반대 운동을 주도하여 일본의 요구를 철회시키는 데 기여하였다.

오답 분석

② 금광의 채굴 허용 통제를 주장하였으며, 토지 재분배를 요구한 단체는 활빈당으로, 그 내용은 대한사민논설 13조에 나타난다.
③ 1898년 시전 상인들은 황국 중앙 총상회를 조직하여 상권 수호 운동을 전개하였으며 독립 협회와 상호 지원·후원 관계에 있었다.
④ 양기탁을 중심으로 한 국채 보상 기성회는 일제의 금융 지배에 대항하여 국채 보상 운동을 전개하였다. 전국적으로 금연 운동이 전개되었고, 부인 단체와 여학생들도 의연금 모집에 적극 나섰다.

정답 ①

89 554

한말은 여권 신장과 더불어 신분제가 와해되고 사회적 평등 의식이 발전하던 시기였다. 소학교령에서 남녀 교육의 균등이 규정되었으며, 독립 협회의 여권 신장에 대한 계몽과 관심이 크게 신장되었고 1907년 국채 보상 운동에 여성들이 주도적으로 참여하기도 하였다.
④ 제국신문은 1898년 하층민과 부녀자를 대상으로 순 한글로 출간된 신문이다.

정답 ④

90 555

밑줄 친 '이 신문'은 1883년 창간된 한성순보이다.
② 1883년 박영효의 건의로 창간된 한성순보는 새로운 지식 전파에 기여하여 국민의 견문을 넓히고 국민 의식을 고양시켜 외세에 대한 경계 의식을 갖게 하고자 하였다. 또한, 독자들에게 개화의 필요성을 계몽시켜 정부의 개화 정책에 대한 여론의 지지를 끌어내려 하였다.

오답 분석

① 황성신문, ③ 독립신문, ④ 제국신문에 대한 내용이다.

정답 ②

91 556

밑줄 친 '그'는 지석영이다. 지석영은 1879년 일본 해군이 세운 부산의 제생 의원에서 종두법을 배워 천연두 치료 확대에 전력을 다하였다.
② 안종수는 1881년 신사 유람단의 수행원으로 일본에 건너가 여러 가지 농업 관계 서적을 가지고 돌아와서, 5개월간 각국의 근대 농업에 관한 연구에 몰두한 끝에 1881년 12월 『농정신편』의 원고를 완성하였다. 이 책은 바로 간행되지 못하고 1885년에 가서야 이루어졌다.

정답 ②

92 557

한말의 신문물 도입과 동향에 해당하지 않는 것은?

① 공연을 위해 설립된 관립 극장인 협률사와 광무대, 단성사 등의 사설 극장들이 등장하였다.

② 1880년대 이은돌이 일본 유학을 통해 군악을 익혔으며, 에케르트는 대한 제국 애국가를 작곡하였다.

③ 개량 한옥, 문화 주택, 영단 주택과 같은 다양한 형태의 주택들이 보급되었다.

④ 1907년 설치된 대한 의원은 치료부, 교육부, 위생부를 두었으며, 그중 교육부는 의사 · 약제사 · 산파 · 간호부 양성과 의학 교과서의 편찬을 목적으로 설치되었다.

94 559

다음 내용에서 언급한 서적에 해당하는 것은?

> 헐버트는 1886년(고종 23)에 우리나라의 초청으로 육영 공원의 교사로 취임하여, 세계의 지리 지식과 문화를 소개하는 내용의 교과서격인 이 책을 저술하였다.
> 한글본 목차는 제1장 지구, 제2장 유럽주, 제3장 아시아주, 제4장 아메리카주, 제5장 아프리카주로 되어 있고, 총론에서는 태양계와 그 현상, 지구의 모습, 기후 · 인력 · 일월식, 그 밖의 지구상의 현상, 대륙과 해양, 인종 등에 관한 내용을 담고 있다. 각 주의 총론은 각 주의 위치 · 지형 · 면적 · 기후 · 인구 · 인종을 적고, 이어 각 주별로 주요 국가의 위치 · 방향 · 기후 · 산물 · 국체 · 인구 · 씨족 · 수도 · 산업 · 군사 · 학업 · 종교 · 나라나무 등에 관하여 기술하고 있다. 한글 전용인 이 책은 1890년대 국어의 연구 자료가 된다. 표기법에서 한글만으로 쓰면서도, '글ㅅ자, 언문ㅅ법' 등 사이시옷이 사용되고, 된소리 표기에 전통적인 된시옷과 함께 ㄲ, ㅆ 등이 '뿔니, 똑똑이' 등과 같이 사용된 점이 주목된다.

① 『사민필지』　　　　② 『해국도지』
③ 『유년필독』　　　　④ 대동지지』

93 558

한말 국학 운동과 저술 활동에 대한 설명으로 옳지 않은 것은?

① 『불함철학대전』, 『조선상고사감』 등 우리나라의 전통 철학과 역사를 정리한 저작들이 발표되었다.

② 세계사에 대한 관심이 커져 『서사건국지』, 『미국독립사』, 『의대리독립사』, 『비사맥전』, 『피득대제』 등이 편찬되었다.

③ 각종 국사 교과서가 편찬되었는데, 대체로 안정복의 『동사강목』을 서양식 역사 서술 체계에 맞추어 축약한 '신사체(新史體)'가 유행하였다.

④ 학부 안에 국문 연구소가 설립되었으며, 주시경 · 지석영 등이 국어 정리에 참여하여 활약하였다.

92 557

③ 일제 강점기의 상황이다. 1920년대에는 사랑방과 문간방이 없어지고, 대청마루에 유리문을 달고 니스와 페인트를 칠한 혼합형 가옥 형태의 개량 한옥이 나타났다. 이후 2층 양옥으로 전에 없던 복도와 응접실, 침실 등 개인의 독립된 공간을 갖춘 문화주택이 생겨났다. 1940년대에는 일제에 의하여 일본식 주택 문화에 우리의 온돌을 가미한 서민 주택인 영단 주택이 보급되기도 하였다. 영단 주택은 병참 기지화 정책에 입각하여 노동자들의 주거를 확충하기 위해 여러 지역에서 추진되었다.

오답 분석

① 대한 제국 말기인 19세기 말부터 신극 운동이 일어나 관립 극장인 협률사가 옥내 극장으로 건설되었다. 또한 1907년에 광무대, 단성사, 연흥사가 건립되었다.
② 이은돌은 1881년에 일본으로 건너가 군악을 익혔다. 귀국 후에는 군악대 설립을 주도하였으며, 갑신정변을 주도한 핵심 인물 중 한 명으로 활약하기도 하였다. 독일인 에케르트는 대한 제국의 군악대 지도자로 초빙되어 활동하였으며, 민영환 작사에 곡을 붙여 대한 제국 애국가를 발표하였다.
④ 대한 의원은 1907년에 정부에서 설립한 국립 병원이다. 의학 · 약학 · 산파 · 간호과를 두고 의료 요원을 양성하였으며, 신식 의료 기술을 보급하는 데 기여하였다.

정답 ③

93 558

① 『불함철학대전』, 『조선상고사감』 등의 저술은 모두 한말이 아닌 일제 강점기 및 해방 이후에 이루어진 것이다. 안재홍은 정인보와 함께 『여유당전서』를 간행하기 시작하면서 다산 정약용과 관련한 논문을 발표하는 등 '조선학 운동'을 전개하였다. 이후 우리나라의 전통 철학을 정리하여 『불함철학대전』(1940), 『조선상고사감』(1947~1948)을 저술하였다.

정답 ①

94 559

① 『사민필지』는 미국인 선교사 헐버트가 지은 세계 지리서이다. 헐버트는 1886년(고종 23)에 우리나라의 초청으로 육영 공원의 교사로 취임하여, 세계의 지리 지식과 문화를 소개하는 내용의 『사민필지』를 저술하였다. 1889년에 한글판이 나왔고, 1895년에는 한문본이, 1906년에는 『Geographical Gazetteer of the World』라는 이름의 영문 수정판이 출간되었다.
제1장 지구, 제2장 유럽주, 제3장 아시아주, 제4장 아메리카주, 제5장 아프리카주로 구성되어 있고, 총론에서는 태양계와 그 현상, 지구의 모습, 기후 · 인력 · 일월식, 그 밖의 지구상의 현상, 대륙과 해양, 인종에 관한 내용을 담고 있다.

정답 ①

PART 10

일제 강점기 – 민족 독립운동의 전개

PART 10 일제 강점기 -민족 독립운동의 전개

01 560

다음 사료와 같은 상황이 전개되었던 시기에 제정된 법령으로 옳은 것은?

> - 정거장에 도착할 때마다 드나드는 순사와 헌병 보조원은 차례차례로 한 번씩 휘돌아 나갔다.
> - 소학교 선생님이 긴 칼을 차고 교단에 오르는 나라가 있는 것을 보셨습니까? 나는 그런 나라의 백성이외다.
>
> — 「만세전」

① 치안 유지법
② 신은행령
③ 임야 조사령
④ 징병제 실시

02 561

다음의 인물이 체포된 시기의 국내 상황에 대해 옳게 표현한 것은?

> 자동차로 평양 헌병 대본부에 도착하였는데, 이 유명한 괴물을 보고자 하는 사람들이 골목골목 가득하여 시중 분잡이 대단하였더라. 채응언은 엄중히 수갑을 차였는데 보기에 한 40가량쯤 되었고 갈색 헌병복으로 튼튼한 몸을 찼으며, 사납고 겁 없고 담차고 고집 센 성질이 그 얼굴에 나타났더라. 얼굴은 포박할 때에 서로 싸운 까닭으로 난타되어 원편 눈퉁이가 좀 상하여 거무스름하게 부어올랐더라. 곧 유치장에 구금되었는데 반듯이 드러누운 대로 꼼짝도 아니하며 이미 운수가 다하였다 하며 태연한 모양이더라.

① 이한응이 외교권이 박탈되려는 조짐이 보이자 영국에서 자결하였다.
② 일제는 삼림법을 제정하여 압록강과 두만강 일대의 삼림을 독점적으로 벌채하였다.
③ 일제는 한·일 통신 협정을 강제하여 통신을 식민 정책 수행과 대륙 침략의 수단으로 이용하였다.
④ 일제의 강압에 의한 무단 통치가 자행되고, 광업령이 발표되었다.

03 562

다음 자료에 나타난 정책과 관련 있는 설명으로 옳은 것은?

> 제17조 임시 토지 조사국은 토지 대장 및 지도를 작성하고 토지의 조사 및 측량에 대해 사정으로 확정한 사항 또는 재결을 거친 사항을 이에 등록한다.

① 대한 제국 시기에 시행된 토지 조사의 결과를 바탕으로 토지에 대한 경작권의 권리를 법으로 보호하였다.
② 농민들의 반발을 고려해 애국반을 편성하여 국민 생활 전반을 감시하였다.
③ 궁방전, 역둔토 등과 동중 혹은 문중의 신고하지 않은 토지는 조선 총독부에 넘어가는 경우가 많았다.
④ 농민 운동이 단순한 소작 쟁의를 넘어 적색 농민 조합을 조직하고 투쟁하는 계기가 되었다.

01 560

사료는 무단 통치 시기의 사회 모습이다. 1910년대에는 헌병 경찰이 조선인의 모든 행위에 대해 재판 없이 구류·벌금·태형 등을 가할 수 있는 즉결 처분권을 가지고 있었다. 또한 일반 문관 관리와 학교 교원까지 제복과 칼을 착용하게 하는 등 조선인의 모든 일상생활을 감시하고 탄압하였다.
③ 무단 통치기에 일본은 임야 조사령(1918)을 발표하였는데, 이로 인해 국·공유림과 문중 공유지 등 소유주가 명확하지 않은 임야는 총독부와 일본인에게 점탈 당하였고, 전 산림의 50% 이상이 총독부와 일본인 소유가 되었다.

오답 분석
① 1925년 치안 유지법의 제정은 명목상 공산주의자를 체포하기 위한 것이었으나, 실제로는 모든 독립운동을 억압하기 위한 것이었다.
② 일본은 민족계 금융 기관에 대한 일본인 자본의 지배 체제를 확립하기 1928년 신은행령을 발표하였다.
④ 일본은 태평양 전쟁의 말미인 1944년, 조선 청년에 대한 전쟁 동원을 강화하기 위하여 징병제를 실시하였다.

정답 ③

02 561

자료는 의병장 채응언과 관련된 것이다. 채응언은 국내의 마지막 의병장으로 경기·강원·황해·평안·함경도 등지에서 활약하였는데, 1915년 체포되어 평양 감옥에서 순국함으로써 국내의 의병 운동은 막을 내리게 되었다.
④ 채응언이 체포된 1910년대는 무단 통치기에 해당한다.

오답 분석
① 이한응의 자결은 1905년의 일이다.
② 삼림법은 1908년에 제정되었다.
③ 한·일 통신 협정은 1905년에 체결되었다.

정답 ④

03 562

자료는 1912년에 발표된 토지 조사령의 일부이다.
③ 당시 조선의 농민들은 토지 소유권에 대한 법적 개념이 명확하지 않았으며, 전통적으로 동중·문중의 공유적 성격을 가진 토지가 많아 이를 개인의 소유지로 신고하기에는 적당하지 못했다. 또한 짧은 기간과 복잡한 절차들 때문에 토지 신고가 제대로 되지 않아, 전 국토의 약 40%가 총독부 소유가 되었다. 토지를 빼앗긴 농민들은 만주나 연해주 등지로 이주하였으며, 해외로 이주하지 않은 농민들은 소작농이 되거나 임노동자가 되었다.

오답 분석
① 일본은 대한 제국의 양전 사업에 대한 조사 내용을 부정·은폐하고 수탈을 위한 토지 조사 사업을 시행하였다. 조선은 소작농이라도 함부로 경작권을 빼앗을 수 없었으나, 일본의 토지 조사 사업은 영구 임대 소작권, 경작권, 입회권 등 소작농의 포괄적인 권리들을 부정하였다.
② 일본은 1938년 국가 총동원법을 적용함과 동시에 전쟁으로 인한 조선인의 반발을 고려하여 10호(戶)를 기준으로 애국반을 조직하여 국민 생활 전반을 통제하였다.
④ 1930년대의 농민 운동은 토지 재분배와 일본 제국주의 타도를 주장하였고, 혁명적 농민 조합을 결성하여 격렬한 소작 쟁의와 함께 항일 운동을 전개하였다.

정답 ③

04 563

다음 자료가 발표되었을 시기의 식민 통치 정책에 대한 설명으로 옳은 것을 〈보기〉에서 모두 고르면?

> 제1조　토지의 조사 및 측량은 본령에 의한다.
> 제4조　토지 소유자는 조선 총독이 정하는 기간 내에 주소·씨명, 명칭 및 소유지의 소재, 지목, 자번호(字番號), 사표(四標), 등급, 지적, 결수(結數)를 임시 토지 조사 국장에게 신고해야 한다.
> 　　　　단, 국유지는 보관 관청이 임시 토지 조사 국장에게 통지해야 한다.
> 제6조　토지의 조사 및 측량을 할 때, 조사 및 측량 지역 내의 2인 이상의 지주로 총대를 선정하고 조사 및 측량에 관한 사무에 종사하게 할 수 있다.

> **보기**
> ㄱ. '조선은행법'을 공포하고, 한국은행을 조선은행으로 개칭하여 화폐 발행권을 부여하였다.
> ㄴ. 일본 상품의 관세를 폐지하여 국내 민족 기업이 위축되었다.
> ㄷ. 어업령을 발표하여 조선인 어업권을 부인하고, 어장을 일본인 중심으로 재편성하였다.
> ㄹ. 친일 사학 진흥을 위해 조선사 편찬 위원회를 조직하였다.

① ㄱ, ㄴ　　　　　　② ㄱ, ㄷ
③ ㄴ, ㄷ　　　　　　④ ㄷ, ㄹ

05 564

다음의 밑줄 친 '이 기구'에 해당하는 것은?

> 이 기구는 조선은행과 조선식산은행과 함께 금융 기관으로 기능하여 1930년 당시 조선에서만 9개의 지점을 두고 약 11만 정보에서 소작료를 거두었으며, 약 3억 7천만 엔의 사채(社債)를 발행했다.

① 한국은행
② 조선 금융 조합 협회
③ 동양 척식 주식회사
④ 제일은행

06 565

다음의 은행이 설립되었을 당시를 전후로 추진된 일제의 정책에 해당하지 않는 것은?

> 각 지방에서 설립된 6개 농공은행의 권리와 의무를 계승한 은행이었으며, 조선 총독부가 조선에서 농업 생산을 극대화하기 위해 일본인의 직접적인 투자와 경영에 의존하는 대형 개발 은행으로 설립했다. 이후 전국에 60여 개의 지점을 두어 지방에까지 금융 조직망을 확대시켰다.

① 임야 조사령 공포
② 조선 사상범 보호 관찰령 공포
③ 조선 민사령 공포
④ 광업령 공포

07 566

다음과 같은 법령이 발표되었을 당시 일본의 식민 통치 정책으로 옳은 것은?

> 제2조　100원 이하의 벌금 또는 과료에 처할 자 중 다음 각 호에 해당할 때는 그 정상에 따라 태형에 처할 수 있다.
> 　　　　1. 조선 내에 일정한 주소를 가지고 있지 않을 때
> 　　　　2. 무자산이라고 인정될 때
> 제11조　태형은 감옥 또는 즉결 관서에서 비밀리에 집행한다.
> 제13조　본령은 조선인에 한하여 적용한다.

① 학회령, 보안법 등이 제정되어 문화 계몽 운동을 차단하였다.
② 조선식산은행이 설립되어 총독부 산하의 산업 정책을 주관하였다.
③ 자치론을 분포하여 독립운동 세력의 분열을 유도하였다.
④ 남성은 국민복을 입고, 여성은 몸뻬를 입도록 강요하였다.

문제 풀이 ⚙

04 563

자료는 일제가 발표한 토지 조사령(1912)의 내용이다. 일제는 전국의 토지를 측량하여 근대적 소유권을 확립한다는 명분 아래 토지조사 사업(1912~1918)을 실시하였다.
ㄱ. 조선은행법은 1911년에 실시되었다.
ㄷ. 어업령은 1911년에 제정되고 1912년에 시행되었다.

오답 분석

ㄴ. 일본 상품의 관세는 1923년에 폐지되었다.
ㄹ. 조선사 편찬 위원회는 1922년에 조직되었다.

정답 ②

05 564

③ 동양 척식 주식회사는 본래 일제가 황무지와 관청이나 역에 딸린 땅을 약탈하기 위해 1908년 설립되었다. 이후 조선 총독부의 중앙 은행인 조선은행(1911~)과 농공은행을 통합한 조선식산은행(1918)과 함께 금융 기관으로서의 기능도 수행하였다.

오답 분석

① 한국은행은 1909년 설립되어 1911년 조선은행으로 개칭되었으며, 해방 이후 1950년에 다시 조직되었다.
② 1907년 전국의 금융 조합 · 산업 조합 · 어업 조합을 회원으로 하여 창설된 농촌 금융 기관인 지방 금융 조합이 통합되어 1928년 조선 금융 조합 협회가 등장하였다.
④ 제일은행은 일본의 상업 은행으로 1905년 메가타의 화폐 정리 사업 시기에 대한 제국의 중앙 은행 역할을 맡았던 금융 기관이다.

정답 ③

06 565

제시문은 무단 통치기인 1918년 설립된 조선식산은행에 대한 설명이다. 조선식산은행은 조선 총독부의 중앙 은행으로 화폐 발행권을 가지고 있었던 조선은행(1911년 설립)과 더불어 대표적인 식민지 금융 기관의 역할을 수행하였다.
② 조선 사상범 보호 관찰령은 사상 통제의 일환으로 민족 말살 통치기인 1936년에 공포되었다.

오답 분석

모두 무단 통치기인 1910년대의 정책에 해당한다.
① 임야 조사령은 1918년, ③ 조선 민사령은 1912년, ④ 광업령은 1915년에 시행되었다.

정답 ②

07 566

자료는 1912년에 반포된 조선 태형령의 내용이다.
② 1910년대는 무단 통치기에 해당하며, 조선식산은행은 1918년 총독부가 조선에서 농업 생산을 극대화하기 위해 일본인의 직접적인 투자와 경영에 의존하는 대형 개발 은행으로 설립하였다.

오답 분석

① 1910년대가 아닌 한말에 제정된 법규이다. 일본은 한 · 일 신협약(정미 7조약, 1907) 체결 후, 보안법(1907), 학회령(1908), 신문지법(1907) 등을 제정하여 애국 계몽 운동 노선을 견제하였다.
③ 조선 총독부는 1925년과 1929년에 걸쳐 자치론을 유포하였으며, 이를 바탕으로 독립운동 세력의 분열을 유도하였다.
④ 일제는 1930년대부터 인적 · 물적 자원의 수탈을 강화하고, 민족의 말살을 도모하기 위한 정책을 추진하였다. 특히 전쟁을 도발한 이후에는 군대를 증강하고, 경찰력을 강화하고, 민족 운동이나 사회주의 운동을 전개한 사람들을 재판 없이 구금할 수 있는 악법을 제정하여 민족 운동을 봉쇄하였다. 또한 전시 체제를 강조하면서 국민복과 몸뻬를 강요하는 등 국민 생활 전반을 철저히 통제하였다.

정답 ②

08 567

다음 자료에 언급된 일제의 식민 통치 정책이 추진되었을 당시의 독립운동에 해당하지 않는 것은?

> • 친일 분자를 귀족, 양반, 유생, 부호, 교육가에 침투시켜 각종 친일 단체를 조직하게 한다. … (중략) … 불교 종파의 관장, 회장에 친일 분자를 배치하여 우수한 청년을 친일 분자로 양성한다.
> • 나는 일시동인(一視同仁)의 정신을 존중하고 동양 평화의 확보와 민중의 복리 증진을 조선 통치의 대원칙으로 삼는다. … (중략) … 이에 총독부 관제를 개혁하여 관리 임용을 확대하고 일반 관리나 교원 등의 무관 복제를 폐지한다.

① 신간회 창립
② 참의부의 활동
③ 대한 광복군 정부 수립
④ 임시 정부의 국민 대표 회의 개최

09 568

일제의 경제 수탈 정책을 시기 순으로 바르게 나열한 것은?

> ㄱ. 토지 조사 사업이 실시되어 많은 농민이 소작농으로 전락하였다.
> ㄴ. 농업 문제에 대한 미봉책으로 농촌 진흥 운동을 전개하였다.
> ㄷ. 화폐 정리 사업으로 다수의 한국 자본이 붕괴되었다.
> ㄹ. 회사 설립의 허가제를 신고제로 바꾸었다.

① ㄱ－ㄷ－ㄹ－ㄴ
② ㄱ－ㄷ－ㄴ－ㄹ
③ ㄷ－ㄱ－ㄹ－ㄴ
④ ㄷ－ㄹ－ㄴ－ㄱ

10 569

다음 시기 일제가 제정한 식민지 지배 정책과 법령에 관한 설명으로 옳은 것은?

> 일본 내 쌀 소비는 연간 약 6,500만 석인데 생산고는 약 5,800만 석을 넘지 못해 해마다 그 부족분을 제국 반도 및 외국의 공급에 의지하는 형편이다. 게다가 일본의 인구는 해마다 약 70만 명씩 증가하고 있을 뿐만 아니라, 국민 생활의 향상과 함께 1인당 소비량도 역시 점차 증가하게 될 것은 필연적인 대세이다.

① 직업적 친일파를 양성하기 위해 교풍회, 국민 협회 등을 조직하였다.
② 보안법을 제정하여 집회, 결사의 자유를 통제하였다.
③ 일반 농민의 삼림 이용을 단속하여 위반시 태형 수십 대의 처벌을 받았다.
④ 임시 토지 조사국을 설치하여 토지 조사 사업의 기초를 확립하였다.

11 570

다음의 법령이 제정되었을 당시를 전후한 국내 상황으로 옳은 것을 〈보기〉에서 모두 고른 것은?

> 第1조 국체를 변혁 또는 사유 재산 제도를 부인할 목적으로 결사를 조직하거나 또 그 점을 알고 이에 가입한 자는 10년 이하의 징역 또는 금고에 처함. 전항의 미수자는 이를 벌함.
> 第2조 전조의 제1항의 목적으로 그 목적한 사항의 실행에 관하여 협의한 자는 7년 이하의 징역 또는 금고에 처함.
> 第3조 제1조 제1항의 목적으로 그 목적한 사항의 실행을 선동한 자는 7년 이하의 징역 또는 금고에 처함.

> **보기**
> ㄱ. 사회주의의 영향으로 카프(KAPF)가 결성되어 현실을 강도 높게 비판하였다.
> ㄴ. 조선 민흥회 결성과 정우회 선언 이후 신간회가 창립되었다.
> ㄷ. 내선일체가 강조되고 소학교가 국민학교로 개칭되었다.
> ㄹ. 조선어 학회 사건이 일어나 학회가 강제 해산당하였다.

① ㄱ, ㄴ　　　　② ㄱ, ㄹ
③ ㄴ, ㄷ　　　　④ ㄴ, ㄹ

08 567

자료는 문화 통치기(1920년대)의 정책 내용이다.
③ 대한 광복군 정부는 1914년 블라디보스토크에서 권업회 인사들이 중심이 되어 조직되었다.

오답 분석

① 1927년 2월 15일 창립된 신간회는 비타협 민족주의 계열과 사회주의 계열이 통합하여 결성한 민족 협동 전선체이다. 이들은 광주 학생 항일 운동을 지원하였으며, 자매 단체로 근우회가 결성되었다.
② 1923년 성립된 참의부(대한민국 임시 정부 육군 주만 참의부)는 임시 정부 직할 부대임을 표방한 단체이다. 이들은 자치 활동보다 적극적인 무장 항일 운동을 실천하는 데 힘썼고, 교포 사회의 농촌 청년들에게 군사 교육을 실시하는 등 활발한 활동을 하였다.
④ 재정적인 어려움, 인력난과 독립운동 방략에 대한 의견의 대립으로 임시 정부는 침체기로 접어들기 시작했다. 신숙·신채호 등 무장 투쟁론자들은 국내외의 독립운동 상황을 점검하고 새로운 활로를 모색하기 위해 1923년 국민 대표 회의를 요구하여 이를 개최하였으나, 극심한 노선의 대립으로 회의는 결렬되었다.

정답 ③

09 568

③ 일제의 경제 수탈 정책을 시기 순으로 나열하면 ㄷ → ㄱ → ㄹ → ㄴ이다.
ㄷ. 1905년 재정 고문이었던 메가타가 화폐 정리 사업을 시행하였다. 이는 일본의 제일은행권을 본위 화폐로 유통시킴으로써 한국 경제를 일본에 예속화시키려 한 조치였다.
ㄱ. 1912년부터 1918년까지 실시된 토지 조사 사업은 전통적 경작권을 부정함으로써 대부분의 한국 농민들을 기한부 계약에 의한 소작농이나 임노동자로 전락시켰다.
ㄹ. 총독부는 1920년 회사령을 폐지하여 회사 설립의 허가제를 신고제(계출제)로 바꾸었으며, 일본 기업의 조선 침투를 용이하게 하였다.
ㄴ. 1930년대 이르러 농촌 경제가 침체되고 격렬한 소작 쟁의와 농민 운동이 일어났다. 일본은 이를 무마하기위해 농촌 진흥 운동, 조선 농지령, 자작농 창설 계획 등을 마련했으나, 이는 식민지 지주제를 존속시키는 미봉책에 불과하였다. 따라서 농민들은 제국주의 타도와 더불어 소작 쟁의를 일으키며 항일 운동을 전개하였다.

정답 ③

10 569

자료는 1926년에 총독부에서 발표한 조선 산미 증식 계획 요강이다. 일본은 1910년 이후 자본주의의 발전과 급격한 공업화로 인해 도시 노동자가 늘고 농업 부분이 침체되는 등 심한 사회 변동을 겪고 있었다. 일본은 자국 내 미가가 폭등하고 식량이 부족해지자 조선을 식량 공급 기지로 만들기 위하여 1920년부터 15년간 2차례로 나누어 산미 증식 계획을 실시하였다. 일본은 이 계획을 통하여 증산 사업에 들어가는 수리 조합비, 비료 구입비 등을 모두 조선의 농민에게 전가하여 몰락 농민을 양산하는 등 농촌 경제를 수렁에 빠뜨렸다.
① 이 시기 일제는 새로운 친일 세력을 양성하여 민족 해방 전선을 분열시키고자 교풍회, 국민 협회, 대동 동지회 등을 조직하고 직업적 친일파를 양성하기도 하였다.

오답 분석

② 일본은 1907년 보안법을 제정하여 집회·결사·정치 활동을 규제하고 결사에 대한 정부의 해산권을 인정하였다.
③ 일본은 1911년 삼림령을 제정하여 전 삼림의 50% 이상을 점탈하고 영림창 사업을 통해 압록강·두만강 유역의 목재를 대량 벌목하였으며, 일반 농민의 삼림 이용을 제한하였다.
④ 임시 토지 조사국은 1910년에 설치되었다.

정답 ①

11 570

자료는 일제가 1925년에 제정한 치안 유지법의 내용이다. 일제는 치안 유지법과 고등 경찰제를 강화하여 사회주의자의 활동을 탄압하고 많은 사람을 투옥시켰다.
ㄱ. 1925년 신경향파 문인들이 등장하여 카프(KAPF, 프롤레타리아 예술가 연맹)가 결성되었고, 계급 문학 운동이 전개되었다.
ㄴ. 1926년 7월 결성된 조선 민흥회는 민족주의 계열과 사회주의 계열의 연합으로 결성된 유일당 단체로 신간회(1927) 결성의 촉진제가 되었다. 또한 같은 해 11월 제3차 조선 공산당의 표면 단체로서 정우회가 결성되어 좌우의 단결을 강조한 정우회 선언을 발표하였다.

오답 분석

ㄷ. 일제는 제3차 조선 교육령(1938)을 통해 내선일체를 강조하고 보통학교를 소학교로 개칭하였다. 소학교는 1941년에 다시 국민 학교로 개칭되었다.
ㄹ. 조선어 학회 사건은 1942년에 조선어 학회를 독립운동 단체로 간주하여 한징, 이윤재, 이극로, 최현배, 이희승 등 회원 29명을 체포하고, 강제 해산시킨 사건이다.

정답 ①

12 571

일제 강점기의 어느 시기 서울 모습을 묘사한 글이다. 이 시기 일제 식민 통치 정책에 해당하는 것을 〈보기〉에서 모두 고른 것은?

사회 분위기는 어두웠다. 만주 지역의 정세는 불안하고 경제는 가라앉아 있었다. 도시 변두리에는 농촌에서 몰려든 사람들의 토막집이 늘어나고, 시가지에는 하루 벌어 하루 먹는 사람들이 지게를 지거나 날품을 팔고 있었다. 그러나 일본인들이 많이 사는 경성의 중심가는 나날이 활기를 띠고 있었다. 남산 밑 충무로, 진고개 일대에는 백화점을 비롯한 대형 유통 시설이 들어서 있었다. 조선 신궁과 총독 관저가 위치하며, 우체국, 은행 등이 자리잡고 있는 이곳은 명실공히 경성의 중심 거리였다. 신궁에 참배하는 모습도 이제 자연스러운 광경이 되었다. 단성사, 조선 극장 같은 영화관은 사람들로 북적댔다. 사람들은 영화를 보면서 이국적인 풍경을 배경으로 미모의 남녀 배우가 만들어 내는 스크린의 환상에 빠져들었다.

보기

ㄱ. 3면 1교 원칙에 의해 학교가 설립되고 동등 교육을 표방하였다.

ㄴ. 지방 제도 개편과 함께 지방 행정의 자문 기관으로 도·부·면 협의회를 설치하였다.

ㄷ. 대륙 침략에 필요한 물자를 공급하기 위하여 한반도에 군수 공장을 세웠다.

ㄹ. '홍삼 전매법'이 개정되어 '홍삼 전매령'이 공포되었다.

ㅁ. 남면북양 정책을 시행하여 한반도에서 일본의 공업 원료를 생산하였다.

① ㄱ, ㄷ
② ㄱ, ㅁ
③ ㄴ, ㄹ
④ ㄷ, ㅁ

13 572

다음 글은 조선 총독의 훈시 내용이다. 이 글이 발표되었을 당시의 일제의 통치 정책이 아닌 것은?

첫째는 제국의 대륙 병참 기지로서 조선의 사명을 명확히 파악해야 하겠다. 이번 사변에 우리 조선은 대중국 작전군에 대해 식량, 잡화 등 상당량의 군수 물자를 공출하여 어느 정도의 효과를 올렸다. 그러나 이 정도를 가지고는 아직도 불충분하며 장래 어떤 큰 사태에 직면했을 때는 가령 어느 기간 동안 중국 대륙 작전군에 대해 일본 내지로부터의 해상 수송이 차단 당하는 경우가 있더라도 조선의 힘만으로 이를 보충할 수 있을 정도로 조선 산업 분야를 다각화하며 특히 군수 공업의 육성에 역점을 두어 만전을 기할 필요가 있는 것이다. 즉, 지금과 장래에 걸쳐 동아의 정세를 내다볼 때 일체의 종합된 제 조건은 이 같은 국책의 필연과 가능을 가리키고 있는 것이다. 농업 병진은 나의 5대 강령의 하나다. 이것이 의미하는 것은 막연한 개념이 아니고, 시국에 대처하여 조선의 책무를 최대한으로 완수하려는 의도라는 점을 양해해 주어야 한다.

— 산변건태랑, 『일본통치하의 조선』, 암파서점, 1971

① 국가 총동원법의 시행
② 조선 태형령 폐지
③ 육군 특별 지원병제의 실시
④ 조선 사상범 보호 관찰령

12 571

자료는 1930년대의 모습을 묘사한 글이다. 이 시기 일제는 대륙 침략을 본격화함에 따라 조선을 병참 기지로 이용하기 위해 많은 정책을 시행하였다.

ㄷ. 총독부는 조선 내에 철·석탄·중석 등을 보급할 수 있는 군수 공장을 설립하여 한국인 노동자를 강제 동원하였다.

ㅁ. 일본군의 피복 조달책의 일환으로 1933년부터 남면북양 정책이 실시되었는데, 이는 자국의 면 수입 적자를 줄이고, 일본인 방직 자본가를 보호하기 위한 것이었다.

오답 분석

ㄱ. 동등 교육을 표방하며 3면 1교 원칙에 의해 초등 교육 기관을 개설할 수 있었던 시기는 제2차 조선 교육령이 공포되었던 1920년대이다.

ㄴ. 3·1 운동 이후 지방 제도 개편과 함께 지방 행정의 자문 기관으로 도 평의회·면 협의회·학교 평의회를 설치하였다. 이후 참정권 부여를 선전하고 선거에 의해 회원을 선출하였으나, 이는 친일파 중심의 허구적 정치 참여 및 지방 자치적 요소에 불과하였다.

ㄹ. '홍삼 전매법'은 1908년 대한 제국 시기에 공포되었으며, 조선 총독부로 계승되었다. 이후 이 법은 1920년에 '홍삼 전매령'으로 개정되었다.

정답 ④

13 572

제시문은 1938년에 발표된 미나미 총독의 '대륙 병참 기지'에 관한 훈시이다.

② 3·1 운동과 관련하여 태형이 국제적 문제로 비화되자 일제는 1920년에 조선 태형령을 폐지하였다.

오답 분석

① 중·일 전쟁 이후에는 전선이 확대됨에 따라 일제는 '국가 총동원법(1938)'을 공포하고, 이후 '국민 징용령(1939)'을 실시하여 많은 조선인을 침략 전쟁 수행을 위한 노동력으로 강제 동원하였다.

③ 1930년대 이후부터 일제는 경제 공황을 벗어나기 위해 대외적 침략주의를 본격화하여 만주 사변(1931)과 중·일 전쟁(1937)을 일으켰다. 일본은 조선의 청년들을 전쟁에 동원하기 위해 1938년 육군 특별 지원병령을 제정하여 약 1만 8천 명 가량의 조선 청년들을 전쟁터로 내몰았다.

④ 조선 사상범 보호 관찰령은 1936년에 일본의 국체 및 정체의 변혁과 사유 재산 제도를 부인하는 치안 유지법 위반자를 감시할 목적으로 제정되었다.

정답 ②

14 573

다음의 내용이 제시되었을 당시 추진된 총독부의 정책에 해당하지 않는 것은?

> 내선일체는 반도 통치의 최고 지도 목표이다. 내가 항상 역설하는 것은 내선일체는 서로 손을 잡는다든가, 형태가 융합한다든가 하는 그런 미적지근한 것이 아니다. 손을 잡은 것은 떨어지면 또한 별개가 된다. 물과 기름도 무리하게 혼합하면 융합된 형태로 되지만 그것으로도 안 된다. 형태도, 마음도, 피도, 육체도 모두 일체가 되지 않으면 안 된다. 내선일체의 강화 구현이야말로 동아 신건설의 핵심을 이루는 것이고, 그것이 아니고서는 만주국을 형제국으로 하고 중국과 제휴하여 어떠한 것도 말할 수 없다.
>
> − 미나미 총독 인사말

① 경방단 규칙을 제정, 공포하고, 소방조와 수방단을 해체하여 경방단으로 통합하였으며, 이 조직을 경찰 보조 기관으로 활용하였다.

② 사상 보국 연맹을 확대하여 대화숙을 전국 각지에 설치하고 사상범으로 지목된 인사들의 전향을 강요하였다.

③ '조선 중앙 정보 위원회'를 두어 개인 정보를 수집하고 '조선 방공 협회'를 조직하여 공산주의자 색출을 강화하였다.

④ 황성신문 등 민족 언론지들을 폐간시키고, 경성일보, 매일신보, 조선공론 등 어용 신문과 잡지만을 발행하도록 하였다.

15 574

다음 (   )에 해당하는 것으로 옳은 것은?

> 1. (   )을(를) 안 한 자들의 자녀에 대해서 각급 학교의 입학과 진학을 거부한다.
> 2. (   )을(를) 안 한 어린이들은 일본인 교사들이 구타·질책을 하는 등 그를 증오함으로써 어린이로 하여금 애소로써 부모들에게 (   )을(를) 하게 한다.
> 3. (   )을(를) 안 한 자는 공사간 그들의 기관에 일체 채용하지 않는다. 또 현직자도 점차 해임 조치한다.
> 4. (   )을(를) 안 한 자는 행정 기관에서 다루는 모든 사무를 취급해 주지 않는다.

① 궁성 요배   ② 황국 신민 서사 암송
③ 창씨개명   ④ 신사 참배

16 575

(가), (나)의 단체에 대한 추론으로 적절한 것을 〈보기〉에서 모두 고른 것은?

> (가) 1912년에 임병찬이 비밀리에 조직한 단체로 국권을 회복하면 고종을 다시 황제의 자리에 모셔 일제가 무너뜨린 왕조를 재건할 계획을 가지고 있었다. 이를 위하여 국권 반환 요구서를 조선 총독부와 일본 정부에 보내는 한편, 전국적으로 의병을 일으킬 것을 계획하였다.
>
> (나) 풍기의 광복단과 대구의 조선 국권 회복단의 일부 인사가 모여 조직한 전투적인 독립운동 단체였다. 의병 출신자를 비롯하여 신교육을 받은 인사들과 양반과 상민이 같이 참여하여 혁신 유림(儒林)적 성격이 강하였다. 이들은 상동 광산, 직산 광산, 경주의 우편차 등을 습격하여 군자금을 모았고, 1917년에는 친일 부호인 장승원과 도고 면장 박용하 등을 처단하였다.

보기

ㄱ. (가) − 고종의 밀지를 받아 전국의 의병장을 모아 조직하려 한 단체이다.
ㄴ. (가) − 군사 기관인 서로 군정서를 설립하였다.
ㄷ. (나) − 공화제 국가 건설을 목표로 하였으며 군자금을 모금하였다.
ㄹ. (나) − 복벽주의를 바탕으로 의병 투쟁을 계획하였으나 사전에 발각되었다.

① ㄱ, ㄷ   ② ㄱ, ㄹ
③ ㄴ, ㄷ   ④ ㄴ, ㄹ

문제 풀이

14 573

내선일체는 민족 말살 통치기인 1937년부터 강조되기 시작하였다. ④ 황성신문 등 민족 언론지가 폐간되고 경성일보, 매일신보, 조선 공론 등 어용 신문과 잡지만이 발행되었던 시기는 무단 통치기인 1910년대이다.

오답 분석

① 경방단 규칙 제정은 1939년. ② 대화숙 설치는 1941년. ③ 조선 중앙 정보 위원회 설치는 1937년. 조선 방공 협회 설치는 1938년으로 모두 민족 말살 통치기에 추진되었던 일제의 정책에 해당한다.

정답 ④

15 574

③ 자료는 창씨개명 강행 방침이다.

오답 분석

①, ④ 일제는 1930년대에 신사 참배와 궁성 요배를 강요하였으며, 내선일체를 강조하여 조선의 민족성 말살 정책을 본격화하였다.

② 1930년대의 일본은 황국 신민화 교육을 강화하기 위하여 황국 신민 서사의 제창을 강요하였으며, 한국어와 한국사 · 지리 교육을 폐지하였다.

정답 ③

16 575

(가) 독립 의군부에 관한 내용이다. 독립 의군부는 1912년에 고종의 밀지를 받은 임병찬이 전국의 의병장을 모아 조직한 단체로, 복벽주의를 바탕으로 의병 투쟁을 계획하였으나 사전에 발각되어 실패하였다. 이후 국권 반환 요구서 및 국권 반환 요구 준비를 하다가 결국 해산당하고 말았다. (ㄱ)

(나) 대한 광복회에 관한 내용으로 1915년에 박상진, 채기중 등이 중심이 되어 조직한 단체로, 근대 공화 정치를 지향하였다. 만주에 독립군 사관 학교 설립을 시도하였고, 자체적으로 반민족 행위자를 처단하기도 하였으나, 1918년에 일제에 의해 발각되어 해체되었다. (ㄷ)

오답 분석

ㄴ. 한족회(1919)에 대한 것으로 3 · 1운동 직후 부민단과 자신계, 교육회 등을 통합 · 발전시켜 조직된 단체로 이상룡을 독판에, 여준을 부독판에, 지청천을 사령관에 임명하고 군사 기관으로 서로 군정서를 두었다.

ㄹ. 독립 의군부에 대한 설명이다.

정답 ①

17 576

다음은 국내에서 활약한 비밀 결사 조직의 강령이다. 이 조직에 관한 설명을 〈보기〉에서 모두 고른 것은?

- 만주에 사관 학교를 설치하여 독립 전사를 양성한다.
- 종래의 의병, 해산 군인과 만주 이주민을 소집하여 훈련한다.
- 무력이 완비되는 대로 일본인 섬멸전을 단행하여 최후 목적을 달성한다.

보기
ㄱ. 사회주의 계열의 민족 운동 단체였다.
ㄴ. 순종 황제의 밀지를 받아 결성된 조직이었다.
ㄷ. 신교육을 받은 지식인과 의병 출신 인사가 연대하여 결성하였다.
ㄹ. 의연금을 걷어 군자금을 확보하였고, 친일 부호를 처단하기도 하였다.

① ㄱ, ㄴ   ② ㄱ, ㄷ
③ ㄴ, ㄹ   ④ ㄷ, ㄹ

18 577

다음은 러시아령에서 있었던 독립운동을 서술한 내용이다. 이 내용 이후 전개된 독립운동에 해당하지 않는 것은?

이상설, 이동휘, 이종호, 정재관의 주도로 러시아와 중국에 흩어져 있는 동지들을 규합하여 대한 광복군 정부를 조직하고 정통령을 선거하는 군사 업무를 통합하여 지휘하게 하니 정통령은 이상설씨가 되었고, 부통령은 이동휘씨가 당선되었다. 군대를 비밀리에 편성하고 중국령 나자구에는 사관 학교를 건립하였다.
 – 『아령실기』

① 대한 독립 선언 발표
② 송죽회 결성
③ 대한 광복회 결성
④ 신한 혁명당 결성

19 578

1910년대에 결성되었던 독립운동 단체와 관련이 없는 것은?

① 의열단
② 신민부
③ 대한 광복군 정부
④ 대조선 국민 군단

20 579

해외 독립운동 기지와 관련되어 다음에서 설명하고 있는 지역은?

- 서일이 국외로 탈출하는 의병을 규합하여 중광단을 조직하였다.
- 간민회가 설립되어 이주민의 활동을 지원하였다.
- 명동 학교에서 야학을 운영하여 문맹 퇴치 사업을 벌이기도 하였다.

① 북간도   ② 연해주
③ 서간도   ④ 미주

17 576

자료는 대한 광복회에 대한 설명이다.

ㄷ. 대한 광복회는 1915년 박상진, 채기중 등이 조직한 단체로 독립 전쟁을 실현하기 위하여 의병 계열과 신교육을 받은 계몽 운동 계열이 연합하여 결성한 조직이다.

ㄹ. 대한 광복회는 공화제 국가 건설을 목표로 하였으며, 항일 활동을 위한 군자금을 모집하고 친일 부호들을 척결하는 등 활발한 구국 운동을 전개하였다. 또한 국내·외에 연락 기관을 설치하여 한인들을 만주로 이주시키고 농토를 개간해 식량과 병력을 공급할 계획도 가지고 있었으나, 1918년 일제에 발각되면서 조직이 와해되었다.

오답 분석

ㄱ. 대한 광복회는 사회주의 계열과는 관련이 없다.

ㄴ. 독립 의군부는 순종 황제가 아닌 고종 황제의 밀지를 받아 1912년에 전라도 지방에서 조직되었다.

정답 ④

18 577

제시문의 대한 광복군 정부는 1914년 러시아 전역에서 러·일 전쟁 10주년을 맞아 반일 감정이 고조되고 있는 상황에서 이상설, 이동휘, 이종호, 정재관의 주도로 러시아와 중국에 흩어져 있는 동지들을 규합하여 조직되었다.

② 송죽회는 1913년 평양에서 평양 숭의 여학교 교사와 학생의 비밀 결사 단체로서 조직되었다.

오답 분석

① 대한 독립 선언은 1919년 2월 1일 조소앙이 기초하고, 박은식 등 독립운동가 39명이 모여 조국의 광복과 독립을 최초로 선포한 것으로 외교 독립론이 아닌 '전쟁'을 통한 독립 쟁취를 주장하였다. 대한 독립 선언의 발표 시기에 대하여는 1919년 3월 11일설도 제기되고 있다.

③ 대한 광복회는 1915년 박상진, 채기중 등이 중심이 되어 조직한 단체로 공화제 국가 건설을 목표로 하였으며 군자금을 모금하였다. 또한 만주에 독립군 사관 학교 설립을 시도하였으며, 자체적으로 장승원, 박용하 등 반민족 행위자를 처단하였다.

④ 신한 혁명당은 복벽주의 단체로 1915년 성낙형·유동열 등이 박은식·신규식 등 동제사 간부와 이상설·이춘일·유흥렬 등과 함께 조직하였다.

정답 ②

19 578

② 신민부는 자유시 참변을 겪고 난 후, 1925년 대종교 계통의 인사들이 북만주 지역의 독립 군단들을 통합하고자 하여 대한 독립 군단과 북로 군정서 등을 연계하여 만든 조직이다. 이들은 관할 지역 내에 소학교와 노동 야간 강습소를 설치하고 한인 자녀들의 문맹 퇴치와 민족 독립 정신의 고취에 노력하였다. 또한 식산 조합·소비 조합을 설치하고, 공농제를 통한 공동 농지를 경작하는 등 한인의 실업 진흥을 도모해 갔다. 김좌진 총사령이 이끄는 군사 위원회가 사관 학교를 설립하여 간부 양성에 힘썼고, 약 500여 명의 군사력을 가지고 둔전제를 실시했다.

오답 분석

① 의열단은 1919년 11월 김원봉, 윤세주 등이 만주 길림성에서 비밀 결사 조직으로 결성하였다.

③ 대한 광복군 정부는 1914년에 연해주에서 권업회 인사들이 중심이 되어 조직하였다.

④ 대조선 국민 군단은 박용만이 1914년에 하와이에서 대한인 국민회의 사업을 확장하여 설립한 항일 군사 단체로, 생업에 종사하며 군사 훈련을 하였다.

정답 ②

20 579

① 북간도 지역에서 일어난 독립운동에 대한 설명이다. 북간도 일대는 19세기 후반 이후 우리 동포들이 가장 많이 이주해 살고 있었고, 용정촌·명동촌 등 독립운동 기지가 가장 먼저 건설된 곳이었다. 일제가 을사늑약을 강요하여 나라가 위기에 빠지자, 민족 운동가들은 서전서숙(1906), 명동 학교(1908) 등을 세워 철저한 민족 교육을 실시하였다. 또한 중광단(1911)을 조직하여 항일 민족의식을 고취시키고 애국정신을 함양하는 정신 교육을 실시하였다. 중광단은 3·1 운동 이후 대종교 교도들을 규합하여 대한 정의단으로 개편하였다. 북간도 지역의 자치 기관인 간민회(1913)는 한국인에 대한 행정 관리를 중국 지방 정부와 협의, 세금 징수 등의 행정 업무를 대신하였다. 1919년 대한 국민회가 결성되면서 북간도 일대는 항일 독립군의 근거지가 되었다.

정답 ①

21 580

다음 독립 선언과 관련 있는 내용이 아닌 것은?

> 2천만 형제자매여! 정의는 무적의 칼이니 이로써 하늘에 거스르는 악마와 나라를 도적질하는 적을 한 손으로 무찌르라. 봉기하라! 독립군아! 일제히 독립군은 천지를 휩쓸라! 한 번 죽음은 인간의 면할 수 없는 바이니 개, 돼지와 같은 일생을 누가 구차히 도모하겠는가? 살신성인하면 2천만 동포는 하나 되어 부활하니 어찌 일신을 아끼며, 집안 재산을 바쳐 나라를 되찾으면 3천리 옥토는 자가의 소유이니 어찌 일가의 희생이 아까우랴. …… 국민의 본령을 자각한 독립임을 기억하고 동양의 평화를 보장하고 인류의 평등을 실시하기 위한 자립임을 명심하여 황천(皇天)의 명령(命令)을 (크게) 받들고 일체의 못된 굴레에서 해탈하는 건국임을 확신하여, 육탄 혈전으로 독립을 완성하라.

① 이 선언의 영향으로 서울, 평양, 진남포, 안주, 의주, 선천, 원산 등지에서 동시에 독립 선언과 만세 시위가 진행되었다.
② 박은식, 이승만, 안창호, 신채호, 이동휘, 김규식, 김좌진 등 39명이 참여하였다.
③ 만주 길림에서 만주와 연해주 및 중국, 미국 등 해외에서 활동 중인 독립운동가들 명의로 발표된 선언서이다.
④ 민족 자결주의에 입각한 외교 독립론이 아닌 무장 투쟁을 통한 독립 쟁취를 표방하고 있다.

22 581

어떤 독립운동 당시 발표된 선언서 공약이다. 이 독립운동의 영향으로 잘못 설명한 것은?

> • 금일 오인의 차거(此擧)는 정의, 인도, 생존, 존영을 위하는 민족적 요구이니, 오직 자유적 정신을 발휘할 것이오, 결코 배타적 감정으로 일주하지 말라.
> • 최후의 일인까지, 최후의 일각까지 민족의 정당한 요구를 쾌히 발표하라.
> • 일체의 행동은 가장 질서를 존중하여, 오인의 주장과 태도로 하여금 어디까지든지 광명정대하게 하라.

① 대한민국 임시 정부 수립의 계기가 되었다.
② 일제는 통치 정책을 문화 통치로 바꾸게 되었다.
③ 만주 지역에서 독립군 활동을 활성화시키는 계기가 되었다.
④ 이 사건 이후 만주에서 2·8 독립 선언이 발표되었다.

23 582

다음은 프랑스 언론의 보도 내용이다. 이와 관련된 국외의 움직임에 해당하지 않는 것은?

> 일본 정부는 한국을 일본의 한 지방으로 만들어 버리는 데 성공하리라 믿었다. 일본은 한국의 언어를 없애고 옛 전통을 말살하는 방법을 취하였다. 멀리서 우리에게까지 전해진 한국인의 고난에 찬 절규를 강화 회의가 묵살해 버릴 것이 확실하다. 알자스-로렌 지방을 해방시킨 우리가 한국인이 영원히 노예 상태에 머물러 있게 됨을 그대로 참고 보고만 있어야 하는가?
> – 「프랑스 앙탕트」

① 만주에서 추수 투쟁과 춘황 투쟁이 전개되었으며, 무장 유격대가 결성되었다.
② 북간도에서는 1만여 명의 한인들이 용정에 모여 독립 선언을 하고 만세 시위를 벌였다.
③ 미국 필라델피아에서는 미주 지역 동포들이 모여 3일간 한인 자유 대회를 열고 시가 행진을 벌였다.
④ 서간도에서 수백여 명의 교민들이 부민단의 주도로 독립 축하회를 열고 만세 시위를 전개하였다.

24 583

밑줄 친 '이 선언'에 해당하는 것은?

> 이 선언은 나라의 주권은 민족 내부에서만 주고받는다는 민족사의 불문율에 근거하여, 이민족에게 주권 양여를 규정한 '한국 병합 조약'이 무효임을 천명하였다. 그리고 융희 황제(순종)가 주권을 포기함으로써 주권은 2,000만 동포에게 귀속되었다고 규정하였다. 다만 국내 동포들은 주권 행사가 어려운 상황에 있으므로, 해외 독립운동가가 주권 행사의 권한을 위임받아 임시 정부를 만들어야 할 권리와 책임이 있다고 주장하였다.

① 대동 단결 선언
② 2·8 독립 선언
③ 대한 독립 선언
④ 한국 독립 유일당 북경 촉성회 선언

문제 풀이

21 580

사료는 대한 독립 선언(1919. 2.)의 내용이다. 대한 독립 선언은 1919년 2월 1일 중국 동북부 길림성에서 만주와 러시아지역의 항일 독립 운동 지도자 39명이 제1차 세계 대전 종전에 맞춰 조국 독립을 요구한 것이다. 조소앙이 기초하고, 박은식 등 독립운동가 39명이 모여 조국의 광복과 독립을 최초로 선포한 것으로 이후 2·8 독립 선언과 3·1 독립 만세 운동의 기폭제가 되었다. 대한 독립 선언의 발표는 정원택이 작성한 『지산외유일지』를 근거로 1919년 3월 11일(음력 2월 10일)에 발표된 것이라는 이설이 제기되었으나, 조소앙의 기록을 근거로 1919년 2월 1일(음력 1919년 1월 1일)설을 정설로 인정하고 있다.

① 서울, 평양, 진남포, 안주, 의주, 선천, 원산 등지에서 동시에 독립 선언과 만세 시위가 진행되었던 것은 3·1 운동의 전개 과정에서 일어난 일이다.

정답 ①

22 581

자료는 3·1 운동 당시 발표된 공약문이다.

④ 2·8 독립 선언은 1919년 2월 8일 일본에 유학 중이던 한국인 남녀 학생들이 한국의 독립을 요구하는 선언서와 결의문을 선포한 사건으로 3·1 운동보다 앞선 시기에 발표되었다.

오답 분석

①, ② 3·1 운동은 대한민국 임시 정부 수립의 계기가 되었으며, 일제의 통치 방식이 무단 통치에서 문화 통치로 전환하게 되는 분수령이 되었다. 이 밖에도 중국의 5·4 운동, 인도의 비폭력·불복종 운동, 베트남 독립운동, 필리핀의 마닐라 대학생 독립운동, 이집트 카이로 대학생 독립운동 등 세계의 민족 운동의 선구가 되었다.

③ 3·1 운동은 애국 계몽 운동 계열과 의병 운동 계열, 공화주의와 복벽주의로 나누어져 있던 역량을 모은 거국적인 독립운동이었다. 이를 계기로 국외의 무장 투쟁이 활성화되었으며, 동시에 국내의 실력 양성 운동도 활발하게 진행되었다. 또한 노동자, 농민 등 다수의 민중들에게 민족 해방 운동에 있어 자신들의 역할을 인지시킴으로써 독립운동의 참여 주체가 확대되었고, 독립 이념의 다양화·총체화를 이루어냈다.

정답 ④

23 582

제시문은 3·1 운동에 대한 프랑스 언론의 내용을 옮긴 것이다.

① 추수 투쟁과 춘황 투쟁의 전개는 1931년 만주 사변 이후 일제가 만주를 장악하면서 일어났다. 이 시기 공산주의자들의 투쟁은 점차 항일 무장 투쟁으로 발전하였고, 만주 일대에 여러 한인 항일 유격대가 결성되었다. 이후 유격 투쟁은 중국 공산당 세력과 연계하여 1933년 동북 인민 혁명군, 1936년 동북 항일 연군으로 발전하였다.

정답 ①

24 583

밑줄 친 '이 선언'은 1917년에 발표된 대동 단결 선언이다.

① 대동 단결 선언은 신한 혁명당의 외교부장 성낙형 등이 고종을 망명시키려다 실패한 사건 이후 1917년 7월 중국 상하이에서 신규식, 박용만, 신채호 등 14인의 명의로 발표된 선언이다.

정답 ①

25 584

대한민국 임시 정부에 관한 사항으로 옳지 않은 것은?

① 한성 정부의 법통을 계승하였으며, 입법부로는 의정원, 행정부로는 국무원을 두었다.

② 국내 세력과의 연결을 위해 연통제를 운영하였다.

③ 대한 독립 선언의 내용을 계승하여 외교 활동에 치중하였다.

④ 기관지로 독립신문을 발행하였으며, 사료 편찬부를 두어 독립운동 관련 역사를 정리하였다.

26 585

다음의 결정 이후 임시 정부의 진로와 연결된 사실로 옳은 것은?

> 임시 대통령 이승만을 면직시킴. … 이승만은 외교를 빙자하고 직무지를 떠나 5년 동안 원양일우에 편재해서 난국 수습과 대업 진행에 하등 성의를 다하지 않았을 뿐 아니라, 허무한 사실을 제조 간포해서 정부의 위신을 손상시키고 민심을 분산시킨 것은 물론, 정부의 행정을 저해하고 국고 수입을 방해하고 의정원의 신성을 모독하고 공결을 부인하고, 심함에 이르러서는 정부의 행정과 재무를 방해하고, 임시 헌법에 의해 의정원의 선거에 의해 취임한 임시 대통령으로서 자기의 지위에 불리한 결의라고 해서 의정원의 결의를 부인하고, '한성 조직 계통 운운'과 같은 것은 대한민국의 임시 헌법을 근본적으로 부인하는 행위다. 이와 같이 국정을 방해하고 국헌을 부인하는 자를 하루라도 국가 원수의 직에 두는 것은 대업 진행을 기하기 어렵다. 국법의 신성을 보지하기 어려울 뿐 아니라 순국제현이 명복할 수 없는 바이고, 또 살아 있는 충용들이 소망하는 바 아니므로 주문과 같이 심판한다. — 이강훈, 『대한민국 임시 정부사』

① 구미 위원부를 최초로 설치하여 외교 독립론을 바탕으로 한 대미 외교 활동에 주력하였다.

② 박은식을 대통령으로 추대하여 임시 정부의 분열을 종식시키고자 하였다.

③ 연해주에 전로 한족 중앙 총회를 개편한 대한 국민 의회를 수립하였다.

④ 국민 대표 회의를 개최하여 임시 정부의 조직 정비에 주력하였다.

27 586

다음은 6 · 10 만세 운동에 대한 평가이다. 밑줄 친 부분의 견해와 가장 관계 깊은 것은?

> 이 운동은 민족 운동의 주역으로 성장한 학생들의 역량을 보여준 사건이다. 그러나 사회주의계가 적극적으로 참여한 반면 민족주의계가 소극적 태도를 보임으로써 민족 운동의 역량이 약화되는 문제점이 드러났다. 이러한 문제점을 극복하고 <u>민족 운동 역량을 강화하기 위해서는 이념이 다른 두 계열이 서로 손잡고 힘을 합치는 일이 절실하다.</u>

① 조선 공산당 창당   ② 정우회 선언

③ 보합단   ④ 대한 통의부

28 587

다음 자료와 관련된 사건에 대한 설명으로 옳은 것을 〈보기〉에서 모두 고르면?

> 마음껏 통곡하고 복상(服喪)하자. … (중략) … 울고 싶어도 울지 못하는 조선 민중은 단결하여 일본 제국주의에 대항하는 싸움을 시작하자! 슬퍼하는 민중들이여! 하나가 되어 혁명 단체 깃발 밑으로 모이자! 오늘의 충성과 의분을 모아 우리들의 해방 투쟁에 바치자! 일본 제국주의를 박멸하자!

보기

ㄱ. 조선어 교육 금지에 반발한 학생들이 동맹 휴학하는 사태가 벌어지기도 하였다.

ㄴ. 학생 운동 세력이 항일 민족 운동의 구심점으로 발전하는 계기가 되었다.

ㄷ. 이 사건을 계기로 사회주의 세력이 민족주의 세력과의 연대를 모색하였다.

ㄹ. 민족 자결주의의 영향을 받아 발생한 것으로 일제의 통치 방식에 변화를 가져왔다.

① ㄱ, ㄴ   ② ㄴ, ㄷ

③ ㄷ, ㄹ   ④ ㄱ, ㄹ

25 584

③ 1919년 2월(1919년 3월설도 존재)에 발표한 대한 독립 선언은 조소앙이 기초하고, 박은식 등 독립운동가 39명이 모여 조국의 광복과 독립을 최초로 선포한 것으로 외교 독립론이 아닌 '전쟁'을 통한 독립 쟁취를 주장하였다.

정답 ③

26 585

자료는 임시 정부의 초대 대통령이었던 이승만을 탄핵할 것을 주장하는 내용이다.

② 임시 정부는 1923년 국민 대표 회의가 결렬됨으로써 큰 타격을 받아 1925년 대통령 이승만을 탄핵·파면하고 박은식을 2대 대통령으로 추대하였다.

오답 분석

① 구미 위원부는 임시 정부가 설치한 직속 외교 기관으로, 3·1 운동 후 이승만이 중심이 되어 외교 활동을 전개하였다.
③ 3·1 운동 직후 연해주의 전로 한족 중앙 총회를 개편한 대한 국민 의회를 수립하여 파리 강화 회의에 대표를 파견할 계획을 세웠으며, 3월 17일에 독립 선언서를 발표하였다.
④ 1923년 개최된 국민 대표 회의는 사실상 결렬되었다.

정답 ②

27 586

1926년 사회주의 계열과 학생, 천도교의 주도로 6·10 만세 운동이 일어났다. 이를 계기로 좌우 합작 단체인 신간회(1927)가 결성되는 등 분열되었던 독립운동을 단일화하려는 민족 유일당 운동이 전개되었다.

② 신간회가 결성되는 데 중요한 역할을 한 정우회는 제3차 조선 공산당의 표면 단체로, 1926년 11월 정우회 선언을 통해 민족주의 좌파와 사회주의 세력 사이에 민족 협동 전선에 관한 공감대를 형성하는 데 역할을 하였다.

오답 분석

① 조선 공산당(1925)은 연해주의 공산주의자와 국내의 공산주의자가 연합하여 결성한 단체이다.
③ 보합단(1920)은 김시황, 김동식 등이 편성하여 의주 동암산을 중심으로 활동한 단체로, 군자금을 모아 임시 정부에 송금하였다.
④ 대한 통의부(1922. 8.)는 항일 독립운동을 보다 효과적으로 펼치기 위해 대한 통군부를 개편하여 조직된 단체이다. 대한 통의부 지도층의 대부분은 공화주의자들이었으나, 일부 세력은 복벽주의를 주장하였으며 결국 탈퇴하여 의군부를 조직하였다.

정답 ②

28 587

자료는 6·10 만세 운동 당시의 궐기문이다. 조선 공산당은 천도교계 민족주의자들의 지원을 받으면서 1926년 4월 순종의 죽음을 계기로 전국적인 대규모 시위 계획을 추진하였다. 그러나 일제의 대대적인 검속으로 지도부가 와해되는 상황이 초래되었으며, 이에 따라 시위 계획은 좌초할 수밖에 없는 문제에 직면했다. 하지만 일제의 단속을 피한 잔여 세력들의 결속으로 시위 계획은 다시 추진되었다.

ㄴ. 조선 학생 과학 연구회와 중앙 고보생 등의 학생들이 주도하여 순종의 인산일에 만세 시위가 일어났다.
ㄷ. 이 사건 이후 민족주의 계열과 사회주의 계열의 연대는 점차 대중적 차원의 유일당 운동으로 확대되었다.

오답 분석

ㄱ. 조선어 교육 금지는 제3차 조선 교육령(1938)에 해당한다.
ㄹ. 3·1 운동(1919)에 대한 내용이다.

정답 ②

29 588

다음 자료와 같은 주장을 했던 독립운동에 대한 설명으로 옳지 않은 것은?

> 조선은 조선인의 조선이다! 횡포한 총독 정치의 지옥으로부터 벗어나자! 여우와 같은 일본인을 조선의 영역으로부터 구축하자! 삼천리를 광복시킬 수 없다면 2천만은 죽어 버릴 것이다! 혁명적 민족 운동자는 한 덩어리로 뭉치자! 대한 독립운동자(운동가)여 단결하라! 일체의 납세를 거부하자! 일본 물화를 배척하자! 조선인 관리는 일체 퇴직하라! 일본인 공장의 직공은 총파업하라! 일본인 지주에게 소작료를 바치지 말자! 일본인 교원에게는 배우지 말자! 일본인 상인과 관계를 단절하자!

① 학생들의 주도로 최초의 동맹 휴학이 이루어졌다.
② 농민과 노동자층을 대변하면서 경제적 투쟁 전개를 요구하였다.
③ 순종의 죽음을 계기로 학생들의 주도하에 이루어졌다.
④ 사회주의 계열과 민족주의 계열의 대립이 해소되는 계기가 마련되었다.

30 589

다음 자료에서 언급한 사건 이후에 발생한 독립운동의 움직임으로 옳은 것은?

> 조선 학생 청년 대중이여! 당신들은 저 제국주의 이민배의 광만적인 폭거를 확실히 들었을 것이다. 이것은 광주 조선 학생 동지들의 학살의 음모인 동시에 조선 학생 대중의 압살적 시위이다. 전세계 약속 민족에 대한 강압적 백색 테러의 행동이다. 보아라 저들의 언론 기관은 여기에 선동하고 저들 횡포배들은 '일본을 위하여 조선인을 학살하라'는 슬로건 아래 소방대와 청년단을 무장시키고 재향 군인 연합군을 소집하여 횡포 무쌍한 만행을 자행한 뒤, 소위 저들의 사법 경찰을 총동원하여 광주 조선 학생 동지 400여 명을 참혹한 철쇄에 묶어 넣었다.

① 이봉창 의거
② 강우규 의거
③ 근우회의 결성
④ 조선 형평사 창립

31 590

다음 내용의 강령을 가진 단체에 대한 설명으로 옳은 것은?

> 우리들의 정치적 경제적 각성을 제창한다는 것과 단결을 공고히 함과 기회주의를 일체 부인함이 그의 강령으로 하는 바요 … (중략) … 우경적 사상을 배척하고 민족주의의 좌익 전선을 형성하여 변화하는 시국에 대응하고 그 성과를 후일에 기하고자 함이 그 목적이다.

① 국채 보상 운동을 추진하였다.
② 광주 학생 항일 운동에 대한 진상 조사단을 파견하였다.
③ 순종 인산일을 계기로 만세 운동을 주도하였다.
④ 백정에 대한 차별을 철폐하기 위하여 조직되었다.

32 591

다음 제시문의 내용을 주장하고 펼친 민족 운동 단체의 활동으로 적합하지 않은 것은?

> • 조선인에 대한 착취 기관 철폐
> • 일본인의 조선 이민 반대
> • 타협적 정치 운동 배격
> • 조선인 본위의 교육 제도 실시
> • 사상 연구의 자유

① 원산 노동자 총파업 지원
② 단천 농민 운동 지원
③ 광주 학생 항일 운동 지원
④ 민립 대학 설립 운동 주도

29 588

자료는 6 · 10 만세 운동 당시의 투쟁 구호 내용이다. 이 운동은 사회주의 계열과 민족주의 계열의 대립이 해소되는 계기가 마련되어 민족 유일당 운동으로 이어졌다는 것과 농민 노동자층을 대변하고 경제적 투쟁 전개를 요구하였다는 것에 의의가 있다.

① 동맹 휴학은 6 · 10 만세 운동 이전부터 추진되었던 학생들의 항일 운동에 해당한다.

정답 ①

30 589

자료는 광주 학생 항일 운동(1929) 당시의 격문 내용이다. 광주 학생 항일 운동은 3 · 1 운동 이후 일어난 최대 규모의 민족 운동으로, 투쟁 형태도 동맹 휴교에서 벗어나 가두 시위 형태로 발전했다. 광주 학생 항일 운동은 식민지 교육의 반발 차원에서 더 나아가 정면으로 식민지 통치를 부정하였으며, 만주 지방의 학생들과 일본의 유학생들까지 궐기하였다.

① 한인 애국단원이었던 이봉창은 1932년 일본 사쿠라다문 앞에서 일왕에게 폭탄을 투척하였는데, 이는 중국으로 하여금 한민족 독립운동에 대한 긍정적인 시각을 갖는 계기가 되었다.

오답 분석

② 강우규는 노인 동맹단의 대표로서 1919년에 서울로 잠입하여 사이토 총독에게 폭탄을 투척하였으나 실패하였다.

③ 근우회는 1927년 신간회의 자매 단체로서 조직되었다.

④ 조선 형평사는 1923년에 진주 지역의 백정을 중심으로 조직된 단체로, 신분 차별 철폐 운동을 전개하였다.

정답 ①

31 590

자료는 신간회의 강령이다. 신간회는 1927년 2월 15일 비타협 민족주의 계열과 사회주의 계열이 통합하여 창립된 단체로서 노동 쟁의, 소작 쟁의, 동맹 휴학 등의 대중 운동을 지도하였다.

② 광주 학생 항일 운동이 일어났을 때 진상 조사단을 파견하고, 민중 대회를 계획하였지만 일제의 탄압으로 지도부가 체포됨으로써 실패하였다.

오답 분석

① 국채 보상 운동은 1907년 대구 광문사에서 서상돈을 중심으로 시작되어 전국으로 확산되었다. 대한매일신보, 황성신문, 제국신문, 만세보 등의 언론 기관들이 참여하여 국채 보상 운동에 대한 모금 운동이 이루어졌으나, 일제의 방해로 중단되었다.

③ 순종 인산일을 계기로 대규모 만세 운동을 주도한 것은 조선 학생 과학 연구회와 중앙 고보생 등 학생들이었다.

④ 조선 형평사는 1923년 진주 지역의 백정을 중심으로 조직된 단체로 신분 차별 철폐 운동을 전개하였다.

정답 ②

32 591

제시문의 주장을 내세운 조직은 민족 협동 전선에 입각해 1927년에 결성된 신간회이다. 신간회는 전국에 140여 개의 지회와 3만 9000여 명의 회원을 확보하였으며, 일본에까지 조직된 각 지회를 중심으로 활동을 전개했다. 또한 1929년 일어난 원산 노동자 총파업과 같은 해에 확산된 광주 학생 항일 운동을 지원하였다. 그리고 1930년 일어난 단천 농민 운동도 적극 지원하려 하였다.

④ 민립 대학 설립 운동은 1920년대 초반부터 추진되었던 것으로 신간회의 주도가 아닌 조선 교육회의 주도로 추진되었던 운동이었다.

정답 ④

33 592
다음 자료와 관련된 단체로 가장 적절한 것은?

> **선언**
> 이 단계에서는 모든 분열 정신을 극복하고 우리의 협동 전
> 선을 더욱 공고하게 하는 것이 조선 여성의 의무이다.
>
> **행동 강령**
> 1. 교육의 성적 차별 철폐 및 여자의 보통 교육 확장
> 2. 여성에 대한 사회적 · 법률적 · 정치적 일체 차별 철폐
> 3. 일체 봉건적 인습과 미신 타파
> 4. 조혼 폐지 및 결혼 · 이혼의 자유

① 근우회 ② 조선 여성 동우회
③ 송죽회 ④ 여자 교육회

34 593
다음과 같은 취지를 반영하여 설립된 단체가 아닌 것은?

> 계급 운동과 민족 운동, 이것은 현재 한국 사람들이 해
> 결해야 할 2대 과제이다. 그러나 오늘날 우리들의 처지에
> 서 이 둘이 함께 하지 못할 이유가 없다. 이 구분은 오직
> 개념적이고 추상적일 뿐이다. 우리들은 다음과 같이 주장
> 한다. 한국인의 명예와 행복을 바라는 사람들은 모두 공동
> 의 새로운 전선에 참가해야 한다.

① 근우회 ② 신간회
③ 조선 민흥회 ④ 화요회

35 594
일제 강점기 국내에서 활약한 무장 조직이 아닌 것은?

① 대한 의용 군사회 ② 천마산대
③ 구월산대 ④ 의용단

36 595
다음 (가)와 (나) 운동에 대한 설명으로 잘못된 것은?

> (가) 국채 1,300만 원은 우리 대한의 존망에 관계가 있는
> 것이다. 갚아 버리면 나라가 존재하고 갚지 못하면 나
> 라가 망하는 것은 대세가 반드시 그렇게 이르는 것이
> 다. 현재 국고에서는 이 국채를 갚아 버리기 어려운즉
> 장차 삼천리 강토는 우리나라와 백성의 것이 아닌 것
> 으로 될 위험이 있다. 국토란 한번 잃어버리면 다시
> 회복하기 어려운 것이다.
> (나) 우리에게 먹을 것이 없고 입을 것이 없고 의지하여 살
> 것이 없으면 우리의 생활은 파괴가 될 것이다. 우리가
> 무슨 권리와 자유와 행복을 기대할 수가 있으며, 또 참
> 으로 사람다운 발전을 희망할 수가 있으리오. 우리 생
> 활에 제일 조건은 곧 이 의식주의 문제, 즉 산업적 기초
> 라. … (중략) … 우리는 이와 같은 견지에서 우리 조선
> 사람의 물산을 장려하기 위하여 조선 사람은 조선 사람
> 이 지은 것을 사 쓰고, 조선 사람은 단결하여 그 쓰는
> 물건을 스스로 제작하여 공급하기를 목적하노라.

① (가)는 대구에서, (나)는 평양에서 시작되었다.
② (가)는 상층민 · 명문가 · 부호 등의 참여가 거의 없어 장기
　적으로 지속되지 못하였다.
③ (나)는 신은행령과 회사령의 실시로 민족 자본의 위기감이
　고조되자 추진되었다.
④ (나)는 민족 자본의 생산력 미비, 상품의 가격 상승 등으로
　실패하였다.

33 592

자료는 근우회의 선언과 행동 강령이다.
① 근우회는 신간회의 자매 단체로서 1927년 조직되었는데, 여성의 단결·남녀평등·여성 교육 확대·여성 노동자 권익 옹호·생활 개선 운동 등을 전개하였다.

정답 ①

34 593

자료는 민족주의와 사회주의를 통합하려는 민족 유일당 운동에 대한 설명이다.
④ 화요회는 신사상 연구회의 후신으로 조선 공산당의 전신에 해당하는 사회주의 단체이다.

오답 분석

①, ② 6·10 만세 운동이 계기가 되어 1927년 2월 15일 비타협 민족주의 계열과 사회주의 계열이 통합하여 신간회를 창립하였다. 또한 자매 단체로 근우회가 조직되어 여성의 단결과 교육 확대, 여성 노동자들의 권익 옹호 등의 운동을 전개하였다.
③ 조선 민흥회는 1926년 7월 개량주의에 맞서서 민족주의 계열과 사회주의 계열의 연합으로 조직된 유일당 단체로, 신간회 결성을 촉진하는 밑거름이 되었다.

정답 ④

35 594

① 대한 의용 군사회는 1921년 10월 간도를 중심으로 서간도의 군비단과 북간도의 국민회 군사부가 합병하여 조직된 항일 운동 단체였다.

오답 분석

② 천마산대(1919)는 평북 의주 천마산을 근거지로 하여 조직된 단체였다. 천마산대는 만주에 설치된 광복군 사령부와 긴밀하게 협조하여 친일파를 숙청하는 한편, 식민 통치 기구를 파괴시키거나 일제의 치안 행정을 마비시키는 전과를 올렸다.
③ 구월산대(1920)는 황해도 구월산에 근거지를 둔 단체로, 은율 군수를 비롯한 일제 관리 및 밀정을 처형하였다.
④ 의용단(1919)은 평양에서 조직된 단체로, 일본 경찰서나 관공서를 습격하였다.

정답 ①

36 595

(가)는 국채 보상 운동(1907), (나)는 물산 장려 운동(1920년대)이다.
③ 신은행령은 1928년에 시행되었지만, 회사령은 1910년에 제정되어 1920년에 폐지된 법이다.

오답 분석

① (가)는 대구 광문사에서, (나)는 평양에서 조선 물산 장려회가 조직되면서 시작되었다.
② (가)는 모금 운동, 금연 운동, 패물·폐지 운동 등을 전개하여 600여만 원을 모금하였으나 일제의 방해와 상층민·명문가·부호 등의 무관심으로 실패하였다.
④ (나)는 일제의 무관세 정책이 추진되자 전국으로 확대되었으나 민족 자본의 생산력 미비, 상품의 가격 상승, 친일 세력 관여로 성격이 변질되었다.

정답 ③

37 596

다음 자료는 국내의 실력 양성 운동과 관련된 것이다. 이 운동과 연관된 설명으로 잘못된 것은?

> 우리의 운명을 어떻게 개척할까? 정치냐, 외교냐, 산업이냐? 물론 이와 같은 일이 모두 필요하도다. 그러나 그 기초가 되고 요건이 되며, 가장 급한 일이 되고 가장 먼저 해결할 필요가 있으며, 가장 힘 있고 필요한 수단은 교육이 아니면 아니 된다. …… 민중의 보편적 지식은 보통 교육으로도 가능하지만 심오한 지식과 학문은 고등 교육이 아니면 불가하며, 사회 최고의 비판을 구하며 유능한 인물을 양성하려면 …… 오늘날 조선인이 세계 문화 민족의 일원으로 남과 어깨를 견주고 우리의 생존을 유지하며 문화의 창조와 향상을 기도하려면, 대학의 설립이 아니고는 다른 방도가 없도다.

① 오산 학교, 연희 전문 학교, 보성 전문 학교, 이화 학당 등을 대학으로 승격시키려는 노력을 하기도 하였다.
② 만주 · 미주 · 하와이 등 해외에서도 모금 운동이 전개되었다.
③ 1923년 이후의 전국적인 수해와 가뭄으로 어려움을 겪었다.
④ 경성 제국 대학의 설립으로 이 운동은 일정한 성공을 거두었다.

38 597

다음은 일제 강점기 개벽사에서 발행된 『신여성』의 편집 방향에 대한 설명이다. 이 잡지가 발행될 당시의 사회적 동향에 해당하지 않는 것은?

> • 논의와 시평 : 극히 새로운 문제를 극히 평명한 문체로 논의한 것 수편과 최근의 시사와 사조, 경향에 대한 단평을 등재한 것 신년호부터 매호 계재.
> • 사진화보 : 기사로 길게 소개하지 안코 여성 사회의 여러 가지 상황을 사진으로 보도 소개하기 위하야 특설한 것 외국 신사진도 만히 게재되엿습니다.
> • 생활개선 : 생활개선에 관한 논의 뿐만을 위하야 따로히 신설한 란입니다. 여류 명가의 개량의견이 만재! 실로 만가(萬家)필독의 중요 논의입니다.
> • 독자논단 : 젊은 여성은 절규! 그것은 『신여성』 지상에서 뿐 드를 수 잇는 것입니다. 그들은 무엇을 요구하고 무엇을 엇더케 생각하는가 지상의 대장관.
> • 실익기사 : 각종 개량 복제법과 가정위생, 가정과학, 실제생활에 가장 필요한 신지식 만재! 실로 새 살림살이의 친절한 선생입니다.
> • 취미기사 : 『신여성』의 독특한 편집법에 의하야 매호 광대한 인기를 끄는 취미 기사 은파리 쌍 일류의 만문도 신년부터 배전(倍前)하야 지상활약 할 것입니다.
> • 창작란 : 신년부터는 특히 문단에 이름놉흔 문사 제씨의 력작 신고(新稿)를 등재하기도 하야 신년호에도 여러편이 실렷습니다.

① 전보가 취급되었으며, 한성과 인천 사이에 시외 전화가 개통되었다.
② 식생활에서는 일본에서 들여온 조미료인 아지노모토가 큰 인기를 끌기도 하였다.
③ 식민지 시기 도시 빈민인 토막민이 급증하고 사회 문제로 대두되었다.
④ 모던 걸과 모던 보이로 일컬어지는 신식 여성과 남성들이 유행을 선도하였다.

37 596

자료는 민립 대학 설립 운동에 대한 설명이다. 제2차 조선 교육령 이후 민족 지도자들은 조선 교육회 내에 실행 위원회를 설치하고 대학 설립 운동을 시작하였다.

④ 민립 대학 설립 운동은 우리의 역량만으로 대학을 설립하고자 하였지만, 결국 오산 학교 · 연희 전문 학교 등을 대학으로 승격시키려는 노력은 실패로 끝이 났다. 우리 민족의 고등 교육에 대한 열망을 억압할 수 없었던 일제는 1924년 경성 제국 대학을 창설하였다. 그러므로 일본에 의해 설립된 경성 제국 대학은 이 운동의 성과라고 볼 수 없다.

오답 분석

① 1923년 조선 민립 대학 기성회를 중심으로 1차(법과, 문과, 경제과, 이과 4개과) → 2차(공과) → 3차(의과, 농과) 순서로 운동을 전개하였고, '한민족 1천만이 한 사람이 1원씩'을 내걸어 전국적인 모금 운동을 전개하기도 하였다. 이들은 대학 설립이 어려워지자 전문 학교를 대학으로 승격시키려는 노력을 계속하였지만 일제의 반대로 실패하였다.

②, ③ 이들은 만주 · 미주 · 하와이 등 해외(해외 동포 포함)에서도 모금 운동을 전개하였으나 일제의 방해와 1923년 이후의 전국적인 수해 및 남부 지역의 가뭄 등으로 모금 운동을 계속하기 어렵게 되었다.

정답 ④

38 597

『신여성』은 1923년 9월 1일자로 창간된 여성 잡지로, 개벽사에서 이미 발행하고 있던 『부인』을 종간하고 그 후신으로 낸 것이다. 1920년대는 민족 기만 분열 전술을 기조로 한 문화 통치의 시기였다.

① 전보는 한말인 1884년경부터 본격화되기 시작하였으며, 전화는 1896년 즈음, 경운궁(현재 덕수궁)을 중심으로 중앙 부서를 연결하는 전화선이 놓이고 서울과 조선의 대표적 개항장 인천 사이에 전화선 가설이 완료되어 공무용으로 이용되었다.

오답 분석

② 아지노모토는 1909년에 개발되어 1910년경부터 수입되었으나 1920년대에는 커다란 열풍 속에서 음식 문화에 본격적으로 유입되기 시작하였다.

정답 ①

39 598

자료를 통해 파악할 수 있는 당시의 상황으로 옳은 것은?

> 신문과 잡지가 붓이 닳도록 향학열을 고취하고 피가 끓는 지사들이 향촌으로 돌아다니며 세 치의 혀를 놀리어 권학을 부르짖었다. "배워라! 배워야 한다. 상놈도 배우면 양반이 된다. 가르쳐라!" … (중략) … 민간의 유지는 돈을 거둬 학교를 세웠다. 민립 대학도 생기려다가 말았다. 청년회에서는 야학을 세웠다.
>
>   – 채만식, 『레디메이드 인생』

① 일제는 광업법을 공포하여 광산 대부분을 장악하려는 계획을 실행하였다.
② 동아일보와 조선일보를 중심으로 각각 브나로드 운동과 문자 보급 운동이 전개되고 있었다.
③ 경기 · 충청 지방의 유지들을 중심으로 기호 흥학회가 결성되었다.
④ 보통학교 교육 과정이 6년에서 4년으로 줄어들고, 많은 학교가 폐교되었다.

40 599

다음 정책의 제정 순서로 옳은 것은?

> (가) 사립 학교 규칙   (나) 사립 학교령
> (다) 출판법   (라) 서당 규칙

① (가)-(나)-(다)-(라)
② (나)-(다)-(가)-(라)
③ (다)-(나)-(가)-(라)
④ (라)-(다)-(나)-(가)

41 600

다음 법규가 마련되었던 시기의 민족 운동으로 옳은 것은?

> 제1 자작 농지의 목적
> 소작농에게 토지를 소유케 하고 이를 중핵으로 삼아 사상 · 경제적으로 모두 안정되어 있지 못한 농촌의 갱생을 도모하며 아울러 농촌을 떠나 부랑하는 폐를 막는 데 있다.
> 제2 자작 농지 설정 방법
> 정부는 소작농이 토지 구입을 위하여 필요로 하는 자금을 저리 자금으로 융통해 주고 연부 방법으로 원리를 상환하게 한다.
> 제3 자작 농지의 설정 방침
> 1. 자작 농지 설정 자금의 대부를 받을 자는 현재 소작인으로서 스스로 경작을 하고 있는 자로 할 것. …
>
>   – 조선 총독부, 『조선농촌진흥관계예규』

① 광복군 총영이 임시 정부 직할 부대로 성립되었다.
② 농민 운동이 생존권 투쟁에서 계급 투쟁과 항일 운동의 성격으로 확대되었다.
③ 하와이에서 결성된 한인 합성 협회가 대한인 국민회로 통합되었다.
④ 조선 민흥회의 조직으로 국내의 민족 유일당 운동이 진전되었다.

42 601

다음 기사의 내용이 언급된 일제의 통치 시기에 만들어진 민족 단체로 옳은 것은?

> 지진과 동시에 시내 각지의 가스관이 파열하여 가스가 분출하고 있다. 이에 조선인들은 단체를 만들어 불을 지르고 다닌다. 그 때문에 시내 120여 지역에서 불이 났으며, 조선인들이 폭탄을 던져 더욱 혼란을 주도하고 있다. 또 각지의 우물에 독약을 넣고, 이재민들의 자녀에게 독약이 든 빵을 준다고 하니 기가 막힐 노릇이다.
>
>   – 가와키타신문

① 조선 의용대   ② 경학사
③ 한국 독립군   ④ 조선 형평사

문제 풀이 ✿

39 598

사료는 1934년 발표된 채만식의 소설 『레디메이드 인생』에 담긴 내용이다.
② 1920년대 중반 이후부터 문맹 퇴치 운동이 활발하게 전개되어 1930년대에 만개하였는데, 대표적인 예로 조선일보의 문자 보급 운동(1929~1934)과 동아일보의 브나로드 운동이 있다.

오답 분석
① 광업법은 1906년 6월 29일에 대한 제국에서 공포된 법이었으나 통감부에서 광업 부문을 장악하기 위해 제정한 것이었다.
③ 을사늑약 전후의 시기부터 국권 피탈 이전까지 전개되었던 애국 계몽 운동에 관한 내용이다. 민족 교육의 차원을 높이고자 대성 학교(평양, 1908)와 오산 학교(정주, 1907)를 설립한 것은 신민회(1907. 4.)이다. 기호 흥학회(1908. 1.)는 '기호 흥학 회보'를 발행하고, 한성에 학교를 설치하여 3년 과정의 본과와 1년 반 과정의 특별과를 두어 각각 중등 교육과 초등 교원 양성 교육을 실시하였다.
④ 일제는 제1차 조선 교육령(1911)을 통해 보통 교육(초등 교육)의 수업 연한을 6년에서 4년으로 단축하였다.

정답 ②

40 599

② 순서대로 나열하면 (나) 사립 학교령(1908) → (다) 출판법(1909) → (가) 사립 학교 규칙(1911) → (라) 서당 규칙(1918)이다.
(나) 사립 학교령(1908) : 한국인이 설립하는 사립 학교가 크게 늘어나자 이를 규제하기 위해 제정
(다) 출판법(1909) : 조선인들을 대상으로 도서 출판 통제
(가) 사립 학교 규칙(1911) : 민족 운동을 전개했던 민족주의계 사립 학교와 종교계 사립 학교를 규제
(라) 서당 규칙(1918) : 서당 교육을 민족의식을 양양시키는 교육 기관으로 인식한 일제가 통제

정답 ②

41 600

사료는 1930년대에 일제가 마련한 자작농 창설 계획의 일부인 조선 농촌 진흥 운동과 관련된 법규이다. 농촌 진흥 운동은 농민층을 식민 지배 안으로 포섭하고 소작인의 지위를 안정시켜 농업 경제를 활성화시키기 위해 시행하였다.
② 이 시기 농민들은 기존의 생존권 투쟁에 더하여 격렬한 소작 쟁의를 전개하는 한편, 토지 재분배를 주장하였으며, 항일 운동을 전개하였다.

오답 분석
① 1920년 7월 서간도에서 임시 정부의 직속 부대로 광복군 총영이 조직되었다.
③ 1907년 하와이에서 결성된 한인 합성 협회가 1909년 국민회로 통합되었으며, 대동 보국회와 국민회가 통합하면서 1910년 대한인 국민회가 결성되었다.
④ 조선 민흥회(1926)는 개량주의에 맞서서 민족주의 계열과 사회주의 계열의 연합으로 조직된 유일당 단체로, 신간회 결성의 밑거름이 되었다.

정답 ②

42 601

기사의 내용은 1923년 관동 대지진이 일어났던 당시의 언론 보도이다. 일본 정부는 국민의 불만을 다른 데로 돌리기 위해 한국인과 사회주의자들이 폭동을 일으키려 한다는 소문을 조직적으로 퍼뜨렸다. 이에 격분한 일본인들은 자경단을 조직, 관헌들과 함께 조선인을 체포 · 구타 · 학살하였다.
④ 조선 형평사는 진주에서 1923년에 결성되었다.

오답 분석
① 조선 의용대는 1938년에 결성되었다.
② 경학사는 1911년에 결성되었다.
③ 한국 독립군은 1931년에 결성되었다.

정답 ④

43 602

다음과 같은 취지문과 관련된 운동에 대한 설명으로 잘못된 것은?

> 공평(公平)은 사회의 근본이고 사랑은 인간의 본성이다. 고로 우리는 계급을 타파하고 모욕적인 칭호를 폐지하여 교육을 장려하고 우리도 참다운 인간으로 되고자 함이 본사(本社)의 주지(主旨)이다. 지금까지 조선의 백정은 어떠한 지위와 압박을 받아왔던가? 과거를 회상하면 종일 통곡하고도 피눈물을 금할 수 없다. …… 따라서, 이 문제를 선결하는 것이 우리들의 급선무라고 설정함은 당연한 것이다. 천하고 가난하고 연약해서 비천하게 굴종하였던 자는 누구였는가? 아아, 그것은 우리 백정이 아니었던가?
> 그러나 이러한 비극에 대한 사회의 태도는 어떠했던가? 소위 지식 계층에 의한 압박과 멸시만이 있지 않았던가? 직업의 구별이 있다고 한다면 금수의 생명을 빼앗는 자는 우리들만이 아니다.

① 강상호 · 신현수 · 천석구 등 양반들과 이학찬 · 장지필 등 백정들이 중심이 되어 1923년 조선 형평사가 창립되었다.
② 조선 청년 총동맹은 우육 비매 동맹과 연계하여 반형평 운동의 구심적 역할을 하였으며, 형평 청년회와 대립하였다.
③ 자녀 교육을 목적으로 하는 형평 학우회가 조직되어 각지에 권학단을 파견하였다.
④ 일제는 이력서에 신분을 기록하고 호적 내용에 도한이라 기록하거나 붉은 점을 표시하는 등 차별을 강화하여 형평 운동을 촉발시켰다.

44 603

1930년대 이후 조선 총독부의 농민 운동 무마책이 아닌 것은?

① 농촌 진흥 운동
② 조선 농지령
③ 자작농 창설 계획
④ 조선 노동 공제회 창립

45 604

1930년대 노동 운동의 성격으로 잘못된 것은?

① 비합법 투쟁의 성격으로 전개되었으며 항일 투쟁의 성격을 띠었다.
② 조선 노동 총동맹이 결성되었으며 노동 쟁의의 성격이 항일 민족 운동으로 전환되어 갔다.
③ 이 시기 노동 운동은 사회주의자들의 조선 공산당 재건 운동과 함께 전개되었다.
④ 생존권 투쟁과 계급 투쟁이 동시에 추진되었으며 일본인 자본가에게 큰 타격을 주었다.

46 605

다음 자료에 해당하는 무장 독립 투쟁에 대한 설명으로 옳지 않은 것은?

> 교전은 아침부터 저녁까지 계속되었다. 굶주림! 그러나 이를 의식할 시간도 먹을 시간도 없었다. 마을 아낙네들이 치마폭에 밥을 싸서 가지고 빗발치는 총알 사이로 산에 올라와 한 덩이 두 덩이 동지들의 입에 넣어 주었다. …… 얼마나 성스러운 사랑이며, 고귀한 선물이랴! 그 사랑 갚으리, 우리의 뜨거운 피로! 기어코 보답하리, 이 목숨 다하도록! 우리는 이 산과 저 산으로 모든 것을 잊은 채 뛰고 달렸다.
> – 이범석, 「우등불」

① 북로 군정서를 비롯한 대한 독립군, 대한 신민단, 국민회군 등이 참여하였다.
② 이 전투 이후 신흥 무관 학교가 설립되어 많은 독립 투사들이 양성되었다.
③ 10일 21일 백운평 전투를 시작으로 10월 26일까지 10여 차례의 전투를 벌였다.
④ 독립군 측은 일본군의 침략을 미리 간파하고 백두산록 서쪽으로 이동하였다.

43 602

사료의 내용은 조선 형평사의 형평 운동 취지문이다.

② 조선 청년 총동맹은 형평 운동을 지원했던 조직이다. 조선 형평사의 창립 이후 형평 운동의 통일 노력으로 중앙 기관인 형평사 청년 총연맹이 만들어졌다. 이들은 자녀 교육을 위한 형평 학우회를 조직하였으며, 각지에 권학단을 파견하는 등 활발한 활동을 펼쳤다. 형평 청년회가 조선 청년 총동맹에 가입하면서 무저항주의의 일소를 가결하고 사회 운동 단체와 연합하여 실천 운동을 펼쳤으며, 각종 파업·소작 쟁의 등에 참가하였다.

정답 ②

44 603

④ 조선 노동 공제회는 1920년에 결성된 농민 단체로서 이후 조선 노농 총동맹(1924), 조선 농민 총동맹(1927), 조선 노동 총동맹(1927) 등 전국적인 조직으로 발전하였다.

오답 분석

①, ②, ③ 농촌 진흥 운동·조선 농지령·자작농 창설 계획은 1930년대 정치 투쟁 성격의 농민 운동을 무마하기 위해 일제가 실시한 것으로, 이것은 식민지 지주제를 존속시키는 미봉책에 불과하였다.

정답 ④

45 604

② 조선 노동 총동맹은 1927년에 농민 운동과 분리된 노동 운동을 전개하기 위하여 조직된 전국적인 노동 운동 단체이다. 이 시기에는 조선 농민 총동맹도 결성되었다.

정답 ②

46 605

사료는 청산리 전투에 대해 기록한 내용이다.

② 신흥 무관 학교는 1919년 5월에 설립되어 발전적으로 성장하였으며 4년제 본과 외에 6개월·3개월의 속성과를 두어 운영하였다. 청산리 전투는 신흥 무관 학교가 설립된 다음 해인 1920년 10월에 발생하였다.

오답 분석

① 청산리 전투는 봉오동 전투에서 패한 일본군이 훈춘 사건을 조작하고 이를 빌미로 공격해 오면서 벌어진 전투로, 북로 군정서(김좌진), 대한 독립군(홍범도), 국민회군, 대한 신민단 등이 참여하였다.

③ 독립군과 일본군은 10월 21일 백운평 전투를 시작으로 10월 26일까지 완루구·천수평·어랑촌·맹개골·만기구·천보산·고동하곡 등지에서 6일 동안 10여 차례의 전투를 벌였다. 이 전투에서 일본군은 대패하여 전사자를 포함 3,300여 명의 사상자가 발생하는 큰 피해를 입었다.

④ 일본의 간도 침입을 미리 예측한 독립군은 간도 지역의 한인들이 입을 피해를 우려하여 교전을 피하는 방법으로 서쪽으로 이동하였다.

정답 ②

47 606

밑줄 친 '이 단체'와 관련한 항일 독립운동에 대해 옳게 설명한 것은?

> '… 이 단체는 서대파구(西大坡溝)에 근거를 두고 서일이 통솔한 단체로서 대부분 단군교도(대종교)이다. … 그들 행동은 극히 흉포하여 부단히 선내지(鮮內地)에 대한 무력 침습을 양언(揚言)하고 있다. … 총재는 서일, 부총재 현천묵(玄天黙), 사령관 김좌진, 부사령관 김성, 참모장 나중소 등이다. … 일단 유사시에는 명령일하(一下) 동원 소집을 할 수 있을 것이다.…'
> – 「북간도 지방의 항일 단체 상황」

① 자유시 참변 이후 복벽주의를 표방하며, 대한 통의부에서 탈퇴하였다.
② 중국 공산당 유격대와 연합하여 동북 인민 혁명군으로 발전하였으며, 이후 동북 항일 연군으로 다시 재편되었다.
③ 만주 사변 이후 중국 의용군과 연합하여 영릉가 전투(1932), 흥경성 전투(1933)에서 승리하였다.
④ 중광단에서 기원하였으며, 상하이 임시 정부 산하의 중요 전투 군단이 될 것을 자임하였다.

48 607

(가)와 (나)에 해당하는 전투에 대한 설명으로 옳지 않은 것은?

> [가] 는(은) 1920년 6월에 일어난 전투이다. 1920년 6월 4일 삼둔자에서 30명 가량 되는 독립군에게 격퇴당한 일본군은 대대 병력을 동원하여 독립군을 추격하였다. 일본군이 고려령을 넘어 전진해오자 홍범도의 부대는 주민들을 모두 피신시키고 적을 계곡 깊숙이 유인하였다. 1920년 6월 7일 불과 4시간 동안의 전투로 일본군 1백 57명이 사살되고 3백여 명이 중경상을 입었다.
> [나] 는(은) 10월 21일의 백운평 전투를 시작으로 완루구, 천수평, 어랑촌, 그리고 맹개골, 만기구, 쉬구, 천보산 전투 등 6일간에 걸친 일련의 접전을 통틀어 일컫는다. 김좌진은 독립군 부대를 2개 제대로 나누어 백운평 계곡에 매복시켜 방어진을 구축하고 적의 침입을 기다렸다. 적이 골짜기에 들어서자 동시에 독립군의 일제 사격이 시작되었다.

① (가)는 군무 도독부군, 국민회 독립군이 참여하였다.
② (가) 이후 훈춘 사건이 일어나 (나)의 원인이 되었다.
③ (나)의 전투를 수행한 주력 부대는 대한 독립 군단이었다.
④ (가)와 (나)에 대한 보복으로 일본군은 간도 지역 한국인을 무차별 학살하였다.

49 608

다음 자료와 관련된 협정 이후 전개된 사실로 옳은 것은?

> • 한국인이 무기를 가지고 다니거나 한국으로 침입하는 것을 엄금하며, 위반자는 검거하여 일본 경찰에 인도한다.
> • 만주에 있는 한인 단체를 해산시키고 무장을 해체하며, 무기와 탄약을 몰수한다.
> • 일본이 지명하는 독립운동가를 체포하여 일본 경찰에 인도한다.
> • 한국인 취체의 실황을 상호 통보한다.

① 간도 지역의 자치 행정 기구로 참의부, 정의부, 신민부가 조직되었다.
② 민족 유일당 운동의 결과 국민부와 혁신 의회가 각각 등장하였다.
③ 독립군이 대한 독립 군단으로 재편성되어 자유시로 이동하였다.
④ 광복군 총영이 결성되어 임시 정부의 직할 군사 조직을 자임하였다.

50 609

다음과 같은 무장 독립 전쟁이 전개되었던 시기 독립군의 활동으로 옳은 것은?

> 1. 한 · 중 양군은 어떤 불리한 환경에 처하더라도 상호 장기 항전을 맹서한다.
> 2. 중동 철도를 경계로 하여 서부 전선은 중국군이 담당하고 동부 전선은 한군이 담당한다.
> 3. 한 · 중 연합 전시 후방 교련은 한군 장교가 담당하고 한군에 수요되는 일체 물자는 중군이 담당한다.

① 조선 의용대가 화북 지방으로 이동하여 조선 의용군의 모체가 되었다.
② 한국 독립군이 중국 호로군과 손잡고 연합 전선을 구축하였다.
③ 국내의 천마산대를 광복군천마별영, 벽동 파저강 연안의 무장 단체를 벽파별영으로 소속시킨 광복군 총영이 활동하였다.
④ 서로 군정서가 임시 정부의 직할 부대로 서간도에서 활동하였다.

47 606

사료는 일제가 작성한 「북간도 지방의 항일 단체 상황」이라는 보고서 중 북로 군정서에 대한 내용이다.

④ 북로 군정서는 1911년 서일이 조직한 중광단이 정의단, 군정회 등으로 확대·발전되다가 1919년 12월 상해 임시 정부 산하의 중요 전투 군단이 될 것을 자임하고 개명하여 탄생한 군단이었다. 청산리 대첩을 이끈 북로 군정서는 십리평에 사관 연성소를 설립하고, 소장 김좌진 이하 교관 이범석·김규식 등이 훈련을 담당하여 수백 명의 사관생도를 양성하였다.

오답 분석

① 의군부에 대한 설명이다.
② 항일 유격대에 대한 설명이다.
③ 조선 혁명군에 대한 설명이다.

정답 ④

48 607

(가) 봉오동 전투(1920. 6.)는 대한 독립군(홍범도)을 주력 부대로 하여 군무 도독부군, 국민회군이 참여한 전투이다.
(나) 청산리 전투(1920. 10.)는 북로 군정서(김좌진)를 주력 부대로 하여 대한 독립군(홍범도), 국민회군, 대한 신민단 등이 참여하였다.
③ 대한 독립 군단은 1920년 간도 참변 이후 서일·김좌진이 이끄는 북로 군정서, 이청천의 대한 독립단·홍범도의 대한 독립군 등 여러 조직으로 분산되어 있던 독립군이 밀산부에 집결하여 연합한 조직이다.

정답 ③

49 608

자료는 미쓰야 협정(1925)의 내용이다. 미쓰야 협정은 조선 총독부 경무국장 미쓰야 미야마쓰[三矢宮松]와 중국 둥산성[東三省] 지배자 장쮜린[張作霖]이 독립군 탄압 목적으로 체결한 것이다. 협정 이후, 만주 지역의 독립운동은 크게 위축되었다. 이에 따라 민족 유일당 운동과 3부 통합 운동이 전개되었는데, 1928년 5월 개인 본위 조직론자들은 '전 민족 유일당 촉성회'를 조직하였고, 단체 본위 및 단체 중심 조직론자들은 '전 민족 유일당 협의회'를 결성하였다.
② 1928년 12월 전 민족 유일당 촉성회 계열의 인사들은 '혁신 의회'를, 이듬해 4월 협의회 계열의 인사들은 '국민부'를 조직하였다.

오답 분석

① 1923년 참의부, 1924년 정의부, 1925년 신민부가 결성되어 만주 지역의 독립운동을 이끌었다.
③ 1920년 소련 국경 외곽인 밀산부에 독립군의 주력 부대 4,000여 명이 집결하여 대한 독립 군단으로 통합·재편성되었다.
④ 1920년 7월 임시 정부는 서간도에 직속 부대로 광복군 총영을 두었다.

정답 ②

50 609

자료는 한국 독립군과 중국 길림 자위군·호로군 연합군이 1931년 12월 11일에 체결한 협정 내용이다.
② 한국 독립군은 중국 호로군 등의 중국 항일 부대와 연합 전선을 구축하였으며, 1932년 쌍성보 전투에서, 이듬해에는 사도하자 전투, 동경성 전투, 대전자령 전투에서 승리하였다.

오답 분석

① 조선 의용대의 주력 병력은 1941년 화북 지방으로 이동하였으며, 중국 공산당 산하 한국인 공산주의자들과 연계하여 조선 의용군을 발족시켰다. 또한 일부 병력은 1942년 이후 임정 산하의 한국광복군에 편입되었다.
③ 대한민국 임시 정부의 군무부 직할로 군사 기관인 광복군 사령부가 설치되었으나, 1920년 겨울 일본의 대규모 공격으로 기능이 마비되었다. 이에 독립군은 관전현 항로구에서 광복군 사령부를 광복군 총영으로 개칭하고 천마별영과 벽파별영을 소속시켜 활동에 임하였다.
④ 서로 군정서는 1919년 3·1 운동 직후 결성된 무장 독립운동 단체로서 임정 직할 부대를 자임하였으며, 서간도에서 활동하였다.

정답 ②

51 610
괄호와 관련된 인물이나 조직으로 옳은 것은?

마침내 밤 12시, (　　　)은(는) 영릉가를 정면에서 기습 공격할 태세를 갖추고 신호총 3발을 발사함과 동시에 시내로 진격해 들어갔고, 합동 작전을 펴기로 했던 요령 민중 자위군의 이춘윤이 이끄는 연합 부대는 영릉가의 북쪽으로부터 시내를 공격하여 몇 시간의 격전 끝에 만주국군 80여 명을 사살하고 영릉가를 점령할 수 있었다. 적은 (　　　)이(가) 정면에서 공격해 올 것이라고 상상도 못하고 있다가, 오히려 대규모 병력이 영릉가를 공격해 왔다고 판단할 정도였다. 적은 80여 명의 시체를 남긴 채 도주하였다.

① 조선 혁명군　　　　② 홍범도
③ 한국 독립군　　　　④ 김좌진

52 611
다음 중 조선 혁명군과 한국 독립군이 참여한 전투로 옳은 것은?

① 조선 혁명군 : 흥경성 전투
② 조선 혁명군 : 쌍성보 전투
③ 한국 독립군 : 보천보 전투
④ 한국 독립군 : 태항산 전투

53 612
다음 자료에서 언급한 군사 조직과 관련이 없는 단체는?

민국(民國) 21년 2월 8일 한·중 민중으로서 총이 있는 사람이면 총, 총이 없는 사람은 호미, 낫, 괭이 심지어는 단도까지 들고 나와서 동지(同志)들을 모았다. 이와 같은 호소에 호응하여 적을 격멸하기를 지원해 나온 자가 한국 사람이 8백 명, 그리고 중국 측에서는 전 자위단(前 自衛團) 용사 5백 명을 빼고도 2천 5백 명이나 되었다. 곧 맹세해서 의거를 일으켰다.
슬프다! 산하(山河)는 그대로 있건만, 인사(人事)는 기대에 어긋났다. 양세봉·양하산 두 장군은 전후(前後)해서 전망(戰亡)하고 김학규 대표는 관내(關內 : 산해관 안의 중국 본토)로 들어갔다.

① 조선 혁명당　　　　② 중국 의용군
③ 국민부　　　　　　④ 혁신 의회

54 613
다음 자료는 밑줄 친 (가)의 독립군이 치른 전투이다. 이 전투에 대한 설명으로 옳은 것은?

"…… 500명 이상의 일본군 병력이 새벽에 마을을 포위하였다. 동이 트자마자 전투가 벌어졌다. (가)는 병력이 거의 20분의 1밖에 안 되었지만 격렬하게 저항하여 일본군 태반을 사살하고 포위망을 뚫었다. '옛날 이 마을에서 (가)가 일본군과 싸운 전투를 기억하시는지요?' '기억하다마다요. 조선 군인들은 참 용감했소.' …… 분대장 손일봉, 29세. 중국군 중앙 군관 학교 포병과 출신. 대포를 적진에 쏘아 보는 것이 꿈이었으나 호가장에서 돌격 부대를 지휘하다 전사. …… 한청도, 26세. 낙천가였으나 호가장에서 적이 던진 수류탄을 안아 동지들을 구하고 산화 ……"
－ 대한매일 특별 취재반, "저기에 용감한 조선 군인들이 있었소"(2001)

① 조선 의용대에서 갈라나온 화북 지대가 1941년에 치른 전투에 해당한다.
② 1920년 일본군의 대규모 공격이 이루어지자 북로 군정서를 중심으로 청산리에서 대승을 거두었다.
③ 한국광복군이 국내 진공 작전의 교두보를 확보하기 위해 벌인 전투이다.
④ 동북 항일 연군은 1937년 갑산군의 보천보를 점령하였으며, 이곳에서 일본군과 치열한 접전을 벌였다.

51 610

자료는 영릉가 전투에 대한 기록이다.

① 1932년 4월 조선 혁명군과 요령 민중 자위군의 이춘윤이 이끄는 연합 부대는 소자하를 건너 영릉가에 잠입하여 일본군을 공격하였다. 이 전투에서 연합군은 수많은 전리품을 노획하는 전과를 거두는 한편, 한 · 중 양 민족 간의 갈등을 융화시키고 유대를 더욱 공고히 할 수 있었다.

정답 ①

52 611

조선 혁명군은 양세봉의 지도로 중국 의용군과 연합하여 영릉가 전투(1932), 흥경성 전투(1933)에서 승리하였다. 양세봉의 사후(1934) 역량이 약화되었으나 1930년대 중반 이후까지 지속적인 무장 투쟁을 전개하였다.

한국 독립군은 지청천을 중심으로 1932년 쌍성보 전투에서, 이듬해에는 사도하자 전투, 동경성 전투, 대전자령 전투에서 중국 호로군 등의 중국 항일 부대와 연합하여 승리하였다. 이후 중국과의 대립으로 활동이 어려워지자 만주를 떠나 임시 정부에 합류하였다.

오답 분석

② 쌍성보 전투는 지청천을 중심으로 한 한국 독립군이 1932년 중국 호로군과 연합하여 승리한 전투이다.

③ 보천보 전투는 1937년 동북 항일 연군 소속의 항일 빨치산이 주도한 사건이다.

④ 태항산 전투(1942. 5.~)는 조선 의용대 화북 지대가 중국군과 연합하여 치른 전투이며, 전투 중인 1942년 조선 의용대는 조선 의용군으로 개편되었다.

정답 ①

53 612

자료에서 언급한 군사 조직은 조선 혁명군이다.

④ 북만주에서 조직된 혁신 의회와 관련된 군사 조직은 한국 독립군이다.

오답 분석

①, ③ 조선 혁명군은 남만주에서 조직된 국민부의 정당적 성격인 조선 혁명당의 군사 조직이다.

② 1931년 만주 사변 이후 양세봉의 조선 혁명당과 중국 의용군이 연합하여 영릉가 전투(1932), 흥경성 전투(1933)에서 일본군에 승리하였다.

정답 ④

54 613

(가)는 조선 의용대 화북 지대에 해당한다.

① 1941년 7월 조선 의용대 화북 지대의 중견 대원 40여 명은 일본군과 조선인 등을 상대로 하는 무장 선전 활동을 벌이기로 방침을 결정하였다. 그해 12월 김세광이 이끄는 조선 의용대 화북 지대 제2대 대원 20여 명은 호가장에 도착하여 보초를 세워놓고 민가를 빌려 잠을 잤는데, 일본군은 300여 명의 병력을 동원하여 마을을 포위하였다. 일본군에 포위된 사실을 알게 된 제2대는 기관총과 소총으로 응사하면서 월등한 적의 화력을 뚫고 포위망을 돌파하였으며, 일본군은 이 전투에서 태반이 사살되었다.

정답 ①

55 614

신채호가 주장한 다음의 글에서 (   ) 속에 들어갈 내용으로 적절한 것은?

> 우리 지나온 경과를 말하자면 갑신정변은 특수 세력이 특수 세력과 싸우던 궁중의 한때의 활극이 될 뿐이며, … (중략) … 안중근, 이재명 등 열사의 폭력적 행동이 열렬하였지만 그 뒤에는 민중적 역량의 기초가 없었으며, 3·1 운동의 만세 소리는 (   ).

① 민중적 의기가 보였지만 폭력적 중심을 가지지 못하였다.
② 초기에 지도부가 와해됨으로써 실패하였다.
③ 민족 자결주의에 기대어 자주성을 상실하였다.
④ 평화적 운동의 성격으로 실효성이 부족하였다.

56 615

다음 선언과 관계있는 독립운동 단체의 활동으로 잘못된 것은?

> 민중은 우리 혁명의 대본영이다. 폭력은 우리 혁명의 유일 무기이다. 우리는 민중 속에 가서 민중과 손잡고 끊임없는 폭력, 암살, 파괴, 폭동으로써 강도 일본의 통치를 타도하고 우리 생활에 불합리한 일체 제도를 개조하여 인류가 인류를 압박하지 않으며 사회가 사회를 수탈하지 않는 이상적 조선을 건설할지니라.
> – 「조선혁명선언」

① 만주 길림성에서 김원봉, 윤세주 등에 의해 결성되었다.
② 1923년 김시현이 황옥 경부와 연계하여 국내에 잠입, 일제 식민 통치 기관의 파괴 등을 계획하였으나 체포되었다.
③ 전명운, 강우규 등의 의열 투쟁이 있었다.
④ 유일당 운동을 전개하여 민족 혁명당을 결성하였다.

57 616

다음의 공약을 가진 의열 단체의 활동으로 잘못된 것은?

> 1. 천하의 정의의 사(事)를 맹렬히 실행하기로 함.
> 2. 조선의 독립과 세계의 평등을 위하여 신명을 희생하기로 함.
> 3. 충의의 기백과 희생의 정신이 확고한 자라야 단원이 됨.
> 4. 단의(團義)에 선(先)히 하고 단원의 의(義)에 급히 함.
> 5. 의백(義伯) 1인을 선출하여 단체를 대표함.
> 6. 하시(何時), 하지(何地)에서나 매월 1차씩 사정을 보고함.
> 7. 하시, 하지에서나 초회(招會)에 필응(必應)함.
> 8. 피사(被死)치 아니하여 단의에 진(盡)함.
> 9. 1이 9를 위하여 9가 1을 위하여 헌신함.
> 10. 단의에 배반한 자는 처살(處殺)함.
> – '공약 10조'

① 1926년 단원들을 황포 군관 학교에 입소시켜 군사 교육 및 간부 훈련을 받도록 하였다.
② 1929년 상하이에 정치 학교를 개설하였으며, 1932년 난징에 조선인 혁명 간부 학교를 창설하였다.
③ 이 단체가 벌인 의열 활동의 대표적인 인물로는 김상옥, 나석주, 김익상, 김지섭 등이 있었다.
④ 이 단체의 의거 이후 중국 중앙 육군 군관 학교 낙양 분교에 조선인 청년들을 입교시켜 군사 훈련을 받을 수 있게 되었다.

58 617

자료의 조직이 1930년대 이후 전개한 활동과 관계없는 단체는?

> 이 단체의 강령은 당시 일부 민족주의자들의 독립운동 노선이었던 문화주의·외교론·준비론 등 일체의 타협주의를 배격하고, 오직 폭력적 민중 직접 혁명에 의한 일제의 타도를 꾀하여 독립을 쟁취하려는 것이었다.
> 1926년부터 점차 당대를 풍미하던 사상계의 영향을 받아 사회주의 이론을 수용하기 시작한 이 단체는 1928년 10월 '창단 9주년 기념 성명'을 계기로 종래의 조국 광복을 목표로 한 순수한 민족주의 노선에서 계급적 이데올로기에 기반을 둔 급진적 민족주의 내지 사회주의 노선으로 전환하기 시작하였다.

① 조선 민족 전선 연맹
② 조선 의용대
③ 조선인 혁명 간부 학교
④ 조국 광복회

55 614

자료는 신채호의 「조선혁명선언」의 일부이다.

① 이 선언은 '의열단 선언'(1923)이라 불리기도 하는데, 민중의 직접 폭력 혁명과 평등주의를 바탕으로 기존의 독립운동 노선 중 하나인 문화주의·외교론·자치론 등을 철저하게 비판하였다. 신채호는 오직 폭력적인 민중 혁명을 통해 민족의 독립을 쟁취해야 한다고 주장하였다.

정답 ①

56 615

자료는 1923년 신채호가 작성한 「조선혁명선언」으로, 이와 관련된 독립운동 단체는 의열단이다.

③ 전명운은 공립 협회(1905)의 회원으로 1908년 3월, 장인환(대동보국회)과 함께 친일 외교 고문 스티븐스 사살을 시도하였다. 강우규는 1919년 9월, 신한촌 노인단의 대표로서 국내에 잠입하여 사이토 총독에게 수류탄을 던졌으나 실패하고 순국하였다.

오답 분석

① 의열단은 1919년 11월 김원봉, 윤세주 등이 만주 길림성에서 설립한 비밀 결사 단체이다.
② 이른바 '황옥 경부 사건'으로 알려진 이 사건은 황옥의 일본 밀정설 등 다양한 견해가 제시되어 있으나 사실의 구체적 내용은 밝혀져 있지 않다.
④ 의열단은 민족 유일당 운동과 민족 협동 전선 운동을 지속적으로 주도하며 1935년 7월 민족 혁명당을 조직하였다.

정답 ③

57 616

제시문은 의열단(1919)이 창단 이후 활동 지침으로 세운 '공약 10조'의 내용이다. 의열단은 '구축왜노·광복조국·타파계급·평균지권'을 단원의 이상이자 강령과 같이 여겼으며, 활동 지침으로 '공약 10조'와 '5파괴'·'7가살(可殺)'을 채택하였다.

④ 한인 애국단원인 윤봉길의 의거(1932) 이후 중국 정부는 중국 내 한국인의 무장 독립 투쟁을 승인하고, 임시 정부를 적극 지원하게 되었다. 1933년 김구는 장제스와 면담하고 '독립 전쟁을 위한 무관의 양성'에 관한 협의를 진행하였으며, 이에 따라 중국 중앙 육군 군관 학교 낙양 분교에 조선인 청년들을 입교시켜 군사 훈련을 받을 수 있게 하였다. 김구는 만주 한국 독립군 총사령 지청천을 비롯한 간부들과 중국군에 복무하고 있던 이범석 등을 교관으로 초빙하여 이들에게 교육과 훈련을 위임하였다.

오답 분석

①, ② 의열단은 1920년대 후반에 이르러 개별 투쟁의 한계를 느끼고 투쟁 방식을 조직적 무장 투쟁으로 전환하였으며, 계급적 이데올로기에 기반을 둔 급진적 민족주의 내지 사회주의 노선으로 전환하기 시작하였다. 이에 황포 군관 학교에 입교하여(1926) 군대를 육성하였고 북경에서 ML파와 합동하여 조선 공산당 재건 동맹을 조직하였으며, 상해에 정치 학교를 개설하고 난징에 조선인 혁명 간부 학교를 창설하는 등 교육 기관을 창설하였다.
③ 의열단의 대표적 활동으로는 박재혁의 부산 경찰서 폭탄 투척 사건, 최수봉의 밀양 경찰서 폭탄 투척 사건, 김익상의 조선 총독부 폭탄 투척 사건, 김상옥의 종로 경찰서 폭탄 투척 사건과 일경 사살 사건, 김지섭의 일본 왕궁 폭탄 투척 사건, 나석주의 동양 척식 주식회사·조선식산은행 폭탄 투척 사건 등이 있다.

정답 ④

58 617

자료의 단체는 의열단에 해당한다.

④ 조국 광복회는 1936년 6월 동만주 동강에서 조직된 항일 민족 통일 전선으로 본래 명칭은 재만 한인 조국 광복회였다. 일제는 혜산 사건(1937~1938)을 통해 조국 광복회의 국내 조직을 탄압하고 1939년부터 만주에서 항일 유격대에 대한 대대적인 토벌 작전을 전개하였다. 일제의 탄압에 따라 조국 광복회의 국내 조직인 조선 민족 해방 동맹은 심각한 타격을 입었다.

정답 ④

59 618

(가)의 시에서 언급된 (　)의 인물은 (나)의 의열 활동을 전개하였다. 이에 해당하는 인물은?

> (가) '아침 7시, 찬바람. 눈 쌓인 벌판./ 새로 지은 외딴 집 세 채를 에워싸고/ 두 겹 세 겹 늘어선 왜적의 경관들./ 우리의 의열 (　) 의사를 노리네./ 슬프다. 우리의 (　) 의사는/ 양 손에 육혈포를 꽉 잡은 채, 그만–./ 아침 7시. 제비 길을 떠났더이다./ 새봄 되오니 제비시여 넋이라도 오소.'
>
> (나) 그는 1922년 폭탄·권총 등의 무기를 휴대하고 서울에 잠입, 1923년 1월 12일 종로 경찰서에 폭탄을 투척하였으며, 추격을 당하는 상황에서 많은 일본 경찰을 죽였다.

① 나석주　　　　② 김상옥
③ 강우규　　　　④ 조명하

60 619

다음 사료에 나타난 중국인의 인식 전환을 가져온 계기로 옳은 것은?

> 일본이 한국과 중국 두 민족을 이간질하기 위해 '만보산 사건'을 일으키자, 한·중 양 지역에서 한국인과 중국인의 충돌이 일어났다. 이후 중국 내에서 한국인에 대한 여론이 급속히 악화되었다. 이 악감정은 도쿄에서 일왕에게 폭탄을 던진 사건 이후에도 좀처럼 사그라지지 않았다. 그러나 4·29 사건이 일어나자 한국인에 대한 중국인의 감정은 놀랄 만큼 좋아졌다.
> ― 『백범일지』

① 나석주 의거　　　　② 안중근 의거
③ 윤봉길 의거　　　　④ 이봉창 의거

61 620

밑줄 친 민족 혁명당에 대한 설명으로 옳은 것은?

> 김규식은 광복 동지회 대표로서 조선 혁명당의 최동오, 의열단의 한일래, 한국 독립당의 이유필·김두봉과 협의하여 1932년 한국 대일 전선 통일 동맹을 결성하였다. 이 '동맹'은 보다 효과적인 항일 투쟁을 위해 1935년 7월 5일 한국 독립당·의열단·신한 독립당·조선 혁명당·미주 대한인 독립당 등 5당 대표가 난징에서 민족 혁명당을 결성함으로써 대당(大黨) 조직으로 발전하게 되었다.

① 당의 노선으로 조소앙의 삼균주의를 받아들여 정치·경제·교육의 평등을 전제로 한 민주 공화국의 건설을 내세웠다.
② 이 조직의 산하에 군사 조직으로 '조선 의용군'이 창설되었으며, 호가장 전투에서 일본군을 격퇴하였다.
③ 산하 군사 조직으로 한국 독립군을 결성해 총사령에 지청천, 부사령에 황학수를 임명하였다.
④ 국민부의 정당적 성격을 갖춘 자매 기관으로 그 산하에 조선 혁명군을 두었다.

62 621

다음은 대한민국 임시 정부의 헌법 조항이다. 이 헌법 체제에서의 임시 정부 활동으로 옳은 것은?

> 제23조 임시 정부는 국무위원회 주석 및 국무위원으로 조직하며, 국무위원의 수는 6인 이상 10인 이내로 한다.
> 제27조 국무위원회 주석의 권한은 다음과 같다.
> 　　　1. 국무위원회를 소집한다.
> 　　　2. 국무위원회 회의 시에 주석이 된다.
> 　　　3. 임시 정부를 대표한다.
> 　　　4. 한국광복군을 총감한다.
> 　　　5. 국무위원의 부서로 법률을 공포하고 명령을 발한다.

① 정부 직할군으로 육군 주만 참의부를 편성하였다.
② 국제 연맹에 위임 통치를 건의하였다.
③ 한국 광복 운동 단체 연합회의 조직이 운영되었다.
④ 김원봉의 조선 민족 혁명당이 합류하였다.

59 618

(가)는 구본웅 화백의 시화집인 『허둔기』에 수록된 시로, 구화백이 1923년에 김상옥과 1000여 명의 일본 경찰 간의 격전 장면을 목격한 것을 7년 후인 1930년에 작품으로 남긴 것이다. 따라서 괄호 안에 들어갈 인물은 '김상옥'이다.

② 의열단원인 김상옥은 종로 경찰서에 폭탄을 던져 일경을 사살한 후, 일본 경찰에게 쫓기며 대규모 전투를 벌이다 대한 독립만세를 부르면서 자결하였다.

정답 ②

60 619

사료의 '4 · 29 사건'은 '윤봉길 의거'를 말한다.

③ 윤봉길은 1932년 4월 29일 훙커우 공원에서 폭탄을 던져 일본군 장성과 고관을 살상하였다. 이 사건을 계기로 중국 정부는 중국 내 한국인의 무장 독립 투쟁을 승인하고, 임시 정부를 적극 지원하게 되었다.

오답 분석

① 나석주는 1926년 12월 동양 척식 주식회사와 조선식산은행에 폭탄을 투척하였으나, 실패하였다.

② 연해주에서 국내 진공 작전을 벌이기도 하였던 안중근은 1909년 하얼빈역에서 거사를 일으켜 이토 히로부미를 사살하였다.

④ 이봉창은 1932년 일본 사쿠라다문[櫻田門] 앞에서 일왕에게 폭탄을 투척하였다.

정답 ③

61 620

① 민족 혁명당이 채택한 강령의 주요 내용은 일제는 물론 봉건 세력과 반혁명 세력을 투쟁 대상으로 삼고 있으며, 조소앙의 삼균주의를 받아들여 정치적으로는 보통 선거제와 자유권 보장 등 민주주의를 내세우고 있고, 사회 · 경제적으로는 토지 국유제, 대생산 기관 및 독점 기업의 국영화, 사회 보장 제도의 실시 등을 주장하고 있었다.

오답 분석

② 호가장 전투(1941)는 민족 혁명당 산하의 조선 의용대 화북 지대와 관련이 있으며, 조선 독립 동맹 산하의 조선 의용군과는 관계가 없다.

③ 한국 독립군은 한국 독립당 산하의 조직이었다.

④ 국민부의 정당적 성격을 갖춘 자매 기관은 조선 혁명당이다.

정답 ①

62 621

자료는 대한민국 임시 헌법 제4차 개헌(1940)의 내용이다. 1940년 대한민국 임시 정부는 주석 중심의 단일 지도 체제를 구축한 뒤 김구를 주석으로 추대하였다.

④ 1942년 조선 민족 혁명당이 임시 정부에 합류하였으며, 김규식이 부주석에, 김원봉이 군무부장 겸 한국광복군 부사령에 선임되었다.

오답 분석

① 임시 정부의 직할 부대였던 참의부는 1923년 편성되었다.

② 이승만은 1919년 한국을 국제 연맹의 위임 통치하에 둘 것을 요청하는 위임 통치 청원서를 작성하여 미국 대통령 윌슨에게 건의하였다.

③ 1937년 김구의 한국 국민당을 중심으로 민족 혁명당에서 탈당한 지청천의 조선 혁명당과 조소앙의 한국 독립당 등이 연합하여 한국 광복 운동 단체 연합회를 결성하였다.

정답 ④

63 622

제시된 시가 쓰인 시기에 전개되었던 독립운동에 해당하는 것은?

> 아세아의 세기적인 여명은 왔다.
> 영미의 독아에서
> 일본군은 마침내 싱가포르를 뺏어 내고야 말았다.
> 대동아 공영권이 건설되는 이 날
> 남양의 구석구석에서 앵글로 색슨을 내모는 이 아침
> 우리들이 내놓은 정다운 손길을 잡아라.
> 젖과 꿀이 흐르는 이 땅에 일장기가 나부끼고 있는 한
> 너희는 평화스러우리, 영원히 자유스러우리.

① 한인 애국단 소속의 윤봉길이 홍커우 의거를 일으켰다.
② 국민 대표 회의가 결렬되어 임시 정부의 활동이 큰 제약을 받았다.
③ 대종교가 만주 화룡현으로 근거지를 이동하고 비밀 결사 단체인 중광단을 조직하여 활동하였다.
④ 한국광복군이 미 OSS의 지도로 국내 진공 작전을 준비하였다.

64 623

다음의 주장이 대두된 시기를 전후한 시대적 동향에 해당하지 않는 것은?

> 조선인은 쉽게 말하면 제가 조선인인 것을 잊어야 한다. 기억할 필요가 없는 것이다. 나는 일찍이 조선인의 동화는 일본 신민이 되기에 넉넉한 정도면 그만이라는 생각을 가진 일이 있었다. 그러나 나는 지금에 와서는 이러한 신념을 가진다. 즉, 조선인은 전혀 조선인인 것을 잊어야 한다고, 아주 피와 살과 뼈가 일본인이 되어 버려야 한다고. 이것에 진정으로 조선인이 영원히 살 수 있는 유일한 길이 있다고.
> – 이광수, 「심적 신체제와 조선 문화의 진로」, 매일신보

① 조선 의용대 화북 지대가 호가장 전투에서 일본군의 기습 공격을 격퇴하였다.
② 미주에서 재미 한족 연합 위원회가 결성되어 임시 정부의 재정을 지원하고, 한인 국방 경위대를 조직하여 무장 독립 전쟁을 준비하였다.
③ 조선 총독부는 조선 영화령을 공포하여 영화를 전시 체제의 옹호와 선전을 위한 수단으로 이용하려 하였다.
④ 조선 총독부는 포교 규칙을 발표하고, 대종교는 종교가 아니라는 이유로 포교를 허락하지 않았다.

65 624

제시문의 (가)에 해당하는 조직은?

> 북미 대한인 국민회, 동지회, 하와이 대한인 국민회, 중한 민중 동맹단, 대조선 독립단, 한국 독립당 하와이 지부, 조선 의용대 미주 후원회(뒤에 민족 혁명당 미주 지부로 개칭), 대한 부인 구제회, 대한 여자 애국단 등 9개 가맹 단체의 면면에서 알 수 있듯이, 미주 지역 독립운동 단체들이 정파를 망라해 결성했다. 위원회는 해외 한족 대회 결의에 따라 산하에 외교 위원부를 설치해 책임자로 이승만을, 이와 별도로 국방 공작 봉사원으로 한길수를 임명했다. 태평양 전쟁 발발 이후 재미 한인의 재산과 생명을 보호하기 위해 한인 신분증을 발급했으며, 참전국 지위를 획득하기 위해 하와이 미육군 사령부의 허가를 받아 (가) 를 조직했고, 교포 사회 모금을 통해 2/3는 충칭 임시 정부에 보내고, 1/3은 미주 외교 활동 후원에 사용했다.

① 한인 국방 경위대
② 대한인 국민회
③ 대조선 국민 군단
④ 한국광복군 지대

66 625

1920년대의 문화계 동향으로 가장 적절한 것은?

① 은세계, 치악산 등이 원각사에서 공연되었다.
② 독립가, 권학가와 같은 계몽적 성격의 창가가 등장하였다.
③ 일제의 대륙 침략 정책을 미화하는 미술 작품이 제작되었다.
④ 신경향파 작가들은 식민지 현실을 고발하는 문학 활동을 전개하였다.

63 622

자료는 1942년 2월 19일 매일신보에 게재된 노천명의 '싱가폴 함락'이다.

④ 이 시가 제작되었던 1940년대에는 한국광복군이 창설되어 국내 진공 작전을 계획하였다. 한국광복군은 미국 OSS의 지원을 받아 국내 투입 유격 요원을 훈련시켰으며, 실제로 '국내 정진군' 편성을 완료했으나 일본의 패망으로 실현되지 못하였다.

오답 분석

① 윤봉길은 1932년 4월 29일 홍커우 의거를 일으켰다.

② 1923년 국내외의 독립운동 상황을 점검하고 새로운 활로를 모색하기 위해 신숙 · 신채호 등이 주축이 되어 국민 대표 회의를 개최하였으나 결렬되었다.

③ 조선 총독부는 포교 인가를 규정한 포교 규칙(1915)을 발표하고, 대종교는 종교가 아니라는 이유로 포교를 허락하지 않았다. 대종교는 만주 화룡현으로 근거지를 이동하고 포교 활동과 민족주의 교육 운동을 전개하였다. 중광단은 1911년에 결성되었으며, 1919년 북로 군정서로 개편되었다.

정답 ④

64 623

사료는 친일 문학의 대표 주자인 이광수가 1940년에 매일신보에 게재한 글이다. 이광수를 비롯한 최남선, 김동환 등의 작가는 친일적인 활동에 적극 참여하면서 자신들의 지위를 일본으로부터 보장받고자 하였다. 이들은 일제의 대동아 공영권을 찬양하고 일본과 한국의 동조론(同祖論)을 내세워 황국 신민화를 부르짖었으며, 전시 동원 체제를 선전하는 데 동참하였다.

④ 조선 총독부가 포교 규칙을 발표한 것은 1915년의 일이다. 이후 대종교는 만주 화룡현으로 근거지를 이동하고 포교 활동과 민족주의 교육 운동을 전개하였다. 또한 비밀 결사 단체인 중광단을 조직하여 북로 군정서로 발전시킴으로써 무장 독립 전쟁을 적극적으로 전개하였다.

오답 분석

① 조선 의용대 화북 지대가 중국 공산당 팔로군과 함께 일본군에 맞서 싸운 호가장 전투는 1941년의 일이다.

② 제2차 세계 대전이 발발하자 미주 한인 동포들은 1941년 4월에 재미 한족 연합 위원회를 결성하여 급변하는 국제 정세에 대응하고자 하였다. 이 단체는 대한민국 임시 정부의 재정을 지원하고, 한인 국방 경위대(맹호군)를 조직하여 무장 독립 전쟁을 준비하였다.

③ 1940년 1월 공포된 조선 영화령은 1939년 일본에서 공포된 일본 영화령의 내용을 그대로 옮긴 것으로, 영화를 전시 체제의 옹호와 선전을 위한 수단으로 이용하려는 것이 주 목적이다.

정답 ④

65 624

① 한인 국방 경위대는 재미 한족 연합 위원회 국방과가 주관하여 미주 한인의 대일 전선 동참과 미군을 후원할 목적으로 만들어졌다. 맹호군 · 한인 경비대라고도 한다. 1941년 12월 태평양 전쟁이 일어나고 대한민국 임시 정부가 대일 선전 포고를 하자 이에 미주 한인 사회는 고무되어 광복 운동을 적극적으로 모색, 대일 전선에의 직접 참여와 미군 후원 방향으로 활동을 전개하게 되었다. 재미 한족 연합 위원회에서는 집행부 내에 국방과를 신설하고 1941년 12월 22일 한인 국방군 편성 계획을 미육군 사령부에 제출, 허가를 얻었다. 이어 대원 모집에 들어가 1차 지원자 50여 명을 12월 29일 캘리포니아 주경비군에 인계하고, 다시 100명 이상의 지원자를 모아 부대를 편성, 1942년 2월 15일 한인 국방 경위대가 창설되었다.

정답 ①

66 625

④ 신경향파 문인들은 식민지 현실에 저항하는 사회주의 문학 활동을 전개하는 한편, 1925년 KAPF를 결성하여 활동하였다. 또한 이 시기에는 유진오, 이효석, 이무영, 채만식, 조벽암, 유치진, 엄흥섭, 홍효민, 박화성, 안덕근 같은 동반 작가가 활발하게 활동하였다.

오답 분석

① 대한 제국 말기인 1905년을 전후로 신소설이 등장하였고, 은세계(1908)와 치악산(1908) 등의 작품이 저술되었다.

② 1890년대부터 계몽적 성격의 학도가, 권학가, 독립가, 애국가 등의 창가가 널리 유행하였다.

③ 1930년대 이후에는 일제의 식민 통치와 침략 전쟁을 미화, 찬양한 미술 작품이 제작되었다.

정답 ④

67 626

제시문의 (가)와 (나)에 해당하는 것으로 바르게 짝지은 것은?

> 1942년, 함흥에서 기차를 타고 집에 돌아가던 영생 여자 고등 보통학교 학생들이 우리말로 대화를 나누었다는 혐의로 경찰에 잡혀간 일이 벌어졌다. 일제 경찰은 검거된 박영희라는 학생의 집을 수색하여 일기장을 발견하였는데, 그 일기에는 정태진이라는 선생님이 일본어를 사용한 학생들을 꾸짖었다는 내용이 적혀 있었다. 당시 정태진은 ▢(가)▢ 단체에서 ▢(나)▢의 편찬 사업을 맡고 있었다. 일제는 이 사실을 알고 이극로, 정인승 등 ▢(가)▢ 회원들을 체포하였다. 체포된 인사들 가운데 이윤재와 한징은 고문과 굶주림을 이기지 못하고 숨졌으며, 나머지 사람들도 2~4년의 징역형을 선고받아 옥에 갇히게 되었다.

	(가)	(나)
①	조선사 편수회	『조선사』
②	국문 연구소	『국문연구의정안』
③	진단 학회	『진단학보』
④	조선어 학회	『우리말 큰 사전』

68 627

각 인물과 저서가 바르게 연결된 것은?

① 박은식 – 『한국독립운동지혈사』
② 문일평 – 『조선역사강화』
③ 백남운 – 『조선사회사독본』
④ 이병도 – 『조선사회경제사』

69 628

다음의 주장을 한 인물에 대한 설명으로 옳은 것은?

> "아국(我國)이라 함은 타국(他國)이 있는 연고요, 아신(我身)이라 함은 타인이 있는 연고며, 아(我)의 자유하는 권(權)은 사람마다 상천(上天)이 주신 바라, 타인이 감히 빼앗지 못할 배요. 아국도 또한 그러한지라, 타국의 간섭을 물리쳐, 자주권을 잃지 아니하고 독립하는 실상 힘을 지킨 후에야 아국이라 하나이다. 그렇지 아니하면 아국을 보전치 못하고, 아국을 보전치 못하면 아신을 보전치 못하나이다."
> – 『유년필독』

① 일제가 을사늑약을 강제한 직후 황성신문에 '시일야방성대곡'을 게재하여 시국을 비판하였다.
② 『월남망국사』를 국한문 혼용으로 번역하였으며, 최남선 등과 조선 광문회를 조직하였다.
③ 유일당 운동을 바탕으로 민족 혁명당에 참여하였으며, 삼균주의를 주창하였다.
④ 한말 「독사신론」으로 민족주의 사학의 기초를 확립하였으며, 일제 강점기 연해주에서 권업신문의 주필을 맡기도 하였다.

70 629

다음 글을 쓴 인물에 대한 설명으로 옳은 것은?

> 역사란 무엇이뇨? 인류 사회의 아(我)와 비아(非我)의 투쟁이 시간에서 발전하여 공간까지 확대하는 심적 활동의 상태의 기록이니, 세계사라 하면 세계 인류의 그리되어 온 상태의 기록이며, 조선사라 하면 조선 민족이 그리되어 온 상태의 기록이니라.
> 그리하여 아에 대한 비아의 접촉이 많을수록 비아에 대한 아의 투쟁이 더욱 맹렬하여 인류 사회의 활동이 휴식할 사이가 없으며, 역사의 전도가 완결될 날이 없다. 그러므로 역사는 아와 비아의 투쟁의 기록이니라.

① 「유교구신론」을 통해 양명학 중심의 유교 개혁과 적극적 교화 활동을 주장하였다.
② 대한매일신보에 「독사신론」이라는 사론을 연재하여 근대 사학의 효시를 이루었다.
③ 임시 정부를 재정비할 방안으로 한인 애국단을 설립하여 의열 투쟁을 준비하였다.
④ 의열단에 입단하여 동양 척식 주식회사에 폭탄을 투척하였으나 실패하였다.

67 626

제시문의 내용은 『우리말 큰 사전』 편찬 중 일어난 조선어 학회 사건의 전개 과정을 서술한 것이다.

④ 일제는 조선어 학회 사건으로 한징(1886~1944), 이윤재(1888 ~1943), 이극로(1893~1978), 최현배(1894~1970), 이희승(1897 ~1989) 등 회원 29명을 체포·투옥해 치안 유지법 위반으로 함흥 검사국에 송치하고, 조선어 학회를 강제로 해산시켰다. 조선어 학회가 편찬하던 『우리말 큰 사전』은 해방 이후인 1957년에 완간되었다.

정답 ④

68 627

① 민족주의 사학자인 박은식은 민족혼을 강조하여 『한국통사』 (1915), 『한국독립운동지혈사』(1920)를 저술하였다.

오답 분석

② 민족주의 사학자인 문일평은 민족정신의 회복과 민족사의 대중화 작업을 추구하며 『조선사화』(1945)를 저술하였으며, 『조선역사강화』(1930)는 최남선의 저술이다.

③ 백남운은 『조선사회경제사』(1933), 『조선봉건사회경제사』(1937) 등을 저술하였고, 『조선사회사독본』(1936)은 이청원이 저술하였다.

④ 이병도와 손진태는 『진단학보』(1934)를 발행하여 청구 학회에 대항하였으며, 『조선사회경제사』(1933)는 백남운의 저서이다.

정답 ①

69 628

제시문은 현채가 국가와 국민 개인의 관계에 대해 쓴 『유년필독』 (1907)의 내용이다. 현채는 개신 유학자로서 근대 계몽 사학을 성립시킨 인물이다. 그는 애국 사상 및 민족정신 함양을 목적으로 역사·지리에 대한 내용을 국한문 혼용체로 서술한 『유년필독』을 간행하였다. 이 책은 1900년대 후반에 초등학교 역사 교과서로 활용되었다.

② 『월남망국사』는 현채가 번역하여 1906년에 간행한 신소설 계통의 계몽적 작품으로, 1909년 출판법에 의하여 치안상의 이유로 금서 처분되었다. 한편 현채는 대동 학회(1907), 기호 흥학회(1908)에 참여하였으며, 1910년에는 최남선 등과 조선 광문회에 참여하기도 하였고, 이후 1922년 조선사 편찬 위원회가 조직될 때 위원으로 임명되어 『조선사』 편찬에 참여했다.

오답 분석

① 장지연, ③ 조소앙, ④ 신채호에 대한 설명이다.

정답 ②

70 629

자료는 민족주의 사학자인 신채호가 쓴 『조선상고사』 총론의 내용이다.

② 신채호는 1908년부터 대한매일신보에 「독사신론」이라는 사론을 연재하여 근대 사학의 효시를 이루었다. 그는 「독사신론」에서 역사 서술상의 주체를 민족으로 설정하고, 민족 사관을 정립하여 왕조 중심의 전통 사관과 과거의 화이론적 역사관을 극복하였다. 또한, 당시 일제가 식민 사관으로 고대사의 역사를 왜곡하는 것을 비판하였다. 이로써 신채호는 식민주의 사학에 대응하는 민족주의 사학의 연구 방향을 제시하였다.

오답 분석

① 박은식에 대한 설명이다.

③ 김구에 대한 설명이다.

④ 나석주에 대한 설명이다.

정답 ②

71 630

다음의 저작을 집필한 인물과 관련 있는 설명으로 옳은 것은?

> - 『동명성왕실기』
> - 『서사건국지』
> - 『몽배금태조』
> - 『명림답부전』
> - 『대동고사론』
> - 『대동민족사』

① 일제 강점기 동아일보에 「5천 년간 조선의 얼」을 연재했으며 정부가 수립되자 사정의 중책을 지닌 감찰위원장으로 재직하였다.

② 한국 문화에 대한 자긍심으로 '조선심'과 '조선사상', '조선학' 등을 논의하였고, 훈민정음의 독창성과 위대성을 강조하였다.

③ 황성신문과 대한매일신보의 주필을 지냈으며, 『한국통사』에서 '민족혼'을 강조하였다.

④ 「혈의 누」, 「은세계」 등 신소설을 집필하였으며, 1906년 국민신보, 만세보 등의 주필을 역임하였다.

72 631

다음 제시문에서 그에 해당하는 인물이 가담한 단체에 해당하지 않는 것은?

> 유교계에서도 유학의 약점을 버리고 민족주의와 민주주의 이념에 적합한 부분을 극대화하여 새로운 민족 종교로 강화하려는 움직임이 일어났다. 「유교구신론」을 집필한 그는 그 대표적 인사로서, 공자의 대동주의(大同主義)와 맹자의 민위중설(民爲重說)을 발전시켜 민주적 · 평등적 종교로 발전시키고자 하는 뜻을 담았다.

① 신민회
② 대동 보국회
③ 서북 학회
④ 신한 혁명당

73 632

다음에서 언급한 인물은 누구인가?

> 그는 1930년 전후 한국사의 전개를 '대조선 정신'과 '소조선 정신'의 대립과 갈등으로 설명하고 있다. 대조선 정신이란 대륙 경략과 관련된 북진 정책의 수행을 의미하고, 소조선 정신은 한반도 내에 머무는 것이었다. 특히 그는 고구려와 고려가 외침을 막아낸 사실을 여러 차례 서술하며, 삼국 통일을 고구려의 대조선 운동의 실패이며 신라의 소조선 운동의 성공으로 이해하였다.

① 신채호
② 최남선
③ 문일평
④ 정인보

74 633

한말과 일제 강점기 초 해외에서 발행한 민족 신문에 해당하지 않는 것은?

① 해조신문
② 신한민보
③ 권업신문
④ 국민신보

71 630

제시된 저작을 집필한 인물은 박은식이다. 박은식은 국혼을 강조하고 민족혼을 고취시키는 작품을 다수 집필하였다. 박은식이 집필한 저서는 『왕양명실기』(1910), 『동명성왕실기』(1911), 『발해태조건국지』(1911), 『몽배금태조』(1911), 『명림답부전』(1911), 『천개소문전』(1911), 『대동고대사론』(1911), 『안의사중근전』(1914), 『한국통사』(1915), 『한국독립운동지혈사』(1920) 등이 있다.

③ 박은식은 황성신문과 대한매일신보의 주필을 지내며 일제의 보호 정치를 강력하게 비판하고 국민들의 애국심을 고취시켰다. 또한 독립운동의 한 방편으로 『한국통사』를 서술하여 국권이 상실되는 상황 속에서 국혼(國魂)을 강조함으로써 민족의 정신을 일깨우고자 하였다.

오답 분석

① 정인보에 대한 설명이다.
② 문일평에 대한 설명이다.
④ 이인직에 대한 설명이다.

정답 ③

72 631

제시문의 '그'는 박은식이다. 박은식은 국내에서 비밀 결사인 신민회(1907) 활동을 하였으며, 서북 학회(1908) 창립에 참여하였다. 상하이에서 동제사(1912)를 설립하고 박달 학원을 건립하였다. 또한 신규식 등과 함께 대동 보국단(1915)을 만드는 한편 같은 해 복벽주의 단체인 신한 혁명당에 가입하기도 하였다.

② 대동 보국회는 1907년 미국 샌프란시스코에서 조직되었던 독립운동 단체이다. 박은식과는 관계가 없다.

정답 ②

73 632

③ 문일평에 대한 설명이다. 문일평은 다양한 저술에서 조선 정신인 '조선심'을 강조하였다. 조선심은 추상적인 관념론을 벗어나 다분히 현실성을 내포하고 있다. 그 증명으로 조선심의 결정체로서 '한글'을 들었으며, 조선심은 세종 대왕에 의하여 구체적으로 실현되었다고 강조하였다. 나아가 실학사상도 강조하였는데, '실사구시' 정신을 자아의 재검토 · 재수립으로 정의하였고, 이는 조선심의 재현이라고 보았다. 결국, '조선심'은 우리 역사의 구석구석에서 찾을 수 있을 뿐만 아니라, 무지한 민중도 쉽게 지닐 수 있는 것이라고 강조하였다.

정답 ③

74 633

④ 국민신보는 1906년 1월 이용구 · 송병준이 일진회의 기관지로 창간하였다. 일제의 통감부 정치를 열렬히 지지하는 논지를 주장하여 대한매일신문 · 황성신문과 같은 민족 진영의 신문과 격심하게 대립하였으며, 일반 독자의 호응을 전혀 받지 못하였다. 1910년 일제에 의해 폐간이 결정되었다.

오답 분석

① 해조신문은 1908년 러시아 블라디보스토크에서 발행된 해외 한인 최초의 한글 신문으로 자유사상과 독립 정신을 환기시키는 역할을 수행하였으나 같은 해 폐간되었다.
② 신한민보는 1909년 2월 10일 미국 샌프란시스코의 교민 단체인 국민회의 기관지로 창간되어 현재까지도 명맥을 이어오고 있다.
③ 권업신문은 1912년 러시아 블라디보스토크에서 창간되었던 한인 신문으로 신채호가 주도하였으나 1914년 러시아에 의해 폐간되었다.

정답 ④

공무원시험전문 **해커스공무원**

gosi. Hackers.com

PART 11

해방 이후 –
현대 사회의 발전

01 634

우리나라의 독립을 약속한 국제 회담의 순서가 바르게 된 것은?

㉠ 포츠담 회담	㉡ 카이로 회담
㉢ 얄타 회담	㉣ 테헤란 회담

① ㉡-㉣-㉢-㉠
② ㉡-㉢-㉣-㉠
③ ㉣-㉡-㉢-㉠
④ ㉣-㉢-㉡-㉠

02 635

다음 강령을 발표한 단체에 대한 설명으로 옳은 것은?

- 각인 각파를 대동단결하여 거국일치로 일본 제국주의 제 세력을 구축하고 조선 민족의 자유와 독립을 회복할 것
- 건설부면에 있어서 일체 시위를 민주주의적 원칙에 의거 하고, 특히 노농 대중의 해방에 치중할 것

① 조소앙의 삼균주의를 기초로 한 건국 강령을 발표하였다.
② 조선 의용군을 조직하여 중국 공산당과 항일 투쟁을 전개하였다.
③ 보통 선거에 의한 민주 정권 수립과 일제의 자산과 토지 몰수를 주장하였다.
④ 여운형이 중심이 되어 민족주의·사회주의 계열이 함께 참여하여 조직되었다.

03 636

다음은 해방 직후 사건들을 나열한 것이다. 순서가 바르게 된 것은?

㉠ 모스크바 3국 외상 회의에서 한국의 신탁 통치안 결정
㉡ 카이로에서 한국의 자유 독립 보장을 언급함
㉢ 소련이 일본에 선전 포고함
㉣ 건국 준비 위원회 결성

① ㉡-㉣-㉢-㉠
② ㉡-㉢-㉣-㉠
③ ㉣-㉡-㉢-㉠
④ ㉣-㉢-㉡-㉠

04 637

다음 자료에 제시된 위원회에 대한 설명으로 옳은 것은?

- 임시 정부 구성을 원조할 목적으로 … (중략) … 위원회를 설치한다. 그 위원회는 조선의 민주주의 정당 및 사회 단체와 협의하여야 한다.
- 우리 위원회는 조선을 독립 국가로 재건설하며 조선을 민주주의적 원칙으로 발전시키는 조건을 조성하고, 조선에서 일본이 오랫동안 통치함으로 생긴 참담한 결과를 가급적 속히 청산한다는 결정을 지지한다.

① 모스크바 3상 회의의 결정에 따라 설치되었다.
② 미군정의 후원 아래 김규식과 여운형이 주도하였으며 좌·우 합작 7원칙을 제시하였다.
③ 좌·우 합작으로 비상 국민회의를 구성하였다.
④ 건국 준비 위원회를 모체로 조선 인민 공화국을 창설하였다.

문제 풀이 ⚙

01 634

① 국제 회담 순서를 바르게 나열하면 ⓒ 카이로 회담 : 1943년 11월(미·영·중) → ⓔ 테헤란 회담 : 1943년 11월 말(미·영·소) → ⓒ 얄타 회담 : 1945년 2월(미·영·소) → ⓐ 포츠담 회담 : 1945년 7월(미·영·중·소) 순서이다.

정답 ①

02 635

자료는 조선 건국 동맹의 강령이다.
④ 조선 건국 동맹은 1944년 8월 여운형이 중심이 되어 민족주의·사회주의 계열의 연합 조직으로 결성되었다. 이 조직은 일제 타도와 민주주의 국가 건설을 추구한다는 목표를 내걸고 화북의 조선 독립 동맹 등 해외 독립운동 단체와도 연합 전선을 꾀하였다.

오답 분석
① 조소앙의 삼균주의는 1941년 대한민국 건국 강령에서 기본 이념 및 정책 노선으로 채택되어 공포되었다.
②, ③ 화북 지역의 사회주의자들을 중심으로 1942년에 결성된 조선 독립 동맹은 조선 의용군을 조직하고 중국 공산당의 군사 조직인 팔로군과 연합하여 일본군과 전투를 벌였으며, 후일 귀국하여 조선 신민당을 결성하였다. 조선 독립 동맹은 보통 선거에 의한 민주 정권을 수립하고, 일제의 자산과 토지를 몰수할 것, 8시간 노동제, 의무·무상 교육 등을 주장하였다.

정답 ④

03 636

② 해방 직후 사건들을 바르게 나열하면 ⓒ 카이로 회담 : 1943년 11월(미·영·중) → ⓒ 소련의 선전 포고 : 1945년 8월 9일 → ⓔ 건국 준비 위원회 결성 : 1945년 8월 15일 이후 → ⓐ 모스크바 3상 회의 : 1945년 12월(미·영·소) 순이다.

정답 ②

04 637

자료는 모스크바 3상 회의의 한국 문제에 대한 미국·소련안 및 결정서에 나타난 미·소 공동 위원회에 대한 설명이다.
① 미·소 공동 위원회는 1945년 12월에 개최된 모스크바 3상 회의의 결정에 따라 설치되었다.

오답 분석
② 좌·우 합작 위원회에 대한 설명이다.
③ 비상 국민회의는 1946년 2월 1일부터 이틀간 자주적 과도 정부 수립을 목표로 서울에서 결성된 정치 단체이다.
④ 1945년 8·15 광복과 함께 조직되었던 최초의 건국 준비 단체인 조선 건국 준비 위원회에 대한 설명이다.

정답 ①

05 638

해방 정국에서 신탁 통치에 대한 입장을 둘러싸고 신중론을 펴다 피살당한 인물은?

① 여운형   ② 송진우

③ 김규식   ④ 김두봉

06 639

다음은 해방 직후 사건들을 나열한 것이다. 순서가 바르게 된 것은?

㉠ 남북 협상	㉡ 정읍 발언
㉢ 과도 입법 위원 설치	㉣ 비상 국민회의 개최

① ㉡–㉣–㉢–㉠   ② ㉡–㉢–㉣–㉠

③ ㉣–㉡–㉢–㉠   ④ ㉣–㉢–㉡–㉠

07 640

다음의 자료가 발표되기 이전의 역사적 사실에 해당하지 않는 것은?

1. 조선의 민주 독립을 보장한 3상 회의 결정에 의하여 남북을 통한 좌·우 합작으로 민주주의 임시 정부를 수립할 것
2. 미·소 공동 위원회의 속개를 요청하는 공동 성명을 발할 것
3. 토지 개혁에 있어서 몰수, 유조건 몰수, 체감 매상 등으로 토지를 농민에게 무상으로 분여하며, 시가지의 기지 및 대건물을 적정 처리하며, 중요 산업을 국유화하며, 사회 노동 법령 및 정치적 자유를 기본으로 지방 자치제의 확립을 속히 실시하며, 통화 및 민생 문제 등을 급속히 처리하며, 민주주의 건국 과업 완수에 매진할 것

① 1차 미·소 공동 위원회 실패

② 이승만의 정읍 발언

③ 남조선 과도 입법 위원 선출

④ 모스크바 3상 회의 개최

08 641

정부 수립 과정의 순서로 올바른 것은?

(가) 1차 미·소 공동 위원회 개최
(나) 좌·우 합작 7원칙 제시
(다) 모스크바 3상 회의
(라) 반민특위 구성
(마) 5·10 단독 선거

① (가)–(나)–(다)–(라)–(마)

② (나)–(가)–(라)–(다)–(마)

③ (다)–(가)–(나)–(마)–(라)

④ (라)–(다)–(가)–(마)–(나)

05 638

② 신탁 통치에 대한 찬반 운동이 활발히 전개되던 와중에 신중론을 펼치던 한국 민주당의 송진우는 1945년 12월 30일 피살되었다.

정답 ②

06 639

③ 해방 직후 사건들을 바르게 나열하면 ② 비상 국민회의의 개최 → ⓒ 정읍 발언 → ⓒ 과도 입법 위원 설치 → ⊙ 남북 협상이다.

② 비상 국민회의(1946. 2. 1.~1946. 2. 2.)는 신탁 통치에 대한 찬반 의견이 격렬하게 대립하는 가운데, 임시 정부 측의 주도하에 자주적 과도 정부 수립을 목표로 발족되었다.

ⓒ 1946년 6월, 전라북도 정읍에서 이승만은 남한만의 단독 정부 수립을 공식적으로 주장하는 발언을 하였다.

ⓒ 미군정은 1946년 8월 24일 군정 법령으로 '조선 과도 입법 의원의 창설에 관한 법령'을 발포하여 민선 의원 45명이 선출되고, 11월 18일부터 관선 의원 45명의 심사가 이루어져 12월 12일 입법 의원이 개원하였다.

⊙ 1948년 4월, 김구와 김규식 등은 김일성과 평양의 모란봉 극장에서 남북 협상을 체결하였으나, 북한은 약속 내용을 이행하지 않았다. 5월 10일 총선거가 실시되면서 북한 측에서 2차 협상을 제시하였으나, 남한이 이를 거절하면서 남북 협상은 실패로 끝이 났다.

정답 ③

07 640

자료는 1946년 10월 7일 발표된 좌·우 합작 7원칙의 내용이다. 1945년 12월 미·영·소가 중심이 되어 개최한 모스크바 회의에서는 최대 5년간 강대국(미·영·중·소)에 의한 신탁 통치 감독안과 한반도 내의 미·소 공동 위원회의 설치가 결의되었다. 이후 1946년 5월 8일 제1차 미·소 공동 위원회가 결렬되자 같은 해 6월 이승만이 전라북도 정읍에서 남한만의 단독 정부 수립에 대해 공식적인 입장을 표명하였다. 신탁 통치를 둘러싼 좌·우익 단체의 반목이 극에 달하게 되자 민주 통일 전선을 구축하기 위해 미군정의 지원 하에 김규식과 여운형을 대표로 좌·우 합작 위원회가 결성되어 7원칙을 발표하였다.

③ 남조선 과도 입법 위원의 선출은 좌·우 합작 7원칙이 발표된 이후에 전개된 사건이다. 7원칙 중 제6항의 합의에 따라 미군정은 1946년 8월 24일 군정 법령으로 '조선 과도 입법 의원의 창설에 관한 법령'을 발포하여 민선 의원 45명이 선출되고, 11월 18일부터 관선 의원 45명의 심사가 이루어져 12월 12일 입법 의원이 개원하였다.

정답 ③

08 641

③ 정부 수립 과정을 순서대로 나열하면 (다) 모스크바 3상 회의 → (가) 1차 미·소 공동 위원회 개최 → (나) 좌·우 합작 7원칙 제시 → (마) 5·10 단독 선거 → (라) 반민특위 구성이다.

(다) 1945년 12월 16일 개최된 모스크바 3상 회의에는 미·영·소 3국이 참여하여 최고 5년간 강대국(미·영·중·소)에 의한 신탁 통치(감독안)와 한반도에 임시 정부를 수립하기 위한 미·소 공동 위원회의 설치를 결의하였다.

(가) 1946년 3월 모스크바 3상 회의 결정의 일환으로 개최된 제1차 미·소 공동 위원회에서 소련은 모스크바 3상 회의 결정에 반대하는 정당의 참여를 반대하였으나, 미국은 모든 정당과 단체의 참여를 주장하였다.

(나) 좌·우 합작 7원칙은 여운형이 적극적으로 추진하여 1946년 10월 7일에 좌익의 5원칙과 우익의 8원칙의 절충안으로 결정하였다.

(마) 1948년 5월 10일 김구 등 남북 협상파가 대거 불참하고 남로당이 격렬하게 선거를 반대하는 가운데 남한 단독 선거가 실시되었다.

(라) 제헌 국회에서 헌법 101조에 의거하여 '반민족 행위 처벌법 기초 특별 위원회'를 구성하고, 1948년 9월 22일 반민족 행위 처벌법을 제정하였다. 곧이어 1948년 10월에 반민족 행위 특별 조사 위원회와 특별 재판부가 구성되었다.

정답 ③

09 642

다음 주장을 펼친 인물의 광복 후 주요 활동으로 옳은 것은?

이제 우리는 무기 휴회된 미·소 공동 위원회가 재개될 기색도 보이지 않으며, 통일 정부를 고대하나 여의치 않게 되었으니, 우리는 남쪽만이라도 임시 정부, 혹은 위원회 같은 것을 조직하여 38도선 이북에서 소련이 철퇴하도록 세계 공론에 호소해야 할 것이니 여러분도 결심하여야 될 것이다. 그리고 민족 통일 기관 설치에 대하여 지금까지 노력하여 왔으나 이번에는 우리 민족이 대표적 통일 기관을 귀경한 후 즉시 설치하게 되었으니 각 지방에서도 중앙의 지시에 순응하여 조직적으로 활동하여 주기 바란다.

– 서울신문, 1946. 6. 4.

① 신민족주의와 신민주주의를 제창하여 통일 국가 수립을 추진하였다.
② 제헌 국회를 구성하기 위한 5·10 총선거를 찬성하였다.
③ 모스크바 3국 외상 회의의 결정을 지지하는 군중 대회를 개최하였다.
④ 남북 협상을 추진하였으나 결렬되었다.

10 643

다음은 좌·우 합작 7원칙의 내용이다. 이 원칙 발표 이후의 상황으로 옳지 않은 것은?

1. 조선의 민주 독립을 보장한 모스크바 3국 외상 회의 결정에 의하여 남북을 통한 좌·우 합작으로 민주주의 임시 정부를 수립할 것
2. 미·소 공동 위원회 속개를 요청하는 공동 성명을 발표할 것
3. 토지 개혁에 있어 몰수, 조건 몰수, 체감 매상 등으로 토지를 농민에게 무상으로 나누어 주며 ……
4. 친일파 및 민족 반역자를 처리할 조례를 본 합작 위원회의 입법 기구에 제안하여 입법 기구로 하여금 심리, 결정하여 실시케 할 것

① 7원칙에 대하여 김구는 강력히 반대하였고, 이승만은 조건부 찬성하였다.
② 공산당을 비롯한 극좌 진영에서는 여운형을 납치하는 등 정면으로 반대하였다.
③ 한국 민주당이 7원칙에 반대하고 대거 탈퇴하여 좌·우 합작 위원회가 붕괴될 상태에 이르렀다.
④ 미군정이 단독 정부 수립을 지지하는 방향으로 전환하였고, 여운형이 암살되었다.

11 644

밑줄 친 (가)에 해당하는 인물은?

과도 입법 의원 조직을 보면 의장에 (가), 부의장에 최동오, 윤기섭이 선출됐다. 또 법무 사법·내무 경찰·재정 경제·산업 노동·외무 국방·문교 후생·운수 체신·청원 징계 등 8개 상임 위원회와 자격 심사·선거법 기초 작업·행정 조직법 기초 작업·식량·물가 대책·적산 대책·특별법 기초 작업 등 6개 특별 위원회가 구성됐다. 1948년 5월 해산될 때까지 국회의원 선거법 등 33건의 법률안을 심의했으며, 이 가운데 남조선 과도 입법 의원법·하곡 수집법·미성년자 노동 보호법·부일 협력자·민족 반역자·전범·간상배에 대한 특별법 등 18건을 가결·처리했다.

① 김규식　　　　　　② 여운형
③ 안재홍　　　　　　④ 이승만

12 645

다음 주장을 펼친 인물에 대한 설명으로 옳은 것을 〈보기〉에서 모두 고르면?

한국이 있고야 한국 사람이 있고, 한국 사람이 있고서야 민주주의도 공산주의도 또 무슨 단체도 있을 수 있는 것이다. 그러면 우리의 자주 독립적 통일 정부를 수립하여야 하는 이때에 있어서 어찌 개인이나 자기의 집단의 사리사욕을 탐하여 국가 민족의 백년대계를 그르칠 자가 있으랴. … (중략) … 나는 통일된 조국을 건설하려다가 삼팔선을 베고 쓰러질지언정 일신에 구차한 안일을 취하여 단독 정부를 세우는 데는 협력하지 아니하겠다.

– '3천만 동포에게 읍고함'(1948. 2. 10.)

보기

ㄱ. 신민회 회원으로 구국 운동에 가담하였다.
ㄴ. 한인 애국단을 조직하여 의열 활동을 펼쳤다.
ㄷ. 동학 농민군의 선봉장으로서 해주성을 공략하기도 하였다.
ㄹ. 홍명희, 안재홍 등과 연대하여 민족 자주 연맹을 결성하였다.

① ㄴ, ㄷ　　　　　　② ㄴ, ㄹ
③ ㄱ, ㄴ, ㄷ　　　　④ ㄴ, ㄷ, ㄹ

09 642

사료는 이승만이 1946년 6월에 발표한 '정읍 발언'의 내용이다. 이승만은 1차 미·소 공동 위원회가 결렬되고 좌·우 합작 운동이 전개되고 있을 무렵에 남한만의 단독 정부 수립을 공식적으로 주장하는 발언을 하였고, 이 주장은 한국 민주당을 비롯한 극우 세력의 지지를 받았다.
② 이승만은 김구 등 남북 협상파와 남로당이 격렬하게 반대하는 5·10 남한 단독 총선거를 찬성하였고, 선거를 통해 결성된 제헌 의회의 의장으로 선출되었다.

오답 분석

① 안재홍에 대한 설명이다.
③ 인민 공화국, 조선 공산당, 조선 인민당 등 좌익 세력에 대한 설명이다.
④ 김구, 김규식에 대한 설명이다.

정답 ②

11 644

과도 입법 위원은 1946년 미군정이 정권을 인도하기 위해 설립하였던 과도적 성격을 띤 입법 기관으로 입법 의원은 1946년 10월 21일부터 31일에 걸쳐 민선 의원 45명을 간접 선거로 선출하고 관선 의원 45명은 미군정의 하지가 임명하였다.
① 의장에는 김규식, 부의장에는 최동오와 윤기섭이 선출되었다.

정답 ①

10 643

① 좌·우 합작 7원칙 발표 이후 미군정의 하지 중장은 제6항의 입법 기관에 대한 제의를 긍정적으로 받아들여 그에 관한 법령을 발표할 것을 밝혔다. 그러나 공산당을 비롯한 극좌 진영에서는 7원칙에 대한 서명을 방해하기 위하여 10월 7일 여운형을 납치하는 등의 격렬한 수단을 이용하여 정면으로 반대하고 나섰다. 또한 한국 민주당은 제3항을 구실로 삼아 대거 탈퇴하여 위원회가 붕괴될 상태에 이르렀다. 이러한 상황 속에서 제2항의 합의에 따라 10월 8일에는 미·소 공동 위원회 속개를 위한 성명을 발표하였다. 결국 7원칙에 대하여 조선 공산당 반대, 한국 민주당 반대, 김구 찬성, 이승만 조건부 찬성이라는 입장이 전개되었다.

정답 ①

12 645

사료의 저자는 백범 김구이다. 김구는 1948년 2월 10일 남한의 단독 정부 수립을 반대하며 '3천만 동포에게 읍고함'을 발표하였다.
③ 김구에 대한 설명으로 옳은 것은 ㄱ, ㄴ, ㄷ이다.

오답 분석

ㄹ. 김규식에 대한 설명이다. 김규식은 홍명희, 안재홍 등과 함께 민족 자주 연맹을 결성하였다. 민족 자주 연맹은 미·소 공동 위원회 대책 협의회·민주주의 독립 전선·시국 대책 협의회·좌·우 합작 위원회 등의 발전적 해체를 전제로 하여 18개 정당과 5개 단체 대표 및 개인들이 참여하였다.

정답 ③

13 646

다음 내용이 결정된 이후 조직된 단체로 옳은 것은?

> 제2차 미·소 공동 위원회가 실패하고, 미국의 일방적인 결정에 의해 한반도 문제가 UN에 상정되었다. 그 해 11월 국제 연합 총회는 미국이 제안한 한국 통일안을 43 : 0으로 의결하였다.

① 좌·우 합작 위원회
② 민족 자주 연맹
③ 비상 국민회의
④ 남조선 과도 입법 위원

14 647

다음의 자료에서 발표된 성명 이후 전개된 역사적 사실로 옳은 것은?

> 금반 우리의 북행은 우리 민족의 단결을 의심하는 세계 인사에게는 물론이요, 조국의 통일을 갈망하는 다수 동포들에게까지 금반 행동으로써 많은 기대를 이루어준 것이다. 그리고 남북 제 정당 사회단체 연석회의는 조국의 위기를 극복하며 민족의 생존을 위하여는 우리 민족도 세계의 어느 우수한 민족과 같이 주의와 당파를 초월하여서 단결할 수 있다는 것을 또 한 번 행동으로써 증명한 것이다. 이 회의는 자주적 민주적 통일 조국을 재건하기 위하여서 양 조선의 단선 단정을 반대하며 미·소 양군의 철퇴를 요구하는 데 의견이 일치하였다. 북조선 당국자도 단정은 절대로 수립하지 아니하겠다고 약속하였다.

① 사회주의자들을 중심으로 민주주의 민족 전선이 결성되어 남북한 총선거를 주장하였다.
② 좌·우 합작 위원회는 좌·우 합작 7원칙을 발표하였다.
③ 북조선 인민 위원회가 결성되었으며 김일성이 위원장으로 선출되었다.
④ 5·10 단독 선거로 2년 임기의 제헌 의회가 수립되었다.

15 648

친일파 청산에 대한 설명으로 옳지 않은 것은?

① 국회 프락치 사건이 일어나 국회의원들이 간첩 혐의로 체포되었고, 반민특위 활동은 위축되었다.
② 이승만 정부는 경찰을 동원하여 반민특위를 습격하고 직원들도 연행하였다.
③ 반민족 행위자에 대한 조사 활동은 처벌보다는 진상 규명을 목적으로 하였다.
④ 미군정은 조선 총독부 출신 관료와 경찰들을 활용하면서 친일파 청산을 외면하였다.

16 649

다음의 선언이 발표된 이후에 전개된 역사적 사실에 해당하는 것은?

> 이 방위선은 알류샨 열도에서 일본을 거쳐 오키나와와 필리핀 군도에 이어진다. 기타 태평양 지역의 군사적 안전 보장에 관해서 말하자면, 누구라도 이 지역을 군사적 공격으로부터 보증할 수 없다는 사실을 명백히 해두지 않으면 안 된다.

① 이 선언의 결정 이후 미국은 거중조정에 대한 약속을 유명무실화 하였다.
② 일본이 뤼순항을 기습 공격하여 러·일 전쟁을 일으켰다.
③ 러시아의 남진을 저지하기 위하여 영국이 거문도를 불법 점령하고 해군 기지를 설치하였다.
④ 북한의 남침에 의해 6·25 전쟁이 발발하였다.

13 646

자료는 1947년 11월 UN에서 미국이 제안한 UN 감독하의 남북한 총 선거 및 인구 비례에 따른 의석수 배분을 결의한 내용이다.
② 국내에서는 이 시기 김규식을 위원장으로 한 민족 자주 연맹 (1947. 12. 20.)이 발족되어 좌·우 어느 쪽으로의 편향을 배제 하고, 통일 정부를 수립한다는 전제 아래 활동하였다.

오답 분석

① 1946년 7월, ③ 1946년 2월, ④ 1946년 12월에 조직되었다.

정답 ②

14 647

사료는 1948년 4월에 이루어진 남북 협상에 관한 내용이다. 김구 와 김규식 등은 김일성 등과 평양의 모란봉 극장에서 연석 회의를 개최하고 남한 단독 정부 수립 반대, 미·소 양군 철수에 관한 결 의문을 채택하였다. 또한 남한으로의 송전 문제와 연백 평야에 물 을 공급하는 수리 조합 개방 문제 등 경제 문제에 관해서도 몇 가 지 약속을 하였는데, 김구와 김규식이 서울로 돌아와 이 사실을 발 표한 며칠 뒤 북한은 다시 송전과 수리 조합을 중단함으로써 약속 을 이행하지 않았다.
④ 남북 협상 이후 김구 등 남북 협상파가 대거 불참하고 남로당이 격렬하게 선거를 반대하는 가운데 남한 단독 선거가 실시되었 다. 총선으로 198명의 국회의원들이 선출되자 중앙 선거 위원 회의 소집 공고에 따라 1948년 5월 31일 제헌 의회가 개원되었 다. 이 의회에서 헌법, 국회법, 정부 조직법이 제정되었다.

정답 ④

15 648

③ 제헌 국회에서 반민족 행위 처벌법을 제정하고, 곧이어 반민족 행위 특별 조사 위원회(이하 반민특위)가 결성되었다. 반민특위 는 1949년 1월 5일 본격적인 활동을 시작하여, 7,000여 명의 반 민족 행위자를 선정하고 최남선, 이광수, 최린, 노덕술, 박흥식 등 친일파를 체포하여 구속시켰다. 그러나 정권 유지를 위해 친 일파의 협조를 받고 있던 이승만 정권은 반민특위를 공산주의 자로 매도하고, 친일파를 애국지사로 둔갑시켜 여론을 조성하 는 등 친일파 청산을 방해하였다. 극우 반공 세력과 이승만 정 권은 국회 프락치 사건(1949. 5.~1950. 3.)과 반민특위 습격 사 건(1949. 6. 6.) 등을 공작하였고, 반민특위 산하의 특경대를 강 제 해산시키기도 하였다.

정답 ③

16 649

제시문의 내용은 미 국무장관 애치슨이 선언한 애치슨 라인에 대 한 것이다.
④ 제2차 세계 대전 전후의 외교 문제 해결의 중책을 수행한 애치 슨은 스탈린과 마오쩌둥의 영토적 야심을 저지하기 위하여 태 평양에서의 미국의 방위선을 알류샨 열도-일본-오키나와-필 리핀을 연결하는 선으로 정한다고 발언하였다. 즉 방위선 밖의 한국과 타이완 등의 안보와 관련된 군사적 공격에 대해 보장할 수 없다는 내용으로, 6·25 전쟁의 발발을 묵인하는 결과를 가 져왔다는 비판을 받았다.

정답 ④

17 650

한국 전쟁의 전개 과정에 대한 순서로 옳은 것은?

> (가) 반공 포로가 석방되어 휴전 회담이 난항에 빠지게 되었다.
> (나) 국군에 의해 한강 철교가 폭파되었다.
> (다) 중국이 대규모 인민 지원군을 파견하여 참전하였다.
> (라) 이승만 대통령이 국군의 지휘권을 유엔군 사령관에게 넘겼다.
> (마) 유엔군이 인민군의 저항을 누르고 인천 상륙에 성공하였다.

① (다) – (라) – (나) – (마) – (가)
② (나) – (다) – (마) – (라) – (가)
③ (나) – (라) – (마) – (다) – (가)
④ (라) – (나) – (마) – (다) – (가)

18 651

다음 표는 어느 사건에 대한 피해 현황을 정리한 표이다. 이 사건에 대한 설명으로 옳지 않은 것은?

자료	구분	군인		민간인	
		한국	북한	한국	북한
한국 정부 발표	사망	147,000	520,000	244,663	?
	부상	709,000	406,000	229,625	?
통일조선 신문	사망	227,748	294,151	373,599	406,000
	부상	717,083	225,849	229,652	1,594,000

① 이 사건으로 국제 냉전이 심화되었으며, 남 · 북의 독재 체제가 강화되었다.
② 종전 후 스위스 · 체코 · 스웨덴 · 폴란드로 구성된 중립국 감시 위원단이 설치되었다.
③ 휴전 협상의 당사국인 남한은 북한과 반공 포로 석방 문제를 두고 첨예하게 대립하였다.
④ 인천에 상륙한 UN군은 서울을 수복하고 평양을 점령한 후, 압록강 변까지 진격하였다.

19 652

제1공화국에 대한 설명으로 잘못된 것은?

① 발췌 개헌은 일사부재의의 원칙을 위배한 것이었다.
② 1957년 『우리말 큰 사전』이 편찬되었다.
③ 이승만 라인이 한 · 일 어업 협정에 의해 폐기되었다.
④ 한국 전쟁 이후 한 · 미 상호 방위 조약이 체결되었다.

20 653

다음 글이 발표된 시기의 정치적 상황에 대해 바르게 설명한 것은?

> "…… 그는 돌연 비상계엄령의 조건이 구비되어 있지 아니한 임시 수도 부산에 불법적인 비상계엄을 선포하고 국제 공산당과 관련이 있다는 허무맹랑한 누명을 씌워 계엄 하에서도 체포할 수 없는 50여 명의 국회의원을 체포 · 감금하는 폭행을 감행했습니다. 이것은 곧 국헌을 전복하고 주권을 찬탈하는 반란적 쿠데타가 아니고 무엇이겠습니까?"
> – 김성수 부통령 사임서

① '민족 반역자 · 부일 협력자 · 간상배에 대한 특별 조례'가 제정되었으나 이승만 정부의 방해로 유명무실화되었다.
② 조선 정판사 사건이 일어났으며, 남로당이 배후에 있었다.
③ 백골단, 땃벌떼 등의 활동으로 관제 데모가 성행하였으며, 기립 표결로 발췌 개헌이 통과되었다.
④ 대선을 사흘 앞두고 호남에 유세하러 가던 기차 안에서 신익희가 급서하였다.

17 650

③ 한국 전쟁의 전개 과정을 바르게 나열하면 (나) 한강 철교 폭파 (1950. 6.) → (라) 국군 지휘권 이양(1950. 7.) → (마) 인천 상륙 작전(1950. 9.) → (다) 중공군 참전(1950. 10.) → (가) 반공 포로 석방(1953. 6.) 순이다.

정답 ③

18 651

표는 6 · 25 전쟁의 피해 상황을 정리한 것이다.
③ 6 · 25 전쟁 당시에 휴전 협상의 당사국은 남한을 제외한 북한, 중국 공산군과 UN군에 있었으며, 양측은 휴전선 문제와 포로 송환 문제를 두고 첨예하게 대립하였다. 포로 송환 협정이 서명 되어 협상 타결이 가시화되자 이승만은 일방적으로 남한에 수용되어 있던 '반공 포로'를 석방(1953. 6. 18.)하였다. 이에 한때 회담은 다시 무산되는 듯하였으나 미국의 노력과 공산군의 동의로 결국 휴전 협정이 체결(1953. 7. 27.)되었다. 이때 미국은 협상의 타결을 위해 한 · 미 상호 방위 조약 체결과 경제 원조 및 한국군을 증강시키겠다는 약속을 이승만에게 하여 그로부터 휴전 동의를 얻은 상태였다(남한은 휴전 협정 조인 당사국에서 제외됨).

정답 ③

19 652

③ 이승만 라인은 1952년 '대한민국 인접 해양에 대한 대통령 선 언'으로 이승만 정부가 일방적으로 설정한 수역이며 일명 '평화 선'으로 불린다. 이승만 라인은 제3공화국이 출범한 이후 1965 년 6월 한 · 일 조약이 체결됨으로써 사실상 철폐되었다.

오답 분석

① 이승만 대통령은 1952년 7월 대통령 직선제를 골자로 하는 발췌 개헌안을 통과시켰다. 이것은 한번 부결된 대통령 직선 개헌안 을 다시 제출하여 통과시켰기 때문에 일사부재의의 원칙을 위 반한 위헌적 성격을 가진 개헌이었다.

② 1931년에 이윤재 · 이극로 · 최현배 등에 의해 조선어 연구회가 확대 · 개편되어 조선어 학회가 창설되었다. 이들은 1942년 『우 리말 큰 사전』을 편찬하려 하였으나 일본의 방해로 실패하였다. 『우리말 큰 사전』은 해방 이후 한글 학회에 의해 1957년 완간되 었다.

④ 1953년 한 · 미 상호 방위 조약이 체결되었는데, 이 조약은 한 국의 방위를 위하여 외국과 맺은 최초의 군사 조약으로, 유일한 동맹 조약으로서 기능하고 있다.

정답 ③

20 653

사료는 1952년에 이승만이 계엄령을 선포하고 헌병대를 통해 야당 의원 50여 명을 체포 · 감금하였던 사건에 대한 내용이다.
③ 대통령 직선제로의 개헌 추진 강행으로 1952년 5월 25일 부산 에서 정치 파동이 일어나자 이승만 정부는 '백골단', '땃벌떼' 등 폭력 조직을 동원하여 국회의 해산을 요구하는 관제 데모를 사 주하는 한편, 신문사를 습격하고 공비 토벌을 빙자해 부산을 중 심으로 한 일원에 계엄령을 선포하였다. 이후 대통령 직선제와 양원제를 골자로 한 일명 '발췌 개헌안'이 통과되고 이승만이 제 2대 대통령에 당선되었다.

오답 분석

① 미군정의 통치기에 제정된 조례에 해당한다. 미군정의 자문 기 관으로 설치된 남조선 과도 입법 위원은 1947년 3월 17일부터 심의를 시작하여 7월 2일 '민족 반역자 · 부일 협력자 · 간상배 에 대한 특별 조례'를 제정하였다. 그러나 이것은 미군정의 인 준 거부로 무산되고 말았다.

② 조선 정판사 위폐 사건은 1945년 10월 20일부터 6회에 걸쳐 조 선 정판사 사장 박낙종 등 조선 공산당원 7명이 위조 지폐를 발 행한 사건이다. 1946년 종결되었으며 조선 공산당의 활동이 위 축되었다.

④ 신익희는 1956년에 대선을 사흘 앞두고 급서하였다.

정답 ③

21 654

다음 조항이 적용된 헌법이 공포된 상황과 관련이 있는 사실은?

> 제55조 대통령과 부통령의 임기는 4년으로 한다. 단, 재선에 의하여 1차 중임할 수 있다. 대통령이 궐위된 때에는 부통령이 대통령이 되고 잔임 기간 중 재임한다.
> 부 칙 이 헌법 공포 당시의 대통령에 대하여는 제55조 제 1항 단서의 제한을 적용하지 아니한다.

① 부산을 중심으로 한 일원에 계엄령을 선포하여 야당 의원 50여 명을 헌병대를 통해 체포·감금하였다.

② 사사오입 개헌의 결과 수학적 논리로 통과되었으며, 이후 선거에서 장면이 부통령으로 선출되었다.

③ 1969년에 개헌된 내용으로 유신 체제가 출범하는 과도기적 성격을 지니고 있다.

④ 이 조항이 개정되어 적용되던 시기에는 대통령이 국회에서 선출되었다.

23 656

다음 담화문이 발표된 직후 일어난 사건에 대해 바르게 추론한 것은?

> 지금 듣기는 마산 폭동이 거반 정돈이 되어서 모르고 덤비던 사람들이 정신을 차려 거반 정돈 되어가게 된 것은 마산에 사는 동포들에 대해서만이 아니라 전국민을 위하여 잘 되는 것이라고 생각하는데, 해·내외에서 들어오는 소식은 마산에서 일어난 폭동이 공산당 세력이 뒤에서 조종한 혐의가 있다고 하는 것이다.
> – 단기 0000년 4월 15일 대통령 이승만

① 민주 혁명이 일어나 내각 책임제와 양원제 국회를 골자로 하는 개헌이 이루어졌다.

② 부·마 항쟁이 일어나 민주화 투쟁의 기폭제가 되었다.

③ 진보당을 탄압하고 정부에 비판적 경향을 가진 경향신문을 폐간하였다.

④ 6·25 전쟁이 일어나 동족상잔의 비극이 초래되었다.

22 655

다음의 상황이 발생한 정부에서 일어난 일로 옳은 것은?

> 선거전에서 야당 선거원들은 계속해서 체포되고 탄압을 받았다. 반공 청년단의 폭력 단원들이 선거 당일 시민들이 투표권을 어떻게 행사하는가 감시하기 위하여 각 투표장에 나타났다. 많은 농촌 지역에서는 3인조·9인조 등의 '조'가 형성되었고, 자유당에 대한 충성심에 의심의 여지가 없는 자가 각 조의 '조장'이 되어 '조원'들의 자유당 후보자에 대한 투표를 책임졌다. 경찰은 공개적으로 자유당 후보를 지원하였다.

① 부산 정치 파동

② 7·4 남북 공동 성명

③ 내각 책임제 개헌

④ 신한 공사 설치

24 657

다음의 지령이 시행된 이후 전개된 정치 상황이 아닌 것은?

> 가. 4할 사전 투표 : 투표 당일 자연 기권표와 선거 인명부에 허위 기재한 유령 유권자표, 금전으로 매수하여 기권하게 만든 기권표 등을 그 지역 유권자의 4할 정도씩 만들어, 투표 시작 전에 자유당 후보에게 기표하여 투표함에 미리 넣도록 할 것.
> 나. 3인조 또는 5인조 공개 투표 : 자유당 후보에게 투표하도록 미리 공작한 유권자로 하여금 3인조 또는 5인조의 팀을 편성시켜, 그 조장이 조원의 기표 상황을 확인한 후 다시 각 조원이 기표한 투표 용지를 자유당 측 선거 운동원에게 제시하고 투표함에 넣도록 할 것.
> 다. 완장 부대 활용 : 자유당 측 유권자에게 '자유당'이란 완장을 착용시켜 투표소 부근 분위기를 자유당 일색으로 만들어 야당 성향의 유권자에게 심리적인 압박을 주어 자유당에게 투표케 할 것.
> 라. 야당 참관인 축출 : 민주당 측 참관인을 매수하여 참관을 포기시키거나 여의치 않을 때는 적당한 구실을 만들어 투표소 밖으로 축출할 것.

① 신국가 보안법 제정

② 마산 의거와 부정 선거 규탄

③ 교수들의 시국 선언과 이승만의 하야

④ 선거 무효화와 민주당의 집권

21 654

사료는 1954년에 강제된 사사오입 개헌으로 초대 대통령에 대한 3선 제한 폐지를 골자로 한 것이다.

② 사사오입 개헌 이후 진행된 1956년의 대선에서는 야당 대통령 후보 신익희의 급서 이후 이승만이 대통령에 선출되었으며, 부통령에는 야당 후보인 장면이 선출되었다.

오답 분석

① 1952년 발췌 개헌안 통과 당시 부산 정치 파동에 해당하는 내용이다.

③ 제3공화국 시기의 3선 제한 폐지와는 관련이 없다. 박정희 정권은 집권 연장을 위해 박정희 대통령의 3선을 가능하게 하는 6차 개헌을 추진하였다. 언론과 국민들의 장기 집권 개헌 반대 목소리가 컸으나, 개헌 지지 세력들은 1969년 9월 비밀 투표를 통해 3선 개헌안을 변칙 통과시켰다. 개헌안은 10월 17일 국민 투표에 부쳐졌고, 총유권자의 77.1%가 참여해 65.1% 찬성을 얻어 가결되었다.

④ 국회에서의 대통령 선출은 제헌 의회에서 선출한 초대 대통령과 제2공화국 출범 당시의 대통령에만 적용되었다.

정답 ②

22 655

자료는 이승만 정권 당시에 일어난 3·15 부정 선거(1960)에 대한 내용이다. 이 사건을 계기로 4·19 혁명의 기폭제인 마산 의거가 일어났고, 진압 과정에서 경찰들의 최루탄과 총기 난사로 인해 많은 사상자가 발생하였다.

① 이승만 정권은 1950년 총선에서 참패하여 간선제만으로 재선이 힘들게 되자 대통령 직선제와 양원제를 골자로 한 발췌 개헌(1952. 7.)을 강행하였다. 이를 부산 정치 파동이라 부른다.

오답 분석

② 7·4 남북 공동 성명은 1972년 박정희 정권 때 체결된 것으로 자주·평화·민족 대단결의 3대 통일 원칙을 제시하였으며, 공식 대화 기구인 남북 조절 위원회가 결성되었다.

③ 1960년 이승만이 하야하고 구성된 허정 과도 정부는 6·15 개헌을 통하여 내각 책임제 개헌(양원제 도입)을 단행하였다.

④ 신한 공사는 미군정 시기에 설치되었다. 일본인 소유의 농지는 미군정 소유로 이관되었으며, 법령 제52호에 의해 설립된 신한 공사로 그 관할이 옮겨지면서 관리되었다.

정답 ①

23 656

자료의 내용은 1960년 3·15 부정 선거에 반발하여 마산 의거가 일어나자 발표된 이승만의 담화문이다. 마산 의거는 부정 선거에 항의하는 마산 시민에게 경찰이 무차별 발포를 하면서 일어났다. 정부 측에서는 무자비한 탄압과 동시에 이 시위를 공산당이 배후에서 조종한 좌익 폭동으로 호도하면서 마산 시민들의 반감을 고조시켰다. 이어 28일 동안 실종되었던 김주열의 시체가 4월 11일 마산 중앙 부두에서 떠오르자, 전 국민의 분노가 확산되어 4·19 혁명이 일어났다.

① 4·19 혁명으로 이승만이 하야하고 허정 과도 정부가 구성되었다. 국회는 비상 시국 대책 위원회를 구성하여 부정 선거를 무효로 하고 재선거를 실시하는 한편, 과도 내각 아래서 완전한 내각 책임제 개헌(양원제 도입)을 단행하였다(6·15 개헌). 또한 개헌 후 총선을 다시 실시하는 내용의 3개안을 결의하였다.

오답 분석

② 1979년 10월 16일, ③ 1959년, ④ 1950년의 일이다.

정답 ①

24 657

사료는 '3·15 부정 선거(1960. 3. 15.) 지시 비밀 지령' 내용이다. 부정 선거의 결과 이승만은 제4대 대통령에 당선되었으나, 이에 반발한 시민들이 독재 타도를 외치며 곳곳에서 시위가 일어났다. 마산의 학생과 시민이 중심이 되어 일어난 마산 의거는 전국적으로 확대되어 4·19 혁명의 기폭제가 되었고, 대학 교수단이 시국 선언문을 발표하며 데모에 합류하면서 궁지에 몰린 이승만은 결국 하야를 선언하였다. 4월 혁명으로 인해 이승만이 하야하자 허정 과도 정부가 구성되었다. 허정 과도 정부는 내각 책임제 개헌을 단행하고 총선을 다시 실시하였는데, 이 선거에서 민주당은 자유당을 누르고 압승을 거두었다.

① 신국가 보안법은 대공 사찰과 정권 유지를 위해 1958년 제정되었다.

정답 ①

25 658

다음 사료와 관련된 사건을 <보기>에서 모두 고르면?

나는 해방 후 본국에 돌아와서 우리 여러 애국애족하는 동포들과 더불어 잘 지내왔으니 이제 세상을 떠나도 한이 없으나 나는 무엇이든지 국민이 원하는 것만이 있다면 민의를 따라서 하고자 할 것이며, 또 그렇게 하기를 원했던 것이다.

보고를 들으면 우리 사랑하는 청소년 학도들을 위시해서 우리 애국애족하는 동포들이 내게 몇 가지 결심을 요구하고 있다 하니 내가 아래서 말하는 바대로 할 것이며, 한 가지 내가 부탁하고자 하는 것은 우리 동포들이 지금도 38선 이북에서 우리를 침입코자 공산군이 호시탐탐하게 기다리고 있다는 것을 명심하고, 그들에게 기회를 주지 않도록 힘써 주기를 바라는 바이다.

보기

ㄱ. 3·15 부정 선거   ㄴ. 사사오입 개헌
ㄷ. 4·19 혁명   ㄹ. 6·3 시위

---

① ㄱ, ㄴ   ② ㄱ, ㄷ
③ ㄴ, ㄷ   ④ ㄴ, ㄹ

26 659

다음의 글과 관련이 있는 공화국에서 행해진 내용이 아닌 것은?

헌법 제61조 제1항은 '대통령은 헌법과 법률이 정하는 바에 의하여 국군을 통수한다.'라고 규정하고 있었으나, 제72조에서는 '선전(宣戰), 강화(講和), 계엄안(戒嚴案), 계엄 해제, 군사(軍事)에 관한 중요 사항 및 각군 참모총장의 임면(任免)'은 국무총리를 의장으로 하는 국무회의의 의결을 거치도록 하고 있었기 때문에 국군 통수권의 실질적 행사자가 누구인지가 명확하지 않았다.

① 헌법 개정을 통해 반민주 행위자 공민권 제한법이 제정되었다.
② 정쟁으로 집권당인 민주당 구파가 신민당으로 분당되었다.
③ 농어촌 고리채 정리법, 부정 축재 처리법, 화폐 개혁이 처리되었다.
④ 중립화 통일론, 남북 협상론 등 민간 통일 논의가 활발하게 일어났다.

27 660

제1공화국에서 유신 체제까지의 시기에 행해진 정치적 사건이 바르게 연결되지 않은 것은?

① 제1공화국−진보당 사건
② 제2공화국−농지 개혁
③ 제3공화국−3선 제한 폐지
④ 유신 체제−YH 무역 사건

28 661

5·16 군사 정변 이후 국가 재건 최고 회의에서 결의한 경제 정책에 해당하는 것은?

① 경제 기획원 설치
② 미곡 수집령
③ 이중 곡가제의 실시
④ 귀속 재산 처리법 제정

25 658

사료는 이승만의 대통령 하야 담화문(1960. 4. 26.)이다.

ㄱ, ㄷ. 자유당이 정권 재창출을 위해 대대적인 부정 선거(3 · 15 부정 선거)를 감행하자, 불만이 극에 달한 국민들은 학생들을 중심으로 4 · 19 혁명을 일으켰다. 정부는 4 · 19 혁명이 일어나자 계엄령을 선포하고 군대를 투입하여 사태를 무마하고자 하였다. 그러나 대학 교수단이 시국 선언문을 발표하며 데모에 합류하면서 궁지에 몰리게 되었고, 결국 이승만은 26일 하야를 선언하였다.

정답 ②

26 659

자료는 제2공화국의 헌법이다. 이승만의 하야 이후 1960년 8월 장면 내각의 제2공화국이 출범하였다.

③ 농어촌 고리채 정리법, 부정 축재 처리법, 화폐 개혁이 처리된 것은 5 · 16 군사 정변 이후 군정에서였다.

오답 분석

① 장면 정부는 1960년 11월 29일에 반민주 행위 처벌을 목적으로 개정된 제4차 헌법을 근거로 '반민주 행위자 공민권 제한법'을 제정하였으며, 경제 성장을 위하여 '경제 개발 5개년 계획'을 수립하였으나, 5 · 16 군사 정변으로 추진되지 못하였다.

② 장면 정권은 정쟁으로 인해 집권당인 민주당이 신민당으로 분당되었고 부정부패에 소극적으로 대처하였으며, 실업 인구 증가 및 농촌의 빈곤 문제 등의 문제점으로 인해 불과 9개월 만에 분열되었다.

④ 장면 정부 시기에는 민간 통일 논의가 활발히 전개되어 남북 협상론, 중립화 통일론 등이 등장하였다.

정답 ③

27 660

② 농지 개혁은 제1공화국 시기인 1949년 6월 21일 농지 개혁법이 제정 · 공포되면서 추진되었다. 유상 매수 · 유상 분배를 원칙으로 하여, 1가구당 3정보 이내로 토지 소유를 제한하였고, 농지 개혁법에 의하여 몰수 또는 국유로 된 농지와 소유권의 명의가 분명치 않은 농지는 정부에 귀속되었다. 이 개혁은 1957년 완결되었다.

정답 ②

28 661

① 국가 재건 최고 회의는 5 · 16 군사 정변을 주도한 군사 혁명 위원회를 재편하여 1961년 5월 18일 설치되었다. 이후 7월 22일 경제 기획원을 설치하고, 제1차 경제 개발 5개년 계획을 발표하였다.

오답 분석

② 해방 이후 미곡 자유 유통이 허용되자 인플레이션과 미곡 소비 급증을 예상한 매점매석 등으로 백미 가격이 인상되었다. 이에 미군정청은 1946년 1월 '미곡 수집령'을 발표하고 식량난을 안정시키려 노력하였다.

③ 1960년대 만성적인 식량 부족과 농 · 공 소득 격차 심화를 겪으면서 제3공화국 정부는 주곡 자급 정책의 일환으로 1969년산 보리와 쌀에 대해 이중 곡가제를 실시하였다.

④ 귀속 재산 처리법은 1949년 12월 19일 귀속 재산을 유효적절하게 처리함으로써 산업 부흥과 국민 경제의 안정을 도모하기 위한 목적으로 제정되었다.

정답 ①

29 662

제3공화국과 관련한 설명으로 잘못된 것은?

① 향토 예비군이 창설되어 국방력 강화에 기여하였다.
② 국민 교육 헌장을 제정하여 국가주의 교육을 강화하였다.
③ '성 고문·용공 조작 범국민 폭로 규탄 대회'가 개최되었다.
④ 베트남 파병 이후 브라운 각서와 주둔지 협정(SOFA)이 체결되었다.

30 663

다음 주장이 제기된 사건과 관련된 사실로 잘못된 것은?

> • 매판적 외교를 결사 반대한다!
> • 사죄와 배상 없는 경제 협력, 웬말이냐!
> • 총칼로 정권 뺏고 나라 파는 외교 말라!

① 1965년 6·3 시위가 발생하여 위수령이 내려졌다.
② 사회주의에 대한 한·미·일 공동 안보 체제가 형성되었다.
③ 일제의 침략과 식민 지배에 대한 사죄 및 배상이 제대로 이루어지지 않았다.
④ 정부는 경제 성장에 필요한 개발 비용을 획득할 수 있었다.

31 664

다음 담화문이 발표된 이후 전개된 역사적 사실에 해당하는 것은?

> … 앞으로 누가 대통령이 되든, 오늘날 우리 야당과 같이 '반대를 위한 반대'의 고질이 고쳐지지 않는 한, 야당으로부터 오히려 독재자라고 불리는 대통령이, 진짜 국민 여러분을 위한 대통령이라고 나는 생각한다. … 솔직히 말해서 다사다난할 1970년대를 맞이함에 있어 국민이 허용한다면 70년대의 전반기만은, 정권의 변동 없이 현 체제를 그대로 밀고 나가는 것이 국가 발전에 도움이 되는 일이며, 국가 안보와 경제의 기초를 다지는 일이 된다고 믿어, 이 개헌안은 발의된 것이다. 그것도 개헌 통과가 바로 집권을 보장하는 것이 아니라 다시 71년도 대통령 선거에서 결정되는 것이다. 이것이 과연 영구 집권이겠는가. 매 4년마다 대통령 선거를 하게 되어 있는 우리 국민의 이 주권이 살아있는 한, 우리 앞에 영구 집권이란 있을 수 없다는 절대적 자신을 우리는 잊지 말아야 할 것이다.
> − 개헌안 국민 투표에 관한 대통령의 특별 담화

① 북한 무장 공비가 유격대 활동 거점 구축을 목적으로 울진·삼척 지역에 침투하였다.
② 5·16 군사 정변의 주도 세력이 주축이 되어 민주 공화당을 창당하였다.
③ 박정희 정권은 국가 비상사태를 선언하고 '국가 보위에 관한 특별 조치법'을 변칙으로 통과시켰다.
④ 해외 간첩단 사건인 동백림 사건이 발표되어 반공 체제가 강화되었다.

32 665

다음의 자료는 미국 대통령 닉슨의 외교 정책에 관한 내용이다. 이 정책이 추진되는 과정에서 일어난 상황에 해당하지 않는 것은?

> • 미국은 앞으로 베트남 전쟁과 같은 군사적 개입을 피한다.
> • 미국은 아시아에서 중요한 역할을 계속하겠지만 직접적이고 군사적인 개입은 하지 않겠다.
> • 외부의 침략에 대하여 아시아 각국이 스스로 그에 대처하여야 한다.

① 김대중 납치 사건
② 브라운 각서 통고
③ 국가 비상사태 선언
④ 7·4 남북 공동 성명

29 662

③ 제5공화국과 관련된 내용이다. 1986년 6월 부천 경찰서 성 고문 사건으로 인해 공권력의 횡포와 부도덕성, 인권 탄압 등의 사실이 폭로되자, 재야·정치권·종교계·여성계가 연합하여 1986년 7월 19일 명동 성당에서 '성 고문·용공 조작 범국민 폭로 규탄 대회'를 개최하였다. 이는 민주 세력의 연대를 강화시켜 1987년 민주화 운동의 밑거름이 되었다.

오답 분석

①, ② 제3공화국(1963~1972)은 1968년 4월 1일 향토 예비군을 창설하였고, 같은 해 12월 5일에 국민 교육 헌장을 제정하였다.

④ 제3공화국은 미국과 1966년 3월 7일에 한국군의 베트남 추가 파병에 대한 사항을 약속한 브라운 각서를 체결하였으며, 이후 1966년 7월 9일에 SOFA(대한민국과 아메리카 합중국 간의 상호 방위 조약 제4조에 의한 시설과 구역 및 대한민국에서의 합중국 군대의 지위에 관한 협정)가 조인되었다.

정답 ③

30 663

① 자료는 한·일 협정(1965)을 반대하는 내용이며, 6·3 시위는 1964년에 일어났다. 1964년 3월 정부는 일제의 침략과 식민 지배에 대한 사죄와 배상을 원하는 국민들의 요구를 배제한 채, 차관을 비롯한 경제 개발에 필요한 자금 확보만을 위한 한·일 외교 정상화 방침을 밝혔다. 이에 반발한 윤보선·장준하 등을 비롯한 야당과 사회, 종교, 문화 단체 대표 등은 대일 굴욕 외교 반대 범국민 투쟁 위원회를 결성하여 1964년 6·3 시위를 주도하였다. 시위가 격렬해지자 정부는 비상계엄령을 선포하고 시위 금지와 진압, 언론 검열, 대학 휴교령 등을 시행하였다. 결국 계엄군이 투입되어 시위는 진압되었고, 1965년 위수령하에서 한·일 협정이 체결되었다.

정답 ①

31 664

사료는 박정희가 집권 연장을 위해 3선 개헌안을 추진하면서 1969년 10월 10일에 발표했던 담화문의 내용이다.

③ 박정희는 야당, 재야 세력, 학생 등의 반대를 탄압하고 3선 개헌안을 통과시킨 후 개정된 헌법에 의거하여 대통령에 당선되었다(1971). 이후 국가 안보를 최우선으로 한다는 내용의 '국가 비상사태'를 선언하여(1971. 12. 6.) '국가 보위에 관한 특별 조치법'을 변칙으로 통과시켰다(12. 27.).

오답 분석

① 1968년 11월 북한의 무장 공비 120명이 울진·삼척 지역에 침투하여 약 2개월간 교전을 벌이다가 토벌되었다.

② 1963년 2월 군부는 총재 정구영, 당의원 김종필을 필두로 한 민주 공화당을 창당하였다.

④ 해외 간첩단 사건인 동백림 사건은 1967년에 일어났다. 동백림 사건에 대하여 '국정원 과거사 진실 규명을 통한 발전 위원회'는 2006년 1월 26일에 당시 정부가 단순 대북 접촉과 동조 행위를 국가 보안법과 형법상의 간첩죄를 무리하게 적용하여 사건의 외연과 범죄 사실을 확대·과장했다고 밝혔다. 또한 사건 조사 과정에서의 불법 연행과 가혹 행위 등에 대해 사과할 것을 정부에 권고했다.

정답 ③

32 665

제시문의 사료는 닉슨 독트린(1969)의 내용이다. 미국 대통령 닉슨은 1969년 7월 25일 괌(Guam)에서 그의 새로운 대아시아 정책인 닉슨 독트린을 발표하고, 1970년 2월 국회에 보낸 외교 교서를 통하여 닉슨 독트린을 세계에 선포하였다. 이 정책의 내용은 조약상의 책무를 지키고 맹방의 자유 또는 미국의 안전이 위협받으면 핵 우산을 제공할 것이며, 기타의 침략에는 기본적으로 각국의 자위 노력에 의거한다는 것을 선언한 것이다.

② 베트남 전쟁에 대한 참전의 대가를 언급한 브라운 각서는 1966년에 통고되었다.

오답 분석

① 김대중 납치 사건(1973), ③ 국가 비상사태 선언(1971), ④ 7·4 남북 공동 성명(1972)

정답 ②

33 666

다음은 현대사의 연표이다. 해당 연도 이후의 사건으로 옳은 것은?

5. 29 세계 최초의 금속 활자 인쇄본 『직지심체요절』 발견 (프랑스 파리)
8. 16 남북 첫 직통 전화 개설
8. 30 남북 적십자 첫 본회담(평양)
9. 18 남북 적십자 2차 본회담(서울)
10. 12 남북 조절위 공동 위원장 제1차 회담(판문각)

① 통일을 위한 제네바 회담 개최
② 백제 무령왕릉 발굴
③ 환 단위에서 원 단위로의 화폐 개혁
④ 자유 언론 실천 선언

34 667

다음 선언 직후 성립된 정치 체제에서 나타난 상황으로 옳은 것은?

대통령으로서 나에게 부여된 역사적 사명에 충실하기 위해 부득이 정상적 방법이 아닌 비상조치로 남북 대화의 적극적인 전개와 주변 정세의 급변하는 사태에 대처하기 위해 우리 실정에 가장 알맞은 체제 개혁을 단행해야 하겠다는 결심을 하기에 이르렀습니다. … (중략) … 1972년 10월 17일 19시를 기하여 국회를 해산하고 정당 및 정치 활동을 중지시키며 … (후략) …

① 간접 선거에 의해 7년 단임의 대통령이 선출되었다.
② 긴급 조치로 인하여 국민의 기본권이 제한되었다.
③ 3선 개헌을 통해 장기 집권의 발판이 마련되었다.
④ 7 · 4 남북 공동 성명으로 남북 관계가 개선되었다.

35 668

다음 구국 선언이 발표되었던 정부에서 일어난 일이 아닌 것은?

삼권 분립은 허울만 남았다. 국가 안보라는 구실 아래 신앙과 양심의 자유는 날로 위축되어 가고 언론의 자유와 학원의 자주성은 압살당하고 말았다. …… 우리의 비원인 민족 통일을 향해서 국내외로 민주 세력을 키우고 규합하여 한 걸음 한 걸음 착실히 전진해야 할 마당에 이 나라는 1인 독재 아래 인권은 유린되고 자유는 박탈당하고 있다. 우리는 이를 보고 있을 수 없어 …… 이 나라의 먼 앞날을 내다보면서 민주 구국 선언을 선포하는 바이다. 이 나라는 민주주의의 기반 위에 서야 한다. 경제 입국 구상과 자세가 근본적으로 검토되어야 한다. 민족 통일은 오늘 이 겨레가 짊어진 최대의 과업이다.   – 3 · 1 민주 구국 선언

① 정부 당국은 '공연 활동의 정화 대책'을 발표하여 모든 공연 예술에 대한 심의를 진행하였다.
② YH 무역 사건이 발생하였으며, 이와 관련해 신민당 총재였던 김영삼이 국회에서 제명당하였다.
③ 이 정부는 정의 사회 구현을 내세웠으며, 언론 보도 지침을 통해 언론을 통제하려 하였다.
④ 개헌 청원 1백만인 서명 운동이 추진되고 민청학련 사건이 일어났다.

33 666

자료는 1972년의 연표이다.

④ 자유 언론 실천 선언은 1974년 동아일보를 비롯한 언론사들이 유신 정권에 맞서 자유 언론 실천을 위해 투쟁할 것을 결의한 선언이다.

오답 분석

① 제네바 회담은 1954년 4월 26일부터 6월 15일까지 UN 참전국을 비롯한 19개국 외상들이 한국의 평화적인 통일 방안을 모색하기 위하여 개최하였던 국제 정치 회담이었다.

② 무령왕릉은 1971년 7월에 공주 송산리에서 발굴되었다.

③ 원화로의 화폐 개혁은 1962년 5 · 16 군사 정변 이후 추가 공급된 통화량의 투기 자금화를 방지하고 음성적인 부정 축재 자금을 장기 산업 투자 재원으로 활용함으로써 인플레이션을 미연에 방지하기 위해 실시하였다. 이 화폐 개혁에서는 신 · 구화폐의 환가 비율이 10대 1의 비율로 절하되었다.

정답 ④

34 667

선언문은 1972년 박정희 대통령이 유신 체제를 선언한 '10 · 17 대통령 특별 선언'이다.

② 유신 체제는 대통령의 권한이 비대해져 3권을 장악하는 권한이 부여되었으며, 선출 역시 통일 주체 국민회의에 의한 간선제 방식으로 변경되었다. 더욱이 대통령의 임기를 6년으로 연장하고 중임 제한 조항을 없애 실질적으로 영구 집권이 가능하게 한 조치였다. 뿐만 아니라 이러한 상황하에서 각종 법의 효력을 대통령의 자의적 판단에 의해 정지시킬 수 있는 긴급 조치권과 국회 해산권까지 대통령에게 부여되었다.

오답 분석

① 유신 헌법으로 집권한 전두환은 1980년 10월 22일 대통령의 임기를 7년 단임으로 규정하는 내용의 새 헌법을 국민 투표에 부쳐 발효시켰다.

③ 1969년 9월 박정희는 집권 연장을 위해 3선을 가능하게 하는 6차 개헌안을 비밀 투표로 변칙 통과시켰다.

④ 1972년 7월 4일 남북한 당국이 분단 이후 최초로 조국 통일과 관련하여 합의 발표한 공동 성명으로 당시 남한의 이후락 중앙정보부장과 북한의 김영주 조선 노동당 조직 지도부장이 서울과 평양에서 동시에 발표하였다.

정답 ②

35 668

3 · 1 민주 구국 선언은 제4공화국(유신 체제) 시기인 1976년 3월 1일, 명동 성당에서 윤보선, 김대중, 문익환, 김승훈, 함석헌, 함세웅, 안병무 등 각계 지도층 인사들이 발표하였다.

③ 정의 사회 구현을 내세웠으며, 언론 보도 지침을 통해 언론을 통제하려 했던 정부는 제5공화국이다.

정답 ③

36 669

다음의 선언문이 발표된 시기의 정부에서 일어난 언론과 관련된 내용은?

> 우리는 오늘날 우리 사회가 처한 미증유의 난관을 극복할 수 있는 길이 언론의 자유로운 활동에 있음을 선언한다. …… 본질적으로 자유 언론은 바로 우리 언론 종사자들 자신의 실천 과제일 뿐 당국에서 허용받거나 국민 대중이 찾아다 주는 것이 아니다. ……
> 1. 신문·방송·잡지에 대한 어떠한 외부 간섭도 우리의 일치된 단결로 강력히 배제한다.
> 2. 기관원의 출입을 엄격하게 거부한다.
> 3. 언론인의 불법 연행을 일체 거부한다. 만약 어떠한 명목으로라도 불법 연행이 자행되는 경우 그가 귀가할 때까지 퇴근하지 않기로 한다.
> – 「자유 언론 실천 선언문」

① 경향신문이 폐간되었다가, 다시 복간되었다.
② 민족일보 사건이 일어나 혁신계 신문이 폐간되고 탄압을 받았다.
③ 언론이 통폐합되고 프레스 카드제가 실시되었다.
④ 신문 발행 허가제가 폐지되고 언론의 자유가 진전되었다.

37 670

새마을 운동에 대한 설명으로 잘못된 것은?

① 농촌의 외형을 바꾸는 데 치중하여, 가옥의 지붕 개량 등 많은 사업들이 전개되었다.
② 1970년대 초반부터 농어촌 근대화, 소득 증대 사업이 추진되었다.
③ 중화학 공업에 대한 육성 전략이 차질을 빚자 잠시 중단되기도 하였다.
④ 정부의 주도로 근면·자조·협동의 정신을 강조하였다.

38 671

다음 자료가 발표된 이후에 일어난 사건으로 바르게 묶인 것은?

> 1. 대한민국 헌법을 부정·반대·왜곡 또는 비방하는 일체의 행위를 금한다.
> 2. 대한민국 헌법의 개정 또는 폐지를 주장, 발의 제안 또는 청원하는 일체의 행위를 금한다.
> 5. 이 조치에 위반하는 자와 이 조치를 비방하는 자는 법관의 영장 없이 체포·구속·압수·수색하며 15년 이하의 징역에 처한다. 이 경우에는 15년 이하의 자격 정지를 병과할 수 있다.
> 6. 이 조치에 위반한 자와 이 조치를 비방하는 자는 비상 군법 회의에서 심판·처단한다.

① 민청학련 사건, 푸에블로호 사건
② YH 무역 사건, 자유 언론 실천 선언
③ 베트남 파병, 한·일 협정 비준
④ 7·4 남북 공동 성명, 3선 개헌

39 672

다음 사건이 일어난 시기의 당시 상황에 대한 설명으로 옳지 않은 것은?

> 우리는 더욱더 잘 사는 나라를 기대하며 열심히 일해 왔습니다만 뜻하지 않은 지난 3월 30일 폐업 공고에 놀라지 않을 수 없었습니다. …… 저희 근로자들이 신민당에 올 수밖에 없었던 것은 회사, 노동청, 은행이 모두 문제를 해결할 수 없다기에 오갈 데 없었기 때문입니다. 악덕한 기업주가 기숙사를 철폐하여 밥은 물론 전기, 수돗물마저 먹을 수 없었을 뿐 아니라, 6일 새벽 4시경 여자들만 잠자고 있는 기숙사 문을 부수고 우리 근로자들을 끌어내려 하였습니다.
> – YH 무역 근로자의 호소문

① 김영삼의 제명에 항의하는 부·마 항쟁이 일어났다.
② 8·3 긴급 금융 조치로 사채에 대한 특별 구제 조처가 마련되어 기업에게 특혜를 부여하였다.
③ 중화학 공업 과잉 투자에 따른 경제 불황이 극심하였다.
④ 외교적 독자 노선을 추구하여 미국·일본과 갈등을 빚고 있었다.

36 669

선언문은 언론 자유 수호 투쟁 운동 당시 발표했던 「자유 언론 실천 선언문」(1974. 10. 24.)이다.

③ 1970년대에는 박정희 정부의 유신 정권 하에 언론 통폐합 정책과 프레스 카드제가 실시되는 등 언론 통제 정책이 시행되었다. 이에 유신 정권의 언론 통제에 맞서 동아·조선일보사 언론인을 중심으로 언론 자유 수호 운동이 전개되었다. 정부는 이 운동이 확산되는 것을 막기 위해 1974년 12월 16일부터 실천 운동에 가장 앞장선 동아일보사의 광고주들로 하여금 광고 철회를 하도록 강제하여 언론 탄압을 시작했고, 조선·동아일보 일부 기자를 해직시키기도 하였다.

오답 분석

① 경향신문은 1959년 폐간되었다가, 4·19 혁명으로 대법원으로부터 '발행 허가 정지의 행정 처분 집행 정지' 결정을 받고 1960년 4월 27일 복간되었다.

② 1961년 2월 창간된 민족일보는 민족 통일 전국 학생 연맹(민통전학련)의 남북 학생 회담을 적극 지원했다. 5·16 군사 정변으로 집권한 박정희는 '용공분자 색출'이라는 목적하에 대북 강경책과 노동자 탄압을 비판해오던 민족일보를 희생양으로 삼았다. 군사 정권은 발행인 조용수와 논설 위원 송지영을 비롯한 민족일보 수뇌부 10인을 구속한 뒤 5월 19일 폐간 선고를 내렸고, 10월 31일 최종 공판에서 조용수, 안신규, 송지영에게 사형을 선고했다.

④ 1960년대 장면 정부는 신문 발행 허가제를 폐지하고 언론의 자유를 활성화하였다.

정답 ③

37 670

③ 새마을 운동은 정부의 주도하에 1970년부터 시작된 범국민적 지역 사회 개발 운동으로 1980년대 민간 주도로 전환되기 이전까지 중단된 적이 없다. 정부는 근면·자조·협동 정신을 강조하였고, 농어촌 근대화와 소득 증대를 위해 새마을 운동을 추진하였다. 그러나 그 이면에는 박정희 정부의 집권을 정당화하기 위한 수단으로 활용하기 위한 목적이 강했고, 농촌의 외형을 바꾸는 데 치중했다는 한계를 지니기도 한다.

정답 ③

38 671

자료는 긴급 조치 1호(1974. 1. 8.)의 내용이다. 당시 국내에서 유신 체제에 대한 강력한 반발이 잇따르자, 박정희 정권은 국민의 정치 활동을 일체 금지하는 긴급 조치를 선포했다.

② 보도 통제 지침을 전달받은 동아일보사 편집국·방송국·출판국 기자 200여 명은 1974년 10월 24일 이러한 조치에 대한 반발로 「자유 언론 실천 선언문」을 발표했다. 한편 당시 제2차 유류 파동과 중화학 공업 과잉 투자에 따른 경제 불황으로 민심이 크게 동요하고 있었고, 노동자들의 누적된 불만이 YH 무역 농성 사건(1979)을 통해 폭발하였다.

오답 분석

① 민청학련(전국 민주 청년 학생 연맹) 사건은 긴급 조치 발동 이후 유신 헌법에 반대하여 일어난 것이 맞지만, 푸에블로호 사건은 1968년 1월 23일 미 해군 정보 수집함 푸에블로호가 북한 원산항에서 북한으로 납치된 사건을 말한다.

③ 베트남 파병은 1964년 9월 11일 1차 파병을 시작으로, 1966년 4월까지 4차에 걸쳐 일어났다. 한·일 협정은 1965년 6월 22일 한·일 기본 조약이 정식적으로 조인되었고, 8월 14일 야당 의원들이 불참한 가운데, 여당 단독으로 한·일 협정 비준 동의안이 가결되었다.

④ 7·4 남북 공동 성명은 1972년, 3선 개헌은 1969년의 일이다.

정답 ②

39 672

자료는 1979년 8월에 일어난 YH 무역 농성 사건에 관한 기록이다.

② 8·3 긴급 금융 조치는 1972년 '경제의 안정과 성장에 관한 대통령의 긴급 명령 15호'를 발표하여 추진한 것이다.

오답 분석

① YH 사건을 계기로 김영삼의 정치적 고향인 부산과 마산에서 민중 항쟁이 일어나게 되었다.

③ 유신 체제 성립 이후 국내에는 제2차 유류 파동과 중화학 공업 과잉 투자에 따른 경제 불황으로 민심이 크게 동요되고 있었다.

④ 유신 체제 말기의 외교적 상황에 해당한다.

정답 ②

40 673

헌법 개정의 역사 중 잘못된 것은?

① 1952년의 1차 개헌은 대통령 직선제와 단원제 국회안을 골격으로 하고 있다.

② 1960년 11월의 4차 개헌은 3·15 부정 선거 관련자 처벌을 위한 소급 특별법을 제정하려 한 것이다.

③ 1969년 6차 개헌 내용은 대통령의 3선 제한 규정을 폐지한 것이다.

④ 1987년 9차 개헌은 5년 단임의 대통령 직선제를 규정하였다.

41 674

다음의 결의문과 관련된 역사적 사건 이후 전개된 사실로 옳은 것은?

'우리의 결의'
1. 유신 잔당들은 불법으로 계엄령을 확대 선포하고 피에 굶주린 맹수들을 풀어 무자비한 만행을 자행하며 무차별 학살, 탄압하였다.
2. 우리 시민은 민주주의와 내 고장을 지키기 위해 분연히 총을 들고 일어섰다.
3. 우리 80만 시민은 최후의 일각까지, 최후의 일인까지 싸울 것을 죽음으로 맹세한다.
4. 과도 정부는 모든 피해를 보상하고 즉각 물러가라.
5. 무력 탄압만 계속하고 있는 명분 없는 계엄령을 즉각 철폐하라.
6. 우리 80만 시민은 피가 헛되지 않게 반민주 세력과 끝까지 투쟁할 것을 결의한다.

① 국가 기강 확립을 명분으로 국가 보위 비상 대책 위원회가 구성되어 신군부가 정권을 장악하였다.

② 통일 주체 국민회의에 의해 유신 정우회 의원이 선출되기 시작하였다.

③ 12·12 군부 쿠데타가 일어나 신군부가 급격히 권력의 핵심으로 부상하였다.

④ 서울의 봄 이후 부·마 항쟁이 일어나 조속한 민주주의의 실현을 요구하였다.

42 675

다음 글에서 언급한 언론 기본법이 폐지된 이후 등장한 정부에 대한 설명으로 옳지 않은 것은?

언론 기본법의 법 조항들은 막연한 표현, 규정의 불분명성 등으로 자의적 해석이 가능함으로써 언론 탄압에 사용되었다. 또 등록 및 등록 취소 규정은 실질에 있어서 언론 출판에 대한 사전 제한으로서의 허가제적 성격을 띠고 있어 표현의 자유를 저해하는 측면이 계속 지적되어 왔다. 그밖에도 출판물의 압수에 관한 규정, 편집인의 형사 책임에 관한 규정 등이 악법의 조항으로 거론되었다. 그리고 신문과 방송이 그 성격이나 기술 여건이 판이한데도 단일 법안에 무리하게 규정된 문제, 민간 방송이 없는 공영 방송 독점 체제, 종교 방송의 보도 금지, 광고 공사 운영 방식 등이 비판의 표적이 되었다.

① 저유가·저금리·저달러의 3저 호황을 누리며 수출이 증대하였다.

② 1988년 총선 결과 의정 사상 최초로 여소 야대 현상을 낳았다.

③ 7·7 특별 선언을 통해 북한을 민족 공동체의 일원으로 인정하였다.

④ 지방 자치제를 부분 실시하여 기초의원·광역의원 선거를 실시하였다.

40 673

① 1952년 1차 개헌은 대통령 직선제와 양원제 국회안을 골자로 하는 소위 '발췌 개헌'이다. 이 개헌은 일사부재의의 원칙 위배, 공고 절차 위반, 토론의 자유가 보장되지 않았다는 점, 의결의 강제성 등 위헌의 성격을 가진 것이었다.

※ 헌법 개정의 역사

개헌	주요 내용	비고
1차 개헌 (1952. 7.)	대통령 직선제, 양원제	발췌 개헌
2차 개헌 (1954. 11.)	대통령 중임 제한 철폐	사사오입 개헌, 이승만의 3선 허용
3차 개헌 (1960. 6.)	의원 내각제, 대통령 간선제(국회)	부통령제 폐지, 민주당 정권 수립
4차 개헌 (1960. 11.)	3 · 15 부정 선거 관련자 처벌	소급 특별법 제정
5차 개헌 (1962. 12.)	대통령 직선제, 국회 단원제	5 · 16 군사 정변, 공화당 정권 수립
6차 개헌 (1969. 10.)	대통령 중임 제한 철폐	박정희의 3선 허용
7차 개헌 (1972. 12.)	대통령 간선제(임기 6년 무제한 연임 가능, 통일 주체 국민회의)	박정희의 종신 집권 가능
8차 개헌 (1980. 10.)	대통령 간선제 (7년 단임, 선거인단)	국가 보위 비상 대책 위원회 주도
9차 개헌 (1987. 10.)	대통령 직선제 (5년 단임)	6월 민주 항쟁

정답 ①

41 674

자료는 5 · 18 민주화 운동 당시의 결의문이다.

① 박정희가 암살된 후, 12 · 12 사태로 정권을 장악한 신군부는 1980년 5월 비상계엄을 선포하였다. 이에 반발하여 광주에서 신군부의 비상계엄 철회와 민주 헌정 체제 회복을 주장하는 학생 시위가 일어났고, 계엄군의 과잉 진압으로 유혈 사태가 벌어지면서 시민의 봉기로 이어졌다. 이후 신군부가 '국가 보위 비상 대책 위원회' 등을 설치하며 본격적인 권력 장악에 성공하였으나, 광주 민주화 운동의 진압 과정에서 빚은 유혈 사태가 세계에 알려지면서 도덕성이 추락하고, 큰 정치적 부담을 지게 되었다.

오답 분석

② 유신 정우회는 국회의원 정수의 3분의 1에 해당하는 수의 국회의원을 대통령이 추천하면 통일 주체 국민회의가 승인 · 선출하였던 것으로 1973년부터 구성되기 시작하였다.
③ 하나회라는 군부 내 사조직이 일으킨 12 · 12 쿠데타는 광주 민주화 운동(1980)보다 이전인 1979년에 일어났다.
④ 신민당 총재인 김영삼이 제명된 것을 계기로 일어난 부 · 마 항쟁은 1979년에 발생한 사건이다.

정답 ①

42 675

전두환 정부는 공영 방송의 이념을 구현하기 위해 1980년 언론 기본법을 제정하였다. '전파는 국민의 재산'이란 기본 가정을 전제로 방송의 공공성 · 공익성을 강조하였던 이 법은 실제로는 독재 정권을 강화하고 언론과 국민을 통제하기 위해 만들어진 것이었다. 이 법은 여러 폐해를 남기며 1987년 폐지되었다.

① 저유가 · 저금리 · 저달러의 3저 호황은 전두환의 제5공화국 시기에 일어난 상황이었다.

오답 분석

②, ③, ④ 여소 야대 상황과 7 · 7 특별 선언(1988), 지방 자치제 부분 실시는 모두 제6공화국 시기에 일어난 일이다.

정답 ①

43 676

자료의 내용 발표 이후에 등장한 정부에 대한 설명으로 옳은 것은?

> 첫째, 여·야 합의하에 조속히 대통령 직선제로 개헌하고 새 헌법에 의한 대통령 선거를 통하여 1988년 2월 평화적 정부 이양을 실현하도록 해야겠습니다.
>
> 둘째, 자유로운 출마와 공정한 경쟁이 보장되어 국민의 올바른 심판을 받을 수 있는 내용으로 대통령 선거법을 개정하여야 한다고 봅니다.
>
> 셋째, 자유 민주주의적 기본 질서를 부인한 반국가 사범이나 살상·방화·파괴 등으로 국가를 흔들었던 극소수를 제외한 모든 시국 관련 사범들도 석방되어야 합니다.
>
> 넷째, 인간의 존엄성은 더욱 존중되어야 하며 국민 개개인의 기본적 인권은 최대한 신장되어야 합니다.

① 저유가·저금리·저달러의 3저 호황을 누리며 수출이 증대하였다.

② 이산가족의 정기적 상봉이 이루어졌다.

③ 3당을 합당하여 여당인 민주 자유당을 창당하였다.

④ 지방 자치제가 전면 실시되어 자치 단체장을 선거로 뽑게 되었다.

44 677

다음 연표의 (가)~(라) 시기의 정치 상황을 잘못 설명한 것은?

1948	1960	1965	1972	1987
(가)	(나)	(다)	(라)	
정부 수립	4·19 혁명	한·일 협정	유신 헌법 제정	6월 항쟁

① (가)-유상 매입, 유상 분배의 농지 개혁이 추진되었다.

② (나)-1·21 사태, 푸에블로호 사건 등이 발생하였다.

③ (다)-새마을 운동이 제창되었고, 경부 고속도로가 개통되었다.

④ (라)-6·23 평화 통일 선언이 발표되었다.

45 678

제6공화국 수립 이후부터 추진된 정책의 순서로 옳은 것은?

> (가) 한반도 비핵화 공동 선언 발표
> (나) 7·7 특별 선언
> (다) 금융 실명제 단행
> (라) OECD 가입

① (가)-(나)-(다)-(라)

② (나)-(가)-(다)-(라)

③ (나)-(가)-(라)-(다)

④ (가)-(나)-(라)-(다)

46 679

다음은 어떤 정부의 연표이다. 이 정부 시기에 일어난 일로 옳지 않은 것은?

02월 27일	대통령 재산 공개, 정치 자금 받지 않겠다 선언
03월 13일	북한 NPT 탈퇴 선언, 핵위기 고조
03월 19일	장기수 이인모 노인 송환
07월 01일	신경제 5개년 계획 발표
08월 12일	금융 실명제 전격 단행
09월 03일	약사법 개정안, 한의사·약사 분쟁
12월 09일	쌀 개방 관련 담화

① 여성부와 국가 인권 위원회를 설치하였다.

② 국민학교를 초등학교로 개명하였다.

③ 대형 비리 사건과 경제 위기로 IMF 구제 금융 사건이 일어났다.

④ 일제의 쇠말뚝 뽑기 운동과 구조선 총독부 철거 작업을 실시하였다.

43 676

자료는 1987년 6월 민주 항쟁의 결과로 발표된 6 · 29 선언이다.
③ 6월 항쟁 이후 노태우 정부가 출범하였으며, 1988년 4월 치른 국회의원 선거에서는 여권이 패배하고 영남, 호남, 충청권을 야권이 장악하며 여소 야대의 구도가 되었다. 그러나 1990년 노태우 · 김종필 · 김영삼이 '3당 합당'에 참여하여 거대 여당인 민자당(민주 자유당)을 창당하였다.

오답 분석

① 전두환 정부는 저유가 · 저금리 · 저달러의 3저 호황을 통해 수출을 증대하고 무역 흑자를 발생시켜 중산층이 증가하는 계기가 되었다.
② 이산가족 방문단의 정기적 교환이 이루어진 것은 김대중 정부 시기이다.
④ 노태우 정부 시기에는 지방 자치제가 부분 실시되었고, 김영삼 정부에 이르러 지방 자치제가 전면 시행되었다.

정답 ③

45 678

② 제6공화국 수립 이후부터 추진된 정책의 순서를 옳게 나열하면 (나) 7 · 7 특별 선언(1988) → (가) 한반도 비핵화 공동 선언 발표(1991) → (다) 금융 실명제 단행(1993) → (라) OECD 가입(1996)이다.

정답 ②

44 677

② 1 · 21 사태는 북한 무장 공비들이 청와대에 침입하려 한 사건이며, 푸에블로호 사건은 미국의 첩보함인 푸에블로호가 공해상에서 북한에 납치된 사건이다. 이 사건들은 모두 1968년에 발생한 것으로 (다) 시기에 해당한다.

오답 분석

① 1949년 농지 개혁법이 제정되고 이듬해 3월 본격적인 농지 개혁이 시행되었다.
③ 1970년부터 범국민적 지역 사회 개발 운동인 새마을 운동이 실시되었으며, 같은 해에 경부 고속도로가 건설되었다.
④ 1973년 남 · 북 유엔 동시 가입, 문호 개방 등을 내용으로 한 6 · 23 평화 통일 선언이 발표되었다.

정답 ②

46 679

자료는 김영삼 정부(문민 정부)의 연표이다.
① 여성부와 국가 인권 위원회는 김대중 정부(국민의 정부) 시기에 설치되었다.

오답 분석

② 초등학교 개명은 1996년의 일이다.
③ IMF 구제 금융 사건은 1997년의 일이다.
④ 문민 정부는 일제의 잔재를 청산하기 위하여 구조선 총독부 철거 작업을 실시하였고, 일제의 쇠말뚝 뽑기 운동을 벌이기도 하였다.

정답 ①

47 680

다음의 결의문이 채택되었을 당시의 정부 체제는?

> 1. 북한 학생 및 당국의 적극적인 호응을 환영한다.
> 1. 남·북 학생 회담 장소는 판문점으로 한다.
> 1. 회담 시일은 5월 이내로 하며 정확한 일자는 대표 선출 이후 결정한다.
> 1. 민족 통일 전국 학생 연맹은 지역별로 대표를 선정하여 회담 준비의 만전 태세를 갖춘다.
> 1. 정부는 우리 남·북 학도 회담에 임하는 모든 편의를 제공하라.

① 대통령 중심제(대통령 6년 임기 간선제)
② 내각 책임제(대통령 의회 선출 간선제)
③ 대통령 중심제(대통령 의회 선출 간선제)
④ 대통령 중심제(대통령 직선제)

48 681

다음은 남북한 간 합의문 중 하나이다. 이 합의문의 특징으로 알맞은 것은?

> • 통일은 외세에 의존하거나 외세의 간섭을 받음이 없이 자주적으로 해결해야 한다.
> • 통일은 서로 상대방을 반대하는 무력 행사에 의거하지 않고 평화적 방법으로 실현하여야 한다.
> • 사상과 이념, 제도의 차이를 초월하여 우선 하나의 민족으로서 민족적 대단결을 도모하여야 한다.

① 분단 이후 처음으로 남·북한의 정상이 만나 체결하였다.
② 남한과 북한이 동시에 UN에 가입하였다.
③ 공식 대화 기구인 남북 조절 위원회를 구성하였다.
④ 남북 고위급 회담에서 확인, 발효된 남북한의 기본 관계에 관한 문서에 언급된 내용이다.

49 682

다음 (가)와 (나)가 발표된 시기 사이에 있었던 사실로 옳은 것을 〈보기〉에서 모두 고른 것은?

> (가)
> • 통일은 외세에 의존하거나 외세의 간섭 없이 자주적으로 해결한다.
> • 통일은 서로 상대방을 반대하는 무력 행사에 의거하지 않고 평화적 방법으로 실현한다.
> • 사상과 이념, 제도의 차이를 초월하여 우선 하나의 민족으로서 민족적 대단결을 도모한다.
> (나)
> • 핵무기의 시험, 제조, 생산, 접수, 보유, 저장, 배비(配備), 사용을 하지 아니한다.
> • 핵에너지를 오직 평화적 목적에만 이용한다.
> • 핵처리 시설과 우라늄 농축 시설을 보유하지 아니한다.
> • 한반도의 비핵화를 검증하기 위하여 상대측이 선정하고 쌍방이 합의하는 대상들에 대하여 남북 핵 통제 위원회가 규정하는 절차와 방법으로 사찰을 실시한다.
> • 이 선언의 이행을 위하여 공동 선언이 발효된 후 1개월 안에 남북 핵 통제 위원회를 구성한다.

> **보기**
> ㄱ. 유신 헌법이 제정되고 유신 체제가 출범하였다.
> ㄴ. 학생과 혁신계 정당의 통일 운동이 활발히 전개되었다.
> ㄷ. 이산가족이 처음으로 상봉하였다.
> ㄹ. 신·구화폐의 환가 비율이 1/10에 해당하는 화폐 개혁이 추진되었다.

① ㄱ, ㄴ   ② ㄱ, ㄷ
③ ㄴ, ㄷ   ④ ㄷ, ㄹ

47 680

자료는 「민족 통일 전국 학생 연맹 결의문」(1961. 5. 5.)의 내용이다. 장면 정부(제2공화국) 시기에는 민간 통일 운동이 활성화되었는데, 학생들이 주도했던 민족 통일 전국 학생 연맹은 이 결의문을 발표하고 남북 학생 회담을 5월 내 개최할 것을 결정하였다.
② 장면 정부(제2공화국) 시기의 정치 체제는 내각 책임제였다.

오답 분석
① 대통령의 6년 임기 간선제는 유신 체제하의 대통령제로 1972년 개헌으로 규정되었다.
③ 대통령 중심제하에서의 대통령 의회 선출 간선제는 초대 헌법에서 규정되었다.
④ 대통령 직선제의 중심제는 발췌 개헌(1952)과 9차 헌법 개정(1987)에서 규정되었다.

정답 ②

49 682

(가)는 7·4 남북 공동 성명(1972. 7. 4.), (나)는 1991년 12월 31일 발표된 한반도 비핵화 공동 선언이다.
ㄱ. 1972년 10월 박정희 정권은 계엄령을 선포하고 10월 유신을 단행하였다.
ㄷ. 1985년 광복절을 기해 남북한의 이산가족 고향 방문 및 예술 공연단 교환 방문이 이루어졌다.

오답 분석
ㄴ. 이승만 대통령이 하야하고 제2공화국(1960. 8.)이 출범되자 학생과 혁신계 정당 등 민간의 통일 운동이 활발히 전개되었다.
ㄹ. 신·구화폐의 환가 비율이 1/10에 해당하는 긴급 통화 금융 조치는 5·16 군사 정변 이후 추가 공급된 통화량의 증가로 인한 인플레이션을 미연에 방지하기 위해 실시(1962)되었다.

정답 ②

48 681

사료는 7·4 남북 공동 성명으로 1972년 7월 4일 남북한 당국이 분단 이후 최초로 조국 통일과 관련하여 합의 발표한 공동 성명이다.
③ 이 성명문에서 남북은 자주·평화·민족 대단결의 3대 통일 원칙을 확인하고, 공식 대화 기구인 남북 조절 위원회를 구성하기로 하였다. 이 공동 성명은 분단 이후 통일과 관련한 최초의 남북한 공동 성명이라는 점과 기존의 외세 의존적이며 군사적·이념적 대결을 절대시했던 통일 노선을 전면적으로 거부하고 조국 통일의 올바른 원칙을 제시했다는 점에서 그 의의를 찾을 수 있다.

오답 분석
① 2000년 6월 15일에 공식 발표된 6·15 남북 공동 선언은 분단 55년 만에 처음 만난 남·북한의 두 정상이 체결한 것이다.
② 1991년 9월 남북한은 제46차 유엔 총회에서 별개의 의석으로 유엔 회원국으로 가입하였다.
④ 남북한의 기본 관계에 관해 정부 간 공식 합의한 것으로, 제5차 고위급 회담(1991. 12., 서울)에서 채택·서명되었고, 제6차 남북 고위급 회담(1992. 2., 평양)에서 확인·발효되었다. 남북 기본 합의서에서 남한과 북한 정부는 남북 관계를 '잠정적 특수 관계'로 규정하고, 남북이 통일에 이르는 과도적 기간 중에 있다는 전제하에 합의를 이끌어냈다.

정답 ③

50 683

다음 선언문에 해당하는 설명으로 옳은 것은?

1. 정치인, 경제인, 언론인, 종교인, 문화·예술인, 체육인, 학자 및 학생 등 남북 동포 간의 상호 교류를 적극 추진하며 해외 동포들이 자유로이 남북을 왕래하도록 문호를 개방한다.
2. 남북 적십자 회담이 타결되기 이전이라도 인도주의적 견지에서 가능한 모든 방법을 통해 이산가족들 간의 생사·주소 확인, 서신 거래, 상호 방문 등이 이루어질 수 있도록 적극 주선·지원한다.
3. 남북 간 교역의 문호를 개방하고 남북 간 교역을 민족 내부의 교역으로 간주한다.
4. 남북 모든 동포의 삶의 질을 향상시킬 수 있도록 민족 경제의 균형적 발전이 이루어지기를 희망하며 비군사적 물자에 대해 우리 우방들이 북한과 교역을 하는 데 반대하지 않는다.
5. 남북 간의 소모적인 경쟁·대결 외교를 종결하고 북한이 국제 사회에 발전적 기여를 할 수 있도록 협력하며, 또한 남북 대표가 국제 무대에서 자유롭게 만나 민족의 공동 이익을 위하여 서로 협력할 것을 희망한다.

① 분단 이후 최초로 조국 통일과 관련하여 합의 발표한 공동 성명이다.
② 남북 고위급 회담에서 확인, 발효된 남북한의 기본 관계에 관한 문서이다.
③ 민족 통일 협의회를 구성하고 민주 방식에 의한 국민 투표로 통일 헌법을 확정한 뒤 남북한 총선거를 추진하는 방식의 통일안을 제시하였다.
④ 민족 자존과 통일 번영을 위한 특별 선언으로 북한을 민족 공동체 일원으로 인정하였다.

51 684

다음 자료에 제시된 통일 방안에 대한 설명으로 옳은 것은?

남과 북은 쌍방 사이의 관계가 나라와 나라 사이의 관계가 아닌 통일을 지향하는 과정에서 잠정적으로 형성되는 특수 관계라는 것을 인정하고 다음과 같이 합의하였다.
• 남과 북은 서로 상대방의 체제를 인정하고 존중한다.
• 남과 북은 상대방의 내부 문제에 간섭하지 아니한다.

① 남측의 연합제 안과 북측의 낮은 단계의 연방제 안의 공통성을 인정하였다.
② 판문점에 남북 연락 사무소를 설치하기로 합의하였다.
③ 이 이후 UN 동시 가입 문제를 둘러싸고 북한이 일방적으로 대화를 중단하였다.
④ 닉슨 독트린 발표로 평화 공존 분위기가 조성된 국제 정세 속에서 등장하였다.

52 685

(가)와 (나)가 발표된 시점 사이에 일어난 남북 관계의 변화를 〈보기〉에서 모두 고른 것은?

(가) 남과 북은 상대방에 대하여 무력을 사용하지 않으며 상대방을 무력으로 침략하지 아니한다. 남과 북은 민족 구성원들의 자유로운 왕래와 접촉을 실현한다.
　　　　　　　　　　　　　　　　　　− 남북 기본 합의서
(나) 남측의 연합제 안과 북측의 낮은 단계의 연방제 안이 서로 공통성이 있다고 인정하고 앞으로 이 방향에서 통일을 지향시켜 나간다.
　　　　　　　　　　　　　　　　　− 6·15 남북 공동 선언

보기
ㄱ. 경수로 건설 사업이 추진되었으며, 금강산 관광이 시작되었다.
ㄴ. 한반도 비핵화 공동 선언이 발표되었다.
ㄷ. 공산권에 대한 문호 개방과 남북한 유엔 동시 가입 등을 내용으로 한 6·23 평화 통일 선언이 발표되었다.
ㄹ. 신의주와 단동을 잇는 경제 특구와 개성 공단 조성 사업이 시작되었다.

① ㄱ, ㄴ　　　　　　　　② ㄱ, ㄷ
③ ㄴ, ㄷ　　　　　　　　④ ㄴ, ㄹ

문제 풀이

50 683

선언문은 1988년 7월 7일에 발표한 '민족 자존과 통일 번영을 위한 특별 선언'으로 일컬어지는 7·7 선언의 내용이다.
④ 7·7 선언에서 남한은 북한을 민족 공동체 일원으로 인정하였다.

오답 분석

① 7·4 남북 공동 성명(1972), ② 남북 기본 합의서(1991), ③ 민족 화합 민주 통일 방안(1982)에 해당한다.

정답 ④

51 684

자료는 1991년 12월에 채택된 남북 기본 합의서에 대한 내용이다.
② 이 합의서는 남북한의 기본 관계에 관해 정부 간 공식 합의한 것으로, 서로를 '잠정적 특수 관계'로 규정하고 통일에 이르는 과도적 기간 중에 있다고 명시하였다. 그 결과 1992년 3월 18일 이전에 정치, 군사, 교류·협력 등 3개 분과 위원회를 구성하고 판문점에 상호 연락 사무소를 설치하는 등 부문별 공동 위원회를 구성하기로 하였다.

오답 분석

① 2000년 6·15 남북 공동 선언에서는 통일을 위한 남측의 연합제 안과 북측의 낮은 단계의 연방제 안이 서로 공통성이 있다고 인정하고 앞으로 이 방향에서 통일을 지향해 나가기로 하였다.
③ 북한은 박정희 정권이 발표한 6·23 평화 통일 외교 정책 선언(1973)을 영구 분단책이라고 비난하고 모든 남북 대화 중단을 구실로 삼아 철회를 주장하였다.
④ 1970년 8·15 해방 25주년 경축사에서 행한 '8·15 평화 통일 구상'에 대한 설명이다.

정답 ②

52 685

(가) 1991년 12월 서울에서 개최된 제5차 남북 고위급 회담에서 채택된 남북 기본 합의서(남북 사이의 화해와 불가침 및 교류 협력에 관한 합의문)이다.
(나) 2000년 6월 15일에 남북 정상 회담 결과 발표된 6·15 남북 공동 선언문이다.
ㄱ. 1997년 KEDO(한반도 에너지 개발 기구)의 지원을 받아 북한의 경수로 건설 사업이 추진되었고, 1998년 금강산 관광이 시작되었다.
ㄴ. 1991년 12월 제5차 남북 고위급 회담에서 합의된 바에 따라 3차례에 걸친 대표 접촉 끝에 1992년 한반도 비핵화 공동 선언이 발표되었다.

오답 분석

ㄷ. 6·23 평화 통일 선언은 1973년에 발표된 것으로 남북한의 UN 동시 가입, 호혜 평등의 원칙하에 모든 국가에 대한 문호 개방을 제시한 것이었다.
ㄹ. 개성 공단은 2000년 8월 현대와 북한 조선 아시아 태평양 평화 위원회가 합의하여, 2003년부터 조성이 시작되었고 2004년에 공산품 생산을 시작하였다.

정답 ①

53 686

통일 정책의 추진 과정에서 이루어진 정책의 순서로 옳은 것은?

㉠ 남북한 UN 동시 가입
㉡ 남북 기본 합의서 채택
㉢ 남북 정상 회담 개최와 6 · 15 남북 공동 선언
㉣ 10 · 4 남북 공동 선언
㉤ 7 · 7 특별 선언

① ㉠-㉡-㉢-㉣-㉤
② ㉡-㉠-㉢-㉤-㉣
③ ㉤-㉠-㉡-㉢-㉣
④ ㉤-㉠-㉢-㉡-㉣

54 687

다음은 북한 지역에서 실시된 경제 정책과 관련된 자료이다. 이에 대한 설명으로 옳지 않은 것은?

제2조 몰수되어 농민 소유지로 넘어가는 토지들은 다음과 같음.
(1) 일본 국가, 일본인 및 일본인 단체의 소유지
(2) 조선 민중의 반역자, …… 일본 제국주의자의 정권 기관에 적극 협력한 자의 소유지 등
제3조 몰수하여 무상으로 농민에게 소유로 분여하는 토지는 다음과 같음.
(1) 1농호에 5정보 이상 소유한 조선인 지주 소유지
(2) 자경(自耕)하지 않고 전부 소작 주는 소유자의 토지

① 무상 몰수 방식으로 추진되었다.
② 1946년 3월 임시 인민 위원회에서 추진하였다.
③ 토지 소유의 상한선은 5정보 이하로 정하였다.
④ 이승만 정부의 농지 개혁과는 달리 임야를 포함하지 않는 토지 개혁이었다.

55 688

자료의 내용에서 언급된 정부 시기에 일어난 북한의 움직임에 해당하는 것은?

차기 대통령 후보 지정 문제 등 정치적 갈등이 심화되었고, 학생 시위를 강경하게 진압하였다. 또한 이 정부는 지방 자치제를 부분 실시하여 기초의원 선거와 광역의원 선거를 실시하였다.

① 사회주의 헌법 공포
② 천리마 운동 시작
③ 개성 공단 조성
④ 나진 · 선봉 자유 무역 지대 설치 공포

56 689

1960년대의 이민 사업 및 인력 수출에 대한 설명으로 잘못된 것은?

① '해외 이주법'이 제정되면서 합법적인 국외 이민이 시작되었다.
② 사우디 주베일 지역 항만 공사 등 건설 인력 수출을 통해 경제적 위기를 극복하였다.
③ 미국이 이민법을 1965년에 개정하면서 미국으로의 이민도 활성화되었다.
④ 정부는 서독과 특별 고용 계약을 맺고 간호사 3천 명, 탄광 광부 3천 명을 파견하였다.

53 686

③ 통일 정책의 순서를 옳게 나열하면 ⑩ 7 · 7 특별 선언(1988) → ㉠ 남북한 UN 동시 가입(1991. 9.) → ㉡ 남북 기본 합의서 채택(1991. 12.) → ㉢ 남북 정상 회담 개최 및 6 · 15 남북 공동 선언(2000) → ㉣ 10 · 4 남북 공동 선언(2007)이다.

정답 ③

54 687

자료는 북한의 농지 개혁에 관한 내용이다. 북한은 임시 인민 위원회를 설립하고 1946년 3월 5일부터 토지 개혁을 추진하였다. 북한의 토지 개혁은 무상 몰수, 무상 분배의 원칙에 따라 11,500여 개의 농촌 위원회를 중심으로 집행하여 20여 일 만에 완수하였다.

④ 북한의 토지 개혁은 임야를 제외한 농지만을 대상으로 하였던 남한의 토지 개혁(1950. 3., 유상 매입, 유상 분배)과는 달리 임야를 포함한 토지 개혁이었다. 이로 인해 토지를 몰수당한 지주층이 대거 월남하기도 하였다.

정답 ④

55 688

제시문은 제6공화국의 노태우 정부에 대한 내용이다.

④ 나진 · 선봉 자유 무역 지대가 설치된 것은 1991년으로 노태우 정부 시기에 해당한다.

오답 분석

① 사회주의 헌법은 1972년, ② 천리마 운동은 1957년부터 추진되었다.
③ 개성 공단은 2003년부터 조성되기 시작하였다.

정답 ④

56 689

② 사우디 주베일 지역의 항만 공사가 추진된 것은 1970년대의 일이다. 이 사업은 1976년 6월부터 1979년 12월까지 공사가 진행되었으며, 당시에 한 업체가 맡은 단일 공사로는 세계 최대 규모였다.

오답 분석

① '해외 이주법'은 1962년 3월 9일에 지정되었다.
③ 미국은 1965년에 구 외국 이민 제한법(1924)을 개정하여, 인종 차별의 비민주적인 결함이라 지적되어 오던 국가별 이민 할당제를 폐지하고, 동서 반구별 이민 할당제를 채택하였다.
④ 1963년 12월 16일 한국과 서독 간 제1차 광부 파견 협정이 체결되어 정부는 광부를 파견하고 서독으로부터 차관을 제공받았다. 이후 한국 정부는 1966년 서독과 정식으로 특별 고용 계약을 맺고 광부 3천 명, 간호사 3천 명을 추가 파견하였다. 이후 77년 말까지 대한민국 정부는 11년간 광부 7932명, 간호사 1만 226명을 서독에 파견하였다.

정답 ②

57 690

다음은 광복 후 귀속 재산의 처리에 관한 자료이다. 이로 인한 영향이나 결과로 가장 적절한 것은?

> • 1945년 8월 9일 이후 일본 정부와 기관, 일본인, 일본인의 회사·단체·조합 등이 직접 간접으로 전부 또는 일부를 소유하거나 관리하는 …… 모든 종류의 재산 및 수입에 대한 소유권은 1945년 9월 25일부터 군정청이 갖고 재산 전부를 소유함.
> ― 「조선 내 소재 일본인 재산권 취득에 관한 건」(1945. 12.)
> • 귀속 기업체의 매수 우선 순위는 그 기업체의 ① 임차인 및 관리인 ② 주주 ③ 관리직 사원 ④ 조합원 및 계속 근무한 종업원, 그리고 ⑤ 농지 개혁법에 따라 농지를 매수당한 지주 출신으로 한다.
> ― 「귀속 재산 처리법 시행령」(1950. 3.)

① 미군정은 신한 공사를 설립하여 귀속 토지를 대부분 매각하였다.
② 귀속 기업의 매수로 많은 지주 계층이 산업 자본가로 전환하였다.
③ 귀속 기업체는 6·25 전쟁 이후 이승만 정부에 의해 대부분 특혜 불하되었다.
④ 귀속 토지는 생산물의 150%를 15년간 분할 상환하는 조건으로 매각되었다.

58 691

제시문의 내용은 미군정의 농지 개혁에 관한 것이다. 이와 관련된 내용과 후속으로 추진된 이승만 정부의 농지 개혁에 대한 설명으로 잘못된 것은?

> 미군정은 1948년 총선거를 앞두고 신한 공사를 해체하고 소유 농지를 최대 2정보까지 소작농에게 분배하였다. 가격은 해당 농지 연평균 소출량의 300%를 15년간 분할 상환하는 것이었다.

① 미군정이 소유하였다가 분배한 토지는 대개 일본인들이 남겨 놓은 귀속 농지였다.
② 연평균 소출량의 300% 15년 분할 상환 방식은 이승만 정부의 농지 개혁에도 적용되었다.
③ 이승만 정부의 농지 개혁은 임야를 제외하고 소유 한도를 최대 3정보로 규정하였다.
④ 미군정이 토지를 분배하기 위해 설립한 기구는 중앙 토지 행정처였다.

59 692

다음 법의 실시 과정과 결과에 대한 설명으로 옳지 않은 것은?

> 제1조 본 법은 헌법에 의하여 농지를 농민에게 적절히 분배함으로써 농가 경제의 자립과 농업 생산력의 증진으로 인한 농민 생활의 향상 내지 국민 경제의 균형과 발전을 기함을 목적으로 한다.
> 제5조 정부는 다음에 의하여 농지를 매수한다.
> 　　2. 다음의 농지는 본 법 규정에 의하여 정부가 매수한다.
> 　　　(가) 농가 아닌 자의 농지
> 　　　(나) 자경하지 않는 자의 농지
> 　　　(다) 본 법 규정의 한도를 초과하는 부분의 농지

① 5·10 총선안 반대에 대한 무마책으로 미군정이 이 법을 시행하였다.
② 대부분의 지주 계급은 이 법의 시행을 반대하였다.
③ 과수원, 산림, 간척지는 분배 대상에서 제외되었다.
④ 이 법의 제정에 지주 계급의 입장이 일정 정도 반영되었다.

60 693

다음의 경제적 상황에 처해있던 정부가 추진한 경제 정책에 해당하는 것은?

> 미국의 원조 물자를 가공하여 제품을 만드는 소비재 생산 공업 위주로 발달하면서 철강, 기계 등 생산재 공업은 발전하지 못하였다. 뿐만 아니라 농업 부문도 복구가 미비하였다. 귀속 재산 처리에 있어서는 전쟁 말기부터 일본인이 소유했던 토지와 재산, 공장 등을 민간인에게 본격적으로 불하하였다.

① 부흥부 안에 '산업 개발 위원회'가 설치되고, 2년 뒤 '3개년 경제 발전 계획 시안'이 국무 회의에서 승인되었으나 실패하였다.
② 경제 제일주의를 내걸고, 댐 건설을 비롯한 '국토 개발 사업'에 착수하였다.
③ 농어촌 고리채 정리법, 부정 축재 처리법, 농업 협동 조합법, 국가 재건 국민 운동에 관한 법 등을 제정하였다.
④ 마산에 수출 자유 지역을 조성하고 경부 고속도로를 건설하였다.

57 690

③ 이승만 정부는 귀속 재산 처리법을 제정하여 6·25 전쟁이 끝날 무렵부터 귀속 기업체를 민간에 매각하기 시작하였다. 그러나 불하 대상자의 선정·불하 가격의 책정·대금 지불 방법 등을 둘러싸고 높은 인플레이션 상황하에서 불공정한 특혜 불하가 이루어졌다. 그 결과 1950년대 독점 자본이 성장하였으며, 토지 자본의 산업 자본화 정책은 실패하였다.

오답 분석

① 동양 척식 주식회사의 소유 농지와 일본인(회사 및 개인) 소유 농지는 신한 공사가 이의 보전, 이용 및 회계 등을 담당하였다. 이후 1948년 3월에 신한 공사를 해체하고 '중앙 토지 행정처'를 설치하면서 귀속 농지를 경작자에게 매각·분배하였다.
② 귀속 재산 불하는 대부분 정치권과 유착 관계를 맺고 있던 기업들에게 불하되었다.
④ 귀속 토지의 가격은 해당 농지 생산물의 300%를 15년간 분할 상환하는 것이었는데, 1951년 귀속 농지 특별 조치법의 제정으로 일반 농지와 같이 해당 농지 생산물의 150%를 5년간 분할 상환하는 것으로 조정되었다.

정답 ③

58 691

미군정 시기 중앙 토지 행정처가 분배한 귀속 농지는 생산량의 300% 15년 분할 상환 방식을 바탕으로 이루어졌다.
② 이승만 정부의 농지 개혁은 생산량의 150%를 가격으로 하고 5년 분할 상환 방식을 채택하여 이루어졌다. 또한 이승만 정부의 농지 개혁은 임야를 제외하고 소유 한도를 최대 3정보로 규정하였다.

정답 ②

59 692

제시문은 이승만 정부 시기 제정·공포된 농지 개혁법(1949. 6. 21.)의 내용이다. 대한민국 정부 수립 직후, 북한에서 토지 개혁이 실시(1946)됨에 대응하여 대한민국에서도 농지 개혁을 실시하고자 제정되었다. 농지 개혁법에 의하여 몰수 또는 국유로 된 농지와 소유권의 명의가 분명치 않은 농지는 정부에 귀속되었다.
① 농지 개혁법은 이승만 정부 시기에 제정된 것으로 미군정과는 관계가 없다. 미군정은 소작료를 3분의 1로 낮추고 소작권을 부활시켰을 뿐 구체적인 농지 개혁 및 근본적인 토지 개혁에는 소극적이었다.

정답 ①

60 693

제시문의 내용은 이승만 정부 시기의 상황을 언급한 것이다.
① 부흥부는 이승만 정부에서 1955년 2월 정부 조직법 개정에 따라 산업 경제의 부흥에 관한 종합 계획과 그 실시의 관리·조정에 관한 사무를 관장하기 위하여 설치되었다.

오답 분석

② 제2공화국, ③ 국가 재건 최고 회의, ④ 제3공화국에서 유신 체제에 이르는 시기에 해당하는 내용이다.

정답 ①

61 694

다음 사건이 일어난 당시의 상황과 관련이 깊은 것은?

> 존경하는 대통령 각하! …… 저희들은 근로 기준법의 혜택을 조금도 못 받으며, 더구나 2만여 명을 넘는 종업원의 90% 이상이 평균 연령 18세 여성입니다. …… 또한, 2만여 명 중 40%를 차지하는 시다공(보조공)들은 평균 연령이 15세의 어린이들입니다. 이들은 전부가 다 영세민들의 자제이며, 굶주림과 어려운 현실을 이기려고 하루에 90원 내지 100원의 급료를 받으며 1일 15시간씩 작업을 합니다. …… 저희들의 요구는 1일 15시간의 작업 시간을 1일 10시간~12시간으로 단축해 주십시오. 1개월 휴일 2일을 늘려서 일요일마다 휴일로 쉬기를 원합니다. 건강 진단을 정확하게 하여 주십시오. 시다공의 수당을 50% 인상하십시오. 절대로 무리한 요구가 아님을 맹세합니다. 인간으로서 최소한의 요구입니다.

① 대입 수학 능력 시험 제도를 도입하였다.
② 경공업 중심의 수출 주도형 공업화 정책을 유지하였다.
③ 여성의 역할이 증대함에 따라 남녀 고용 평등법이 제정되었다.
④ 신경제 5개년 계획을 세우고 공기업의 민영화를 추진하였다.

62 695

경제 성장의 중요 기반 및 성과에 대한 내용이다. 시기별 순서에 해당하는 것으로 옳은 것은?

> (가) 수출 100억 달러 돌파
> (나) 포항 제철 준공
> (다) 고리 원자력 발전소 준공
> (라) 경부 고속도로 개통

① (가) – (다) – (라) – (나)
② (나) – (다) – (가) – (라)
③ (다) – (라) – (가) – (나)
④ (라) – (나) – (가) – (다)

63 696

1980년대 이후에 국내에서 전개된 경제 상황으로 잘못된 것은?

① 제5공화국 이후 경제 발전으로 중산층이 증가하였으며, 6월 항쟁으로 민주화가 추진될 수 있었다.
② 노태우 정부 시기부터 우루과이 라운드의 진행 등의 악재로 경제가 불황 국면에 접어들었다.
③ 1990년대에 OECD에 가입하였으나, 국제 통화 기금(IMF)의 긴급 금융 지원과 감독을 받는 상황이 벌어졌다.
④ 이중 곡가제가 최초로 시행되어 재정 적자의 문제를 일으켰다.

64 697

제시문의 그와 관련된 내용으로 옳은 것은?

> 그가 주장하는 '얼'은 민족정신을 말하는 것이다. 그는 '얼'의 반영으로 나타나는 것이 곧 역사요, 역사의 대척주(大春柱)를 찾는 것은 역사의 밑바닥에서 천추만대를 일관하는 '얼'을 찾는 작업이라고 주장하였다. 따라서 역사학이란 역사의 대척주인 '얼'을 추색(推索)하는 학문으로서, 역사가는 개개의 역사적 사실을 탐구해 궁극적으로는 역사의 대척주인 '얼'의 큰 줄기를 찾아가야 한다고 하였다. 이러한 관점에서 그는 '얼'을 빼놓은 당시의 역사학은 그것이 일제 관학자의 것이든 줏대 없이 총독부의 식민지 문화 정책에 동조하는 학자들의 것이든, 쓸데없는 것이요, 오히려 해악을 끼치는 것으로 보았다.

① 해방 후 「신민족주의와 신민주주의」라는 독창적 이론을 제시하고, 이에 근거하여 극좌와 극우를 배격하고 만민공생의 통합된 민족 국가를 건설하려 하였다.
② 해방 후 양심적 지주, 자본가들과 손잡고 새 나라를 건설해야 한다는 '연합성 신민주주의'를 제창하였다.
③ 광개토 대왕비문을 연구하여 일본인의 잘못된 고대사 연구를 바로잡는 데 기여하였고, 조선의 양명학을 정리하여 민족정기를 세우려고 노력하였다.
④ 세종과 실학자들의 민족 지향 · 민중 지향 · 실용 지향을 높이 평가하는 사론을 발표하고 『대미 관계 50년사』를 저술하였다.

61 694

자료는 전태일이 박정희 대통령에게 보낸 탄원서이다.
② 전태일은 1970년대 수출 주도형 경제 성장 전략으로 인한 노동자의 저임금 정책과 열악한 노동 환경을 개선하고자 노동 운동을 전개하여 1970년 11월 노동 기본법 준수를 주장하며 분신 자살하였다. 그의 분신 사건으로 학생, 지식인의 지원을 받아 노동 운동이 활성화되었다.

오답 분석
① 1993년, ③ 1987년, ④ 1993년의 일이다.

정답 ②

62 695

④ 경제 성장의 주요 기반 및 성과를 시기 순으로 나열하면 (라) 경부 고속도로 개통(1970) → (나) 포항 제철 준공(1973) → (가) 수출 100억 달러 돌파(1977) → (다) 고리 원자력 발전소 준공(1978)이다.

정답 ④

63 696

④ 이중 곡가제는 1970년대에 최초로 시행된 정책이다. 정부는 1970년대에 주곡 자급 정책을 추진하면서 증산 정책(통일벼)과 이중 곡가제를 시행하였다. 그러나 재정 적자가 확대되고 이로 인해 지속적인 정책 유지가 어려워지자 정부는 다시 저곡가 정책으로 회귀하였다.

정답 ④

64 697

제시문에서 얼을 강조한 그는 정인보이다. 정인보는 「오천 년간 조선의 얼」(1935) 등을 동아일보에 연재하여 한국사에 대한 관심과 자긍심을 환기시키고 주체적인 민족의식을 고취시키는 데 주력하였다. 1934년에는 정약용 서거 99주년을 계기로 안재홍 등과 함께 『여유당전서』를 교열·간행하는 등 조선학 운동을 주도하였고, 조선 후기 실학 연구의 초석을 마련하였다.
③ 정인보는 광개토 대왕비문을 연구하여 일본인의 잘못된 고대사 연구를 바로잡는 데 기여하였고, 조선의 양명학을 정리하여 민족정기를 세우려고 노력하였다.

오답 분석
① 안재홍, ② 백남운, ④ 문일평에 해당하는 내용이다.

정답 ③

65 698

다음의 내용과 관련된 학자의 사관과 저술의 특징으로 옳은 것은?

> "내가 신민족주의 조선사의 저술을 기도한 것은 소위 태평양 전쟁이 발발하던 때부터였다. 동학 수우(數友)로 더불어 때때로 밀회(密會)하여 이에 대한 이론을 토의하고 체계를 구상하였다. 민족 해방 이후 미구(未久)에 이 저술에 착수하였던 것이나 해방 이후 폭주하였던 공사(公私)의 일보다는 주로 나의 위장의 병으로 인하여 3년의 세월을 비(費)해서 지금이야 겨우 상권이 탈고되었다." – 「조선민족사개론」

① 갑신정변부터 3·1 운동기까지의 역사를 독립을 위한 민족 운동으로 보고, 투쟁 과정을 서술하였다.

② '얼' 중심의 정신사적인 역사관을 강조하였으며, '얼'을 빼놓은 역사학은 쓸데없고 오히려 해악을 끼치는 것이라고 주장하였다.

③ 사적 유물론을 기반으로 식민 사관에 의해 왜곡된 한국 사상을 비판하였고, 민족주의 역사학도 유교 훈화적 사관으로 공격하였다.

④ 그는 조선 민중들의 설화·민간 신앙 등의 심성적인 측면뿐만 아니라 온돌이나 살림집과 같은 물질 문화 자체를 분석 대상으로 하여 민속학을 독자적인 학문으로 정립시켰다.

66 699

우리나라의 산업화에 따른 사회 변동에 해당하지 않는 것은?

① 의료 보험 제도는 1977년 제정되었으며 1989년 도시 자영업자에게까지 확대 실시되었고, 2000년에 국민 건강 보험으로 통합되었다.

② 국민 연금 제도는 1988년에 도입되었고, 1999년 도시 거주 자영업자가 가입하면서 국민 대부분이 가입하게 되었다.

③ 1980년대에 들어와 노동 운동이 활성화되면서 동일 방직 파업, YH 무역 노동자 농성 등이 발생하였다.

④ 1995년에 전국 민주 노동 조합 총연맹이 결성되어 한국 노동 조합 총연맹과 함께 양대 노총 시대를 열었다.

67 700

이승만의 제1공화국 시기에 추진된 교육 정책에 해당하는 것은?

> (가) 홍익인간, 애국정신, 민주공민 육성이 교육 이념으로 채택되고, 6·3·3·4의 학제가 최초로 마련되었다.
>
> (나) 초등학교의 의무 교육을 실시하여 교육 인구가 급속히 늘어나고 문맹률이 현저히 감소하였다.
>
> (다) 반공 교육을 강화하고, 애국심의 함양과 국가에 헌신 봉사함을 목적으로 학도 호국단을 재설치하였다.
>
> (라) 속칭 '국대안'이 마련되어 여러 곳에 흩어져 있던 독립적 전문 대학을 통합하고 국립 서울 대학교가 창립되었다.

① (가), (나) ② (나), (다)
③ (가), (라) ④ (나), (라)

65 698

④ 자료의 사학자는 손진태로 그는 일제 강점기에 민속학을 연구
하여 독자적 학문의 위상을 갖추게 하였으며, 진단 학회에서 활
동하였다. 해방 이후에는 『조선민족사개론』을 집필하고 신민족
주의를 주창하여 민족 화해에 기반한 민족 단결과 통일을 촉구
하였으나, 6 · 25 전쟁 시기 납북되었다.

오답 분석

① 『한국독립운동지혈사』를 저술한 박은식, ② 『조선사연구』를 저
술한 정인보, ③ 『조선사회사독본』을 저술한 이청원에 대한 설명
이다.

정답 ④

66 699

③ 1978년 2월 동일 방직 파업 사건, 1979년 8월 YH 무역 노동자
농성 사건이 발생하였다. 1970년대 전태일 분신 사건으로 촉발
된 노동 운동은 수출 주도형 경제 성장 전략으로 노동자의 저임
금 정책, 열악한 노동 환경, 노동 3권의 유명무실화가 개선되지
못한 상황에서 초래된 것이었다.

정답 ③

67 700

(가), (나) 이승만의 제1공화국 시기인 1950년 6월부터 초등 교육을
의무 교육으로 실시하였으며, 1951년 6 · 3 · 3 · 4의 학제가 최
초로 시행되었다.

오답 분석

(다) 학도 호국단은 1949년 설치되었다가 1960년 해체되었으며,
1975년 유신 체제 시기에 재발족되었다. 이후 1980년대에 들
어와서 폐지되었다.

(라) '국립 서울 대학교 설치안(국대안)'은 1946년 6월 발의되었다
가 많은 반발로 무마된 이후 1946년 10월 서울 대학교가 개교
되면서 마무리되었다.

정답 ①

해커스공무원

대한국사
윤승규

단원별
700제

개정 3판 1쇄 발행 2022년 12월 20일

지은이	윤승규
펴낸곳	해커스패스
펴낸이	해커스공무원 출판팀

주소	서울특별시 강남구 강남대로 428 해커스공무원
고객센터	1588-4055
교재 관련 문의	gosi@hackerspass.com
	해커스공무원 사이트(gosi.Hackers.com) 교재 Q&A 게시판
	카카오톡 플러스 친구 [해커스공무원 노량진캠퍼스]
학원 강의 및 동영상강의	gosi.Hackers.com

ISBN	979-11-6880-809-6 (13910)
Serial Number	03-01-01

공무원 교육 1위,
해커스공무원 gosi.Hackers.com

해커스공무원

- '회독'의 방법과 공부 습관을 제시하는 **해커스 회독증강 콘텐츠**(교재 내 할인쿠폰 수록)
- 정확한 성적 분석으로 약점 극복이 가능한 **합격예측 모의고사**(교재 내 응시권 및 해설강의 수강권 수록)
- 해커스 스타강사의 **공무원 한국사 무료 동영상강의**
- 윤승규 선생님의 **본 교재 인강**(교재 내 할인쿠폰 수록)